國家 搜查權 立法論

監修 **徐 輔 鶴**
司法制度改革委員會 委員
慶熙大學校 法科大學 教授

著者 **池 榮 銃**
國立警察大學

우리가 만든 바다

우리 모두 법화산(法華山) 뮛줄기
우뚝선 전당에 모여
한 명 한 명 맑은 물 한방울로 모여
우리의 바다를 만들자
청람의 맑은 물 진리처럼, 정의처럼 흘러
흘러 마침내 하나로 모이는
우리가 만든 바다

우리 모두 푸른 요람에 뿌려진 씨앗
법화산 뮛줄기에 처음 핀 꽃
강산 수놓는 무궁화되리
국민이 가는 길섶에 바람막이로 핀
한 명 한 명 당당해서 아름다운 무궁화되리

그리하여 한반도(韓半島)는
무궁화 아름답게 만개한
한 척의 꽃배
우리가 만든 바다에 띄워진
한 척의 철선
정의의 풍랑이라면, 풍랑을 넘어
진리의 높은 파도라면, 파도를 넘어
거침없이 세계를 항해하리라

지은이 **지 영 환**(池榮鋎)

2004 시와시학 신춘문예 당선, 제26회참빛문학상, 제15회공우문학상, 제4회공무원문예대전 저술부문 우수상, 제6회공무원문예대전 詩부문 우수상, 제7회공무원문예대전 詩부문 우수상, 제5회경찰문화대전 詩부문 금상, 월간중앙 '04. 12월호 詩 '흰 지붕 위로 떨어진 흰밥은 날씬하다' 한겨레신문 '05. 9. 8. '간장게장,' 공무원연금 '05. 5월호 표지 '날치횟집', 경찰문화마당 '04. 12월 표지 '한강 땅거미' 신문 등에 60여편 발표.

머 리 말

국가(國家)의 국어사전 의미는 일정한 영토와 그 곳에 사는 일정한 주민들로 이루어져, 주권에 의한 통치 조직을 지니고 있는 사회집단이다. 철학적 의미의 국가는 권력을 독점하면서 정통성을 주장하는 하나의 유기체로서 권력의 영역을 확장하기도 하고 효율적으로 구성원들을 통제・관리하기 위해 제도장치를 마련하는 과정을 끊임없이 반복하고 있는 존재이다.

인간은 이러한 살아 움직이는 국가의 권력행사를 효율적으로 통제하기 위해 부단히 노력해 왔는데 인류의 역사는 국가의 검증된 권력을 어떻게 하면 분산시키고 감시할 수 있는지에 대한 고민의 여정이다. 인류의 그 투쟁에 의해서 결국 근대 이후 국가권력의 행사는 국민의 자유 보장이라는 한계 내에서 이루어져야 한다는 원칙이 헌법상 '인간의 존엄성 보장', '기본권 보장'을 통해 헌법에 편입되게 되었다. 즉, 국가권력의 헌법에 의한 통제는 보편화된 것이다. 국가는 국민으로부터 위임받은 통치 권력을 국민의 동의를 거쳐 다시 하위 권력기관에 위임하거나 이양하게 되는데, 국가로부터 위임받은 하위 권력기관 역시 끊임없이 권력을 추구하는 속성을 지니고 있다.

지금까지 권력의 길이 남용되어 온 탓으로 권력이라는 개념 자체에 악취가 붙어 다니기는 하지만 권력 그 자체는 좋은 것도 나쁜 것도 아니다. 일상생활에서 권위와 권력의 붕괴가 가속화 되고 있는 바로 이 순간에 범세계적인 권력구조도 와해되어 가고 있다. 앨빈 토플러는 '권력이동'에서 권력이 매우 놀라운 속도로 이동하고 있기 때문에 세계 지도자들은 사태를 바로잡기 보다는 이에 끌려다니고 있다고 했다. 마치 지각표층이 이동하면서 삐걱거리는 것처럼 이 거대한 권력관계 개편을 통해 '권력이동'은 단순히 권력을 이동시키는데 그치지 않고 그것을 변질시킨다.

따라서 모든 권력기관은 국민의 인권과 자유를 보장하기 위한 통치구조에 지나지 않음을 스스로 깨닫고 이를 보장 실현하기 위해 항시 깨어 있어야 한다. 또한 권력기관 상호간에 세력을 유지 · 확장만을 주장한다면 국민의 신임을 받지 못할 것이다.

대통령이 바뀔 때마다 수사구조 개혁의 문제는 사회적인 이슈로 부각되어 논쟁거리가 되었다가 깊이를 알 수 없는 물속으로의 잠복을 반복해 왔다. 그동안 수사권 '구조개혁'에 관한 논쟁은 기회만 있으면 붉어져 나와 각자의 주장을 대변해 왔지만 그 논쟁이 해결되지 않은 채 너무나 오랜 기간동안 수사권 조정의 문제가 권력다툼으로 전락되어 가고 있음이 실로 안타까운 현실이다. 수사구조개혁의 문제는 형사소송법 제정 이후부터 현재까지 수십 년 간을 끊이지 않고 계속되어 왔다. 보다 큰 틀에서 본다면 형사사법제도의 개혁에 관한 논의의 중심을 차지하고 있음을 부인할 수 없기 때문이다.

또한 학계와 해당 수사기관이 나름의 근거를 가지고 각자의 목소리를 높여 온 만큼, 우리는 이제 그 논의의 핵심이 무엇이고 왜 이러한 논의가 끊이지 않고 반복되는 것인지를 분석한 다음 앞으로 수사권의 배분이 어떻게 조정, 정립되어야 세계속의 대한민국으로 우뚝 서고 국민의 인권을 최대한 보호할 수 있는지를 고민하고 판단하여야 할 때이다. 수사권 조정의 문제는 이제 더 이상 정권교체기에 의례적으로 나왔다가 다시 들어가는 권력다툼, 또는 이슈라고 간과해 버릴 수는 없는 중요한 국가적, 사회적인 공론화가 필요하다. 소모적인 논쟁으로 그치지 않도록 국민복리의 차원에서 실효성 있는 결론이 요구되는 시기이다.

이에 필자는 대한민국 수사권력구조의 검찰 · 경찰간의 수사권 조정이라는 논의를 기존의 연구처럼 단순히 그 논쟁에만 한정해서 해결하려는 시도보다는 정치철학적인 관점에서 국가와 수사제도의 기원이라는 원론적인 주제와 연관 지어 접근을 시도해 보았다. 또한 헌법학적인 관점에서 국가권력이 분립되고 다시 국가권력 상호간의 견제와 균형은 물론 유사한 기능을 수행하는 국가권력 상호간에서 권력의 독주 예방을 모색 하고자 한다. 현대적 민주주의 사회에 있어서 수사권력 또한 헌법상의 '현대적 권력분립론'에 의해 지배되어야 한다는 시각으로 본 문제를 접근하였다.

바람직한 국가권력구조인 국가기관간 견제와 균형은 오늘날 세계적 추세이고 가장 진화된 법적 시스템이라고 할 것인데, 수사권력 또한 국가권력의 하나인 이상, 수사기관 상호간에도 견제와 균형의 원리가 지배되어야 한다는 것이 검찰 · 경찰 간의 수사권 조정에 관한 논의를 바라보는 필자의 기본적인 시각이다.

이와 같은 맥락에서, 제1편은 본 연구의 총론적인 부분으로 수사권력은 국가권력 중핵의 하나이다. 따라서 수사권력 또한 헌법학적 관점에서 그 권한이 집중 · 남용되어서는 안 되며, 수사기관 상호간에도 권력의 견제와 균형이라는 헌법상의 통치구조의 원리가 지배되어야 한다는 필자의 견해를 강조하였다.

제2편은 본격적으로 수사권의 구조개혁에 관한 논의를 전개하였다. 먼저 외국의 수사제도는 어떠한 구조를 가지고 있고 그 제도상의 특색 및 시사하는 점을 정리하여 우리나라의 현행 수사구조와 비교할 수 있도록 하였다. 나아가 우리나라의 형사소송법 및 제반 법령의 고찰을 통하여 검찰 · 경찰 간에 수사제도가 어떻게 규정 및 운영되고 있는지를 살펴보고 우리나라 수사구조의 문제점 및 수사권 구조개혁의 문제점들을 정리해 보았다.

제3편에는 본 연구의 결론 부분으로서, 우리나라 현행 수사구조의 개혁의 필요성과 입법모델을 제시하였다. 이와 함께 수사권의 구조개혁에 관한 논의와 관련된 자치경찰제를 살펴보고, 현행 경찰조직이 스스로 깨어나 책임 있는 수사기관으로서 나아가야 할 쇄신방향에 대하여도 연구해 보았다.

본 논고는 초여름에 시작하여 들국화가 피어날 때 마무리 했다. 산 속에까지 쫓아와 옷 속으로 뾰족한 침을 찔러대는 모기 때문에 여름을 좋아하지 않은 필자는 식은땀 흘리는 인생을 배우고 있다. 그러나 열심히 집중해 밤잠을 설치기도 하고 깊은 고민에 빠지기도 했으며, 필자의 학문적 미완성의 한계로 인하여 좀더 심도 있고 체계적인 논고가 되지 못한 것에 대하여 부끄러울 따름이다. 이 논고는 정기국회에서 수사권 조정에 관한 법률안이 상정되어 심의·의결에 부응할 수 있도록 수사권 조정 · 독립에 관한 연구논문 350편, 관련 책 270권 등을 집대성하여 참조하였음을 밝힌다.

태초부터 흐르는 한강은 우리 국회 허리를 감싸 안으며 더 깊이 흐른다. 한강을 건너다 보면 저 멀리 국회가 보인다. 가까이 가면 국회의사당은 자신의 그림자를 한강에 꽃배처럼 띄우고 있다.

국립경찰대학 경찰수사보안연수소 제1교수실에서

날마다 한강을 건너는 이유

著者 **池 榮 銃**

제2 개정판을 내면서

한국의 헌법 입법권은 국회(헌법 제40조), 행정권은 대통령을 수반으로 하는 정부(헌법 제66조 제4항), 사법권은 법관으로 구성된 법원(헌법 제101조 제1항)에 부여하고 있다. 동시에 기관 내에서 권한분배를 통하여 권력의 분리·분립의 기본적인 틀을 유지하고 있다. 국가권력이 한 곳에 집중되지 못하도록 하기 위해 권력을 분산하고 권력상호간에 균형을 이루고 견제하도록 하는 장치를 헌법이 마련하고 있다. 그러나 우리나라 수사구조는 일제강점기(日帝强占期) 이후 현재까지 큰 변함없이 준사법기관인 검사에게 막강한 권한이 집중되어 있는 시스템을 유지해 왔으면서도 그 권력 남용을 견제하는 장치가 마련되어 있지 않다.

경찰이 아무런 독자성 없이 검사의 지휘를 받아서 수사하도록 하는 법제를 가진 나라는 적어도 선진국에서는 찾아 볼 수 없다. 영국과 미국에서 경찰은 독자적인 수사권을 가지고 있고 일본에서는 경찰은 1차적인 수사권을 가지고 검찰과 상호협력관계를 유지하고 있다. 우리나라와 비교적 유사한 수사구조를 가지고 있는 독일의 형사소송법도 경찰에게 독자적인 초동수사권을 보장하고 있다. 이와 같은 여러 나라의 수사구조와 우리나라의 현행 수사구조의 문제점 등을 볼 때 우리 나라에서도 경찰에게 독자적인 제1차적인 수사권을 부여하고 검사와 사법경찰관리와의 관계는 상호협력관계로 발전시키는 것이 바람직하며, 이 같은 수사구조를 확립하기 위해 형사소송법에 검사와 사법경찰의 관계를 대등·협력관계로 규정해야 한다고 본다. 그리고 사법경찰이 작성한 피의자신문조서의 증거능력은 적어도 검사가 작성한 피의자신문조서의 증거능력과 동일한 효력을 부여하는 방안을 검토할 필요가 있다. 또한 경찰에게 독자적인 수사개시권을 부여하고 (적어도 체포영장이라도)영장청구권을 인정하여 이중 수사로 인한 국민의 부담을 줄이고, 검사의 업무부담을 경감시키기 위해 '혐의 없음', '죄 안됨', '공소권 없음' 등의 사건은 경찰 자체적으로 종결하는 방향으로 개선되어야 한다. 검사는 수사보다는 기소여부결정과 공소유지 등 소추분야에 전념함으로써 당사자주의, 공판중심주의 등 형사소송이념에 충실함이 타당하고 수사권자와 공소권자를 분리함으로써 수사권자의 편견이 판단자에게 전수되는 것을 방지하고 탄핵주의 소송구조에 적합하게 만들어야 할 것으로 생각된다. 이로써, 검찰은 고도의 법률적 지식이 필요한 중요 공안·경제·지능사범 수사에 집중할 수 있게 되고, 수사과정에서 생길 수 있는 피의자에 대한 편견·선입견을 배제하며 경찰의 입장에 서지 말고 공소제기자로서의 제3자의 입장에서 경찰 수사의 오류와 무리를 바로 잡도록 함으로써 충분하다고 할 것이다. 경찰로서는 자신의 책임 하에 수사를 함으로써 수사요원의 자질향상과 경찰수사능력의 내실화를 도모할 수 있고 국가 전체로서는 수사기관의 중복에 의한 인력·예산 등의 낭비를 줄일 수 있다. 특히 자치경찰제를 실시하는 경우 경찰권한 비대화의 우려는 불식될 수 있을 것으로 생각된다. 따라서 수사의 독점 구조를 조정하여 검찰·경찰에 수사권을 분립시켜 어느 한 기관이 전권을 행사하는 것을 막고, 상호협력 체제를 구축하여 상호 견제·균형에 의하여 수사능력 향상을 기하도록 함이 바람직하다고 본다.

미래학자 앨빈 토플러는 인류의 발전단계를 물결의 도래에 비유한 바 있다. 인류는 농경사회를 이루고 300년에 걸쳐 산업사회를 구축하였으며, 최근 30년에 걸쳐 정보화사회를 형성하였다. 30일, 3일, 3시간, 30분전의 정보도 시시각각 움직이는 정보에 밀려나고 있는 현실이다. 이에 필자는 국가권력 균형을 위한 수사구조개혁의 '한국의 수사구조 개혁의 필요성과 바람직한 입법모델'을 보완하고 쉼표하나 빠진 부분까지 찾아내어 교정을 보아 개정판을 서둘렀다. 초판을 낸지 아직 보름이 지나지 않았지만, 수사구조개혁의 국민적 관심과 성원에 '국가 수사권 입법론'이 모두 절판되었다. 필자는 밤별 같은 책의 늘 독자가 되기도 하지만, 지금은 독자들이 존경스럽고 두려움을 느끼고 있다.

자유(自由)의 깃발, 山河를 지키는 별이 되고 싶다. 산맥을 굽어보는 참수리의 두 날개짓으로 이제 힘차게 가슴을 열어 푸른 어깨 위로 동이 튼다. 깨어나는 그 순간의 함성 속에는 용솟음치는 법화산(法華山) 물줄기 흐르고, 뛰는 맥박, 등등 울리는 쇠북처럼 조국이 나를 부를 때 두 귀를 열고, 두 눈을 뜨고, 가슴을 활짝 펴고, 인권(人權)을 향해 달려가는 경찰이 되고 싶다. 나는 이제 비룡지(飛龍池)에서 메마른 목을 축이고 동북아를 넘어 글로벌시대를 향해 날아가는 참수리. 세계를 껴안을 우리의 기상으로 국민의 가슴에 맞닿은 '민중의 지팡이' 되어 너와 나는 이제 세계 속의 경찰(警察) 되어 미래를 향해 달려가는 새 바람, 어두운 밤 깊고 조용한 산하(山河) 그 산하를 비추는 별이 되어 국민의 가슴에 '빛'이 되는 참수리. 나의 가슴에는 '조국, 정의, 명예'가 있고 나의 손에는 자유(自由)가 있다.

수지구 상현동 저 멀리 정암(靜庵) 조광조(趙光祖, 1482~1519) 묘지 옆 하얀 들국화 고대의 물결을 이룬다.

2005. 11.

수지도서관에서

날마다 한강을 건너는 이유

著者 **池 榮 銃**

추천의 글

한 가정의 수준은 화장실을 보면 알 수 있고, 한 나라의 수준은 사법제도를 보면 알 수 있다. 가장 보수적이고 변화에 더딘 분야가 사법제도이기 때문이다. 경제 규모로는 세계 11위 수준인 우리나라가 진정한 선진국이 되려면 사법제도가 먼저 변화해야 한다. 사법제도 개혁이 논의되는 시점에서 이 책이 나온 것은 환영할 만한 일이다.

현행 수사구조의 문제점에 대한 논의는 그 동안 끊임없이 제기되어 왔으며 적어도 수사제도 개혁이 필요하다는 점은 이제 국민들 사이에서 공감대(共感帶)가 형성되어 가고 있다. 참여정부(參與政府)가 들어선 후 이러한 논의는 공론화수준을 넘어서 수사구조를 현실화하는 내용을 담은 형사소송법 개정입법안이 국회에 상정될 단계에까지 와 있다.

지난 반세기 동안 수사권력은 검찰에 집중되어 있었고 그러한 수사구조의 문제점과 수사권 현실화에 대한 필요성은 끊임없이 지적되어 왔다. 모든 국가적 차원의 개혁이나 정책의 결정이 그러하듯이 수사권 현실화의 문제 또한 검찰의 강한 반발에 의해 그동안 시기상조(時機尙早)의 문제로 배척되어 왔다.

그러나 수사구조의 개혁은 기관별 이해관계에 관한 문제로 접근하기 보다는 국가경쟁력 제고와 국민의 기본권 보장이라는 보다 높은 차원에서 진지하게 고민할 과제이다. 현행 수사구조에 대한 개혁은 좁은 이해관계의 찬반(贊反)의 입장에서 한걸음 물러나 국가와 국민의 거시적 입장에 서서 그 본질을 바라보아야 사물의 핵심을 알 수 있으며 그 올바른 방향이 무엇인지에 대한 결론도 내릴 수 있는 것이다.

그러한 점에서 이 책은 그동안 단편적인 면에서만 이루어진 수사구조 개혁논의를 좀더 본질적으로 접근하면서 관련 사항을 체계적, 논리적으로 서술하고 있으며 수사구조를 형사소송체계라는 하나의 큰 구도 속에서 파악함으로써 보는 이로 하여금 수사구조개혁의 문제를 보다 거시적 안목으로 볼 수 있게 한다. 특히, 수사권력이 국가권력의 중핵적 부분을 차지하는 만큼 수사권력 역시 수사권력 상호간의 견제와 균형의 원리가 관철되어야 한다는 헌법학적, 국가철학적 관점에서 일관성 있는 수사권 논의를 잘 소화해 냈다는 점, 철학이 숨쉬는 수사권입법론을 제시하였다는 점 등에서 이 책을 높이 평가하고 싶다.

이 책을 저술한 저자의 끊임없는 노력과 열정에 격려와 찬사를 보내면서, 수사구조개혁을 위한 관련법 개정이 현실화, 구체화되고 있는 국회에서도 이 책은 수사권 개혁입법에 반드시 참고하여야 할 귀중하고도 꼭 필요한 자료라는 것을 믿어 의심치 않는다.

2005. 9

이화여자대학교 법과대학 겸임교수
변호사 **고 승 덕**

추천의 글

한 손에 집중된 권력, 누구로부터도 견제 받지 않는 권력은 반드시 남용되고 부패하기 마련이다. 이는 역사의 경험이요 교훈이다. 검찰·경찰간의 수사구조 개혁은 이러한 권력의 속성에 대한 기본적인 이해에서부터 출발해야 한다. 우리나라 검찰은 기소권을 독점하고 기소재량권을 행사할 뿐만 아니라 직접수사권과 경찰에 대한 수사지휘권을 보유하고 있어 세계 검찰제도에 유례가 없을 정도의 강력한 권한을 보유하고 있다. 형식상 수사권을 경찰과 공유하고 있지만 수사지휘권을 통해 경찰수사를 통제하고 있기 때문에 수사권도 검찰에 독점되어 있는 것에 불과하다. 반면 이러한 검찰권력을 견제할 수 있는 대응권력이나 제도적 장치는 현재 전무한 상태이다. 그동안 검찰이 국민에게 봉사하고 사회정의를 실현하기 위해 매진하기보다는 오히려 권력자에게 봉사하고 정권안보를 위해 일해 온 부끄러운 행태를 보여 준 것은 이러한 견제시스템의 부재에 기인하는 바 크다 할 것이다. 정치권력과 독점적 사정권력은 쉽게 유착하여 공생관계를 형성할 수 있기 때문이다.

현재와 같이 검찰이 기소권과 수사권을 독점하고 있는 상황이 지속되는 한 우리 사회의 당면과제인 투명사회 건설은 매우 힘들 것이다. 과거 수차례의 정·경·언간 유착으로 인한 부패사건의 예에서 보았듯이 검찰이 의지를 보이지 않는 한 부패척결은 요원하기 때문이다. 더군다나 국민은 법 앞에 평등해야 함에도 불구하고 검찰권을 남용한 검사들, 기업으로부터 장학금이나 브로커로부터 떡값을 받은 의혹을 받고 있는 검사들은 사실상 수사나 처벌이 허용되지 않는 성역에 존재하고 있지 않는가. 언제까지 우리 사회는 부패척결을 검찰에 호소해야 하고 사법처리의 치외법권지역에 거주하는 검사들을 바라만 보아야 하는가.

이제 지난 50년간 지속되어 온 검찰권력의 독점체제를 깰 때가 되었다고 본다. 비대해

진 검찰권력을 견제하고 검찰에 집중된 권한을 분산하는 구체적인 조치를 취해야 할 단계가 된 것이다. 검·경간의 수사구조개혁은 검찰에 독점된 수사권을 검·경간에 합리적으로 배분하고 상호 감시·견제케 함으로써 특정 수사권력의 독주와 남용을 방지하고 수사권력의 민주화에 기여하는 매우 의미 있는 개혁조치가 될 것이다. 가장 강력한 권력인 수사권력을 검·경 양 기관에 분점(分占)시켜 상호 감시·견제시키게 되면 우리 사회의 민주화와 투명성은 한 층 더 진일보하게 될 것이다. 뿐만 아니라 서로의 인권침해에 대한 감시를 통해 인권보장적 수사관행의 정착을 촉진하고 이 시대 최고의 가치인 인권보장에도 크게 기여하게 될 것으로 본다.

나아가 검·경간의 수사구조 개혁은 검찰과 경찰의 본격적인 개혁의 첫 출발이다. 검찰도 지금보다는 한걸음 떨어진 객관적인 위치에서 경찰의 수사를 감시할 것이고 경찰수사의 개입으로 인한 수사왜곡 가능성도 사라지게 되며, 또한 기소기관으로서의 본연의 임무인 공소제기와 공소유지에 충실하도록 기능조정을 하게 될 것이다. 검찰의 잘못된 부분에 대한 경찰의 견제도 가능해 짐은 물론이다. 반면 경찰은 수사권을 행사하는 사법경찰의 내부 독립과 인권존중의 수사 및 과학수사 역량 강화를 위한 구체적인 개혁안을 내 놓게 될 것이고 수사를 잘못한 부분에 대해서는 보다 엄격한 책임을 지게 된다. 시대의 변화에 따라 그 기능 및 조직에 변화를 요구받고 있는 정보경찰·보안경찰에 대한 개혁안도 내 놓게 되며, 장기적으로는 광역단위 자치경찰제의 도입으로 중앙경찰권력의 분산화도 이루어질 것이다. 검·경간의 합리적인 수사구조 개혁은 검찰·경찰 개혁에 있어서 막힌 물꼬를 트는 효과를 기대할 수 있는 것이다.

본서는 국가권력의 운용은 "견제와 균형"의 원칙에 맞게 이루어져야 한다는 기본적 인식하에 현대 민주법치국가의 기본원칙인 권력분립론에 기초하여 수사구조 개혁의 필요성을 고찰한 뒤, 선진사법체계를 구축하고 있는 외국의 검·경 관계를 소개하고 이를 토대로 우리의 형사사법체계가 추구해야 할 바람직한 검·경간 수사구조 개혁의 모델을 제시해 주고 있다. 아울러 경찰의 자율적 수사권 확보로 인한 경찰권의 비대화 및 인권침해 증가의 우려를 불식시키기 위한 검찰에 의한 통제장치 및 경찰개혁의 과제도 제시함을 잊지 않고 있다. 본서는 그동안 검·경간의 수사구조 개혁을 둘러싸고 진행된 모든 논의 상황과 외국의 입법례 등을 체계적으로 정리하여 제시한 점에 장점이 있다.

현직 공무원으로서의 격무와 박사학위 과정에서 감당해야 할 많은 공부에도 불구하고

방대한 자료를 수집하여 수사구조 개혁 문제에 대한 체계적인 연구저서를 저술해 낸 저자의 노고를 치하하고 싶다. 형사법을 전공하고 이 땅에 선진형사사법체계가 구축되기를 소망하고 고민하는 학자로서 본서가 수사권력의 문제에 관심을 갖는 일반인과 정책입안자에게 두루 읽혀 검・경간의 합리적인 수사구조 개혁에 긍정적인 모티브와 아이디어를 제공해 줄 수 있기를 희망한다.

2005. 9

경희대학교 법과대학

교수 **서 보 학**

목 차

제Ⅱ장 한국의 검찰·경찰제도

제Ⅵ장 수사구조 개혁의 방향과 입법모델

표 목 차

그 림 목 차

제 1 편

국가권력과 수사권

수사권은 국가권력의 일부이고, 국가권력의 유래를 쫓아가다 보면 결국 국가라는 종착역에 도착하게 된다. 최고 권력을 가지고 사회와 국민을 통치하는 국가란 어떠한 본질을 지니고 있기에 그 최고 권력이 주어지는 것일까. 또 국가는 개인, 사회와 어떠한 관계설정을 가지고 있는 것일까. 수사권, 넓게는 국가권력의 주체인 국가에 대해 정치철학적, 법철학적, 그리고 헌법학적 의미를 살펴본다. 국가권력을 어떻게 재배분하고 효율적으로 운영하여야 국민의 최대선(善)을 만족시킬 수 있을 것인지에 대한 국가철학적 고민은 오늘날도 그리고 현재에도 계속되고 있다. 우리나라의 경우 현행 사법제도 개혁이나 부정부패의 척결 그리고 수사구조 개혁 논의가 활발하게 진행되고 있는 바, 이러한 문제들은 모두 국가권력의 제한 또한 균형적 재조정을 위한 문제들로 모두 국가철학과 밀접하게 관련된 것들이다.

국가권력에 관한 제도의 재정립 문제는 항시 국가 존립 목적인 국민의 권리보장이라는 측면과 국가의 효율적 운용이라는 측면을 동시에 고려한 균형적으로 해결되어야 하고, 국가권력이 스스로의 권력집중 또는 만족을 위한 방향으로 해결되어져서는 안 될 것이다.

제 I 장 국가와 국가권력

제 1 절 국가에 대한 정치철학적 고찰

1. 국가의 형성과 그 철학적 기초

가. 국가의 형성

국가를 정치철학적인 의미에서 개념규정을 하자면 일정한 영역 내에서 일정한 주민에 대하여 권력을 독점하면서 정통성을 주장하는 조직이라 말할 수 있다.[1] 국가는 그 속성상 끝없이 권력의 영역을 확장하고, 효율적으로 구성원들을 통제, 관리하기 위해 사실상, 제도상의 장치를 마련하는 과정을 끊임없이 반복하고, 반면 사회는 국가의 권력에 의해 억압당하지 않고 보다 더 낳은 권익을 보장받기 위해 맞서 싸우는 과정을 계속하고 있다. 즉 근대국가가 탄생한 이후 통치기구로서의 국가와 통치대상인 사회 사이에는 협조와 반목, 타협과 저항, 억압과 반란 등 여러 형태의 긴장관계가 반복되면서, 그것이 정치발전과 사회변동의 중심적 역할을 생성하였다.

그런 과정에서 근대 서구국가 이후 국가는 개인의 자유와 재산권 행사를 보장하기 위해 국가에게 통치권을 위임한 것이라는 주장이 국가권력을 인정하는 설득력 있는 주된사상이 되었고, 이제 국가는 고유한 권력을 보장받음과 동시에 보장받은 권력행사는 국민의 자유 보장이라는 한계 내에서 이루어져야 한다는 원칙이 헌법상 '인간존엄성 보장', '기본권 보장'을 통해 헌법에 편입되게 되었다. 즉 국가권력의 헌법에 의한 통제는 이제 세계 각국 헌법의 보편적인 특성이 된 것이다.

근대 서구국가 이전에도 국가는 이미 존재하였으나 그 같은 국가는 국가의 권력통제가 가능함을 인정하는 것과 같은 이상화된 근대 서구국가와는 성격을 달리하였다.

---

1) 막스 베버(Max Weber)의 정의에 의한 것인데, 이러한 국가의 정의는 근대 서구국가를 전제로 한 것이다.

1) 원시공동체(국가형성 이전)

원시공동체에서는 강제장치를 일상적으로 보유하는 집단, 즉 국가라는 것은 존재하지 않았다. 국가라는 강제장치를 필요로 하지 않았기 때문에 공동체에서 지도자는 전업이 아니었으며, 제사와 같은 특별행사에서 기대된 역할을 연출하였을 뿐이었다. 지도자의 역할은 의례적인 것과 종교적인 것을 통하여 평상시에는 그다지 강하게 의식되지 않았던 공동체의 일체감을 이양시켜서 질서를 유지하는 것이었다. 공동체에서의 행동규제는 이기주의적 개인주의보다는 이타주의적 집단주의에 의거하였는데 이는 개인의 사적 소유권개념이 없고, 공동체에서 부족한 것을 획득하거나 창출할 수 있었기 때문에 가능한 일이었다. 또한 공동체 단위로 일정한 분업관계가 유지되었는데, 이러한 사회관계는 원시 공동체의 규모가 작고, 구성원간에 면식이 있었기 때문에 가능하였다.

2) 원시공동체로부터 국가형성

원시공동체에서 국가가 탄생되는 요인과 배경들을 보면 기술진보, 생산증가, 인구증가를 들 수 있다. 먼저 경작기구, 관개기술, 종자관리, 수렵기술, 축산화 등의 진보로 인해 생산이 증가하고, 이로 인해 인구도 증가하게 된다. 동시에 생산증가율이 인구증가율을 상회하면서 사회잉여가 생긴다. 사회잉여를 둘러싸고 힘의 불평등이 발생하게 되며, 여기서 힘 있는 사람은 지배자, 힘이 없는 사람은 피지배자가 된다. 지배자라고 하지만 당시의 지배자는 당사자와 약간의 가족을 합친 작은 지배자집단에 불과했다.

이와 같은 메커니즘으로 도처에 작은 핵이 생겨나고 서로 의식적으로 경쟁을 시작하였고 이러한 경쟁의식으로 접촉이 빈번해지면서 고대국가는 군사력을 키우게 된다. 하지만 군사화라고 해도 병사는 전업이 아니라 필요에 따라 강제적으로 징집, 소집된다. 예를 들면 공화정 중기 로마는 대체로 자영농민을 매년 소집하여 일년 후에 해방시키고 했던 것이다.[2] 이렇게 군사경쟁이 추진되면 군사기술의 전파도 함께 빨라졌고, 군사적 승리로 인하여 승리자 사회의 조직원리, 기술, 문자 등이 패배자 사회에

2) 猪口孝, 『국가와 사회』(서울 : 나남출판사), 1990, 31면.

파급되면서 국가의 생성과 쇠퇴의 과정이 반복되게 된다.

그러나, 이와 같이 탄생한 고대국가는 근대국가와는 대단히 상이하다. 첫째, 국가라고 해도 규모나 능력 면에서 확연하게 열세(劣勢)하며, 둘째, 국가를 둘러싸고 있는 사회 자체도 세분화 되어 있지 않고 상호작용이 밀접한 통합체도 아니었다. 시간·공간적으로 국가와 사회는 서로 무관한 상태로 공존하였다. 즉 근대의 국가와 사회에 비교하자면 고대국가는 지배자의 사적 소유물과 같은 색채가 농후하였고, 사회는 사회로서 밀접한 상호관계를 갖지 못했다. 고대국가의 정치, 통치는 지배자집단간에 야기되는 분쟁을 제어하는 것에 집중되어 있었다고 볼 수 있다.

그러나 이러한 두 가지의 특징은 반드시 고대국가에만 한정되어 있는 것은 아닌 것 같다. 예를 들어 오늘날에도 국가운영이 한 지배자의 소유물처럼 독재에 의해 이루어지고 있는 오늘날 다수의 발전도상국의 경우도 여기에 해당된다고 할 수 있는 것이다. 국가가 사회의 요구를 저버리고 그 권력을 마음대로 휘두를 수 있다면 제 아무리 경제, 문화적으로 발전한 나라라 하더라도 국가가 개인의 소유물이며, 국민은 피지배자로 취급되는 고대국가의 한계성을 벗어나기 어려울 것이다.

3) 전근대국가로부터 근대국가의 형성

근대국가를 고찰할 때는 전근대국가에서처럼 국가와 사회만을 대비하여 고찰하여서는 안 되고, 그것을 둘러싸고 있는 세계질서에 관해서도 고려하게 된다. 왜냐하면 전근대세계는 세계전체를 하나의 단위로 한 것이 아니라, 국소적으로 한정된 세계로 즉 유럽세계, 이슬람세계, 인도세계, 중국세계라고도 할 수 있는 몇 개의 세계로 고립되어 존재해 왔기 때문이다. 반면, 근대국가부터는 국가가 질서의 공급자 역할로 나서면서 국내적으로 법질서를 마련하게 되었고, 이러한 법제도의 바탕 하에 근대민족국가, 주권국가를 주장하면서 국제질서를 빙자해 세력을 키워나가기 위한 각국의 경쟁이 벌어지기 시작한 것이다.

결국, 전근대와 근대를 구분하는 주요 특징을 뽑는다면, 종교적 주술로부터의 해방과 과학정신, 충실한 국가기구와 지배장치, 대표의회와 사회의 역할 및 비중의 강화, 국가간 전쟁의 제도화, 민족주의 대두, 세계시장의 형성, 공업화 등을 들 수 있다.

이 중에서 본 논고의 주제와 관련하여 주목해야 할 특징은 당연히 '충실한 국가기구와 지배장치'라 할 것이다.

근대국가부터 국가의 징세능력이 비약적으로 증대하면서 국가의 재정 또한 이전과는 비교할 수 없을 만큼 강력해졌는데, 이러한 현상은 국가의 지배장치의 하나인 관료제에 힘입은 바가 크다. 관료제의 발달로 인해 국가는 소득추정과 징세이행을 위한 작업수행능력을 비로소 갖추게 되었기 때문이다. 근대국가의 대표적 지배장치에는 관료제 이외에도 군대, 경찰이 있는데, 이중 경찰조직은 근대국가 이후 사회질서를 유지하는 역할을 하면서, 지배를 위한 사회적 기반을 구축하여 온 권력기관이라 할 수 있다. 경찰은 풀뿌리의 제 일선, 즉 국가와 사회의 접합점에서 위치하면서 사회에서 정의와 공평에 위배된다고 생각되는 행동, 즉 범죄를 예방·억제하고, 그 같은 행동을 한 사람들을 구속하며 재판에 회부하며 동시에 국가기초를 동요시키는 언론과 행동에 대해서는 중립화시키거나 억압하기도 한다.

국가가 사회로부터 유리되고 다수의 국민이 국가에 대하여 불신감을 갖고 있는 경우에는 경찰조직은 불가피하게 팽창되는 경향이 있다.[3)] 더욱이 근대국가의 경찰은 정치적 색채가 강하며 국가권력을 장악하는 소수의 지배세력으로서의 역할이 증대되었다. 이와는 대조적으로 사회로부터 신뢰를 획득한 국가의 경찰은 대개 정치적으로 중립적인 역할을 수행한다. 즉 신뢰를 받는 경찰은 교통정리를 하며 혼란을 방지하고 순회하면서, 한편으로는 정보를 수집하고 범죄를 예방 진압한다. 경찰은 범죄자를 검거·조사하며 재판소에서 공정한 재판을 받도록 하며, 국경을 넘어 활동하는 국제적 범죄자와 테러리스트를 체포하기 위하여 협력하기도 하고 경찰은 선거에서 부정행위가 발생하지 않도록 감시한다.

이 같은 갖가지 활동을 수행하는 데 있어서 국가의 궁극적 강제력을 뒷받침하는 것이 경찰이며[4)] 국가와 사회의 관계를 포함하는 여러 가지 조건에 따라서 경찰은 궁

---

3) 근대국가의 경찰조직의 특성은 한마디로 침해적, 적대적인 국가 지배장치로 볼 수 있겠다. 그러나 근대국가와는 달리 국가의 조직기구가 대부분 국민의 직접, 간접선거에 의해 선출된 대표자에 의해 구성되고 각각 사회에 내재해 있는 민생문제를 해결해야 하는 부담을 갖고 있는 오늘날의 행정국가적 자유민주주의 국가에 있어서는 경찰의 권한 팽창을 근대국가에 있어서의 그것과 같이 침해적, 적대적으로 바라보아서는 안 되고, 국민을 향한 행정서비스, 국민의 자유 보호를 위한 신속, 효율성 있는 범죄예방 및 진압의 시각으로 재해석 이해되어야 한다.

4) 근대국가에서는 검찰조직은 국가의 중심적인 지배장치로 출현되고 있지 않으며, 막강한 권력을 지닌 조직도 아니었음을 알 수 있다.

극적 강제력을 전면에 내세워 오기도 하였다. 이러한 경찰조직은 중앙집권국가 형성기에 강화된 중앙통제가 강력하게 작용하는 중앙경찰로서, 또는 지방에 기반을 둔 지방경찰로서의 성격을 가지고 발전하여 왔다. 예컨대, 일본의 경우는 종전 이후 중앙통제가 강력한 경찰제도를 보유하고 있으며, 이와는 대조적으로 미국에서는 연방경찰이 점차로 권력강화를 시도하고 있기는 해도 여러 주(州)가 연관된 사항이 증가하고 있음에도 불구하고 미합중국 건국 당시부터 현재까지 변함없이 주경찰이 강력한 영향력을 행사하고 있다. 지방경찰이 강력할 경우 해당지역은 패권적 정치세력의 영향하에 놓이는 경우가 발생하게 된다.

이상과 같이 경찰조직은 근대국가 이후 국가의 지배장치 또는 권력기관으로서 국가와 사회를 연결 또는 분리시키는 긍정적 또는 부정적 역할을 동시에 수행하여 왔는데, 경찰조직은 태생적으로 국가의 지배 장치, 권력기관인 관계로 경찰조직의 권력을 효율적으로 통제하고 국민의 인권보장, 법에 의한 통치를 위한 경제장치가 필요한 상황임은 더 말할 필요가 없다. 이러한 경찰에 의한 국민의 인권침해를 방지하고자 탄생한 것이 검찰제도의 연원이라고 주장하는 견해가 일반적이지만 실상 검찰제도의 탄생배경을 살펴보면, 순수하게 국민의 권익보장 목적으로 탄생된 제도는 아니다. 그 연원은 원래는 경찰이 수사권의 주체이고 검사는 공소유지를 주된 업무로 하여 탄생한 제도임을 알 수 있는데 이에 대해서는 뒤에서 다시 상세히 다루기로 한다.

나. 근대 이후 국가의 철학적 기초

미리 요약하여 말하자면, 근대 이후 국가는 개인의 안전과 자유, 개인의 행복과 평등, 국가기구의 자율성에 철학적 기초를 두고 출발하였다. 권력의 집중을 합법적으로 부여받게 된 국가는 그 권력을 함부로 남용할 수 없도록 이론적 통제가 필요하였는데, 위 세 가지 철학적 기초는 국가권력에 스스로 내재해 있는 한계를 부여해 주고 나아가 권력기반의 근거를 잃게 되면 언제든지 권력을 부여한 국민에 의해 권한위임 약정이 파기될 수 있게 된다. 이러한 사상이 바로 아래에서 살펴보는 근대국가의 존재이유를 잘 설명한 사회계약사상이다.

원래 대부분의 경우에 있어서 전근대시대의 통치기구는 국왕의 측근과 사병화의 연장이라는 색채가 짙었다. 지배자는 자신의 의지를 가능한 한 광범위하게 관철시키는 것이 최대 관심사였다. 그 때문에 개인의 안전과 자유를 지켜주며, 어느 정도는 개인의 의사를 존중하는 통치를 실시해야만 했고, 그러기 위해서는 시민의 자유를 지키고 의사를 존중해 주기 위한 법과 질서가 존재해야만 했다. 이러한 상황을 철학적으로 뒷받침해 주는 것이 바로 로크의 위임계약설, 루소의 사회계약설인데, 로크는 국가에 전권(全權)을 위임한 것이 아니라, 국가가 인민의 안전과 자유, 그리고 소유를 지킬 때만 가능하다고 하였다. 이때부터 개인의 안전과 자유를 유지하는 것을 국가의 주요임무로 간주하게 되었으며, 인민의 동의가 국가운영에 불가결한 절차로 인식되었다.

나아가 국가행위가 항상 사회의 의사와 합치되어야 하였다.[5] 즉 국가는 개개인의 효용을 최대한으로 만족시키고, 집합적으로 행복을 가져다 주는 것을 목표로 하는 국가, 그러한 국가에 의한 통치를 주장하였다고 할 수 있다. 또한 최대다수의 최대행복이라는 공리주의적 원칙을 지상 최대의 목표로 보고 개개인의 선호를 어떻게 공평하게 고려해서 정치를 운영할 수 있는가 하는 점에 관심이 집중되었다. 즉 국가가 사회에 대하여 스스로의 행위를 설명할 수 있으며 더욱이 그 귀결에 대하여 책임질 것을 요구하였다.

마지막으로 근대국가는 앞에서도 이미 언급한 것처럼 국가통치시기의 자율성이 한층 더 현저해졌음을 알 수 있다. 19세기 이후부터의 국가발전은 국가의 독자적 역동성을 가지게 되었는데, 관료조직을 갖추어 가면서 위로부터 사회의 방향을 결정하는 역사적, 종교적, 문화적 피구속성에 보다 큰 주의를 기울이게 된다는 점을 강조하게 되었다.[6] 이러한 점에서 20세기를 조직 시대, 집중 시대라고 할 수 있으며 베버는 그 이론적 선구자라 할 수 있겠다.

다. 국가에 대한 철학적 의미

국가라는 것은 근대 이전부터 실질적 법치주의를 헌법으로 천명하고 있는 오늘날에 이르기까지 끊임없이 권력을 지향하는 것을 그의 본질적 속성으로 하고 있다. 그러한 국가의 속성은 국가의 기능이 분화, 다변해진 오늘날에 있어서도 마찬가지이다.

---

5) 개인의 행복과 평등을 국가의 존재이유라고 설명한 철학자로는 벤담, 밀 등 공리주의자들을 들 수 있다.
6) 이러한 점을 강조한 대표적 이론가가 베버이다.

즉 국민의 다양해지는 요구에 효율적으로 대처하기 위해 국가는 국민으로부터 위임받은 통치 권력을 국민의 동의를 거쳐 다시 하위 권력기관에 권한을 위임하거나 이양하게 되는데, 국가로부터 권한을 위임받은 하위 권력기관 역시 끊임없이 권력을 추구하는 속성을 지니고 있는 것이다.

결국 최고 권력을 위임받은 국가로부터 하위 권력기관에 이르기까지 모든 권력기관은 국민의 인권과 자유를 보장하기 위한 통치구조에 지나지 아니함을 스스로 깨닫고 이의 보장 및 실현을 위해 항상 깨어 있어야 한다. 그렇지 않으면 국가와 하위 권력기관은 존재의의를 잃게 되고 마는 것이다. 권력기관이 스스로의 한계를 인식하지 못하고 권력만을 추구하거나, 권력기관 상호간에 세력을 유지, 확장하기 위한 노력만을 계속한다면, 더 이상 국민의 신임을 얻지 못하고 자멸하는 길을 걷는 것임을 깨달아야 한다. 이러한 점에서 권력의 상징인 국가에 대하여 철학적으로 접근해 본다. 향후 국가 또는 하위 권력기관에 국민의 자유와 복리를 담보로 하여 권력을 유지하거나 이양하는 문제가 사회의 이슈가 될 경우 이상에서 살펴 본 국가의 형성과정과 철학적 기초를 고려하지 않으면 안된다.

제 2 절 국가에 관한 헌법학적 고찰

1. 국가의 의의

가. 개 념

헌법학적 관점에서의 국가는 역사적 단계와 공간적 위치에 따라 그 실태가 다양하지만, 일정한 지역을 기초로 하여 존립하는 다수인의 조직화된 정치체제로 이해된다. 또한 국가는 질서유지 · 평화유지 · 생존배려 등 그 구성원의 공동이익 증진을 목적으로 하고 동일지역 내에 존재하는 모든 사회조직에 우월하는 최고 권력을 보유하고 있다는 데에 그 특징이 있다. 고유한 목적, 과제, 기능을 지니고 있으면서 일정한 지역을 토대로 하고 최고 권력에 의하여 결합된 인간의 집단을 의미한다.[7)]

이러한 국가는 일정한 지역을 존립요건으로 하지 않는 사회단체와 구별되며 최고 독립의 권력을 행사할 수 없는 지방자치단체와 구별된다. 국가는 헌법에 따라 의사결정능력과 행위능력을 지니는 권리・의무의 주체로서 국내외적으로 권리・의무를 부담하게 된다.

나. 국가의 기원

헌법학상에서도 국가의 성립에 관해서는 다양한 학설이 전개되고 있다. 폰 슈탈(V. Stahl)의 신의설에 따르면 국가는 신에 의하여 창조되거나 신의 명령에 따라 성립된 것이라고 하고, 오펜하이머(F. Openheimer)등의 실력설・정복설에 따르면 국가는 원시사회적 단계에서 인간상인 유목・해양민족이 열패의 인간군인 토착원시농민을 실력으로 정복함으로써 지배와 복종의 관계가 형성되고 여기에 국가가 성립되었다고 한다. 엥겔스(F. Engels)의 계급국가설에 의하면, 국가는 사유재산제가 형성되고 노예제도가 성립하는 과정에서 자유인이 노예들을, 지배계급이 피지배계급을 경제적으로 착취하고 억압하기 위한 수단으로서 형성된 것이라고 한다.

위와 같은 다양한 국가의 기원에 관한 학설이 있지만, 국가의 존재이유를 인간의 필요에서 찾는 견해가 주장된 인성학적인 국가관이 오늘날의 국가의 목적에 관한 지배적인 견해이다. 사회계약설로 불리는 이 인성학적 국가관은 특정한 인간상을 그 이론적 기초로 하고 있는 점이 특색이라 할 수 있다. 이 사회계약설은 근대국가이론의 효시가 되고 있다.

사회계약설은 전제군주의 자의적 지배에 항거하여 궐기한 근대 신흥시민계급이 절대왕정의 왕권신수설에 대항하여 자신들의 이론적 무기로서 주장한 국가이론이다. 사회계약설은 국가의 기원을 인민의 동의에서 구하면서, 국가 목적을 개인의 자유와 재산의 수호라고 주장하는 이론이다. 대표적인 사회계약론자로는 토마스 홉스, 존 로크, 장 자크 루소 등을 들 수 있다.

사회계약설은 근대국가 이후 권력분립의 이론적 기초가 된 국가의 존재의의를 가장 잘 설명하고 있다고 평가할 수 있는데, 그 점에서 본고의 주제인 '국가권력 균형

---

7) 권영성, 『헌법학원론』 (서울 : 법문사) 2003, 103면.

을 위한 수사구조개혁'과 관련하여서도 사회계약설의 내용과 특징을 깊이 살펴볼 필요가 있다.

먼저, 홉스는 성악설적 인간관을 바탕으로 하여 국가성립 이전 자연상태를 만인의 투쟁상태로 상정하면서, 이러한 상태에서는 정의와 부정의의 구별이 존재하지 않는다고 하였다. 홉스이론에 의하면 자연법에서는 3종류가 있는데 제1자연법은 인간이면 누구나 천부의 권리를 가진다는 것으로, 이 법원리는 근대정치사상의 근간을 이루게 된다. 제2자연법은 모든 인간은 자발적인 동의(계약)에 의하여 무제한의 자연권을 국가에 기꺼이 양도해야 한다는 것으로, 이것이 그가 말하는 사회계약이다. 사회계약은 개인이 자기보전을 위하여 자연상태에서의 모든 권리를 절대복종을 조건으로 제3자(국가)에게 양도하는 복종계약일 수밖에 없다. 제3자연법은 계약이행을 의미하는 것으로, 계약이행은 정의이고 그 불이행은 부정의이다. 그러므로 평화유지와 계약이행에 대한 객관적 보증이 필요하게 되며, 이것이 바로 제3자(국가)의 강제력이고 이것은 국가만이 보유할 수 있다. 계약당사자로 하여금 계약을 이행하게 하는 자연법실현의 방법은 모든 권력을 한 인간 또는 집단에게 양도하는 것이고, 개인 또는 집단(국가)에게 절대복종하는 것이 모든 인간의 자기이익과 일치하는 것이 된다고 한다. 이러한 복종계약은 취소를 할 수 없고 국가에 대한 저항도 허용되지 않는다.

반면, 로크는 성설선적 인간관을 바탕으로 하여 인간이 자연법의 테두리 안에서 스스로 적당하다고 생각하는 바에 따라 자신의 행동을 규율하고, 그 안전과 재산을 처리할 수 있는 상태를 자연상태라고 규정한다. 로크가 상정한 자연상태는 무규범적이기는 하지만 전쟁상태가 아닌 질서와 평화의 상태라고 한 점에서 홉스의 견해와 상이하다. 그러나 로크의 자연상태는 상반된 이해관계와 갈등이 야기될 경우, 이를 공정하게 처리할 심판관이 존재하지 아니하고 타인의 권리를 침해하는 자를 처벌할 강제력이 없다는 데에 그 한계가 있다.

이러한 한계를 극복하기 위한 방안으로 사회계약이 요구되며, 이 계약은 자연상태에서의 권리를 일정한 대표에게 위임하는 위임·신임계약이므로 취소가 가능하다. 그는 사회계약 목적은 개인의 생명·자유 및 재산의 보전에 있다고 보고, 국가가 명령·지배의 권력을 남용하여 인민의 기본적 권리를 침해하게 되면 인민은 이에 대한 복종의무가 있게 될 뿐만 아니라 저항권을 행사하여 이를 변경할 수도 있다. 그는 사회계약을 체결함에 있어 신탁의 뜻에 위배되는 국가권력을 배제하거나 변경할 수 있는 최고 권력은 신탁자인 국민의 손에 유보되어 있다.

루소이론에 있어 자연상태는 인간이 고립하여 생활하는 상태로서 재산도 전쟁도 없는 평화롭고 무조직의 상태이다. 또한 자연상태에서의 인간 욕망과 자유 남용을 방치하게 되면 자연의 아름다움도 자유의 고귀함도 파괴되고 말 것이기 때문에 이를 보존하기 위하여 전체인민은 합의(자유의사에 의한 계약)에 의하여 국가를 건설하고, 국가를 지도하는 최고 불변의 의사인 일반의사에 복종함으로써 질서를 유지하고, 그렇게 함으로써 스스로의 자유를 누릴 수 있다. 따라서 국가권력은 인민의 일반의사(총의)에 기초한 것이고, 이에 복종하는 것은 타인에 의한 타율적 지배가 아니라 자신에 의한 자기지배라고 한다. 사회계약은 인민과 인민간에 그리고 인민과 통치권자간에 체결된 이중계약이 아니라 인민상호간에 체결된 단일계약으로 본다. 일반의사는 개인의 자기 이익만을 추구하는 특수의사와 구별되고, 특수의사의 단순한 합계에 불과한 전체의사와도 구별된다. 일반의사는 공통의 이익만을 추구해야 하는 것으로 오류를 범할 수 없으므로 개개인이 특수집단을 조직하여 스스로의 권리를 위하여 투쟁하는 것은 금지되어야 한다는 주장이다.

이상의 홉스, 로크, 루소의 국가의 목적이 무엇인가에 관한 사회계약설의 특징을 살펴보면, 홉스는 국가에 대한 절대복종을 전제로 하기에 복종계약의 취소는 불가능한 것을 알 수 있다. 이러한 의미에서 국민의 국가에 대한 저항권은 인정될 수 없으며 국가는 절대국가의 성질을 지니고, 주권은 군주의 몫으로 돌아가게 된다. 반면 로크는 국가를 통한 국민의 보호뿐만 아니라 국민의 국가에 대한 보호를 강조함으로써 권력분립과 저항권을 인정하게 된다.

2. 헌법상 수사권력의 위임

위와 같이 국가, 국가권력의 기원이 어디서부터 유래하는 것이고, 국가가 존재하는 목적, 나아가 국가가 최고의 권력을 지닐 수 있는 이유가 무엇인가에 관한 고민은 본 논고인 수사권 조정문제 해결에 대한 근본적인 해답이 될 수 있다.
왜냐하면 수사권 또한 국가권력의 가장 핵심을 이루는 부분이며, 국민의 인권보장 및 침해와 가장 밀접한 관계가 있는 만큼, 국민은 가장 신임할 수 있는 국가권력자에게 수사권을 위임하려고 함은 당연하다고 할 수 있기 때문이다.

근대국가 이후의 국가의 존재이유에 관하여 국가와 국민의 관계를 가장 설득력 있게 설명하고 있는 로크의 사회계약설에 의하면 국민은 현 상태보다도 더 평화롭고 안전하게 자유와 권리를 보장받기 위하여 국가에 대하여 위임한 권력이양 계약을 취소하고 다른 국가기관에 수사권을 위임을 할 수 있는 권리가 있다. 해방 이후 검찰 조직에게 독점적으로 이양된 수사권을 운영하여 오면서 검찰조직은 대한민국 국민의 인권보장 및 신장에 많은 기여를 해 온 것도 사실이다.

그러나 검찰조직은 피의자를 수사하여 기소하고 공소유지과정에서 유죄판결을 받게 한 후 형을 집행하는 것이 주된 업무인 점에서 국민의 인권을 침해할 수 있는 속성도 함께 지니고 있음을 부인할 수 없다. 그러한 본래적 속성에 더하여 수사 권력을 독점하고 있다는 것은 권력의 분산과 견제·균형의 원리에 상반된다고 하지 않을 수 없다. 해방 이후 검찰은 독재정권, 군부정권 하에서 지속적으로 그 권력이 강화, 집중되어 갔으며 그러한 상태는 군부정권이 무너지고 문민정부가 들어선 이후 국내정치는 민주화로 안정되어 가면서도 여전히 변함이 없었다. 이러한 시점에서 수사권 독점은 국민의 의사에 의해 재조정될 필요가 있는 것이며, 합리적인 수사권력의 배분 내용에 대해서 통찰이 요구되는 시기였다.

그리고 국가 스스로도 근시안적이 아닌 보다 거시적인 관점에서 현행 수사권체제가 국민의 인권보장에 충실하고 있는지 되돌아보아야 한다. 국가권력은 어느 하나에 집중되어서는 안되고 분산되어 상호기관간에 균형을 이루고, 상호 감시를 할 수 있도록 견제장치를 두어야 한다. 또한 오늘날 모두 자유민주국가에서는 그러한 헌법적 시스템하에 국가권력이 배분, 통제되고 있다. 그렇다면 현재 수사권력이 검찰조직에 독점되어 있는 현행 수사체제가 국민의 인권보장 면에서 진정 바람직한 것인지, 나아가 검찰의 수사권 독주를 견제할 장치가 충분히 마련되어 있는지 생각해 보아야 한다.

제 3 절 국가에 관한 철학적 고찰

1. 플라톤과 국가철학

가. 플라톤의 국가사상 의미

플라톤[8]의 국가사상은 역사적으로 서구정치 사회에 있어서 이상주의적 형이상학 및 국가이론을 정립한 최초의 체계적 이론으로서 정치학뿐만 아니라 철학 및 기타 인문사회과학에 지대한 원리와 기반을 제공하여 온 것으로 평가되고 있다. 또한 미시적 측면에서 볼 때 국가를 구성하는 개인과 법적 제도, 인간 본성에 이르기까지 다양한 문제들을 매우 심도있게 다루고 있고 이들이 어떻게 이상국가 실현에 관여 또는 연관되어 있는가 하는 점을 아주 정밀하게 전개하고 있다.[9] 국가에 관한 정치철학적 사고 중에서도 플라톤의 국가사상을 살펴보려는 이유가 바로 여기에 있다.

플라톤의 국가사상이야말로 우리 인류 역사에 남겨진 가장 오래된 국가에 관한 고전이고, 근대에서 현대까지 영향을 미쳐 온 이상철학이다. 물론 플라톤의 이상국가론이 완성된 배경은 아테네의 시대적, 정치적인 상황, 법제도, 아테네를 둘러 싼 국제관계, 그리고 여러 환경적 요소들은 현대의 그것들과 확연히 다르므로 플라톤의 국가

---

8) 플라톤은 기원전 428년에 아테네에서 태어나 347년에 사망한 것으로 전해진다. 두 사람 모두 명문가의 출신인 아버지 아리스톤과 어머니 페릭티오네 사이에서 3남 1녀 중 셋째 아들로 태어난 플라톤은 어린시절과 청년기를 아테네의 전쟁과 정치적 격변 속에서 보내게 되었다. 명문가의 자제답게 정치에 마음이 있었지만 당시의 정치현실은 플라톤으로 하여금 환멸을 느끼고 현실정치에 가담할 뜻을 버리게 만들었다. 그 결정적인 계기가 바로 플라톤이 28세 되던 해에 일어난 스승인 소크라테스의 죽음이었다. 이후 플라톤은 아테네와 속국을 여행하면서 정치철학을 완성해 나갔다.
플라톤의 이상국가론은 그가 남긴 대화편들 중에서 중기 대화편들(플라톤이 아테네에 세운 아카데미아 학원 설립시인 42세 이후부터 60세에 이르기까지 저술한 것으로 추정되는 대화편을 말함) 중 ≪국가≫편에 피력되어 있다. 그는 아테네의 '지성 부재(不在)'의 상황을 개탄하고 법은 지성이 배분되어야 하고, 지성을 갖춘 철인에 의한 통치를 강조하고 있다. - 박종현 역주, 「플라톤의 국가 · 정체」, (서울 : 서광사) 2004, 27면.

9) 지영환, "플라톤의 철인정치사상에 대한 분석과 비판 및 철인정치사상이 현대민주주의에 시사하는 점", 성균관대학교 대학원 논문, 2005, 20면.

사상을 지금의 시대에 전적으로 적용은 불가능하다. 더구나 플라톤은 그가 활동할 당시 아테네의 정치상황을 비판하고 그가 존재했다면, 바라고자 했던 국가의 '이상형'이었으며 그의 희망사항이었던 것이다. 그러나 플라톤이 활동했던 아테네의 정치상황과 권력자들의 쟁탈, 권력유지를 위한 권모와 술수라는 정치의 어두운 면들은 지금의 정치현실과 크게 다르지 않았다. 그러한 점에서 플라톤의 이상국가론은 본 수사권력과 국가권력을 누구에게 배분하고 어떠한 책임을 맡겨야 국민에게 가장 바람직한 국가형태가 될 것인가에 대한 해결의 실마리를 제공해 줄 것이다.

나. 플라톤의 이상국가

1) 국가의 필요성

플라톤에 있어서 국가 기원은 인간의 필요성에서 시작된다.[10] 인간은 아무도 자기 스스로 자족하지 못하고 많은 것을 필요로 하기 때문에 서로의 필요한 것들을 위해서 도움과 협력을 요구한다. 그 첫 번째 요구되는 것들이 육체에 필요한 의, 식, 주인데 플라톤은 분업과 교환의 원칙에 입각하여 동반자와 협력자들이 일정한 주거지에 모여 경제적 사회를 형성하였을 때 그 주민들의 조직체를 국가라고 부른다.

그러나 때로는 이 국가가 거대해질 때 국민들의 물질적 욕구와 충족이 비례하여 커짐으로써, 내적 불안과 외적 전쟁의 위협으로 인해 국가는 건강과 균형을 잃고 해체될 위기에 놓이게 되며 부정국가가 되고 마는 것이다. 플라톤은 그러한 이유로 이상국가를 말하고 있고 이상국가의 실현을 위해 철인정치에 관하여 역설하였다.

2) 플라톤의 이상국가

플라톤은 철학의 궁극적인 목표인 선과 정의의 이데아가 실현되는 국가를 이상국가로 보고, 이상국가의 목적은 어떤 한 계급에만 행복이 편중되게 하는 것이 아니고 모든 국민에게 최대의 행복을 주는 것에 있는 것으로 보았다. 다시 말하면 이상국가는 사람의 행복을 위해 존재하는 것임을 주장했다.

---

10) 이점에서 플라톤의 국가기원에 관한 생각이 후대의 근대국가 기원에 관한 지배적인 견해인 사회계약사상에 영향을 미쳤음을 알 수 있다.

국가를 구성하는 구성원은 통치계급(왕), 수호계급(군인), 생산계급(농민, 수공업자, 노동자)의 세 직종으로 분류되며, 이들 각각은 각자에 합당한 덕이 있으며 이 덕목들이 국가 내에서 조화를 잘 이룰 때 정의로운 이상국가가 실현될 수 있다고 보았다.

이들 계급 중 가장 머리부분에 속하는 통치자에게는 무엇보다 지혜가 필요한데 이 지혜는 깊은 철학적 사색을 통해 얻어지는 지식, 국가 전체에 관한 철학적 지식을 뜻하며, 최선의 지식은 선의 이데아이고, 이것이 바로 통치자가 가져야 할 정의로운 국가의 근본이다.

두 번째 계급인 국가를 수호하는 수호자에게는 용기가 필요한데, 이 용기는 교육을 통해 이루어지며 어떠한 고통, 쾌락, 공포에 굴복함이 없이 무서운 것들과 무섭지 않은 것들에 관한 올바르고 합리적인 견해를 한결같이 잃지 않을 것을 요구하였다.

마지막 생산자 계급에게는 절제있는 행동이 필요한데, 이 절제는 일종의 질서이며 쾌락이나 욕망을 극복하는 것을 말한다.

이상의 세 계급은 각자가 자기의 천성에 가장 잘 어울리는 일을 맡아 이에 충실할 때 정의로운 이상국가가 탄생되는 것이다.

다. 플라톤의 정치유형

선동가들 즉 소피스트들에 의해 중우정치로 타락해 가는 아테네 민주주의의 말로를 보면서 플라톤은 가장 이상적인 정치형태는 무엇인가에 대하여 고민하였다. 그리하여 플라톤은 왕도정체(basileia)나 최선자정체(aristokratia)를 제외하고 당시 횡행하던, 또는 과거에 간접적으로 경험하였던 타락한 정체(政體)들의 유형을 명예지배정체, 과두정체, 민주정체, 참주정체의 대표적인 4가지로 나누어 이에 대해 집중적으로 고찰하고 있다[11]. 그가 분류한 정치유형과 이상적 정치형태인 철인정치의 논의는 그의 국가사상을 이해하기 위한 필연적 전제라 할 수 있다.

즉 플라톤은 "잘못된 정체(政體)들로서 언급할 가치가 있고, 그 결함들을 살펴볼 가치가 있는 것들에 네 종류가 있고, 또 그것들을 닮은 사람들도 네 종류로 분류되며,

---

11) 플라톤은 최선자들의 정체와 이를 닮은 철인 정치자에 대하여 제5권에서 제7권에 걸쳐 언급을 한 후 제8권에서부터 제9권에 이르기까지 이들 잘못된 정체와 이를 닮은 사람들에 대하여 집중적으로 고찰을 하고 있다.

그렇게 유형을 나누는 의미는 이들 모두를 살펴보고 가장 훌륭한 사람과 가장 나쁜 사람이 어떤 사람인지에 대해 합의를 봄으로써, 철인정치만이 가장 훌륭하고 올바른 정치라는 것을 역설하고 있다[12]. 결국, 플라톤은 가장 훌륭한 정체야말로 잘못된 정체들을 분석하고 유형화하여 훌륭한 정체와 무엇이 다른지 또 이를 닮은 사람들은 철인정치가와 어떻게 다른지 비교하여 봄으로써 정의를 보다 명쾌하게 내릴 수 있고, 더욱 그 가치와 소중함을 알 수 있다."고 생각한 것 같다.

라. 플라톤의 국가사상과 국가권력제한론

이상국가 형태가 어떠해야 하는지에 대하여 플라톤은 '국가론'에서 상세하게 피력하고 있는데, 플라톤의 국가론에 있어서의 국가권력제한론적 기본사상을 살펴보면 다음과 같다. 플라톤은 기본적으로 국가(polis)라는 것은 '大文字로 쓰여진 인간'이라고 생각하여 인간의 영혼 삼분설을 확대하여 국가관 및 국가의 구성을 생각하였다.

인간의 영혼이 세 부분으로 이루어지는 것과 마찬가지로 국가도 세 계급으로 이루어지는데 가장 낮은 계급은 일반 시민(또는 생산자)들[13], 그리고 그 위에 국가의 수호자 역할을 하는 전사 계급[14] 그리고 통치자[15]로 구성되며, 플라톤은 세 계층의 사람들이 잘 조화를 이룰 경우 국가의 정의도 실현된다고 주장하였다. 이러한 폐쇄적인 계급으로 구성된 국가 체제에서 플라톤이 특히 강조하는 바는 국가의 통치는 오직 통치자의 임무라는 점이다. 즉 수호자와 일반 시민들은 정치에 참여할 권리가 없으며 오직 통치자에게 복종할 의무만 진다.[16]

---

12) 박종현 역주, 『플라톤의 국가・정체』, 서광사, 2004년 3판, 177면.

13) 생산자들은 각각의 생업에 종사하는 자들로서 이들이 지녀야 할 덕은 분수에 넘치는 생활을 하지 않는 절제이다. - 위 책 486면.

14) 수호자가 지녀야 할 덕은 바로 용기이며 최고의 통치자들은 지혜를 덕으로 삼아야 한다.

15) 통치자는 철학자(愛知者) 또한 지혜(Sophia)를 요구하는 사람으로서, 어떤 지혜는 요구하되, 어떤 지혜는 요구하지 않는 자가 아닌 모든 지혜를 요구하는 자로서, 모든 배움을 선뜻 맛보려 하고 배우는 일에 반기며 접근하고 또한 만족할 줄 모르는 사람으로 정의한다.

16) 플라톤의 철인통치사상에 대해서는 지나치게 중앙집권적이며 통제적인 정치 형태를 내세움으로써 독재의 정당화, 절대권력의 옹호와 같은 결과를 초래할 위험성을 내포하고 있음을 부인할 수 없다. 그러나 플라톤은 철인은 공동체의 최대선인 이데아에 대한 지식을 가진 사람으로 그러한 자질은 본래부터 타고나는 것이 아니라 철인의 기질을 지닌 사람을 골라 어렸을 때부터 철인을 위해 계획된 교육에 의해 길러진다고 보았다. 또한 철인은 개인적 욕망이나 정욕에 사로잡히면 안되므로 일부일

그러나, 그는 철인통치에 대한 견제장치도 함께 생각하였던 것 같다. 그는 일인 독재를 막기 위하여 통치자는 반드시 다수여야 한다는 점을 강조했다. 그의 비유에 의하면 마치 병을 앓을 때 아무의 말이나 듣지 않고 전문 의사에게 찾아가는 것이 당연하듯이 정치도 소수의 전문가 집단이 이끌어 나가는 것이긴 하지만, 통치자에 대한 견제로써 통치자는 결코 1인이 되어서는 안되며 다수여야만 한다는 공화정을 주장하였다.

결국, 플라톤은 계급과 각 계급에 합당한 권한과 덕목을 주어 각자의 맡은 임무, 책임을 완수할 것을 주장하였는데, 각자의 권한과 책임의 분리 그리고 이들의 균형을 통해서만이 이상적인 국가가 실현될 수 있다고 보았다. 플라톤의 국가사상은 국가권력에 대한 철학적, 헌법학적 이론에 있어서 국가권력이 제한되고 상호 균형을 이루어야 국민의 자유와 복리가 증진된다는 통치구조원리로 발전하게 되었다. 플라톤의 이상국가에 있어서는 계급과 그에 대한 권력이 정당화되었지만, 근대 이후 계급을 부정하는 철학자들은 피지배자와 통치자가 평등한 입장에 있으면서 피지배자가 국가에 권력을 위임하고 다시 각 권력기관에 권한과 책임을 분배하되 상호 감시와 견제를 통해 권력의 집중과 횡포를 막으려는 사상으로 변용, 발전하게 된 것이다. 이와 같이 국가권력이 어느 한 사람 또는 하나의 기관에 집중되어서는 안 되고 분리되고 상호간에 균형을 이루어야 이상적인 국가체제를 실현해 나갈 수 있다는 국가권력 제한론적 사상의 기초는 플라톤의 정치사상에서 이미 그 이론적 토대가 생성되었던 것이다.

플라톤이 말한 각자의 계급에 각자의 권한을 주고 그에 대한 책임을 지게 하는 분업과 책임의 원리는 수사권 배분의 문제해결에 있어서 철학적 기초를 제공해 주었다. 과거에 검찰조직이라는 국가기관에 수사권을 일임했지만 이에 대한 부작용이 많았고, 또 플라톤의 '철인정치'라는 이상국가 통치원리의 관점에 있어서도 권력을 1인 통치자에게 주어져서는 안되고 다수에 의해 통치되어야 한다는 점에도 수사권의 독점은 모순되기 때문이다.

플라톤의 철인통치에 대한 견제장치와 관련하여 여기서 반드시 생각해야 할 중요한 것은 단지 검찰이 수사권을 가지고 있기 때문에 이를 경찰조직과 배분을 하여야

처제의 혼인이나 사유재산의 소유가 금지되는 등의 엄격한 절제를 요구하는 등의 통제장치를 마련해 놓았다. 플라톤 이상국가에 있어서도 국가권력의 집중에 대한 견제장치의 필요성은 존재하였음을 알 수 있다.

한다는 것이 아니라, 검찰에 의한 수사권 독점에 의해 각종 부작용이 발생해 왔고, 국민의 권익보장 측면과 국가의 수사권력 운영체제에 있어서도 비효율적이라는 점에 있다. 만일 경찰이 중세 이후 근대국가처럼 수사권을 독점하고 있다면 이 또한 역시 수사권 독점에 대한 비판과 수정이 가해져야 하는 것이다.

플라톤의 이상국가론에 기초하고 있는 국가권력 제한론적인 철학사상은 결국, 근대 계몽사상가인 로크와 몽테스키외에 다수 철학자들에게 영향을 미쳐, 근대적 의미의 권력분립론을 확립하게 한 기원이 되었다고 볼 수 있다.

2. 아리스토텔레스와 국가철학

가. 아리스토텔레스의 사상적 기조(基調)

아리스토텔레스 역시 그리스의 철학자이자 플라톤과 함께 그리스 최고의 사상가로 꼽히는 인물로 서양지성사의 방향과 내용에 매우 큰 영향을 끼쳤다. 스승인 플라톤이 국가에 관한 사상적 기초에 관하여 초감각적인 이데아의 세계를 중시한 데 반해서, 아리스토텔레스[17]는 인간이 감각할 수 있는 세계를 중시하고 이것을 지배하는 모든 원인을 인식하고자 하는 유물론적 입장에서 국가를 바라보았다.

플라톤에게서 많은 영향을 받은 아리스토텔레스는 장년기를 지나면서 점차 국가에 관한 자신만의 독자적인 체계를 구축해 나갔던 것이다. 아리스토텔레스의 국가관의 특징은 사고의 대상으로서 주어진 것에서부터 출발하는 경험주의, 궁극적인 근거로까지 거슬러 올라가는 근원성의 추구, 지식의 모든 부분에 걸치는 종합성[18]에 있다. 그

17) 아리스토텔레스는 희랍 북부 스타기라에서 BC 384년에 태어났다. 그의 아버지 니코마코스는 마케도니아의 왕 아민타스 2세에게 고용되었던 의사였으며, 프록세노스라는 후견인에게 그를 남겨놓고 죽었다. 아버지가 살아있었을 때, 그는 의사가 되도록 예정되어 있었으나 그는 18세 때에 아테네에 가서, 플라톤의 아카데미에서 연구를 하게 되었다. 플라톤이 사망하자(BC. 348) 그의 조카 스페우시포스가 그 학파의 수장으로 임명받았고, 아리스토텔레스는 소아시아의 연안에 위치한 아쏘스로 옮겼다. 그는 헤르메이아스의 조카딸인 피티아스와 결혼하였다. BC 342년경에 필립 왕으로부터 13세의 어린 알렉산더의 교육을 담당하도록 초대받은 그는 마케도니아 정부의 지원을 받아 뤼케이온(뤼케이온이라 불리는 아폴로 신전 옆에 있었기 때문에) 또는 페리파토스(차폐물(遮蔽物)이 있는 도로)라고 알려진 새로운 학교를 창립했다.

18) 그가 세운 철학과 과학의 체계는 여러 세기 동안 중세 기독교 사상과 스콜라주의 사상을 뒷받침 했다. 17세기말까지 서양 문화는 아리스토텔레스주의였으며 수백 년에 걸친 과학혁명 뒤에도 아리스토

는 중용이라는 윤리사상을 바탕으로 하여 국가 또한 중용에 의하여 통치되어야 함을 강조하였다. 그러나 이 두 철학자의 사상이 대립되었다고 보기보다는 플라톤의 국가관에 대한 총론적 제시를 아리스토텔레스가 비판적으로 계승, 각론을 덧붙인 것으로 이해하는 것이 바람직하다. 왜냐하면, 아리스토텔레스는 스승의 철학에서 깊은 영향을 받아 출발하였고, 뒤에 독자적인 체계를 구축하는데도 플라톤의 철학적 범주 안에서 이루어진 것으로 생각되기 때문이다.

나. 아리스토텔레스와 중용철학

아리스토텔레스는 인간을 국가적 동물로 파악하여 공공의 생활 가운데서 인간의 선(善)이 실현될 수 있다고 보았고, 그런 까닭에 윤리학은 국가관 또는 정치학의 일부를 이룬다고 생각되고 있다. 이러한 점에서 그의 국가철학을 논의하기 전에 먼저 윤리학을 말하지 않을 수 없다. 왜냐하면 그의 윤리학의 핵심인 중용정신을 바탕으로 하여 국가관이 전개되기 때문이다.

그는 고대 그리스의 이상이었던 '중용(Golden mean)' 정신을 구현하여 스승 플라톤의 엄격한 금욕주의를 버리고 보다 온건한 윤리사상을 전개하였다. 즉 육체를 영혼의 감옥으로 간주하지도 않았고 육체적 욕망이 그 자체로서 죄악이라고 믿지도 않았으며, 그가 볼 때 이성적 삶이란 육체적 조건과 정신적 조건의 올바른 결합에서 비롯되는 것이었다. 여기서 올바른 결합이란 육체는 건강을 유지해야 하고 감정은 적절히 통제되어지는 것을 의미하였는데, 이는 곧 '중용', 다시 말하면 지나친 방종과 금욕적 자제 사이의 균형을 유지하는 것이었다.[19] 이렇듯 행위의 최종 목표는 일상의 행동 속에서 이성적 질서를 실현하는 중용(中庸)으로서의 덕이라고 하였다. 아리스토텔레스의 중용은 모든 덕목들 중의 최고의 덕목, 즉 덕(德)의 정수(精髓)를 의미하는 것이었다.[20]

그는 윤리학에서 펼친 자신의 중용사상을 정치학의 분야에서도 그대로 적용하였는데 이러한 점은 그가 스승 플라톤처럼 어느 특정한 유토피아적 이상국가를 추구하

텔레스주의는 서양사상에 여전히 뿌리 깊게 남아 있다.

19) 아리스토텔레스의 이러한 중용적 덕에 관해서는 *The Nicomachean Ethics*의 Book. Ⅶ 참조.

20) *Policraticus*, Bk.Ⅳ, Ch.9; Dickinson, p.43.

지 않고 다양한 정치제도의 혼합을 바람직한 정체(政體)라 생각했던 점에서 잘 나타나 있다. 그는 당시에 존재했던 군주정, 귀족정, 민주정 등의 정체에 대한 장단점을 분석하여 바람직한 정체란 과두정과 민주정의 중간에 위치하는 절충적인 정체이어야 한다고 판단하였던 것이다.[21] 아리스토텔레스는 국가에 대하여 어느 한쪽의 극단적인 판단을 피하고 각 사상이나 주장이 지니는 장점을 취한 절충주의적 태도를 보였다고 할 수 있다. 현실에서 가능한 안정된 질서의 수립을 위해 필요한 중용개념이 정치학에서 혼합정체의 원리로서 구현되고 있는 것이다.

다. 아리스토텔레스의 국가

1) 국가에 대한 아리스토텔레스 견해

아리스토텔레스 국가철학은 그의 '정치학'[22] 저서에 잘 나타나 있다. 그는 '정치학'에서 국가의 중요성을 지적하면서 "국가는 모든 다른 공동체와 마찬가지로 어떤 목적을 위해 존재한다."고 하였다. 몇몇 가정이 결합되어 한 마을을 이루고, 몇몇 마을이 결합되어 자급자족을 할 수 있을 만큼 커졌을 때 국가가 되며[23], 국가의 목적은 인간의 최고선인 인간의 도덕적, 지적 삶이라고 파악하였다.

국가는 자족적일 수 있을 만큼 거대해야 하나 질서와 투명한 정부를 실행하는 것이 불가능할 정도로 거대해서는 안 된다. 국가는 시민들이 피차의 성격을 알 수 있을 정도로 작아야 하며 만일 그렇지 않을 경우 선거나 소송사건에서 일을 올바로 처리하기 어렵다. 국토 넓이는 언덕에서 바라볼 때 전체가 다 보일정도의 크기가 적당하다. 또한 생활을 하기 위해 일하는 직공이나 상인은 시민으로 인정해서는 안 되며,[24] 시민들은 사유재산을 소유하고 있어야 한다고 보았다. 아리스토텔레스 또한 플라톤과

---

21) *Aristotle, Politics*, Book. Ⅳ 참조.

22) 정치란 통치와 지배에 대한 복종, 협력, 저항 등의 사회적 총칭을 의미한다고 할 수 있는데, 고대 그리스시대의 노예제도 하의 민주정치에서부터 현대의 민주정치에 이르기까지 그 시대적 상황에 따라 수없이 많은 변화를 거듭하여 왔다. 정치학의 근본적인 시작은 플라톤의 정치철학에서 출발하여 아리스토텔레스의 '정치학'을 통해 정점을 이루었다.

23) 이러한 점에서 국가의 필요성에 대하여 플라톤과 아리스토텔레스가 같은 입장을 보이고 있음을 알 수 있다.

24) 『아리스토텔레스』(역자/이병길, 최옥수), 정치학, 박영사, 2000년, 302면.

마찬가지로 교육에 커다란 중요성을 부여하여 교육은 국가가 해야 할 중요한 의무라고 생각했다.

한편 아리스토텔레스는 플라톤의 유토피아적 이상국가에 대하여 다음과 같은 폐단이 있음을 지적하고 있다. 즉 플라톤은 국가에 지나친 통일성을 주어 마치 국가를 한 개인처럼 만들어 버리는 폐단이 있으며, 플라톤은 "가족의 '공동소유'[25]를 인정하는 공산주의적 지향은 그만큼 공동소유물로 되어 있는 것은 돌보지 않게 되고, 오히려 이웃간의 시비가 발생될 우려가 많다."고 말한다. 따라서 재산은 개인 소유여야 하고 다만 사람들은 그 사유재산을 자비로운 마음에서 나눠서 쓸 줄 알도록 훈련되어야 한다고 하였다.

2) 아리스토텔레스의 이상적 정치형태

나아가 아리스토텔레스는 정치체제에 대하여 중용개념을 도입한 현실적이고도 이상적인 정체론을 피력하여 플라톤의 정치체제에 비판 및 발전적 모색[26]을 하고 있다.

사회전체의 선(善)을 위해 힘쓸 때 좋은 정부가 되고, 자기 자신만을 위해 노력할 때 악한 정부가 된다. 훌륭한 정치체제에는 군주정치, 귀족정치, 입헌정치가 있고, 나쁜 정치 체제에는 참주정치, 과두정치, 민주정치가 있다.

이상적인 정치는 어느 한 사람이 탁월성에 있어서 다른 모든 사람들을 한 사람 한 사람 능가하고 통틀어서도 능가해서 자연적인 군주 및 통치자가 되는 것이나, 실제로 그런 사람은 나타나지 않으며 일반적으로 탁월한 영웅들이란 원시적인 사람들 사이에서 발견된다. 그렇기에 다수의 선한 사람들에 의한 통치(귀족정치)가 일인 군주제보다 낫다고 주장한다. 그러나 아리스토텔레스는 귀족정치마저도 당시 국가체제로서 너무 높은 이상이라 평하고 법치체제를 옹호하는데, 그 체제에서는 부유한 사람들에게 그들의 공적에 따라 관직을 부여하는 법에 의해 번갈아가며 복종하고 통치할 수 있는 다수의 전사(戰事)들이 자연스럽게 존재한다고 한다. 이는 사실상 중간계급에 의한 통

---

25) 플라톤은 "아들이 될 만한 연령층에는 모두 '아들'이라는 칭호를 주어 사람들이 친아들에게 갖는 감정을 모든 사람에게 다 갖게 하고, '아버지'라는 칭호도 마찬가지로 하여야 하며, '아내의 공동소유'를 통해 이상국가를 실현할 수 있다."고 보았다.

26) 이수석, "혼합체제의 정치사상사적 연구: 고대혼합정체론의 부활을 중심으로", 고려대 박사학위논문, 1997년, 115면.

치를 의미하며 과두정치와 민주정치의 중간적인 혼합정체를 뜻한다. 이러한 법치체제에서 통치를 하는 것은 다수이지만 이들은 전사로서 봉사할 수 있는 능력은 어느 정도의 재산을 전제한다는 점으로 미루어 보아 민주정치의 경우와는 달리 재산이 없는 대중은 아니기 때문이다.

라. 아리스토텔레스의 국가권력제한론

오늘날의 현대적 관점에서 아리스토텔레스의 국가관 역시 플라톤이 말한 국가와 마찬가지로 지나치게 윤리적이고 이상적인 점을 부각시켰다는 점은 부인할 수 없다. 그러나 그의 정치유형인 1인의 지배, 소수의 지배 및 법의 틀 안에서 다수의 지배형태로의 분류는 오늘날에 있어서도 통하고 설득력 있는 분류인 것이다. 그는 1인 지배는 독재에 따른 장점을 가지고 있어 군사면 또는 행정면에 있어서 요청되며 엘리트에 의한 소수의 지배는 인재의 역량을 발휘케 하여 국가의 이익을 도모할 수 있고 또 법치적 민주정은 자유와 경제적 평등을 강조함으로써 이들 정체의 이점을 종합한 혼합형 정체가 좋다고 한다.

또한 국가의 통치 기술은 국가 내에 있어서 세력간의 균형을 발견하고 조정하는 것이라고 생각하였는데, 그의 이러한 평형과 견제에 의한 통치의 관념, 권력제한사상, 행정권의 전횡에 대한 염려, 통치권력 작용에 대한 입헌적 제한의 주장들은 인류 2천여 년의 역사적 경험을 통해 끊임없이 실천되어 온 것으로 볼 수 있다. 결국 아리스토텔레스가 공동체의 균형을 얻기 위해 안출한 혼합정체론의 구조이론은 현대에 와서 세력간의 균형과 조정이라는 과제를 해결하는 하나의 지침으로 작용할 수 있다고 생각된다.

아리스토텔레스는 혁명이론을 통해서도 입헌귀족정이 행여나 반민정으로 전환될 것을 우려하여 권력에 대한 입헌적 견제 통치권력에 의한 법의 통치 및 계급간의 균형을 강조하였던 바, 그의 국가, 정체, 윤리 등 모든 사상적 기조에는 권력이 어느 한 쪽에 치우쳐서는 안되고 중용을 이루어야 한다는 즉 권력에 있어서의 견제와 균형원리를 플라톤의 이상국가보다 더 한 차원 승화시키고 이를 구체화하고 있음을 알 수 있다.

3. 홉스와 국가철학

가. 홉스의 사회계약설

홉스는 그의 저서 '리바이어던'에서 인간은 저마다 자유롭고 평등하여 생존을 위해서는 무엇이든지 할 수 있는 '자연권'을 가지고 있으나, 각자가 모두 그와 같은 권리를 무한히 추구하면 결과적으로 '만인의 만인에 대한 싸움'이라는 자연상태가 되므로, 사람들이 자연권을 지배자에게 이양하는 사회계약을 함으로써 이에 입각한 강력한 국가, 즉 거대한 리바이어던을 수립하여 비로소 평화적인 상태로 들어갈 수 있다고 주장해 17세기의 절대왕정제 이론을 성립시켰다.

홉스는 "인간은 정념에 따라 행동하는 불합리한 존재임을 밝히면서 사람들이 국가를 조직하려면 먼저 자연권을 한 개인 또는 소수의 집단에게 이양하여 포기해야 하며, 주권자의 말에 복종함으로써 국가가 성립하게 된다."고 한다. 그리고 주권자의 권력은 무소불위의 것인데 신민들이 주권자에게 권한을 주는 것이므로 주권자의 판단이 곧 신민들의 것이라는 주장을 펼친다. 그러나 신민들이 주권자에게 권한을 이양했다고 해서 비판할 권한까지 포기한 것은 아니며, 주권자가 신민을 위하여 행동하지 않고 자신의 자연권에 더 관심을 쏟을 경우, 신민들은 그를 다른 사람으로 바꿀 수 있다. 하지만 어리석은 민중들이 주권자를 수시로 바꿔버리는 혼란이 없게 하려면 주권자가 통치할 수 있는 최소한의 기간을 보장해 주어야 한다.

주권자의 권력은 절대적이고 무소불위의 것이며 홉스의 사회계약설이 절대군주제를 옹호하기 위해 제시된 이론이라는 점에서 홉스의 사회계약설은 루소나 로크의 이론에 비해 열등하고 부정적인 학설로 비교된다. 그러나 홉스의 이론은 인간에 대한 깊은 통찰과 논리적인 사유 끝에 도출된 이론이고 사실 대다수 현대국가의 통치권이 대통령 일인에게 집중된다는 점에서 현대 국가의 대통령제와 유사한 사실을 알 수 있는 바, 홉스의 주장을 선불리 비판할 수는 없다.

전반적으로 볼 때, 홉스의 주장은 플라톤과 아리스토텔레스의 맥락을 잇고 있는데, 그것은 다양한 인격의 사람들을 하나로 묶기 위해 하나의 단일 인격을 만드는 점에서 이러한 사실을 알 수 있다. 이 단일 인격에 대해 플라톤은 지배자(철인), 아리스토텔레스는 군주, 그리고 홉스는 주권자로 부르고 있는 것이다.

나. 홉스의 국가권력에 대한 시각

홉스에 의하면 국가나 사회도 인간이 만들어 낸 하나의 인공적 물체이다. 따라서 국가와 사회의 존재에 선행하는 것은 자유롭고 평등한 개인이라고 한다. 그리고 이러한 개인이 가지는 자연권은 '자기보존의 욕망'이다. 그러므로 인간이 자연권을 가지고 자기 힘의 행사와 신장만을 꾀하는 자연 상태에 있어서는 필연적으로 고립하고 대적하여 "만인의 만인에 대한 투쟁"의 상태에 떨어지게 되고 말 것이라고 한다. 그러므로 인간이 이러한 상태에 방임된다면 상호의 '자기 보존의 욕망'의 강조가 도리어 상호의 '자기 보존의 성취'를 불가능하게 만들 것이어서 계약에 의하여 자연권을 제한할 필요가 발생한다. 이로써, 인간은 자연권을 이성에 의하여 합리적으로 실현하기 위하여 평화의 조항에 합의하게 되며, 이를 홉스는 자연법이라고 부른다.

자연법은 당연히 모든 사람의 본능적 이기적인 자연권 행사를 규제하고 계약을 요구하며 이러한 계약의 보증으로서 "하나의 공통적 권력"이 필요하게 되는데, 모든 사람들이 합의에 의하여 자신의 힘을 한 사람이나 또는 하나의 합의체에 위양하고, 그들의 의지를 하나의 의지에 복종시킬 때에 그러한 공통적 권력이 성립한다. 이것이 곧 국가권력이며, 여기에 국가가 탄생하게 된다.

다. 홉스의 이론과 국가권력제한

홉스는 이러한 국가권력의 절대성을 강조하고 최량의 국가형태를 절대군주제라고 보아, 그러한 국가를 '리바이어던(Leviathan)' 또는 '가사적(可死的)인 신'이라고 불렀다. 그러나 그가 비록 절대군주제를 시인했다 하더라도 그것은 결코 왕권신수설(王權神授說)에 입각한 군주제가 아니라 어디까지나 평등한 개인의 자연권에 기초를 둔 군주제였다. 즉 계약 국가에 있어서의 군주나 지배자에 대한 복종은 권위와 힘에 대한 공포에서 나오는 복종이 아니라, 각자의 자연권 즉 각자의 무제한한 자유를 남용함으로써 초래될 투쟁상태에 대한 공포에서 맺어지는 상호계약의 복종임을 전제한 것이다.

결국 홉스에게 있어서는 개인의 자연권 즉 '자기보존의 욕망'은 강조되면서도 그것이 이기적, 자연적 자유로서 방임되어야 하는 것이 아니라 계약국가 안에서 자연법을 매개로 하여 시민권으로 전환되어야 함을 의미하는 것으로 파악된다.

4. 로크와 국가철학

가. 로크의 사회계약론

로크(John Locke)는 홉스와 더불어 국가 이전의 그리고 국가를 초월한 자연상태와 자연상태 조건하의 인간에 대한 논의에서 출발하여 정치이론을 전개[27)]하였다.

그는 인간은 자연법이 설정한 제한된 범위 내에서는 무엇이든지 다 할 수 있고 자연상태에서 생활하는 모든 개인은 평등한 관계에 있다고 하였으며, 이 점에 있어서는 홉스와 견해 차이가 없다. 그러나 자연상태 조건에서의 인간의 자유와 평등이 바로 그들간의 투쟁상태로 직결된다고 본 홉스와는 달리 로크는 자연상태가 유토피아와 같은 평화 상태가 아니며 투쟁하는 상태도 아니라고 보았다.

로크는 자연권이 개인보다 우월한 어떠한 권력에 의해서 부여되는 것이 아니라, 인간의 자연적 기본적 권리였다. 이와 같은 자연권의 이론을 토대로 해서 자연상태에서의 사유재산의 존립이 허용되며, 이러한 자연상태에 있는 인간은 자유, 평화, 평등의 관계에 있는 것이었다. 권력도 개인이 소유하고 있는데 지나지 않으며 정치권력이 존재하지 않는 상태이다.

그러나 그의 자연 상태는 유토피아적 상태가 아니라는 점에서 일종의 불안 상태이다. 즉 제정된 법률이 없고, 자연 상태에서 일어나는 분쟁을 해결할 공정한 방법이 없으며, 재판을 강제하는 집행권이 없다는 불안한 결점을 지니고 있는 것이었다.

즉 투쟁할 가능성을 항상 내포하고 있어 인민의 자유와 재산이 불확실하게 보장되어 있는 것을 좀더 확실하게 보장하기 위해 정치사회를 형성한다는 것이고 여기에 그의 사회계약론이 성립하게 된다.

---

27) 윤명선, 『인터넷시대의 헌법학』, 대명출판사, 2005년, 122면

나. 로크의 국가사상

로크의 사회계약론에 있어서는 자연 상태를 벗어나기 위한 계약, 즉 원시계약에 의해서 성립하는 것은 국가가 아니라 국가의 모체인 공동(시민)사회였다. 공동사회는 자연 상태에서 국가상태로 이행하는데 과정적 일시적 의미를 갖는 개념이다. 그러므로 공동사회가 해야 할 최초의 일은 정부를 수립하는 것이며, 그것은 공동사회가 형성되는 목적이 재산과 자유의 확보에 그 이유가 있었다. 공동사회는 이 점에서 정부가 와해된 경우 정부의 권력이 복귀하게 되는 사회로 파악되며, 여기에 공동사회에서 정부가 설치되는 과정의 문제가 제기된다. 그에 있어서 정부의 설치는 사회계약에 포함되어 있는 것이었고, 그것은 중대한 의미를 갖는 것이었다. 그리고 정부와 피지배자와의 관계는 법적 신탁의 당사자들과 같은 신탁관계에 있는 것이어서 로크에 있어서 정부의 권력은 제한된 것이며, 또 정부가 권력을 위양(委讓)받은 것도 아닌 것이었다. 정부의 권력은 개개인의 자연법적 권리를 보장하는 권력으로서 엄밀히 경찰적 권력에 국한된다.

다. 로크의 사상과 국가권력제한

로크는 홉스와 달리 계약에 의해서도 생명, 자유, 재산 등의 자연권은 지배자에게 위양할 수 없다고 주장하여 입헌군주제의 이론을 주장하였다. 그는 법, 정치사상에 있어서는 계약설을 취하지만, 홉스의 전제주의를 자연 상태보다도 더 나쁘다고 생각하여 주권재민과 국민의 반항권을 인정하여 대표제에 의한 민주주의, 3권 분립, 이성적인 법에 따른 통치와 개인의 자유, 인권과의 양립 등을 강조하였다. 이와 같이 홉스의 계약국가론을 계승하면서도 이를 입헌적 의회제도의 확립을 뒷받침하는 이론으로 발전시킨 로크는 더욱 인민의 자유를 확장시켰다는 평가를 받고 있다.

홉스와 달리 로크는 인간의 본성을 단지 이기적, 충동적이 아닌 사회적, 이성적인 것으로 보는 인간관을 바탕으로 하고 있음을 알 수 있는 바, 자연 상태에 있어서의 자연법의 실현은 아직 불완전하여 생명, 자유, 재산에 대한 권리 즉 소유권을 지키는 자연법 집행이 각 개인의 '사적 판정'에 맡겨져 있는데 불과하므로, 사람들은 그들의 개인적 제재권을 포기하고 계약에 의하여 그것을 공적 권력에 위탁함으로써 자연권의 완전한 실현을 꾀하게 된다. 여기에 입법권과 집행권의 본래의 권능과 발생의 근거가 있으며, 시민사회 또는 정치사회로서의 국가가 성립하게 된다. 로크이론에 근거하면 계약에 의한 개인의 권력의 위양은 전면적이고 무조건적인 것일 수 없는 바, '공공의 복지가 최고의 법'이요 국가의 권력 내지 입법권은 어떠한 경우에도 이를 넘어서서는 안 된다. 물론 입법권은 정치사회의 중추요 국가의 최고권이지만, 그것은 이 공공의 복지라는 특정한 목적을 위하여 조직된 신탁적 권력에 불과하며, 만일 그것이 민중의 신탁에 반하는 일을 자행할 경우 "입법권을 해체 또는 경질할 수 있는 최고의 권력은 당연히 민중에게 남아 있는 것"으로 설명하고 있다.

5. 루소와 국가철학

가. 루소의 사회계약론

루소 역시 그의 사회계약론을 통하여 국가에 관한 사상을 정립하였다. 루소는 "인간의 불평등 원인을 사유재산에 의한 것이라 생각하여, 사회계약에 입각한 각인의 자유, 평등을 누릴 수 있는 자연 상태를 구상하였다. 즉 인민의 일반의지[28)]로서 국가가 자유, 평등을 보장할 수 있는 정치체제가 되어야 한다."고 하였다. 각 개인은 자기 자신과 모든 권리를 공동체 전체의 일반의지에 완전히 양도하고, 주권, 법, 정부까지도 일반의지에서 이끌어 져야 한다. 이때 각각의 개인은 온전히 자기를 양도했기 때문에 개인 상호간의 결합은 완전하게 되며, 또한 각 개인은 자기의 권리를 다른 개인에게 양도한 것이 아니라 공동체 전체에 양도한 것이어서 그들은 모두가 평등한 권리를 갖게 되는 것이다.

이처럼 사회계약은 특정한 지배자와 인민과의 사이에 맺어지는 지배복종계약이 아니라, 개인이 주권자로서 상호간에 맺는 결합계약이므로, 그것은 각 개인이 주권자임과 동시에 국가의 구성원이 되는 계약이다.

다시 말하면, 사회계약에 있어 각 개인은 주권자의 일원으로서 각 개인과 약속하

---

28) 윤명선, 『인터넷시대의 헌법학』, 대명출판사, 2005년, 126면.

는 것이고, 국민의 일원으로서 주권자와 약속을 하는 것이다. 따라서 각 개인에게 있어서 주권자란 타인이 아니라 자기 자신이므로 이에 복종함은 곧 자율적으로 자기 자신에 복종하는 것이 되는 것이다. 여기에 계약에 의하여 평등과 자유가 침해되는 것이 아니라, 오히려 확립된다고 할 수 있는 근거가 있다.

나. 루소의 사상과 국가권력제한

루소의 이러한 일반의지는 절대적이며 타인에게 양도 분할할 수도 없으며 그르침을 범할 수도 없으므로, 일반의지의 행사 곧 주권도 역시 절대적이고 양도할 수 없는 것[29]으로서 확립된다. 이와 같은 주권의 절대성에 관한 루소의 사상은 로크보다도 오히려 홉스를 계승한 것이라고 하겠다.

그러나 그는 주권을 홉스와 같이 군주의 권력의 절대성으로서가 아니라 인민의 권력의 절대성으로 파악함으로써, 홉스의 절대군주제도와 로크의 입헌군주제도를 버리고 전 인민을 주권자로 하는 공화제에서 이상적인 국가형태를 찾았다. 이러한 그의 인민주권론, 구체적인 내용에 있어서는 많은 차이가 있기는 하지만, 근대 국민주권국가의 이론적 기초를 확립하는데 기여하였으며,[30] 주권은 일반적으로 시민혁명을 통해 군주로부터 국민에게로 이양되었다.

6. 국가철학적 개관의 의미

이상에서 고대 그리스철학의 대표인 플라톤과 아리스토텔레스 그리고 그의 맥을 잇는 근대의 홉스와 로크, 루소의 국가철학을 개관하여 보았다. 지금으로부터 2000년도 더 거슬러 올라간 고대 그리스에서는 이미 국가에 필연적으로 수반되는 권력이 어떻게 운영되어야 시민 또는 국민에게 가장 이상적인지에 대한 고민이 시작되었다. 그러한 고민은 중세에 이어 근대에 이르기까지 계속되었으며, 그러한 고민의 결과 그 시대의 정치상황과 현실에 따라 이상적으로 때로는 현실을 포용한 이상적인 정치형태 및 국가관이 수정되는 과정이 반복되었다. 어느 이론이나 현대의 국가와 국가권력의

29) 윤명선, 『인터넷시대의 헌법학』, 대명출판사, 2005년, 127면.
30) Rousseau, Contrat social, liv. Ⅰ. Ch. Ⅵ. p.336.

정당성에 대하여 완벽하게 설명할 수 있는 이론은 없을 것이며, 이는 정치철학이라는 학문 자체가 그 당시의 국가의 제도나 정치단체 및 국민 개개인의 정치적 행동 등 정치적 문제에 대한 인식과 그에 관한 가치판단에 사상체계라는 점에서 그리고 어느 것이든 그 시대의 현실정치의 기본문제에 대한 해결을 위하여 펼쳐진다는 점에서 당연하다고 볼 수 있다.

그럼에도 불구하고 고대 그리스철학인 플라톤의 국가철학으로부터 근대 민주주의의 확립의 사상적 기조가 된 로크, 루소의 국가사상에 이르기까지 국가권력에 대하여 하나의 일관된 방향이 있음을 알 수 있는데, 이는 국가는 공동선을 추구하기 위해서 존재하고 이러한 공동선이라는 목적달성을 위하여 국가는 이상적인 정치형태에 의해 통치되며 이상적인 정치형태는 권력집중에 대비한 견제장치가 마련되고, 또 각 통치기관간에는 권력이 분립되고 상호 균형을 이루어야 한다는 것으로 나아가고 있다. 즉 권력집중에 의한 정치형태를 국가의 이상적 통치방식으로 주장하는 견해에 있어서도 나름대로 집중된 국가권력이 이상적으로 운용되지 않을 경우를 우려하면서 이 때를 대비한 권력 견제의 필요성을 인식하고 있음을 알 수 있다. 근대에 이르러서는 법에 의한 국가권력의 분립과 균형을 주장하여 민주주의에서의 국가 통치구조 원리의 기틀을 마련하게 되었다. 정치철학, 국가철학은 그 사상이 바라보는 현실에 있어서의 이상적인 정치형태와 국가와 개인간의 관계를 추구하는 끊임없는 과정이다. 오늘날 역시 정치철학적 관점에서 국가권력을 어떻게 재배분하고 효율적으로 운영하여야 국민의 최대 선을 만족시킬 수 있을 것인지에 대하여 고민은 계속되고 있다. 우리나라의 경우 현행 사법제도 개혁, 공직부패척결 그리고 수사구조 개혁 논의가 활발하게 진행되고 있고 국가권력에 관한 개혁의 문제들은 모두 정치철학과 무관하다고 볼 수 없는 것들이다. 그 점에서 국가권력의 제한 또는 배분과 관련한 정치현안 해결은 외국의 입법례나 사례들을 단순히 비교하기에 앞서 오늘날 민주주의의 확립 기초가 된 위의 정치철학 및 국가관에 접목시켜 고민해 볼 필요성이 있다. 현대의 다양한 국가제도들은 모두 그 탄생에 있어서나 운영 면에 있어서 반드시 그 사상적 배경이 있게 마련이고 이에 대한 올바른 이해가 전제되어야만 당해제도를 수정, 변용하더라도 부작용을 최소화시킬 수 있기 때문이다.

결국, 국가권력에 관한 제도의 재정립 문제는 항시 국가 존립의 목적인 국민 권리보장이라는 측면과 국가의 효율적 운용이라는 측면을 고려한 균형적으로 반영하여 해결되어야지 국가권력이 스스로 권력집중 또는 만족을 위한 방향으로 해결되어져서는 안 된다는 것이 본 절의 국가철학 고찰의 의미라 할 수 있겠다.

제Ⅱ장 국가권력 분립론과 수사권력의 분립

제1절 권력분립론 개관

1. 권력분립원리의 의의

권력분립의 원리란 국민의 자유와 권리를 보장하기 위하여 국가권력을 그 성질에 따라 입법권 · 집행권 · 사법권으로 분할하고, 이들 권력을 각각 분리 · 독립된 별개의 국가기관에 분산시킴으로써, 특정한 개인이나 집단에게 국가권력이 집중되지 아니하도록 함은 물론 권력상호간에 억제와 균형이 유지되도록 하는 통치구조의 구성원리를 말한다.[31] 국가권력은 집중될수록 그 힘을 발휘하고 통치자는 국민 앞에 그 힘을 무기로 복종을 요구하는 수단이 되어 왔다. 이러한 국가권력이 집중되는 것을 막고 통치자에 의해 자의적으로 국가권력이 휘둘려지는 것을 막기 위한 통치구조원리가 권력분립론이다. 권력분립의 원리는 민주국가의 기본적 이념인 인권을 보장하기 위하여 권력의 집중과 그 자의적 행사를 억제해야 한다는 근대입헌주의사상의 산물로서, 국가의 통치작용을 기능적 관점에서 입법 · 행정 · 사법 작용으로 구분하고, 이들 작용을 각기 분리 · 독립된 입법부 · 집행부 · 사법부에 귀속시키되, 이들 기관은 자신에게 귀속된 통치작용만을 행사하고 다른 기관에게 귀속된 통치작용은 행사할 수 없게 된다. 나아가 권력을 분립하여 국가기관 상호간에 억제와 균형관계(Check and Balance)가 성립함으로써 어떤 기관도 국가의 모든 통치구조를 지배할 수 없게 되는 것이다.[32]

---

31) 권영성, 『헌법학원론』 (서울 : 법문사), 2003년, 740면.
32) Loewrnstein, K., Verfassunglehre, 2. Aufl., tubingen 1969, S. 69ff.

2. 권력분립원리의 본질

권력분립 원리는 국가권력의 합리적 배분이라는 단순한 조직기술론에 그치는 것이 아니다. 즉 개인의 자유와 권리를 확보하기 위한 제도적 장치로서 자유주의적 통치기구 구성의 원리를 의미한다. 이러한 면에서 권력분립의 원리는 자유주의 원리를 그 본질로 하고 있다. 즉 영속성과 극대화를 속성으로 하는 권력 그 자체와 그러한 권력을 행사하는 인간에 대한 회의와 불신에 바탕을 둔 자유주의적 사고가 권력분립론의 사상적 배경을 이루고 있는 것이다.[33] 만일 권력분립 원리가 권한의 배분만을 의미하는 것이라면, 중국이나 북한의 경우도 권력분립 구조가 채택되어 있는 이상 외형상으로는 민주주의 국가라 할 수 있을 것이다. 그러나 자유주의 원리를 본질로 하는 권력분립은 권력 분리를 기초로 권력 억제를 목적으로 권력의 균형을 의미하고, 국가권력 절대성을 부정한다는 의미의 중립적 원리를 의미하며, 국가권력에 대한 반항의 원리를 의미한다. 또한 권력분립의 원리는 국가적 능률을 증진시키기 위한 적극적 원리가 아니라, 권력 남용 또는 권력 자의적 행사를 방지 억제하기 위한 소극적 원리를 의미한다. 따라서 권력분립 원리는 국가 각 기관간의 분리라는 조직상 요청 외에 겸직 금지와 장기집권 배제까지도 그 내용으로 한다. 권력분립 원리는 자유주의적 요청에 따라 국가권력의 절대성을 부정하고 권력을 중화시키는 중립적 원리를 의미하는데, 권력분립의 원리가 입헌군주국에서는 군주의 절대 권력을 중화하고 민주국가에서는 국민주권 절대성을 중화하는 기능을 하기 때문이다. 마지막으로 권력분립 원리는 권력균형의 원리이다. 19세기 유럽사회의 정치적 현실에서 형성된 권력분립 원리는 군주 · 귀족 · 시민 등 정치세력이 상호 대립하고 있던 당시 상황에서 행정은 군주에게, 입법은 귀족과 시민으로 구성된 의회에 귀속시킴으로써, 정치집단간의 세력균형을 위한 권력균형의 원리를 의미하였던 것이다.

---

33) 권력분립론은 인간에 대한 회의적 · 비관적 인간관에 근거하여 도출된 헌법학자들의 고심의 결과물이며 적극적으로 국가권력의 능력을 증진시키기 위한 제도가 아니라 소극적으로 국가권력 남용을 방지하기 위한 제도이다.

3. 권력분립론의 발전

가. 로크의 권력분립론

이상과 같이 권력분립론은 근대적 통치구조의 구성원리로서 최초로 주창한 철학자는 로크이다. 로크는 명예혁명 직후, 영국의 정치체제를 정당화하고 변호한 [시민정부론]에서 "국가의 최고권력은 국민에게 있다는 것을 전제로 하여, 그 최고권력 아래에 입법권이 있고, 입법권 아래 집행권과 연합(동맹)권이 있어야 한다."[34]라고 주장하였다. 로크의 권력분립론에서 입법권은 국민의 생명・자유・재산을 보호하기 위한 법률제정권력을 의미하고 집행권은 법률을 집행하는 권력을 말하며, 연합권 내지 동맹권은 전쟁・평화・동맹・외국과의 교섭 등 외교권을 의미하는 것으로 정의하였다. 그리고 입법권과 집행권의 관계에 대하여 입법권의 우월성을 강조하면서 입법권과 집행권은 대등한 입장에서 상호 견제하는 권력이 아니라, 입법권은 국민으로부터 위임받은 권력 중에서 최고의 권력이고 집행권과 연합권은 이에 종속된다고 하였다. 이러한 로크의 권력분립론은 입법권과 집행권은 구분, 분리하면서 집행권과 연합권은 동일인 수중에 두어야 한다고 보아 로크의 권력분립론을 흔히 이권분립론이라고 한다.

로크의 권력분립론을 보면 권력 분리는 강조하였지만 권력 균형까지는 미치지 못하였음을 알 수 있다. 왕위에 대한 의회 권한의 우위를 확립시키고, 왕위계승까지 의회가 결정할 수 있게 된 정치체제를 정당화하는 과제가 급선무였던 시기에서 권력 균형까지 이론화한다는 것은 시대사적으로 무리였을 것이다. 이러한 로크의 입법권 우위 이권분립론은 영국 헌정에 영향을 주었고 의원내각제로 발전하는 계기가 되었다.

나. 몽테스키외의 권력분립론

로크가 제시한 권력분립의 도식을 프랑스 정치상황에 적용하여 삼권분립론을 체계화한 이가 몽테스키외이다. 그의 사상에 의하면 시민적 자유가 보장되는 진정한 자유국가가 형성되기 위해서는 권력의 남용을 방지하기 위한 권력으로써 권력을 견제하

34) 윤명선, 『인터넷시대의 헌법학』, 대명출판사, 2005년, 720면.

는 장치를 구비하여야 하며, 이 장치가 바로 권력분립 원리라는 것이다. '법의 정신'에서 개인적 자유를 보장하고 정부의 횡포를 억제하기 위한 수단적 원리로서 권력분립론을 전개하였는데, 이에 모든 국가에는 3가지 종류의 권력이 있는데, 입법권, 국제법에 속하는 사항의 집행권, 시민법에 속하는 사항의 집행권이 그것이라고 하였다.[35)]

자유국가에 있어서 입법권은 국민전체가 행사하는 것이 이상적이겠지만 현실적으로 이것이 불가능하기 때문에, 국민을 대표하는 의회가 입법권을 행사하여야 한다고 하면서, 집행사항은 신속한 처리를 요하므로 집행권은 1인에게 부여하는 것이 합리적인 반면, 사법권은 법적관점에서 국민에 의하여 선발된 자가 행사하는 것이 바람직하다.

이들 삼권 분리에 관하여 동일한 개인이나 집단이 두 권력 또는 세 권력을 장악하게 되면 압제자가 될 것이므로, 시민의 생명과 자유를 확보하기 위해서는 이들 권력이 서로 분리되지 않으면 안 된다. 또한 세 권력 상호간의 억제·균형과 권력으로써 권력을 견제하는 것이 이상적이라고 하였다. 그러나 억제와 균형이 문제되는 것은 입법부와 집행부이고, 사법권에 관해서는 오히려 소극적 독립성을 강조했다. 몽테스키외의 엄격한 3권분립론은 미국에 영향을 주어 대통령제로 발전하는 계기를 마련해 주었다.

4. 권력분립론의 현대적 의의

가. 고전적 권력분립론의 위기

이러한 고전적 권력분립 원리가 현대국가에서도 그대로 유지될 수 있는가에 관하여 다음과 같은 많은 문제점이 제기되어 왔다. 그 이유는 권력분립제가 19세기 당시 자유주의적 통치구조의 구성원리인 권력분립제에 대하여, 그것이 권력 집중과 권력 남용을 충분히 억제하여 줄 것으로 기대되었지만, 20세기에 들어와서는 권력분립제 배경이 된 개인주의와 자유주의 사조가 점차 퇴조하기 시작하면서, 그 결과 입헌주의와 의회민주주의가 위기에 처하게 되었기 때문이다. 20세기에 와서는 개인주의와 자유주의

35) 권영성, 『헌법학원론』, (서울 : 법문사), 2003년, 743면.

에 수반된 갖가지 모순과 결함이 드러나면서 현대국가가 당면한 특수적 위기상황을 극복하기 위하여 강력한 집행부가 요구되었고, 이와 같은 모순과 위기를 시정하고 현대적 특수상황에 대처하여야 한다는 구실 하에 나치즘, 파시즘과 같은 독재체제가 출현하였다. 즉 2차 대전 이후 동서냉전체제로 인한 국제긴장에서 오는 비상사태의 만성화와 그에 따른 방위기구의 확대, 군사독재 등 현대적 독재체제 출현, 정당정치 발달로 인한 권력통합현상, 사회복지국가 실현과 경제 위기 극복을 위한 국가적 과제 극복을 위한 집행부 우위의 권력구조와 이를 실현하기 위한 행정입법의 증대와 같은 새로운 위기상황들은 고전적 권력분립 원리에 수정을 가하게 하였다.

무엇보다도 봉건적 신분사회의 군주제를 배경으로 압력단체가 존재하지 않았고, 국가의 Output에만 의존했던 상황에서 만들어진 고전적 권력분립 이론은 이미 자유·평등 사회로 이전되고, 압력단체의 Input기능이 강조되는 현대에 있어서는 그대로 수용될 수가 없게 된 것이다.[36)]

나. 현대의 기능적 권력분립이론

1) 등장배경

고전적 권력분립론이 현대 제반 상황에 비추어 볼 때 상당한 위기를 맞고 있음은 부인할 수 없지만, 현대국가의 통치질서에서도 반드시 존중되어야 할 원칙임에는 틀림없다. 따라서 오늘날 헌법학 과제는 현대적 상황에 대응하기 위해 권력 집중과 통합이 불가피하다는 인식에 입각하면서도 권력분립의 전면적 폐지보다는 권력분립을 합리적으로 재구성하는 문제일 것이다.

현대 통치구조에서는 국가권력의 기계적인 분리보다는 기본적인 국가기능이 기본권적 가치실현을 위하여 상호 기능적인 협력관계를 유지하면서도 서로 기능을 통제함으로써 국가권력행사가 언제나 협동과 통제 아래 조화될 수 있는 제도적 장치를 마련하는데 초점을 맞추어야 한다고 본다.

따라서 이러한 요구는 기계적이고 획일적인 권력분리에서 목적 지향적이고 유동적인 기능분리로, 권력간의 대립적인 제한관계에서 기관간의 협동적인 통제관계로, 형

---

36) 허영, 『한국헌법학』, (서울 : 박영사), 2004년판, 216면.

식적인 권력분리에서 실질적인 기능통제로 전환을 요구하고 있다.[37]

2) 뢰벤슈타인(Loewenstein)의 동태적 권력분립 이론

뢰벤슈타인(Loewenstein)은 다원적 대중민주주의에서 국가권력의 분립이라는 고전적 개념은 국가기능 분리라는 개념으로 대체되어야 한다고 주장하면서 국가기능을 정책결정, 정책집행, 정책통제의 세 가지로 나누고, 이 세 가지 기능이 여러 권력주체에 의하여 협동적으로 행하여질 경우에 효과적인 권력통제가 이루어진다고 하였다.

정책결정이란 국가의 중요정책이 국회나 정부 또는 국민 등 협동작업에 의하여 이루어지며, 정책집행은 결정된 사항을 구체적으로 시행하는 것으로 법률로 입법화되거나 행정처분이나 재판으로 구체화되며, 정책통제는 모든 공권력 담당자의 공권력을 통제하는 것으로서 수평적 통제와 수직적 통제(연방과 주간의 권력통제, 이익집단들의 정부통제)로 구별하며, 수평적 통제를 다시 기관간 통제(법률안거부권, 의회해산권, 위헌심사권)과 기간 내통제(양원제, 부서)로 구별한다.[38] 뢰벤슈타인은 정책통제가 효과적이기 위해서는 분산된 권력과 통제된 권력 두 요소가 함께 작용해야 한다고 주장, 분산된 권력으로 공무원 임명에 국회 동의, 부서, 헌법개정의 필수적 국민투표제 채택을 들고 있으며, 통제된 권력으로 내각불신임권, 내각이 의회해산권, 법률안거부권, 위헌법률심사제를 들고 있다.[39]

3) 케기(Kägi)의 포괄적 권력분립 이론

케기(Kägi) 역시 국가기능에 따른 권력분립을 강조하면서 헌법제정·개정권과 입법권의 이원화, 양원제, 국가기관 임기제, 여·야의 권력통제, 연방과 주의 수직적 권력분립, 집행 내부의 권력분립 등을 주장한다.

다. 기능적 권력분립론

이와 같이 기능적 권력분립론은 과거에 형식적, 조직적으로만 권력을 분리하고

37) 허영, 『한국헌법학』, (서울 : 박영사), 2004년, 286면.
38) 김철수, 『헌법학개론』, (서울 : 박영사), 1997년, 192면.
39) 허영, 『통합헌법론』, (서울 : 박영사), 2004년, 310면.

기관간에 상호 견제하도록 한 고전적 권력분립론 한계를 극복하고자 과감한 수정을 통해 자기희생을 거친 고육지책(苦肉之策)의 일환으로 주장된 것이다. 기능적 권력분립 원리가 이루어지는 입헌민주국가에서는 국민 기본권 보장이 목적이고 통치권 행사는 기본권 보장을 위한 수단으로서 기능하며, 통치권력은 기본권에 기속되어야 한다는 제1차적 기능원리로 작용하게 된다. 기본권은 통치권력에 대한 '수직적 통제'의 역할을 하여[40] 국민 기본권보장을 위하여 어떻게 권한을 구성하고 권한을 배분하고 행사하도록 할 것인가, 그리고 통치권력 행사에 기본권 기속성의 원칙을 어떻게 준수시킬 것인가를 고민하게 한다. 왜냐하면 한 국가의 통치구조는 국민의 자유와 권리를 보장하기 위하여 조직된 헌법상의 기능적 · 제도적 장치이기 때문이다. 따라서 통치권력은 국민의 기본권을 최대한 보장할 수 있도록 행사되어야 한다.

또한 기능적 권력분립원리가 정착되는 국가에서는 통치구조가 선거 등을 통해 국민 의사에 따라 창설됨으로써 정통성을 갖추고 있으며, 권력분립 원칙에 따라 국가권력의 분립과 견제와 균형 원칙이 적용되며, 다수결 원칙에 따라 의사결정을 하되, 소수권자의 권익이 보호되어야 한다. 또한 다수당의 지배에 대응하여 야당이 통제역할을 할 수 있도록 그 지위가 제도적으로 보장되어야 한다. 결국 기능적 권력분립원리는 자유 · 평등 · 박애가 최대한 보장되고 공통의 과제와 이익에 관한 자유로운 토론을 거쳐 의사결정을 하는 '국민에 의한 자기통제'로서의 민주주의 원리[41]로서 기능하게 되는 것이다.

라. 수사권력 분립 및 재조정

한 국가의 수사기관 수사권력 또한 국가권력 핵심으로서 현대적으로 변모한 기능적 권력분립 이론에 귀를 기울여야 할 필요가 있다.

모든 국가권력이 위와 같은 현대적 권력분립 원리에 따라 변모되고 있음에도 불구하고 우리나라의 수사권력구조는 여전히 검찰이라는 하나의 수사기관에 집중되어 있는 사실을 부인할 수 없으며, 또 그 권한이 남용되어도 이를 통제할 만한 견제장치가 아직 법제도적으로 마련되어 있지 않다. 따라서 경찰에 의해 거의 모든 형사사건에

---

40) 윤명선, 『인터넷 시대의 헌법학』, (서울: 대명출판사), 2005년, 713면.
41) 전게서, 714면.

대한 실질적인 수사가 이루어지고 있는 실상에서 경찰에게도 현실에 맞는 독자적인 수사권을 부여(수사권의 다원화)함으로써 수사기관에 수사권력이 독점, 남용되는 현상을 방지하되 균형 및 상호 통제장치를 마련하는 방향으로 재구성될 필요가 있다. 검찰·경찰간의 수사권력 구조 조정 문제는 이러한 기능적 권력분립 원리 차원에 입각하여 논의 되어져야 한다.

기능적 권력분립 원리에 입각하여 검찰·경찰간의 수사권력 구조 논의를 바라본다면 검찰이라는 수사기관에 수사권이 집중되어 있다는 사실을 알 수 있고, 이러한 현재의 수사구조가 결국 국민 기본권 기속원칙에 역행하고 있음을 알 수 있다. 나아가 기능적 권력분립적 시각에서 현행 수사구조가 어떠한 문제를 안고 있고 또 그 해결방향은 어떻게 설정되어야 할 것인가를 명확하게 해 주는 지침이 될 수 있다.

5. 대한민국 헌법상의 권력분립제도

가. 권력 분립 및 분산

현행 헌법 입법권은 국회(헌법 제40조)에, 행정권은 대통령을 수반으로 하는 정부(헌법 제66조 4항), 사법권은 법관으로 구성된 법원(헌법 제101조 제1항)에 부여하고 있다. 동시에 기관 내에서 권한분배를 통하여, 중앙정부와 지방 사이의 권한분배를 헌법기관 임기에 차등을 두어 권력의 수직적 분리·분립의 기본적인 틀을 유지하고 있다. 그런데 앞서 말한 바와 같이 그 국가형태가 18·19세기 '제한군주국, 자유국가, 입법국가'로부터 이에 대응하는 '국민주권국가, 사회국가, 정당국가'로 발전하면서, 권력분립주의의 기본적인 틀은 유지하면서도 시대적 요구를 충족할 수 있도록 권력분립제는 기능적 권력분립 형태로 수정·보완되지 않을 수 없게 되었다.

1) 복수정당제와 권력분립

즉 정당국가에서 입법권과 행정권은 제도상 각각 의회와 집행부에 분속되어 있지만, 기능적으로는 이들 권력이 사실상 집권당인 정당에 통합되어 가고 있으며, 이러한 상황에서 우리나라의 경우도 의회와 정부 사이의 권력분립 보다는 정당 상호간(헌

법 제8조 제1항) 분립이 현실적이고 또 효과적인 권력통제 기능을 수행할 수 있게 되었다.[42)]

2) 직업공무원제와 권력분립

직업공무원제는 행정기능을 수행하는 방대한 행정조직이므로 정치권력에 대한 견제 또는 정치권력에 의한 통제라는 관점에서 권력분립이 요구되는 바, 현대 행정국가로서의 대한민국 또한 국가기능을 정치와 행정으로 분리하고, 이들을 각기 의회 내각과 관료조직에 부여하여 상호간에 통제기능을 수행하도록 하고 있다. 여기서 직업공무원제는 공무원 신분보장, 정치적 중립성, 헌법존중의무 등을 가지고(헌법 제7조) 행정기능을 소신껏 수행함으로써 수시로 바뀌는 정치권을 견제할 수 있으며, 관료제가 신분보장, 전문직주의, 능력본위승진제 등에 의한 위계질서로 구성되는 경우 관료조직 내부에서 수직적 권력분립 효과를 기대할 수 있다.

3) 지방자치제와 권력분립

지방자치제단체는 그 고유사무를 수행함에 있어 중앙정부 권한을 견제하게 됨에 따라 오늘날에는 권력분립적 의의(헌법 제117조, 제118조)를 지니고 있다. 지방자치단체의 권력분립적 기능을 제고하기 위해서는 지방의회 뿐만 아니라, 지방자치단체장도 주민 직선에 의해 선출・구성(지방자치법 제86조)함으로써 지방자치단체의 민주 정당성을 확보하도록 하고 있다.

4) 헌법재판제도와 권력분립

헌법재판은 통치권 행사의 기본권 기속과 절차적 정당성을 보장하는 '제4의 국가작용'을 그 본질로 하고 있다.[43)] 오늘날처럼 국가권력 통합이 요청되면 될 수록 정치권력, 특히 다수자의 독재에 대한 통제가 필요하며, 이를 통한 인권보장, 소수자의 보호가 요구되는데, 헌법재판제도(헌법 제111조)는 이러한 기능을 수행함으로써 적어도 법적으로 가장 강력한 권력통제 장치로 기능을 하고 있다고 볼 수 있다.

---

42) Duverger, Political Parties, P.432. 윤명선, 『인터넷 시대의 헌법학』, (서울 : 대명출판사), 2005년, 754면.
43) 허영, 『한국헌법론』, (서울 : 법문사), 2004년, 664면.

5) 사회적 세력과 권력분립

국가권력을 통제하는 가장 중요한 방법은 국민주권 원리를 강화하여 '국민에 의한 통치'를 실현하는 것이다. 이러한 면에서 대중매체는 제4의 권력기관으로서 입법부, 행정부, 사법부인 3권의 국가권력을 감시·견제함으로써 국가기관 상호간 통제수단 이상의 역할을 하고 있다. 또 사회집단은 각기 그 이익을 보호하기 위하여 정치활동을 하고, 국민적 공감대를 얻어 사회운동으로까지 승화·전개되기도 한다. 주권자인 국민들은 '여론', 즉 일상적 국민투표 형식을 통해 국가기관에 대하여 일정한 요구를 하고 또한 이들을 비판하고 감시하게 된다.

나. 권력상호간의 견제와 균형

현행 헌법은 분리·분립된 권력 사이에 상호 견제와 균형을 도모하고 있는 바, 먼저 국가기관 구성면에서 대법원장·대법관·국무총리·감사원장의 임명에 국회 동의를 얻게하고 헌법재판소와 중앙선거관리위원회 구성을 국회·대통령·대법원장 합동행위에 의하게 하고 있다. 또 국가기능면에서 보면 국회의 정부·법원의 예산심의제(헌법 제54조), 국무총리·국무위원에 대한 국회출석·답변요구·질문권(헌법 제62조 제2항), 대통령 법률공포권과 법률안거부권(헌법 제53조 제1항, 제2항), 임시국회 소집요구권(헌법 제46조), 사면·감형·복권에 관한 권한(헌법 제79조 제1항), 행정입법권(헌법 제75조, 제95조) 등을 통하여, 법적 제도 면에서 이미 상세히 살펴본 헌법재판제도, 지방자치제도, 국민투표제도, 복수정당제도, 직업공무원제도 등을 보장함으로써 국가권력을 분리·분립시키는 것에 그치지 않고 나아가 국가권력간의 독주를 방지하는 견제·균형을 기능적으로 실현하고 있다.

다. 권력의 통제

국회는 탄핵소추권(헌법 제 65조), 국정감사·조사권(헌법 제61조), 해임건의권(헌법 제63조), 긴급명령 등에 대한 승인권(헌법 제76조 제3항), 계엄해제요구권(헌법 제77조 제5항), 각 종 동의권, 승인권 등으로 정부와 법원을 통제하며, 대통령은 법률안거부권(헌법 제52조 제2항), 예산안편성권(헌법 제54조 제2항), 국민투표부의권(헌법 제72조) 등으로 국회를 통제하며, 법원은 명령·규칙·처분의 위헌심사권(헌법 제107조 제2항), 행정재판권과 선거소송으로 정부를 통제하며, 헌법재판소는 위헌법률심사를 통하여 국회를, 기관소송을 통하여 정부를, 탄핵심판을 통하여 정부와 법원을 각 통제하도록 하고 있다. 위와 같이 국가권력이 한 곳에 집중되지 못하도록 하기 위해 권력을 분산하고 권력상호간에 균형을 이루고 견제하도록 하는 장치를 헌법이 마련하고 있다. 근대 입헌주의 시대에는 권력기간 상호간에 권력을 분리시키고 견제하도록 하는 그 주안점을 두었으나, 오늘날 권력기관 기능이 세분화되고 권력기관 내에서도 권력의 독주를 막기 위해 제도를 정비해 나가는 것이 오늘날 민주국가에서의 기능적 권력분립론이다.

그렇다면, 우리나라 수사구조는 일제강점기(日帝强占期) 이후 현재까지 큰 변함없이 검사에게 막강한 권한이 집중되어 있는 시스템을 유지해 왔으면서도 그 권력 남용을 견제하는 장치가 마련되어 있지 않다. 대통령 친인척, 주요 정치인 및 공직자 그리고 이들과 관련된 각종 대형비리사건들에 대한 검찰 수사가 엄정·공정하지 못하다는 여론에 못이겨 특별검사제가 세 번에 걸쳐 도입되기도 하였지만, 검찰 권력집중과 권한 남용을 방지하기에는 역부족일 뿐만 아니라 한시적으로 터진 둑을 임시방편으로 메우는 것과 같은 미봉책에 불과하다.

기능적 권력분립론에 입각하여 바라볼 때, 이와 같은 현행 수사구조는 검사에게 모든 권력이 집중되어 있고, 실상 97%의 형사사건을 처리하는 경찰에게는 수사권마저 주어지지 않고 있어 검찰 독주를 막을 장치가 마련되어 있지 않다. 경찰에게도 독자적인 수사권한이 없는 만큼 수사과정이나 결과에 대하여 책임을 지는 책임경찰로서 거듭날 수 없는 근본적인 이유가 되고 있기도 하다. 나아가 중앙정부와 지방정부간의 권한과 기능을 효율적으로 배분하도록 하기 위해 지방자치제도를 도입하였듯이 경찰 수사구조에 있어서도 자치경찰제를 도입함으로써, 수직적인 경찰조직 지휘체계를 변경하여 인사·예산권을 지자체에 이양하여 중앙에 집중된 경찰행정권을 지방에 분권하고 지역별 특성에 맞는 민생치안을 확립하여 봉사하는 경찰상을 구현해 나가는 방향으로 나아가야 할 것이다.

제 2 편

외국 및 한국의 수사권 구조에 관한 고찰

각 나라마다 권력분립 형태가 다르고 그 실현을 위한 구체적 제도 또한 그 나라의 전통문화가 다양한 것과 마찬가지로 다르게 형성, 발전되어 왔다. 수사제도는 한 나라의 형사소송제도 일부라는 한계로 형사소송구도라는 하나의 큰 틀 속에서 파악되어야 하기에 각국의 형사절차도 함께 살펴볼 필요가 있다.

수사제도에 대한 비교법적 연구를 통해 각국의 검찰·경찰의 수사상 지위나 권한은 어떠한지, 각국 수사구조와 한국 수사구조의 차이점은 무엇인지, 나아가 우리나라 형사사법 분야에서 가장 핵심을 차지하고 있는 수사절차의 개혁논의가 왜 활발히 진행되고 있는지에 대해 진지하게 생각해 볼 수 있는 계기가 될 수 있을 것이다.

제 I 장 외국의 입법례

형사소추 절차구조는 사인소추주의와 근대국가 성립에 기인하는 국가소추주의의 두 가지 형태가 있다. 사인소추주의는 주로 영미법계 국가에서 행하여지는데 반하여 국가소추주의는 대륙법계 국가에서 택하고 있다. 각 국 수사제도 및 사법경찰 권한과 유형은 그 역사적 배경과 검사제도의 차이에 따라 다르며[1], 대륙법계 국가에서는 검사가 공소권을 가질 뿐 아니라 수사권 주체로서 사법경찰을 그 보조자로 하여 지휘감독권을 인정하고 있다. 그러나 영국·미국 등 영미법계 국가에서는 경찰에 독자적인 수사권을 인정하여 왔으며 검사는 원칙적으로 소추기관으로 수사권을 보충적으로 행사할 뿐이다. 또한 대륙법계와 영미법계의 혼합형을 취한 일본은 경찰에게 독자적인 수사권을 부여하여 범죄수사 관계에 제1차적인 수사기관으로 하고 검찰은 제2차적 보충·보조적 수사기관으로 하여 검사와 사법경찰의 관계가 상호협력관계를 유지하고 있다. 각국의 사회제도, 역사적·문화적 배경 차이에 따라 수사제도를 달리하고 있음을 알 수 있다.

대륙법계국가에서는 검사가 공소권을 독점하는 동시에 수사 주재자로서의 성질을 가진다. 대륙법계 국가로서는 프랑스, 네덜란드, 오스트리아, 이탈리아 등이 있으며 특히 이탈리아 경우는 검찰총장이 징계요구, 심지어는 사법경찰 진급, 전보 허가권까지 보유하고, 벨기에 경우는 사법경찰을 검찰조직에 통합하여 운영하고 있다.[2]

그러나 대륙법계 국가에서도 중요범죄, 경제범죄 등을 제외하면 통상 범죄사건 특히 경미범죄 수사는 사실상 사법경찰에 의하여 독자적으로 수행되며, 검찰은 사법경찰 수사종결 이후에야 비로소 수사기록을 송치 받고 그 토대 위에서 공소제기 또는 불기소 결정을 하게 된다.[3]

---

1) 법무부, 각국의 사법경찰제도, 법학자료(제98집), 1998, 36면.
2) 법무부, 각국의 사법경찰제도, 법학자료(제98집), 1998, 165면.

위와 같이 영미법계와 대륙법계 수사구조는 극명한 대조를 보이고 있다. 즉 미국, 영국 등 영미법계 국가에서는 일반적으로 경찰의 독자적인 수사권을 인정해 주고 있는 반면 프랑스, 독일 등 대륙법계 국가에서는 경찰의 독자적인 수사권을 인정해 주지 않고 검사의 광범위한 수사지휘권을 인정해 주고 있다.

이하에서는 영미법계 국가인 영국, 미국의 입법례와 대륙법계 국가인 독일, 프랑스, 그리고 혼합형 국가인 일본 수사구조에 관한 입법례를 살펴본 후 우리나라의 현행 수사구조를 살펴보기로 한다.

제 1 절 영국의 수사제도

영국은 '민주주의의 종주국'으로 알려져 있으면서도 형식상 여전히 전통적인 군주제를 유지하고 있는 국가이다. 특히 연방국가가 아니면서도 잉글랜드와 웨일즈, 스코틀랜드 및 북아일랜드 각 지역마다 상이한 사법제도를 운영하고 있다. 세계 어느 나라보다도 인권의식이 높으면서도 법률전문가가 아닌 경찰이 독자적인 수사권을 가지고 있다. 또한 그 긴 역사에도 불구하고 한 번도 유혈혁명이 일어나지 않았고 스스로 개혁에 의하여 법제도를 완비해 온 특색 있는 나라이다.[4]

이러한 영국의 경찰제도 특징은 주민 대표자로서 주민의 신뢰를 받아왔다는 역사적 특성으로 말미암아 '자치치안'이라는 개념이 정착되어 있다는 점에서 출발한다. 영국에서 범죄 수사는 기본적으로 경찰 책임과 권한 하에 행하여 지며, 모든 시민은 경찰관이 범죄를 예방하고 범죄자를 밝혀내기 위해 행하는 수사활동에 협조할 의무를 지고 있다. 과거에 영국 경찰은 수사권과 기소권을 모두 보유하고 있었는데, 고문 및 강압수사 문제가 심각하게 되었고 이에 따른 반성을 계기로 1985년 기소법이 제정되었다. 이때부터 경찰로부터 기소권을 넘겨받아 기소업무를 전담하는 '검찰'이 탄생되었던 것이다. 하지만 기소법이 제정된 이후에도 범죄 수사는 경찰 고유영업으로서 법원과 피의자측 변호인 이외에는 누구도 수사에 개입하거나 간섭할 수 없게 되어 있으

3) 법무부, 각국의 사법경찰제도, 법학자료(제98집), 1998년, 89면.
4) 박창호 · 이동희 · 이영돈 · 임준태 · 표창원(공저), 『비교수사제도론』, 박영사, 2004년, 375면.

며, 검찰소속 검사 역시 수사에 관여할 수 없고 오히려 경찰 자문요청에 응할 의무가 주어져 있다.

이하에서는 영국의 형사절차를 개관한 후 수사제도에 대해 상세히 살펴보기로 한다.

1. 영국의 형사절차적 특징과 형사법원제도

가. 영국의 형사절차상 특징

영국의 형사절차에 대한 특징은 다음 7가지로 요약할 수 있다.[5)]

① 먼저 범죄사건 수사는 경찰 책임이다.

② 검찰은 모든 범죄사건의 기소에 앞서 해당사건 증거에 대한 독립적인 평가를 실시한다.

③ 형사절차는 당사자주의적 소송구조라고 할 수 있는데, 검사와 피고인은 법정에 제출할 증거를 선택할 수 있으며, 공판은 증거능력 있는 증거에 대한 조사 형태로 진행된다.

④ 기소측은 범죄혐의에 대해 '합리적인 의심의 범위를 넘어서는' 정도로 입증할 책임이 있다.

⑤ 배심원 재판에 있어서 판사는 '중립적인 감독관'으로서 법과 절차의 문제를 다루며, 사실관계에 대한 판단은 배심원 권한이자 의무로 되어 있고, 배심원의 판단 사유와 근거는 비공개로 되어 있다.

⑥ 구두진술주의에 의한 공판절차 진행을 중요시하며 그러한 이유로 가능한 모든 경우에 있어서 증인들의 진술을 공개법정에서 구두로 이루어져야 한다.

⑦ 배심원에 의해 유죄판결이 내려지면 형량 결정은 오직 판사만이 할 수 있는 판사 고유권한으로 되어 있다.

---

5) Hatchard, Huber & Vogler, R., Comparative Criminal Procedure, 1996, pp.180~181.

나. 수사와 기소

증거 수집과 확인, 용의자 체포와 신문 그리고 입건 등 범죄수사 절차는 경찰에 의해 이루어지며, 수사에 있어 경찰권한과 준수사항들은 "경찰과범죄증거에관한법(The Police Criminal and Evidence Act 1984)에 포괄적으로 규정되어 있다.

범죄수사 결과에 대한 '기소 결정'은 경찰이 하는데, 경찰은 기소보다 경고처분을 하는 것이 더 적절하다고 판단되는 경우에는 사건을 기소하지 않을 재량이 있으며, 경찰이 기소를 결정하여 기소청에 송치한 사건에 대해서는 검사가 검토하여 '경찰의 견대로' 기소하든지 '적용법조 등을 변경'하여 기소하든지, 아니면 형사절차를 중단하게 된다. 기소가 이루어진 형사사건은 치안법원 혹은 형사법원에서 공판이 이루어지며, 피고인에게는 판결 혹은 형량이 불만이 있을 때 항소할 권리가 보장되지만, 기소측인 검사에게는 매우 제한된 항소권만이 주어지게 되어 있다.[6)]

다. 영국의 형사법원

1) 치안법원(Magistrates' Court)

치안법원은 형사사건 대부분을 관할하는데, 약식재판 대상범죄로 불리는 경미한 범죄 처리절차를 담당한다. 또한 양자택일범죄로 일컬어지는 다소 중한 범죄행위는 치안법원 또는 형사법원 중 아무 곳에서나 심리가 이루어질 수 있되, 피고인이 이를 선택할 수 있다. 치안법원은 3인 '평민판사'가 1인 '법률가직원' 법률자문과 보조를 받아 심리를 진행하며 평민판사들이 사실관계를 판단함과 동시에 형량을 결정한다. 치안법원에서 유죄를 선고받은 피고인은 그 선고나 형량에 대해 형사법원에 항소를 제기할 수 있으나, 기소측은 오직 치안판사결정의 '법률상 오류'에 대해서만 고등법원에 사법적 검토를 요청할 수 있을 뿐이다.

---

6) Hatchard, Huber & Vogler, 상게서, pp.180~181.

2) 형사법원

속칭 '기소대상범죄'로 칭하는 중한 범죄행위는 판사와 배심원이 관장하는 형사법원에서 그 심리가 이루어진다.

형사법원에서 재판은 고등법원판사에 의한 재판과 순회판사에 의한 재판이 있는데, 그 중 더 중한 범죄행위에 대한 재판은 고등법원판사에 의해 진행되고, 나머지는 순회판사가 기록원 및 보조기록원과 함께 재판을 진행한다. 형사법원에서 판결이나 형량에 대한 항소는 3명 항소법관이 진행하는 '항소법원형사부'에서 그 심리가 이루어지며, 공인에 관계되는 법률상 문제에 대한 항소는 대법원에서 5명 대법관으로 구성되는 재판부에 의해 심리가 이루어진다.

2. 검찰제도

가. 개 관

영국검찰은 오직 '범죄사건 기소'에 대해서만 책임을 진다. 검찰은 '경찰로부터 독립'하여 범죄사건 기소권을 부여받았으며, 공소유지를 위해 필요한 기능을 수행하고 있다. 검찰조직은 전국에 13개 지청을 두고 각 지청장이 지휘를 하며, 지청마다 지역사무소를 두고 검사들이 근무한다. 영국에서는 검사가 치안법원에 출두하여 공소유지를 할 수 있지만, 형사법원에서는 법정출두를 할 수 없고, 법무변호사(Barrister)에게 공소유지를 대행하게 하여야 한다. 검찰 수장인 검찰총장은 오직 가장 어렵고 민감한 사건에만 직접 관여를 할 수 있고 사건에 대해 법무총재와 상의를 할 수는 있지만, 최종결정은 고유 권한으로 되어 있다.[7)]

---

7) Hatchard, Huber & Vogler, R., 상게서, 1996, pp.180~181.

나. 검찰 업무절차와 기소에 관한 의무

1) 검찰업무 절차

검찰이 경찰로부터 사건서류 일체를 넘겨받게 되면, 주임검사가 소속검사에게 사건을 배당하며 사건을 배당받은 검사는 증거를 검토하고 피의자가 구속되어 있는 경우에는 입건된 다음날 치안법원에 출두하여 보석심사에 참여한다. 경찰 기소의견 송치가 이루어진 경우에는 검찰은 기소중지나 불기소처분을 내릴 권한은 오직 주임검사에게만 있으며, 검사 결정은 오직 '기소법'과 '검사집무규칙'에 따라 행해져야 한다.

2) 검찰 기소결정 의무

검사들은 기소여부를 결정시 '증거 충분성'과 '공공 이익'이라는 2가지 기준을 가지고 결정해야 할 의무가 있다. 검사집무 규칙에 의하면 "증거 충분성에 대하여 피고가 유죄판결을 받을 가능성이 무죄판결을 받을 가능성보다 높은지 그리고 제시된 증거들이 법정에서 받아들여질 수 있고 신뢰할 수 있는지에 대해 객관적이고 합리적으로 검증하여 기소여부를 결정해야 한다."고 명시되어 있다. 또한 공공 이익에 대해서는 검찰집무 규칙에 매우 구체적으로 기소결정사유와 불기소결정사유들이 명시되어 있어 기소여부결정에 있어 검사 재량권이 거의 없다.[8)]

3) 검사의 피고인 측에 대한 자료제출 의무

영국 검찰은 뒤에서도 살펴보겠지만 우리나라 검찰과는 달리 공소내용에 포함되지 않는 자료에 대해서도 피고측에 제출할 의무가 있다. 1996년에 제정된 형사절차및수사에관한 법은 검찰이 먼저 공소유지를 어렵게 할 수 있다고 판단하는 증거들을 모두 공개한 후 피고측이 검찰과 법원에 피고측의 변소논리와 공소내용 중 문제로 삼을 부분에 대한 일반적인 내용을 제출하고, 그 다음에 검찰이 피고인측에 필요한 모든 비공개 증거들을 제출하도록 규정하고 있다. 이와 같이 영국 경찰수사절차에서는 검찰과

---

8) 박창호 · 이동희 · 이영돈 · 임준태 · 표창원(공저), 『비교수사제도론』, 박영사, 2004년, 415면.

피고인 모두에게 경찰수사 단계에서 수집된 모든 증거와 자료들이 공개, 제출됨으로써, 양자간의 무기대등 원칙이 이루어지고, 피고인에게 공정한 재판을 받을 권리가 실질적으로 보장되고 있다.

4) 검사의 당사자적격 배제

앞에서 본 것처럼 검사는 치안법정에 출두하여 공소를 유지할 수 있지만, 형사법정에는 출두하지 못하도록 되어 있는데, 재판 독립성의 유지에 그 목적이 있다. 즉 재판은 기소측과 피고인측 양 대결로 구성되는데, 방대한 조직을 갖춘 행정조직인 검찰에 공소유지권을 허용할 경우 재판 독립성이 근본적으로 훼손될 위험이 있다는 것이다. 다만 검찰로부터 사건설명을 듣고 자료를 제출받은 법정변호사들의 승소율이 낮은 데에 대한 비판의 일환으로써 1999년에 형사절차접근법이 제정되었는데, 이 법에 의하면 고용된 변호사나 검사에게 법정출두를 금지하지 못하도록 규정하여, 검사들의 법정출두를 단계적으로 허용하는 사례가 늘고 있다.

5) 사인소추제도

영국에서는 전통적으로 개인이 범죄혐의에 대해 스스로 소를 제기할 권리인 사인소추제도가 헌법적으로 인정되어 왔다. 실제 사인소추권은 현실적, 제도적 제한으로 인해 크게 축소되어 있는데, 사인소추에 들어가는 비용이 국가에서 지원되지 않는다는 점, 그리고 언제든 사인소추권은 법무총재에 의해 중지되고 공소제기를 할 수 있고 이에 대해 불기소처분을 내릴 수 있다는 점에서 그러하다.

3. 경찰제도

가. 경찰조직 개관

영국 경찰은 고대 앵글로 색슨시대 이래로 '주민자치치안'의 철학과 문화가 전통적으로 계승되어 오면서 근대화 및 현대화 과정을 겪으면서 그 조직의 형태와 운영이 끊임없이 변화되어 왔다. 즉 기술과 통신 발달 및 범죄 전문화에 대응하기 위해 중앙통제장치들이 확산해 오면서 다른 한편으로는 주민이 필요로 하는 치안서비스를 제공하고 경찰활동에 대한 지역주민 참여를 보장하는 분권화 형태로 발전, 변화되어 왔다.

이와 같이 영국경찰제도 특징을 요약하면 '형태적 지방자치'와 '실질적 중앙통제'라 할 수 있다. 전국 52개 지방경찰청에 대해 권한과 책임이 주어지고 다시 지방경찰청 관리를 내무장관, 지방경찰위원회, 지방경찰청장 3자가 권한과 책임을 분담하는 매우 독특한 형태를 취하고 있다.

이러한 관계를 그림으로 보면 [그림 2-1]과 같다.

[그림 2-1] 영국의 경찰관리・통제방식 : 3각 체제(tripartite system)

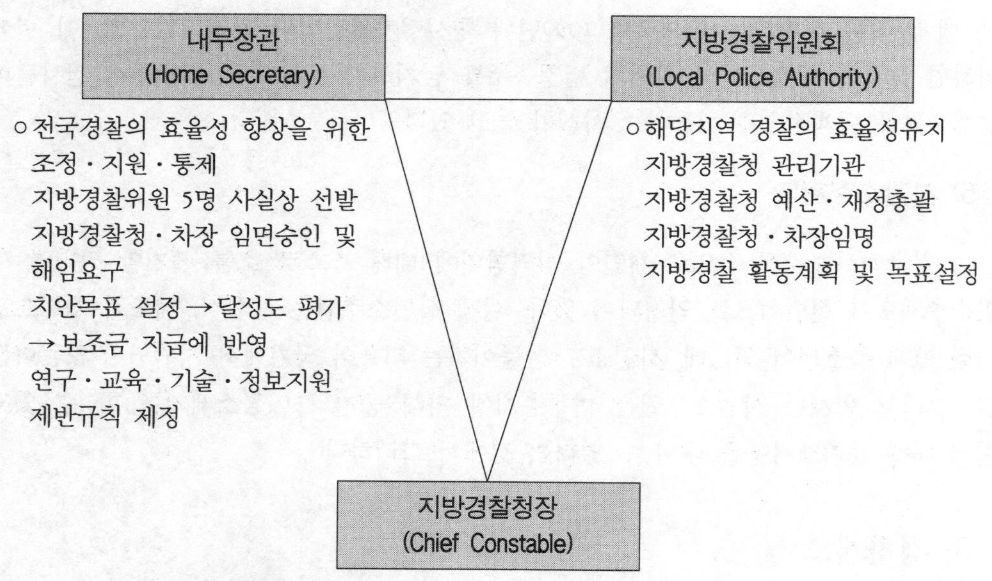
내무장관
(Home Secretary)
지방경찰위원회
(Local Police Authority)
○ 전국경찰의 효율성 향상을 위한 조정・지원・통제
지방경찰위원 5명 사실상 선발
지방경찰청・차장 임면승인 및 해임요구
치안목표 설정 → 달성도 평가 → 보조금 지급에 반영
연구・교육・기술・정보지원
제반규칙 제정
○ 해당지역 경찰의 효율성유지
지방경찰청 관리기관
지방경찰청 예산・재정총괄
지방경찰청・차장임명
지방경찰 활동계획 및 목표설정
지방경찰청장
(Chief Constable)
○ 관할경찰의 지휘・운영
누구의 관여도 받지 않는 독자적 지휘권
차장 이외의 모든 경찰관 인사권(내무장관이 정한 규칙준수)

나. 런던수도경찰청(The Metropolitan Police Service)[9)]

런던수도경찰청 역사는 곧 영국경찰 역사라 할 수 있다. 그러나 런던수도경찰은 국제적 정치·금융·문화·외교의 중심지인 런던 주요시설과 요인 경호 등 특수치안 담당과 북아일랜드공화국군 등 국제적 테러단의 테러위협이라는 특수성으로 인하여 19세기 말까지 지방자치에 반하는 완전한 국가경찰제도가 운영되어 왔다. 이러한 지역주민의 통제가 배제된 국가경찰인 런던수도경찰청에 대해서 학계와 사회일각에서는 끊임없이 문제를 제기하여 오다가 경찰에 대한 민주적 통제강화정책을 강조해 온 노동당이 집권한 이후인 1997년 7월 '런던자치정부수립안'이 시민투표에서 확정됨에 따라 런던수도경찰청은 런던경찰위원회의 관리 하에 여타 지방경찰청과 같은 형태의 지방자치경찰로 영국 전역 경찰은 예외 없이 형태적으로 완전한 자치경찰이 되었다.[10)]

다. 지방경찰청

1) 개 관

영국 근대식 지방경찰조직은 런던수도경찰청이 창설되어 자리를 잡은 후에 이를 모델로 하여 각 지역의 사정과 여건에 맞게 형성되었는데, 1964년 경찰법(Police Act 1964)에 의해 지금의 런던수도경찰청·런던시티경찰청과 41개 지방경찰청체제가 구축되었다.

2) 지방경찰위원회

해당 지역 내에 있는 경찰의 능률성과 효과성을 유지하기 위해 지방경찰위원회가 설치되어 있는데, 각 지방경찰위원회에는 ① 내무장관이 정한 주요 치안목표, ② 지방경찰청장과 상의하여 세운 지역경찰활동목표, ③ 업무수행목표, ④ 지역경찰활동계획을 고려하여 해당 경찰의 능률성과 효과성을 유지할 법정 임무가 주어져 있다. 또

---

9) 런던수도경찰청에 관한 사항은 경찰청법과 별도로 런던수도경찰청법에 규정되어 있다.

10) 내무부보도자료 1997년 7월 29일자, 런던수도경찰청 소식지, The House Megazine, 1998년 5월 4일자 참조.

한 각 지방경찰위원회는 경찰활동에 대한 지역주민의 견해를 듣고 반영하기 위한 조치를 취해야 하며, 지방의회에서 경찰과 관련한 질문이 있을 때 출석 또는 자료제출을 통해 답변할 의무가 있다.[11] 또한 지방경찰청장과 차장을 임명하고 해임시킬 인사권을 가지고 있으며, 아울러 지방경찰 조직의 독립운영 재정인 '경찰기금'을 편성·운영하는 재정권도 소유하고 있다.[12]

3) 지방경찰청장

지방경찰청장은 그 '지역경찰의 왕'이라 할 정도로 광범위한 재량권과 독자적 지휘권을 가지고 있다. 경찰법과 경찰과치안법원에관한법에 명시된 경찰청장 권한은 관할경찰에 대한 지휘와 통제 그리고 차장 이외의 모든 경찰관에 대한 인사권으로[13]이러한 막강한 권한을 가진 경찰청장에 대한 견제는 법과 그 임명 및 예산권을 가진 지방경찰위원회와 내무장관에 의해 행해진다.

라. 국가수사기구의 신설

영국 경찰은 철저하게 지방경찰로서 '자치치안'이라는 민주적, 서비스적 순기능을 하여 왔지만 이와는 상반되게 조직·국제범죄에 효과적으로 대처하지 못하는 역기능을 수반하고 있었다. 이에 런던수도경찰청장의 국가경찰 창설 촉구 이후 중대범죄와 조직범죄 대처를 위한 2개 국가수사기구, 즉 국립범죄정보국(NCIS)과 국가수사대(NCS)가 신설되었다.

국립범죄정보국은 1992년에 범죄정보 수집·분석·배포업무를 수행하는 내무장관 직속 경찰기관으로 설치·운영되어 오다가[14] 1997년 법개정을 통해 자체수사기능을 보유하게 되면서, 미국 FBI와 유사한 국가수사기구가 되었다. 주요업무는 전국의 경찰과 세관 등 관계기구와 긴밀히 연계된 6개 전국지부에서 수집되고 입력 및 분석되는 방대한 양의 전국적·국제적 각종 범죄정보 처리와 활용 및 전파라 할 수 있다.

---

11) 영국 '경찰과범죄증거에관한법(The Police Criminal and Evidence Act 1984) 제12조, 106조 참조
12) 상기 동법 제5조, 제6조, 제8조, 제9조 참조.
13) 경찰법 1964년 제7조 및 경찰과치안법원에관한법률 제5조 참조.
14) 국립범죄정보국은 1964년 경찰법에 명시된 경찰조직이다.

국가수사대(NCS) 역시 기존의 광역수사대를 일원화된 중앙집권적 국가수사기구로 재편한 것이며, 독자적 수사와 각 지방경찰청의 강력 · 조직 · 광역범죄수사에 대한 지원을 병행하되 업무중점은 중대한 범죄와 조직 · 국제적 범죄수사이다. 이 두 국가수사기구 재정은 각 지방경찰청의 부담금으로 충당되고 있다.

4. 영국의 수사절차상 경찰과 검찰 관계

가. 경찰의 수사권과 검찰의 기소권

검찰은 경찰이 기소의견으로 송치한 사건서류들을 검토하여 법규적용이 바로 적용되는지의 여부를 검토하여야 한다. 경찰의 법규적용에 문제가 있을 경우에는 기소를 하지 않고 경찰에 사건을 돌려보낼 수 있으며 다른 적당한 법률적용을 통해 기소를 할 수도 있다.[15)]

나. 검찰의 사건개입 문제

경찰의 독자적 수사권이 인정된다고 하여 영국에서 경찰과 검찰의 관계에 대해 논란이 전혀 없는 것은 아니다. 그 중 가장 중요한 쟁점이 어느 단계에서 검찰이 경찰수사에 개입할 수 있느냐 하는 것인데, 범죄의기소에관한법 제3조 제2항에 의하면, 범죄사건과 관련하여 경찰 요구에 따라 검찰총장이 조언을 하도록 의무화 되어 있다. 그러나 실상 경찰은 검찰에 조언을 구하는 사례는 거의 없으며,[16)] 내사 · 체포 · 압수 · 수색 · 신문 등 피의자를 입건하기까지 모든 수사행위는 경찰의 전적인 권한이다. 그러나 일단 피의자가 특정되어 입건 혹은 소환되게 되면, 이때부터 피의자는 검찰 책임 하에 기소절차를 유지할지의 여부도 검찰이 판단하게 된다. 한편 검찰은 사건에 관해 결정을 내릴 때 경찰과 상의해야 할 의무는 없지만, 불기소처분을 내리는 경우에 있어서는 특히 경찰에 양

---

15) 이때, 검찰은 검찰집무규칙상 단순히 피의자로부터 용이하게 유죄인정을 얻어 낼 목적으로 형량이 더 무거운 법조항을 적용하지 못하도록 되어 있다.

16) 1993년에 실시된 영국왕립위원회의 조사에 의하면 경찰은 전체범죄사건 4%에 한하여 기소 전에 검찰에 조언을 요청한 것으로 나타났다. 박창호 · 이동희 · 이영돈 · 임준태 · 표창원(공저), 『비교수사제도론』, 박영사, 2004년, 430면.

해를 구하는 것이 바람직한 방안으로 권고되고 있다.

다. 양자의 구체적 관계

이미 수차례 이야기 한 것과 같이 1986년 검찰이 창설된 이래 경찰로서는 기소권을 검찰에 이양하였고, 경찰과 검찰의 업무가 일부 중복되는 부분도 있어 양자 관계는 그리 원만한 관계라 할 수는 없다. 양자의 현 상관관계는 검찰에 최종적으로 도달하는 사건자료와 정보들이 전적으로 경찰 통제 하에 있으며, 다양한 지역사회협의체에 있어 경찰이 모든 주도권을 가지고 있는 관계로 사실상 검찰은 경찰조직에 종속되어 있는 양상이다. 따라서 향후 검찰의 실질적 역량이 강화되지 않는 한 경찰의 통제에서 벗어나지 못할 것이라는 전망이 지배적이다.[17][18]

이상과 같이 검찰은 그 창설과 함께 경찰로부터 독립된 기관으로 출발하였지만, 실상 경찰조직에 종속되어 있다. 또한 경찰경고처분에 해당하는 경미한 범죄 사건에 대해서는 경찰이 기소를 제기하게 되어 있는데, 이 때에는 이론상 검찰의 기소적정성 여부에 대한 검토가 가능하기는 하나, 기소대상사건에 대해 경찰이 경고처분으로 종결짓는 경우는 검찰이 전혀 검토할 수 없게 되는 구조적인 문제가 존재한다. 이런 점에서 영국 검찰, 경찰의 관계는 검찰이 경찰을 지배하는 우리의 경우와 상반되는 구조를 가지고 있음을 알 수 있으며, 따라서 우리의 경우 검찰 수사권 독점으로 인한 폐해가 영국에서는 경찰의 광범위한 수사권과 기소권 인정으로 인한 폐해로 나타나고 있음을 짐작할 수 있다. 이러한 점에서 영국 수사제도는 우리나라에 있어서 검찰·경찰과의 수사권 조정에 관한 논의에 있어서 이상적인 모델로 제시되기에는 부적절한 것으로 보이며, 다만 경찰에게 독자적 수사권을 인정할 경우 경찰의 책임소재를 분명히 하고, 경찰에 대해 견제를 할 수 있도록 하는 제도적 장치를 마련한다는 면에서 영국 수사제도가 많이 참고될 필요가 있다고 할 것이다.

---

17) McConville, M., & Willson, G., The Handbook of Criminal Justice Process(옥스포드대학출판사, 2002).

18) 최근 검찰조직의 재편으로 일부 학자들은 기소전 수사단계에서 경찰과 검찰의 협의과정을 의무화하고 제도화해야 한다고 주장하고 있다.

5. 영국 수사제도가 시사하는 점

영국 형사절차와 수사제도를 살펴본 결과 영국은 인권보호를 위해 계속적으로 형사제도를 발전, 개혁해 왔음을 알 수 있다. 특히 영국 수사제도는 경찰이 거의 모든 수사상 업무를 수행하며 그에 상응하는 권한을 주고 또한 책임을 지도록 하고 있으며, 사법부의 직접적 통제와 피의자의 변호인에게 부여된 거의 제한 없는 참여권·구금전담관 및 조사과정 녹화 등 엄격한 자체규율을 제도화하여 실효성 있는 인권보호장치를 마련하고 있다. 또한 수사권자인 경찰이 판단하여 기소할 실익이 없는 경미범죄나 초범·청소년범죄 등에 대해서는 엄한 경고조치 후 훈방하는 '경찰경고'제도를 매우 폭넓게 활용하는 등 경찰에게 수사종결권을 인정하고 있어 국민 불편과 불필요한 전과자가 양산되는 상황을 미연에 방지하고 있다.[19] 아울러 경찰에 의해 공소가 이루어지는 사건의 경우도 검찰은 편견과 선입견에 치우치지 않고 사실관계를 판단할 수 있게 함으로써 수사와 기소가 분리되어 있음을 알 수 있는데, 이러한 면에서 수사과정에서 형성된 수사관으로서의 피의자에 대한 의심을 기소관이 공유하는 사태를 원천적으로 봉쇄하여 기소관이 기소 타당성 여부 및 증거 적합성 여부 판단에 있어서 객관성을 확보될 수 있는 길이 마련되어 있다고 하겠다. 이러한 인권선진국이라 할 수 있는 영국 사례는 우리 수사제도 개선 방향에 있어서 위와 같은 많은 시사점을 주고 있는 바, 실효성 있는 부분을 과감히 도입하여 현행 수사구조 개선에 참고로 되어야 할 것이다.

---

19) 경찰경고제도는 범죄자에게 가급적 기소보다는 경찰경고를 통하여 사법절차에 들어가지 않고 경찰행정절차에서 사건을 종결한다는 점에서 우리 사회가 안고 있는 과범죄화 문제를 해결할 수 있는 좋은 방안이 될 것이며, 이러한 면에서 우리나라의 경범죄처벌법위반자에 대하여 경찰청장에게 인정되는 즉결심판청구권과는 다른 제도임을 알 수 있다. 박창호·이동희·이영돈·임준태·표창원(공저), 『비교수사제도론』, 박영사, 2004년, 433면.

제 2 절 미국의 수사제도

미국 형사사법제도는 우리나라의 1954년 형사소송법 제정에 많은 영향을 미쳤는데, 법관에 의한 영장제도, 불법인신구속(不法人身拘俗)에 대한 구속적부심사제도, 수사 및 공판단계에서의 보석제도 등 미국제도 도입을 통해 시민적·인권보장적 형사사법으로 전환하는 계기가 마련되었다.[20] 그러나 경찰과 검찰 조직 및 기능에 대하여는 당시 우리 법률가들은 일제치하에서의 경찰에 대한 부정적 이미지와 경찰파쇼를 우려한 결과 수사와 기소가 분화되어 있는 미국식 관계를 부정하고 대신 검찰과 경찰이 수사 주재자와 보조자적 관계에 있는 대륙법 계통에 근거한 수사제도를 도입하였다.

미국 수사체제는 중앙집권적 단일체제가 아니라 전국적으로 흩어진 약 4만여 개의 분권체제를 이루고 있는데, 미국의 모든 제도는 연방주 및 지방 별로 다양하고 복잡하여 이해하기가 어려우며 수사절차에서도 단지 재판기관이 형사재판을 실시하기 위한 준비활동으로서 성격이 강하고 적법절차 원칙이 중요시 된다.[21] 또한 검사는 소추기관이고 경찰이 수사권을 가지며 양자는 상호대등협력관계라 할 수 있다.

미국 수사체제는 영국 수사체제와도 다르다. 미국 검찰제도는 비록 미국이 영국 법체계를 수계하였으나, 유럽의 영향과 식민지로서 내재적 요인들 때문에 영국 보통법(Common law) 제도상 사적소송 대신에 공소제도를 채택함으로써 영국과는 달리 연방 및 주를 대표할 검사가 필요하게 되어 마련된 것으로서 다른 영미법계 국가와는 달리 검찰 조직, 권한, 기능면에서 많은 차이점을 가지고 있다.[22]

또한 미국은 연방제도를 취하고 있는 관계로 연방검찰청과 주 검찰청의 이원적 구조로 이루어져 있으며 양자는 관할에 따라 서로 평등·독립적으로 활동하고 있으며 기본적으로 상하 관계에 있는 것은 아니다. 또한 각 주 역시 지방자치 및 분권 원칙아래 주 검찰청 외에도 지방검찰청이라고 할 수 있는 각 군에는 County검찰청, 비교적

20) 신동운, '미국법이 한국형사법에 미친 영향', 미국학 제16집, 서울대학교 미국학연구소, 1993년, 35면.
21) 경찰대학, 비교경찰법. 87면.
22) 미국형사법, 사법연수원, 1999, 16면.

행정단위가 큰 시에는 City검찰청이 설치되어 있으며 주 검찰청과 지방검찰청은 원칙적으로 서로 독립되어 업무를 수행한다.

한편 연방 또는 주 법무부는 우리나라 법무부 겸 대검찰청 역할을 수행하고 있다. 미국 검찰, 경찰조직의 상호관계는 우리나라 경찰수사권 조정문제와 관련하여 경찰 수사권 독립을 주장하는 쪽에서 이상적 모델로 제시하고 있는 반면, 체계적으로 소개를 한 부분이 없어 여기서 비교적 상세하게 살펴보기로 한다.

1. 미국에서의 형사사법절차 개관

미국에서의 형사사법절차를 공판 전과 공판 후의 절차로 나누어 개략적으로 살펴보면 다음과 같다

가. 경찰의 범죄인 체포

범죄발생 신고 또는 범죄 인지를 통해 경찰이 범죄인을 체포할 필요가 있다고 생각되는 경우 범죄인을 체포한다. 체포는 영장에 의한 체포와 영장 없는 체포로 분류할 수 있다. 체포영장은 경찰 또는 범죄피해자 등이 소추청구장(Complaint)을 치안판사에게 제출하면 치안판사는 체포영장발부를 정당화하는 상당한 이유 존재를 인정한 경우 체포영장을 발부한다. 반면 영장 없는 체포는 경찰관의 면전에서 범죄가 발생하거나, 특정한 범죄자에 대한 시민 체포가 있을 때 이루어진다. 대략 전체 체포율 중 95%가 영장 없이 이루어진다고 한다.

체포 직후 경찰관은 체포현장이나 인근에서 피체포자를 수색하여 피체포자로부터 무기·증거품등을 압수한다. 그 후 피체포자는 유치장이나 보호실이 있는 경찰서로 이송되어 이른바 '체포자등재(Booking)' 절차를 밟게 된다.[23)]

나. 경찰의 소추청구장(Complaint)

체포자등재 이후 경찰은 사건을 검토하여 범죄혐의 및 소추 적격 여부를 1차적

23) 그 절차로서 중죄·경죄 모두 피체포자에 대한 사진촬영과 지문채취가 이루어진다.

으로 결정한다. 만약 경찰이 범죄혐의 및 소추적격이 있는 것으로 잠정결정을 하면, 다음 단계는 치안판사법원에 소추청구장을 제출한다. 경죄의 경우 소추청구장은 형사절차 전반에 걸쳐서 공소장 역할을 하는 반면 중죄의 경우에는 치안판사법원이나 간이법원에서만 정식공소장 역할을 하고, 사건이 지방법원에 이송되면 정식기소장이나 약식기소장으로 대체되어야 한다.[24)]

소추청구장 제출과 함께 피의자는 피고인 지위로 전환되며, 혐의자를 체포하기 이전에 소추청구장을 치안판사에게 제출하면 체포영장발부의 근거가 된다.

다. 최초출석

소추청구장이 제출되어 사건이 치안판사법원에 접수되면 피의자는 특정시간 안에 법원에 출석해야 하는데 이를 최초출석이라고 한다. 최초출석의 기한은 피의자가 구금되어 있을 경우 체포 후 최초출석까지 시간이 매우 짧은데, 대부분 주형사소송법의 '불필요한 지체 없이' 치안판사 앞에 출석시키도록 규정하고 있다.[25)] 최초출석의 주요 목적은 피의자에 대한 범죄혐의 고지, 피의자의 형사절차상 권리 고지, 보석 결정 세 가지로 볼 수 있는데, 이 중 가장 중요한 것이 치안판사의 보석결정이다. 미국에서 보석의 유일한 목적은 지정된 공판일자에 피의인의 출석을 보증하기 위한 것이므로, 보석불허사유는 원칙적으로 피고인이 도망하거나 도망할 염려가 있는 경우로 한정된다. 우리 형사소송법이 필요적 보석 제한사유로 죄증을 인멸하거나 인멸할 염려가 있을 때를 규정하고 있는 것과 차이가 있다.

라. 예비심문

연방 및 대부분 주에서 중죄 피고인에게 예비심문을 받을 권리를 인정하고 있는데, 체포·구금된 자는 1주 또는 2주 안에, 석방된 자는 예비심문을 받아야 한다. 이 절차에서 검사는 피고인의 유죄를 입증할 필요는 없으나, 범죄가 발생하고 또 그 범죄를

---

24) 우리나라 경우는 모든 범죄의 경우 검사 공소장에 의해서만 기소가 가능하도록 되어 있다.

25) '불필요한 지체없이'라는 말의 의미는 주마다 조금씩 다른데, 텍사스주 경우 특별한 예외사정이 없는 한 최대 48시간을 초과할 수 없도록 하고 있다. 주에 따라서 법원규칙에서 별도로 최초출석의 시간적 한계를 정하고 있는데, 아이오아주는 24시간, 뉴저지주는 72시간이다.

피고인이 범하였다는 상당한 이유를 입증하여야 한다. 치안판사는 상당한 이유가 있는 것으로 인정될 경우 다음 절차 진행을 위해 사건을 이송하게 되는데, 정식기소가 인정되는 법영역에서는 사건을 대배심으로 이송하고, 검사 약식기소가 인정되는 법역에서는 기소된 범죄 관할권을 갖는 법원에 사건을 이송한다. 반면 상당한 이유를 인정할 수 없는 경우에는 치안판사는 사건을 기각하고 피고인을 석방하게 된다.

마. 검사의 정식기소여부결정절차

검사는 광범위한 재량권이 인정되는데, 기소여부에 대한 결정권행사에 있어서도 마찬가지이다. 검사는 피의자에 대한 정식기소 여부에 관하여 최종적인 판단을 내리는데, 증거가 부족하더라도 검사가 기소할 경우 피의자로서는 재판을 받아야 하고, 반대로 증거가 충분해도 검사가 불기소결정을 하게 되면 법적으로 검사로 하여금 강제 기소하도록 할 수는 없다. 범죄에 대한 형사소추절차는 소추청구장(Complaint)을 제출함으로써 개시되지만, 이는 중죄 경우에 정식기소절차가 시작되기까지의 소추를 위한 수단이며, 정식기소는 피고인에 대한 예비심문을 거친 후에 대배심 정식기소장 또는 검사 약식기소장을 제출함으로써 시작된다.[26]

1) 대배심과 정식기소

연방수정헌법 제5조는 사형 등 연방중죄에 대해서는 대배심 정식기소를 통한 재판을 받을 권리를 규정하고 있는데, 대배심의 1차적인 목적은 예비심문과 같이 상당한 이유의 존재여부를 판단하는 것으로서 검사 소추결정을 심리하여 부당한 기소로부터 개인을 보호하는 것이다. 또 형사절차에서 증언하거나 증거제출을 목적으로 특정인을 출석할 것을 명하는 소환장발부를 통해 범죄수사를 가능하게 한다. 따라서 대배심 수사는 사실상 검사에 의해 이루어진다.[27] 16~23명의 대배심원(Grand Jurors)으로[28] 이루

---

26) 현재는 미국의 많은 주에서 정식기소장과 약식기소장을 선택해서 기소할 수 있도록 하고 있다. 이 경우 검사들은 대체로 약식기소장에 의해 기소를 한다. 이처럼 기소수단의 선택권을 규정하고 있는 주를 Information(약식기소장)주라고 한다. 박창호 · 이동희 · 이영돈 · 임준태 · 표창원(공저), 『비교수사제도론』, 박영사, 2004년, 465면.

27) Wayne R. LaFave &Jerold H. Israel & Nancy J. King, op. cit, p.11.

28) 배심원은 대부분 19인으로 구성된다.

어지는 대배심은 예비심문의 결정에 구속을 받지 않아 예비심문에서 치안판사가 기각한 사건을 기소할 수 있고, 치안판사가 상당한 이유가 있는 것으로 이송한 사건을 불기소할 수도 있다. 대배심이 표결에서 일정수 이상의 배심원(보통 12인)이 당해 범죄를 유죄로 입증하는 충분한 증거가 있다고 승인하고, 검사 정식기소안(Bill of Indictment)에 '기소(True Bill)'라고 배서하여 당해 범죄를 관할하는 법원에 제출하면, 이 문서 자체가 공식적인 기소장이 된다.

2) 약식기소장

약식기소장은 검사가 주명의로 작성하는 기소장으로서 경죄에만 적용되고, 중죄는 대배심 기소절차가 적용되지 않거나 피의자가 이를 포기한 경우에 인정된다. 검사 약식기소장 남용을 방지하기 위해 많은 주가 예비심문 절차를 거칠 것을 요건으로 하고 있으며, 피의자의 방어권 보장을 위해 약식기소장은 범죄사실을 합리적인 정도로 적시해야 하므로 형법상 범죄구성요건의 핵심적인 사항을 구체화하도록 되어 있다.

바. 기소인부절차와 피고인의 답변

피의자가 기소될 것이 예정된 경우 공판절차가 정식으로 개정되기 전 피고인을 법정에 불러 기소사실을 고지하고, 기소범죄에 대한 그의 답변을 묻게 되는데, 이러한 절차를 '기소인부절차'라고 한다.[29)]

피고인이 여기서 무죄를 주장하는 경우 정식재판이 진행되며, 유죄임을 인정하면 재판은 종결되게 된다. 미국의 유죄답변 중 특이한 것으로 답변협상(Plea Bargaining)이라는 것이 있는데, 이는 피고인이 자신의 유죄를 시인하는 대신에 검사는 구형을 낮추거나 일부 범죄를 기소하지 아니하는 조건으로 서로 합의하는 것을 말한다. 이러한 답변협상은 실무상 소송에 따른 시간과 비용을 절약하고 재판 불확실성을 피하기 위하여 원래의 죄보다 경한 죄에 대하여 유죄답변을 하도록 유도하는 것이 제도로 정착된 것이다.[30)]

---

29) 기소인부절차는 주로 중죄에 적용된다.

30) 답변협상은 논쟁 여지가 많으면서도 알래스카 · 루이지에나 · 텍사스주의 일부 County를 제외한 연방과 대부분의 주에서 채택되고 있는데, 중죄사건의 90%정도가 답변협상에 의한 유죄답변으로 종결된

2. 미국의 법원제도

가. 미국의 사법제도 개관

연방국가인 미국은 연방과 주에 각기 독립한 법원을 가지고 있어서 연방법원과 주법원 사이에서 재판사항에 관한 관할배분이 되어 있다. 연방법원은 주로 연방헌법 및 연방법 하에서 발생하는 법률분쟁을 취급하는 것이 원칙이며, 예외적으로 서로 다른 주의 주민 사이의 민사소송에 있어 청구액이 5만달러를 초과하면 그 소송이 비록 주법에 의거한 분쟁이더라도 이 사건에 대한 관할권을 가지고 있다.

연방재판제도는 3심제도로서 연방대법원(The Supreme Court) 아래 항소법원(Court of Appeals)과 지방법원(District Court)이 피라미드 모양의 3층 구조를 이루고 있다. 현재 지방법원은 워싱톤 D.C.와 푸에르토리코를 포함하여 전 미국에 91개(Guam, Virgin Islands, Nothern Mariana Islands를 포함할 경우 94개)가 있고, 항소법원은 12개(12 Circuits)가 있다. 미국내 어떤 지역이든 지방법원 중 하나와 항소법원 중 하나의 관할 구역에 속하게 된다.

연방지방법원이 취급하는 사건으로는 ①밀수나 스파이행위 등 연방법을 위반한 형사사건 ②독점금지법, 특허・저작권・상표・우편・파산・해사・시민권에 관한 분쟁 등 연방법 또는 연방헌법 하에서의 민사소송 ③서로 다른 주의 시민 사이의, 또는 미국 시민과 외국인 내지 외국정부 사이의, 그리고 한 주의 시민과 다른 주 사이의 민사소송으로 청구액이 5만달러를 초과하는 것 ④연방정부에 대한 세금반환 청구소송 등이 있으며, 한편 파산・연방독점금지법・특허・저작권 행사에 관한 소송이나, 외국의 대사, 공사, 영사에 대한 민사소송은 연방법원만이 다룰 수 있는 사건이므로 주법원에 제기할 수 없으며, 주를 달리하는 시민 사이의 소송이라도 가사사건, 유언서 검인에 관한 소송은 연방법원에선 취급하지 않는다.

연방항소법원은 주로 연방지방법원으로부터 항소된 사건에 대해 심리하지만, 연방통

다. 답변협상은 공판사건의 수를 줄여 법원의 업무를 경감시킬 수 있기 때문에 형사사법절차의 핵심적이고 필수적인 부분이라고 보는 것이 미국 학계의 지배적인 견해이다.

신위원회(Federal Communications Commission)나 연방해사위원회(Federal Maritime Commission) 등 특정 행정기관이 낸 명령 효력에 관한 소송에 대하여는 전속관할권을 가지고 있다. 연방대법원은 9인 판사로 구성된 미국 내의 최고 법해석기관으로서 행정, 입법행위에 대한 위헌심사권을 가지고 있다. 연방대법원은 연방지방법원, 연방항소법원, 특별법원으로부터 상소사건을 심리하는 것 외에 주 최고법원으로부터 상소도 심리한다. 연방대법원은 이 밖에도 외국대사, 공사, 영사가 당사자인 소송, 둘 이상 주 사이의 소송, 연방정부와 주 사이의 소송 및 다른 주 시민 또는 외국인에 대해 제기한 소송 제1심 법원으로서도 권한을 행사한다.

이밖에 특별법원으로서, 제1심법원으로는 연방청구법원(The United States Court of Federal Claims), 국제무역법원(The United States Court of International Trade), 조세법원(The United States Tax Court)이 있고, 앞의 두 특별 1심법원에 대한 항소법원인 연방순회항소법원(The United States Court of Appeals for the Federal Circuit)이 있다.

나. 미국의 형사법원제도

형사법원에서 공판절차는 배심원 선정, 모두진술, 검사와 피고인 증거제시, 최후변론, 평결, 형의 선고 절차로 진행된다.

연방수정헌법 제6조는 모든 형사소추에서 피고인이 배심에 의한 재판을 받을 권리를 보장하고 있는데, 이에 따라 연방과 모든 주에서는 중죄와 6개월 이상 구금이 가능한 경죄 피고인은 배심재판을 받을 권리가 있으며 피고인이 포기할 수 있다. 배심원이 선정되면, 검사와 피고인측 변호인은 모두진술절차에서 무엇을 입증할 것인지에 대해 간략히 진술하고 이어 검사는 증거를 제시하여 '합리적인 의심 없이' 범죄사실을 입증해야 한다. 검사 증거제시가 끝나면 곧 피고인 또는 변호인이 방어를 시작하고 증거를 제시하며, 이러한 절차가 모두 끝나면 검사와 피고인 측 모두 그들에게 유리한 배심원 평결(評決)을 이끌어 내기 위해 증거를 분석하고 논리를 제시한다. 이후 배심원 또는 판사가 유죄 또는 무죄 선고인 평결을 하고 유죄평결이 나면 대부분 주에서 판사가 법정형의 범위 내에서 형을 선고한다. 배심재판의 경우에도 대부분 형선고는 판사만이 할 수 있도록 되어 있다.

1) 배심원의 선발

배심원 명부가 법에 정해진 절차에 따라 작성되며, 배심원 선발 위원장은 배심임무를 맡게 될지도 모르니, 특정일시 장소에 나타나 달라는 내용 통지서를 예비배심원으로 뽑힌 사람들에게 보낸다. 통지를 받았다고 하여 모두 배심원이 되는 것은 아니며 대부분 주에서 배심원 의무를 면제받을 수 있는 경우를 법으로 정해 놓고 있다. 가장 흔히 볼 수 있는 면제사유는 배심원 의무를 이행하기가 심하게 곤란한 경우, 개인적으로 건강이 나쁜 경우, 법원 직원으로 근무하고 있는 경우 등이다. 많은 주에서 특정한 직업의 사람들, 예를 들어 의사, 치과의사, 목사, 선거로 선출된 관리, 경찰관, 소방관, 교사, 사업주 등을 법으로 배심의무로부터 면제[31]시켜 주고 있다.

2) 검사와 피고인의 모두 진술

검사는 모두진술을 통하여 배심원들로 하여금 범죄의 성격과 범죄를 입증하기 위하여 제시될 증거에 대한 설명을 한다. 단순한 의견, 협의에 의한 결론, 피고인의 성격에 대한 언급, 논쟁 여지가 있는 진술, 그리고 증거로 뒷받침할 수 없는 문제에 대하여 언급하는 것은 금지된다. 물론 이러한 것에 대해서는 피고인이 이의를 신청할 수 있다.

피고인의 모두진술은 검사 범죄사실 입증이 완전히 끝나고 하는 것이 피고인에게 유리한데, 어떤 주에서는 피고인의 모두진술은 검사의 범죄사실 입증이 완전히 끝난 뒤에만 할 수 있게 하기도 한다.

3) 검사의 범죄사실 입증과 피고인측 주장

재판이 시작되면, 검사는 범죄사실을 입증할 증거를 제시한다. 물적증거를 제시할 수 없는 것은 아니나, 대개의 겨우 증거는 증인에 의한 진술 형태를 띈다. 검사 범죄사실입증이 완료되면, 피고인이나 피고인의 변호사가 변호를 시작하며 관련된 증거를 제시한다. 피고인은 배심원 숙고(熟考)[32]와 판결[33]전에 무죄방면신청, 무죄방면 결

---

31) 최경규, "미국형사절차 개관", 경찰대학, 경찰학 연구(2002년, 3호), 218면.

32) 배심원들이 최종적으로 유무죄여부를 결정하기 위하여 심리·논의하는 단계를 말한다.

33) 평결(評決)이라는 용어를 많이 사용하나, 이는 우리의 형사소송절차에 없는 용어이며, 주체에 의한 차이가 있을 뿐 기본적으로 유·무죄를 판단하는 것이므로, 대배심에 의한 유무죄 결정은 '판결'이라

정신청, 무효신청 등을 할 수 있다.

4) 판사의 배심원에 대한 고지와 배심원의 숙고

판사는 범죄 및 증거제시에 의해 발생한 이슈들에 대한 일반적인 법원칙을 배심원들에게 고지하여 주어야 한다. 배심원에 대한 고지가 포함되는 것은 문제가 된 범죄의 범죄요소, 범죄의 모든 요소는 의심이 안 갈 정도로 입증되어야 한다는 요건이다. 대부분 주에서 판사에게 증거에 의하여 논평을 할 수 있는 권한을 주고 있다.
배심원 고지를 받고, 숙고를 하기 위해 법정을 물러나오면, 즉시 배심원들이 배심원장을 선출한다. 배심원장은 '숙고'과정을 주재하며 결정이 내려지는 경우 이것을 법원에 고하는 임무를 진다.

배심원 숙고는 비밀리에 행하여지며, 배심원들은 유죄를 내리던 무죄를 내리던 일체 법적인 조치를 당하지 않는다. OJ Simson사건과 Menedez형제 사건과 같은 유명인들의 재판 판결 때문에 배심원 반란에 대한 우려가 미국사회 내에서 높아지고 있다. 배심원 반란이라 함은 배심원들이 법정에서 증거로 증명된 사실과 반대 판결을 내리는 경우를 말하는데, 대중매체나 일반인들이 즐겨 사용하였던 이 '배심원 반란'은 증명하거나 반증하기가 어렵고, 상소와 관련하여서 별다른 법적 의미가 없다. 배심원이 일단 피고인을 무죄로 판결하면, 같은 행위에 대해서 다시 소송을 제기할 수 없기 때문이다. 이것은 법정에서 아무리 명백한 증거를 가지고 범죄를 입증하였다고 하여도 마찬가지이다.

5) 판결(Guilty, or Not Guilty)

배심원이나 판사 판결은 유죄냐 무죄냐 하는 선언을 하여야 한다. 연방 및 대부분 주의 재판에서 판결은 배심원들의 만장일치로 이루어져야 한다. 유죄든 무죄든 정족수에 이르지 못하면 미결배심(Hung Jury)[34]이 되고, 따라서 재판은 무효(Mistrial)이다.

배심원이 판결을 선언하고 나면 피고인은 배심원에 대하여 그 의견을 확인해 볼

볼 수 있겠다.

34) 법규에 정하여진 판결인원만큼 찬성하지 못한 경우이다. 즉 만장일치로 찬성하여야 유·무죄 판결을 내릴 수 있는데, 한 명이 끝까지 반대할 경우, 혹은 12명 중 9명이 찬성하여야 유죄판결을 내리는데 8명만이 찬성한 경우 등을 말한다.

권리가 있다. 배심원은 이 경우 공개된 법정에서 자신의 표(Vote)가 어떤 표였는지를 개별적으로 혹은 단체로 표시를 하여야 한다.

다. 재판 후의 절차(상소)

형 선고 후 일정기간 이내에 피고인은 유죄판결과 형선고에 대하여 상급법원에 상소할 수 있다. 미국은 공판 후 절차 중 가장 특이한 것이 우리가 알고 있는 인신보호 영장제도이다. 인신보호 영장은 원칙적으로 연방 및 모든 주에서 형사절차의 모든 단계에서 인정되는 제도로 대부분 유죄판결 후에 신청하고 있는 바, 피고인이 유죄판결에 대한 상소가 종료되거나 선고된 형에 대해 집행개시 후에 헌법상 권리침해와 부당한 구금을 당하고 있을 경우 이를 구제해 줄 것을 요청하는 절차이다. 피고인이 인신보호영장을 신청한 경우에는 연방법원 또는 주법원이 심사할 필요가 있다고 판단시 신청인을 구금하고 있는 기관에 대해 피고인을 대동하고 법원에 출석할 것을 명하는 인신보호영장을 발부한다. 이때 신청인은 자신의 구금이 불법이라는 사실을 '증거의 우월' 수준으로 입증할 것이 요구된다.

3. 미국에서의 검찰조직

가. 검찰조직 개관

미국은 영국 보통법(Common Law)을 받아들였음에도 범죄피해자가 변호사를 선임하여 범죄소추를 구하는 사인소추주의는 채택하지 않았다. 미국 검찰제도와 소추제도는 미국사법제도 형성에 영향을 미친 법적·사회적·정치적 발전 귀결로서 미국의 독특한 제도이며, 어디까지나 미국적 상황에 따른 것이다. 즉 미국 검찰제도는 미국의 독자적이고 고유한 제도로서 미국독립을 전후해 지방검찰을 중심으로 발전하여 왔는데, 형사사건 이외의 업무도 담당하고 있는 점에서 우리나라의 검찰과 다르다.[35)]

---

35) 우리의 검찰과 유사한 점을 찾아본 다면 County 또는 사법지구 단위로 설치된 지방검찰의 정도로 볼 수 있겠다.

나. 연방검찰

1) 구 성

연방검찰청(U. S. Attorney's Office)은 전국을 93개 지구로 분할하여 각 지구에 1개의 연방검찰청이 있는데 주로 주별로 1개 검찰청이 있으나 Newyork, California, Texas 같이 인구가 많고 지역이 넓은 주에는 각 4개의 연방검찰청이 있다. 현재 미국 전역에는 94개 연방검찰청이 설치되어 있는데, 연방검사(The United States Attorney)는 93명이 근무하고 있다.[36)]

한편 연방검찰청 규모나 구체적 조직, 직원수, 구체적 업무처리방식 등은 일률적으로 설명할 수 없을 정도로 다양하다. 예컨대 캘리포니아 북부지역 연방검찰청 조직은 연방검사를 정점으로 수석연방보조검사와 형사국, 민사국, 환경자원국, 세무국, 총무국, 조직범죄 및 마약특별수사단, 비서실, 도서관, 법집행 및 피해자·증인 협력담당관 등으로 구성되어 있다.[37)]

2) 임 용

연방검사는 연방검찰청 검사장을 지칭하고 그 밑에 수 명 내지 수십 명의 연방검사보(Assistant U. S. Attorney)들이 있으며, 이들은 우리 검찰의 이른바 부장검사나 평검사 지위에 해당한다. 연방검사는 상원 동의를 얻어 대통령이 임명하며, 임기는 4년이나[38)] 임기 중이라도 대통령이 해임할 수 있고, 대통령이 교체될 때에는 사임하는 것이 관례이다. 연방검사 임명은 다분히 정치적인 것이어서 대통령 또는 법무부장관과 친분이 있는 법조인이 주로 임명된다.[39)] 한편 연방검사보도 역시 변호사시험에 합격한 사람 중에서 연방검사 추천에 의하여 법무부장관(The Attorney General)[40)]이 임명,

---

36) 괌과 북마리아나 군도의 2개청은 1명이 겸직.

37) 채정석, "미국 연방검찰청 실무수습보고서 -미국 연방 법무부 및 검찰 조직·임무·권한과 사건처리 실태 -", 해외파견검사연구논문집, 법무부, 1993, 547면.

38) 28 U. S. C. 541.

39) 박창호·이동희·이영돈·임준태·표창원(공저), 『비교수사제도론』, 박영사, 2004년, 501면.

40) 우리나라의 법무부장관 겸 검찰총장 기능을 수행하며, 28 U. S. C. § 503에 따르면 상원의 동의를 얻어 대통령이 임명하는데 집권당의 유력 변호사 중에서 임명되는 것이 관례이다.

보직을 하며[41] 임기에는 특별한 제한이 없다.

3) 직 무

연방검사보는 연방검사 지휘감독을 받아 직무를 처리하고 있으며, 연방검사는 법무부장관의 직무상 명령에 복종하여야 하므로 이들은 모두 상호 상명하복관계에 있는 것이다. 또한 우리와 같이 법무부장관과 검찰총장이 별도로 있는 것이 아니고, 법무부장관이 법무부장관 겸 검찰총장 직권을 행사하고 있으며, 법무부장관은 연방검사를 일반적으로 뿐만 아니라 개별적 즉 구체적인 사건 기소여부에 관하여도 지휘를 하게 되어 있고 실무에 있어서도 그와 같이 운영되고 있다.

연방검사보는 법률상 독립한 소추기관이 아니고 그의 법적 신분은 우리의 검사와는 달리 연방검사 보좌기관에 불과하므로, 공소유지 등 대외적인 소송행위는 원칙적으로 검사장인 연방검사 명의로 수행되고, 연방검사보는 공소장에 부서만을 하고 있다. 물론 공소유지행위자체는 연방검사보가 담당하고 있으나, 모든 소송행위의 책임은 검사장에게 돌아가므로 논리적으로는 항상 검사장 지시에 의해서만 소송수행을 하게 된다. 그러나 실제로 연방검사가 각 연방검사보들에게 상당한 범위의 권한을 위임하고 있어 이들이 상당한 재량권을 행사하고 있다.

다. 지방검찰

1) 주검찰청(State Attorney's Office)

주차원에서는 주검찰총장(State Attorney General)[42]이 검찰공무원의 최고책임자에 해당한다. 주검찰청의 구체적 조직은 주마다 조금씩 다르지만, 대부분 주에서 주검찰총장은 선거직이기 때문에 대체로 4년마다 주민 선거에 의해 선출되며 주검찰청 직원에 대한 인사권을 가지고 있다. 주검찰총장이 선거직인 관계로 장차 주지사 당선을 꿈꾸고 그 정치적 입지를 강화하기 위한 포석 차원에서 주검찰총장 선거에 출마하는 사례

---

41) 미합중국 법률 제28호 제541조 및 제542조(U.S.C. Title 28, Chapt.35, Sec.541~542)에 의하면 대통령 또는 법무부장관은 언제든지 연방검사나 연방검사보를 해직시킬 수 있다고 명백히 규정하고 있다.

42) 이들도 연방검찰과 유사하게 각 주마다 주 법무부장관 겸 검찰총장을 겸임하고 있다.

가 적지 않으며, 특정정치세력의 독주를 방지하기 위하여 주지사와 검찰총장이 서로 반대당 출신에서 나오는 경우가 많다

2) 지방검찰청(District Attorney's Office)

가) 구성 및 임용

여기서 말하는 지방검찰청이란 각 주 안에 있는 'County' 즉 군(郡) 단위로 설치(메사추세스 주에서는 1군에 하나의 지방검찰청이 있지 않고, 전 주(州)가 6개의 Judicial District로 분할되어 하나의 지방검찰청이 1개 이상 군을 관할)된다.

지방검사(District Attorney)는 관할지역 내의 연방검찰 관할이 아닌 일체의 형사사건과 군관계 민사사건을 처리하며 군정부에 대한 법률고문 역할도 하고 있다. 지방검사는 알레스카 등 몇 개의 주를 제외하고는 모두 관내 유권자들의 선거에 의하여 선출되고 있다.

지방검사는 자기가 필요로 하는 만큼 지방검사보(Deputy District Attorney)를 임명·채용하는데, 이들은 연방검사와 마찬가지로 지방검사의 명을 받아 검찰업무를 취급하고 있으나, 법률상 소송행위가 일체 검사장 명의로 이루어지고 지방검사보는 보좌기관에 불과한 점은 연방검찰의 경우와 동일하다.

연방검찰청과 마찬가지로 지방검찰청 조직, 구성 등도 각 지역의 실정에 따라 다양한데, 예컨대 캘리포니아 주의 San Francisco 지방검찰청의 경우 1996년 12월 현재 약 115명의 검사보가 연간 약 70,000건 정도의 사건을 처리하고 있으며[43], 워싱턴주 킹카운티검찰청 조직을 살펴보면, 169명 검사보와 171명 일반직원들이 근무하고 있으며, 그 조직은 행정부, 형사부, 민사부, 사기범전담부로 구성되어 있다.[44]

나) 지방검사의 역할

지방검사는 법률상 모든 소송행위에 대하여 자신이 책임을 지고 또한 검사 임면권을 보유하고 있으므로, 원칙적으로 검찰의 모든 사건결정에 관여하고 결재를 할 수 있으나 실무상 특히 중요한 사건 이외에는 각 검사보에게 사건결정권을 위임하여 자신이 간섭을 하지 아니함으로써 검사보가 의욕과 책임감을 가지고 직무를 수행할 수

43) 미국형사법, Supra, 19면.
44) 미국의 검찰제도, 법무부, 1994, 340면.

있게 하고 있다.

다음에 주법무장관과 지방검사와의 관계를 보면, 대부분 주에서 법률상 주법무장관의 지방검사에 대한 감독권을 인정하고 있고, 지방검사가 무능, 독직, 부패 등의 이유로 그 직무를 감당키 어려울 때는 장관은 주법무부 소속검사로 하여금 그 직무를 대행케 할 수 있고, 지방검사를 소추할 수도 있게 되어 있다.

한편 주법무장관이 주검사를 지방에 파견하여 특정사건 공소를 유지수행하게 하는 사례가 간혹 있다고 하는데, 이는 예외 없이 지방검사장 협조요청에 의거 실행되고 있는 것이며, 지방검사는 자신이 특정사건에 관하여 이해관계가 있거나 취임 전에 일시 수임했던 사건 등을 이유로 이러한 요청을 하게 된다고 한다. 이러한 관계는 감독이 아닌 대등한 기관과의 협조관계라고 볼 수 있다. 지방검사장은 선거에 의해서 선임된 공무원이므로 형사소추를 당하는 일이 없는 한 임기 동안[45] 재임할 수 있다.

지방검사보들은 지방검사가 개인적으로 채용하는 것이므로, 언제든지 해직시킬 수 있으나 양자간의 취업계약 조건에 따라야 됨은 다른 직업에 있어서와 마찬가지이다.

라. 연방검찰과 지방검찰의 관할권 경합

이상에서 본 바와 같이 동일한 지역에 대하여 두개의 검찰 즉 연방검찰과 지방검찰이 각기 관할권을 가지고 있기 때문에, 동일사건에 관하여 관할권경합이 생기는 사례가 없지 않다. 소위 연방범죄(Federal Crime) 즉 ① 반역, 간첩 등 연방의 존립을 위태롭게 하는 범죄, ② 수뢰, 공무집행방해 등 연방공무원의 범죄 또는 연방공무원에 대한 범죄, ③ 범죄지가 2개주 이상에 걸쳐있는 범죄, ④ 마약사범 등 공중보건위생에 관한 범죄, ⑤ 독점금지법위반, 파산법위반 등 주요 경제사범, ⑥ 관세사범 · 출입국관리사범, ⑦ 해상범죄 등[46]은 연방검찰에 의해 연방수사국, 마약청 등 그 산하 수사기구에 의해 수사되어 연방검찰에 넘겨지고, 그 외의 일체 범죄는 지방경찰이 수사하여 지방검찰에 송치하고 있다. 한편 1970년에 공포 · 시행된 조직범죄단속법(Organized Crime Control Act of 1970)에 의하면 조직범죄 즉 마피아(Mafia)단 등 직업적인 범죄단체의 범죄나 이와 관련된 범죄는 '연방범죄'로 규정하였고, 이와 관련된 지방공무원들의 독직사건까

45) 지방검사의의 임기는 대개 4년이나 3년인 곳도 있다.
46) 미국형사법, Supra, 17면.

지도 새로이 연방범죄로 만들어 강력하고 통일적인 단속을 시도하고 있다.

마. 미국검사의 직무 및 인적 구성

1) 직 무

연방 및 지방검사가 수행하는 주요 직무 내용은 관내에서 발생하는 각종 범죄에 대한 공소권행사여부 결정과 민사소송에서 국가 또는 지방자치단체를 대표하고[47] 다른 정부기관에 대한 법률자문 및 법률로 정한 특정사건 수사, 그리고 개별사건을 통한 사법경찰에 대한 법률적 교양실시 등이다.

형사사건 처리과정에서 검사의 구체적 관여도를 살펴보면 다음과 같다.

① 구속영장 발부가 경찰관이 검사를 거쳐 판사 서명을 받아 이루어지고 있는 점은 우리와 비슷하나, 우리와 같이 검사가 전적으로 직권 결정하여서 하달하는 것이 아니고, 검사는 구속을 필요로 하는 자료에 대한 법률적용 및 증거에 대한 판단을 내려 만약 증거가 불충분하면 담당경찰관에게 영장신청을 철회하도록 권유 설득하여 수사경찰관이 자진 포기하도록 하고 있는 것이 이들 실무적 처리방법이다. ② 예비심문절차(Preliminary Hearing)에 있어서 검사는 예심판사 앞에서 피의자에 대한 소추수속을 계속 진행시킴이 타당하다고 주장하고, 이에 관한 증거들을 제시하는 직무를 행하는데 이를 "Discovery Process"라 한다. ③ 사건이 중대한 경우에는 피의자 또는 검사 요청에 의거 그 사건의 기소여부를 결정짓기 위하여 소위 '대배심(Grand Jury)'에 회부되는데, 이때 검사는 24명의 대배심원들을 소집하여 그들 앞에 검찰측 증거를 제시하고 그들을 설득시켜, 이른바 '기소결정(True Bill)'을 받아내는 것이며 이때 기소함에 충분한 증거가 없거나 소추가치가 없다고 배심원이 판단하면, 이른바 'Bill of Ignoramus' 즉 불기소처분에 해당하는 결정을 내린다. 그런데 이러한 대배심의 불기소결정이 부당하다고 판단될 때에는 검사는 또 다른 대배심원을 소집하여 전회와 다른 결정, 즉 기소결정을 얻어내는 일이 실무상 가끔 있다.

대배심의 기소장 소위 'Indictment'에는 해당 검사장 확인서명이 있어야 하는데,

---

47) 박주인, "미국의 검찰제도", 해외파견검사연구논문집, 법무부, 1977, 47면.

검사장은 서명을 하지 않음으로써 대배심 기소결정을 사실상 무효화시킬 수 있다. 사건이 일단 기소된 후에도 공소를 취소하는 것은 검사 재량이다. 연방검사장은 적법하게 국가를 대표하는 동안은 그의 결정이 최종적인 것이 될 것이나, 만약 그가 연방법무부장관 명령에 불복하여 특정사건을 기소하거나 불기소처분 할 수 없다. 그것은 법무부장관이 연방검사보다 더 상위의 국가대표자격을 가졌을 뿐 아니라 양자는 상명하복 관계에 있기 때문이다.

2) 인적 구성

미국 검사는 통상 젊은 법조인들이 실무경험을 쌓기 위하여 잠시 입직하는 경향이 많고, 평생을 검사로서 입신을 하려는 소위 직업적 검사(Career Prosecutor) 지망자는 매우 희귀하다고 한다. 그들은 수년간의 경험을 얻고 난 뒤 변호사개업을 하거나 Law Firm에 들어가며, 또는 판사를 지망하거나 법률학교수가 되기도 한다.

지방검사의 경우는 이 자리가 보다 고위관직에로의 "Stepping Stone"이라고까지 일컬어질 만큼 대부분이 주지사 또는 상원의원 등으로 진출을 하고 있어, 정치에 야심이 있는 법조인이면 의례 이러한 방법으로 정계에 진출하고 있다.

뉴욕, 로스엔젤리스, 시카고 등 대도시에는 차츰 평생을 직업으로서 검사를 택하려는 경향이 나타나고 있으나, Career Prosecutor의 확보방안이 아직은 요원한 상태에 있는 것 같다. 대도시에서는 검사가 전직으로 근무하고 있으나, 작은 시골 지방에서는 지방검사 혼자서 일하는 데가 있다. 이와 같이 검사가 "Career Profession"으로 발전되지 못하는 첫째 원인은 무엇보다도 보수를 비롯한 이들에 대한 박한 대우에 있으며, 보수보다는 오히려 명예가 강조되는 일면이 아직도 남아 있는 것을 엿볼 수 있다.

4. 미국의 경찰조직

가. 개 요

견제와 균형의 원리에 철저히 입각한 행정부 조직 및 경찰력에 대한 불신과 두려움의 반영으로 미국 경찰조직은 자치제경찰원리를 기본 사상으로 하되, 그 업무는 연방 주정부 및 각 자치정부의 산하에 설치된 40,000여에 이르는 독자적인 사법경찰 조직에 약 50여만 명이 근무하고 있다. 그 중 연방경찰 조직이 약 50개, 주정부 경찰 조직이 약 200개에 이르며 나머지는 시 · 군 등 지방정부 경찰조직으로 분산 운영되고 있으므로 그 구체적인 조직, 역할, 임무에 있어 실로 다양한 형태를 띄우고 있다. 한편 사법경찰과 행정경찰은 이원적으로 운영되고 있고, 사법경찰은 연방정부 및 주정부에서 모두 각기 독자적인 수사권을 갖고 있다.

나. 연방 사법경찰

연방정부 소속의 각급 경찰기관은 헌법과 연방법률에 의해 각기 고유한 업무에 관할권을 가지며, 우리나라 경찰청과 같이 전 미국의 모든 연방법률을 집행하는 단일 조직은 존재하지 않는다. 주요한 연방 경찰기관에는 ① 법무부(Department of Justice) 산하에 연방수사국(FBI), 마약청(DEA), 연방보안관실(U.S. Marshals Service), 이민귀화국(INS), 국경순찰대(Border Patrol) 등이 있으며, ② 재무부(Department of Finance)산하에 비밀근무실(Secret Service), 국세청(IRS), 연방관세청(U.S. Customs Service), 알콜 · 담배 · 총기단속국(ATF) 등이 있고, 그외 국방부 소속 군수사기관 및 우정검사실, 연방해안경비대 등이 있다.

이 중 FBI는 연방법률이 정하는 형사사항에 대해 일반적인 관할권을 가지는 유일한 경찰 기관으로서, FBI 관할권은 법률로 규정되어 있으며, 기타 경찰조직과는 상호 협조 · 보완 관계에 있는데, 은행강도사건 등 애초부터 FBI 관할로 정해져 있는 것도 있고, 사건 진행과정에 따라 여러 자치 경찰조직의 관할사항에 대해 FBI가 필요적으로 관여하거나, 혹은 요청에 의해 관여하는 경우가 있다. 예컨대 단순 살인사건인 경우 이에 대한 수사 및 현장 수배는 발생지 관할 주 경찰 소관이지만, 용의자가 다른 주로 도주했다는 증거가 발견되면 발생지 주 경찰은 다른 주에서는 관할권이 없으므로 FBI가 발생지 주 경찰 요청에 의해 혹은 자동적으로 관여하게 됨으로서 관할권을 가지게 되는 경우이다. FBI에 관하여는 뒤에 상술하기로 한다.

다. 주 사법경찰

처음으로 주 경찰(State Police)를 조직한 주는 멕시코로부터 독립한 후 연방 가입

전 Texas주에서 창설한 Texas Ranger이다. 이어서 1865년 Massachusettes주, 1905년 Conneticut주 경찰 등이 저마다 State Police를 구성하였다. State Police창설의 주된 이유는 자동차 증가로 인한 State Highway System의 발달에 있었으며, 초창기 State Police는 주로 교통 관계 법률관련 분야에만 경찰권을 가지고 있었고, 현재도 몇몇 State Police는 Highway Patrol 기능만을 수행하고 있는 것이 현실이다. 그러나 현재는 통상 주정부 산업운수부 장관 지휘 감독하에 별도의 고속도로 순찰대(Highway Patrol)를 두어 주내 비자치제 지역 차량운행을 규제하는 각종 교통관제 업무와 법규의 집행을 임무로 부여하고 있으며, 대부분 State Police는 City나 County, 또는 여타 자치제 Police 조직이 관할권을 가지지 못하는 곳에서 주 전역에 걸쳐 관할권을 가지며, 교통경찰뿐만 아니라 생명·신체·재산 보호와 치안유지, 범죄수사 등 전반적인 경찰권을 행사하고 있다. 전체 경찰 10% 정도인 45,000명 정도가 State Police이며, City(County) Police나 Sheriff와 State Police의 관계는 상호협력 지원관계에 있다.

(The Sheriff)

서부 활극영화에 나오는 보안관을 떠올리게 되는 Sheriff는[48] 현재도 중요한 미국경찰제도의 하나이다. Sheriff는 대부분 주민의 직접선거에 의해 선출되며, 그 권한은 각 주마다 상이하나 카운티내 치안유지와 범죄수사, 구치소 및 교정시설의 관리, 영장 송달 등 소송절차 집행 및 법정질서 유지 등이 일반적이다.

현재 미국에는 3,000개가 넘는 카운티가 있는데 알래스카 주를 제외한 모든 주의 카운티에 1명씩 Sheriff가 활동하고 있다.

라. 자치체 경찰(City and County Police)

City나 County Police는 Sheriff 등의 조직보다는 좀더 발전되고 집권화된 조직이다. 미국 각지에서 도시화가 진행되고 비대해져 가는 도시마다 증가하는 범죄문제에 직면하게 되었으며, 특히 2차대전 후 도시의 급속한 팽창에 따라 종래보다 비대해진 City나 County에서는 City(County) Mannager Plan으로 새로운 조직을 마련하고 조직장은 City(County) Mannager에 의해 선임되었다.

City(County) Police는 종전 Sheriff기능을 수행하고 Sheriff는 점차 경찰기능 보다는 사

48) 이는 원래 영국의 'Shire-reeve : 마을 관리자'에서 유래되었다.

법, 교정관리로서의 기능에 중점을 두는 경향이 많아졌다. 20세기 초 정부기구개혁운동의 영향으로 비교적 규모가 큰 City(County)에서는 경찰을 전문화, 집권화 시키려는 경향이 두드러지고 군대식 계급조직과 개선조직으로 개편해 나갔다. 그러나 이러한 경향에도 불구하고 City나 Country 안에는 저마다 일정한 지역적 관할을 가진 수많은 자치경찰 조직들이 고유한 관할권을 갖고 존재하고 있는데, 예컨대 Park Police, Harbor Police, College Police, Bridge Police, Tunnel Police 등 자치제적 경찰제도의 뿌리는 엄연히 남아있다.

한편 최근에는 소규모 City에서 자체 경찰조직을 갖기보다는 비교적 규모가 큰 인근 City나 County Police에 일정한 보수를 지급하고 경찰권을 위탁하는 이른바 수탁경찰 (Consignment Police)도 새로운 경향으로 나타나고 있다.

마. 연방수사국(Federal Bureau Investigation)

1) 연 혁

건국 초기인 1870년 의회의 제정으로 법무부가 구성되고, 1878년 초대 법무장관인 Edmund Randolph에 의해 법무장관 직속으로 연방범죄 수사요원인 SA(Special Agent)를 두었는데 1909년에 이르러 FBI 전신인 BOI(Bureau of Investigation)가 조직되었으며, 1935년에 이르러 공식적으로 FBI라는 명칭을 사용하기 시작하였다.

초창기 FBI는 연방법률의 엄격한 규율 하에 제한된 업무만을 수행하였으나, 1924년 FBI발전에 기여한 대부이자 미국인들에게 "Bull-dog"이라는 애칭으로 불리워지던 John Edgar Hoover[49)]가 국장으로 취임하면서 부터 조직과 기능적인 면에서 비약적인 발전을 거듭하면서 오늘에 이르렀다.

현재 FBI는 법무부 소속으로 법무장관의 지휘·감독을 받는 체제로 되어있으며, 본부 9개부·3개실, 56개 지방사무소, 약 400개 분사무소, 23개 해외주재관 사무소 등에 2만여 명이 근무하고 있다[50)].

---

49) Hoover는 1972년까지 무려 48년간을 국장으로 재직하면서 탁월한 웅변술과 지휘력으로 미국인들의 사랑을 받았으며, 그의 명성은 당시 대통령 인기를 능가할 정도였다. 그의 이름을 사후에도 기리기 위해 현재 워싱턴 D.C.에 있는FBI 본부건물을 Hoover Building이라고 부르고 있다.

50) 미국형사법, Supra, 22면.

2) 임 무

FBI는 미국 헌법과 연방법률이 부여하는 200여 가지의 영역에 걸쳐 관할권을 가지고 있는데, 그 중 주요한 것들에는 다음과 같은 것이 있다.

- Act for Protection of Foreign Officials : 외국 주요인사 경호.
- Admiralty Matters : 해상범죄 수사.
- Anti-Racketeering, Anti-Trust : 불법적인 교역행위, 독점, 기업담합.
- Assaulting or Killing a Federal Officer : 연방공무원에 대한 공무방해, 살인.
- Assaulting the President of the USA : 대통령에 대한 공격행위.
- Atomic Energy Act : 핵에너지 관련법.
- Automobile Information Disclosure Act : 자동차 생산, 수입업자간의 불법행위.
- Bank Ribbery and Embezzlemement : 연방법률에 의해 설립된 은행에 대한 강도 · 횡령
- Bankruptcy : 파산법 관련 범죄.
- Bribery : 연방공무원 뇌물 수수행위.
- Civil Rights Act : 시민권 침해관련 범죄.
- Election Laws : 선거법 관련범죄.
- Desertion from the Armed Forces : 탈영병 수사활동.
- Destruction of Aircraft or Motor Vehicles : 항공기 또는 주간 외국간 교역에 사용되는 차량에 대한 파괴행위.
- Escape and Rescue : 연방법률에 의해 구금된 피의자의 도주, 도주원조행위.
- Espionage : 간첩행위.
- Extortion : 약취강도.
- Falsely Claiming Citizenship : 시민권 위조획득.
- Murder, Mass Murder, Serial Murder : 살인, 대량살인, 연쇄살인.
- Murder in Multiple States : 2개 이상의 주에 걸친 살인사건.

현재 연방수사국에서는 연방범죄 중 조직범죄, 화이트칼라 범죄, 테러, 인권침해범죄 등에 특히 주력하고 있다.

5. 미국 검찰조직과 경찰조직의 상호관계

가. 경찰과 검찰의 기본적 관계

미국은 검사와 경찰에 관계에 대해서 우리의 형사소송법 제196조와 같은 규정은 없다. 다만 주정부법 등에서 검사 직무로서 경찰을 포함한 모든 법집행 기관에 대하여 법적 자문이나 법률서비스를 제공하도록 규정하고 있을 뿐이다. 경찰은 범죄수사를, 검찰은 공소업무를 담당하는 법집행기관으로서, 양자는 서로 직무를 존중한다. 즉 미국에 있어서 사법경찰과 검사의 관계는 상호협력관계라 할 수 있으며, 이는 연방이나 자치단체의 경우 모두 동일하다.

검사는 경찰 또는 경찰관에 대한 일반적인 지휘권을 가지고 있지 않으며, 범죄수사의 주도권은 원칙적으로 경찰에게 있고 검사는 주에 따라 몇 가지 사건에 대한 기소여부 결정과 공소유지를 할 뿐이며, 공소유지 담당시 보강수사를 할 수 있다. 우리와 같이 검찰이 경찰에 대한 일반적인 수사지휘권이 없어 개별사건에 대해서도 경찰이 송치한 사건에 대한 보강수사를 요구할 수 있다. 이처럼 경찰은 검사 보조자가 아니라 실상으로는 상호협력관계이나[51], 이는 사법관할에 따라 다르며, 또한 경찰관이 사건을 수사하는가 카운티 검사가 직접 사건을 수사하는가에 따라서도 달라진다.[52] 양자의 경우에 검사는 형사소추를 적절하게 진행시키기 위하여 경찰관서와 정규적인 접촉을 유지할 필요가 있다. 경찰은 검사에게 사건에 관한 수사보고서를 작성 제출하면 검사는 경찰에게 사건에 관한 법률적 문제에 관하여 조언을 해주며[53], 또한 검찰은 영장발부, 합법적 체포 등에 관하여 경찰 교육을 담당하기도 한다. 따라서 검찰은 이와 같이 형사소송절차에 있어서 변화하면서 자연스럽게 소추권 행사를 통하여 수사활동의 방향을 결정하고 문제점을 지적하며, 이에 의거하여 수사활동이 이루어지게 하고 있다.[54] 검찰과 경찰이 협력하고 형사사법체계 내에서 대등관계를 유지하면서도

---

51) 수사지휘론, 서울고등검찰청, 1998, 78면.

52) 박승진 외 2인, 각국의 검찰제도, 한국형사정책연구원, 1998, 44면.

53) 뉴욕, 시카고 등 대도시 검찰청에서는 중요범죄 담당 부서(Felony Review Units)설치하여 경찰 수사에 대한 자문을 해주고 있다. 김지태, "경찰의 수사권독립에 관한 연구", 부산대, 1992, 7면.

54) 실제로는 경찰관이 복잡하고 사회적으로 중대한 사건을 취급할 때에는 반드시 검사 지휘를 받는 것

한편으로는 개개 검사·검사보와 경찰간에는 직무차이성 및 직무에 대한 시각차로 인해 긴장·갈등이 존재하기도 한다.

이렇듯 미국 경찰과 검찰의 기본적인 관계는 형사사법절차에 있어서 경찰은 범죄수사를 담당하고, 검찰은 공소업무를 전담하는 독자적인 기능을 갖는 기관으로서 상호 협조관계를 원칙으로 한다. 검사는 법률전문가로서 경찰에 법적 자문이나 서비스를 제공하고 공소유지를 위해 경찰 수사에 대하여 일정부분 관여한다고 할 수 있다. 반면 경찰은 독자적인 수사권을 갖고 있으면서 경미범죄 등에 소추권을 행사함으로써 검사 소추권에 일정 부분 관여를 하게 된다.

나. 경찰에 대한 법적 조언자로서의 검찰

대부분 주정부조직법에서는 검사에게 경찰을 포함한 법집행기관에 대한 법적조언을 그 직무로 규정하고 있다. 검사의 경찰에 대한 법적 조언 제공 여부는 주마다 다른데, 보통 도시경찰서에서는 경찰서 내에 법무담당부서 또는 법률고문을 두고 있어 특별한 경우가 아닌 한 법률문제에 대해 독자적인 판단을 하고 있다.[55] 각종 법률문제에 대처하기 위하여 규모가 큰 경찰서나 경찰국은 법무담당부서에 1~10명의 변호사를 고용하여 그 처리를 맡기는데, 법무담당부서 직무는 경찰 전체의 정책에 대해 경찰국장이나 서장을 보좌하고, 외근경찰관 직무활동에 대하여 법률상 조언 및 개선 의견을 제시한다. 나아가 경찰관에 대한 법률적 교육 입안 내지 그 실시에 관한 계획을 수립한다.

뉴욕시경찰(NYPD)의 경우 법무국을 두어 그 산하에 형사과가 설치되어 있으며, 형사과에서는 상당한 이유 입증기준에 관한 법적 견해, 헌법·법률 해석, 범죄자 체포 및 기소와 관련된 문제 등에 대한 법적 조언을 하게 되어 있다. 형사과에 소속된 변호사들은 지방검찰청과 함께 체포피의자에 대한 소추를 준비하고, 연방·주 검사 및 다른 법집행기관과의 상호 관심사에 대한 연락관 역할을 하고 있다. 경찰 법률부서로 특이한 제도 하나가 메사추세츠 주에 있는 경찰검사(Police Prosecutor)제도를 들 수 있는데, 이는 경찰서 내에 경찰관 겸 검사 직책을 두어 형사소추와 관련한 법적 문제를 처

이 상례라고 한다. Mayers Lewies, The American Leyal System, 1964, pp. 41-50. 성백영, "검사와 사법경찰리의 관계 : 수사권확립을 중심으로", 26면.

55) 박창호·이동희·이영돈·임준태·표창원(공저), 『비교수사제도론』, 박영사, 2004년, 579면.

리하고 있다.

다. 수사절차에 있어서의 양자 관계

(1) 경찰은 연방범죄를 제외한 모든 범죄에 대한 수사를 담당하는 것이 원칙이며, 검찰은 공소제기와 유지업무를 담당하면서 공소유지에 필요한 범위 내에서 보강수사를 할 수 있다. 수사절차에 있어서 양자 관계는 이미 앞에서도 밝혔듯이 원칙적으로 상호 협력관계를 유지하고, 수사와 관련해 검찰은 경찰에 보강수사를 요구하거나 사건에 대한 기소거부, 체포에 대한 승인을 거부함으로써 견제할 수 있을 뿐이다.[56] 경찰은 원칙적으로 범죄해결률을 높여야 하는 압력을 받지는 않으나, 예외적으로 사건을 해결하려는 지나친 의욕을 보인 나머지 유죄판결을 보장하는 실질적인 증거가 충분하지 않은 경우에도 체포를 하는 경우가 종종 있다. 이 때 검사는 보강수사를 요구하거나 송치사건에 대하여 사건심사를 통해 불기소를 하게 된다.

(2) 또한 우리와 달리 미국의 경우, 경찰이나 검찰의 영장신청 및 검찰 관여에 대하여 규정하고 있지 않은데, 실무상 지역에 따라 경찰이 영장청구시 검사의 검토를 받도록 하는 경우와 검사의 검토 없이 경찰이 영장을 청구할 수 있는 경우로 나누어진다.

경찰의 체포영장 신청에 대해 일정부분 검사의 관여를 인정하는 것은 공소 책임을 지고 있는 검사로 하여금 사건의 적정성과 법률적합성을 사전에 검토하게 하여 형사사법 기능과 역할을 적정하게 유지하기 위한 것이나[57], 우리나라와 같이 검사가 수사 지휘자로서 수사 보조자인 경찰의 영장신청을 심사하는 것이 아니라, 검사와 경찰이 상호 대등한 지위에서 서로 협력하고 법적 요건의 문제점을 검사가 한번더 검토하도록 하는 것에 그 의미를 두고 있다고 볼 수 있다.

(3) 경찰은 피의자를 체포, 수사를 개시한 사건이라 해도 이를 모두 검찰에 송치해야 하는 것이 아니라 기소할 가치가 있다고 판단되는 사건에 한해 검찰에 송치하고, 기소가 불가능하거나 기소할 가치가 없다고 판단한 사건은 독자적으로 사건을 종결할 수 있는 수사종결권이 있다.

---

56) 다만 주마다 약간의 차이가 있어 미국 검찰과 경찰의 관계 전체를 일괄적으로 살펴본다는 것은 한계가 있다.

57) 표성수, 미국 검찰과 한국의 검찰, 육법, 2000, 87면.

반면 기소권은 원칙적으로 검사 고유권한이지만 대배심과 경찰이 일정 부분 검찰의 소추결정에 관여를 할 수 있다. 즉 경찰이 범인을 체포·수사한 후 소추여부를 심사·결정하고서 소추할 가치가 있는 것으로 결론을 내릴 경우에는 소추청구장(Complaint)을 작성해 치안판사법원에 접수하면서 사건을 검찰에 송치한다. 이때 일부 경죄의 경우에는 소추청구장(Complaint)이 사건 종결시까지 공소장 기능을 하므로 경찰의 소추여부판단이 중요한 역할을 하게 되는 것이며, 반면 중죄인 경우에는 경찰이 독자적으로 소추청구장(Complaint)을 작성하는 경우와 검찰의 검토를 거쳐 작성하거나 검사·검사보가 직접 작성하는 경우가 있다. 검찰은 경찰이 송치한 사건에 대해 소추여부를 재심사하여 여러 요소들을 검토한 후 정식기소 여부를 결정한다.

라. 검찰과 경찰관계 개선

1) 관계개선의 필요성

이상에서 본 것처럼 미국 경찰과 검찰의 기본적인 직무는 분리되어 있어 서로 상이하다. 그러나 양자 모두 형사사법조직 일원으로서 범인을 체포·유죄판결을 받게 하는 공통된 목적을 위해 업무를 수행하기 때문에 상호 협력관계를 기초로 하여 신뢰관계를 구축하는 것이 전체적인 범죄수사 및 공소유지 등 형사사법 활동에 효율적임은 당연하다. 그러나 양자의 직무성격과 환경, 직무에 대한 상이한 시각차 등으로 인해 일부 경찰과 검사간에 불신과 긴장·갈등 관계도 상존하여 온 것이 사실이다.

이러한 상호 불신과 갈등을 일으키는 가장 큰 원인으로는 조직 일부 구성원간에 의사소통을 할 수 있는 체계가 확립되어 있지 않는 점을 들 수 있는데, 이러한 갈등 극복을 위한 노력의 일환으로 형사사법 목표와 기준에 관한 국가위원회는 검사 기소와 관련하여 “검사는 경찰과 항상 상호 신뢰 및 협조체제의 구축에 노력하여야 하고, 특별히 규모가 큰 지역에서는 상호 연락관을 두어 상호간의 문제를 해결하여야 한다.”는 기준을 권고하였다. 이 기준 의미는 검사가 경찰에게 단순히 법적 조언으로 그치는 것이 아니라, 원활한 의사소통체계를 유지하여 검사와 경찰 모두가 상대방의 행정적인 문제점을 인식하고 이를 해결하라는 의미로 이해되고 있다. 그 밖에도 미국에서는 양자의 관계 개선을 위한 다양한 방안이 제시되고 있는 등 다각적인 노력을 하고 있는데, 그 개략적인 내용을 소개하기로 한다.

2) 관계개선의 방안과 노력

먼저 검찰과 경찰의 관계개선을 위한 상호 협력·연계체제 구축을 위해 양 조직이 모두 하나의 형사사법체계 내에서 중요한 존재임을 인정하는 전제하에 실무책임자간의 교섭을 통해 양자의 입장이나 관심 차이에서 나타나는 문제점을 극복해 나가야 할 것이며, 검찰과 경찰의 책임자는 기소 우선순위를 명확히 하고, 이에 대해 합의를 하여야 한다는 주장이 제기되고 있다. 이 주장에 의하면 검찰과 경찰 상호간에 법집행 우선순위를 인식하는 것은 수사 수준과 효율성을 향상시킬 수 있으며, 이에 대한 경찰 이해와 동의는 범죄에 대한 검사의 효과적인 기소에 도움이 되고 검찰과 경찰의 협력을 강화시킬 수 있게 된다. 마약거래·조직폭력 등 특정한 범죄에 있어서는 검사·경찰수사관 합동팀을 구성하는 것도 검사와 경찰의 좋은 관계를 구축하는데 도움이 된다.[58)]

또한 경찰이 수사한 사건의 처리결과를 분석하도록 하는 이른바 사건처리분석체제를 구축하여 경찰수사 수준을 향상시킬 것을 주장한다. 검사는 경찰이 제시한 증거를 평가하고, 이를 기초로 사건 기소여부를 결정하며, 검사가 사건을 접수·기소하면 공판정에서 '합리적인 의심 없이' 범죄사실을 입증해야 한다.

한편 검찰 공소유지업무는 상당부분 경찰 수사수준에 영향을 받지 않을 수 없는데, 경찰 수사보고서에 충분한 증거와 정보가 포함되어 있어야 기소결정이 적절하게 이루어질 수 있고, 사건도 만족스럽게 공판정에서 처리될 수 있게 된다. 검사와 경찰 관계개선은 경찰 범죄수사와 검사 공소유지활동의 질을 제고할 것이라는 인식을 바탕으로 Jefferson연구소는 경찰과 검찰 관계개선을 위해 필요한 단계적인 지침을 마련하였는데, 이 지침에 따르면 검사와 경찰 등 법집행기관간의 의사소통·협력·조정 등을 통한 관계개선에 초점을 맞추어 검사와 경찰 상호간 불신·불만을 해소하고 관계개선을 위해 8단계 방안이 제시되고 있다.

이를 구체적으로 살펴보면, 검사와 경찰간의 관계개선을 위해서는 ① 검사·경찰

58) Micael, J, Criminal Investigation Handbook, 2nd. 524면, 박창호·이동희·이영돈·임준태·표창원(공저), 『비교수사제도론』, 박영사, 2004년, 587면.

서장간에 범죄통제와 주민보호에 대하여 상호 협력한다는 것에 동의를 할 것 ② 검찰 전문화를 통해 수사를 상호 협력하에 진행시킬 것 ③ 경찰보고서 작성 개선에 대하여 협력할 것 ④ 사건송치시 경찰이 검사와의 대면을 쉽게 할 것 ⑤ 경찰을 재판절차에 참여시킬 것 ⑥ 지역사회의 이목을 집중시키는 등의 중요사건은 검찰·경찰이 합동으로 수사를 진행시키고 그 성공을 공유할 것 ⑦ 마약·강도·음주 등 지역의 심각한 범죄에 공동대처하는 연합프로그램을 활성화 할 것 ⑧ 지역사회와 연계시켜 경찰업무를 수행할 것을 제시하고 있다.[59]

위와 같은 검찰·경찰간의 관계개선에 관한 방안 제시에 따라 실제 미국에서는 이를 위한 다양한 노력이 활발히 진행되었다. Maine주에서는 주법으로 통합마약국이라는 새로운 기관을 설치하였는데, 이는 마약사범단속업무 효율성을 위해 경찰수사관과 검사·검사보가 수사 초기단계에서부터 유죄판결 때까지 긴밀하게 협력하도록 하기 위한 것이다. 이 조직을 통해 종래 검사는 유죄판결을 위해 공판업무에 집중하고, 경찰은 법정보다는 단순한 사실에 집중하는 등 직무환경 차이에서 발생하는 기본적 입장과 상대직무에 대한 오해가 어느 정도 해소되었다는 평가를 받고 있다. 또한 뉴욕주에서는 중죄 사건이 무죄 또는 불기소로 처리되는 비율을 낮추기 위해 경찰·검사 프로그램을 계획하였는데, 이 프로그램 시행으로 인해 전체적으로 사건의 유죄율에는 변동이 없었지만 E급 중죄기소사건이 A급 경죄로 유죄판결을 받는 것과 같이 기소범죄보다 낮게 유죄판결을 받는 비율이 감소된 것으로 나타났으며, 검사들과 체포경찰관들의 의사소통체계를 개선하는 효과가 있었다고 한다.

6. 미국의 수사제도가 시사하는 점

미국 수사제도의 가장 큰 특징은 원칙적으로 수사는 경찰이, 공소제기와 유지는 검찰이 담당하고 양자는 상호 협력관계를 유지한다는 점인데, 미국경찰은 수사의주체로서 수사 개시부터 종결까지 독자적인 판단에 따라 수사활동을 하게 되고, 검찰은 공소유지기관으로서 경찰 수사권을 인정하고 법률조언자로서 상호협력관계를 유지하려고 노력하고 있다. 수사 주체와 공소의 주체가 분리·견제되고 공판중심주의에 따라

59) The Jefferson for Studies, Prosecutor's Guide to Police-Prosecutors Relations 내용, 위 책 588면.

실체적 진실이 공판정에서 가려지기 때문에 미국인들은 미국형사사법 절차를 매우 신뢰하고 있는 양상을 띄고 있다. 다만 미국경찰의 수사활동에 대하여 간혹 인권침해 문제가 제기되고 있기는 하나 전반적으로 수사의 공정성이나 적법절차 준수에 대한 국민 불신은 경미한 정도이다.

미국 경찰은 채용시 체력검정과 기본적인 소양을 갖출 것을 기초로 하여 시험을 보고, 형법이나 형사소송법과 같은 법률과목은 시험에 포함되어 있지 않다.[60] 그럼에도 불구하고 수사경찰을 포함한 전체 경찰에 대해 국민신뢰가 높다는 것은 미국 경찰이 수사절차 집행 과정에서 적법절차의 준수를 통해 인권을 보호하고, 업무처리에 있어서 공정성과 청렴성 등이 확립되어 있기 때문으로 보고 있다.

미국의 위와 같은 수사체제를 놓고 볼 때, 우리나라 검찰과 경찰은 미국에 비하여 더 높은 지적 수준과 교육을 받고 있음에도 국민의 신뢰는 얻지 못하고 있다. 수사절차에 있어서 수사기관이 국민 신뢰를 확보하기 위해서는 피의자에 대한 인권보장에 더욱 신경을 쓰고, 객관적이고 공정한 수사라는 인정을 받도록 모색해야 할 것이다. 이러한 점에서 수사 주체와 공소 주체를 분리하여 각자 책임을 주고 상호 견제할 수 있도록 하는 방향은 반드시 생각되어져야 할 필요가 있다. 왜냐하면 검찰과 경찰은 과거 상명하복이라는 갈등관계에서 벗어나 진정한 형사사법조직의 대등한 협력관계로 발전하는 것만이 국민들에게 보다 편안한 법률서비스를 제공하고 각자 조직이 발전적으로 개선될 계기가 되기 때문이다.

제 3 절 프랑스의 수사제도

1. 프랑스의 형사법원 조직 개관

프랑스 수사체제에 있어서 특별한 제도로 수사법원제도라는 것이 있다. 프랑스 법원은 일반법원조직과 형사법원조직으로 나뉘어 지는데, 일반법원 조직의 경우 우리나라와 마찬가지로 지방법원, 고등법원, 대법원의 3심제, 불복절차가 마련되어 있고, 형사법원

60) 우리나라의 경우는 경찰관 채용시 형법 · 형사소송법 등 법률과목을 시험과목으로 정하고 있다.

은 수사법원과 재판법원으로 나뉘며, 수사법원에서 수사를 전담하는 판사가 수사판사이다. 수사법원은 다시 수사판사와 수사부로 구성되며, 재판법원은 경찰법원, 경죄법원, 중죄법원으로 나뉘고, 중죄법원 판결에 대하여 항소하면 대법원에서 법률 적용 여부를 판단하게 된다. 우리나라와 다른 점이 많아 각 형사법원에 대하여 간략히 설명해 본다.

경찰법원은 18세 이하 미성년자에 의해 행해진 5급 위경죄(소년법원의 관할임) 이외의 모든 위경죄를 관할하는데, 기소기능은 1심 법원 검사에 의해 수행하나 5급의 경우를 제외하고는 경찰 경정급이나 경감급이 검사 위임을 받아 수행하게 되어 있다. 경죄법원은 재판장과 2명의 판사로 이루어지며, 기소기능은 검사에 의해 수행되어지고, 오늘날 반복적이며 단순한 범죄 등 경죄사건의 절반정도는 단독판사에 의해서 재판이 이루어진다. 수사법원의 경우 수사판사는 범죄 혐의유무를 밝히는 업무를 수행한다. 중죄는 의무적, 경죄와 위경죄는 선택적으로 수사판사의 수사대상이 된다. 수사판사는 영장발부권한과 피의자신문권·압수수색·감정명령권·수사위임권 등 강력한 수사권을 보유하는 동시에 가구속과 사법통제 등 법원 기능도 보유하고 있다. 수사가 종결되면, 무혐의 결정이나 관할법원에 송치결정을 내리게 된다. 수사법원의 또 다른 구성인 수사부는 2심법원 특별부이며, 3명 수사판사로 구성되며, 수사부장은 최고사법관의 동의를 거쳐 대통령령에 의해 임명된다. 2심법원에서 기소는 고검장이 행하며, 수사부는 법원서기의 보좌를 받는다. 수사부는 중죄법원에 가기 전에 의무적으로 중죄에 대하여 수사부 2번째 수사를 거쳐야 한다. 또한 수사부는 수사판사 처분에 대한 이의제기에 대한 결정권을 가지며, 사법경찰관리에 대한 징계권도 갖고 있다. 그 밖에 범죄인 인도·사면·복권·전과경력서류 등에 대한 권한도 갖고 있다. 한편 수사부장은 2심 법원관할 내의 수사판사를 감독하며, 구치소방문권 등이 있다.

이상에서 개략적으로 살펴본 바와 같이 프랑스 법원 조직은 우리나라와 다른 점이 많다. 우리나라에서는 대부분 검사 업무로 되어 있는 업무가 수사판사 권한으로 되어 있는데, 말하자면 검사 권한과 판사 권한을 동시에 가지고 있는 것이 수사판사제도인 것이다.

2. 프랑스의 형사절차

프랑스에서는 범죄 경중·난이도에 따라 사건 처리절차가 다른데, 이를 도표로 정리하면 다음 [그림 2-2]와 같다.

[그림 2-2] 프랑스 형사소송절차 개관

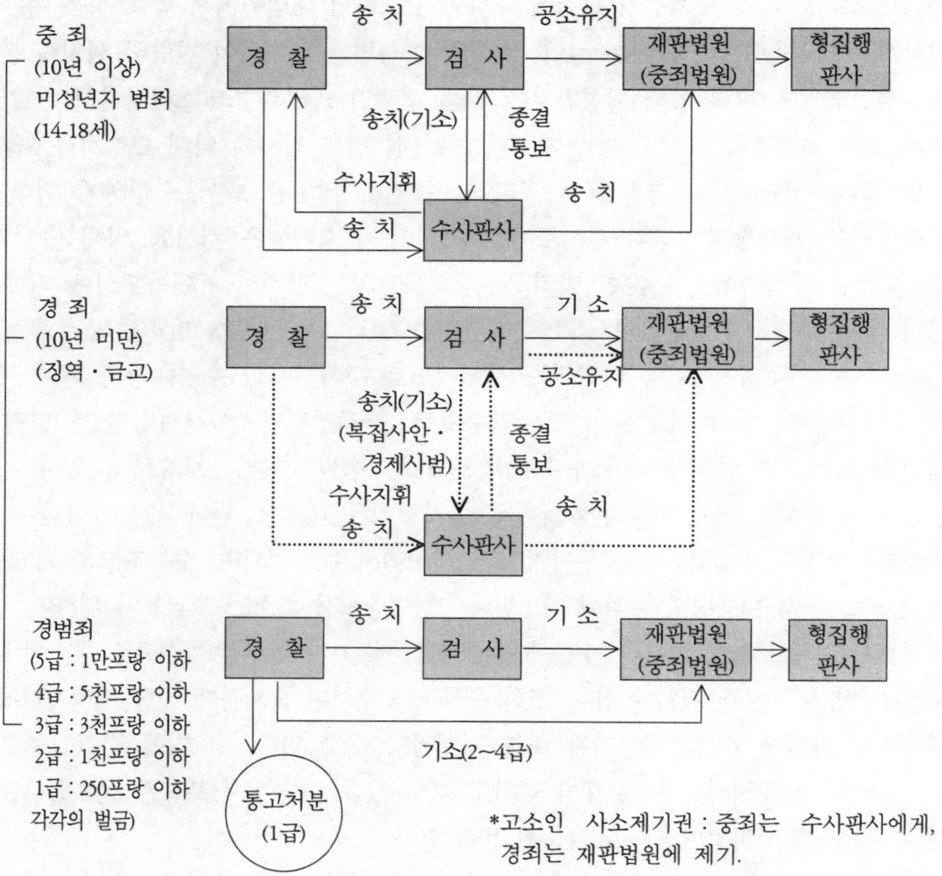

중죄
(10년 이상)
미성년자 범죄
(14-18세)

경찰 → 송 치 → 검 사 → 공소유지 → 재판법원(중죄법원) → 형집행 판사
검사 → 송치(기소) → 수사판사
수사판사 → 종결 통보 → 검사
수사판사 → 수사지휘 → 경찰
경찰 → 송 치 → 수사판사
수사판사 → 송 치 → 재판법원(중죄법원)

경 죄
(10년 미만)
(징역 · 금고)

경찰 → 송 치 → 검 사 → 기 소 / 공소유지 → 재판법원(중죄법원) → 형집행 판사
검사 → 송치(기소) (복잡사안 · 경제사범) → 수사판사
수사판사 → 종결 통보 → 검사
수사지휘
경찰 → 송 치 → 수사판사
수사판사 → 송 치 → 재판법원(중죄법원)

경범죄
(5급 : 1만프랑 이하
4급 : 5천프랑 이하
3급 : 3천프랑 이하
2급 : 1천프랑 이하
1급 : 250프랑 이하
각각의 벌금)

경찰 → 송 치 → 검 사 → 기 소 → 재판법원(중죄법원) → 형집행 판사
경찰 → 기소(2~4급) → 재판법원(중죄법원)
경찰 → 통고처분 (1급)

*고소인 사소제기권 : 중죄는 수사판사에게, 경죄는 재판법원에 제기.

가. 중 죄

살인 등 강력범죄 같은 중죄[61]는 사건발생시 주로 경찰의 인지나 신고 · 고소 · 고발에 의해 경찰에 접수되며, 이 경우 경찰은 현행범인의 경우 체포[62] 후 통상체포

61) 10년 이상 징역이나 금고 형에 해당하는 죄를 중죄라 한다.

62) 프랑스 형사소송법 제27조는 "현행 중죄나 구금형에 해당하는 경죄의 경우 모든 사람은 현행범인을 체포할 수 있으며, 인근 사법경찰관 면전에 인치하여야 한다"라고 규정하고 있으나, 우리나라와 같이 인신구속 기간적 개념을 갖는 독자적 체포제도로 기능하지 않고, 시간적으로 아주 좁은 체포와 인치

로, 비현행범인 경우는 바로 통상체포로서 원칙적으로 24시간 체포할 수 있는 제도를 통해 신병을 확보한 뒤 검사지휘를 받아 기간연장을 받거나 또는 즉시 송치하면 검사는 사안이 중죄에 해당하는 경우 즉시 수사판사에게 송치한다. 수사판사는 사안을 검토하여 사법경찰관에게 수사기일을 지정하여 위임수사를 지휘하는데, 이때 수사판사는 재판기능과 수사기능을 동시에 가지는 강력한 권한을 가지고 있다.[63] 즉 피의자를 판결 전에 최소 4개월에서 4년까지 구속할 수 있는 막강한 권한을 스스로 행사하는 등 문제점이 지적되어 최근에 구속권한은 수사판사의 청구에 의해 석방·구금판사 결정에 의하도록 함으로써 영미제도의 영장제도와 유사한 형태를 받아들이고 있다.

어떻든 수사판사 권한은 강대하나 수사판사는 물적·인적 자원이 전혀 없이 사무실에 오직 혼자 있으며, 서기가 있지만 우리나라처럼 검사수사를 보조하는 것이 아니라 수사판사업무의 적법성을 감시하고 보조하는 역할을 한다. 따라서 수사판사업무의 대부분은 경찰에 의하여 행사되며, 수사판사는 위임을 통해 사법경찰관에게 수사판사 권한을 부여하여 주는 역할을 한다. 위임수사를 진행하는 사법경찰관은 구속·사법통제·피의자신문 이외의 모든 수사판사의 권한을 행사하게 되며, 사건조사를 마친 사법경찰관은 서류를 수사판사에게 송치하면 수사판사는 혐의유무를 판단하여 수사종결을 한다. 수사종결시 수사판사는 당사자에게 이 사실을 통보하며, 검사에게도 최종의견을 얻기 위해 통보한다. 검사는 1개월 동안 결정을 할 수 있으며, 검사의 최종의견이 없는 경우 수사판사는 이에 관계없이 재판법원에 송치·혐의없음·이송 등의 결정을 하게 된다. 중죄법원에서 기소수행은 검사가 행한다. 중죄법원은 사실심에서 직업판사 3명, 배심원 9명이 서로 심리결정하며, 이 경우 유죄인정은 8명 이상 찬성에 의해서만 가능하다. 그 후 형량을 확정한 후 집행은 형집행판사가 담당하며, 그는 조건부석방·선도조건부집행유예 등 형의 개별화를 위한 교정 및 법원기능의 결정을 행한다.

까지만의 행위를 말한다. 박창호·이동희·이영돈·임준태·표창원(공저), 『비교수사제도론』, 박영사 2004년, 48면.

63) 우리나라 판사는 수사기관이 아니고 재판하는 독립된 사법기관이라는 점에서, 프랑스 수사판사가 수사활동을 할 수 있고, 행정부에 속한다는 점에서 우리나라와 확연히 다르다.

나. 경　죄(10년 미만 징역, 금고 2만프랑 초과하는 형에 해당하는 죄)

경죄 사건처리는 우리나라 경우와 유사하다. 검사는 경찰의 사건송치 이후 이를 재판기관에 기소한다. 다만, 경죄 중 사안이 복잡하거나 경제・금융사건의 경우에는 수사판사에게 수사를 의뢰하는 기소를 행하게 된다. 이 경우 수사판사는 다시 경찰에 위임수사를 지휘하고, 경찰로부터 송치를 받은 후 경죄법원으로 송치명령을 내린다.

다. 경범죄

경범죄[64] 경우 1급에서 5급까지 나뉘며, 5급은 1만프랑 이하, 4급은 5천프랑 이하 범죄를 말하며, 3급은 3천프랑, 2급은 1천프랑, 1급은 250프랑 이하로서 1급 경범죄는 우리나라의 통고처분과 유사하며, 나머지는 경찰법원에서 재판이 이루어진다. 보통 2급에서 4급까지는 검사 위임에 의해 경감・경정급이 기소를 담당하며, 5급 사건은 검사가 담당한다.

3. 프랑스의 검찰제도

가. 검사의 기원

엄밀한 의미에서 오늘날 존재하는 검사개념은 나폴레옹시대에 나타난 범죄수사법에서 기원하지만, 법의 역사 속에서 검사제도는 14세기 초에 처음으로 나타났다.

필립3세가 지배하는 재판소에서 왕의 대리인인 검사가 발견되고, 이러한 왕의 대리인은 영주의 봉건적・법적・재산적 권리를 보호하기 위해 영주 이름으로 행동하였다. 13세기 말경부터 종교법원인 왕립기소관에서 공식적으로 범죄 처벌을 재판관에게 구하였는데, 증거입증에 참여하는 책임을 진 종교법원 검사격인 정의의 주창자처럼 왕의 대리인에게도 공익을 위한 방어권이 부여되었다. 즉 왕의 대리인인 검사의 첫째 임무는 우선 왕의 권리를 방어하는 것이고, 부수적으로는 법적 성격이 부여된 공익을 대

64) 2만프랑 이하 벌금의 형에 해당하는 범죄를 말한다. 다만 1만프랑 이하 벌금형에 해당하는 범죄를 5급 위경죄라 한다.

표하는 것이었다. 형사절차에 있어서 공익의 개념이 인식된 것은 13세기 말 이전이었는데, 이러한 공익개념은 12세기 중엽부터 민법학자들에 의해 나온 것으로 13세기가 되어서야 왕립법률가들에 의해 채택되게 되었다. 검사는 절대국가의 탄생과 맥을 같이 하지만 시대적인 변화에 따라 함께 변화하여 그 변화 속에서도 유지되고 있는 것은 기본적으로 검사가 기소권을 보유하고 있으며, 기소에 필요한 정도의 비강제적인 수사 권한을 가지고 있다는 것이다. 기본적으로 프랑스에서 검사는 권한 없는 교통정리자로서 역할을 하고 있으면서 형사절차의 많은 부분에 관여함으로써 형사절차상 감시자 역할을 하고 있다. 우리나라의 경우에도 검사 지위에 대하여 많은 논의가 진행중이지만, 결국은 견제와 균형이 잘 이루어지고 있느냐의 문제로 귀착될 것이다.

나. 프랑스의 검찰조직과 인력

검찰청은 법원에 부치되어 있는 계급적 조직체로 볼 수 있다. 모든 법원에 검찰청이 부치되어 있는 것은 아니고 대법원 · 고등법원 · 지방법원에 한하여 검찰청이 부치되어 있고, 중죄법원과 경찰법원에 대한 검찰권 행사는 위와 같이 부치된 검찰청 검사와 검사 지명에 의한 경정이나 경감급의 경찰관에 의해서 행사된다.[65] 또한 프랑스 법원은 법무부장관의 행정적인 조직하에 있긴 하지만 판사는 법무부장관의 직접적인 관여를 받지 않고, 검사는 법무부장관 지시를 받는다.

다. 검사의 지위와 권한

이하에서는 검사 지위와 권한에 대하여 살펴보고, 검사 기소(수사요구) 행위 이후에 수사판사의 수사가 행해지는 관계로 검사 기소유형, 검사 기소편의 주의에 대한 견제장치와 사인소추주의, 수사판사의 수사행위에 대한 검사의 견제장치 등에 대하여 언급하고자 한다.

1) 프랑스 검사의 지위와 역할

프랑스 검사는 흔히 '서 있는 사법관'이라 불리고 있다. 즉 앉아서 결정하는 판

65) 김종구, 형사사법개혁론, 새로운 패러다임의 비교법적 모색, 법문사, 2002 8, 259면.

사와는 달리 법정에서 서서 구형 등을 요구하는 업무를 하기 때문에 이러한 명칭으로 불린다. 프랑스 검사는 심급에 따라 검사 역할에 차이가 나는데, 대법원, 2심법원, 1심법원(경죄법원)에서 역할은 우리나라와 거의 동일하고, 경찰법원(경범죄)에서는 5급 경범죄는 검사가 기소를 담당하며, 나머지 1급에서 4급까지 경범죄는 고검장 지명에 의해 경위·경감·경정급이 기소를 담당한다.

프랑스 검사조직 특징을 요약하자면, 위계질서상 상명하복관계, 동일체성이 인정되고, 재판법원이나 수사법원으로부터 독립적이고, 기소행위에 대하여 책임을 지지 않는 점으로 볼 수 있겠다. 프랑스에서도 우리나라와 같이 정치권력의 검사에 미치는 영향력이 문제시 되어 왔는데, 정치권 압력을 제거하기 위해 1993년 8월 24일 법에 의해 계통적인 개입을 차단시키기 위해 계통적인 지시를 서류에 편철하도록 의무화하고 있다.

2) 검사의 기소권

기소는 공소와 사소로 구분되는 데, 공소는 공공질서 보호와 범인처벌에 목적이 있고, 사소는 범죄피해자의 피해보상에 그 목적이 있다. 공소는 검사에 의해 제기되며, 사소는 피해자에 의해 제기된다.[66]

프랑스에서 전통적으로 공소권의 주체는 검사이며, 검사는 행정부의 공직자로서 법원 내에서 공소권을 집행할 뿐만 아니라 법원 밖에서도 법질서의 준수를 감시하는 일반적인 임무를 부여받고 있다. 검사는 공소제기를 결정하여 범죄인을 기소할 수 있으며, 불기소처분·직접소환·수사행위 요구를 결정할 수 있는 기소집행권을 가진다. 직접소환의 경우 형사합의·약식절차·조서에 의한 즉시소환절차를 결정할 수 있다.

검사는 기소 주재자로 모든 범죄에 관한 정보는 지검장(검사)에게 취합되어야 하며, 검사가 기소나 불기소결정을 하기 위한 정보가 불충분하다고 판단하면 경찰에 추가적인 정보를 요구할 수 있다.

검사는 적법성(합법성과 수리가능성)과 적정성 기준에 의해 기소여부를 결정할 수 있는데, 기소가 적정하지 않으면 불기소처분(기소편의주의)을 할 수 있다. 이 때 기

66) 우리나라의 경우 범죄피해자구조 주체가 검사로 되어 있는데, 이는 범죄인 기소를 담당하고 범죄인과 동등한 당사자적 지위에 있는 검사가 피해자의 위치에 있게 된다는 점에서 불합리하다는 비판이 제기된다. 표창원, 경찰수사권독립이 인권보장의 첩경, 2003년 한국형사정책학회 춘계학술회 논문.

소 적정성에 대한 판단의 독자적 권한이 지검장(검사)에게 있는데, 지검장에게 부여된 기소편의주의의 권한은 모든 나라에 존재하는 것은 아니다.[67] 이러한 검사 기소편의주의에 대한 효율적인 통제를 위해 위계질서에 의한 통제와 사소당사자의 공소제기 등 2가지 견제장치를 두고 있는데, 전자는 고검장・법무부장관이 특히 피해자 통지를 받은 후에 개입할 수 있고, 사소당사자는 부당한 불기소처분이 있는 경우 독립하여 사소를 제기할 수 있다.

3) 수사판사에 대한 견제권

수사실행 단계에서 실행권한을 가진 수사판사와 비교하여 볼 때, 검사는 뒤로 물러나 있는 존재로 특징되어 진다. 수사실행 결정권은 수사판사에게 있으면 검사는 이에 대해 통제권을 갖게 된다. 검사는 수사판사의 수사행위에 대한 적법성 통제로서 무효청구를 할 수 있고, 수사진행방식이나 수사행위에 대해 적정하지 않다고 판단될 경우 이의제기를 통해 불복할 수 있는 견제장치가 마련되어 있다.

가) 무효청구

범죄수사법은 수사판사의 수사행위에 대한 어떠한 재제도 규정하고 있지 않다. 그러나 판례가 실체무효이론구성을 통해 수사판사의 수사행위에 대한 재제를 인정하고 있고 1958년 형사소송법을 통해 수사행위 무효에 관한 절차를 정비하였다.

실체무효사유는 수사대상자인 피의자의 방어권을 침해하는 등 실체적인 절차를 위반하는 경우를 의미하는데, 2000년 6월 15일 개정을 통해 무효청구시기를 합리화하여, 사소당사자에게 수사대상자의 최초피의자심문, 사소당사자의 최초진술 이전행위에 대하여는 이로부터 6개월 이내에 무효청구를 제기할 수 있도록 개정하였다. 따라서 이 기간이 경과하면 무효사유는 치유되어 사당사자는 더 이상 무효청구를 제기할 수 없게 되며 최초 피의자신문과 진술 이후 행위에 대하여는 수사종료시까지 무효청구를 제기할 수 있다.

한편 검사는 사당사자와는 달리 수사부에 어떠한 제한도 없이 무효청구를 제기할 수 있는데, 무효청구서가 서기에게 접수되면 수사판사는 원본을 수사부에 송부하여야 한다. 수사부는 원본을 검토한 후에 유효한 결정을 할 수 있는데, 검사는 이의제기가 가

---

67) 독일의 경우 기소법정주의를 택하고 있다.

능하도록 되어 있는 행위에 대하여는 무효청구(무효청구의 보충성)를 할 수 없다.

무효청구에 의해 수사부는 무효 범위를 결정할 수 있으며, 그 행위가 무효로 결정되면, 행위 제거와 절차 치유라는 효과를 가져온다. 형사소송법 제174조는 무효된 행위나 서류는 일건서류에서 분리되어 2심법원 서기에게 보내어진다고 규정하여 무효된 행위나 서류에 기초한 어떠한 결론도 도출될 수 없고, 서기는 법원에서 결정한 서류를 폐기하도록 되어 있다. 또한 무효청구에 대한 결정의 당사자가 그 사유를 모르지 않는 한 절차상 모든 하자를 치유하게 되는데,[68] 통상 당사자에 대한 수사종료 통지 이후 20일 이내에 무효청구서를 제출하지 않으면 당사자는 무효청구권을 상실하게 된다.

나) 이의제기를 통한 불복

수사판사는 수사법원 소속이므로 일반적으로 법원 결정에 대한 불복수단이 동일하게 인정된다. 검사는 모든 수사결정에 대한 이의제기권을 갖고 있는데, 수사판사 결정에 대해 지검장(검사)의 의견과 합치되는 경우는 결정시로부터, 불합치되는 경우는 통지시로부터 5일 내에 제기하여야 하며, 고검장도 당사자에게 자기의 이의제기사실을 통지하면서 10일 내에 이의제기를 할 수 있다. 검사는 법률에 규정되어 있는 않은 경우에도 이의제기를 할 수 있다.

라. 소 결

이상에서 보았듯이 검사의 기본기능은 기소에 있고 수사에 있지 않다는 것을 알 수 있으며, 기소권에 대하여도 견제장치가 정비되어 있는 점은 국내 수사권 조정, 형사절차 개선문제에 시사하는 바가 크다고 생각된다.

---

68) 형사소송법 제174조.

4. 프랑스의 경찰제도

가. 경찰조직

프랑스에 현대경찰제도가 확립된 시기는 비시정권[69]이 개혁된 이후이므로 이때부터 살펴보기로 한다. 프랑스 경찰기관은 크게 도시지역의 국가경찰, 그 외 지역에 대하여는 군인경찰[70]이 담당하며, 지방자치단체인 도시나 읍에서는 시장 자치권의 범위 내에서 자치경찰을 창설할 수 있으나, 자치경찰이 있는 나라처럼 규모가 있는 것이 아니고 교통이나 자체건물의 경비 등 제한된 범위에서 운영되어 자치경찰이라 이름붙이기가 어려울 정도라 하겠다. 국가경찰조직은 내무부장관 직속으로 경찰청장, 청장휘하에 총무국 · 교육국 · 정보국 · 방범국 · 형사국 · 보안국 · 국경경찰국 등 7개의 국과 감찰단 · 기동단 · 국제협력단 · 경호실 등이 있으며, 수도치안의 경우는 파리경찰청[71]이 담당한다. 청장직속으로 마약과 · 대테러협력과 · 대마피아협력과 · 내무부장관안전과 · 특수부대를 두고 있다.

나. 사법경찰의 종류

행정경찰과 사법경찰의 분리는 프랑스혁명 당시 1796년에 최초로 이루어졌으나, 오늘날 양자 구별론에 대하여 학자들은 이분법을 취하기보다는 다분법 · 3분법 등을 취하고 있다. 2분법 구별실익은 경찰활동의 책임을 물을 때 관할 법원을 알려주는 역할밖에 없어서 이러한 분리는 종종 피해자에게 불편을 초래하게 된다. 왜냐하면 피해자는 담당재판관을 찾기 위해서 문제된 경찰활동의 성질을 판명해야 하기 때문이다.

경찰의 목적은 '공공질서, 자유, 개인 재산, 개인 안전을 유지하기 위하여 창설되었다'라고 명시적으로 규정하고 있듯이 경찰의 궁극적인 목적은 질서유지인 것이다. 사법경찰은 범인 처벌을 담당하고 행정경찰은 범죄를 예방하는 역할을 하지만, 궁극적으로

---

69) 제2차세계대전때 세워졌던 친독괴뢰정부를 말한다.

70) 군인경찰은 시골지역에 대한 경찰권을 행사하고 있는데, 이들 인원은 10만명 정도이다.

71) 프랑스 모든 경찰조직은 국가경찰의 연장된 팔에 지나지 않으며, 우리와 같은 지방경찰청은 원칙적으로 존재하지 않는다. 다만 예외적으로 파리의 경우에만 우리와 유사한 지방경찰청이 존재한다.

는 행정경찰도 사법경찰도 질서유지를 위해 필요한 것이다. 따라서 행정경찰과 사법경찰 분리는 무의미한 것으로 보인다는 것이 프랑스의 지배적인 견해이다.[72)]

결론적으로 사법경찰과 행정경찰 양자 구별은 아무런 실익이 없고, 현대적인 의미에서 사법경찰은 형법이나 형사소송법에서 나오는 여러 강제적인 것들을 모아놓은 것이고, 행정경찰은 행정법에서 유래한 강제력을 묶어 두었다는 의미밖에 별다른 의미가 없다고 하겠다.

1) 사법경찰의 구성

사법경찰조직은 1808년 범죄수사법 영향으로 사법경찰관뿐만 아니라 특별사법경찰관과 사법관[73)]을 포괄하는 하나의 조직으로 이해되었다. 이러한 이유로 검사는 기소부 통제, 수사판사와 치안판사는 고검장의 통제를 받는 등 사법관의 독립성이라는 측면에서 문제가 있어 1958년 형사소송법은 이들 사법관에게 부여된 사법경찰관의 자격을 박탈하면서 검사에게는 사법경찰관의 권한을 행사하도록 하였다. 따라서 프랑스에서 경찰과 검사는 통상 체포 권한이 있지만, 수사판사는 없기 때문에 체포의 필요성이 있는 경우 사법경찰관에게 협조를 구하여야 한다.

사법경찰관과 사법경찰리・사법경찰보조리의 구별은 그 권한행사에 있어서 차이가 있기 때문에 우리나라와 유사하다고 할 수 있다. 사법경찰관만이 통상 체포권한과 공권협조요청권, 수사판사 위임수사수령권, 현행범조사시 강제권 등을 보유하며, 나머지는 사법경찰관을 보조하거나 지시를 받아 업무를 수행할 뿐이다. 먼저 사법경찰관의 자격과 부여 권한에 대한 개략적인 것은 다음과 같다. 우선 자격요건은 일반적으로 계급과 근무기간, 공동부령, 위원회의 동의가 충족되어야 하며, 자격요건이 갖추어진 자에 대하여 사법경찰권 행사를 위해서는 다시 수사부서배치와 고검장의 개별적인 자격부여가 있어야 한다.

다만, 도로교통법상 권한을 가진 경위・경감급 사법경찰관에 대하여는 일반적인 사법경찰관 권한을 부여하지 않고 제한적인 방법으로 권한(도로교통법 제23의 1조)을 부여하였다. 즉 이들은 공동부령과 위원회의 동의와 고검장의 자격부여는 있으나 수사

---

72) A. Decocq, J. Montreuil, J. Buisson, le Droit de la Police, pp.88~89.
73) 검사・수사판사・치안판사를 포함한다.

부서 직책에 배치되지 않고 교통분야에 배치된 경우를 말하는 것으로 이 때 이들의 권한은 도로교통법위반과 도로교통법상 과실치사상 범죄에 대하여만 조사할 수 있다. 차량에 대한 강제수색과 체포 행위를 할 수 없으며, 다만 검문검색상의 신원통제는 가능하다. 따라서 교통사고 이외에는 일반적으로 사법경찰리의 권한을 행사할 수 있을 뿐이다.

<표 2-1> 사법경찰관자격 및 자격부여요약

요 건	자 격(Qualité)			직책배치	고검장의 자격부여 (Habilitation)
대 상 자	근무기간	공동부령	위원회동의		
시장과 보좌관	불요	불요	불요	불요	불요
내무·국방부 수사국장·부국장	불요	불요	불요	불요	불요
치안감·경무관·경정·경감·경위	불요	요	요	요	요
경사 이하	3년	요	요	요	요
군장교·하사관	불요	요	요	요	요
군인(사병)	3년	요	요	요	요

2) 사법경찰관

프랑스 형사소송법 제16조는 다음과 같은 자에 대하여만 사법경찰관 자격을 인정하고 있다.

가) 시장과 시장보좌관

이들이 사법경찰관 권한을 행사하는 경우는 경찰서가 없는 소규모의 읍에서만 가능하며, 시장의 특별보좌관이 사법경찰관으로서 서명한 경우 월권행위라는 판례가 있다.

나) 군경찰장교와 하사관

군장교와 하사관은 근무기간이 필요하지 않으나, 일반사병은 군경찰에 3년 이상

근무하고 국방부 · 법무부 공동부령에 의한 동의가 있어야 하며, 부서배치와 고검장 자격부여가 있어야 한다.

다) 치안감 · 경무관 · 경정 · 경감 · 경위

근무기간의 제한 없이 위와 동일하다.

라) 경사급 이하

1998년 11월 18일 법률에 의해 인정되었으며, 근무기간 제한(3년)이 있으며, 나머지는 위와 동일하다.

마) 내무부 · 국방부 소속 수사국장 · 부국장

이들은 시장과 마찬가지로 특별한 제한을 받지 않는다.

3) 사법경찰리

사법경찰리[74]는 1808년 범죄수사법 당시에는 언급이 없었던 조항으로 현재는 형사소송법 제20조 · 제121조서 규정하고 있다. 1978년 7월 28일 법률은 사법경찰리를 다시 양분하여 사법경찰보조리를 탄생시켰다. 사법경찰리는 사법경찰관 자격이 없는 군인 · 경찰사병 · 경위 · 경감 · 경위실습생과 경사 이하[75]가 해당되며, 이들은 사법경찰관과 마찬가지로 수사직역에 부여된 경우에만 사법경찰리의 권한을 행사할 수 있다.

4) 사법경찰보조리[76]

사법경찰관과 사법경찰리 이외의 자를 말하며, 군인경찰 중 의무복무장인 자와 자치경찰관이 이에 해당하나, 프랑스 의무복무제도를 폐지하는 대신에 안전보조원[77]

---

74) 프랑스 형사소송법 제20조.

75) 사법경찰리의 자격부여기관과 관련하여 관련 법률은 과거 사법경찰리가 되기 위하여 2년 근무기간이 필요했던 것을 삭제해 정식임용과 동시에 사법경찰리 자격을 취득하도록 변경하였다. 이는 사법경찰리 자격요건을 까다롭게 함으로 일선에서 치안력 약화를 초래한다는 비판에 대한 대책으로 나온 것이다.

76) 프랑스 형사소송법 제21조

77) 청소년실업책해소와 근접경찰 정책의 일환으로 18세에서 26세의 남 · 녀를 대상으로 5년간 계약제로 선발하며, 10주간의 교육 후 주로 일선순찰대나 방범분야에 배치되어 근무를 한다.

을 신설하여 이들도 이 범주에 포함된다.

5) 특별사법경찰관리

경찰조직에 속하지 않는 공무원으로 특정분야 행정과 관련되는 범죄에 관하여 사실상 사법경찰권을 보유하여 법률에서 이들을 특별사법경찰관리로 인정하게 되었다. 형사소송법 제22조는 농업부의 수도, 산림공무원과 자치행정에 속하는 산림감시원에 대하여 사법경찰관 자격을 인정하고 있으며, 특별법에 의하여 세무공무원, 근로감독관, 체신공무원, 철도공무원, 공정거래 및 소비자보호국 공무원, 증권거래위원회공무원, 시청각통제공무원, 고고학발굴공무원, 산림국공무원, 수상낚시 통제공무원 등은 법률이 정한 제한된 조건 하에서 권한을 행사한다.

6) 소 결

이와 같이 프랑스 경찰은 우리나라와 달리 출입국업무와 정보업무, 경호업무, 보안 업무 등도 타기관의 지휘 없이 독자적으로 권한을 보유함과 동시에 행사하고 있다. 일각에서 거론하는 행정경찰과 사법경찰의 분리는 논리적, 현실적으로 그 타당성이 결여된 것으로써 경찰조직 내에서 관리차원에서 분리·운영한다는 측면에서는 이해할 수 있으나, 사법경찰관을 검찰이나 법원에 복속시킨다는 것은 선진국의 예에서도 찾아볼 수 없는 현상이다. 경찰에 대한 법원이나 검찰의 통제는 존재하는 것이 바람직하나, 법원이나 검찰이 스스로 집행수단을 가지고 있는 상태에서는 통제 주체로서의 지위까지 주어진다면 이는 권력의 불균형을 초래하게 될 것이므로, 통제 주체로 인정하려면 권력의 균형적인 분산, 통제 주체로서 공정성, 결정기관과 집행기관의 분리문제 등이 선행되어야 할 것이다.

다. 사법경찰의 지위와 권한

앞에서도 언급한 바와 같이 기본적으로 검사는 기소권자, 수사판사는 수사권자이며, 다만 검사는 기소행위에 필요한 행위를 할 수 있으며, 이 범위에서 사법경찰을 지휘한다. 또한 사법경찰관은 검사나 수사판사의 지휘를 받으며, 수사판사지휘시 원칙적으로 검사는 배제된다. 이하에서는 수사주체 중 첫 단계인 사법경찰 지위와 권한부터 단계별로 논하고자 한다.

1) 독자수사개시권

사법경찰관이나 사법경찰리는 직권이나 검사 지휘에 의거하여 예비조사를 행할 수 있으며, 불심검문·현행범조사 등의 권한행사가 가능하며,[78] 사법경찰관에 한하여 수사판사의 수사위임행위에 의한 수사행위를 할 수 있다. 따라서 사법경찰관은 독자적 또는 위임수사가 동시에 가능하다.

2) 불심검문과 신원확인권

<표 2-2> 불심검문체계도

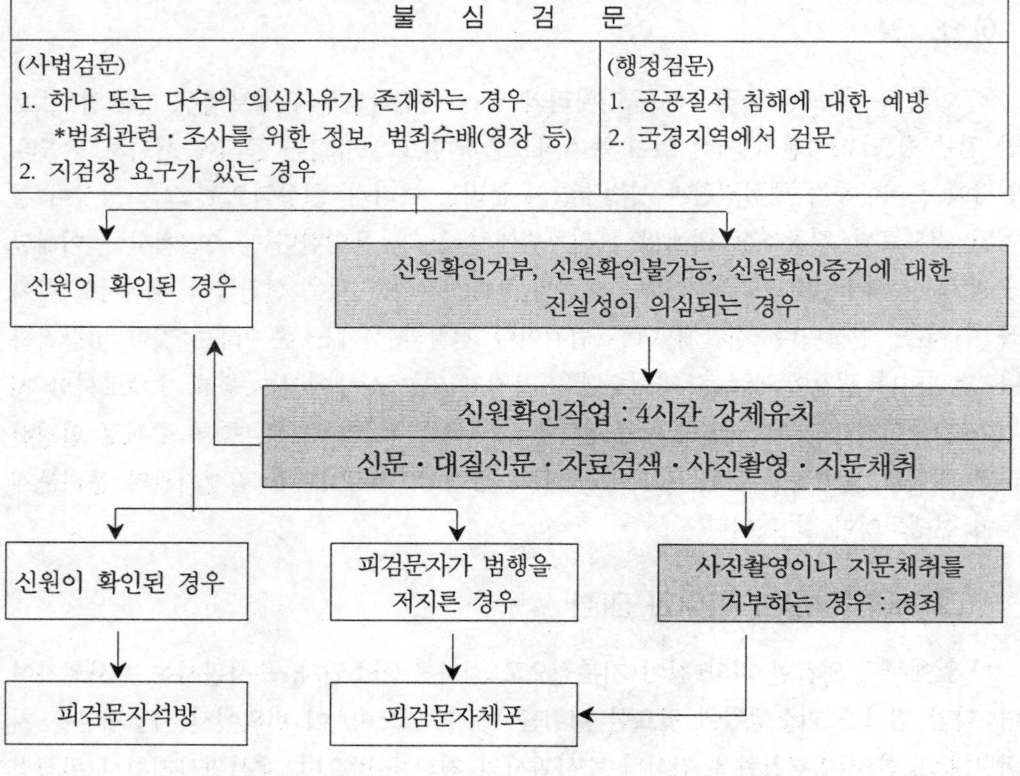

78) 형사소송법 제75조, 제78의 2조

가) 불심검문

검문검색은 공공의 장소나 공공도로현장에서 신원의 증명을 요구당하는 사람에 대하여 행하여지는 활동을 말하며, 강제성이 없는 경우는 검문검색에만 해당하는 것으로 신원확인의 경우에는 강제력이 수반된다. 다시 말해 자기 신원을 증명하지 못하는 자에 대하여는 경찰관서에 강제로 유치된다.[79]

이러한 불심검문 권한자는 사법경찰관과 사법경찰리가 할 수 있으며, 불심검문 사유로는 ① 하나 또는 다수의 의심사유가 존재하는 경우 ② 지검장의 요구서[80]가 있는 경우, ③ 폭발징후, 중요한 체육・음악행사 등의 특정상황이 존재하는 경우, ④ 예방적 검문검색사유로 규정되어 있다.

나) 신원확인

신원확인은 신원 밝히기를 거부하거나 신원을 증명하지 못하는 피검문자의 신원을 강제적으로 확인하는 활동을 말하며, 주로 경찰서에서 전화나 전산・수배자료 등으로 확인하게 된다. 신원확인사유로는 ① 피검문자가 신원증명을 거부하는 경우 ② 피검문자가 신원증명을 하기가 불가능한 경우 ③ 피검문자가 제시한 자료의 진실성이 의심되는 경우를 들 수 있다. 한편 신원을 밝히기를 거부하거나 증명하지 못하는 피검문자의 신원을 강제적으로 유치할 수 있는데, 이러한 강제유치권한은 사법경찰관에게만 인정되며, 신원확인에 필요한 시간은 최대 4시간 이내로 4시간이 경과하면 신원확인이 안된 경우라도 석방해야 한다.

다) 신원확인조서의 처리

신원확인결과 범죄혐의점이 없는 경우, 그 취지를 기재한 조서를 작성하여 원본은 검사에게, 사본은 피검문자에게 교부한다. 그러나 범죄혐의점이 있거나 특정사건과 관련된 경우에는 피검문자에게 사본을 교부하지 않으며, 특이한 것으로 신원확인 등을 위한 조서를 작성한 경우, 검사의 통제 하에 6개월 내에 위 조서를 파기하여야 한다.

---

79) 형사소송법 제78의 1조, 2조.

80) 검사 요구서는 검문검색의 시간적・공간적 조건을 명시하고, 추적대상범죄를 특정하여, 서면으로 하여야 한다.

3) 예비조사권

형사소송법 제75조는 사법경찰관과 사법경찰리[81]는 직권이나 검사 지휘에 의거하여 예비조사를 행할 수 있다고 규정하고 있다. 그러나 연혁적으로 볼 때 원칙적으로 공식적인 수사권은 수사판사에 있었고, 이 때 검사는 수사판사에 대한 수사의뢰나 재판법원에 대한 기소행위 전에 기소행위의 필요성을 판단하기 위한 여러 정보가 필요하게 되었는데, 실무상 이러한 관행인 비공식적인 조사는 예비조사라는 형식으로 1960년에 와서야 법제화 되었다.

가) 예비조사의 성격과 기간

예비조사는 일반적으로 임의수사(비강제성) 성격을 띠고 있으며, 예비조사 착수 여부에 대하여 사법경찰관리는 폭넓은 재량권을 가지고 있으며, 다만 수사판사의 수사개시가 있는 경우에는 그러하지 아니하다. 이 때에는 피의자신문권 등은 사법경찰관이 할 수 없다.

사법경찰관이 예비조사를 직권으로 개시한 경우는 개시 후 6개월이 되면 검사에게 보고할 의무가 있고, 검사가 지시한 경우에는 조사기간을 정하여야 하며, 그 기간은 연장할 수 있다. 또한 체포 후 6개월이 지나도 기소가 되지 않는 경우 피의자는 검사에게 사건 종결여부를 질의할 수 있으며, 검사는 다음 달까지 기소하거나 불기소를 통보한다. 이때 계속적인 조사가 필요하면 검사는 지속 여부를 석방구금판사에게 결정토록 청구하여야 한다.

나) 사법당국에 의한 통제

예비조사 도중에 사법경찰관은 중죄나 경죄를 범하였다고 인정할 만한 증거가 존재하는 경우에는 검사에게 보고하여야 하며, 검사는 예비조사기간 중에 언론에 대하여 브리핑을 할 수 있다.

다) 구체적 예비조사권의 내용

사법경찰관은 고소인 · 참고인 · 피의자 등 모든 자의 진술을 청취(신문권)할 수

---

81) 사법경찰리는 사법경찰관의 통제하에 있는 사법경찰리를 말한다.

있다. 이 때 참고인이나 피의자는 선서를 하지 않으며, 불출석시 사법경찰관은 검사에게 보고하고, 검사 명령에 의거하여 강제력을 사용하여 이들을 강제출석하게 할 수 있다. 사법경찰관은 또 범죄현장이나 각종 장비를 이용해 범죄사실을 확인할 권한(사실확인권)을 가지며, 예비조사에서는 임의적인 방법, 현행범조사에서는 강제적인 방법을 이용하여 사실확인을 할 수 있다. 나아가 당사자의 명시적인 자필동의를 전제로, 수색·압수(수색·압수권)를 할 수 있으며, 다만 주거방문·수색은 오전 6시 이전이나 21시 이후에는 불가능하다.[82)]

체포는 사법경찰관만이 결정(체포권)할 수 있으며, 사법경찰리에게 위임할 수 없다. 즉 조사의 필요성이 있는 경우에 범죄를 행하였거나, 행하려고 하였다고 의심할 만한 사유가 있는 모든 자를 체포할 수 있다.[83)]

한편 경찰 체포권은 피의자의 인권에 중요한 침해가 될 수 있으므로 이에 대하여는 검사 통제권을 인정하고 있다. 즉 체포 즉시 검사에 대한 보고를 하여야 하며, 검사 유치장방문권을 신설하여 검사는 필요하다고 판단하면 언제나 그리고 적어도 1년에 1회는 방문하도록 의무화 하였다. 또한 체포 도중 발생한 사고 중 어느 정도 중요한 것은 즉시 검사에게 보고하여야 하며, 검사는 직권으로 의사를 지명하여 신체검사를 행하도록 할 수 있고, 피체포자를 검사면전에 인치할 것을 요구할 수 있으며, 체포의 종료를 명할 수 있다.[84)] 체포기간은 기본적으로 24시간이며,[85)] 1차로 24시간 연장 가능하고, 범죄에 따라 기간이 상이하며, 체포기간 기산점은 검문검색에 의한 강제유치기간은 이에 산입되고, 현행범을 체포하여 사법경찰관 면전에서 인치하기까지 기간은 산입되지 아니한다.

4) 현행범조사권

현행범죄에 대한 사법경찰 직권개입은 긴급성과 외형성에 의해 정당화되며, 이는 법률에 의한 명령으로 수용되어, 그에 대한 조사권이 인정되고 있다.

---

82) 형사소송법 제59조.
83) 형사소송법 제63조.
84) 형사소송법 제41조.
85) 우리나라의 경우 긴급체포시 체포기간이 48시간이고, 범죄에 따라 유형화 되어 있지 않고 일률적이며, 연장할 수 없는 것과 구별된다.

현행범의 유형은, 범죄 실행중이거나 실행직후인 자, 범인으로 호칭되어 추적되는 자, 범행을 추정케 하는 물건이나 증적이 있는 자[86]로 되어 있다. 우리나라 현행범 체포의 경우는 그 대상을 현행범과 준현행범으로 나누고, 준현행범에 대하여, 위 유형 이외에도 '누구임을 물음에 대하여 도망하려 하는 자'도 현행범인으로 간주하고 있는데, 이에 대하여는 범행과 관련이 극히 미약할 뿐만 아니라 다른 상황과 종합하여 죄를 범했다는 사실이 인정될 것을 요한다는 점에서 무죄추정 원칙에도 반하고 위헌의 소지가 크다는 점에서 입법론상으로 재검토를 요한다는 비판이 제기되어 왔으나 아직도 그대로 유지되고 있다.[87]

현행범조사는 형사소송법에 의해 인정된 사법경찰관의 고유권한으로 검사 통제를 받으며,[88] 사법경찰리는 조서작성 등 특정행위만 가능하고 수색·압수, 체포행위를 결정할 수 없다. 현행범조사는 독특한 법적 범주로서, 다른 조사영역인 예비수사나 수사판사의 수사위임에 관한 규정은 여기에 적용되지 않는다. 이러한 현행범조사는 모든 중죄, 구금형에 해당하는 모든 경죄에 적용되어지며, 경범죄에 대하여는 적용되지 않고, 다만 체포의 대상은 된다.[89]

5) 수사위임에 의한 조사권

가) 일반적 개관

수사판사의 수사가 개시된 경우에는 사법경찰관은 수사법원의 위임을 집행하며, 그 요구에 따라야 한다.[90] 수사위임은 수사판사가 다른 사법관이나 사법경찰관에게 행하는 것으로 몇 가지 중요한 사항을 살펴보면, 첫째, 위임받은 조사관은 사법관이거나 또는 고검장으로부터 적법하게 자격부여를 받은 사법경찰관이어야 하며, 둘째, 인

---

86) 형사소송법 제53조.

87) 형사소송법 제211조 이에 대한 비판으로는 이재상, 형사소송법, 박영사, 1998, 249면 참조.

88) 형사소송법 제68조에서 "검사 현장도착은 사법경찰관 권한을 해제시키며, 이 때 검사는 사법경찰관의 모든 행위를 할 수 있다"고 규정하고 있고, 또 동법 제72조는 "수사판사 현장도착은 검사와 사법경찰관 권한을 해제시키며, 스스로 현행범조사행위를 할 수 있다"고 규정함으로써, 현행범조사권자는 원칙적으로 사법경찰관과 검사, 수사판사 권한임을 알 수 있다.

89) 형사소송법 제77조(예비조사), 제63조(현행범조사)를 규정하고 있는데, 위경죄는 현행범죄에 해당하지 않기 때문에 예비조사를 거쳐 체포 필요성이 있으면, 제77조의 적용에 의해 체포절차를 밟으면 된다.

90) 형사소송법 제14조.

지권을 제한받는 수사판사의 위임사항을 집행하고, 셋째, 수사판사 단계에서 인정되는 사항인 피의자신문제한 및 참고인 선서 등 규정을 준수하여야 한다.

수사위임은 보통 사법경찰관 예비조사가 선행되며, 이를 기초로 검사는 수사판사에게 수사개시요구를 하게 되는 것이다.

나) 대상범위

모든 범죄는 수사판사의 수사대상이 되므로, 중죄・경죄・위경죄 모두 포함된다. 왜냐하면 어떤 범죄가 검사에 의해 수사개시가 요구되었을 때 범죄 구별이 곤란한 경우가 있으며, 또한 1958년 이후 위경죄 범위가 넓어진 것도 하나의 이유가 되었다.

다) 조 사

수사위임을 할 수 있는 사법관은 수사판사가 스스로 모든 수사행위를 할 수 없는 경우에 사법경찰관에게 일정한 조건하에 필요한 모든 수사행위를 할 수 있도록 수사위임을 할 수 있으며, 수사부에 의해 수사판사의 수사가 미진해 보충적인 수사가 필요한 경우, 수사부 판사 또는 수사부의 위임을 받은 수사판사는 권한 있는 사법경찰관에게 수사위임을 할 수 있다. 또 중죄법원의 법원장은 수사가 불충분하거나 사건종결 후 새로운 사실이 밝혀진 경우, 법원장이나 배석판사 중 1인 또는 수사판사에 의하여 수사위임이 이루어질 수 있다.[91] 수사판사는 위임수사기일을 정할 수 있으며, 정하지 않는 경우에는 조사종료 후 8일 이내에 수사판사에게 모든 서류가 송치되어야 한다.[92]

6) 타 기관에 인정된 사법경찰관

법원이나 다른 행정기관은 사법경찰조직이 아니면서 사법경찰행위를 행사할 수 있는 권한뿐만 아니라, 사법경찰관에게 명령을 통하여 사법경찰행위를 하게 할 수 있는 권한을 가지고 있다.

가) 법 원

즉 1808년 범죄수사법 제정으로 지검장(검사)과 수사판사를 사법경찰관 범주의 하나로 분류하였는데, 이에 대해 학설은 검사와 수사판사에게 고등사법경찰관의 자격

91) 형사소송법 제81조, 제205조.
92) 형사소송법 제152조.

을 인정하였다. 왜냐하면 이들 사법관은 사법경찰이 할 수 있는 모든 행위를 할 수 있으며, 특히 사법경찰관에게 명령을 내릴 수도 있기 때문이다. 사법경찰범주 속에 수사판사를 편입시킨 결과 수사판사는 명시적으로 고검장 감독 하에 들어가고, 검사장(검사)도 사법경찰관의 하나로서 2심법원의 통제(범죄수사법 제280조)를 받게 되었다. 이러한 결합은 그 권한 남용을 초래하지는 않았지만, 정상적인 권력분립과 기능적 권력분립 원칙에 위배되는 것으로 여겨져 1958년 형사소송법 개정에 의해 사법경찰관 명단에서 검사와 수사판사를 삭제함으로써 이러한 문제를 해결하였다.

그러나 동 형사소송법은 법 개정시 과거에 사법관들이 사용하던 권한을 삭제하지 않아 지검장과 수사판사에게 그대로 사법경찰권한이 유지되어 있으며, 그 결과 현재 검사장과 수사판사의 권한행사는 별다른 변화를 겪지 않게 되어 그 권한행사는 그대로 유지되게 되었던 것이다.

나) 행정당국

한편 행정경찰기관인 도지사는 규제권과 그 휘하에 대부분의 행정경찰조직을 갖추고 있으며, 이러한 도지사에게 지검장의 사법경찰권과 유사한 사법경찰의 중요한 권한이 부여되어 있다. 즉 도지사는 행정 고위공무원자격으로 행정경찰권을 보유하여 질서를 유지하며, 범죄와 혼란을 예방하는 등 행정경찰권 이외에도 예외적으로 사법경찰권한이 인정되는 바, 전쟁, 외부적인 긴장상태라는 상황적 요건 하에서 범죄 성질에 관계없이 범죄확인이나 법원에 범인을 송치하기 위해 필요한 모든 행위를 하거나 사법경찰관에게 이를 행하도록 명할 수 있다. 그러나 이러한 권한행사시 일정한 제한이 따르며 일시적인 것이다.[93)]

라. 소 결

이상에서 경찰 불심검문, 예비조사, 현행범조사, 수사위임에 의한 조사권을 살펴보았듯이 프랑스 경찰은 우리와 달리 불심검문에서 강제력을 사용할 수 있고, 예비조

93) 즉 도지사의 이러한 권한은 수사 시작과 보존조치를 하는것 만이 가능하며, 단시일 내에 하여야 하며, 수사개시 3일 내에 모든 관련서류를 관할검사에게 송부하여야 한다. 또한 수사개시도 지체없이 검사에게 보고하여야 하며, 모든 서류를 송치하고 체포된 자를 인치하도록 하여야 한다.-박창호 · 이동희 · 이영돈 · 임준태 · 표창원(공저), 『비교수사제도론』, 박영사, 2004년, 111면.

사에서도 체포와 같은 강제력을 사용할 수 있으며, 최근 마약범죄 등에 대한 것은 검사를 통해 우리나라와 유사한 영장발부 형식이 도입되고 있다. 현행범조사시에는 수사판사의 수사권한이 영장발부 외에는 전면 적용됨을 볼 수 있고, 위임수사시에도 수사판사의 권한 중에 피의자신문이나 영장 외의 모든 권한을 행사할 수 있는 실질적인 수사 주체로 되어 있다.

5. 수사판사의 지위와 권한(수사주재)

프랑스 수사의 주재는 수사판사에 의해 이루어지는 관계로 수사판사 지위와 권한을 살펴보지 않을 수 없다. 검사에 의해 일단 기소가 행해지면 그때부터는 검사 역할이 상대적으로 감소되며, 모든 수사행위는 검사에게 통지되지 않고[94], 수사결과 또한 통지되지 않게 된다. 수사판사는 수사행위를 주도하며, 검사는 이에 대한 견제권만을 가지며, 이들의 역할은 수사행위 개시시와 비교하면 정반대가 된다고 할 수 있다. 이하에서는 수사판사가 검사 수사개시 요구를 수용한 경우와 수사판사가 관계되는 대인·대문 강제처분권과 권한 등에 대해 살펴보되, 경찰과 검사 권한을 살펴보면서 수사판사 지위와 권한을 개략적으로 살펴보았으므로 중복되지 않는 범주에서 살펴본다.

가. 수사주도권

수사판사는 수사부의 통제 하에 수사행위와 수사종결권의 주도권을 보유하며, 10년 이상 징역형이나 강력이 필요한 범죄, 중죄와 관련된 범죄에 대한 수사권을 가지고 있으며, 관련자 처리와 증거수집에 있어 전적인 주도권을 갖는다.

수사판사는 수사관련자[95]가 출석하지 않는 경우 우선 그를 찾아야 하는데, 추적을 위한 영장을 발부한다. 영장에는 출두영장, 체포영장, 구속영장이 있는데, 이중 후자 둘은 강제적인 성격을 갖는다.

2000년 6월 15일 형사소송법 개정 이전까지 수사판사에게 가구속[96] 권한이 인정

---

94) 다만 예외적으로 구속영장과 압수물건의 환부, 현장출동은 통지된다.
95) 수사대상자, 보조참고인을 포함하는 개념이며, 수사를 위한 동행, 체포영장에 의해 관련자 추적이 필요할 수 있게 된다.

되었으나, 가구속 결정권, 기간연장, 석방요구에 의한 석방결정권 등은 수사로부터 분리되어 석방구금판사의 전담으로 이전되게 되었다.

나. 증거수집권

수사판사는 매우 강력한 권한을 보유하면서 진실발견에 필요한 모든 행위를 할 수 있다. 그러나 물적 수단이 없는 권한을 보유하고 있으며, 사법경찰만이 그러한 물적 수단 즉 기동력을 보유하고 있다. 따라서 수사판사는 결국 수사위임을 통해서 자기의 권한을 사법경찰관에게 위임할 수밖에 없으며, 더욱이 많은 사건으로 인해 모든 수사를 스스로 행할 수 없게 되었다.

1993년 1월 4일 개정법률은 수사행위에 대한 당사자의 요구권을 대폭 확대하여, 검사에게 모든 수사행위에 대하여 집행을 요구할 권리가 인정되었으며, 사당사자를 공당사자인 검사와 동등한 지위로 인정하였다.[97]

1) 수사행위의 직접집행

제81조 원칙으로 수사판사는 스스로 수사행위를 집행한다. 이것은 법률에서 정한 법정원칙이며 위임수사는 어디까지나 예외적인 것이다. 그러나 현실은 정반대인데 위임에 의한 수사가 대부분을 차지하고 있다. 이는 수사판사 스스로 수사행위를 할 수단을 갖고 있지 못하는데 그 원인이 있다. 모든 수사판사의 조서나 결정은 위조되었음이 확정되기 전까지 증명력을 가지며, 수사판사는 자유로이 수사행위를 수행할 수 있으며, 수사부는 수사판사에게 명령을 내릴 수 없고 이러한 경우 무효사유가 된다. 사법경찰행위와 수사판사의 수사행위는 증거를 수집하는 행위로서 성질이 동일하며, 다만 조직적인 관점에서 수사행위는 독립적인 수사판사에 의해 이루어지고 경찰단계보다 더 잘 정비되어 있다.

수사판사는 최초 소환신문 후에 이루어지는 수사대상자에 대한 피의자신문, 참고

96) 가구속이란 법정형이 중죄이거나 3년 이상 경죄의 경우, 또는 1년 초과 실형의 전과가 없는 자로 재산범죄에 대한 경죄의 법정형이 5년 이상인 범죄로서 증인이나 피해자에 대한 압력행사, 공범자간의 진술공모, 수사대상자 보호, 재범 방지, 공공질서의 현저한 침해우려가 있는 경우에 행해진다.

97) 앞에서 본 바와 같이 사인도 모든 수사행위를 요구할 권리(사소권)가 인정되었다.

인진술청취, 대질신문, 현장출동, 수색을 실시할 권한을 가지며, 진실규명에 필요한 물건을 발견하기 위한 경우와 진실규명에 필요한 물건이 발견된 범죄현장에서 행해진 수색의 당연한 결과물을 압수할 권한이 있다. 또 감정인 단일성의 원칙 하에, 감정인은 2심 법원이나 대법원에 의해 전국적으로 선발된 명부 중에서 선택되어져야만 한다. 통신감청이 적용되는 중죄와 2년 초과되는 경죄의 경우 수사판사는 수사위임서에 통신개입결정을 통해 녹취된 진술을 조서에 옮겨 적어 집행을 하며, 녹음테이프는 봉인상태로 보존되어야 한다. 이는 후에 당사자간에 분쟁을 해결하기 위함이다.[98]

2) 수사행위의 위임집행

법률에 규정된 수사행위 중 수사판사가 직접 행하는 것은 사실상 예외적으로 수사판사는 위임할 수 없는 행위만을 행할 수밖에 없다. 수사위임은 다른 수사판사나 사법경찰관에게 수사판사 권한을 위임하는 것으로 사법경찰관은 수사판사의 지휘 아래 수사판사 권한을 행사하며, 사법경찰관이 위임수사를 종료한 경우에 그 결과를 수사판사에게 보고하여야 한다. 결국 사실상 수사행위를 하는 것은 사법경찰관인 것이다.[99] 수사판사는 사법경찰관에게 강제권한을 부여하고, 수사의 적법성 확보에 힘을 기울이게 되는데, 수사위임은 수사위임서(수사지휘서)에 기소범죄사실의 적시와 수사판사가 위임하고자 하는 행위의 기재를 통해서 이루어진다. 날짜 · 서명이 반드시 있어야 하며, 서명이 없는 경우는 무효사유가 된다.

수사위임은 기소범죄 사실 한도 내에서만 가능하며, 수사판사가 사법경찰관에게 수사위임을 발한 경우에 수사판사는 직접 위임된 수사행위(위임의 배타성)[100]를 행할 수 없다. 또한 수사판사는 수사대상자 신문(피신), 영장의 발부, 사당사자의 진술청취는 어떠한 경우에도 사법경찰관에게 위임할 수 없으며, 다만 수사당사자 진술청취는 수사당사자가 명시적으로 원하는 경우에만 사법경찰관에 의한 진술청취가 가능하다.

한편 수사판사는 검사와 달리 통상 체포할 권한이 없는데, 이러한 이유로 수사판사의 수색시 체포를 위해 종종 사법경찰관의 협조가 요구된다.

---

98) 형사소송법 제100의 4조.
99) 형사소송법 제706조의 32조.
100) 프랑스 대법원 1990년 5월 28일, 형사부 판례.

3) 당사자 청구에 의한 집행

이는 공·사당사자 중 1인에 의해 청구된 수사행위의 집행을 말하는데, 수사판사는 당사자의 이러한 수사행위 요구에 대하여 항상 결정을 해야 한다. 만약 수사판사가 요구에 대하여 거부를 하는 경우 당사자는 항상 이의제기를 할 수 있다.

다. 수사행위종결주도권

수사판사는 수사행위종결의 절대적인 종결권자이며, 당사자나 수사부의 통제 없이 수사종결시점을 결정한다. 종결시점은 수사판사가 수사행위가 완성되었다고 여길 때와 일치한다. 종결 전 수사판사는 당사자에게 종결의견을 통지하면서 20일 내에 당사자가 다른 수사행위를 요구할 수 있으며, 무효청구서를 제출할 수 있음을 알려 주어야 한다.[101] 20일이 경과하면 수사판사는 검사의 최종의견을 얻기 위해 송치의 형식으로 서류를 검사에게 송부하고, 검사는 당사자가 구속상태에 있는 경우에는 그때부터 1개월, 그 이외의 경우 3개월 이내에 최종의견을 결정·송부한다. 수사판사는 검사의 최종의견 접수 후 또는 위 기간 경과 후에 수사판사는 독립적으로 사건에 대해 결정을 하게 되는 바, 수사판사는 사건내용에 대해 혐의없음 결정을 하거나 중죄인 경우 중죄법원으로 기소결정을 하는 이송(송치)결정을 하게 된다.

라. 소 결

수사판사의 수사대상자에 대해 결정권, 증거수집권, 인신구속권한에서 알 수 있듯이 수사판사는 강력한 권한을 가진 대신 인적·물적 기동력이 없는 이유로 사법경찰에 의존하여 수사가 이루어지고 있는 실정이며, 실질상 수사판사 지휘 하에 사법경찰관이 수사판사의 모든 권한을 위임받아 행사하고 있음을 알 수 있다.

---

101) 형사소송법 제175조.

6. 수사기관 상호간의 관계

이상과 같이 프랑스 수사기관은 크게, 사법경찰관, 검사, 수사판사로 나뉘고 있음을 알 수 있는데, 검사와 수사판사의 관계, 그리고 경찰과 검사 및 수사판사와의 관계를 살펴봄으로써 이들 상호간의 관계를 보다 정확하게 이해할 수 있다.

가. 검사와 수사판사와의 관계(기소와 수사와의 관계)

1) 수사개시단계에서 지검장(검사)의 재량권

수사개시 여부라 할 수 있는 기소와 불기소에 대해 아무도 지검장에게 강요하지 못한다. 그러나 피해자는 사당사자 구성을 통해 기소를 제기할 수 있게 되는데, 즉 기소의 경우 검사는 재량권을 가지며, 불기소의 경우에는 제한된 권한을 갖게 된다.
기소를 통해 검사는 수사법원과 재판법원에 사건을 제기하는데, 구체적으로는 수사법원에 도입기소장을 통해 수사개시를 요구하며, 재판법원에 피의자를 소환함으로서 기소를 제기하는 방법을 취한다.

가) 수사개시

기소는 수사법원에 대한 제기로서 이루어지는 데, 검사는 법률관계(중죄)의 경우에는 기소를 해야만 하나, 그 외의 사실관계에 대하여는 필요하다고 판단되는 경우에만 기소할 수 있다. 검사가 사건이 아직 재판할 정도가 되지 않은 상태에서 재판법원에 기소하는 경우, 재판법원은 보충수사를 명하거나 증거불충분으로 무죄로 석방할 수 있다. 수집된 증거가 불충분하다고 판단한 검사는 수사판사의 수사를 피하기 위해 사법경찰관에게 보충조사를 지휘할 수 있다. 그러나 이러한 보충조사는 강제적인 조사행위가 필요하지 않은 경우에만 이용가치가 있으며, 만약 검사가 강제적인 조치가 필요하다고 판단되면, 반드시 수사판사의 수사개시를 요구하여야만 한다.

나) 수사판사의 수사개시의무 및 수사개시 단계에서 수사판사의 권한

한편 수사행위 개시단계에서 수사판사의 권한은 '제한적인 검사에 대한 제한권'을 가지고 있을 뿐이다. 수사판사가 기소장에 의해 제기 받고 법원장으로부터 지명을 받은 경우, 그는 원칙적으로 수사행위를 개시할 수밖에 없다. 법원장의 수사판사지명명령은 이의대상이 될 수 없기 때문이다. 원칙적으로 이 단계에서 수사판사는 제한적인 권한을 가지며, 죄명에 대한 재결정권한이 있을 뿐이다. 기소와 관련하여 수사판사는 수사개시의 법적 의무 때문에 수사를 할 수밖에 없다. 수사개시를 거부할 수 있는 것은 아주 예외적인 경우에만 인정된다.

수사판사는 그의 권한에 속하는 사항에 대하여 즉각적인 수사개시거부 사유가 존재하지 않는 한 수사를 개시하여야 하는 수사개시의무가 있으며,[102] 수사판사는 수사개시를 위하여 특별한 명령을 발할 필요는 없다. 한편 수사판사는 검사장의 수사개시요구에 대해 예외적으로 거부할 수 있는 권한이 있는데, 수사판사는 이 거부권행사에 의해 검사장에 대한 기소권을 견제할 수 있다. 즉 관할권이 없는 경우, 범죄의 구성요건을 결하는 경우, 수리불가사유로 인해 공소가 불가능한 경우[103]에는 수사판사가 수사거부를 할 수 있다.

수사판사는 또한 검사가 그에게 제기한 사실에 대한 법적 재판단의 자유를 가지고 있다. 일반적으로 법적 판단은 범죄대상사실을 법조문에 관련지음으로써 범죄를 결정하는 것으로 개념지울 수 있는데, 반사회적인 행위에 적용가능한 형법조문을 결정하는 지적 작용이라 할 수 있으며, 법적 판단은 사실에 법의 옷을 입히는 작용이라 할 수 있는 바, 수사판사는 검사나 사인의 법적 판단을 수용할 수도 있다.

2) 소 결

검사의 기소행위에 의해 제약받는 수사판사, 기소권 이외에 수사권을 행사하지 못하는 검사 지위 등을 통해 살펴볼 때 프랑스의 형사소송체계, 구체적으로 수사권 배분 체계에 있어서는 헌법학자가 말한 기능적 권력분립에 의한 상호견제가 인권보호에

---

102) 형사소송법 제86조.

103) 이는 공소소멸시효 완성 등 객관적인 요소로 인해 공소가 영향을 받는 경우로 종종 이러한 기간 계산에 관하여 오류가 발생하기도 한다. 수사판사가 공소시효 기산점을 잘못 계산한 경우에는 기소부가 이를 시정한다.

기여하고 있음을 알 수 있다. 이는 국내에서 권력분립을 수사·기소·재판기능 분립에 적용하자는 것과 맞물려 있음을 알 수 있고, 기능분리와 권력분립원칙이 프랑스에서 보편적으로 적용되고 있음을 알 수 있다.

나. 사법경찰 사법관(검사·수사판사)과의 관계

프랑스에서 법원과 경찰은 형식상 수사판사의 수사지휘권 행사에 의해 경찰이 사법당국에 종속되어 있다고 생각될 수 있다. 그러나 프랑스에서 아무도 그러한 관계를 인정하는 학자는 존재하고 있지 않다.

이미 본 바와 같이 사법경찰은 불심검문, 예비조사, 현행범조사, 수사위임에 의한 조사권 등 실질적인 수사권한을 가지며, 불심검문의 경우 강제력까지 사용할 수 있고, 예비조사에서도 체포와 같은 강제력을 사용할 수 있으며, 최근 마약범죄 등에 대한 것은 검사를 통해 우리나라와 유사한 영장발부형식이 도입되어 있다. 현행범조사시에는 수사판사의 수사권한이 영장발부 외에는 전면으로 적용되고 있으며, 수사판사의 위임수사시에도 수사판사의 권한 중에 피의자신문이나 영장 외의 모든 권한을 행사할 수 있어 실질적인 수사 주체로 되어 있다.

한편 사법경찰의 강력한 수사권한에 대응하여, 그 통제방법으로 고검장(검사)에 의한 통제를 받게 함으로써, 권력통제의 실효성을 기하고 있음을 알 수 있다. 즉 사법경찰관은 모든 범죄를 인지한 경우에는 지체 없이 검사에게 보고하여야 하며, 조사가 종결되면 즉시 압수물과 조서원본과 사본을 송치하여야 한다. 검사도 범죄조사에 필요한 모든 행위를 스스로 하거나, 사법경찰관에게 행하게 할 수 있으며, 이를 위하여 사법경찰관·리의 활동을 지휘한다.[104] 또한 사법경찰관은 관련된 검사나 수사판사에게서만 지시나 명령을 받거나 요구할 수 있으며, 조사업무의 종료 전에 검사나 수사판사에게 활동을 보고하여야 한다. 사법경찰에 대한 고검장의 후견적 임무는 더욱 강화되어 가고 있는데, 고검장은 사법경찰관 자격부여와 취소·정지권을 보유하고 있으며, 이러한 권한은 재량적인 성격을 갖는다. 또한 기존에 사법경찰관에 대하여만 일시적·영구적 사법경찰권한 행사 제한권을 가지고 있던 기소부의 통제범위를 사법경찰리

104) 형사소송법 제19조.

와 사법경찰보조, 특별사법경찰관·리까지 확대하였다.[105)]

7. 프랑스 수사제도가 시사하는 점

프랑스 경찰은 우리와 달리 불심검문에서 강제력을 사용할 수 있고, 예비조사에서도 체포와 같은 강제력을 사용할 수 있는 등 우리나라 경찰보다 강력한 권한을 가지고 있음을 알 수 있는 바, 프랑스에서 검사와 사법경찰관리의 관계는 일반적으로 상명하복의 관계라 할 수 있으며, 검사는 범죄수사·소추를 위한 사법경찰관리의 활동을 지휘(형사소송법 제38조, 제41조)하고, 검사 자신의 직무를 위하여 사법경찰관리에 부여된 권한과 특권을 직접 행사하거나 경찰력을 동원(형사소송법 제42조, 제74조)할 수 있다. 이러한 관계는 프랑스 혁명 이전부터 이미 형성되었던 것으로 혁명 후 1808년 재정된 프랑스 범죄예심법[106)]에 의해 명문화, 구체화되었던 것이다.

이와 같은 관계가 형성되게 된 배경에는 계몽주의 철학자들의 인본주의적 철학과 혁명 후 사회혼란을 효과적으로 수습하고자 하는 현실주의적 요청이 있었기 때문이다. 이러한 사상적 배경과 현실주의적 필요성이 형사소송절차를 규정한 프랑스 범죄예심법에 반영되어 수사에 있어 검사의 주도적 지위가 제도화[107)]되었던 것이다.

그러나 실제로는 경찰수사의 일부인 중대한 범죄에만 검찰이 개입함으로써 실질상 수사주도권은 경찰에게 있는 것으로 운영되고 있으며, 지휘권 행사도 직접 명령하지 않고 조언, 지시, 지적 등을 통하여 지휘하는 것이 통례이다. 다만 공소유지에 필요한 사항만은 검사가 지휘하도록 하고 있다.

앞에서 상세히 살펴본 것과 같이 중죄와 복잡한 경죄사건 수사는 수사판사가 이를 주재하며, 강제수사권은 원칙적으로 수사판사에게 귀속되어 있으며, 이로 인해 검사의 수사권한은 현행범수사와 예비수사의 영역에 한정된다. 수사상 강제처분이 필요하게 되

---

105) 1993년 개정 형사소송법 제230조.

106) 범죄예심법은 1808년 11월 27일 공포되어 1959년 형사소송법이 생기기 전까지 계속된 것으로, 이법의 특징은 재판과 소추를 분리함으로써 재판 전횡을 방지하였다는 점과 기소준비 또는 공판전 절차에 있어서 강제수사를 구분하였다는 점이다.

107) 이종화, "프랑스 경찰조직에 관한 연구", 경찰대학, 경찰학 연구(2002년, 제3호), 246면 : 김상수, "한국경찰의 수사권 현실화 방안에 관한 연구, 원광대학교 행정대학원 석사학위논문, 2003년, 29면.

면 검사는 더 이상 수사를 진행할 수단이 없으므로 강제처분권을 가지고 있는 수사판사에게 예심을 청구하여 이후의 예심절차에서는 수사판사에 의해 수사가 수행[108]되게 되어 있다. 수사판사는 수사판사의 촉탁에 의해 위임수사를 수행하며, 이때 사법경찰은 검사의 개입이 없이 수사판사와 동일한 권한의 수사권을 행사하게 되어 있다. 결국 프랑스 검찰은 수사권 및 수사지휘권에 있어 상당한 제한이 있음을 알 수 있다.

제 4 절 독일의 수사제도

우리나라 현행 형사소송제도의 변천과정에 가장 많은 영향을 미친 것이 바로 대륙법계인 독일 형사소송제도이다. 여기서는 독일 형사소송제도 상에 나타난 검사와 수사업무를 담당하고 있는 경찰과의 관계, 업무범위를 살피고, 이를 통해 수사절차상 검찰·경찰간의 상호 위상 및 한국과의 차이점, 독일제도의 특징과 장점들을 살펴보기로 한다.

독일의 수사제도에서는 독일 형사절차적 특색을 먼저 살펴본 후, 검찰 및 경찰제도를 개략해 본 후 그 다음에 경찰과 검찰의 수사상 지위와 상호관계를 다루어 보는 형식을 취했다.

1. 독일 형사절차상의 특색

이미 알고 있듯이 독일 형사소송절차는 당사자주의적 절차와 직권주의가 혼합된 중간적 성질을 지니고 있다. 즉 독일 형사절차는 영미법계와 다소 다른 경향을 보이고 있는 바, 가장 중요한 이념이 실체적 진실발견주의 혹은 사법정의의 실현이라 할 수 있다. 의심스러울 때에는 피고인의 이익으로라는 무죄추정의 원칙, 국가에 의한 공소제기원칙(국가소추주의), 기소법정주의, 구두변론과 직접주의 원칙, 자유심증주의 원칙이 형사소송절차에서의 절대적 원칙으로 자리잡고 있으며, 재판절차는 구두변론 및 재판공개, 신속한 재판원칙에 의해 통제되고 있다. 특히 형사소송절차에서 피고인과 국가

108) 이동희, “한국 수사구조의 비교법제적 위상 및 개선방향”, 경찰대학, 경찰학 연구(2004년, 제7호), 159면.

기소관청(검찰)은 당사자들이 아니며, 단지 소송참가자라는 것이 특징이다.

한편 동·서독 통일 후 독일연방공화국의 정치체제는 연방주의를 근간으로 한 입법·사법·집행권이 분리되어 견제와 균형을 이루고 있는 바, 재판권은 법관에게 위탁되어 있으며, 기본법 제92조에 따라 연방헌법재판소·연방특별법원 및 주법원을 통하여 행사되고 있다. 특히 일반 보통 민사·형사사건 및 군·형사사건에 관한 재판권을 관할하기 위한 연방최고법원으로서 연방대법원(BGH)이 설치되어 있다. 연방제국가이지만 미국과는 달리 연방법원이 최종심으로서 법적 통일을 기하고 있다. 또한 사인소추주의의 인정·기소법정주의 원칙·비당사자주의·일반법원과 특별법원의 분리 등 독일 형사사법제도를 한국의 형사사법제도와 비교할 때, 여러 다른 면을 가지고 있다.

2. 독일의 법원제도

가. 독일 기본법상의 사법제도

독일연방공화국은 연방국가로서 기본법의 상당부분이 연방과 주 사이의 관계형성에 관하여 규정하고 있다.[109] 독일 기본법 제30조는 주의 기능에 관하여 국가적 기능의 행사와 국가적 과제의 수행은 이 기본법에 규정을 두지 아니하거나 두지 못하도록 되어 있는 경우는 주의 사항이라고 규정하고 있다. 서독에서 사법권의 분장은 다른 국가기능보다 간편히 분리되어 있다. 연방 법원은 헌법 수호기관으로 특유의 높은 지위를 누리는 연방헌법재판소, 통상재판(일반 민·형사 사건, 노동사건 관장)을 담당하는 연방최고재판소와 연방노동재판소가 있다. 그리고 행정사건을 분장하고 있는 연방행정재판소, 연방재정재판소, 연방사회재판소가 설치되어 있으며, 그 밖에 특허사건을 처리하는 연방특허재판소, 공무원 복무상 분쟁을 다루는 연방복무재판소, 그리고 군사재판소가 있다.

이와 같이 기본법에서 특히 연방법원의 권한에 속하는 것으로 규정한 이외의 사항에 대하여는 각 주가 독자적인 사법권을 갖고 연방법의 테두리하에서 각급 법원의 설치, 조직 법관 및 법원직원의 선발, 임용 권한을 행사하고 있으며 각 주법원의 사법

109) 연방과 주(州)는 제각기 책임과 능력을 갖춘 국가로 보는 것이 연방국가의 사법제도를 이해하는 데 도움이 된다.

행정에 대한 최고 감독권은 각 주의 법무장관에 주어져 있는 것이 특색이다.

나. 연방의 법원

1) 연방헌법재판소

연방헌법재판소는 다른 연방최고기관인 연방상원, 연방하원, 대통령, 연방내각과 대등한 위치를 갖고 있는 독립기관으로서 국가권력의 일부를 분담하여 행사한다. 2개의 재판부로 구성되어 연합부의 재판이 필요한 일정한 경우를 제외하고는 각 부가 그 관장사무에 관하여 독자적인 재판권을 행사하며 각 부가 하나의 헌법재판소 기능을 하고 있다.

관할사건으로는 ① 연방기관 사이의 권리의무에 관한 분쟁, 연방과 주, 주 사이의 권한분쟁 ② 연방법이나 주법이 기본법에 합치되는가, 주법이 연방법에 합치되는가에 관한 구체적 및 추상적인 규범심사 ③ 헌법상의 소원 ④ 민주적 기본질서에 반하여 언론, 집회의 자유 등의 기본권을 남용한 자에 대한 기본권상실에 관한 재판, ⑤ 정당해산사건 ⑥ 연방대통령, 연방 및 주 판사에 대한 탄핵사건 ⑦ 주법에 의한 위임이 있는 경우의 주헌법 위반사건에 대한 재판 ⑧ 헌법재판소와 견해를 달리하는 주헌법재판소의 판단 등에 관한 사건으로 이를 관할하여 심판한다.

2) 연방최고재판소

연방최고재판소는 일반 민형사 사건의 상고심 법원으로서 1991년 현재 민사 12개부 형사 5개부 특별 4개부(카르텔부, 공증인부 등)로 나뉘어져 있고 각 재판부는 재판장 1인과 배석판사 4인으로 구성되어 있다. 각 재판부의 견해를 통일하기 위하여 민사대부(民事大部)와 형사대부(刑事大部), 위 각 대부(大部)의 견해를 통일하기 위한 연합대부가 설치되어 있다.

민사사건은 각 주(州)고등법원 판결에 대한 상고사건과 각 주지방법원 재판에 대한 비약적 상고사건을, 형사사건은 각 주지방법원 및 주고등법원이 제1심으로서 한 재판에 대한 상고사건을 관할하나 상고는 제한되고 있다. 그 밖의 연방법원은 각기 그 관할사항에 관하여 연방내에서의 최고심으로 기능한다.

다. 주(州)법원

1) 주헌법재판소

서독의 각 주는 각자 헌법을 갖고 있기 때문에 주헌법상 분쟁을 해결하기 위하여 주별로 헌법재판소를 두고 있다. 다만 슈레스비히-홀스타인주는 주헌법에서 그 관할을 연방헌법재판소에 위임하고 있으며 각 주마다 주헌법재판소의 명칭, 구성, 업무 등은 주마다 상당한 차이가 있는 부분도 있다.

2) 고등법원

서독 전역에 19개 고등법원이 설치되어 있다. 재판부는 모두 직업법관으로 구성되어 재판장 1인과 배석판사 2인으로 되어 있는데, 대형사부의 경우는 배석판사가 4인[110]으로 되어 있다. 민사사건은 지방법원의 판결 및 결정에 대한 항소, 항고사건, 지방단독법원의 가사사건에 대한 항소사건을 재판한다. 형사사건은 지방단독법원이 제1심으로 재판한 지방법원의 제2심 재판에 대한 상고사건과 반역죄등 중대범죄에 대한 제1심 재판을 담당한다. 고등법원은 주 최고법원으로서 관내 지방법원 및 지방단독법원에 대한 업무감독권한을 가지고 있다.

3) 지방법원

민사부, 형사부, 상사(商事)부, 형집행부 등 합의부만으로 구성되어 있다. 형사부는 일반시민 중에서 선정된 참심원이 재판관으로 관여하고 있는데, 대형사부와 중죄(重罪)부의 5인과 재판관 중 2인이, 소형사부는 재판장을 제외한 2인이 참심원으로 구성된다. 상사부 또한 직업법관인 재판장과 일반인 2인이 명예법관으로 구성되어 있다. 민사사건은 소가(訴價) 6,000마르크 이상의 사건 중 지방단독법원의 관할에 속하지 아니하는 사건과 국가나 공법인에 대한 사건을 제1심으로 관장하며, 지방단독법원의 민사사건

110) 소순무, "독일연반공화국 사법제도의 개관과 독일통일에 따른 사법조직의 통합", 외국사법연수논집 (10), 법원행정처(1992, 12), 507면.

(가사사건은 제외한다)에 대한 종심으로서 기능한다. 형사사건 경우는 제1심으로서 지방단독법원과 고등법원 관할에 속하지 아니한 3년 이상 자유형에 처하여질 사건, 검사가 특별히 지방법원에 기소한 사건을 관할하며 지방단독법원의 항소사건을 담당한다.

4) 지방단독법원

구(區)법원으로도 불리는 지방단독법원은 시, 군 등 지역단위로 설치되어 1992년 현재 551개에 이르고 있으며 그 규모는 각 지역단위의 인구규모에 따라서 천차만별이라 할 수 있다. 단독법관으로만 구성되어 있는 것이 원칙이며,[111] 소가 6,000마르크 이하의 민사사건,[112] 가사사건, 자유형 3년 이하의 경미한 형사사건을 관할하고 있다. 그 밖에도 독촉, 강제경매, 파산, 화의, 부동산등기, 상업등기, 의장등록, 후견, 상속에 관한 사건을 관할하고 있다.

5) 특별법원

각 주마다 연방행정, 연방재정, 연방노동, 연방사회재판소에 대응한 제1, 2심급을 담당하는 행정법원 등 특별법원이 각 주 별로 설치되어 그 관장사건을 처리하고 있다.

3. 독일의 검찰제도

가. 경찰관계법령

검찰은 형사소송절차에 있어서 형사소추관청으로서 중요한 참가자이다. 독일기본법상에서는 검찰에 대해서는 명시적으로 규정하고 있지 않는데, 검찰의 위상·조직, 그리고 기능 등에 관한 단순한 법규범들은 주로 법원조직법·형사소송법·독일법관법 그리고 연방중앙등록법에서 찾아볼 수 있다.

---

111) 일부 형사사건, 소년사건의 경우에는 참심원 2인이 참여하고 있다.

112) 예외적으로 주거나 기타 건물 임대차에 관한 사건, 여행자와 숙박업무 사이의 숙박료에 대한 사건 등은 소가를 불문하고 지방단독법원의 관할이다.

나. 근대 독일검찰제도의 변천과 독일검찰 조직

프랑스와 마찬가지로 절대국가 초기에는 독일도 규문법관이 수사의 책임자였고, 수사와 소추의 책임자로서 검찰제도는 없었다. 19세기 독일에서 시민자유운동이 전개되는 과정에서 기소절차와 그에 따른 기소관청으로서의 검사제도 도입 필요성이 제기되었고, 이러한 요구들에 의해 권력분립사상이 실현되었으며, 심문관으로서 법관으로부터 시민들을 보호하는데 목적을 두었다.

독일검찰에 있어서 특징적인 것 중의 하나는 우리나라처럼 별도의 검찰청법이 존재하지 않고, 상술한 법원조직법 제141조에서 제152조에 이르는 규정을 통하여 검찰의조직과 임무 등에 관하여 규정하고 있다는 점이다. 검찰청은 각급 법원관할 내에 설치토록 규정하고 있는데, 예를 들면 연방대법원에 있는 연방검찰청, 주고등법원에는 주고등검찰청, 지방법원에 지방경찰청 등으로 조직되어 있다. 법원조직과 검찰청조직은 둘 다 연방 혹은 각 주정부의 법무부소속으로 되어 있다. 다만 검찰청은 법원으로부터 독립하여 사무를 처리한다. 검찰청은 계층조직으로 구성되어 있다. 각급 검찰청의 장은 관할구역 내에 있는 검사들에게 지시·명령하고, 그들이 맡고 있는 직무를 대신 수행할 수 있으며, 자신이 맡고 있던 직무를 다른 검사들에게 위임할 수 있는 권한이 있다. 독일 검찰은 형사절차에서 소추권을 행사하는 일종의 사법기관에 해당하지만, 법원으로부터 독립된 기관이다. 연방검찰총장은 각 주검찰청간의 권한 충돌 사안에 대해 결정할 수 있고, 주 고등법원 1심 관할사건에 대한 기소권을 행사할 수 있다. 연방검찰총장과 연방검사들은 연방법무부 추천을 받아 연방상원의 동의를 얻어 연방대통령이 임명한다. 연방검찰총장은 연방법무부장관의 감독과 지시를 받는다. 물론 소속연방검사들에 대한 지휘권을 행사한다.[113)]

다. 검사의 직무

검사에게는 세 가지 중요한 임무영역이 있는데, 먼저 수사절차의 주재자, 주요공안절차에서 기소관으로서, 그리고 형벌 집행관청으로서의 역할이 있다.[114)] 독일의 검찰에게

113) 법원조직법 제149조.

는 임무수행을 위해 막대한 권한이 부여되어 있다고 볼 수 있다.

우선 검찰은 수사절차의 주재자로서 피의자를 구인할 수 있으며, 구속영장을 발부할 수는 없지만, 지체의 위험이 있는 경우에는 긴급체포를 명하거나 직접 실행할 수 있다. 더 나아가 검찰은 압수·수색 및 통신감시라는 강제처분권도 행사한다. 물론 이와 같은 검사의 권한은 지체의 위험이 있는 경우에만 인정되지만, 이러한 여건이 충족된 경우가 빈번하게 발생한다.

그리고 독일의 검찰은 법원의 심문을 신청하거나 특히 구속영장의 발부 또는 수색영장이나 압수영장의 발부를 신청할 수 있으며, 끝으로 검찰은 참고인과 감정인을 검찰에 소환하여 진술하거나 감정을 하게 할 수 있으며, 출석에 불응할 경우 구인하는 등 강제처분권을 행사할 수도 있다. 더 나아가 검찰은 수사 및 소추기관으로서의 기능 이외에 형집행기관으로서의 기능도 담당하고 있다.

라. 소 결

독일 검찰은 형사소송절차에 있어서 이미 말한 것과 같이 형사소추관청으로서 중요한 참가자의 역할을 수행하고 있다. 독일 검찰에는 검사를 제외한 별도의 수사실행인력이나 조직이 없다. 그야말로 수사실행을 위한 보조 내지 도움이 필요한 때에는 검찰의 협력(보조)공무원을 지휘할 수 있을 뿐이다. 우리나라와 달리 검찰청직원들은 주로 사무직원들뿐이다. 즉 독일검찰은 수사절차상 손발이 없는 머리기능을 할 뿐이며, 이 점은 독일 검찰과 경찰간의 관계를 파악하는 열쇠가 된다.

4. 독일의 경찰제도

가. 통합독일의 치안상황 및 경찰

독일 통일 이후 경제적 어려움에 직면한 독일에서의 범죄문제는 심각한 사회문제로 간주되어 실업문제 다음으로 심각한 문제로 대두되고 있다. 범죄발생동향은 통합 후 1993년까지 급격한 증가추세를 보이다가 1997년을 기점으로 서서히 안정적인 추세

114) 외관상 우리나라 검찰의 직무와 거의 동일하다.

로 접어들고 있다고 한다.[115] 연방수사국 경찰범죄통계(PKS 2000)에 따르면, 독일거주의 외국인비율은 8.8%인데 비하여, 범죄유형에 따라 무려 22.3~52.1%를 각각 차지하고 있다고 하며, 유럽연합 회원국들이 유로라는 단일통화를 중심으로 새로운 경제 축을 형성하면서부터 더 빈번한 인적 및 물적 교류가 진행됨으로 인해 독일경찰의 치안수요는 날로 증가하고 있다. 한편 통합된 지 10년이 지난 현재 신연방 5개 주의 범죄발생률은 치안상태가 비교적 양호한 서독의 주에 비하여 무려 2배 가까이 높게 나타나고 있다고 한다.[116]

나. 연방제 하의 분권화된 독일경찰

1) 경찰관할권

1949년 제정된 Bonn기본법에 의하면 경찰조직·사무·경찰권은 원칙적으로 각 주의 입법사항으로 위임되어 있다. 따라서 각 주별로 고유한 경찰법 및 경찰조직을 보유하게 되어 있다. 독일경찰을 연방과 주정부 단위와 비교하면 경찰제도는 지방자치 또는 분권화된 제도라 할 수 있는데, 경찰사무에 관해서는 주(정부)경찰의 전속 사무이다. 즉 수사업무에 관한 연방과 주정부간의 협력사항에 관한 내용을 제외한 경무·교통·수사·방법·경비업무에 관해서는 전적으로 주경찰의 사무로 이해할 수 있다. 다만 전국적 사항·긴급사태 등을 대비하여 제한된 범위 내에서 연방정부의 경찰권을 인정하고 있다.[117]

또한 특별한 경찰사무인 국경수비, 특별한 범죄유형의 수사, 헌법수사 목적으로 연방차원에서 수행하기위하여 연방경찰기관을 설치·운영하고 있다. 경찰관청은 일반경찰관청과 특별경찰관청으로 구분되며, 후자는 그 관할권이 특별한 위험방지영역에 제한된다.[118] 일반경찰관청은 각 주의 내무부에 설치되어 있다.

---

115) DRE SPIEGEL. Nr. 46, 1996, S. 35. : G라-Umfrage.

116) Bundeskriminalamt, PKS 2000.

117) 기본법 제87조 제1항 이하.

118) 예컨대 광업청·보건소 그리고 영업감시청을 들 수 있다.

2) 연방경찰기관

경찰사무가 각 주의 사무라 해도 특별한 사무에 대해서는 연방경찰의 임무로 규정하고 있는 바, 연방수사국, 연방국경수비대, 연방경찰국, 연방헌법보호청 등은 연방내무부소속이다. 이중 가장 대표적인 연방경찰기관인 연방수사국, 연방헌법보호청, 연방국경수비대를 살펴본다.

가) 연방수사국(혹은 연방범죄수사청)

연방수사국은 연방내무부 산하 외청이다. 여기에 소속되어 있는 경찰공무원은 소위 A그룹으로 군인 · 교사 · 행정직 · 국립병원의사 · 심지어는 목사까지 동 그룹에 속해 있다. 특정한 범죄유형의 수사(국제적범죄 · 조직범죄 · 마약 · 폭발물관련 · 화폐위조사건 · 무기밀매 · 요인암살기도행위등)에 있어서 관할권을 가지며, 범죄정보수집 · 분석업무가 부여되어 있다. 연방수사국설치법에 의하여 각 주의 내무부 산하에 주범죄수사국이 설치되어 있다. 연방수사국은 요인경호에 대한 책임도 맡고 있으며, 독일에는 경호실과 같은 기관이 별도로 있지 않다.

나) 연방헌법보호청

연방헌법의 기본질서를 파괴하는 행위에 대한 정보수집업무를 담당하는 기관으로서 집행기관은 가지지 않고 있으며, 반국가사범의 위법한 행위에 대한 정보를 경찰수사당국에 이첩하는 역할을 하며, 수사는 경찰이 행한다. 연방수사국처럼 연방내무부 외청이다. 정보수집대상은 좌익테러, 군대 내의 극좌테러분자, 연방헌법의 기본질서를 파괴할 위험성을 갖고 있는 이념단체, 정당, 이들과 연계된 국제조직, 극우세력, 신나치 추종세력, 조직원 및 이들과 연관된 단체, 출판물, 내적 안전을 위협하는 극단적인 외국인 관련사항, 외국첩보기관 침투에 대한 방첩업무 등을 담당하고 있다.

다) 연방국경수비대

기본법 제73조 및 연방국경수비대설치법에 의거하여 1951년 동독지역, 체코지역의 국경수비를 위하여 설치되었다. 연방내부의 국경수비국 소속이나, 연방수사국과 같은 외청은 아니다. 연방국경수비대는 항만 · 공항 · 국경통제소 등에서 출입국관리업무와 철도상 경비임무를 맡고 있다.

3) 각 주의 경찰기관

가) 일반직제 및 업무현황

각 주의 최상급경찰관청은 주 내무부장관이다. 주 내무부에는 경찰담당국이 설치되어 있으며, 도단위에도 경찰담당부서가 설치되어 있다. 그러나 이들 경찰담당부서는 집행기관의 역할을 수행하지는 않으며, 하급경찰관서에 대한 인사·예산·지원·감독·통제업무를 수행한다. 주범죄수사국·주기동경찰·주경찰학교·주경찰대학 등이 대부분의 주에서 내무부산하에 공통적으로 편성되어 있다. 각 주의 경찰은 크게 일반집행경찰[119], 수사경찰, 기동경찰, 수상경찰의 4가지 형태의 집행경찰구조와 영역으로 이루어져 있는데, 수사경찰은 범죄예방·수사·형사소추에 관련된 임무를 수행하고 있다.

나) 주단위 경찰조직

바덴-뷔르템베르크 주의 경찰을 중심으로 주단위의 경찰조직을 살펴보면, 최상급경찰관은 주내무부장관이 되며, 주내무부 제3국에서 경찰업무를 담당하고 있고, 각 도별 지방경찰청이 존재한다. 독일 대부분의 주경찰에서는 일반예방경찰과 수사경찰이 대체로 엄격하게 분리되어 있다. 승진을 비롯한 인사이동이 제한되어 있는 바, 일반예방경찰 중에서 수사경찰을 지망하는 경찰관은 별도의 선발절차를 거쳐 법문화 교육과정을 수료한 후 배치된다.

독일의 경우 경찰관의 근로조건 및 복지후생, 경찰중립성, 경찰 권리와 위상을 확립·유지하기 위하여 독일경찰에 경찰노동조합이 결성되어 있다는 것은 공지의 사실이다. 뿐만 아니라 노동조합을 통해 경찰제도개선이나 검찰과의 관계, 대정부관계 이슈에 대하여 경찰 측 입장과 요구사항을 관철시키고 있으며, 연방과 주정부를 상대로 처우개선·근무제도개선 등 다양한 요구를 절충시키고 있다.[120] 각 주간의 경찰 근무제도나 처우문제가 대체로 비슷한 이유는 이러한 노동조합활동을 통하여 각 주간의

---

119) 우리나라의 수사·정보·보안업무를 제외한 경무·방범·교통·경비경찰에 해당하는 업무를 수행하고 있으며, 수상경찰은 한국의 해양경찰 기능과 유사한 면이 있다.

120) 연방경찰의 경우 연방정부를 상대로 투쟁을 벌이기도 한다.

편차가 해소된 결과로 이해될 수 있다.

독일의 경우 주경찰청장 · 지방경찰청장이나 도지사 등은 임명직공무원이며, 정치적 영향을 받는 입장이다. 독일경찰은 정치적 영향을 배제하기 위한 장치를 마련하기보다는 경찰책임자가 국민들의 의사를 정책에 반영하기 위하여 노력하는 입장이다. 주 최상급경찰관청인 내무부장관은 경찰정책에 관해서 책임을 지며, 주 의회에 출석하여 치안문제에 관해 설명 · 답변할 의무를 진다. 우리나라와는 달리 독일경찰은 적극적인 정치적 통제 하에 있다고 볼 수 있는데, 모든 공무원에게 정당가입의 자유가 허용되고, 경찰노조가 존재하는 등 경찰이 정치적으로 멀어져 있는 것이 아니라 연방이나 주 단위에서 정당이 경찰정책에 오히려 많은 영향을 미치고 있다.[121)]

5. 수사절차상 수사기관의 지위와 권한

가. 형사소송절차상 양자간의 법적 기초

독일에서 형사절차상 경찰 임무와 지위에 관한 규정들은 대체로 형사소송법 제161조 · 제163조, 그리고 법원조직법 제152조, 그리고 "검찰 지시에 의한 경찰의 직접강제력 사용에 관한 법무부장관과 내무부장관의 공동준칙"과 "조직범죄대책에 관한 검찰과 경찰간 협력에 관한 공동준칙"등이 있다. 그 이외에도 "형사소송과벌금소송에 관한지침" 제5호 규정도 검찰과 경찰의 관계를 나타내 주고 있다.

<표 2-3> 형사소송법 및 법원조직법 관련규정

형사소송법 제160조	검사의 일반적 수사권을 규정
형사소송법 제161조 검사의 촉탁 및 위임 검찰지시의 충족의무	검찰은 스스로 또는 검찰임무를 담당하는 관청 및 공무원으로 하여금 수사를 행하게 할 수 있고, 검사의 이러한 촉탁 및 위임에 대하여 경찰은 이를 충족시킬 의무를 진다.
형사소송법 제163조 경찰의 초동수사권과 의무	경찰도 수사 권한과 의무가 있고, 경찰은 사건처리를 지체없이 검사에게 송부하여야 한다.

121) 그러나 정당선택 · 가입의 자유가 확고히 보장되는 만큼 법집행은 반드시 법률적 근거에 입각하여 엄정해야 한다는 원칙이 독일공무원의 기본적인 자세이다.

법원조직법 제152조 검찰의 협력(보조) 경찰에 대한 규정	[검찰의 협력(보조) 공무원] ① 검찰 협력공무원은 이러한 자격(신분)안에서 관할구역내에서 검찰의 지시들과 상급검찰공무원의 지시들을 충족시킬 의무를 진다. ② 주정부는 법규명령을 통하여 이 규정이 적용되어질 그러한 공무원과 직원들의 범위를 확정할 권능이 부여되어 있다. 이러한 직원(Angestellten)들은 공무를 담당함에 있어서 21세 이상이어야 하며, 적어도 2년 정도 규정된 공무원이나 직원범위내에서 근무했어야 한다. 주정부는 법규명령을 통하여 주법무부에 이 권한을 위임할 수 있다.

또한 수사절차와 관련하여 독일검찰과 경찰 관계를 흔히 "손 없는 머리"로 표현하고 있으며, 경찰은 손의 기능 또는 검찰의 연장된 팔로서의 기능을 부여받아 양자 관계는 범죄수사와 관련한 직무수행에 있어 긴밀한 관계를 유지하고 있다.
검찰로부터 집행권한을 분리·제거하고 경찰로부터는 모든 것을 주체적으로 결정할 수 있는 머리기능을 분리함으로써 권력 집중과 남용을 방지하기 위한 견제와 균형장치가 경찰과 검찰 상호간에 마련되어 있는 장점을 지니고 있다.

나. 수사절차상 검찰의 지위와 권한

1) 검찰의 지위 및 기능

검찰청이 각급법원에 설치되어 있지만, 검찰은 사법기관으로서 법원에 대해 독립된 기관이다.

검찰의 중요한 직무는 형사소송절차에 있다.

검찰은 모든 범죄관련 사건을 수사할 수 있는 권한을 가지고 있다.[122] 수사절차의 사법적 형태를 보장하기 위하여 검찰을 '수사절차의 주재자'로 하였으며, 수사절차 종결에 따라 공소제기 여부에 대한 결정은 검사에게 있다. 검찰은 절차 당사자가 아니라, 형사소송법 제160조 제2항의 규정에 따라 양쪽의 증거를 수집하는 객관적인 참여자로서 기능한다.

122) 독일 형사소송법 제160조.

검사는 중요사건이나 법적·사실적으로 복잡한 사건에 있어서는 초동수사 단계에서 직접수사를 할 수 있으며, 경우에 따라서 경찰관청이나 경찰관에게 요청 또는 위임을 통하여 수사를 하게 할 수 있다. 수사종결 후 검찰은 절차를 정지시키든가, 아니면 공소를 제기한다.[123] 그리고 법원 판결에 대하여 자신의 객관적 위상에 맞게 피고인을 위해서도 상소를 제기할 수 있다. 검찰은 법원의 명령과 더불어 법원에 의하여 명령된 제재를 집행한다.

2) 수사절차상 독일검찰의 구체적 권한

가) 수사절차상 검찰의 권한들

검사가 고소 혹은 다른 방법을 통해 범죄혐의에 관한 사실을 알게 되었을 때, 그러한 사실관계를 조사함으로써 수사가 개시된다. 수사절차는 검사의 수사종결권으로 끝난다.

검사의 대물적 강제처분도 통상의 경우에는 법원 영장에 의하여야 한다. 검사는 긴급한 경우에만 독자적인 권한이 있을 뿐이다. 이에 해당하는 것이 '긴급한 경우의' 신체검사와 혈액샘플채취, 압수, 우편물의 압수, 평화교란죄나 내란죄 등에 있어서 전신·전화의 검열, 수색 및 검문소 설치 등이 있다. 이 중에서 긴급한 경우, 검사에게만 인정된 것으로서 우편물의 압수, 전신·전화의 검열이며, 기타 대물적 긴급권한은 검찰의 협력(보조) 경찰에게도 동일하게 부여되어 있다.

수사절차 중에 강제적 조치를 명령할 수 있는 검사의 권한들은 경찰의 권한보다 광범위하며, 경찰과 같이 검사는 긴급한 경우에만 이러한 권한들을 행사할 수 있다. 왜냐하면 프라이버시권에 대한 어떠한 침해도 법관에게 유보되어 있기 때문이다.

3) 경찰에 대한 검사의 수사지휘권

검사와 경찰의 관계에서 검사의 법률상 권한은 형사소송법 제163조 제2항 제1문에서 동법 제161조 제2문, 법원조직법 제152조 제1항에 따른 지시권한에서 명시적으로 나타난다. 즉 검찰은 다양한 방법으로 경찰에 대해서 지시권한이 있는 형사소추기관이다. 모든 공공관청은 형사소송법 제160조(수사절차)·제161조(정보 및 수사)의 영역 안에서 협력관청으로서의 의무가 지워진다. 검사는 수사를 지휘하고 조사절차에 대하여

---

123) 형사소송법 제170조.

통지받고, 기본권에 관한 침해와 관련된 행위들을 허가할 수 있는 권한을 포함하여 경찰을 통제한다. 그러나 검찰은 그들의 지시를 발함에 있어서 기본적으로 다음과 같은 제한을 받는 바, 형사소송법 제161조 제2문과 같이 관할권이 있는 경찰관청에는 요청(Ersuchen)해야 한다. 검사는 일반경찰공무원에 대한 직접적인 지시권한이 있지 아니하므로 그 한도 내에서 경찰관청에 대해 요청해야 하는 것이다. 또한 검사는 합당한 검사의 협력공무원이 소속된 경찰관청의 권한범위 내에 있는 사항을 고려할 의무를 가진다. 기본적으로 검사의 협력공무원에게 직접적으로 지시하는 것이 아니라 그러한 관청에 요청하는 것이다. 형사소송법 제160조에 따라서 검사는 스스로 증거를 조사할 수 있으며, 공공관청에 필요한 정보를 청구할 수 있다.

다. 수사절차상 경찰의 지위 및 수사권

1) 경찰 범죄수사업무의 법적 근거

경찰법 규정상 범죄수사와 관련된 직접적인 규정은 존재하지 않는다. 다만 주 경찰법을 근거로 하여 경찰은 "법원조직법 제152조에 의한 검사의 협력공무원 자격으로서, 다른 법령인 형사소송법 제163조상에 부여된 경찰 임무규정에 따라 범죄수사임무를 수행한다.

주형사소송법 제163조는 "① 경찰직무를 수행하는 관청 및 공무원은 범죄행위를 규명하여야 하며, 사건의 증거인멸을 방지하기 위하여 할 수 있는 모든 조치를 지체없이 하여야 한다. ② 경찰임무를 담당하는 관청 및 공무원은 그들의 신문조서를 지체없이 검사에게 송부하여야 한다. 판사에 의한 조사행위를 신속히 할 필요가 있다고 인정되는 경우에는 직접 구법원에 송부할 수 있다."고 규정하고, 동법 제161조는 "전조에 규정된 목적(수사절차에 관한 규정)을 위하여 검찰은 모든 공공관청에 정보제공을 요구할 수 있으며, 모든 종류의 수사를 스스로 행하거나 경찰임무를 담당하는 관청 및 공무원으로 하여금 이를 행하게 할 수 있다. 경찰임무를 담당하는 관청 및 공무원은 검찰의 이러한 요청(촉탁) 또는 지령(지시·청구)에 대하여 충족시킬 의무를 진다."고 규정하고 있다.

2) 수사절차상 독일경찰의 구체적 권한

경찰이 범죄수사의 실행함에 있어서 검찰로부터 완전하게 자유로운 영역은 없다. 다만, 어느 정도의 범위 내에서 법령상·실무상 경찰 독자적으로 수사를 하느냐가 중요할 것이다. 독일경찰은 검사의 지시나 요청·지령등에 의해서 수사에 착수·개시하는 것이 아니라 형사소송법 제163조에 의거하여 경찰 임무와 권한의 범위 내에서 이를 실행한다.

즉 동법 제163조 제1항은 경찰이 독자적인 초동수사를 가능하게 하며, 그러한 권한을 부여하고 있고, 동조 제2항은 지체 없이 관련 서류를 검찰에 송부할 의무도 부과하고 있다. 즉 경찰은 초동수사를 실행할 권한과 의무가 있는 것이다.

일반적으로 독일경찰이 다툼 없이 확정적으로 가지는 초동수사권 이외에 독자적으로 수행할 수 있는 구체적 권리를 보면, ① 일반예방경찰과 검찰협력경찰이 공통적으로 가지는 강제처분권으로서, 피의자 및 증인에 대한 신문권, 피의자 체포권, 피의자의 사진촬영 및 지문 채취권, 신원확인권, 감식처분권, 과학적 수사장비투입권, 그 밖에 지체의 위험이 있는 경우, 비밀수사관 투입에 대한 독자적인 권한, 전산망수배권등이 있으며, ② 검찰협력공무원인 경찰만이 가지는 특별한 강제처분권으로 지체의 위험이 있을 때에 특별한 경우의 압수명령권, 수색명령권, 피의자에 대한 신체검사 및 혈액검사, 참고인에 대한 신체검사명령, 검문소설치권한이 있다.

이와 같이 독일경찰은 단순히 법원이 강제처분을 집행하는 기관에 그치는 것이 아니라, 긴급한 경우에는 대개 법원 또는 검사와 나란히 독자적인 강제처분 명령권을 가지고 있다.

라. 수사절차상 검찰과 경찰의 관계

1) 법규상 양자의 관계

형사소송법상 여러 명시적인 규정에 따르면, 수사절차의 법률상 주재자는 검사이다. 즉 경찰은 단지 비독립적인 형사사법기관으로서, 검사의 법률상 수탁자로서 직무를 행한다. 경찰에 대한 검사의 우월적인 지위는 형사소송법 제163조·제161조 제2문,

법원조직법 제152조에서 찾아볼 수 있다. 형사소송법에서 검찰과 경찰의 상호관계에서 직면하는 문제는 검찰은 수사를 이끌어 나가고 경찰은 그를 지원하는 데 있다는 점이다. 즉 검사에게는 경찰에 대한 지시권이 주어져 있는 것이다.

이러한 법규를 종합해 보면 독일에서 수사의 주재자는 검찰이고, 경찰은 독자적인 수사권은 있으나 사건을 지체없이 검찰에 송치하여 지시를 받도록 되어 있다. 따라서 검찰이 경찰을 법적으로 통제하고, 수사 및 공소에 대한 모든 책임을 진다. 이를 위해 검찰은 경찰에 대한 일반적인 지시권을 가진다.

검사는 중요한 사건 또는 법률상·사실상 어려운 사건은 직접 검증을 실시하거나 피의자와 중요한 증인을 신문함으로써 직접 수사하여야 한다.

나아가 독일 검찰은 피의자·피고인에 대하여 유죄입증 뿐만 아니라, 무죄가 될 수 있는 상황까지 조사해야 한다. 독일 형사소송절차상 검사는 당사자가 아니라, 오히려 엄격한 객관성을 유지하여야 할 의무가 있다.

그러나 검찰은 범죄사건해결에 있어서 경찰의 도움을 받을 수밖에 없는데, 경찰의 광범위한 인적 조직, 경찰의 기술적 장비, 그리고 범죄수사에 관한 전문성으로 인해 불가피한 현상이며, 그러한 이유로 법은 검찰이 요청한 모든 수사를 경찰이 실시하도록 하고 있으며,[124] 경찰은 또한 초동조치 의무를 지고 있다. 결국 경찰은 검찰을 대신하여 검찰의 확장된 팔로서 기능을 하게 되는 것이다.

2) 수사실무상의 상황

검찰과 경찰 관계에 대한 위와 같은 법규정에도 불구하고 이미 간략히 언급한 바와 같이 수사현실은 상당한 차이가 있다. 오히려 현실은 오랫동안 수사 개시와 실행이 경찰에 의해 이루어지고 있다. 주검찰은 수사업무를 수행할 자신의 인력을 갖고 있지 않기 때문에,[125] 경찰에게 실질적인 도움을 요청할 수밖에 없다. 검찰이 예심절차를 수행하고, 경찰에 지시한다는 법원조직법 제152조의 규정이 있어도 실질적으로 경찰이 자신의 독자권으로 범죄수사를 실행하고 있는데, 결국 경찰은 초동조치를 할 권

124) 형사소송법 제161조.

125) 반면 우리나라 검찰의 경우, 수천명에 이르는 자체 수사인력을 검찰조직 내에 보유하고 있어 독일 검찰제도와 매우 다르다는 것을 알 수 있다.

한과 의무를 가지고 있다.

독일경찰의 수사실무에서는 검사 요청 · 지령 · 지시등에 의하여 수사가 실행되는 것이 아니라 통상 경찰이 독자적으로 수사한 후 그 다음에 경찰의 수사가 종결된 뒤 관련수사 서류를 검찰청에 송부한다. 이처럼 수사결과는 사실관계가 완전히 규명된 후에야 처음 검사 앞에 제출되면서 경찰단계에서 수사업무는 대체로 종결되며, 검사는 수사서류를 받아보고서 당해 사건을 처음 파악하게 된다. 만일 사건의 진상이 충분히 규명되지 않았으면 검사는 추가적인 수사를 지시하거나 충분히 규명되었으면 공소제기 여부를 결정한다. 학자들의 연구결과에 따르면 모든 사건의 90% 정도는 경찰단계에서 수사가 마무리된 후 검찰에 송치된 후 검사가 처음 알게 된다고 하며, 살인사건의 경우 검사는 약 66% 정도 수사절차에 관여하는 것으로 나타났다.[126] 경찰에서 송치한 사건에 관하여 검사가 다시 피의자나 참고인을 심문하는 것은 거의 드문 일이며, 검사의 수사활동은 전문가의 감정을 구하거나 기타 필요한 증거 수집에 집중된다고 한다.

또한 범죄수사에 있어서 경찰은 인적 · 물적 장비도 충분하고 수사의 기술 · 정책 및 조직 면에서 우월한 것도 그 이유이다. 더 나아가 경범죄 또는 중급범죄에 있어서는 경찰이 수사 진행을 거의 독자적으로 행하고, 심지어 경찰 자체적으로 수사를 종결한 상태에서 검찰에 처리결과를 송치하기도 한다.

한편 최근에는 수사실행상의 책임이 검찰로부터 경찰로 이동되었으며, 경찰은 그 자신의 주도하에 수사를 실행할 수 있게 되었다. 그리고 경찰은 경미한 범죄수사를 종결하는 것을 결정하기조차 한다. 예를 들면 경찰 전산망과 같은 현대의 정보기술과 다른 데이터수집시스템들은 경찰의 권한을 훨씬 더 강화시켰다.[127]

이상과 같이 검찰의 실제적인 직무가 법률적으로 규정된 사항에 부합하는 경우는 매우 드물며, 실무적인 수사업무는 결국 경찰이 독자적으로 광범위하게 처리하고 있는바, 검사의 직무는 대체로 수사에 대한 법률적인 감시자업무로 제한된다. 경찰은

---

126) Blankenburg · Sessar · Steffen, Die Staatsanwaltschft im Prozestrafrechtlicher Sozialkontrolle, 1978, S. 303, 1993, s. 36.

127) 경찰은 그의 고유권한이자 검사의 독자적인 접근이 불가능한 정보보유시스템인 INPOL제도를 가짐으로써 수사에서 우위를 점하고 있다고 한다. 박창호, 임동희, 이영돈, 임준태, 표창원, 『비교수사제도론』, 박영사, 2004년, 323면.

대부분의 수사절차에 있어서 형사소송법 제163조 규정에 따라 우선적으로 검찰의 개입 없이 담당전문경찰관에 의해 사안이 종결될 때까지 수사를 한다.

6. 독일의 수사제도가 시사하는 점

독일에서 검찰과 경찰의 관계를 요약하자면, 수사 주재자는 검찰이고 경찰은 독자적인 초동수사권은 있으나 사건을 지체 없이 검찰에 송치하여 지시를 받도록 되어 있다. 따라서 검찰이 경찰을 법적으로 통제하고, 수사 및 공소에 대한 모든 책임도 검찰이 진다. 검찰은 경찰에 대한 일반적인 지시권을 가진다. 경찰은 단지 형사소송법에 의해 특별히 허용된 긴급강제처분권만을 독자적으로 행사한다. 그러나 이러한 양자 관계에도 불구하고, 수사의 현실은 오랫동안 수사 개시와 실행이 경찰에 의해 이루어져 왔으며, 경찰은 실로 범죄수사절차에 있어서 중요한 역할을 한다.

즉 모든 경찰은 범죄가 저질러졌다는 의심이 있을 때엔 언제나 수사를 개시할 의무가 있는데, 수사개시와 수사진행에 대한 일반적인 권리를 경찰에게 보장하고 있다.

이처럼 독일 수사실무에서는 대부분 경찰이 독자적으로 수사한 후 관련수사서류를 검찰청에 송부함으로써 경찰단계에서 수사업무가 대체로 종결되는 실정이다. 대부분의 수사절차에 있어서 경찰은 형사소송법 제163조 규정에 따라 우선적으로 검찰의 개입 없이 담당전문경찰관에 의해 사안이 종결될 때까지 수사를 한다. 결국 독일의 검찰과 경찰은 수사의 협력자로 기능하고 있음을 알 수 있다.

제 5 절 일본의 수사제도

1. 일본 수사체제의 근대화

가. 서 설

일본의 경우 앞서 본 영미법계의 대표적인 국가인 미국, 영국, 그리고 대륙법계 국가의 대표적 국가인 프랑스, 독일의 수사체제와는 달리 경찰의 독자적 수사권을 더 강하게 인정하고 있고 그 원칙 하에 수사체제가 운영되고 있다.

일본의 경우 경찰에게 1차적 수사권을, 2차적으로 검사에게 수사권을 인정하고 있다. 그러나 일본의 경우도 처음부터 경찰에게 1차적 수사권을 인정한 것은 아니었다. 이 장에서는 일본 수사제도 변천과정을 먼저 살펴보고 현행 형사체제의 특성 그리고 경찰과 검찰의 관계는 구체적으로 어떻게 운영되고 있는지를 중심으로 살펴보고자 한다.

나. 일본 수사체제의 근대화 과정

일본의 형사절차는 1868년 명치유신을 통해서 본격적으로 서양 제도들을 받아들이면서 큰 변화를 겪게 된다. 그 이전 덕천막부 시대에는 근대적인 형사절차의 개념이 없었고 사법과 행정, 재판과 경찰이 미분화 상태에 놓여 있었으며 인권에 대한 개념이 희박한 상태였다고 하겠다.

일본은 명치초기에 정부고관들을 상당수 구라파에 파견하여 법제도를 시찰, 연구케 하였는데, 특히 당시 대국이었던 불란서 제도를 많이 모방하였고 검찰 경찰제도에 있어서는 결정적인 영향을 받았다고 볼 수 있다.[128]

이후 일본 형사소송법은 프랑스법의 영향 하에서 차차로 독일법의 영향을 받기 시작하였는데 특히 1922년 대정형사소송법은 독일법의 영향이 강하였다고 한다. 다음에서는 일본 형사절차의 근대화에서 보이는 수사절차상의 특징들을 살펴보기로 하겠다.

1) 검사제도의 도입

일본의 형사절차는 초기 프랑스의 것을 모방하여, 프랑스에서 생겨난 검사제도를 도입하게 된다. 프랑스 검사제도의 기원은 이미 프랑스 편에서 살펴본 것처럼, 왕의 대관으로 기능하기 위하여 생겨난 것이 바로 검사제도이다.

위에서 말한 것처럼 명치초기 일본 형사절차는 당시 대국이었던 프랑스의 것을 많이 따랐는데, 프랑스에서 생겨난 검찰제도가 이 시기에 일본으로 도입되어 일본에서

---

128) 서재근, 「독일, 미국, 일본, 한국 수사구조의 비교연구(일본의 수사구조)」, 1993년, 70면.

도 기소와 재판의 분리가 이루어진다.

1972(명치5)년에 사법성 직제 장정을 제정, 검사를 두게 되었고 "검사는 재판을 요구할 수 있는 권리는 있으나 재판을 하는 권리는 없다."라고 규정하여 재판기관과는 별개의 국가기관 소추가 있어야 공판이 이뤄지게 하여 국가소관주의의 길이 트이게 되었다.[129] 당시 검찰은 법원에 부치 되어 '재판소 검사국'으로 존재하고 법원과 검사 모두 사법대신의 감독 하에 있었다.[130]

2) 사법경찰과 행정경찰의 분화

덕천막부 시대는 물론이거니와 명치초기에도 아직 일본에선 행정경찰과 사법경찰의 구별이 확립되고 있지 못하고 행정권에 속하는 작용으로서의 경찰 관념이 명확히 의식되고 있는 것은 아니었다. 일본경찰에 있어서 사법경찰이란 개념은 1874년(명치 7년) 1월 28일 태정관달 제14호로서 종래의 검사직무장정을 개정하여 새로이 검사직무장정 병 사법경찰규칙을 공포함으로써 정립되었다.[131]

행정경찰이란 개념은 1875(명치 8)년 3월 7일 태정관달 제29호로 행정경찰규칙이 공포되어 이에 근거를 둔 것이다. 동 규칙 제1조는 "행정경찰의 취의는 인민의 흉해를 방하고 안녕을 보전하는데 있다."고 규정하였고, 제4조에서 "행정경찰 예방의 힘이 미치지 못하여 법률에 위배되는 자가 있을 시는 그 범인을 탐색 체포하는 것은 사법경찰의 직무로 한다. 이것을 행정경찰관이 행할 시에는 검사직무장정 병 사법경찰규칙에 조감하여야 한다."고 규정하여 행정경찰과 사법경찰의 구별을 명백히 하였다.[132]

대륙법계에서 특히 사법경찰이란 범주를 인정한 것은 수사기관으로 사법관에 준하는 권한을 주어 준사법적인 기능을 행하게 한데에 근거를 두고 있었다. 그렇기 때문에 준사법기관인 검사로 하여금 사법상의 주체로 만든 이유가 있었던 것이다. 그러나 영미법의 이론을 취하는 일본의 현재 입장에서는 범인수사, 범인체포 작용은 준사법작용의 내용을 갖지 않는 단순한 사실작용에 불과하며 그 담당자를 어느 쪽으로 하느

---

129) 길전상차랑, 「일본형사소송법소사」, 법학신보, 제74호, 제9,10호, 51~52면, - 서재근, 위의 책, 72면.
130) 서울지방검찰청, 「서울지방검찰사」, 1988년, 44면.
131) 동 규칙 제10조는 「사법경찰은 행정경찰의 힘이 미치지 못하여 법률에 위배되는 자가 있을 때 그 범인을 탐색하여 이를 체포하는 것으로 한다.」고 규정하고 있다.
132) 서재근, 위의 책, 74면.

냐는 편의상 문제로 되어버렸다. 따라서 이러한 작용이 구태여 검사 지휘 하에 있어야 한다는 근거는 소멸되었고 동시에 사법경찰이라 하여 특별히 본래의 경찰에서 구별할 필요성도 없어져 버렸다.[133)]

3) 예심제도의 도입

규문주의적 형사절차를 타파하고 유럽 여러 나라에 개혁된 형사소송법으로서 모델이 되었던 1808년 프랑스의 치죄법(Code d'instruction Criminelle)은 그 특색 중 하나가 수사절차와 재판절차의 분리였다. 종래 규문주의 소송절차에서는 법관이 스스로 수사를 개시하여 조사한 후 다시 재판기관이 되어 판단하게 됨으로써 형사피의자, 피고인의 보호에 충실하지 못하고 예단에 빠져 공정한 재판을 기할 수 없다는 점이 비판되어 왔었다. 이러한 비판을 받아들여 개혁된 형사소송법인 프랑스의 치죄법은 수사절차를 검사와 그 지휘를 받는 사법경찰관의 활동영역으로 넘기고 법원은 검사의 기소 후 공판절차에서 심리와 재판을 전담하도록 형사소송절차를 분리하였다.

그러나 프랑스의 치죄법은 수사절차와 공판절차의 철저한 분리에는 이르지 못하고 그 중간형태로서 심리절차인 예심제도를 인정하였다. 즉 공판 전 단계에서 법관이 사건을 심리할 수 있는 여지를 남겨두었던 것이다. 이러한 프랑스의 치죄법 예심제도는 일본에 그대로 계수되었는데, 1880년 제정된 일본의 치죄법은 그 명칭에서 알 수 있는 것 같이 프랑스의 치죄법을 모델로 하고 있어 프랑스 치죄법의 특징인 예심제도를 도입하게 되었다.[134)] 1808년 치죄법전에서 예심법관은 사법경찰관의 상급자 자격을 가지면서도 예심에 대하여는 증거 조사와 수집을 하는 단독수사관에 지나지 않았다. 예심법원으로서의 역할이 부여된 것은 1857년 7월 17일 개정된 법률이 처음이었다.[135)]

---

133) 서재근, 위의 책, 87면.

134) 예심판사(Juge d'instruction)란 판결을 행하는 법원 선행관계로서 증거를 수집하고 범인이 유죄판결을 받기에 충분하지 여부를 평가하는 법원을 말한다. 예심판사제도는 수사권과 기소권을 검사가 독점하는 우리의 현행제도와는 많이 다르다. 예심제도에 대해서는 프랑스 수사제도 부분에서 이미 언급한 바 있다.

135) 김성수, 「비교경찰론」, 경찰대학, 1988년, 315면.

4) 일본 형사소송법의 변천

가) 치죄법(1880)

이 법률은 프랑스 본 대학 교수인 보이소나드(Boissonade)의 초안을 기초로 하고 여기에 사법성, 태정관, 원로원 등이 수정을 가하여 제정된 법이다. 치죄법 이전에도 이미 증거법 개정, 고문 금지, 국가소추주의 원칙 등이 단편적으로 규정되어 왔으나 치죄법은 불란서의 형사소송법을 모법으로 한 체계적, 포괄적으로 규정하여 일본 형사소송법사상 획기적인 의의를 갖는 것으로 일본에 있어 최초의 근대적인 형사소송법이라고 할 수 있겠다. 이 법률은 프랑스의 치죄법(1808)을 모델로 하여 규문주의적 절차를 중심으로 여기에 탄핵주의적 공판절차를 가미한 것이다. 이 법에 의하면 공소는 검찰관이 행사하는 것으로써 국가소추주의, 기소독점주의가 명시되어 있고, 위경죄에 대해서는 위경죄즉결예(1885)가 경찰서장에 대해 제1차적 재판권을 부여, 이것에 의해 경찰서장은 30일 미만의 구류를 포함한 과형권을 가지고 있었다.[136)]

나) 명치형사소송법(1890)

1889년 일본국헌법이 제정되어 치죄법 또한 전면적으로 개정되는데 이것이 소위 명치형사소송법이다. 이는 이후 1922년까지 34년간 시행되었다. 당시는 아직 프랑스법학의 영향이 강화하였고, 1877년에 제정되었던 독일의 제국형사소송법은 다소 참작은 되었다고 하나, 본질적으로는 치죄법을 주체로 하여 큰 차이가 없었다. 서구 열강과의 불평등조약을 극복하기 위하여 부심하던 명치정부는 서구열강의 영사재판권 등을 폐지하기 위하여 서둘러 근대법전을 편찬하였기 때문에 일본의 실정에 맞출 겨를이 없었다. 이리하여 치죄법이 제정된 후 얼마 안 되어 개정작업이 진행되었다고 한다. 여기에 또 하나의 계기로 작용하였던 것은 독일법학의 영향을 받은 일본명치 법의 제정과 일본재판소구성법의 제정이었다. 이러한 사정 하에 개정된 형사소송법이 1890년의 일본명치형사소송법이었다.[137)] 이 법은 치죄법과 같이 규문주의적 절차를 중심으로 한 절충적인 구조로 강제처분권한이 원칙적으로 예심판사에 집중되고 수사에 대해서는

---

136) 소전중총수, 「명치헌법하の형사수속」, 법학교실, 1990. 10. 12면. - 김형만, 「주요국가의 수사구조 및 사법경찰제도(일본의 수사구조 및 사법경찰제도)」, 치안연구소 1996년, 8면.

137) 신동운, 「일제하의 예심제도에 관하여」, 서울대 법학(제27권), 1986년, 151면.

현행범에 한해서 예외적으로 강제처분권을 인정하는 「수사의 사법화」경향을 보여준다.[138]

명치형사소송법에 의하면 예심판사는 공판법원과 거의 대등한 강제처분권을 가지고 있었다. 예심판사는 피고인(명치형소법 제69조)을 구인(동법 제75조) 할 수 있었다. 특히 예심판사의 구류에는 기간제한의 규정이 없었다. 이에 반하여 검사 및 사법경찰관은 현행범(동법 제57조)의 경우에 그 사건이 급속을 요하는 때에 한하여 예심판사를 기다리지 아니하고 그 사실을 통지한 후 범죄 현장에 임검하여 비로소 예심판사에게 속하는 처분(동법 제144조, 제147조)을 할 수 있을 뿐이었다. 이 경우에도 구류장의 발부에는 제한이 있었으며 특히 사법경찰관은 전혀 영장을 발부(동법 제146조 2항, 147조 1항 단서)할 수 없었다. 따라서 명치형사소송법에 있어서는 복잡한 사건이나 비현행범 사건은 검사나 사법경찰관이 충분히 진상을 조사할 수 없었으므로 이러한 경우에 강력한 강제처분권을 가진 예심판사에 의한 조사는 절대적으로 필요하였던 것이다.[139]

다) 대정형사소송법(舊형사소송법)(1922)

대정형사소송법은 전기의 명치형사소송법과는 달리 프랑스보다도 독일의 영향을 많이 받아 제정되었다. 명치형사소송법은 치죄법과 같이 강제처분 권한을 원칙적으로 예심판사에게 집중하고 수사기관에 대해서는 현행범사건의 경우에 한하여 예외적으로 강제처분 권한을 인정하였다. 이것에 대한 불만이 수사검찰기관에 팽배하여 탈법적인 신체구속이 이루어 졌으며 이러한 검찰 측의 불만은 이후 형사소송법의 개정의 큰 동기가 되었다고 한다. 대정형사소송법은 종래의 형사소송법보다 자유주의 색채가 농후하여 인권보장을 위한 제도(예심연호제도, 미결구금 기간의 제한, 피의자, 피고인, 묵비권보장, 수사검찰작성조서의 원칙적 증거배제 등)가 대폭 도입되었다.

그러나 수사를 지휘하는 검찰관은 본래 현행범의 경우와 긴급사건의 경우에 한하여 강제권한 행사가 가능하였으나, 실제로는 필요한 경우는 언제든지 재판상 수사처분권을 행사하여 강제처분권을 행사하였고 또한 행정검사의 권한이나 위경죄즉결예에 의한 구류의 권한을 탈법적으로 행사하였을 뿐만 아니라 상대방의 형식적인 승낙으로

---

138) 평야용일, 「수사の구조」, 수사교실(제2조), 1973년 6월, 84면.
139) 신동운, 위의글, 154면.

인한 사실상 강제처분도 자행되었다고 한다.[140] 이와 같은 강력한 수사권한을 가지고 있는 검사에게 대정형사소송법은 절대적 기소편의주의를 명문화하여 공소권의 독점과 기소유예처분권 까지도 부여하였다. 더구나 예심배제 원칙도 없어 공소제기와 동시에 공소장과 함께 수사기록 및 증거물이 법원에 제출되어 법원은 사전에 그것들을 검토하여 공판심리에 임하기 때문에, 공판은 검사에 의한 수사를 하는 성격을 가지게 되고 그 결과 형사절차는 예심판사 대신 검사가 수사 및 공판절차까지 사실상 지배하게 되는 '규문주의적 검찰관사법'의 성격을 갖게 되었다.[141]

2. 일본의 법원제도

가. 일본의 법원제도 개관

1) 명치헌법하의 재판소제도 개관

명치헌법(명치 22년부터 2차대전 종전까지 시행된 일본헌법)하의 일본 재판소는 대심원, 항소원, 지방재판소 및 구(區)재판소 등 4종류(재판소구성법제1조)가 있었다.

대심원은 최고재판소로서 상고, 재항고에 관하여 재판권을 갖고, 원칙적으로 7인 합의제였고, 항소원은 전국 7개소에 설치되고 제2심 합의재판소로서 지방재판소 1심판결에 대한 항소, 구재판소 항소에 관하여 한 지방재판소의 판결에 대한 상고 및 지방재판소의 결정, 명령에 대한 항고에 관한 재판권을 가지고 있었다. 구재판소는 단독제판소로서 민사에 관하여는 소액 소송 및 기타 신속한 처리가 요구되는 사건과 독촉 및 강제집행 등의 권한이 부여되었고, 형사에 관하여는 위경죄 및 경미한 사건의 재판권을 가지고 있었다.

140) 대정형사소송법도 공판절차 이전단계에서 강제처분권은 원칙적으로 예심판사에게만 인정하고 있었다. 그러나 명치형사소송법상 이미 인정되었던 현행범에 대한 강제처분권 이외에 소위 요급사건(대정형소 제123조)이라는 개념을 인정하여 이러한 사건에 해당하는 경우에는 수사기관에게 구인, 구류, 압수, 수색, 검증, 증인신문 등의 권한을 인정하였던 것이다. 그리고 검사는 수사를 함에 있어서 강제처분을 필요로 할 때에는 예심판사에게 청구할 수 있었고(동법 제255조 1항), 예심판사 권한에 속하는 강제처분을 한 후에 그에 관한 서류 및 증거물을 검사에게 하도록 되어 있어(동법 제256조) 검사권한을 한층 강화시켰다고 한다. - 신동운, 위의 글, 159면.

141) 김형만, 위의 글, 9~11면.

2) 현행의 재판소제도

소화 22년 5월 3일부터 시행된 현행 일본헌법 제76조 제1항은 "모든 사법권은 최고재판소 및 법률이 정하는 바에 의하여 설치하는 하급재판소에 속한다."고 규정하고, 그 법률인 재판소법 제2조 제1항은 "모든 사법권은 최고재판소 및 법률이 정하는 바에 의하여 설치하는 하급재판소에 속한다."고 규정하고, 그 법률인 재판소법 제2조 제1항은 하급재판소로서 고등재판소, 지방재판소, 가정재판소 및 간이재판소의 4종류를 인정하고 그 설립과 폐지는 "하급재판소의 설립 및 관할구역에 관한 법률"에 의하여 정하도록 하였다.

따라서 현재 일본 사법제도에 있어서 재판소체계는 가정재판소를 별도로 하면, 최고재판소, 고등재판소, 지방재판소, 간이재판소의 4단계로 성립되어 재판소구성법하의 대법원, 항소원, 지방재판소, 구(區)재판소의 체계와 비슷하다.

나. 현행 일본의 법원제도

1) 최고재판소

최고재판소는 헌법상 직접 설치된 최상급 재판소로, 행정재판권을 포함한 일체의 사법권을 행사한다. 최고재판소는 헌법상 사법권의 대상이 되는 일체의 사건에 관하여 권한을 가지고 있으나 실제 사건의 중요성, 필요성 등의 판단에 따라 상고 및 특별항고 등에 관하여 재판권을 행사하도록 되어 있다. 고등재판소는 하급재판소 중 최상위 재판소로서 구제도의 항소원에 해당한다. 항소사건, 항고사건에 관하여 재판권을 행사하는 것을 원칙(재판소법 제16조 제1호, 2호)으로 하고, 예외적으로 민사에 관한 간이재판소 사건의 상고사건을 취급한다.

2) 지방재판소

지방재판소는 고등재판소 및 간이재판소가 1심으로 처리하는 사건을 제외한 모든 민사사건 및 형사사건을 취급하고, 간이재판소는 민사사건의 항소사건, 항고사건 및 기타 법률이 정하는 사건에 관하여 재판권을 갖는다. 간이재판소는 최하급의 하급재판소로서 소액·경미한 사건에 관하여 1심 재판권을 행사하도록 되어 있다.

3) 간이재판소

가) 간이재판소 설치 연혁과 취지

간이재판소는 2차 대전 이후 사법개혁의 결과 탄생한 새로운 재판소로서 그 설립 이념과 성격에 있어서 다른 재판소와는 다른 특징을 가지고 있다. 즉 간이재판소는 형사에 관하여 위경죄즉결례가 폐지됨에 따라 경범죄에 대한 간이, 신속한 재판기구가 필요하게 되었다. 또한 일본헌법의 시행에 따른 인신자유 보장과 수사단계에서 영장주의 요청이 강화됨에 따라 체포장, 구류장 등 영장발부는 재판관이 하도록 되어 있는 한편 전국적으로 영장발부재판소를 정비할 필요가 생겨 경찰서 단위로 간이재판소를 설치하게 되었다. 즉 필요한 경우 신속히 영장발부를 하여 치안을 유지하고 영장주의의 헌법정신에 따라 인권유린 상황이 없도록 하기 위하여 사법적 억제로서 간이재판소가 설립되게 된 것이다. 한편 간이재판소를 설치하면서 효율적 운용을 위하여 민사사건에 관하여도 미국 소액재판소나 영국의 치안재판소제도를 모범으로 하여 일정한 소액·경미사건의 경우 임용자격이나 정년 등이 다른 재판관에게 간이, 신속한 절차에 의하여 실정에 맞는 분쟁해결을 도모하고 있다. 이로써 간이재판소 성격을 요약하자면, 영장발부의 성격, 경미재판소의 성격, 소액재판소의 성격, 민중관여재판소의 성격을 지니고 있다고 할 수 있겠다.

나) 간이재판소의 재판사무

간이재판소가 담당하는 재판사무는 소액의 민사소송, 경미한 형사소송과 조정 그리고 다른 법률이 인정하는 기타 사건 등으로 나뉜다.

이 중 형사소송사무에 대하여 상세히 살펴보면, ① 벌금이하의 형에 해당하는 죄에 관한 소송에 대하여 전속적 관할권이 있다. 주형인 법정형이 벌금, 구류 또는 과료의 하나에 해당하거나 또는 그들의 형이 선택형으로서 정해져 있는 죄를 말한다. 예컨대 형법상의 범죄로서는 실화(형법 제116조), 도박(동 185조), 과실상해(동 209조), 과실치사(동 210조)이고, 기타 경미범죄 또는 특별법상의 죄이다. 이런 종류의 죄는 항상 간이재판소 관할에 속한다. ② 선택형으로서 벌금이 정해져 있는 죄에 관한 소송을 관장한다. 법정형으로서 징역 혹은 금고의 어느 하나 또는 양자와 벌금이 선택형으로서 정해져 있는 범죄를 말한다. 다만 이런 죄의 소송에 관하여는 지방재판소 관할과 경합(재판소법 제24조 제1호)한다. ③ 징역형만 있는 죄, 주형법 제186조의 죄(상습도박), 절도죄 및 그 미수죄, 횡령죄, 장물수수, 고매(古賣)의 죄인 경우도 지방재판소 관할과 경합한다.

한편 지방재판소 관할과 경합하는 죄의 소송에 있어서는 간이재판소에는 원칙적으로 벌금, 구류, 과료에 처하는 것이 상당하고 인정하는 경우에 한하여 선고하고, 금고 이상의 형에 처할 때에는 사건을 지방재판소에 이송(형사소송법 제332조)하여야 한다. 다만 주거침입 및 그 미수죄, 상습도박죄, 절도 및 그 미수죄, 횡령죄, 과실물횡령죄, 장물수수·고매(古賣)죄, 고물영업법 제27조~29조의 무허가영업죄 등에 관한 소송에 관하여는 3년 이하의 징역에 한하여 간이재판소에서 관장할 수 있다. 이는 비교적 빈도가 많은 생활범죄 유형으로서 신속한 처리가 필요하기 때문에 관장사항으로 인정하게 되었는데, 이 경우 3년을 넘는 징역을 선고할 경우에는 사건을 지방재판소에 이송(형소법 제332조)하지 않으면 안된다. 나아가 간이재판소의 형사관련 사무로서는 영장발부(형사소송법 제199조, 218조, 225조 등), 교통사건즉결재판절차사건, 공조사건, 약식절차사건, 호적법위반의 과료사건 등을 처리하고 있다.[142] 간이재판소는 재판소에 들어오는 많은 수의 소액사건, 경미한 형사사건, 영장발부 등 간단하고 신속한 처리가 필요한 사건을 처리함으로써 다른 재판소인 지방재판소와 최고재판소의 부담을 경감하여 재판소간의 사무량을 적절하게 분배하는 이점을 가지고 있다. 그러나 한편으로는 많은 수의 재판소 설치로 인하여 재판소에 사법행정상의 막대한 부담을 안겨주는 단점도 있다.

142) 김종호, "일본의 간이재판제도", 외국사법연수논집(10), 법원행정처(1992. 12), 507면.

3. 현행형사소송 절차와 도입 그리고 특색

가. 서 설

일본은 제2차 세계대전 이후 연합국군총사령부의 주도 하에 영미법적 요소가 대폭 이식된 현행 형사절차를 갖추게 되었다. 2차 대전 종전 후 일본을 점령한 연합국군총사령부는 이전 일본의 수사절차에 있어서 인권침해실태에 대하여 비판적 시각을 강하게 가지고 있었으며, 검찰과 경찰의 개혁을 전후 일본 사회의 민주화를 위한 최우선 과제로 인식하였다. 그 개혁의 방향은 수사를 경찰에게 전담시키고, 검찰은 공판중심주의에 입각하여 공판정에서 사실입증에 주력하는 미국식 인권보장적 형사절차를 일본에 이식하는 것이었다.[143] 또한 경찰을 검찰 지휘·명령 하에 두는 수사구조는 경찰의 민주화 및 지방분권화를 막는 것이므로 경찰의 수사책임을 명확히 해야 실력이 양성되고, 인권유린상황을 방지할 수 있다는 입장을 견지하였다.

결국 연합국군총사령부의 위와 같은 의도가 받아들여져 영미법의 당사자주의적 소송구조를 근간으로 하는 현행 일본형사소송법(1948)의 제정을 통하여 구체화 되었다. 현행 일본형사소송법상 경찰이 제1차적 수사기관으로서 본래적 수사를 담당하고, 검찰은 당사자로서 공판활동에 주력하되 다만 공소유지에 필요한 범위 내에서 보충적·보정적 수사를 담당하는 제2차적 수사기관으로 기능하는 절충적 형태의 일본 수사체제가 탄생하게 되었다. 연합국군총사령부와 일본 보수저항세력과 타협의 결과인 것이다.

그러나 일본의 경우도 1차적 수사기관으로서 수사 책임을 떠맡게 된 경찰이 시행초기부터 수사능력을 제대로 발휘했던 것은 아니다. 시행 초기단계에 전후의 열악한 치안상황, 수사간부의 지휘능력 결여, 수사지식 부족 등 수사능력에 있어 많은 문제점을 가지고 있었으며, 수사권한남용 사례가 늘면서 과거로 회귀를 바라는 논의가 계속되었다. 그러나 여론의 가장 큰 비난을 받아왔던 체포영장남용 사례를 방지하기 위해

143) 구법 형태는 검찰권을 강화시키는 것으로 국가권력의 중앙집권을 초래하는 것이며, 검찰을 수사의 중핵으로 하는 것이었는데, 이는 세계 각국의 수사체제 경향에 반하고, 구법 하의 검찰관의 사법경찰에 대한 지휘·명령은 철저하지 못함은 물론 수사의 책임소재를 불명확하게 했다는 비판을 제기하였다.- 박창호·이동희·이영돈·임준태·표창원(공저), 『비교수사제도론』, 박영사, 2004년, 609면.

기존에 순사부장(경사) 이상의 사법경찰원 일반에게 인정하던 체포영장청구권을 경부(경감)이상의 경찰관으로 한정시키는 선에서 1953년의 형사소송법 일부개정이 일단락되었고, 경찰의 1차적 수사기관으로서 지위는 그대로 유지되게 되었다. 이와 같이 연합국군총사령부 주도로 개혁되었던 일본 수사구조는 시행초기의 과도기적 혼란상황을 거친 후 반세기에 이르는 역사 속에서 일본사회에 토착화되었다. 개혁 초기에 우려되었던 경찰 자질부족 문제는 수사의 제1차적 책임을 맡게 된 경찰이 책임에 상응한 수사역량을 갖춘 조직으로 성장함으로써 해소되었다. 현재의 일본경찰은 체계적이고 광역적인 수사조직을 구축하고, 전문성을 겸비한 수사인력을 양성하여 나가면서 제1차적 수사기관으로서 책무를 다하고 있다.

나. 형사소송절차의 특색과 흐름

1) 현행 형사소송법의 특징

일본은 패전 이후 연합국군총사령부 주도로 미국수정헌법의 인권보장적 조항에 영향을 받은 새로운 헌법을 제정하였으며, 이러한 헌법의 목적과 요청에 부응하여 제정된 것이 일본의 현행형사소송법이다. 이렇게 제정된 현행 일본형사소송법 특징은 크게 당사자주의화・영미법화의 두 가지로 요약된다고 할 수 있다.[144)]

일본 수사체제의 근대화 과정에서 이미 살펴보았듯이 대륙법을 계승한 구 형사소송법시대까지 일본 검찰관은 기소시 재판소에 기소장과 함께 수사기록과 증거물을 일괄하여 제출하였다. 재판소는 재판에 임하기 이전에 이미 이러한 증거물을 검토하였으며, 공판정에서도 스스로 법관이 증거를 수집하고 증인을 심문하는 직권주의적 소송구조를 취하고 있었다. 그러나 현행형사소송법 이후부터는 재판관의 예단을 막기 위해 기소시 기소장만을 제출하도록 하는 소외 기소장이론주의를 채용하였으며,[145)] 공판진행의 주도적인 역할은 당사자인 검찰관과 피고인에게 맡기는 당사자주의적 소송구조

---

144) 형사절차상 인권보호를 위한 절차규정을 헌법에 최초로 편입시켰다는 의미에서 헌법화를 일본 형사소송법의 특징으로 보고 있으나, 인권보장 규정들의 헌법화는 우리나라 제헌헌법에 있어서도 대폭적으로 도입이 이루어졌다는 점에서 특징으로 넣지 않았다.

145) 일본 형사소송법 제256조.

로 전환되었다. 또한 구법 하의 피고인신문제도를 폐지하고, 증거조사가 끝난 이후에 피고인 질문을 할 수 있도록 변화되었다.146)

2) 형사절차의 흐름

일본 형사절차는 개략적으로 수사절차 · 공소제기절차 · 공판절차 · 형집행절차로 구분할 수 있다.

가) 수사절차

형사사건의 대다수는 사법경찰에 의해서 수사가 개시 · 진행되고 있으며, 수사진행단계에서 사법경찰은 체포장을 비롯하여 압수 · 수색 · 검증 · 감청을 위한 영장 및 감정처분허가장 · 감정유치장을 재판소에 직접 청구하고 있다. 즉 사법경찰의 수사상 대인적 강제처분과 대물적 강제처분은 검찰을 경유하거나 그 통제를 받지 아니하며, 사법부의 영장심사를 통하여 직접적으로 통제되고 있다.

한편 피의자 신병을 확보하는 수단으로 체포 · 구속이 있다는 점은 우리나라와 유사하나, 체포전치주의가 적용되며 특히 사법경찰 단계에서는 검찰과 달리 별도의 구속기간이 인정되어 있지 않다는 점이 우리나라와 다른 점이다. 체포전치주의를 취하고 있는 관계로 수사기관은 체포단계를 거치지 않고 피의자를 곧바로 구속할 수 없으며, 사법경찰이 피의자를 체포한 후 계속하여 유치할 필요가 있다고 인정될 때에는 법정기간 내에 사건기록과 함께 피의자의 신병을 검찰에 인도하여야 한다.147)

사법경찰은 수사를 일단락한 후 유일한 공소기관인 검찰에 원칙적으로 모든 사건을 송치해야 하며,148) 이때 검찰은 필요가 있다고 판단될 경우에 당해 사건에 대하여 보충적 · 보정적으로 수사를 한다.

나) 공소제기절차

검찰은 피의사건에 대한 경찰의 수사진행 결과를 바탕으로 당해 사건을 기소할

146) 동법 제311조.

147) 사법경찰은 피의자를 체포하였으면 유치 필요가 없다고 인정되어 피의자를 석방할 경우를 제외하고는 48시간 이내에 피의자 신병을 서류 및 증거물과 함께 검찰관에게 송치하여야 한다. 동법 제203조, 제211조, 제216조.

148) 동법 제246조.

것인지 여부를 판단하게 된다. 송치상의 예외를 제외하고는 원칙적으로 수사결과에 대한 기소·불기소의 최종적인 종결판단은 검찰단계에서 이루어진다.

공소권은 국가기관인 검찰관만이 행할 수 있도록 되어 있는데, 우리나라와 마찬가지로 기소독점주의 및 기소편의주의를 따르고 있다.[149] 프랑스나 독일과 같은 사인소추제도는 존재하지 않으며, 기소독점주의의 예외인 재판상 준기소절차를 제외하고는 국가기관인 검찰이 공소권한을 독점적으로 행사한다. 검찰관의 불기소처분에 대한 통제방법으로 우리나라에는 없는 특이한 제도가 검찰심사회제도가 있다.[150] 검찰심사회는 중의원의원의 선거권을 가진 자 가운데 무작위추첨을 통해 선정된 검찰심사원 11인으로 조직되고, 임기는 6개월이다.[151] 패전 후 연합국군총사령부의 영미식 형사절차 이식과정에서 영미 대배심제도가 변형되어 수용된 제도라 할 수 있는데, 검찰관의 불기소처분에 대한 당부 심사와 검찰사무의 개선에 관한 건의·권고를 행하는 기능을 담당하고 있다.[152] 그 밖에 검찰관의 공소제기방식에 관한 공소장일본주의, 불고불리의 원칙 등 무죄추정 원칙의 파생원리가 녹아 있는 공소제기에 관한 형사절차규정, 그리고 공소제기 이후의 공판절차 진행은 우리나라와 거의 동일하다. 다만 공판절차 이외의 특별형사절차로서 약식명령절차와 소년법상 소년형사사건 처벌에 관한 특별절차, 그리고 교통사건즉결재판절차법에 의한 즉결재판절차가 있는데, 형사소송법에 규정되어 있는 약식명령절차의 경우에는 제1심 공판절차가 아니므로 불이익변경금지원칙을 적용하지 않고 있다는 점이 우리나라와 특별히 다르다.[153]

---

149) 동법 제247조.
150) 검찰의 불기소처분에 대한 구제제도에 부심판청구절차라는 제도가 있는데, 부심판청구철자는 공무원의 직권남용죄에 대하여 검찰관의 불기소처분에 불복시 고소인 등이 관할지방재판소 심판을 부과할 것을 구하는 절차로 우리나라와 유사한 제도여서 이에 대한 설명은 생략하였다.
151) 검찰심사회법 제4조, 10조, 14조.
152) 동법 제2조.
153) 우리나라의 경우 1995년 12월 29일 형사소송법 개정을 통해 약식명령에 불복하여 정식재판을 청구한 피고인에게도 불이익변경금지원칙을 적용하고 있다. 형사소송법 제457조.

4. 일본의 검찰제도

가. 검찰의 조직

1) 일본의 검찰조직 개관

일본 검찰청은 행정조직상 법무성(法務省) 산하의 특별기관으로 설치되어 있는데, 이는 검찰관이 행하는 사무를 통괄하는 관서이다.[154] 검찰청은 최고검찰청·고등검찰청·지방검찰청·구검찰청 등의 4종류가 있으며, 각급 재판소에 대응하여 설치되어 있다.

최고검찰청은 동경에 소재하며, 형사상고사건을 취급하는 것이 주된 임무다. 최고검찰청에서는 1국 4부(사무국 및 총무부·형사부·공안부·공판부)를 두고 있으며, 각 국과 부는 총 7과 2실로 구성되어 있다.[155] 일본 검찰관의 업무수행과 관련하여 특이한 점은 검찰관의 적격여부를 심사하는 검찰관적격심사회제도가 운영되고 있다는 점이다. 재판관·변호사·일본학사원 회원 및 학식의 경험자 중에서 선임되므로, 검찰인사를 배제한 중립적인 기구로 볼 수 있다.

2) 검찰의 직무와 권한

검찰은 범죄 수사에서 재판 집행에 이르기까지 바꾸어 말하면 형사절차의 모든 단계에 관여하고 있다. 검찰관은 형사사건에 관하여 공소를 행하고 재판소에 법의 정당한 적용을 청구하며, 또한 재판 집행을 감독한다. 그리고 어떠한 범죄에 관하여도 수사할 수 있는 권한이 부여되어 있다.[156] 먼저 검찰은 제1차적 수사기관인 사법경찰직원 다음으로 제2차적 수사기관으로서 사법경찰로부터 송치 받은 사건에 대해 보충적으로 수사를 할 수 있다. 수사와 관련하여 사법경찰직원에게 인정되지 않는 구류청구권(형사소송법 제204조, 제205조)과 수사수단으로서의 증인신문청구권을 가지고 있다. 또한 검찰관은 국가소추기관으로서 공소제기 여부를 결정하는 권한을 독점하고 있

---

154) 검찰청법 제1조 제1항.

155) 일본의 경우 우리나라의 대검찰청 중앙수사부와 같이 구체적인 사건에 대하여 직접 수사를 담당하는 부서는 존재하지 않는다.

156) 검찰청법 제4조, 제6조.

으며, 공소제기 후 증거를 제출하고, 사실과 법률을 적용하는 등 소추활동을 전담한다.

나. 검찰의 수사

1) 수사의 주체

검찰수사 주체는 검찰관과 검찰사무관이다. 검찰관은 제2차적 수사기관이긴 하지만 법률상 모든 범죄에 대하여 제한 없이 수사할 수 있는 권한이 있으며, 구류청구권・변사체검시권・증인심문청구권 등 사법경찰에게 인정되지 않는 권한이 있다.157) 검찰의 또 다른 수사주체인 검찰사무관은 검찰관의 지휘를 받아야만 수사할 수 있는 수사 보조자이다. 즉 검찰사무관이 스스로 수사활동을 하는 경우에는 모두 검찰관의 지휘를 받아서 행해야 하며, 또한 검찰관이 지휘가 있을 때에는 수사하여야 한다.

형사소송법상 검찰사무관에게 인정되는 수사권한은 피의자조사, 체포장에 의한 체포, 긴급체포, 압수・수색・검증 또는 신체검사영장청구권, 참고인조사 및 감정 촉탁 등의 권한이 검찰관에게 인정된다. 그러나 통상체포장의 청구, 통신감청영장 청구, 고소・고발의 수리 등 사법경찰원에게 부여되어 있는 권한이 없다.158)

2) 검찰의 수사권한

가) 보충적 수사기관

형사소송법 제191조 제1항은 "검찰은 필요하다고 인정되는 때는 스스로 범죄를 수사할 수 있다"고 규정하고 있으며, 사법경찰직원의 제1차적 수사책임에 대한 보충적 수사책임을 가지고 있다. 한편 사법경찰관에게는 인정되지 않는 구류청구권 등이 인정되고 있는데, 피의자 이외 자의 진술조서에 대하여도 사법경찰직원이 작성한 조서보다 높은 증거능력이 인정된다.

---

157) 우리나라의 경우 검사 이외에도 검찰청소속 직원 중 범죄수사를 행하는 사람이 있는데, 형사소송법 제196조 제1항 규정상의 '수사관'이라는 직제가 이에 해당된다. 수사관에 해당하는 검찰수사서기관・수사사무관 및 마약수사사무관은 검사를 보좌하여 그 지휘를 받아 범죄수사를 행한다. 검찰청법 제46조 규정 참조.

158) 검찰사무관의 구체적인 수사권한은 사법경찰원 보다는 약하고, 사법순사 보다는 강하다는 특징을 보이고 있다.

나) 구체적 수사권한의 내용

검찰은 법률상 모든 범죄에 대하여 수사할 수 있는 권한이 부여되어 있다. 수사와 관련하여 검찰은 사법경찰에게는 인정되지 않는 구류청구권과 증인신문청구권을 갖는다.[159] 나아가 증거법상 검찰이 작성한 피의자 이외 자에 대한 조서의 증거능력 인정요건이 사법경찰직원이 작성한 조서에 비해 완화되어 있다. 피고인이 된 자의 피의자신문조서에 해당하는 조서는 작성주체가 검찰관이든 사법경찰직원이든 그 증거능력 인정요건에 차이가 없는 데에 반해, 피고인 이외 자(예 : 참고인)의 진술을 녹취한 서면은 작성주체에 따른 증거능력 인정요건에 차이를 두어 실무상 검찰·경찰에 의한 중복적인 조서작성 관행이 이루어지고 있으며, 특히 검찰관면전조서의 증거능력 완화로 형사공판을 조서재판화하는 요인이 된다는 비판이 있다. 피의자신문조서에 관하여 검사와 사법경찰관의 증거능력 인정요건에 차등을 두고 있는 우리나라와는 상반된 형태임을 알 수 있다.

5. 일본의 경찰제도

가. 경찰의 조직

일본의 경찰조직은 기본적으로 국가경찰과 자치경찰로 나누어진다. 국가경찰조직으로는 국가공안위원회와 경찰청이 있고, 자치경찰조직으로는 도도부현공안위원회와 경시청(동경도) 및 도부현경찰본부가 있다.[160] 개인의 생명·신체 및 재산 보호, 범죄 예방·진압 및 수사, 범인 체포, 교통 단속, 기타 공공의 안전과 질서 유지라는 경찰의 기본적인 책무는 원칙적으로 도도부현경찰이 담당하고 있다.[161] 국가경찰은 경찰법 제5조에 규정되어 있는 국가경찰사무를 담당하며, 특히 경찰청장관은 동법 제5조 제2항

---

159) 형사소송법 제204조, 205조.

160) 참고로 일본 행정구역은 1都(도), 1道(도), 2府(부), 43개 縣(현)으로 나누어져 있다. 도(都)와 부(府)는 큰 도시와 큰 도시를 둘러싼 위성도시를 말하며, 도쿄도(東京都), 오사카부(大阪府), 교토부(京都府)가 있다. 도(都)는 우리나라 식으로 표현하자면 수도권을 말하며, 도쿄시와 그 주변 도시까지를 포함한다. 부는 우리식으로는 광역시이다. 도(道)는 특별한 지방이다. 일본 제일 북쪽에 있는 큰 섬 홋카이도(北海道)는 특별히 현으로 나누지 않고 道로 분리해 한 섬이 한 행정구역으로 나눠어진다. 현은 우리식으로 말하면 도이고, 도 밑에는 우리의 시에 해당하는 시(市)가 있으며 구에 해당하는 구(區), 번지에 해당되는 정(丁) 순으로 행정구역을 편제하고 있다.

161) 일본 경찰법 제2조, 제36조 2항.

에 규정된 국가경찰의 소관사무에 관하여 도도부현경찰을 지휘·감독하는 권한을 가지고 있다.[162]

1) 국가경찰조직

가) 국가공안위원회

국가경찰조직인 국가공안위원회는 내각총리대신의 관할 하에 있으며, 경찰청은 국가공안위원회의 관리를 받고 있다.[163] 공안위원회제도는 패전 이후 연합국군총사령부의 권고에 기초하여 구 경찰법제정과 더불어 도입된 제도인데, 경찰행정의 정치적 중립성을 확보하고, 경찰을 민주적으로 관리하는데 그 목적이 있다.[164] 국가공안위원회는 국가경찰사무에 관해 경찰청을 관리하는 합의제행정관청으로 분류되며, 국가행정조직법상 행정위원회의 일종에 해당한다.

국가 공안에 관계되는 경찰운영에 관한 사항을 담당하고, 경찰교양·경찰통신·범죄감식·범죄통계 및 경찰장비에 관한 사상을 통괄하며, 또한 경찰행정에 관한 조정을 행함으로써 개인의 권리와 자유를 보호하며, 공공의 안전과 질서를 유지하는 것을 임무로 한다.[165] 또한 이러한 임무를 달성하기 위해 국가경찰사무로 분류되어 있는 사항에 관하여 그 사무를 담당하고 있는 경찰청을 관리한다. 이외에도 경찰법에 규정되어 있는 국가공안위원회의 주요한 권한으로는 경찰청 수장인 경찰청장관 등 경찰 주요 고위간부의 임면권이 있으며, 특별법에 의해 사법경찰직원에 대한 징계나 파면시킬 권한도 가지고 있다.[166] 하지만 독자적인 사무국이 국가공안위원회에 별도로 마련되어 있지는 않으며, 당시 서무는 경찰청에서 처리되고 있다. 이와 같이 국가공안위원회는 사무집행부서를 보유하지 않고, 또한 실질적인 심사권한을 행사하지 못하고 있으며, 이러한 사정은 지방경찰을 관할하고 있는 도도부현공안위원회도 마찬가지라고 평가되고 있다.[167]

---

162) 동법 제16조 2항.

163) 동법 제4조, 제15조, 제17조.

164) 즉 공안위원회제도의 존재의의는 경찰 능률증진이라는 적극적이 측면에 있지 않고, 경찰의 독선방지와 정치적 중립성을 확보하기 위한 소극적 측면에 있다고 한다. -박창호·이동희·이영돈·임준태·표창원(공저), 『비교수사제도론』, 박영사, 2004년, 646면.

165) 경찰법 제5조.

166) 형사소송법 제194조에 의거하여 징계처분에관한법률 제1조, 2조가 이를 규정하고 있다.

나) 경찰청

경찰청은 국가공안위원회의 관리하에서 경찰법 제5조 제2항에 규정된 국가경찰 사무를 담당하고 있다.[168] 국가공안위원회는 대략의 방침을 정해 그 방침에 따라 경찰 사무를 운영시키기 위해 경찰청을 감독할 뿐이며, 경찰청에 대해 사무집행 세부사항에 대하여 개개의 지휘·감독을 행사할 수는 없으며, 경찰청에 대한 관리 및 도도부현경찰에 대한 지휘·감독은 모두 경찰청장관을 통해서만 가능하도록 실무가 이루어지고 있다. 결국 경찰청이 운영기관으로서 독자적 집행권을 가지고 있으며, 도도부현경찰을 지휘·감독하는 것도 경찰청장관의 권한으로 되어 있다. 경찰청에는 경찰대학교, 과학경찰연구소, 황국경찰본부 등 3개 부속기관이 설치되어 있으며, 지방기관으로서 전국에 7개 관구경찰국과 2개 경찰통신부를 두고 있다.[169]

2) 자치경찰조직

자치경찰조직으로는 전국 47개 도도부현공안위원회가 있고, 동 위원회의 관리 하에 경시청 1개와 도부현경찰본부 46개가 있다.[170] 도도부현지사의 소할 하에 도도부현공안위원회가 있으므로 도도부현지사는 경찰운영에 관하여 도도부현공안위원회를 직접 지휘·감독할 권한은 없고, 다만 도도부현공안위원의 임면권이 있다. 도도부현공안위원회는 경찰운영에 관해 도도부현경찰을 관리하며, 경찰법에 의해 경시총감, 경찰본부장, 경시정 이상의 계급에 있는 경찰관 임면에 관한 동의권등 지방경찰의 주요 간부 인사권에 관한 권한을 가지고 있다.[171] 도(都) 경찰본부로 경시청이 있고, 도부현(都府縣)에는 도부현 경찰본부를 두고 있다. 동경도 경찰본부의 경우 수도경찰의 전통을 존중하여 '경찰본부' 대신에 '경시청'이라는 명칭을 사용하고 있다. 경시청은 자치경찰인 도도부현경찰의 하나로 분류되어 동경도구역을 관할한다는 면에서는 다른 도부현경찰과 같으나 수도치안을 담당한다는 중요성에 있어 경시청장인 경시총감은 경찰청장관을 제외한 경찰관 가운데 가장 높은 계급에 해당하며, 경시총감의 임면에 있어서는 국

167) 日本辯護士聯合會 編, "檢證", 日本の警察, 日本評論社, 1995년, 241면.
168) 경찰법 제17조.
169) 경찰법 제30조, 33조.
170) 경찰법 제4조, 제15조, 제17조.
171) 경찰법 제49조, 제50조.

가공안위원회가 도공안위원회의 동의를 얻어 내각총리대신의 승인철차를 거쳐 임면하고 있다.

경시청 및 도부현경찰본부는 도도부현공안위원회의 관리하에서 도경찰 및 도부현 경찰의 사무를 담당하며, 그 외의 법률에 기초하여 국가공안위원회의 권한으로 규정된 사무에 관하여 국가공안위원회를 보좌하는 역할을 담당하고 있다.[172)]

말하자면, 도도부현공안위원회가 도부현 경찰의 관리기관인데 비하여, 경시청 및 도부현경찰본부는 운영기관에 해당한다.

이밖에 경찰법은 도도부현경찰 상호간의 관계에 대하여 협력의무, 원조 요구, 관할구역의 경계주변 사안에 관한 권한 규정 등 비교적 상세한 규정을 두고 있는데, 이러한 규정에 의해 광역범죄에 효과적으로 대응할 수 있도록 하고 있다.[173)]

나. 경찰의 수사

1) 수사의 주체

일본의 경우 사법경찰 직무를 담당하는 자를 총칭해 사법경찰직원[174)]이라 칭한다. 수사를 담당하는 사항이 일반적인가 한정적인가에 따라 일반사법경찰직원과 특별사법경찰직원으로 구분되어 있다.

경찰관 계급은 경찰청장관을 제외하고 경시총감, 경시감, 경시장, 경시정, 경시, 경부, 경부보, 순사부장, 순사의 9계급으로 나뉘며, 이 가운데 순사부장 이상의 경찰관이 사법경찰원에 해당하고, 최하위계급인 순사만이 원칙적으로 사법순사에 해당한다.

사법경찰원 및 사법순사는 범죄가 있다고 인정되는 때에는 범인 및 증거를 수사하는 제1차적 수사기관이나, 양자는 범죄수사에 있어서 권한 상에 차이가 존재한다.

즉 사법경찰원에게는 통상체포에 있어서 체포장청구권, 통신방수(감청)영장청구권, 체포 · 긴급체포 · 현행범으로 체포된 피의자를 석방 또는 송치하는 권한, 압수 · 수색 · 검증 · 신체검사 영장청구권, 감정유치 및 감정처분허가 청구권, 검찰관의 명령에 의한 검사

172) 동법 제47조.
173) 동법 제59조 내지 제61조 3의 규정.
174) 사법경찰직원이란 사법경찰원 및 사법순사의 총칭으로 형사소송법상 수사권한을 행사할 수 있는 자격을 표시하는 명칭을 의미하며, 관직명은 아니다.

체검시권, 고소·고발·자수를 받을 권한, 압수물 처리에 관한 일부권한, 사건을 송치·송부하는 권한 등 피의자의 인권침해 남용 우려가 있는 특히 인신구속절차에 관한 형사절차상 권한을 사법순사와 차등적으로 부여[175]하고 있는데, 이렇게 권한에 차등을 두는 것은, 결국 직위에 따른 권한에 차등을 둠으로써, 책임 있는 수사를 하게 하기 위함이다.

일본 사법경찰직원의 수사상 권한, 특히 사법경찰원과 사법순사의 구분방법이나, 그 권한배분은 우리나라가 사법경찰관과 사법경찰리로 직제를 구분하고, 권한에 차등을 두고 있는 것과 유사한데, 그 직제 구분과 수사권한을 비교해 보면 다음 표와 같다.

〈표 2-4〉 사법경찰(사법경찰관리·사법경찰직원)의 수사권한(한·일비교)

한 국		일 본	
구분	수사권한	구분	수사권한
사법경찰관만의 권한	<검사 지휘에 의한 수사> • 피의자·참고인에 대한 조사(200-221·241- 244) • 검사에 대한 각종영장의 신청(200의2①·201①·215② 등) • 긴급체포(200의3①) • 영장에 의하지 않는 강제처분(216·217) • 검사의 사전지휘에 의해 신병 구속된 자에 대한 석방 및 사무보고의무(사법경찰관리 집무규칙 26) • 영치(218), 압수물의 보관·폐기(219·130) • 검사의 사전지휘에 의한 압수물처리(압수물의 대가보관, 압수물의 환부·가환부, 압수장물의 피해자환부)(219 단서) • 감정·통역·번역의 위촉(221) • 검사의 명에 의한 변사체검사(222) • 수사에 있어서의 필요한 조사(199①) • 공무소·공사단체의 조회(199②) • 고소·고발·자수사건의 수사(238·240) • 검사에 대한 구속피의자의 신병인치(202)	사법경찰원만의 권한	<제1차적 수사(189)> • 재판소에 대한 체포장 청구권(경부(警部) 이상)(199②) • 재판소에 대한 통신방수(감청) 영장 청구권(경시(警視) 이상) (범죄수사를위한 통신방수에관한법률 4①) • 통상체포·긴급체포·현행범체포된 피의자에 대한 석방권(203·211·216) • 재판소에 대한 압수·수색·검증·신체검사영장 청구권(218③) • 재판소에 대한 감정유치장 및 감정허가장의 청구권(224·225) • 검찰관의 명에 의한 변사체검시(229) • 고소·고발·자수의 수리(241·243·245) • 독자적인 압수물처리에 관한 권한(압수물의 대가보관, 압수물의 환부·가환부, 압수장물의 피해자환부)(222①)

175) 사법순사가 현행범을 체포한 경우에는 체포된 피의자를 사법경찰원에게 인치하여야 하는 제한이 있다. 형사소송법 제215조.

한국		일본	
구분	수사권한	구분	수사권한
사법경찰리	<수사의 보조(196②)> • 검사 · 사법경찰관의 지휘에 의한 수사보조(196②) • 현행범체포(212)와 그 석방(사법경찰관리 직무규칙 32①) • 검사의 지휘에 의한 영장의 집행(81① · 200의5 · 201의2⑨ · 209 등)	사법순사	<제1차적 수사(189)> • 독자적인 수사권한(189) • 수사에 있어서의 필요한 조사(198①) • 공무소 · 공사단체의 조회(198②) • 각종 영장의 집행(199① · 218) • 피의자 · 참고인의 출석요구 및 취조(198 · 223) • 긴급체포 및 긴급체포장의 청구권(210①) • 현행범체포(213) • 영장에 의하지 않는 압수 · 수색 · 검증(220) • 영치(221) • 압수물의 보관 · 폐기(222①) • 감정 · 통역 · 번역의 촉탁(223①)

2) 경찰의 수사권한

가) 1차적 수사기관

경찰법 제2조는 경찰의 책무로서 "범죄의 예방 · 진압 및 수사, 피의자의 체포"를 규정하고 있다. 경찰법에 범죄 수사를 경찰의 책무로 규정한 것은 패전 이후 새로운 검찰 · 경찰 관계가 정립됨에 따라 '공공의 안전과 질서 유지'를 완수하기 위하여 수사를 경찰의 고유 직무로 보았기 때문이다.

경찰법은 수사를 경찰조직의 책무로 규정하고 있으나, 이러한 수사에 관한 권한 행사에 관하여는 형사소송법이 규정하고 있다. 형사소송법 제189조는 제1항에서 경찰관이 '사법경찰직원'으로서 직무를 행하는 것을 규정함과 동시에 제2항에서 "사법경찰직원은 범죄가 있다고 사료되는 때에는 범인 및 증거를 수사하는 것으로 한다."라고 규정하고 있다. 이에 비하여 검찰관의 수사에 관하여는 제191조 제1항에서 "검찰관은 필요하다고 인정되는 때에는 스스로 범죄를 수사할 수 있다"라고 규정하고 있다. 즉 경찰관에 대하여는 모든 범죄에 관하여 그것을 인지한 경우 수사하도록 하고 있으며, 검찰관에 대하여는 필요한 경우에 수사권을 발동할 수 있도록 하고 있다. 이러한 의미에서 현행 일본의 수사체계는 경찰관이 제1차적 내지 본래적 수사를 담당하고, 검찰관은 경찰이 송치한 이후에 당해사건에 대한 제2차적 내지 보충적 수사를 담당하는 기

본적 구조를 취하고 있다.[176]

나) 대인적 강제수사권한

일본 형사소송법상 체포에는 체포장에 의한 통상체포·현행범체포·긴급체포의 3가지 유형이 있으며, 사법순사를 포함한 사법경찰직원 모두에게 위 3가지 권한을 인정하고 있다. 또한 사법경찰원은 통상체포에 있어서 재판관에게 직접 체포장을 청구할 수 있으며,[177] 긴급체포 후의 사후적인 체포청구권은 직제에 차등이 없이 사법순사도 청구할 수 있다.[178] 사법경찰원은 체포장에 의해 피의자를 체포한 후 유치할 필요가 없다고 판단되는 때에는 즉시 석방하여야 한다.[179] 또 사법경찰원은 피의자의 정신 또는 신체에 관한 감정유치를 강제할 수 있어 감정유치장을 재판관에게 직접 청구하고 있다. 감정유치장은 검찰관·검찰사무관·사법경찰원에게 인정된다.[180]

다) 대물적 강제수사권한

사법경찰직원은 수사상 필요하다고 인정될 경우 압수·수색·검증·감청 및 감정에 필요한 처분을 행할 수 있으며, 검찰관의 지휘를 요하지 않고 독자적으로 수사할 수 있는 권한이 주어져 있다. 또한 이러한 대물적 강제처분에 필요한 현행법상의 모든 영장을 직접 재판관에게 청구하고, 다만 영장청구에 있어 직위에 따른 차등을 두고 있는 바, 압수·수색·검증영장 및 감정처분허가장에 대한 청구권은 사법경찰원, 즉 순사부장(경사) 이상의 권한으로 되어 있으며, 통신감청영장청구권은 국가공안위원회 또는 도도현공안위원회가 지정한 경시(경정)이상의 사법경찰원 권한이다.[181]

그밖에 사법경찰 직원은 임의 제출물에 대한 영치와 압수물의 보관 및 폐기를 할 수 있고, 사법경찰원은 검찰관의 지휘 없이 독자적으로 압수물에 대한 환부 등의

---

176) 三井誠·酒券匡, 신동운 역, 入門刑事手續法(제3편), 有裴閣, 2000년, 17면. 박창호·이동희·이영돈. 임준태·표창원 공저, 『비교수사제도론』, 박영사, 2004년, 709면 재인용.

177) 형사소송법 제210조. 통상체포장청구권은 경부 이상의 경찰관인 사법경찰관에게 있다.

178) 동법 제210조 1항. 다만 실무상으로는 긴급체포 후의 사후적인 영장청구는 가능하면 경부 이상의 경찰관 또는 당해 체포를 행한 경찰관이 청구하도록 요구(범죄수사규범 제120조 제1항의 규정)하고 있다.

179) 동법 제203조.

180) 반면 우리나라는 판사에 대한 감정유치처분 청구권을 검사에게만 인정하고 있다. 법 제221조의 3 제1항참조.

181) 동법 제218조 1항, 제224조 제1항, 제225조.

처분을 할 수 있다. 경찰이 수사진행 중인 개별사건에 대한 검찰관 개입을 방지하고 독자적인 수사권을 담보하기 위한 전제조건의 하나이다.

6. 일본 경찰과 검찰의 관계

가. 서 설

앞에서 본 것과 같이 일본은 1948년 2차 대전에서 패전 이후 현행 형사소송법을 제정하였으며, 현행 형사소송법은 영미법화 · 당사자주의화 규정을 대폭 도입하여 수사절차와 공판절차를 기능적으로 분리하고, 형사절차상 당사자의 주도적인 활동을 그 특징으로 하고 있다. 검찰과 경찰은 수사상의 지위와 권한 또한 구 형사소송법과는 확연히 달라져 경찰을 제1차적 수사기관으로 하고, 검사는 공소의 제기와 공판유지를 주된 임무로 하되 이를 위해 필요한 경우에 한해 제2차적 보충 수사를 할 수 있도록 양자의 관계가 설정되었다. 그러나 새로운 검찰 · 경찰 관계의 정립 이후 양자의 갈등은 컸으며, 심지어 구형사소송법체계로 회귀하기 위한 즉 경찰의 1차적 수사권을 전면적으로 부정하는 내용을 골자로 하는 형사소송법 개정안이 국회에 제출되기도 하였다. 그러나 검사의 사법경찰직원에 대한 일반적 지시에 대한 일부수정과 경찰의 체포장 남용방지에 관한 조치의 일환으로서 개정 전 사법경찰에게 부여되었던 체포장청구권을 경부 이상의 사법경찰로 한정하면서 일부 개정을 통해 현행 형사소송법이 마련된 것이다.

나. 상호 협력관계

일본법상 검찰관과 사법경찰직원은 계통적으로 분리된 상호 별개의 搜査機關이며, 양자의 관계는 상하관계가 아니다. 형사소송법 제192조는 검찰관과 사법경찰직원은 수사에 관하여 상호 협력하지 않으면 안 된다고 규정하고 있다. 사법경찰직원은 인적 · 물적 자원이 충실하여 수사설비 면에서 우수하고, 반면 검찰관은 법률적 소양면에서 우수하여 적법절차의 준수라는 측면에서 국민의 신뢰를 더 많이 받고, 고도의 법률적 지식을 요하는 복잡한 사건을 담당하여 수사하기에 적합하다. 따라서 양자의 장 ·

단점을 조화시켜 수사에 있어 상호 협력하는 것이 이상적이라는데 법의 취지가 있는 것이다.[182)]

다. 검찰관의 지시·지휘권

검찰관은 관할구역에 따라 사법경찰직원에 대하여 수사에 관한 일반적 지시(일반적 지시권)를 할 수 있다. 일반적 지시는 수사를 적정하게 하고, 기타 공소 수행을 완전하게 하기 위해 필요한 사항에 관한 일반적 준칙을 정하는 것에 의하여 행한다.

또한 검찰관은 관할구역에 따라 사법경찰직원에 대하여 수사의 협력을 요구하기 위하여 필요한 일반적 지휘(일반적 지휘권)를 할 수 있다. 이 때의 지휘는 사법경찰직원의 수사 그 자체를 의미하는 것이 아니며, 검찰관의 수사가 행하여지는 것을 전제로 하고 그 수사방침에 따라 검찰관측의 수사에 협력하도록 한다는 취지이다.[183)] 검찰관측의 수사와의 관계에서 행사되는 권한이라는 점에서 앞의 일반적 지시와는 다르다.

검찰관은 직접 범죄를 수사하는 경우에 있어서 필요한 때에는 사법경찰직원을 지휘하여 수사 보조를 하게 할 수 있다. 구체적 지휘권을 행사한 경우 사법경찰직원은 검찰관의 수사를 보조하게 되어 검찰관의 지휘하에 들어가므로 사법경찰직원의 독자적 수사권이 상실된다고 할 것이다.[184)]

라. 사법경찰직원의 복종의무와 징계 및 파면 소추권한

사법경찰직원은 검찰관의 위와 같은 지시·지휘에 복종하여야 한다. 검찰관의 위 권한을 실효성 있게 하기 위하여 일본 형사소송법은 복종의무를 규정함과 동시에 사법경찰직원에 대한 검찰관의 징계요구권을 규정하고 있다. 사법경찰직원이 정당한 이유 없이 검찰관의 지휘·지시에 따르지 않는 경우 검사총장 등은 징계 또는 파면의 소추를 할 수 있다.

---

182) 서울고등검찰청, Supra, 87-88면.
183) 高田卓爾, 刑事訴訟法 I, 579면. 서울고등검찰청, Supra, 89면에서 재인용.
184) 屋美東洋, 刑事訴訟法, 60쪽, 서울고등검찰청, Supra, 90면에서 재인용.

마. 변사체검시 및 대행검시 권한

변사자 또는 변사 의심이 있는 사체가 있을 때, 그 소재지를 관할하는 지방검찰청 또는 구검찰청검사는 검시를 하여야 하며, 검사는 검찰사무관이나 사법경찰관에게 위 처분(형사소송법 제229조)을 하게 할 수 있다.

바. 경찰의 사건송치의무

형사소송법 제242조 및 제246조에 의하면 사법경찰관은 모든 수사사건의 기록 및 증거물을 검사에게 송치하여야 하고, 특히 고소·고발사건은 수사종결을 가리지 말고 일응 조사가 끝나면 검사에게 송치하도록 하고 있다.[185]

7. 일본의 수사제도가 시사하는 점

일본 형사소송법 제192조에서는 "검사·사법경찰직원 및 도도부현 공안위원회는 수사에 관하여 상호 협력하여야 한다."고 규정하여 검찰과 경찰의 일반적 관계는 상명하복 또는 지배복종관계가 아닌 상호협력관계에 있다. 즉 제2차 세계대전 이후 당사자주의적 현행 형사소송법 제정으로 인해 검사는 구형사소송법 시대의 수사의 주재자에서 제2차적 수사기관으로 변화되었으며, 공소관으로서의 소추권행사를 주된 임무로 하고 있으며, 검사는 사법경찰직원에 대한 개별적 지휘는 스스로 수사하는 경우에 한정되게 된다. 본래적·1차적 수사는 경찰에게 있으며, 검찰은 경찰이 송치한 사건에 대하여 공소유지를 위해 필요할 경우 사후적으로 보충, 보정하는 수사를 담당하는 제2차적 수사기관으로서 기능(동법 제189조 및 제191조 제1항)한다. 이처럼 독자적인 범죄수사권한이 부여된 일본경찰은 소신껏 범죄수사와 그 밖의 경찰행정을 추진할 수 있으며, 또한 사기진작 요인으로 작용하여 경찰의 수준을 향상시키고 있다.[186]

---

185) 강수열, "경찰수사권체제에 관한 연구", 부산대학교 대학원 박사학위논문, 2002년, 79면.
186) 團藤重光,「新刑事訴訟法」, (東京：創文社), 1976, 187면.

제6절 검찰 · 경찰의 수사권의 비교법적 고찰

1. 각국 수사제도와 수사권에 관한 법규정의 비교

이상에서 살펴본 각국의 수사제도와 우리나라와 법원을 같이하거나 관계있는 독일, 프랑스, 일본의 수사권에 관한 법규정을 비교해 간단히 도표로 그려보면 다음과 같다.187)

<표 2-5> 수사권에 관한 법규정 비교

	독 일	프랑스	일 본	미 국	영 국	한 국
검 · 경의 수사지위	검사 : 수사주재 경찰 : 수사보조	검사 : 수사주재 경찰 : 수사보조	검사 : 2차수사 경찰 : 1차수사	검사 : 수사자문 경찰 : 수사주재	경찰 : 수사주재	검사 : 수사주재 경찰 : 수사보조
경찰의 수사개시권	초동수사권	기초조사권 (예비수사권)	독자적 수사개시	독자적 수사개시	독자적 수사개시	사실상 독자적 수사개시
경찰의 영장청구권	없음	없음	체포 · 압수 · 수색 · 검증영장 청구권 가짐. 단 구류(구속) 영장청구권은 검사만 가짐.	체포 · 구속영장 청구권 가짐	체포 · 구속영장 청구권 가짐	없음
경찰의 수사종결권	없음 (모든 사건 송치)	없음 (모든 사건 송치)	없음 (모든 사건 송치)	일정범위의 수사 종결권 가짐(무혐의, 경미사건 등)	무혐의 처분 등에 대한 수사종결권 가짐	즉결심판권 행사(기타 모든 사건 송치)
소추권	검사 또는 사인 소추주의	검사 또는 사인 소추주의	검사 기소독점	대배심 또는 검사	검사 (국립기소청)	경찰 즉결심판 청구권 행사. 기타 검사 기소독점
검 · 경간의 관계	실질적 대등 · 협력관계	검사우위	대등 · 협력관계	대등 · 협력관계	경찰우위	검사우위

187) 각국의 검찰 및 경찰제도와 수사권을 둘러싼 양 기관간의 권한관계에 대해서는 박승진/최석윤/이경재, 각국의 검찰제도, 형사정책연구원, 1998년; 자치경찰제의 이해, 경찰개혁위원회, 1999년, 43면 이하; 각국의 수사제도 및 실태 비교, 법무부자료; 법률신문, 1999년 5월 13일, 제2788호 13면; 차용석, 수사연구, 1992년 3월, 37~41면, 이태언, 고황법학 제3호(2001년 5월), 110면 이하; 신환철/손봉선, 한국 경찰의 중립화 방안, 전북대학교 사회과학연구 23(1997년 2월), 186면 이하; 김용세, 대전대 사회과학논문집 제19권 제1호 통권 제32호(2000년 5월), 83면 이하 등 참조.-서보학

	경찰 수사주체성 규정	검찰·경찰 지휘관계 규정
독일	–**형소법 제163조 제1항** 경찰의 기관과 그 공무원은 범죄행위를 조사하여야 하며, 사건의 증거인멸을 방지하기 위하여 지체해서는 안 될 모든 지시를 발하여야 한다. 이 목적을 달성하기 위하여 경찰기관과 그 공무원은 모든 관서에 정보를 의뢰하거나 또한 지체의 위험이 있는 경우 이 정보를 요구할 수 있으며, 또한 다른 법률이 경찰의 권한을 특별히 정하지 않는 한 모든 종류의 수사를 진행할 권한을 갖는다.	–**형소법 제161조 1문** 검사는 모든 공공기관에 대하여 정보를 요구할 수 있고, 모든 종류의 수사를 스스로 수행하거나 경찰의 임무를 담당하는 관청 및 공무원으로 하여금 수사를 행하게 할 수 있다. 2문 경찰직무를 수행하는 관청과 공무원은 검사의 촉탁과 위임을 충족시킬 의무를 진다. –**형소법 제163조제2항** 1문 경찰직무를 수행하는 관청과 공무원은 그들의 조사서류를 지체 없이 검사에게 송부한다. –**법원조직법 제152조 제1항** 검사의 수사관은 관할구역내의 검사의 지시와 그 상급검사의 지시를 따를 의무를 진다. **제2항** 주정부는 법규명령을 통하여 이 규정이 적용될 공무원의 범위를 확정할 권한을 가진다. ※ 대다수의 주 법규명령은 순경에서 경감까지의 경찰공무원을 수사관으로 규정
프랑스	–**형소법 제14조** 사법경찰은 예심이 열리지 않은 경우 형법규정을 위반한 범죄를 적발하고 증거를 수집하며 범인을 색출할 임무를 수행한다. 사법경찰은 예심이 열린 경우에 예심법원(수사판사)의 위임사항을 집행하고 예심법원의 요구에 따른다. –**형소법 제17조** 사법경찰관은 제14조에 규정된 권한을 행사한다. 사법경찰관은 고소와 고발을 접수한다. 사법경찰관은 제75조에서 78조에서 규정된 조건하에서 예비수사를 개시 진행한다. 사법경찰관은 중죄·경죄 현행범의 경우 제53조에서 67조에서 부여된 권한을 행사한다. 사법경찰관은 임무수행을 위하여 경찰력의 원조를 직접 요청할 수 있는 권한이 있다.	–**형소법 제12조** 사법경찰의 기능은 지검장의 지휘하에 사법경찰관리가 수행한다. –**형소법 제13조** 사법경찰은 각 고등법원의 관할 내에서 고등법원 검사장의 감독과 고등법원 수사부의 통제를 받는다. –**형소법 제41조** 지검장은 범죄를 발견하거나 소추하는데 필요한 모든 조사를 하거나 하게할 수 있다. 이러한 목적으로 지검장은 자신이 속한 법원의 관할내에 있는 사법경찰관리의 활동을 지휘한다. –**형소법 제54조** 중죄·경죄 현행범의 경우 사법경찰관은 그에 대해서 즉각 지검장에게 통보를 하고 범죄현장에 지체없이 임장하여 유용한 모든 확인절차를 밟는다. –**형소법 제75조** 사법경찰은 검사의 지시에 따라 또는 직권으로 예비수사를 한다.
일본	–**형소법 제189조 제2항** 사법경찰직원은 범죄가 있다고 사료되는 때에는 범인 및 증거를 수사하는 것으로 한다.	–**형소법 제192조** 검찰관과 사법경찰직원은 수사에 관하여 서로 협력하여야 한다. –**형소법 제193조 제1항**(일반적 지시권) 검찰관은 관할구역에 따라 사법경찰직원에 대하여 그 수사에 관하여 필요한 일반적인 지시를 할 수 있다. 이 경우의 지시는 수사를 적정히 하고 기 공소의 수행을 완전히 하기 위해 필요한 사항에 관한 일반적인 준칙을 정하는 것에 의해 행한다. **제2항**(일반적 지휘권) 검찰관은 그 관할구역에 따라 사법경찰직원에 대하여 수사의 협력을 구하기 위해서 필요한 일반적 지휘를 할 수 있다. **제3항**(구체적 지휘권) 검찰관은 스스로 범죄를 수사하는 경우에 있어서 필요가 있는 때에는 사법경찰직원을 지휘하여 수사의 보조를 하게 할 수 있다.

이상에서 살펴보았듯이 각국의 검찰·경찰제도의 모습과 그 상호간의 권력 관계는 각각의 역사적·법문화적·제도적 전통과 차이에 따라 상이한 모습을 띌 수 밖에 없다.

그러나 일반적으로 대륙법 계통에 속하는 독일·프랑스에서는 검찰우위의 수사권체계가 확립되어 있는 반면, 영미법 계통에 속하는 영국·미국에서는 경찰우위의 수사권체계가 정착되어 있다. 즉 독일·프랑스에서는 검찰이 수사권의 주체이고 경찰은 수사 보조자이며, 반대로 영미에서는 경찰이 수사권을 행사하고 검찰에게는 공소의 제기와 유지가 주된 임무로 부과되어 있다. 한편 대륙법계의 검찰·경찰 제도를 따르고 있었던 일본은 연합군 점령기인 1948년 7월 형사소송법의 개정을 통해 미국식 제도를 도입, 경찰을 제1차적 수사기관, 검찰을 제2차적·보충적 수사기관으로 규정하여 오늘에 이르고 있다.

우리나라에 검찰제도가 최초로 등장한 것은 1984년 갑오개혁 이래 국정전반에 걸친 일대개혁을 단행하면서, 당시 일본 제도를 모방하여 불완전하나마 어느 정도 근대적인 모습을 갖춘 사법제도를 마련한 이후부터라고 볼 것이다.

한편 일본 검찰제도는 대륙법계, 특히 독일 검찰제도를 도입한 것이었으므로 이러한 대륙법계의 영향은 대한민국 정부수립 후 새로이 확립된 검찰제도의 골격형성에 있어서도 그대로 유지되고 있다.[188)]

우리의 검찰제도는 대륙법계에 바탕을 두면서 국가형벌권의 실현을 서로 견제와 균형관계에 있는 두 국가기관인 법원과 검찰에 부여함으로써 이른바 형사절차에 있어서 권력분립의 의미를 실현하는 것이라고 할 것이며, 이러한 검사제도의 이념구현을 위하여 대륙법계 형사사법제도에서는 검사에게 소송 당사자가 아니라 피의자의 이익을 보호하여야 하는 기관으로서 권한과 책무를 부여하는 등으로 검사를 통하여 법치국가적 이상을 실현함과 아울러 검사에게 법의 감시자적 지위를 부여하고 있다.[189)]

이에 비해 미국을 비롯한 영미법계 국가에서는 당사자주의 소송구조와 일반시민의 재판참여를 가능케 하는 배심제도를 그 근간으로 하고 있으나, 특히 미국은 영국 등 전제군주국의 압정으로부터 자유와 권리를 찾아 신대륙에 이주한 초기이민들의 정

---

188) 독일의 검찰제도는 프랑스의 이른바 '왕의 대관'제도를 계수한 것으로서 그 근본역할은 규문주의 재판과 경찰 자의로부터 피해자를 보호하는 이중 통제기관으로 기능할 수 있도록 마련된 것이다.

189) Id., 8면

치적 이상과 자유·평등에 대한 염원이 권력에 대한 심원한 불신 내지는 질시로 나타나 그 영향으로, 대륙법계와는 달리 당사자 지향적이고 투쟁적인 형태의 형사소송제도로 발전하였으며, 이는 검찰제도에 있어서도 검사에게 소송 당자자로서의 지위를 강조하고 있다. 그러나 대륙법계국가에 있어서는 물론 영미법계 국가에 있어서까지 검찰제도의 중요성을 인정하면서도 한편으로는, 검사의 권한 독점을 차단하고 수사권의 균형있는 배분과 통제를 위하여 경찰의 독자적 수사권을 인정하되 검찰의 보완수사권, 경찰에 대한 적절한 통제장치를 부여함으로써 검찰의 권한 집중을 방지하는 제도를 마련하고 그에 의해 운영되는 추세이다.

우리나라의 경우 형사소송법 개정 이후부터 현재에 이르기까지 거의 50여년이 넘는 기간 동안, 경찰의 수사권 독립에 관한 논의가 계속되어 왔으며, 현재는 수사권 재조정 문제로 검찰과 경찰 조직간에 논의되고 있다. 한편 지난해부터 검찰·경찰 공공으로 수사권 조정 협의체를 구성하고, 각계 대표로 수사권 조정 자문위원회를 발족하여 1년여 기간에 이르는 동안 논의해 왔지만, 조정안 도출은 이루어지지 않았다.[190] 그러나 현행의 수사체제에는 문제가 있다는 점에는 양자가 공감하고 있는 부분이 분명히 존재하며, 그렇다면 지금의 수사체제보다는 개선되는 방향으로 조정이 되어야 할 것이다.

결국 현행 수사체제의 개선모델은 외국의 수사제도를 살펴보고 각국 입법례의 장단점을 분석하여 우리나라 수사현실에 맞게 도입·정착화 시켜야 할 것이다. 그런 의미에서 외국의 수사제도를 살펴보고 이를 분석해 보는 것은 의미 있는 일일 뿐만 아니라, 수사제도개선, 수사권조정이라는 현안에 있어서 가장 선행되어야 할 연구인 것이다.

외국수사제도를 살펴보는 의미는 다음과 같이 정리할 수 있다.

2. 외국수사제도 개관의 의미

앞에서 말한 것처럼 외국의 입법례를 살펴보는 것은 우리 실정에 맞는 검찰·경찰간의 수사구조를 찾아내는데 참고로 삼기 위한 것이다. 각각의 역사적·법문화적 특

---

190) 경찰청, 수사권 조정의 이해, 안내문.

성을 바탕으로 발전되어온 외국 제도가 우리 실정에 100% 들어맞는 모델이 될 수 없는 것은 당연하기 때문이다.

또한 외국 제도가 실제 운용되는 실상을 들여다보지 않고 피상적으로 판단하거나 해석하는 것은 외국 제도에 대한 올바른 판단을 왜곡시킬 수 있다. 예를 들어 검찰에게 수사(지휘)권이 주어져 있는 독일에서도 검찰이 경찰에 대해 우리나라식의 일방적 우위를 점하고 있다고 생각하면 오산이다. 수사권 주체가 검찰이고 검찰의 경찰에 대한 수사지휘권이 인정되어 있음에도 불구하고 양기관간의 관계는 수평적이고 대등한 관계라 할 수 있기 때문이다.[191] 그 이유는 독일 검찰이 자체 수사인력을 확보하지 않고 언제나 경찰의 도움을 받아서만 수사를 할 수 있다는데 있다. 이러한 이유로 독일 검찰을 "손 · 발 없는 머리(Kopf ohne Hände)"라고 한다. 이는 우리나라 검찰이 자체 수사인력을 확보한 상태에서 경찰을 완전히 배제하고 독자적으로 수사를 할 수 있는 것과는 전혀 다른 상황이 아닐 수 없다. 수사를 지휘할 수는 있지만 반드시 손과 발이라고 할 수 있는 경찰의 도움을 받아서만 수사를 할 수 있다면 양자의 관계는 협조적 · 수평적으로 될 수밖에 없는 것이다. 이런 점에서 독일의 검찰 · 경찰 관계는 오히려 미국이나 일본식 관계에 가깝다고도 평가할 수 있다.

미국에서는 주로 경찰이 수사하고 검사는 공소제기 및 공소유지의 임무를 맡고 있지만 실제 수사단계에서 경찰의 독자적인 수사가 이루어지기 보다는 법적용의 오류회피, 증거능력 있는 증거의 확보, 성공적인 기소율 제고 등을 위해 검찰과의 긴밀한 협조 하에서 수사가 이루어지는 것이 보통이다.[192]

일본에서는 경찰이 제1차적 수사기관, 검찰이 제2차적 수사기관으로 되어 있지만 형사소송법에 양 기관의 협조의무가 명시(동법 제192조)되어 있을 뿐만 아니라 검찰에게는 경찰에 대한 일반적 지시권 · 지휘권이 주어져 있기 때문에 실제로는 양 기관이 대등한 입장에서 협조관계를 유지하고 있다.[193] 이와 같이 독일, 미국, 일본에서 성공

191) 손동권, 경찰수사권독립론에 대한 비판적 고찰, 형사법과 세법, 학당 명형식 교수 화갑기념논문집, 1998년, 300면; 경찰개혁위원회, 자치경찰제의 이해, 1999년, 18면 이하 참조.

192) 박승진/최석윤/이경재, 각국의 검찰제도, 형사정책연구원, 1998년, 45-47면; 경찰개혁위원회, 자치경찰제의 이해, 1999, 10면 이하 참조.

193) 박승진/최석윤/이경재, 각국의 검찰제도, 형사정책연구원, 1998년, 165-166면; 경찰개혁위원회, 자치경찰제의 이해, 1999년, 15면 참조.

적인 범죄수사와 공소제기를 위해 양 기관이 상호 대등한 입장에서 협력관계를 유지해 나가고 있는 현실을 보면, 결국 법률상 누가 수사권의 주체로 되어 있는가는 그리 중요한 문제가 아니라는 것을 알 것이다.

그러나 우리나라에서는 수사권의 주체여부에 따라 그 권한행사에 있어서 엄격한 차이가 존재하고 일방이 타방을 지휘·조정하는 상명하복식의 관계가 강제되어 있을 뿐만 아니라 현실적으로 상호 협력·견제의 관계보다는 일방적 지휘·복종의 관계가 정립되어 있다. 그러면서도 실상은 경찰이 독자적으로 거의 모든 수사를 진행하고 있다. 이러한 법과 현실의 괴리를 해소하기 위해서 현재 검찰·경찰간의 관계를 수평적·협조적, 그리고 상호견제가 가능한 관계가 되도록 재정립 할 필요성이 제기된다.

우리나라에 있어서 검찰·경찰간의 수사권 조정에 대한 모델은 결국 권력기관 상호간의 균형적 권한배분과 견제, 수사의 효율성, 실체적 진실발견 및 사법정의 실현, 피의자 인권보호 등의 관점을 기준으로 설정되어야 할 것이다.[194]

---

194) 서보학, "搜査權의 中立을 위한 搜査權의 合理的 配分", 2002년 12월 4일 한국헌법학회 제24회 학술대회 발췌문.

제Ⅱ장 한국의 검찰·경찰제도

우리나라 수사구조에서 검찰과 경찰의 관계는 검사가 수사 주재자가 되고 경찰이 그 보조가 되어 수사를 진행하는 구조라고 할 수 있다. 법률지식으로 무장된 소수의 검사가 수사 주체가 되고 다수의 경찰이 손발이 되어 수사를 함으로써 수사상 발생하기 쉬운 인권침해를 방지한다는 것이 이러한 수사구조를 구성하게 된 취지이다. 그런데 수사체제 속에서 두 축을 형성하고 있는 경찰과 검찰의 이와 같은 권한배분은 지금까지 많은 문제점을 야기해 왔다.

검사는 수적 한계로 인하여 경찰 수사에 있어서 주체적 위치를 차지하기 힘든 현실상 경찰 수사와 검찰 수사는 사실상 분리되어 있으며, 공동목적을 위해 조화롭게 움직여야 할 머리와 손발은 이질적인 조직에 속해 서로 의사소통에 문제를 겪고 있고 이로 인해 수사상 비효율이 초래되고 경찰과 검찰은 상대에 대한 오해와 불만을 키워오고 있는 실정이다. 이러한 속에서 국민은 수사기관을 신뢰하지 않고 있으며, 경찰과 검찰 모두 현 수사구조에서 사건처리가 제대로 이루어질 수 없다고 믿고 있다.

그러면서도 현행 수사구조가 안고 있는 구조적 문제라는 하나의 문제를 해결하기 위해 경찰과 검찰은 상반된 해법을 제시하고 있어 과연 어떠한 방향으로 키를 잡는 것이 국익과 국민의 이익에 바람직한 것인지에 입법적 결단을 놓고 온 나라가 고민에 쌓여 있는 상황에 처해 있다.

모든 문제해결 방법이 그렇듯이 수사권 구조개혁 문제 역시 그 문제점에 대한 분석이 있어야 그 원인이 무엇인지 파악할 수 있을 것이다. 그런 의미에서 우리나라 수사체제 분석과 그 운영실태를 파악하는 것은 수사권 구조개혁 해법제시의 열쇠가 될 것이다.

제1절 우리나라 수사제도상 연혁

1. 현행 수사구조의 채택배경

우리나라의 경우는 해방 후 미군정 당국의 영향으로 검사의 기능을 공소유지 역할수행에 제한하려고 시도하였으나, 종래 구 일제강점기 때 일본 경찰에 대한 부정적 이미지를 필두로 검찰 출신인사 등 종래 직업법률가의 반대에 부딪혀 구 검찰제도를 유지하게 되었다. 그리하여 건국 당시에는 형사소송법 전반에 미국식 형사소송체계를 도입하였음에도 불구하고 유독 수사구조만은 대륙법계의 구 일본 형사소송법을 계수하여 검사가 경찰에 대한 수사감독지휘권을 통해 독점하고 경찰은 수사보조자에 지나지 않도록 규정하게 되었다.

1954년 형사소송법 제정 당시 형사소송법 초안은 공소권과 수사권 분리가 규정되어 있었으나 입법과정에서 국회에서는 영국 · 미국의 수사제도 수용여부에 대하여 논란이 일어났다. 한편에서는 중앙집권적인 국가경찰제하에서 경찰의 독자적 수사권을 인정한다면 경찰파쇼화가 우려된다는 주장을 하였고, 다른 한편에서는 수사권이 한군데로 집중되는 것보다 권한을 분산시키는 것이 국민 인권에 더욱 이로울 것이며, 검찰에 공소권과 더불어 수사권까지 부여하면 검찰파쇼화를 초래할 위험이 있다고 지적하였다.

이에 대해 당시 법제사법위원회 엄상섭 위원은 우리나라는 국가경찰제를 채택하고 있으므로 경찰파쇼화의 폐해가 검찰파쇼화의 폐해보다 클 것이라면서 검찰에 공소권과 수사권을 모두 부여할 필요가 있다는 유력한 견해를 개진하여 현행 검사주재 수사권체제가 탄생하게 되었다. 그러나 여기서 주목해야 할 것은 위 엄상섭 위원도 "장래에는 공소권과 수사권을 분리시켜야 한다."면서 수사권이 경찰에 귀속됨이 바람직하다는 견해를 제시하였다는 점이다.

이와 같이 형사소송법 제정 초안과 당시 유력한 견해였던 엄상섭 위원의 발언을 종합하여 본다면, 수사권 귀속이 검찰에 귀착하게 된 배경은 건국이라는 정치적 상황과 과거 일제강점기(日帝强占期) 부정적인 경찰이미지상을 필두로 한 정책적인 요청이라고 보여진다. 건국 당시 검찰 및 직업적인 법률가들의 반발로 인하여 경찰의 수사권 확보가 무산된 점은, 오늘날 검찰 측에서 제기하는 인권옹호를 근거로 한 수사권 주장과는 달리 가히 정치적인 요소가 짙다.[195] 국민 인권과 밀접하게 연관되는 수사권 귀속문제를 이처럼 정치적인 잣대로 결정하게 된 현행 수사구조의 제정배경은 오늘날 우리가 가슴깊이 반성해야 할 점이라 하지 않을 수 없다.

한편 우리나라 수사체제는 일제강점기(日帝强占期)때의 대륙법계 형사절차를 계수한 일본 체제를 받아들인 후 미군정을 거치면서 미국적인 요소가 도입되어 그 기본형태를 갖추었으며 시기별로 우리나라의 독특한 사정에 따라 조금씩 그 내용의 변화를 겪어 왔다.

일제강점기(日帝强占期)와 미군정시대, 그리고 해방 이후부터 현재까지 우리 수사체제를 순서대로 고찰해 보면서, 외국의 형사제도가 우리나라에 어떻게 녹아들고 실제 어떻게 작용되었는지를 살펴보기로 한다. 또한 수사제도의 변천과정과 함께 경찰의 수사권 독립 또는 조정논의가 우리 사회의 쟁점으로 부각되게 된 과정도 함께 살펴본다.

2. 일제강점기(日帝强占期) 하의 수사구조

가. 일본의 수사체제의 계수와 특징

일본이 명실상부하게 우리나라의 형사사법에 침략의 손을 대기 시작한 것은 일본이 대한제국으로부터 감옥 및 사법고권을 강탈한 1909년이다. 일제는 이때부터 형사사법체계의 전면적 일본화를 통하여 식민지 지배체제 정비를 서둘렀는데 그 작업은 1912년 조선형사령 공포로 일본 형사법률을 조선에 의용하게 됨으로써 일단락되었다.[196][197]

---

195) 물론 오늘날 검찰 측의 현행 수사체제를 유지해야 한다는 주장의 논거인 인권보장 또 하나의 미명에 불과하다.

196) 조선형사령 제1조에 의하면, 형사에 관한 사항은 본령 기타 법령에 특별히 규정되어 있는 경우를 제외하고는 다음의 법률에 의한다고 규정하고, 일본의 형법, 형법시행법, 행사소송법 등 12개 형사법을 의용하게 된다.

197) 신동운, '일제하 형사절차에 관한 연구', 박병호교수 환갑기념 논문집, 1991년, 402면. --1912년 조선형사령은 1890년 일본의 소위 명치형사소송법을 의용하였는데, 이 법률은 1922년 전면 개정되어 소위 대정형사소송법으로서 1924년부터 시행되었다. 이 법률은 조선형사령에도 1924년 개정을 보게 되

즉 일제 시대 우리의 형사사법 구조는 대부분 일본의 그것과 차이가 없었다. 다만 일본은 식민통치의 효율성과 소송경제를 도모하기 위하여 조선형사령상의 특칙규정과 조선태형령등의 특별법 제정, 그리고 일본 법률 중 진보적인 부분에 대해서는 제외례를 두어 일본 형사법 구조와 차별을 두었다.

일본 형사절차를 기반으로[198] 식민지 지배에 적합하도록 변형시킨 당시의 우리나라 수사체제는 다음과 같은 특징을 지니고 있었다.

1) 경찰사법권의 확대

식민지 형사사법의 가장 큰 특징은 최소의 비용으로 최대의 수탈을 달성하고자 하는 식민지 통치의 기본발상을 철저히 추구하는 것이었고 이러한 목적에 따라 근대 법령의 형식을 빌린 서국식 형사절차가 도입되었다고 하지만 식민지에서는 그것이 경찰사법의 확장에 의해 대부분 대체되고 형해화 되었다.

일반 국민의 입장에서 거의 모든 수사는 경찰에 의해 이루어지고 처벌도 대부분 경찰이 직접 하는 것이었다. 식민체제라는 특수한 상황하에서 경찰은 법적으로 강력한 권한을 갖는 것에서 나아가 불법적인 수사와 탄압도 자행되었다.

2) 예심제도의 왜곡

수사절차상 예심제도의 목적은 예심절차에서 사건을 공판에 회부할 것인지의 여부를 사전에 심사하여 범죄혐의에 대한 확신을 얻었을 때만 공판절차에 회부하여 검사가 범죄혐의가 불충분함에도 기소를 하는 등 그 남용을 방지하기 위한 것이다.

예심절차는 그 취지상 법관과 같은 공평을 기할 수 있는 신분에 있는 예심판사의 수사를 거치도록 하였던 것인데, 조선형사령은 검사 및 사법경찰관에 대하여 거의 예심판사에 준하는 강제처분권을 인정하고 있었기 때문에 이러한 예심절차의 의의는 퇴색되었다.[199]

우선 조선형사령은 현행범 및 준현행범의 경우 강제처분권 행사를 용이하게 만

었고, 이 개정된 조선형사령과 대정형사소송법은 일제 말까지 식민지 형사절차에 관한 법령 기반이 되었다.

198) 일본의 명치형사소송법과 대정형사소송법은 일본의 수사제도에서 이미 살펴보았다.

199) 이명원, 우리나라 수사체제에 관한 고찰-검찰과 경찰의 관계를 중심으로-석사논문, 2000년.

들었는데, 1912년 조선형사령 제11조는 "검사 또는 사법경찰관이 현행범 및 준현행범의 경우 범행장소에 임검하지 아니하고도" 예심판사에게 속하는 강제처분권을 할 수 있도록 하였다. 이 처분을 당시 실무상에서는 가예심처분권이라 불렀다.

다음으로 명치형사소송법과는 달리 비현행범의 경우라 할지라도 "수사 결과 급속을 요하는 것으로 사료되는 때"에는 검사 또는 사법경찰관은 "공소제기 전에 한하여" 영장을 발하고 체포, 물건차압을 할 수 있었다.[200] 따라서 조선형사령에 있어서는 명치형사소송법의 경우와는 달리 예심 필요성은 사실상 거의 사라지게 되었던 것이다. 다만 예심판사의 강제처분권과 비교하여 차이점이 있다면 검찰 및 사법경찰관에 의한 강제처분은 미결구금에 있어서 기간제한을 받는다는 점뿐이었다.

바로 여기서 예심청구는 미결구금 연장을 위한 수단으로 악용되었다.[201]

3) 국민과 동떨어진 검사제도

일제강점기(日帝强占期) 하의 검찰조직을 보면, 그것은 소수 정예로 구성된 일부 검찰인력이 식민통치 수단인 사법경찰관리를 지휘감독하여 권력기관간의 통솔체계를 유지하는데 그 중점적인 기능이 있었다고 볼 수 있다. 즉 일제시대 검찰의 모습은 한마디로 말해 국민보호와는 전혀 거리가 먼 국민 위에 군림하는 존재였다고 할 수 있다. 사법기관인 재판소와 검찰은 모두 식민통치의 하위단위에 그쳤으며, 법정에서의 판사는 검사와 동등한 위치였고, 조선인들에게는 모두 구별 없이 국민 위에 군림하는 존재였다. 조선인들은 일본인에 의해, 일본어를 공식으로 하는 일본법에 따라 재판을 받았다.[202]

식민조선에서는 식민지 형사사법조직의 구조적 특징으로 말미암아 앞에서 언급한 것처럼 대부분의 사건은 경찰의 선에서 처리되고 일부 극소수의 사건에 한해서 근대적 형사절차의 형식하에 소수의 전문법률가들이 사건을 처리하는 전형적인 식민지 사법체제가 등장하였다.

당시 검사는 극소수에 불과했고 대부분 일본인이었으며, 이러한 체제는 이후에도 소수의 법조인들에게 희소가치에 의한 권위의식을 발생시키는 계기가 되었다.

---

200) 1912년 조선형사령 제12조 전단, 동조 제2항.
201) 신동운, '일제하의 예심제도에 관하여', 서울대학교 법학, 제27권 1호, 1986년, 150~154면.
202) 그라즈단제브, 1943/1974년, 254면. - 한인섭, '식민지 형사법제의 구조와 유산, 그 청산의 문제' 71면에서 재인용.

이 시기 검찰조직 특성은 치자(治者)와 피치자(被治者)의 불일치라는 원천적인 모순상황이 존재하였다는 점인데, 이로 인해 검찰조직에 대한 시민참여 내지는 피치자(被治者) 측 통제라는 근대 검찰제도의 보편성은 식민지하에서는 처음부터 받아들여질 수 없었다.

일제강점기(日帝强占期) 하의 형사사법은 바로 형사사법의 시민참여가 사실상, 논리상 완벽하게 배제된 상황을 의미하였다고 할 수 있겠다.[203)]

나. 일제강점기의 경찰

1) 경찰사법의 강화

식민지 체제하의 형사절차는 수단방법을 가리지 않고 식민지폭압기구의 형벌권 실현을 그 특징으로 한다고 할 수 있다. 이를 전제로 나타난 것이 앞에서 말한 바와 같이 경찰사법권이 비정상적으로 확대되었다는 것이다. 일제는 범죄사건의 하부를 이루는 대부분 경미사건은 검사의 공소제기와 법원의 판단을 기다리지 않고 경찰이 바로 즉결처분하는 식민지형 경찰사법을 대폭 인정함으로써 철저하게 소송경제를 도모하였다.[204)]

검찰과 경찰은 식민지 사법질서의 수호자로서 역할을 수행하였으며, 양자의 강제수사처분에 대해서는 일본 형사소송법 중 예심에 관한 규정이 준용[205)]되어 수사기관 작성의 각종 조서가 예심판사의 조서와 동일한 효력을 갖게 되었다. 다만 검사와 달리 사법경찰관은 구류장을 발부할 권한이 없었으며, 그 대신 14일 간 피의자의 신병을 확보할 수 있는 유치명령권이 부여되었다. 일제는 1909년 '조선에 있어서의 범죄 즉결령'을 발한 후 다음 해 12월에 범죄즉결례[206)]를 개정하여 식민지경찰의 즉결처분권을 확장하였다.

---

203) 신동운, '한국검찰제도의 현황과 개선책', 서울대학교 법학, 제29권, 1988년, 40면.

204) 신동운, 일제하 형사절차에 관한 연구, 405면.

205) 조선형사령 제14조.

206) 범죄즉결례에 따르면 경찰서장 또는 그 직무를 취급하는 자는 ① 구류 또는 과료의 형에 해당하는 죄, ② 3월 이하의 징역 또는 벌금이나 과료에 처벌할 만한 도박죄, ③ 구류나 과료에 처할 만한 상해죄 ④ 3월 이하의 징역, 금고, 구류, 백환이하의 벌금 또는 과료에 처할 만한 행정법규위반사건을 그 근간으로 단독처리 할 수 있었다.

물론 경찰의 즉결처분에 대해서는 정식재판을 청구할 수 있는 가능성이 있었으나 사실상 유명무실하였다고 한다.[207] 경찰권의 확대는 범죄즉결례가 1912년 제정된 조선태형령[208]과 결합하면서 극에 달한 바, 일제는 식민통치의 첨병인 경찰, 헌병 등에게 태형을 수반하는 즉결처분권을 부여하였고, 이를 통해 식민지 지배에 있어서 절대적 공포분위기 조성과 극도의 소송경제라는 이중 효과를 거둘 수 있었다. 더욱이 태형 집행을 감옥 또는 즉결관서에서 은밀히 집행하도록 하여, 식민경찰은 태형을 가장한 고문을 가할 수 있었고 이 때문에 일제가 이 땅에서 근대적 경찰기구를 도입한 초기부터 우리 민족은 경찰을 매질하는 기관으로 인식하게 되었다.

이러한 상황에서 경찰은 국민에게 공포의 대상이었고, 어린 아이의 울음을 그치게 한다는 '순사'의 이미지는 이후로도 오랫동안 경찰을 떠날 수 없었던 것이다.

다. 일제강점기의 검찰

1) 검사의 권한

당시 일본의 명치형사소송법은 프랑스의 영향을 받아 강제처분권이 예심판사에 집중하고 있었으며 수사기관인 검찰이나 사법경찰관은 현행범 등 극히 제한된 경우가 아니면 독자적인 수사를 할 수 없었다. 그런데도 일제는 법관에 의한 강제수사권의 통제라는 근대 형사소송법상 대원칙을 철저히 배제했으며, 이는 수사기관에게 예심판사에 준하는 권한을 부여하는 방식으로 행해졌다.

즉 검사는 긴급처분을 요하는 것으로 사료할 수 있는 공소제기 전에 영장을 발하여 검증, 수색, 물건을 차압하고 또는 피고인, 증인을 심문하고 혹은 감정을 명하는 등 예심판사에 속하는 처분(조선형사령 제12조)을 할 수 있었다.

---

207) 서상열, '과거의 경찰즉결과 현 치안국 제도', 법정, 1946년, 창간호, 143면, 경찰은 관할 내에서 정식재판을 청구하는 사람을 갖은 방법으로 괴롭혀 가급적 정식재판의 청구를 막았다고 한다.

208) 조선태형령에 따르면 3월 이하의 징역 또는 구류에 처해야 할 것은 그 정상에 의하여 태형에 처할 수 있었으며 백원 이하의 벌금 또는 과료에 처할 자가 조선내에 일정한 주소를 가지지 아니하거나, 무자산으로 인정한 때에는 그 정상에 의하여 태형에 처할 수 있었다.(조선태형령, 제1조, 제2조)- 김병화, 『한국사법사(근세편)』, (서울 : 일조각), 1980, 354면.

2) 검사제도의 운용

일제강점기(日帝强占期)에는 검찰의 일반적인 업무영역이라 할 수 있는 수사 및 공소 제기와 유지 권한은 사법경찰관리에게 대폭적으로 내맡겨져 있었다. 위에서 살펴본 것과 같이 경찰은 범죄즉결례에 의하여 위경죄를 비롯한 경미사건의 전반 그리고 나아가서 중간비중의 일반형사 사건까지도 검사의 공소제기 및 법관의 사실심리를 거치지 않는 즉결로 처리하고 있었다. 그러므로 소외 경미범죄의 부분에 관한 한 검찰의 활동무대는 존재하지 않았다.

다음으로 경미범죄가 제외된 일부 소수의 형사사건에 관하여 보더라도 검사는 수사 일선에 직접 활동할 필요가 거의 없었다. 조선형사령에 의해 작성하는 사법경찰관리에 의해 작성된 조서는 절대적인 증거능력이 인정되었으므로 일단 사법경찰조서에 자백이 기재되기만 하면 그것으로 유죄 증거는 확보된 것이었다.

이처럼 절대적 증거능력이 인정된 수사서류는 검사의 공소유지에 있어서 아무런 어려움이 없었으며, 법관도 일본어로 재판되는 공판 실상에서 한국 피고인의 법정진술을 통역하거나 번역하는 번거로움을 피하기 위해 수사서류를 중심으로 심리하는 것이 관례였다. 또한 이러한 관행은 특히 일제말 전시형사 특별법 발효에 따라 순수한 서면심리에 의한 형사재판이 가능하게 됨으로써 본격적인 조서재판제도의 완성을 보게 되었으며, 이러한 형사절차 모델이 이후에도 계속 남게 되었다.[209]

일제강점기(日帝强占期) 하에서 검찰은 조선형사령 제5조에 따라 사법경찰관에 대한 지휘권을 가지고 있었다. 그러나 일제시대하의 검사는 마치 재판소의 부속기관처럼 인식되어 왔고[210] 즉결처분제도와 같은 강력한 권한을 가지고 있던 경찰에 비해 상대적으로 그 권한이 미약해 경찰이 실질적인 범죄수사를 담당하고 검찰이 그 뒤처리를 하는 것을 원칙처럼 생각하였다.[211]

---

209) 신동운, 한국검찰제도의 현황과 개선책. 40면.
210) 엄상섭, '검찰제도에 대한 신구상, 법정, 1947년, 2권 11호, 28면.
211) 대한변호사협회지, '검사와 그 수사지휘권, 1981년, 35면.

3. 미군정하에서의 수사구조 변화

해방 후부터 1948년 8월 15일 대한민국 정부수립 이전까지 미군정 시기에, 미군정은 남한의 새로운 실질적 통치자로서 국가의 권한을 독점한 상태에서 자신들이 원하는 모델 국가로 남한을 만들기 위해 사법제도를 개편하였다. 미군정은 해방자를 자처하는 새로운 독재자로 군림하였으며, 자연스럽게 형사사법분야에 있어서도 미국의 법체계가 받아들여지게 된다. 미군정기를 경과하면서 한국의 법제도와 사법제도에는 일제강점기까지와는 전혀 다른 미국의 헌법사상과 사법제도의 영향이 서서히 뿌리내리게 되었는데, 당시 남한 주둔을 앞두고 한국인의 대 일본인 테러 및 소유발생 가능성을 염려해 미군 주둔 이후에도 총독부 국가기구를 존치시키면서 구체제의 존속 및 유지라는 소위 간접통치방식이라는 점령방침에 따르게 되었다.[212] 간접통치방식 채택으로 인해 구 식민지 국가기구가 그대로 존치하게 되었고, 형사사법기구 재편 역시 구체제 전제하에서 이루어지게 되었던 것이다.

가. 경찰사법권의 폐지

일제강점기(日帝强占期)의 범죄즉결례에 의해 경미한 범죄에 대해 관할 경찰서장 또는 경찰부서장에게 부여되었던 즉결심판권은 1945년 10월 9일 군정법령 제11호에 의해 여타의 식민지 악법과 함께 당일로 폐지되었다.[213]

또한 이에 이어 10월 18일에는 검사에 대한 법무국훈령 제1호를 통해 이를 재확인하고, 경찰이 범인체포시 조속히 이를 검사에게 인도하고 이에 대한 보고를 9가지 항목에 걸쳐서 하도록 규정하였다. 그러나 이 훈령은 검찰 수사지휘권을 그대로 존치시키기 위한 취지에서 발해진 것은 아니고 경찰은 수사를 하고, 검사는 기소와 공소유지를 담당한다는 미국식 수사구조의 관점이 적용된 것이었다. 1945년 11월 3일에는 법무국 훈령 제1호를 통해 법무국내의 형사과는 체포기관이 아니며, 조선 내에서 체표와

---

212) 박찬표, '한국의 국가형성과 민주주의', 고려대 출판부, 1997년, 25~26면.

213) 당시 함께 폐지된 법령으로는 정치범처벌법, 예비검속법, 치안유지법, 출판법, 정치범보호관찰령 등이 있다.

구류하는 것은 정당히 권한이 부여된 군대, 경찰, 경무국 관리 및 경무국에서 대리로 지정한 자의 임무임을 강조하였다.[214)]

나. 인신구속에 관한 제도 개선

1948년 5월 10일로 예정되어 있던 유엔 감시하의 남한 총선을 앞두고 미군정은 자유스러운 총선 분위기를 조성하였다는 인상을 국내는 물론 국제사회에 보이기 위해 인신구속제도에 관한 개혁적인 내용을 담은 군정법령 제176호를 공포하였다.[215)] 이는 형사소송절차, 특히 수사절차상의 강제처분 영역에서 시민적 민주주의의 구상이 전무하였던 종래의 식민지적 형사절차에 미국적인 제도를 삽입시키려는 입법상의 시도로 이 법에 의해 영장주의가 도입되고 피의자의 인신구속 등 수사상 강제처분은 법원의 권한이 되었다.

당시 검찰은 검찰관과 사법경찰관의 구인장, 구류장 발부권한을 예외적으로 존속시킬 것을 강력히 요구하였으나, 위 176호는 위 권한은 인정되지 않았고, 대신 영장청구 검찰관 경유 원칙의 도입으로 타협적인 모습을 나타낸 것이라고 한다.[216)] 제176호의 입안과 공포는 미군정당국과 한국 사법관 실무가들의 합작품의 성격을 가지고 있는데, 미군정당국은 이를 좀더 미국적 이념에 가깝게 하려고 했지만 한국 사법관 실무가나 검찰관들은 좌익세력의 활동이 활발했던 시기에 우익적 국가체제를 유지시키기 위해 적극적 범죄통제정책에 불가피하다는 현실론을 근거로 하여 급진적인 개혁이 일어지지 못하도록 저지한 결과로 제176호의 내용대로 결정된 것이다.[217)]

다. 검찰과 경찰의 수사권 분점에 관한 구조

미군정은 점령초기 경찰은 수사를, 검사는 기소와 공소유지를 담당하는 미국식 수사체제를 도입하려고 하였다. 이에 1945년 12월 29일 법무국 검사에 대한 훈령 제3호를 통해 미국인 법무국장은 검사의 선결직무는 관할재판소에 사건을 공소함에 있고,

---

214) 한국법제연구회편, '미군정법령총람', 1972년, 99면.
215) 심희기, 『한국법제사강의』, 삼영사, 1997, 351면.
216) 심희기, 전게논문, 351면.
217) 심희기, 전게논문, 352면.

세밀한 조사는 검사 책무가 아니며 검사의 특별한 교양은 법적 직무에 관여할 때 더욱 중요성을 가지며 검사는 경찰국이 해야 할 조사사항을 경찰국에 의뢰할 것이고 이는 경찰관의 직무요, 검사의 직무가 아니라고 강조하였다. 당시 미군정당국 입장에서는 미국식 제도와 상당히 다른 우리나라의 수사절차가 많은 문제점이 있어 수정을 가하고자 했다. 그러한 이유는 제2편 미국의 수사제도에서 살펴본 것과 같이 미국에서 검사와 경찰의 개념이 대륙법계와 그것과는 차이가 있었기 때문이었다.[218] 그러한 배경에서 미군정 당국은 미국식 검찰제도의 구상을 가지고 한국형사사법의 운영에 임하려고 하였던 것이나, 미군정 당국의 이러한 새로운 구상은 당시 양대 권력기관이었던 검찰과 경찰간에 새로운 권한쟁의의 양상을 표출하게 만들었다. 즉 검사의 수사지휘권에 대한 경찰의 불복은 사회적인 문제로 대두되었고, 종래의 검찰제도에 익숙했던 검찰인사들에게 심한 반발을 일으켰다.[219]

검찰의 경찰에 대한 수사지휘권 확보는 당시 검찰의 최대 관심사였다고 할 수 있는데, 이점과 관련하여 1947년 7월 "사법경찰관을 검찰기관에의 직속에 관한 건"이라는 요청이 검찰총장으로부터 군정장관에게 있었으며, 1947년 11월 10일 "수사사무담당경찰관에 관한 건"이라는 검찰총장에 대한 사법부장의 통첩이 나오게 되었다. 이 통첩에서 당시 실정하에서는 경찰의 통합력을 분해할 수 없다는 이유로 각 경찰서에 검찰관의 지휘사건을 담당할 사법경찰관을 지명 배치한다는 절충안이 채택되었으나, 검찰측은 다시 사법부검찰관에대한훈령 제3호 및 경무국통첩 제1조를 폐지할 것을 골자로 하는 1948년 2월 20일자 "범죄수사에 관한 지휘명령의 건"이라는 검찰총장으로부터 군정장관에게 건의를 제출하기까지 하였다.

이와 같은 과도기적 혼란상태 하에서 형사사법에 대한 미군정당국의 개혁은 전

---

218) 미국의 수사제도에 관하여는 제2편 미국의 수사제도 부분에 상세히 기술하였다. 즉 미국의 형사절차에서는 기본적으로 모든 수사를 사법의 일환이 아니라 행정작용의 일부로 보고 있으며, 2차 대전 이후 미국식 형사절차를 대폭 도입한 일본에서도 수사의 일부를 행정작용으로 보는 견해가 일반적으로 받아들여져 가고 있었다. 그런 개념상, 문화적인 차이에서 미군정은 우리 수사절차의 문제점을 파악하였고, 이를 개혁하고자 했던 것이다.

219) 일제강점기에 이어 검사를 역임했던 선우종원씨는 당시 시급했던 문제가 검찰과 경찰의 위계질서 확립이었으며, 경찰이 군정포고위반범죄는 한국검찰에 송치하지 않고 미군정재판소에 회부해 버리고, 검찰의 수사지원 요청을 외면하기 일쑤였으며 미군정 또한 경찰을 두둔하였다라고 당시의 감정을 회술하고 있다. -선우종원, 『사상검사』, 계명사, 1992년, 28~31면.

면적으로 진행되지 못하고 우선 부분적인 실현만을 보게 되었고, 이는 앞에서 본 군정법령 제176호에 의하여 형사사법기관의 불법인신구속을 제한하는 형사소송법 개정으로 결론이 나게 된 것이다.

1) 군정법령 176호 제정시의 구조

군정법령 176호로 형사소송법을 개정할 당시에도 영장제도를 도입함에 있어 경찰에게 청구권을 부여할지에 대하여 논의가 있었다. 또, 대검찰청은 검찰관과 사법경찰관에게 인정되었던 구인장, 구류장 발부권한을 예외적으로 존속시킬 것을 강력히 요구하였다.

그러나 1945년 당시의 미군정당국 입장에서는 소추기관(검찰관)이나 수사기관(사법경찰관)이 인신구속에 관한 영장을 발부한다는 발상은 도저히 용납될 수 없었고, 검찰측 주장은 받아들여지지 않았다.

또한 사법경찰관에게도 체포장과 구류장청구권한을 부여하려 했던 대법원안도 관철되지 못하고 검찰측의 구인 및 구류장 발부권한을 박탈하는 대신 영장청구의 검찰관 경유의 원칙이라는 대가를 주는 타협적인 모습으로 결론지어진 것이라고 한다.[220]

그러나 인신구속의 법리를 넘어서 형사사법조직과 검찰조직 전반에 대한 변화에는 이르지 못하고 이 부분에 대한 개혁의 주도권은 한국 측에 넘겨지게 되었으며 그 과정에서 검찰제도의 재구성에 필요한 작업은 일제강점기(日帝强占期) 하의 검찰출신 인사를 포함해 종래의 직업법률가들을 주축으로 해서 진행되었고, 결국 구법하의 검찰제도를 유지한다는 기본방향이 결정되게 되었다.

2) 군정법령 제213호 제정시의 구조

결국 검찰과 경찰의 수사지휘권 문제는 1948년 8월 2일 군정법령 213호 '검찰청법'에 의해 검사의 승리로 일단락되었다.[221] 한편 검찰 기능과는 달리 조직면에서는

---

220) 176호의 수개의 초안들 중 사법경찰관의 영장청구시 검찰관을 경유하도록 하는 원칙을 채택한 것은 사법부원안과 대검찰청대안이라고 한다. - 심희기, 전게논문, 353면.

221) 위 미군정법령총람, 575면, 이 법 제6조에서는 검사의 직무와 권한으로, 一형사에 관하여, 가. 범죄를 수사하고 공소를 제기하며 그 유지에 필요한 행위를 한다. 나. 범죄수사에 관하여 사법경찰관을 지휘감독함 다. 법원에 대하여 법령의 정당한 적용을 청구함. 라. 재판의 집행을 지휘감독함을 규정

일제강점기(日帝强占期)와 차별을 두게 되었는데, 우선 법원 내 검찰조직에서 검찰청이라는 독립기구로 편성된 것이 가장 큰 차이점이다. 또한 검찰총장이 전국의 검찰활동을 지시, 감독하고 조정하되, 검사에 대한 최고감독기관은 주무부장관(법무부장관)으로 하였으며, 나아가 검찰청법 제12조 "검찰관은 상사의 명령에 복종한다."라고 규정하여 검사동일체의 원칙을 확인하였다.

이러한 검찰청법의 기본입장은 형사소송법이 건국 이후 일본 신형사소송법의 영향으로 인해 당사자주의적 제도를 대폭 도입한 것과 관련하여 검토해 볼때 상당한 이질적인 모습을 띄는 것이라고 하지 않을 수 없었다.

즉 형사절차에 있어 업무 당사자에게 인권보장의 중책을 맡긴다는 것은 모순적인 설정이었으며, 검찰을 정부의 영향 하에 두고 검사동일체 원칙으로 단결시켜 둠으로써 검찰이 정부의 이익을 대변하도록 하는 거의 통제 불가능한 권력집단이 될 가능성이 이때부터 이미 열려있었다고 해도 과언이 아닌 것이다.

4. 제1공화국 시기의 수사구조

가. 검찰청법과 형사소송법의 제정

미군정시대가 종결되고 건국 이후 형사소송법과 검찰청법 제정으로 우리나라 수사체제는 일단 그 기본 골격이 형성되었다.

형사소송법 제정 과정에서 가장 큰 특징은 검찰권의 정치적 남용을 억제하기 위해 법원에 의한 검찰통제 및 법원우위의 제도적 장치를 만들어 낸 것이라 할 수 있다. 즉 영장발부에 있어서 법관의 우위성을 보장하고, 검사의 불기소처분에 대한 재정신청을 인정하며, 공판정 좌석배치에 있어서 법원우위를 인정한 것 등 여러 면에서 법원사법을 제도화한 노력을 알 수 있다.[222] 그러나 그 제도적 운영은 실제로 매우 직권적이었고 검찰사법의 영향으로 인해 당사자주의의 기본원칙은 제대로 실현되지 못하였으며 특히 수사권 분야에서는 많은 문제점을 안고 있었다.

하고 있는데, 이는 종전 검사의 기능과 크게 달라지지 않은 것으로 검찰의 기능에 대해서는 검찰관료들의 의사가 거의 대부분 반영되었음을 알 수 있다. - 심희기, 전게논문, 331면.

222) 한인섭, 『한국형사법과 법의 지배』, 1976년, 275면.

나. 수사권의 검찰집중, 검사의 수사지휘권 강화

광복 이후 수사체제는 검찰의 법원으로부터 독립과 검찰 권한강화의 방향으로 진행되었다. 검찰청법 제정으로 대한민국 검찰제도의 기본골격이 형성되었고, 이 법에서는 검찰청을 법무부에 배속시키고 나아가 사법경찰관의 검사 명령에 대한 복종의무와 검사의 사법경찰관에 대한 체임요구권을 규정하여 법령상 검사의 사법경찰관에 대한 수사지휘권을 명백히 하였다.[223)]

물론 형사소송법 제정당시에 사법경찰관리와 검사와의 관계를 영미식 상호협조관계로 할 것인가 아니면 지휘명령관계로 할 것인가에 관하여 논란이 없었던 것은 아니지만 일제강점기(日帝强占期) 하의 역사적 경험 때문에 검사의 수사지휘권을 인정하려는 것이 당시의 지배적인 경향이었다고 한다.[224)]

당시 국회에서는 영미 수사제도를 받아들인 것인지에 대하여 중점적으로 논의되었으나, 중앙집권적인 국가경찰제도하의 경찰이 독자적 수사권한까지 갖게 될 경우 경찰파쇼화의 우려가 높았고 그러한 이유로 현행제도를 고수하는 방향으로 의견이 일단락 지어졌다. 그러나 이러한 입법 방향은 결과적으로 검사조서의 증거능력으로 인해 현실의 형사재판이 상당부분 서류심리방식으로 변질되게 하였고, 검사와 경찰관의 조서에 증거능력의 차이를 두고 검사는 재판을 위해 반드시 피의자 또는 참고인을 불러서 재조사를 하게 되어 검사의 업무를 가중시킴은 물론 피의자나 참고인에게 시간적, 정신적 피해를 주게 되는 심각한 부작용을 낳게 되었다.[225)]

다. 경찰의 즉결심판청구권으로 권한 축소

미군정하의 경찰사법권과 즉결심판의 폐지는 지방법원에 수많은 경미사건의 폭

---

223) 이러한 취지는 형사소송법에도 반영되었는데 동법 제16조 제1항은 "수사관, 경무관, 총경, 경감, 경위는 사법경찰관으로서 검사의 지휘를 받아 수사를 하여야 한다"고 규정함으로써 검사의 사법경찰관에 대한 지휘를 명시하였다. - 이명원, "우리나라 수사체제에 관한 고찰-검찰과 경찰의 관계를 중심으로-"석사논문, 2000년, 64면.

224) 이러한 점은 사법경찰관 작성의 피의자신문조서와 검사작성의 피의자신문조서의 증거능력에 차별화한 점에서도 그 취지를 알 수 있다고 하겠다.

225) 신동운, 한국검찰제도의 현황과 개선책. 56면.

주를 초래하였다. 이의 해결을 위해 많은 대안들이 제시되었으나 결국 1957년 2월 15일 법률 제439호로 즉결심판에관한절차법이 제정되었고, 이 법에 따라 일제강점기(日帝强占期) 하의 경찰서장 권한이었다가 미군정하에 사라졌던 즉결심판권은 즉결심판청구권으로 그 권한의 범위가 축소되어 인정되었다. 심판권에서 청구권으로 그 범위가 축소되기는 하였지만 즉결심판을 청구할 수 있는 사건 범위내에서는 경찰이 검찰의 지휘 없이 독자적으로 수사할 수 있게 되었다.

라. 검찰이 경찰에 대한 수사지휘의 실질적 운영

검찰과 경찰의 관계가 상명하복의 관계로 정립되기는 하였으나 그 실질상 경찰은 1957년 이후 즉결심판청구권을 가지게 되고, 또 긴급구속권, 영장청구권, 경찰단계에서의 10일간의 구속기간을 통해 어느 정도 검찰로부터 자유영역을 확보하였으며, 또 이미 갖추어진 조직력으로 인해 검사의 사법경찰에 대한 수사지휘권은 중대사건 이외에는 제대로 행사될 수 없었다.[226] 또한 당시 도입된 당사자주의가 강화된 소송구조가 서류심사 위주의 공판에 익숙한 검사들에게 많은 부담을 주었음은 물론 검찰은 경찰의 수사를 지휘하지 못하였으며, 법원으로부터 독립하여 법무부장관의 지휘하에 들어간 것으로 인한 부작용도 나타나기 시작하였으며, 이는 체제상 검찰이 정치적 영향으로부터 독립될 수 없는 구조적 모순 또한 이미 나타나기 시작하였다.[227]

5. 제2공화국 시기의 수사구조

가. 4·19의거와 경찰

대한민국 건국과 함께 검찰청법과 형사소송법이 개정되면서 경찰은 수사에 있어서 보조자의 지위에 있게 되었다. 그러나 경찰은 1공화국 당시 정권유지의 기반 역할을 하였음은 물론 막강한 조직력, 물리력을 보유하고 있었기에 검찰의 수사지휘권 행사는 제대로 이루어질 수 없었으며 검찰은 경찰을 통제하지 못하는 것이 당시의 현실

226) 김종수, '경찰의 중립화와 검찰의 수사지휘권', 사법행정, 1963년, 30면.
227) 김종수, 위 논고, 34면.

이었다. 그러나 이러한 양 조직의 관계는 2공화국을 지나면서 확연한 변화를 드러내게 된다. 여전히 범죄수사는 경찰이 거의 전담하고 있었지만 4·19의거 이후 경찰과 검찰의 관계 구도는 상당히 개선되기에 이른다. 1공화국 당시 자유당 독재정권의 집권이 장기화되면서 경찰은 집권당의 사병화 되어가는 양상이 뚜렷해졌다. 즉 경찰은 각종 선거에 간섭하는 것을 넘어서서 조직적으로 불법선거에 개입하였고, 이에 대한 국민의 저항이 4·19의거로 나타났다.

그 결과 자유당 독재정권이 하야하면서 2공화국이 탄생하게 되었는데, 그 과정에서 국민들로부터 이미 신망을 잃었음은 당연하였고, 상관의 명령에 국민에게 총탄을 날렸던 많은 말단 경찰관들이 사형이라는 극형에 처해지는 등 사법처리 되었다. 반면 장관 이하의 당시 발포명령을 내린 고위간부들 태반이 무죄언도를 받는 등 책임이라는 그물망을 모두 피해갔다. 이로 인해 경찰의 사기는 땅에 떨어질 수 밖에 없었고, 명령지휘체계가 무너졌음은 물론 권위도 남아 있지 않았다.[228] 그야말로 권력자의 입장에 서 있었던 경찰들에게도 4월의 혁명은 잔인한 계절로 남게 되었던 것이다.

나. 경찰의 정치적 중립화

4·19의거의 시련으로 경찰 내부에서는 정치적으로 중립되어야 한다는 의식이 나타났고, 공안위원회의 관리하에 체제가 운영되도록 한다는 새 정부의 공약과 함께 민주적 운영 의지가 더 강해졌다고 볼 수 있다.[229] 과도정부에 의해 경찰행정개혁심의 위원회가 구성되었고, 동위원회는 수사 책임한계의 명확한 설정, 경찰의 군사적 투쟁 행위 책임면제, 중앙공안위원회의 성격을 관리기관화하고 경무청은 집행기관화 할 것 등을 주요골자로 하는 경찰중립화를 위한 경찰법안을 건의할 것을 국회에 요구하였다. 또한 동위원회는 수사경찰의 민주적 개선을 위하여 경찰의 수사주체성 인정을 내용으로 하는 형사소송법 개정안을 건의하였다. 그러나 그때까지의 개혁안이 모두 폐기된 것과 마찬가지로 야당이었던 민주당이 집권당이 된 이후에는 경찰의 정치적 중립화가

---

228) 동아일보, 1960년 10월 30일자, 사설 참조.

229) 공안위원회체제는 당시 국가공안위원회의 관리하에 경찰청이 운영되고 있는 일본의 신형사소송법 체계 및 경찰법 체계를 따른 것으로 보인다. 일본의 수사제도 중 경찰제도에 대해서는 2편 '일본의 수사제도'를 참조.

소극적으로 되었으며, 정치적 중립화, 수사주체화를 이루지 못하고 군사혁명을 맞이하게 되었다. 결국 경찰은 자유당 말기에 당리당략의 희생양이 되어 깊은 상처를 입고 허덕이다가 국가발전과 국민 기본권 보장을 위해 급선무의 과제로 여겨졌던 경찰의 정치적 중립화 꿈은 사라지게 되었다.[230)]

6. 제3공화국 시기의 수사구조

5·16 군사혁명으로 군부가 권력을 장악한 이후 군정부는 강하고 효율적인 국가재건 의지를 천명하였는데, 이러한 군부의 의지는 형사사법분야에서 검사에게 영장청구권을 독점시키는 것으로 나타났다. 이로 인해 3공화국 이후 경찰은 비교적 정치권과 거리가 가까워지게 된 그 시점에서 검찰의 경찰에 대한 우위 관계가 정립되게 되었다. 이 시기에 나타난 경찰과 검찰의 관계변화는 영장제도의 변천에 잘 나타나 있다.

3공화국 시대에 들어 수사체제에 나타난 변화중 가장 주요할 만한 것은 영장청구권자가 검사로 한정된 점이다. 형사소송법의 개정을 통해 경찰은 검찰을 경유해야만 영장을 청구하게 되었고, 결국 경찰에 대한 검찰의 통제는 강화되게 되었다. 우리 헌법은 영장제도를 채택하여 수사상 필요에서 국민의 신체 자유를 제한하는 경우에는 반드시 법관의 영장발부에 의하도록 규정하고 있는데, 제헌헌법 당시에는 사법경찰관리의 영장청구권을 배제하는 헌법상의 명문규정이 없었으나, 수차의 헌법 개정을 거치면서 검사만이 영장청구권자로 헌법에 명문화되었음을 알 수 있다.

이러한 헌법적 변화는 일견 인권옹호의 책무를 진 검사로 하여금 국민의 신체 자유가 부당히 침해되지 않도록 감시한다는 헌법적 책무를 부여한 것으로 긍정적 해석이 가능하다. 그러나 이면에는 사법경찰관의 검사에 대한 영장신청 품신과정이나 또는 검사에 의한 법관에의 영장신청과정에서 인신구속에 관한 실질심사를 가능하게 하는 인적, 물적 자원의 확보는 전혀 이루어지지 않았다는 점에 주목할 필요가 있다. 즉 우리나라의 경우 구속대상자를 직접 심문하는 미국의 치안판사제도나, 서독의 구(區)법원판사제도, 일본의 구류심문을 위한 제도 등과 같은 실질적인 제도를 전혀 도입하지 않았다. 이상과 같은 검찰의 영장청구권한 독점은 인권옹호를 위한 것이라기 보다

230) 동아일보, 1962년 4월 23일자, 논평 참조.

는 경찰에 대한 검사의 통제를 강화시키고 효율적으로 통제하기 위한 의도가 있음을 알 수 있다. 당시의 검찰권력 비대화 수준은 검찰의 권한과 관련 검찰관계 조직법규 및 형사소송법규를 살펴보면 잘 알 수 있는 바, 검찰관계법규 개정시 법률안 작성의 주무부서는 검찰이 소속되어 있는 주무부이며 법률안 개정작업의 일선실무에 검찰인 사들이 대거 관여하는 등 검찰조직에 유리한 방향으로 수사제도 변혁이 이루어지는 것은 당시의 상황상 자연스러운 일이었다.[231)]

7. 제4공화국 시기의 수사구조

가. 유신헌법하의 개정형사소송법

박정희 대통령 집권하에 국가비상사태선포로 인한 국가보위에관한특별조치법이 제정되었다. 그후 1972년 박정희 대통령은 10월 17일 대통령 특별선언을 통해 "남북대화의 적극적인 전개와 주변정세의 급변하는 사태에 대처하기 위한 체제개혁 단행을 위한다."는 구실로 약 2개월간의 헌법조항 중 일부의 효력을 중지한다는 비상조치를 선언하였다. 이로 인해 비상계엄이 선포되고, 10월 27일 헌법개정안이 비상국무회의를 통과하여 국민투표를 통해 유신헌법이 확정, 공포되었다.

유신헌법에서는 당시의 정권유지적 차원에서 나온 사법부에 관한 독소조항들이 다수 삽입되었는데, 그 이전에 있었던 사법부 파동[232)] 등으로 인한 정권의 반법원적 감정이 헌법과 형사소송 관련 법규에 투영되었고, 이로 인해 상대적으로 형사사법에 있어서의 검찰 권한은 더 비대화되는 계기가 되었다.

---

231) 이명원, "우리나라 수사체제에 관한 고찰 -검찰과 경찰의 관계를 중심으로-" 석사논문, 2000년, 78면.

232) 이는 1971년 7월 검찰과 법원의 갈등이 표출된 사건으로, 서울지검 공안부 이규명 검사가 29일 선고 예정이던 이방택피고인에 대한 국가보안법 위반사건의 항소심을 담당한 서울형사지법 재판장 이범렬 부장판사 등 3인에 대해 뇌물수수 혐의로 입건, 구속영장을 신청한 것이 발단이 되었다. 이에 법원은 28일 오후 3시에 구속영장을 기각하였고, 검찰측은 내용을 보강해 29일 새벽 2시 30분에 영장을 재신청하였으나, 그날 오후 다시 영장이 기각되었다. 이후 서울 형사지법 판사들은 28일 오후 긴급회의를 소집해 '각 법관은 각자의 양심에 따라 진퇴 결정을 결의'하고서 39명 전원의 판사가 사표를 제출하였는데, 이로 인해 전국 법관 415명 중 106명이 이에 동참하여 사표를 내기에 이르러 이로 인해 야당의 비판은 물론 국민여론이 검찰에 대한 비판으로 향하자 신식수 법무장관이 8월 1일 민복기 대법원장을 찾아가 대통령 지시로 백지화 화해를 제의하게 되었다.

나. 검찰사법의 확대

유신헌법에 뒤이은 1973년의 유신형사소송법은 비상국무회의라는 비상입법기관에서 아무런 법안공개절차도 거치지 않고 제정, 공포 발효되었다. 검찰은 이 법을 통해 형사절차에서 법원의 견제를 상당부분 무력화시켰고, 권위주의 정권하에서 검찰은 제도적으로, 사실상으로 그 권한을 확대시켜 나갔는데, 그 내용을 보면 다음으로 요약될 수 있겠다.

1) 재정신청 범위 축소

재정신청제도는 검사의 자의적인 기소재량권 행사를 견제하기 위한 제도로 우리 형사소송법 제정 당시에 검찰권 행사를 억제하기 위한 견제수단으로 가장 중요한 제도였다. 그래서 법 제정 당시에는 그 대상범죄에 아무런 제한이 없었고 신청권자도 고소인 또는 고발인으로 확장되어 있었다. 그러나 1973년 형사소송법 개정을 통해 그 대상범죄는 한정되었고 이로 인핸 재정신청 범위는 축소되었다.[233] 그 대상범죄 또한 수사공무원의 가혹행위에 관련된 죄로서 결국 사법경찰관에 대한 검찰의 통제를 확보하기 위한 목적이 다분하였다.

2) 구속적부심 폐지

구속적부심사제는 미군정법령 제176조에 의해 우리나라 형사절차에 도입된 이후 제헌헌법에 의해 헌법상 기본권으로 확인된 인권보호조항이었다. 그러나 이미 법관에 의하여 적법하게 발부된 영장으로 인해 구속된 자의 구속적부심사는 불필요한 제도라는 논거로 폐지되었다. 이로 인해 검사의 요구로 법관이 영장을 발부하게 하고서 이에 대한 구속적부심마저 폐지함으로 인해 검찰에 대한 견제는 점점 더 멀어지게 되었다.

3) 직권주의적 요소의 대폭 도입

수사기관과 피고인의 무기대등원칙이라는 형사소송의 이념은 증거수집과 공판절

---

233) 그 대상조문은 형법 제123조 제124조, 제125조로 수사공무원의 가혹행위에 관한 3개의 범죄가 재정신청의 대상으로 하였다.

차에서 검사에게 더욱 유리하게 법이 개정된 결과 후퇴하게 되었다. 즉 검사는 제1심 공판기일 이전에 증인신문을 청구할 수 있고, 검사가 판사에게 감정유치처분을 신청할 수 있도록 제도를 신설하였으며, 한번 구속되었다가 석방된 자에 대한 재구속 제한 규정을 완화하고, 상당한 이유가 있으면 법원이 공소장 변경을 요구할 의무를 부담하도록 개정되었다.[234)]

다. 유신시기의 검찰과 경찰

유신체제하의 강력한 권위주의 안에서 검찰은 정권의 이익을 대변하고 정치권력 도구로서의 역할을 충실히 하였으며, 스스로 권력을 확대해 나가기까지 하였다. 이미 본 바와 같이 미군정 이후 검찰은 소송당사자의 성격이 강화되고, 법원에서 분리되어 검찰청으로 독립하였으며, 주무부장관의 감독을 받게 되어 정부의 영향을 강하게 받을 수밖에 없는 입장이 되었다. 게다가 검사동일체의 원칙하에 자칫 검찰이 정권의 영향하에서 정권의 이익을 대변하는 통제불능의 강력한 집단이 될 우려를 가지고 있었는데, 이러한 우려는 유신시기에 가장 잘 나타나게 되었다. 이 시기의 검찰은 국민들의 인권을 옹호하는 기관으로서 기능을 제대로 수행했다고 보기 어려우며, 검찰권을 강화하는 입법이 다수 통과됨으로써 검찰의 권한은 더욱 강하고 통제하기 힘들게 되어갔다. 또한 이 시기의 경찰도 정권유지에 충실했음은 부인할 수 없다. 그러나 검찰과 경찰의 차이점은 권력 관심보다 다소 먼 곳에 있었다는 것이다.

당시의 경찰에 대한 사회적 인식은 매우 좋지 않았고, 근무 여건 또한 매우 열악한 상황이었고, 경찰은 심각한 인력난을 겪어야 했다. 이로 인해 수사의 질은 더욱 낮아질 수밖에 없었다. 그러나 그런 현실 속에서도 경찰은 여전히 거의 모든 수사를 전담하고 있었으며, 경찰의 수사체제에 대한 불만이 쌓여가면서, 이를 개선해야 한다는 문제점을 인식하고 있었다. 하지만 정권과 국민으로부터 외면을 당하고 있는 경찰이 수사제도의 개혁이라는 목소리를 내놓을 시기는 상황이 허락되지 않았다.

그러한 사회 분위기 속에서도 경찰은 1977년 수사업무 개선을 위한 연구용역을 의뢰하였는데, 그 연구내용에는 수사권독립과 관련된 사항도 있다.[235)]

234) 한인섭, 전게 논문, 100~102 참조.

235) 즉 1977년 10월 15일부터 1978년 6월 30일까지 수개월에 걸쳐 수사경찰의 현대화 작업을 추진하기

8. 제5공화국시기의 수사구조

가. 검찰사법의 유지

5공화국 형사사법에서의 검찰 역할은 유신체제 이후 더욱 강화되었다. 이 시기에는 별건구속과 같은 불법적인 방법에 의해 영장이 발부되었고, 법원은 수사기관에 의한 구속기간 연장요건인 '수사를 계속함에 상당한 이유가 있다고 인정한 때' 및 '특히 계속할 필요'를 전혀 심리하지 않고 인정하여 구속기간은 부당하게 장기화(법 제205조, 제92조)[236] 되었다. 유신시기에 폐지되었던 구속적부심사제도가 제한된 범위 내에서 인정되고, 재구속의 제한규정을 신설하는 등의 형사소송법 개정(1980년)이 이루어졌으나, 이 또한 중대사건과 검사이지, 사건을 제외한 것이어서 검찰권에 대한 효과적인 통제는 이루어질 수 없었다. 당시 기소편의주의 하에서 검찰의 기소재량을 통제할 수 있는 제도로는 검찰항고와 재정신청만이 가능하였으나, 검찰항고는 검찰 내의 자율적 통제라는 한계가 있었고, 법원에 의한 통제라 할 수 있는 재정신청의 경우에는 그 범위가 수사공무원의 가혹행위에 관한 사건에 한해 인정되도록 축소(1973년 개정)되었으며, 그마저도 이 제도의 이용은 활발하지 못했다.[237]

나. 수사권독립론

유신체제하에서 그 구조적 문제점을 인식하고도 수사제도의 개혁을 주장하지 못

위한 정부예산의 지원방향과 기준을 판단할 수 있도록 경제기획부와 협의해 한국과학기술연구소에 용역을 의뢰하여 연구에 착수하도록 하였는데, 이는 경찰의 수사력 발전을 위한 것이었다. 이 연구내용에는 "검사의 수사지휘권을 세부적으로 규정하고 검사는 공소유지 및 고도의 법률지식이 요구되는 사건을 수사하도록 하고, 사법경찰관집무규정을 내무, 법무 합동부령 또는 대통령령으로 제정하며, 수사업무 능률화를 위하여 수사절차, 서식 등은 경찰과 검찰이 협의하여 결정하도록 하고, 궁극적으로 수사권 독립을 확립한다"는 등의 수사업무개선안이 들어 있다. 한국과학기술연구소, '수사업무개선을 위한 연구서', 1978년, 참조.

236) 조용환, '사법민주화의 현황과 문제점', 법과 사회, 1989년 8월, 95면.

237) 법원행정처, '사법연감', 1998년, 424면, 당시의 재정신청사건의 누년비교표를 보면, 1980년부터 1985년까지는 매년 20~30건 정도의 분포를 보이다가 1986년에 75건, 87년에 164건으로 비약적인 증가추세를 보였다. 그러나 이 시기에 단 한건의 부심판 결정도 내려지지 않았다는 것은 당시의 검찰 권력이 막강하였음을 간접적으로나마 예측할 수 있다.

해왔던 경찰의 불만은 80년대에 접어들어서면서부터는 정권의 변화와 제도개선을 거점으로 목소리를 내기 시작했다. 그러나 경찰의 주장은 검찰의 강한 반대에 좌절이 반복되었다. 박정희대통령의 정권이 막이 내린 1979년 이후 국회 헌법심의특별위원회가 활발히 활동하던 당시 경찰의 개혁과 정치적 중립을 위한 제도개혁 논의가 활발하게 되었는데, 1980년 4월 치안본부는 경찰중립화를 위한 헌법상의 명문규정의 필요성과 경찰의 독자적 수사권을 위한 관계법류개정을 골자로 하는 대 국회 대화자료를 발행, 일선간부들로 하여금 국회의원에 대한 로비를 하도록 지시하기까지 하였다고 한다.

이로 인해 당시의 '수사권 독립론'에 관한 주장은 찬반 이론이 대립하면서 사회의 새로운 이슈가 되었다.[238] 당시 상당한 지지세력을 얻기도 했지만 수사권행사의 직접적인 관련을 맺고 있는 법조계로부터 강한 반발을 맞게 되었다. 검찰은 경찰의 수사권독립은 시기상조일 뿐만 아니라, 경찰이 아무런 지휘감독도 없이 수사권을 맡게 되면, 자칫 경찰국가화 될 위험이 있음을 지적하면서 우리나라 경찰의 자질상 인권침해 문제를 야기할 것임을 지적하면서 강한 반대 의사를 표명했다.

결국 경찰중립화와 수사권독립화의 문제는 경찰이 국회의원들을 상대로 로비활동을 벌이고 검찰이 대책회의를 거듭하다가 시국 파동으로 일단 유보되었다.[239][240] 5공화국 당시의 수사체제 속에서 검찰과 경찰의 관계는 유신시절과 변화없이 지속되었지만, 80년대에 들어오면서부터는 경찰은 당시의 수사체제를 비판하는 시도를 시작하였고, 관련 기고들을 경찰잡지 등을 통해 내기도 하였다.

이때부터 경찰과 검찰의 '수사권독립론'에 대한 찬반이론이 본격적으로 언론에 보도되어 사회의 이슈가 되기 시작하였다고 할 수 있다.

---

238) 연합통신, '연합연감', 창간호, 1981년, 218면.
239) 동아일보사, '동아연감', 1981년, 295면.
240) 한편 1985년에는 '2000년대 경찰발전방향 연구위원회'가 제시한 2000년대 경찰발전방안이 보고되었는데, 이 보고서에서는 경찰이 제1차적인 수사주체로서 범인 및 증거를 수사하도록 하며 입건여부 결정권이나 독자적 청구권, 경찰작성의 피의자신문조서의 증거능력 인정 등 경찰의 독자적 수사권을 인정하되 검사는 필요하다고 인정될 때 범죄를 수사할 수 있도록 하였으나, 이 보고서는 경찰 내의 보고서로 묻히고 말았다.

9. 제6공화국 시기의 수사권 구조

가. 수사체제의 변천요구의 확대

1) 1988년에서 1991년 사이의 구조개혁 논의

80년대에 들어와 한번 회오리를 불러일으켰던 경찰중립화 방안은 한동안 잠잠하였다가 민주화에 대한 국민의 열망과 함께 그 논의가 다시 뜨거운 열기를 불러일으키게 되었다. 1988년 6 · 29선언 이후 당시의 민주화 바람과 함께 경찰의 중립화에 대한 요청이 일게 되었고, 정부 및 여 · 야 모두 경찰의 중립을 위한 방안을 제시하였다. 경찰은 경찰의 직접 영장청구권과 경찰작성의 피의자신문조서에 대한 증거능력 인정을 요구하는 내용으로 방안을 제시하였고[241] 그 이후에도 경찰청은 한국개발연구원에 용역을 주어 2000년 경찰발전방안을 제시하였는데, 여기서도 경찰수사권의 적정화를 요구하였다.[242]

2) 1994년 형사소송법 개정시에서 1999년 사이의 구조개혁 논의

형사소송법 개정문제와 더불어 경찰측에서는 검찰의 강한 반발을 예상하여 보다 한정적인 제한된 범위 내에서만 독자적 수사권을 확보하는 내용으로 안을 제시하였다. 즉 "공소권 없는 교통사고 사건에 대한 경찰의 수사종결권 부여" 또는 "공소제기를 필요로 하지 않는 모든 사건에 대한 경찰의 수사종결권 부여"를 주장하였다.

당시 이러한 경찰의 주장은 국민회의와 자민련의 지지를 받아 양당이 1996년 4월 마련한 형사소송법 개정 초안은 경찰의 수사권 독립 내용을 담고 있었는데 그 주요 내용은, "사법경찰관은 형법 중 상해, 폭행, 과실치상, 절도, 강도의 죄와 도로교통법 및 교통사고처리특례법 등에 규정한 죄와 폭력행위등처벌에관한법률, 특정범죄가중처벌등에관한법률에 규정한 죄 중 상해, 폭행, 과실치상, 절도, 강도의 죄에 한하여 검사의 수사지휘를 받지 아니하고 수사할 수 있도록 한다."는 것을 주요골자로 하였다.

---

241) 그러나 이러한 시도는 관철되지 못하였고, 1991년 경찰조직에 관한 일반법인 '경찰법'이 제정되었을 당시 경찰에 대한 '외부간섭의 배제', '수사권독립'조항은 삭제되었다.

242) 허남호, '경찰수사권 독립의 공론화, 수사연구, 1992년 2월, 87면.

그러나 위 초안은 결국 당내에서도 논란이 일어 발의되지 못하였다.[243)]

한편 1998년 김대중 정부는 '지방경찰제' 도입을 공약으로 내세웠는데, 이 공약에서는 경찰의 부분적인 독자적 수사권을 인정하는 내용이 포함되어 있었다. 이러한 배경 속에서 경찰은 형사소송법 개정을 통해 상해, 폭행, 절도 등 일정한 범죄에 한하여 수사권을 인정해 줄 것을 대통령인수위원회에 공식적으로 요구하게 되었고, 이를 계기로 검찰과 경찰은 수사권 독립론에 대한 찬반 논쟁을 심화되었다.

1998년 4월 15일 당시 김세옥 경찰청장은 경찰의 폭행, 절도, 상해등에 관한 일부 수사권 독립문제와 관련하여 서울시내의 일선경찰서에서 '검찰이 경찰비리를 수사할 예정임을 알리고 자체감찰을 강화하라는 전언통신문을 시달하는 등 경찰은 여권지지라는 상승세를 타고 전례없던 수사권 독립의 주장을 공개적으로 표명하기 시작하였다.[244)] 그러나 검찰은 경찰의 주장에 논리적으로 반박하는 내용의 '수사지휘론'을 발간하여 절대불가의 입장을 고수하였다.

1999년에 들어서 경찰은 본격적으로 수사권과 관련한 주장의 강도를 높여갔는데, 1월 18일 당시 김광식 경찰청장은 공식적으로 "수사권 독립 문제를 본격적으로 처리해 나가겠다."는 의지를 밝히면서 5월 2일 경찰청은 '자치경찰제의 이해'라는 책자를 각 지방경찰청과 경찰서 등에 일제히 배포하였고, 일선경찰서의 간부들은 지체없이 이 책자를 가지고 관내 주민들과 접촉하여 경찰의 입장을 홍보하기에 나섰다. 이에 5월 7일 법무부는 언론에 경찰의 수사권 독립 주장에 반대한다는 공식 보도자료를 내면서 사법경찰을 법무부 소속으로 옮기고, 그 동안 경찰에게 주어졌던 즉결심판청구권을 환수해야 한다는 강한 의지를 표명했다. 이와 같이 검찰과 경찰의 대립 양상이 극적으로 치닫게 되자, 정부는 5월 8일 더 이상의 논의를 중단하도록 요구하였는데,[245)] 이후 수

243) 동아일보 1996년 11월 7일자 기사 참조. 당시 형사소송법 개정안을 둘러싸고 국민회의에서는 수사권독립에 대한 강한 의지를 가지고 있던 정균환 의원과 박상천 의원 사이에 심각한 견해차로 인해 그 찬반여부에 대한 논란이 컸다.

244) 1998년 4월 23일, 대구지방경찰청을 방문한 김정길 행정자치부장관은 "경미사건에 대해서는 경찰에 수사권을 주는 것이 바람직하다"는 견해를 밝혀 당시 경찰의 주장에 동조하였다.- 주간조선, 1998년 6월 30일, 43면.

245) 당시 박지원 청와대 대변인은 경찰의 수사권 독립문제를 둘러싼 논란을 두고서 "지금은 이 문제를 논의할 때가 아니므로 더 이상 논의하지 않을 것이라면서 이 문제는 신중히 검토해 시간을 갖고 처리할 것"이라고 밝혔다. 동아일보, 1999년 5월 8일 기사 참조.

사권독립과 관련한 검찰과 경찰의 대립양상은 잠시 소강상태를 보이게 되었다.

제 2 절 우리나라의 현행 검찰제도와 경찰제도

1. 우리나라의 검찰제도 개관

가. 검사의 의의

검사(Staatsanwalt, Public Prosecutor)란 검찰권을 행사하는 국가기관을 말한다. 검사는 범죄수사로부터 재판의 집행에 이르기까지 형사절차의 모든 단계에 관여하여 형사사법의 정의를 실현하는데 기여하는 능동적이고 적극적인 국가기관이라고 할 수 있다.[246] 즉 검사는 수사절차에서는 수사의 주재자로서 사법경찰관리를 지휘·감독하며 수사의 최종결론인 공소제기여부를 독점적으로 결정하고, 공판절차에서는 피고인에 대립되는 당사자로서 법원에 대하여 법령의 정당한 적용을 청구하고 소송절차에의 다양한 참여권이 보장되어 있으며, 재판이 확정된 때에는 형의 집행을 지휘·감독하는 광범위한 권한을 가진 국가기관이다. 또한 국가형벌제도에서 검사가 누리는 각종 권리는 원칙적으로 의무의 성격을 동시에 가지고 있다.[247] 즉 검사는 수사의무, 공소제기의무, 형집행의 의무가 있다. 그러나 이러한 의무 이외에도 검사는 객관의무, 인권옹호의무 및 법정질서에 대한 복종의무 등이 있다. 이러한 의무부담은 검사의 소극적 소송주체로서의 지위로 파악되기도 한다.

나. 검사제도의 연혁[248]과 도입

검사제도는 중국의 국가소추주의에 그 기원을 두고 있다고 할 수 있다. 검사제도는 역사적으로 14세기에 프랑스에서 왕의 대관(Procureur Du Roi)이라는 제도에서 처음

---

246) 이재상,『형사소송법』, 제5판, 박영사, 1996, 84면.
247) 배종대/이상돈,『형사소송법』, 홍문사, 1996, 81면.
248) 이하 이재상, Supra, 84면, 85면.

그 모습을 찾아볼 수 있다. 그러나 이때 왕의 대관은 왕권 확장에 따라 국가의 수입원인 벌금과 몰수를 확보하기 위하여 소송에 참여한 왕실의 관리에 지나지 않았다. 이 제도는 프랑스 혁명 이후에 영국의 기소배심제도의 도입에 의하여 잠시 폐지되었다가, 1808년의 치죄법에 의하여 공화국의 대관(Procureur de la République)으로 부활되었고 이 때에 이르러 비로소 형사절차에서 소추관의 역할을 본격적으로 수행하게 되었다. 이 제도가 독일과 일본을 거쳐 우리나라에 도입된 것이 바로 검사이며,[249] 이러한 의미에서 검사는 역사적으로는 프랑스의 치죄법에 뿌리를 두고, 사상적으로는 계몽주의의 영향을 받은 제도라고 할 수 있다.[250]

우리나라는 일제강점기(日帝强占期) 하에서 일본의 명치형사소송법(1890), 대정형사소송법(1922)[251]의 의용에 따라 검사제도가 처음 도입되게 되었으며, 모법인 프랑스의 경우와는 달리 예심판사가 아닌 수사기관인 사법경찰관리에게 예심판사에 준하는 권한을 부여하는 방식으로 행해졌다. 즉 일제시대에는 검찰의 일반적인 업무영역이라 할 수 있는 수사 및 공소의 제기와 유지의 권한은 사법경찰관리에게 대폭적으로 내맡겨져 있었으므로 소위 경미범죄의 부분에 관한 한 검찰의 활동무대는 존재하지 않았다.[252]

본격적으로 현재의 검찰제도를 틀로 하는 검사제도가 도입된 것은 미군정이 끝나고 건국이후 형사소송법과 검찰청법의 제정 이후부터이며, 이때부터 우리나라 수사체제의 기본골격이 형성되었다.

---

249) 이미 2편에서 본 것처럼 영미의 검찰제도는 중국의 그것과 큰 차이가 있다.

(1) 영국에서는 철저한 당사자주의의 결과로 사인소추주의(Private Prosecution)를 원칙으로 하면서 실제상으로는 경찰소추주의(Police Prosecution)를 가미하고 있다. 물론 공익에 대한 사건이나 중대사건에 있어서는 국가소추기관이 소추를 담당하고 있으나, 소추기관인 법무장관(Attorney General) 및 공소국장(Director of Public Prosecution)은 중국의 검사와 구별하지 않으면 안 된다.

(2) 미국에서도 영국의 형사절차를 계수하였으나 일찍이 프랑스의 검사제도를 도입하여 임명에 의한 연방검사와 선거에 의한 지방검사를 두고 있다. 그러나 미국에서는 소추기관으로서 검사 이외에 대배심(기소배심)을 두고 있으므로 연방법원의 관할사건에 대하여는 중요사건의 기소는 연방 대배심(Federal Grand Jury)이 담당하고 검사는 경미사건의 기소와 기소된 사건의 공소유지를 담당하고 있으며, 주의 관할에 속하는 사건은 주법이 정하는 바에 따라 대배심에 의한 기소(Indictment) 또는 검사에 의한 기소(Information)에 의하도록 하고 있다.

250) Peters, Strafprozeß, 4. Aufl., 1985년, S.152; Zipf, Strafprozeßrecht, 2. Aufl., 1977년, S.42.

251) 이에 대하여는 제2편 일본의 수사제도와 제3편 1절 우리나라 수사체제의 변천과정에서 이미 상세히 다루었다.

252) 조선형사령에 의해 작성하는 사법경찰관리에 의해 작성된 조서는 절대적인 증거능력이 인정되었으므로 일단 사법경찰조서에 자백이 기재되기만 하면 그것으로 유죄의 증거는 확보된 것이었다.

우리나라의 검사제도 특징은 검찰권의 정치적 남용을 억제하기 위하여 법원에 의한 검찰통제 및 법원우위의 제도적 장치를 만들고, 영장발부에 있어서 법관의 우월성을 보장한 점, 검사의 불기소 처분에 대한 재정신청을 인정한 점, 공판정 좌석배치에서 법원우위를 인정한 점 등을 들 수 있다.[253] 하지만 미국의 당사자주의적 소송구조가 대폭 도입되었으면서도 그 운영이 매우 직권적이었고, 검찰사법의 압도적 영향으로 인해 당사자주의의 기본원칙이 제대로 실현되지 못하는 등 수사권 분야에서 많은 문제를 안고 있었다.

다. 검찰조직(검사와 검찰청)

1) 검사의 성격

가) 준사법기관

검사가 행하는 검찰권은 행정권에 속한다. 따라서 검사는 법무부에 소속된 행정기관으로서 국가의 행정목적을 위하여 활동하지 않을 수 없다. 그러나 범죄수사와 공소제기·유지 및 재판의 집행을 내용으로 하는 검찰권은 그 내용에 있어서 사법권과 밀접한 관계를 가지고 있고, 특히 형사사건의 대부분이 검사의 불기소처분에 의하여 종결된다는 점에 비추어 볼 때 검찰권의 행사는 형사사법의 실현에 중대한 영향을 미치고 있다고 할 수 있다. 이렇듯이 검사가 행하는 검찰권이 사법권과 밀접한 관계를 맺고 있기 때문에 검찰권 행사의 결과로 생기는 영향은 직접 사법권에 미치게 되며,[254] 사법권 독립의 정신은 검사에 대하여도 요구되지 않을 수 없다.[255] 이러한 의미에서 검사는 행정기관이면서 동시에 사법기관인 이중성격(Doppelcharakter)을 가진 기

---

253) 한인섭, '한국형사법과 법의 지배', 한울아카데미, 85면.

254) Wagner, Der Objektive Staatsanwalt-Idee und Wirklichkeit, JZ S.74, 217.

255) 여기서 종래 검사를 사법기관으로 해석하는 견해도 있었다. 그러나 검사의 불기소처분에는 법원의 판결과 같은 기판력이 인정되지 않고 검사동일체의 원칙이 지배되는 검사에게 법관과 같은 독립성이 보장될 수는 없다는 점에서 검사를 법률상의 쟁송을 심판하는 기관이라는 의미에서의 사법기관이라고 할 수 없음은 명백하다.
김일수, "검사의 소송법상 지위", 고시연구 1985. 2, 110면은 검사를 사법기관이라고 파악하고 있다. 그러나 여기서 말하는 사법기관이란 Organ der Rechtspflege를 의미하며, Organ der Rechtssprechung을 뜻하는 것은 아니다. Organ der Rechtspflege를 사법기관(Organ der Rechtssprechung)이라고 할 수는 없다.

관이며,[256] 엄격히 볼 때에는 사법기관(Organ der Rechtssprechung)은 아니지만 오로지 진실과 정의에 따라야 할 의무를 가지고 있는 준사법기관(Justizbehörde) 내지 법조기관(Organ der Rechtspflege)의 성격을 지니고 있다.[257] 이와 같이 사법기관은 아니면서도 사법권과 밀접한 관련을 가지고 법원과 함께 형사사법에 공동으로 기여해야 하는 검사의 특수한 성격 때문에 검사에게는 법관과 같은 자격을 요구하고, 그 신분을 보장하면서 검사를 단독제의 관청으로 구성하고 있다.[258]

나) 단독제의 관청

검사는 검찰사무를 처리하는 단독제의 관청이다. 검찰사무란 검사의 직무로 정해져 있는 사무로서 ① 범죄수사 · 공소제기와 그 유지에 필요한 사항, ② 범죄수사에 관한 사법경찰관리의 지휘 · 감독, ③ 법원에 대한 법령의 정당한 적용의 청구, ④ 재판집행의 지휘 · 감독, ⑤ 국가를 당사자 또는 참가인으로 하는 소송과 행정소송의 수행 또는 그 수행에 관한 지휘 · 감독, ⑥ 다른 법령에 의하여 그 권한에 속하는 사항(검찰청법 제4조)을 말한다.

이러한 검찰사무는 모든 검사가 단독으로 처리하는 것이며, 검사가 법무부장관이나 검찰총장 또는 검사장의 보조기관으로서 처리하는 것은 아니다.[259] 따라서 검찰청에 2인 이상의 검사가 있는 때에도 검사 각자가 독자적인 권한을 가지고 검찰청을 구성하는데 지나지 않는다고 할 수 있다. 이러한 의미에서 검찰권의 행사에는 항상 1인제가 채택되어 있고 합의제는 존재하지 않는다고 할 수 있다.

다) 검사의 자격과 신분보장

(1) 검사의 자격

검사는 준사법기관의 성격을 가지므로 검사의 임명자격은 법관의 그것과 동일하여 사법시험에 합격하여 사법연수원의 소정과정을 마친 자 또는 변호사의 자격이 있

---

256) Peters, Supra, S.152; 李在祥, Supra, 86면.

257) Eb. Schmidt, Zur Rechtsstellung und Funktion der Staatsanwaltschaft als Justizbehörde, MDR S.64, 632; Gössel, Supra, S.40; Kleinknecht-Meyer, Strafprozeßordnug, 42. Aufl., 1995년, S.1313; Roxin, Strafverfahrensrecht, 24. Aufl., 1995년, S.44; Zipf, Supra, S.45.

258) 李在祥, Supra, 86면.

259) Id., 87면.

는 자 중에서 검사로 임명(검찰청법 제29조)한다. 검찰총장은 15년 이상, 고등검사장과 검사장은 10년 이상, 고등검찰청 검사·지방검찰청 및 지청의 차장검사·부장검사와 지청장은 5년 이상, 각 ① 판사·검사 또는 변호사 ② 변호사의 자격이 있는 자로서 국가기관, 지방자치단체, 국·공영기업체, 정부투자기관관리기본법 제2조의 규정에 의한 정부투자기관 기타 법인에서 법률에 관한 사무에 종사한 자 ③ 변호사의 자격이 있는 자로서 대학의 법률학 조교수 이상의 직에 있던 자 중에서 임명하도록 하고 있는 것(동법 제27조, 제28조, 제30조)도 법관의 경우와 유사하다. 고등검사장의 직급정년은 4년으로 하되 1년의 범위 안에서 연장할 수 있고, 검사장의 직급정년은 8년으로 하되 2년의 범위 안에서 연장(동법 제42조)할 수 있다. 검사의 임명·보직과 직급정년의 연장은 법무부장관의 제청으로 대통령이 행한다.(동법 제34조, 제42조 제3항)

(2) 검사의 신분보장

검사는 탄핵 또는 금고 이상의 형을 받거나 징계처분을 받지 아니하면 파면·정직 또는 감봉의 처분(검찰청법 제37조)을 받지 아니한다. 사법권의 독립을 보장하기 위하여는 검찰권의 행사가 적정하게 이루어진다는 것을 전제로 하므로 검사가 정치적 압력을 받지 않고 검찰권을 공정하게 행사하도록 하기 위하여 검사에 대하여도 법관과 같은 신분보장을 인정하고 있다. 다만 법관의 신분이 헌법에 의하여 보장되고 있음에 반하여, 검사의 신분보장은 검찰청법에 규정되어 있음에 차이가 있을 뿐이다. 여기서 탄핵의 대상은 모든 검사이므로 검찰총장과 차장도 당연히 그 대상이 된다고 생각된다.

검사는 종신직이 아니라 정년에 달하면 퇴직한다. 검찰총장의 정년은 65세이고, 검찰총장외의 검사의 정년은 63세(동법 제41조)이다. 다만 검사가 중대한 심신상의 장애로 직무를 수행할 수 없는 때에는 대통령은 법무부장관의 제청에 의하여 퇴직을 명(동법 제39조)할 수 있다. 검찰총장에 대하여는 외압으로부터 독립하여 직무를 수행할 수 있도록 임기가 보장되어 있다. 즉 검찰총장의 임기는 2년으로 하며 중임(동법 제12조 제3항)할 수 없다.

검찰청법 제12조 제4항은 검찰총장 퇴임 후 2년 이내에는 법무부장관과 내무부장관직 뿐만 아니라 모든 공직에의 임명을 금지하고 있어서 검찰총장은 퇴임 후 2년

내에는 심지어 국·공립대학교 총·학장, 교수 등 학교의 경영과 학문연구직에의 임명도 받을 수 없게 되어 있었으나, 헌법재판소는 동 규정이 그 입법목적에 비추어 그 제한은 최소한의 범위를 크게 벗어나 직업선택의 자유와 공무담임권을 침해하는 것으로서 헌법상 허용될 수 없다고 결정하였다.[260)]

또한 검찰청법 제12조 제5항, 부칙 제2항은 검찰총장 퇴직 후 일정기간 동안 정당의 발기인이나 당원이 될 수 없도록 하고 있었으나, 헌법재판소는 본 규정은 과거의 특정신분만을 이유로 한 개별적 기본권제한으로서 그 차별의 합리성을 인정하기 어렵고, 검찰권 행사의 정치적 중립이라는 입법목적을 얼마나 달성할 수 있을지 그 효과에 있어서도 의심스러우므로, 결국 검찰총장에서 퇴직한지 2년이 지나지 아니한 자의 정치적 결사의 자유와 참정권(선거권, 피선거권) 등 우월적 지위를 갖는 기본권을 과잉금지원칙에 위반되어 침해하는 것으로 헌법상 허용될 수 없다고 결정하였다.[261)]

다만 위 헌법재판소 결정에서 재판관 조승형은 반대의견을 개진하였는데, 그 논지는, ① 검찰청법 제12조 제4항·제5항, 부칙 제2항은 검찰총장의 정치적 중립이라는 공공이익을 위하여 창설된 것으로서 그 입법목적의 정당성이 인정되고, ② 검찰총장으로 하여금 임명될 당시부터 퇴임 후의 보다 나은 공직이나 정당 특히 집권 정당에의 유혹을 배제하게 함으로써 집권자나 집권층(집권정당)을 의식하지 아니한 채 소신을 가지고 검찰권 행사를 공정하게 지휘할 수 있게 하고, ③ 그 금지기간이 2년에 불과하고, ④ 이와 대체할 수 있는 다른 수단이나 방법이 없으므로 그 적정성이 인정되어, 검찰청법 제12조 제4항은 검찰총장이 퇴직일로부터 2년 이내에 검찰총장이 유혹될 수 있는 퇴임 후의 보다 나은 공직인 국무총리·국무위원 기타 임명공직 중 선거관리·정보·수사·재판업무를 담당하는 중앙기관의 장에 임명될 수 없다고 해석하는 한 헌법에 위반(조건부 합헌)되지 아니하며, 같은 법 제5항, 부칙 제2항은 헌법에 위반되지 아니한다(합헌)는 취지였다. 검찰총장이 퇴임 후의 보다 나은 공직이나 정당 특히 집권정당에의 유혹이 있을 경우 사실상 집권자나 집권층(집권정당)을 의식하지 아니한 채 소신을 가지고 검찰권 행사를 바라는 것이 어렵다는 점, 그러할 경우 검찰권의 행사, 특히 주요 굵직한 중요 정치범죄 사안에 있어서 공정하게 수사권이 이루어질 수 없다는 현실

---

260) 헌법재판소 1997년 7월 16일 선고, 97헌마26 결정.

261) 헌법재판소 1997년 7월 16일 선고, 97헌마26 결정.

등을 감안해 볼 때, 이 의견도 검찰의 정치적 중립의 실현을 위하여 경청해 볼 만하다고 생각된다.

2) 검찰청

가) 검찰청의 의의 및 종류

검찰청은 검사의 사무를 통할하는 기관(검찰청법 제2조 제1항)이다. 검찰청은 단독제의 관청인 검사의 검찰사무를 통할할 뿐이며, 그 자체로는 아무런 권한도 가지지 않는 관서에 불과하다.[262] 검찰청에는 대검찰청, 고등검찰청 및 지방검찰청이 있고, 각 대법원, 고등법원, 지방법원 및 가정법원에 대응하여 설치(동법 제3조 제1항)된다. 다만 지방법원지원 설치구역에는 이에 대응하여 지방검찰청지청(동조 제2항)을 둘 수 있다. 따라서 검찰청은 법원에 부속되는 보조기관이 아니라 법원에 대치하여 설치된 독립된 행정기관이라고 설명된다. 그러나 검찰청은 법원에 대치하고 있으므로 각급검찰청 및 지청의 관할구역은 각급법원과 지방법원지원의 관할구역(동조 제4항)에 의한다. 검사는 법령에 특별한 규정이 있는 경우를 제외하고는 소속검찰청의 관할구역 안에서 그 직무를 행한다. 다만, 수사상 필요한 때에는 관할구역 외에서 직무(동법 제5조)를 행할 수 있다.

나) 검찰청의 조직

(1) 대검찰청

대검찰청에는 검찰총장, 차장검사 및 대검찰청검사를 둔다. 검찰총장은 대검찰청의 사무를 맡아 처리하고 국내 검찰사무를 통할하며, 소관 검찰청의 공무원을 지휘·감독(검찰청법 제12조 제2항)한다. 대검찰청의 차장검사는 고등검사장으로, 대검찰청검사는 검사장으로 각 보한다.(동법 제13조, 제14조) 대검찰청에는 부와 사무국을 두고, 부 및 사무국에 과를 두며, 부·사무국 및 과의 설치와 분장사무는 대통령령으로 정하며(동법 제16조 제1항), 검찰총장을 보좌하고 검찰사무에 관한 기획·조사·연구에 종사하기 위하여 검찰연구관을 둔다(동법 제15조 제3항). 대검찰청의 부장은 검사장으로, 검찰연구관은 검사로, 사무국장은 관리관 또는 검찰이사관으로, 과장은 검찰부이사

262) 이재상, Supra, 88면.

관·정보통신부이사관·검찰수사서기관·정보통신서기관 또는 공업서기관으로 각 보한다(동법 제15조 제2항, 제16조 제2항).

(2) 고등검찰청

고등검찰청에는 검사장, 차장검사, 검사 및 사무국을 둔다. 검사장은 고등검사장으로 보하며, 그 검찰청의 사무를 맡아 처리하고 소속 공무원을 지휘·감독(검찰청법 제17조)한다. 고등검찰청의 차장검사는 검사장으로 보하고, 차장검사는 소속검사장을 보좌하며, 소속검사장이 사고가 있을 때에는 그 직무를 대리(동법 제18조)한다. 사무국장은 검찰이사관 또는 검찰부이사관으로(동법 제20조 제3항) 보한다.

(3) 지방검찰청

지방검찰청에는 검사장, 차장검사, 부장검사 및 검사를 두며, 지방검찰청 검사장은 검사장으로 보한다(검찰청법 제21조). 지방검찰청 차장검사는 검사장을 보좌하며 검사장이 사고가 있을 때에는 그 직무를 대리한다(동법 제23조). 부장검사는 상사의 명을 받아 그 부의 사무를 처리한다(동법 제24조 제3항). 지방검찰청의 사무국장은 검찰부이사관 또는 검찰수사서기관으로 보한다(동법 제26조 제4항).

(4) 지방검찰청지청

지방검찰청지청에는 지청장을 두며, 지청장은 검사로 보한다. 지청장은 지방검찰청 검사장의 명을 받아 소관사무를 처리하고, 소속공무원을 지휘·감독(검찰청법 제22조)한다.

라. 검사의 조직과 구조

1) 검사조직의 특수성

검사는 원칙적으로 법무부에 소속된 행정기관이다. 그러나 검사가 행하는 검찰사무는 형사사법의 운용에 중대한 영향을 미치므로 검찰권의 행사가 행정권의 영향을 받게 된다면 형사사법의 운용에 공정을 기하기 어렵다. 여기서 검사는 행정기관에 속하면서도 준사법기관으로서 독립성이 보장될 것이 요청된다. 그런데 검사는 단독제의 관청이므로 검사 각자가 자기책임 아래 검찰권을 행사한다. 특히 기소독점주의와 기소편의주의를 채택되고 있는 현행 형사소송법상 검사는 실로 막강한 권한을 가진다고 아니할 수 없다. 그러나 검사의 독립성을 보장하는 것이 검사의 독선과 잘못된 판단을 방치하는 기능으로 작용되어서는 아니된다. 이와 같이 검사는 행정과 사법의 중간에 위치하여 행정기관으로서의 성질을 가지면서도 독립성이 요청되고, 독립성이 보장되면서도 자의와 독선이 허용되어서는 아니된다는 일견 서로 모순되는 요청을 충족하지 않으면 안 된다. 이를 검사의 조직면에서 조화하기 위한 법적 장치가 바로 검사동일체의 원칙과 검사에 대한 법무부장관의 지휘·감독권이다.

2) 검사동일체의 원칙

가) 의 의

전국의 검사는 검찰총장을 정점으로 하여 검찰권의 행사에 관하여 상하복종관계에 서서 마치 피라미드같은 계층적 조직체, 즉 일체불가분의 유기적 통일체로서 활동한다. 이를 검사동일체의 원칙(Einheit und Unteilbarkeit der Staatsanwaltschaft)이라고 한다.[263] 검사동일체의 원칙은 검찰권의 행사에 관한 원칙으로서 검찰사무에 한해서 적용되는 원칙이며 검찰행정사무에 대한 동일체의 원칙은 무의미하다. 왜냐하면 검찰행정사무에 있어서는 당연히 소속기관의 장이 사무를 관장하는 것으로서 따로 직무이전의 권한, 직무승계의 권한을 문제삼을 필요가 없다고 할 것이기 때문이다.

이 원칙은 범죄수사, 공소권의 행사, 재판의 집행 등 검찰사무의 처리에 있어 기동성·신속성을 확보하는 동시에 통일성·공정성을 기하려는데에 그 목적이 있다. 즉 범인의 발견·검거, 증거의 수집·보전이라는 수사의 목적을 달성하기 위해서는 서로간에 긴밀한 의사소통이 이루어지는 전국적인 수사조직이 필요하며, 기소·불기소의 기준을 전국적으로 통일하여 관할구역에 따라 처벌의 내용이 달라지지 않게 하는 등 검찰권 행사의 공정을 기하기 위해서는 검찰조직의 일체성이 요구된다. 여기에 이 원칙의 필요성이 있다.

---

263) 白亨球, 『刑事訴訟法講義』, 新訂2版, 박영사, 1996, 57면.

나) 내 용

(1) 동일체의 정점

검사동일체의 정점은 검찰총장이며 전국의 검사는 검찰총장을 정점으로 하여 피라미드처럼 계층적 조직체를 이룬다.

법무부장관은 검찰사무의 최고 감독자로서 일반적으로 검사를 지휘·감독하고, 구체적 사건에 대하여는 검찰총장만을 지휘·감독(검찰청법 제8조)한다. 이와 같이 검찰권 행사에 관하여 법무부장관의 구체적 지휘·감독권을 인정하지 않은 이유는, 법무부장관은 신분보장이 되어 있지 않은 정치공무원이어서 검찰권 행사에 대한 부당한 정치적 간섭의 우려가 있기 때문에 이를 배제하기 위해서이다. 법무부장관은 검사가 아니므로 직접 검찰사무를 처리할 수 없음은 물론이다.

(2) 상명하복관계

전국의 검사는 상명하복의 관계에 있다. 검찰총장을 비롯한 각급 검찰청의 검사장이나 지청장은 검찰사무에 관하여 소관 검사에 대한 지휘·감독권이 있으며 각 검사는 검찰사무에 관하여 상사의 명령에 복종할 의무(검찰청법 제7조)가 있다. 여기서 상사라 함은 소속 검찰청의 상사에 한하지 않고 상급 검찰청의 상사를 포함한다고 해석된다. 예컨대 검찰총장은 전국 검사의 상사이며 고등검찰청의 검사장은 관할 검찰청의 검사에 대한 상사이다.

현행 검찰청법은 검사의 직급을 ① 검찰총장 ② 고등검사장 ③ 검사장 ④ 검사로 구분(동법 제6조)하고 있으며, 각급 검찰청 검사의 직명을 ① 검찰총장, 검사장 또는 지청장 ② 차장검사 ③ 부장검사 ④ 검사로 구분하고 있다.

이러한 상명하복관계는 검찰사무에 대해서 뿐만 아니라 검찰행정사무에 있어서도 마찬가지이나, 검사의 상명하복관계는 순수한 의미 그대로의 상명하복관계라고 할 수 없다. 왜나하면 검사는 1인제의 관청으로 각자가 자기책임 아래 검찰사무를 처리해야 하며, 법조기관 내지 준사법기관으로서의 검사는 진실과 정의에 구속되어야 하고, 검사의 정의와 진실에 대한 의무가 상명하복관계에 의하여 깨뜨려진다면 준사법기관으로서의 검사가 가지는 인적·물적 독립성은 그 의미를 잃어버리게 되기 때문이다.[264] 따라서 검사의 상명하복관계는 적법한 상사의 명령에만 복종해야 한다는 것을 뜻하는데 지나지 않는다.[265] 진실과 정의에 대한 의무가 검사의 상명하복관계에 대한 한계가 되므로 검사는 자기의 법적 확신이나 양심에 반하는 상사의 지시에 따라서는 안된다는 결과가 된다.[266] 다만 기소·불기소의 결정에 대하여 기소편의주의를 취하고 있는 현행 형사소송법에서 이에 대한 상사의 명령은 검사의 기소여부에 대한 의사결정에 영향이 크고, 실질적으로 매우 중요한 의미를 지니게 된다. 그러나 이 경우에도 의심스러우면 상사의 명령에 따라야 하지만, 확신이 있는 경우에는 검사의 신념에 따라야 한다고 해야 할 것이다.[267]

검사의 상명하복의 관계는 내부적 효력을 가지는데 지나지 않는다. 따라서 상사의 명령에 위반한 검사의 처분이나 상사의 결재를 받지 아니한 검사의 처분도 대외적인 효력에는 아무런 영향을 미치지 않는다.[268]

(3) 동일체의 효과

전국의 검사가 검찰총장을 정점으로 하여 계층적 조직체로서 활동한다는 동일체의 원칙은 상사에게 다음과 같은 권한을 부여하고 있다.

(가) 직무이전·직무승계의 권한 : 검찰총장, 각급 검찰청의 검사장과 지청장은 자신의 권한에 속하는 직무의 일부 또는 소속검사의 직무를 다른 소속 검사로 하여금 처리하게 할 수 있고 또한 소속 검사의 직무를 자신이 처리(검찰청법 제7조)할 수 있다. 전자를 직무이전의 권한(Substitutionsrecht), 후자를 직무승계의 권한(Devolutionsrecht)이라고 한다. 직무승계와 이전의 권한도 상명하복관계를 바탕으로 한 권한이며, 순수한 의미에서의 상명하복관계가 아닌 검사의 상명하복관계는 상사의 직무승계와 이전 권한에 의하여 비로소 그 의미를 가질 수 있게 된다. 다만, 한편으로는 이에 의하여 검사의 독립성이 제한적 의미를 갖게 된다는 것을 부정할 수 없다.

직무승계와 이전의 권한은 검찰총장·검사장 및 지청장만이 가지며, 검사가 아닌 법

264) Eb. Schmidt, Supra, MDR S.64, 632; Roxin, Supra, S.69, 388; Wagner, Supra, JZ S.74, 216.

265) Kleinknecht-Meyer, Supra, S.1423; Peters, Supra, S.155; Schoreit, KK. S.1494; Zipf, Supra, S.45.

266) Gössel, Supra, S.41; Roxin, Supra, S.47; Eb. Schmidt, Supra, MDR S.64, 716.

267) Dünnebier, Die Grenzen der Dienstaufsicht gegenüber der Staatsanwaltschaft, JZ S.58, 421; Roxin, Supra, S.47; 李在祥, Supra, 90면.

268) Kleinknecht-Meyer, Supra, S.156; Peters, Supra, S.156; Roxin, Supra, S.44; Schoreit, Supra, S.1491; Zipf, Supra, S.46; 李在祥, Supra, 90면.

무부장관은 이러한 권한을 가질 수 없다.[269)]

(나) 직무대행의 권한 : 각급 검찰청의 차장검사는 소속장이 사고가 있을 때에는 특별한 수권 없이 소속장의 직무를 대리하는 권한(검찰청법 제13조 제2항, 제18조 제2항, 제23조 제2항)을 갖는다. 직무대리가 허용되는 범위는 검찰사무 뿐만 아니라 검찰행정사무에도 미친다.[270)] 이를 직무대행 권한이라고 한다.

이 이외에도 검찰총장은 사법연수생으로 하여금 일정한 기간을 정하여 지방검찰청 또는 지청 검사의 직무를 대리할 것을 명할 수 있으며, 지방검찰청 검사장은 검찰서기관 또는 검찰사무관으로 하여금 지청 검사의 직무를 대리하게 할 수 있다. 다만 검사 직무를 대리하는 자는 합의부의 심판사건을 처리(동법 제32조)하지 못한다.

(다) 검사교체의 효과 : 검사가 검찰사무의 취급 도중에 교체되더라도 소송법상 하등의 영향이 없으며 판사가 경질되는 경우와 같은 절차갱신의 문제는 일어나지 않는다. 예컨대 검사가 공판에 관여하는 도중에 경질되더라도 공판절차를 갱신할 필요가 없으며 수사 도중에 검사가 교체되더라도 수사절차를 갱신함을 요하지 않는다. 재판집행을 지휘하는 검사가 교체된 경우도 마찬가지이다.

(라) 검사의 제척 · 기피 : 검사동일체의 원칙과 관련하여 검사에 대해서 제척 · 기피가 인정되는가에 관하여 학설이 대립하는데, ① 부정설은 검사에게 제척 · 기피를 인정할 수 없다는 견해로서 그 논거로는 i) 검사는 당사자의 지위가 인정되므로 당사자를 제척 · 기피할 수 없고, ii) 검사동일체 원칙에 의하여 검사의 해임이 언제나 가능하고, 검사가 교체되어도 소송법적 효과에는 영향이 없으므로 검사에게 제척 · 기피제도를 적용하여 특정검사를 직무집행에서 배제해야 할 이유가 없다는 점 등을 들고 있고,[271)] ② 긍정설은 검사의 제척 · 기피를 인정하자는 견해로서 그 논거로는 i) 검사는 대립당사자가 아니라 공익의 대표자로서 피고인의 정당한 이익도 옹호하면서 법관에 준하는 독립적이고 객관적인 업무수행(검사의 공익적 지위, 객관의무 또는 사법기관성)을 하

---

269) 독일에서는 법무부장관은 검사가 아니므로 직무승계권은 가질 수 없어도 직무이전권은 가진다고 해석하고 있다. Kleinkncht-Meyer, Supra, S.147; Schoreit, Supra, S.145, 그러나 검찰청법 제8조의 해석상으로는 법무부장관의 직무이전권도 부정해야 한다. 李在祥, Supra, 91면.

270) 白亨球, Supra, 59면.

271) 金箕斗, 『형사소송법』, 전정신판, 박영사, 1987년, 69면; 鄭榮錫, 『형사소송법』, 4전정판, 법문사, 1982년, 61면; 姜求眞, 『형사소송법원론』, 학연사, 1982년, 95면; 申鉉柱, 『형사소송법』, 수정판, 박영사, 1984년, 45면; 李在祥, Supra, 92면.

여야 하고, ii) 공정하고 신뢰받는 검찰권을 확립하기 위해서는 제척·기피제도가 검사에게도 적용되어야 할 필요가 있다는 점 등을 들고 있다.[272]

생각건대 사법기관인 법관의 경우 제척, 기피, 회피제도가 인정되는데, 검사에게 준사법기관성을 인정한다면 당연히 검사에게도 공정한 수사권 행사를 위하여 제척, 기피, 회피제도를 부정할 근거는 없다고 보여진다. 따라서 검찰사무처리의 공정 또는 이해관계인의 신뢰라는 견지에서 검사에 대해서도 제척·기피의 제도는 인정되어야 한다고 생각되며, 다만 이에 대한 명문 규정이 없는 상황에서 논란의 여지가 있으므로 이에 대한 입법적 제도를 마련하여 해결하여 할 것이다.[273]

3) 법무부장관의 지휘·감독권

검사에 대한 상명하복관계는 내적 지휘·감독권(Das Interne Weisungsrecht)과 외적 지휘·감독권(Das Externe Weisungsrecht)으로 나눌 수 있다. 내적 지휘·감독권이 검사동일체 원칙의 내용이 됨에 반하여, 법무부장관의 검사에 대한 지휘감독권을 외적 지휘·감독권이라고 할 수 있다.[274] 법무부장관은 검사가 아니기 때문이다.

검사는 법무부에 소속된 공무원이므로 법무부장관이 검사에 대하여 지휘·감독권을 가진다는 것은 일견 당연하다. 그러나 검사가 검찰사무에 관하여 법무부장관의 지휘·감독에 따르게 될 때에는 검사는 '행정권의 벌린 팔(Verlängerter Arm der Exkutive)'로서 정치적 합목적성(合目的性)의 대리인(Vertreter Politischer Zwecksetzung)으로 기능하게 되어[275] 적정한 검찰권의 행사가 어려워지게 된다. 따라서 검사가 상명하복관계에 의하여 정치권력의 영향을 받는 것을 방지하기 위하여는 법무부장관에 대한 검사의 독립성을 보장하지 않으면 안 된다. 기소법정주의를 채택하는 경우에는 기소법정주의가 바로 법무부장관의 지휘·감독권을 제한하는 기능을 한다.[276]

그러나 현행 형사소송법은 공소제기에 관하여 기소편의주의를 일관하고 있어 검

---

272) 白亨球, 『형사소송법』, 신정판, 박영사, 1993년, 130면; 申東雲, 『형사소송법 Ⅰ』, 법문사, 1996년, 53면; 裵鍾大/李相暾, Supra, 76면.

273) Peters, Supra, S.153; Roxin, Supra, S.49; 白亨球, Supra, 59면.

274) Gössel, Supra, S.40; Kleinknecht-Meyer, Supra, S.1322; Schoreit, Supra, S.1493.

275) Roxin, Supra, S.69, 387; Schoreit, Supra, S.1493; Wagner, Supra, JZ S.74, 217.

276) Dünnebier, Supra, JZ S.58, 419; Eb. Schmidt, Supra, MDR S.64, 716; Gössel, Supra, S.40; Roxin, Supra, S.47; Wagner, Supra, JZ S.74, 217.

사에 대한 법무부장관의 지휘·감독권을 제한하는 기능이 미약하다.[277] 물론 법무부장관이 지휘·감독권을 행사함에 있어서는 검사의 독립성을 침해하지 않는다는 법원칙을 고려하여야 하며, 검사의 진실과 정의에 대한 의무도 법무부장관의 지휘·감독권에 대한 한계가 될 수 있다.

한편 검찰청법은 "법무부장관은 검찰사무의 최고 감독자로서 일반적으로 검사를 지휘·감독하고, 구체적 사건에 대하여는 검찰총장만을 지휘·감독한다."고 규정(검찰청법 제8조)하여, 구체적 사건의 처리가 직접적으로 정치적 영향을 받게 되는 것을 막고 있다. 이는 검찰총장을 완충대로 하여 행정부의 부당한 간섭을 방지하는데 그 취지가 있다. 그러나 위 규정에 의하여 검사의 독립성은 검찰총장의 인격과 소신에 따라 크게 좌우되는 결과가 되어 검사의 독립성이 제도적으로 완벽하게 보장된다고 보기 어렵다고 할 수 있다. 입법론으로는 법무부장관에게 검사에 대한 일반적인 지휘·감독권만을 주고 구체적 사건에 대하여는 검찰총장도 지휘·감독할 수 없도록 하는 것이 타당하다.[278]

2. 우리나라의 경찰제도

가. 경찰제도의 연혁과 개념

1) 경찰수사제도의 연원

경찰수사는 국가가 생성한 이후 범죄발생의 역사와 더불어 시작되었다고 해도 과언이 아니다. 중세시대부터는 국가가 대범죄 투쟁의 중심에 서게 되면서 법원과 함께 형사소송 주체로서 본격적인 수사활동에 관여하게 되었다. 그중 대륙법계 국가에서는 규문주의 형사소송제도를 채택함으로써 국가가 대범죄 투쟁의 중심에 서게 되었고, 이때부터 경찰이 본격적인 수사활동에 관여하게 되었다. 경찰이 처음부터 모든 범죄에 대한 수사권 또는 소송수행을 담당한 것은 아니었다. 즉 비교적 유죄판단이 쉬운 상해죄, 모욕죄, 벌목절도죄 등에 대한 수사 및 소송을 담당하게 되었던 것이고, 한편, 수

277) 李在祥, Supra, 92면.

278) Id.; Eb. Schmidt, Supra, MDR S.64, 715.

사와 기소, 그리고 재판을 총괄했던 당시의 규문법관은 소수의 집행인(Büttel)만 데리고 중죄에 한해 직접적인 수사를 담당하였다. 당시 경찰은 중죄를 제외하고는 대부분의 사건에 대해서 형사법원이 최종적인 판단을 할 수 있을 정도로 완전히 수사를 종결한 후 법원에 사건을 이관하였다. 이와 같이 독일의 전신국가인 프로이센(Preussen)에서는 경찰의 수사권한에 대한 근거를 법적으로 체계화하고 점차 그 범위를 확대해 나가게 되었는데, 그 과정을 살펴보면 다음과 같다.

경찰의 수사권을 최초로 체계화한 1794년 프로이센 제국의 일반란트법(Preussische Allgemeine Landrecht)은 '공공의 안녕과 질서유지'를 경찰임무로 규정함과 동시에 경찰에게 공공의 안녕과 평온을 방해하는 모든 범죄에 대하여 '초동수사권과 임시조사권'(일반란트법 제12조) 및 독자적인 증거수집권(Die Preussische Kriminalordnung v. 1805)을 부여하여 실질적인 범죄수사권을 행사토록 하였으며, 1799년부터는 경찰수사팀이 형사법원에 파견되면서 중죄에 대한 수사업무를 개시할 수 있는 근거가 마련되었다. 1811년에는 사법부와 경찰사이의 협약인 베를린 경찰규정(Berliner Polizeiregelment)을 통해 수사경찰(Kriminalpolizei)은 법원의 즉각적인 개입 없이도 독자적으로 형사사건을 수사할 수 있게 되었다.

2) 우리나라 경찰의 연혁

경찰이라는 용어는 구한말 갑오경장에 따라 고종 31(갑오년, 1894)년 의정부관제에 의하여 포도청이 폐지되고, 그 익년 내무관제(칙력 53호)에 의거 내무위문 소속하에 경무청이 신설된 것에서부터 유래한다. 당시 경무청의 직무는 사법경찰·소방·감옥사무(을미년, 1895년 칙령 제85호, 경찰청관제 제2조)로서, 그 밑에 한성 5부에 각각 경무서를 두었고, 경찰관은 군부에서 문관으로 대치되었다. 을미년에는 내부에 전국의 경찰을 관할하는 지방국이 설치되고, 한성관찰부를 제외한 22개 관찰부에 경무관·경찰관보 ·은순·순검이 배치되었다. 이러한 일본식 경찰제도는 융희3(1910)년에는 완전히 폐지되고 일본경찰로 대치되었다.[279] 현행법상 경찰조직은 종래의 국가경찰제도를 유지하고 있으나, 한편 경찰사무의 지역적 분담도 꾀하고 있다. 그러나 지방경찰청장은 시·도지사의 지휘·감독을 받지 않고 직접 경찰청장의 지휘·감독을 받는 점에

279) 박윤흔, 『행정법강의(하)』, (서울 : 박영사), 1996년, 281면.

서 지방경찰사무는 시·도지사의 소속하에 기관위임사무로 볼 수 있다. 지방경찰청을 시·도지사 소속하에 둔 것은 경찰사무를 시 ·도시사의 통일 하에 다른 지방행정과 연계시켜 수행하도록 하고 또한 장래 지방경찰을 자치경찰로 전환하는 경우에 대비하기 위한 것이라고 볼 수 있다.[280]

3) 경찰의 개념

경찰이라는 개념은 처음부터 고정된 내용을 갖고 있었던 것이 아니고 오랫동안의 발전을 통해서 이루어진 개념이다. 위험 발생을 예방하거나 이미 발생된 교란의 제거를 통해 국민의 안전과 질서를 보호하려는 국가작용을 바로 경찰이라 부른다. 경찰은 어떠한 국가에서도 필수적이고 기본적인 국가기능의 하나를 구성한다. 왜냐하면 개인과 공동체를 위험으로부터 보호하는 것이 질서와 평화 단체로서 국가의 본질적인 내용의 하나를 이루는 것이기 때문이다.[281] 오늘날에 있어서는 경찰이라는 개념을 실질적 의미, 제도적 의미, 형식적 의미로 나누어 볼 수 있다.

가) 실질적 의미의 경찰

실질적 의미의 경찰은 국가 활동 내용상의 성질을 기준으로 한 것이다. 독일이나 우리나라의 경우에 오늘날의 지배적인 견해에 따르면, 경찰이란 "공적 안전이나 질서에 대한 위험으로부터 개인이나 공중을 보호하거나, 공적 안전이나 질서에 대한 교란 제거를 목적으로 일반 통치권에 의거하여 국민에게 명령·강제하여 그 자연적 자유를 제한하는 모든 국가적 활동"으로 이해한다. 이와 관련하여 경찰은 ①소극적인 작용 ②사회목적적인 작용 ③권력적인 작용으로 이해되고 있다. 이러한 작용이 국민 권리를 침해하는 경우에는 법적 근거를 요한다. 법적 근거는 여러 법률에 산재해 있다. 실질적 의미의 경찰은 제도적 의미의 경찰에 의해서만 수행되는 것이 아니고, 그 밖의 다른 행정기관에 의해서도 수행된다. 실질적 의미의 경찰개념, 즉 모든 위험방지 작용을 경찰이라고 하게 되면, 위험방지가 요구되는 개별적인 행정영역의 다양성과 함께 경찰이란 접미어를 붙임으로써 많은 종류의 하위 경찰개념을 구성할 수 있게 된다. 실질적 경찰개념은 ①공적 안전 ②질서유지 ③위험 ④교란 ⑤가치의 감소를 개념요소

280) 박윤흔, 상게서, 281면.

281) 홍정선, 「행정법원론(하)」, (서울 : 박영사), 1996, 202면.

로 갖는다고 말할 수 있다. 우리 경찰법은 공공의 안녕과 질서유지를 기본개념(경찰법 제3조, 경찰관직무집행법 제2조 5호)으로 하고 있다.

나) 제도적 의미의 경찰

제도(조직)적 의미의 경찰개념은 행정관청(경찰청)의 조직과 관련된다. 말하자면 경찰이라 불리는 일련의 경찰기관이 제도적 의미의 경찰을 뜻한다. 정부조직법 제31조 제3항은 치안 및 해양경찰에 관한 사무를 관장하게 하기 위해 행정자치부장관 소속하에 경찰청을 둔다고 하였는바, 경찰청이 바로 제도적 의미의 경찰에 해당한다.[282] 우리나라 제도적 경찰의 사명은 영국식으로 보안경찰, 즉 일반공공의 안녕과 질서의 유지와 사법경찰로 제한되어 있고, 복지행정상의 질서유지를 위한 권력작용은 당해 주무행정청(예컨대 위생경찰은 보건복지부장관 산하에 있다)[283]에 맡겨져 있다. 이러한 현상을 '경찰의 분산화'라 한다.

다) 형식적 의미의 경찰

형식적 의미의 경찰개념은 실질적 성질 여하를 불문하고 제도적 의미의 경찰이 수행하는 모든 사무를 의미한다. 형식적 의미의 경찰개념이 필요한 것은 제도적 의미의 경찰이 위험방지 임무 외에 법규상 부여된 그 밖의 다른 행정활동(예 : 미성년자보호, 복지활동, 범죄수사 등)도 수행하고 있기 때문이다. 따라서 형식적 의미의 경찰개념은 실정법에 의한 경찰권의 확대를 뜻한다고 볼 수 있다.[284] 우리나라의 경찰법에서 경찰의 임무를 "국민의 생명·신체 및 재산의 보호와 범죄의 예방·진압 및 수사, 치안정보의 수집, 교통 단속, 기타 공공의 안녕과 질서유지"로 규정(경찰법 제3조)하고 있고, 경찰관직무집행법은 경찰관의 직무로 "범죄의 예방·진압 및 수사, 경비·요인경호 및 대간첩 작전수행, 치안정보의 수집·작성 및 배포, 교통의 단속과 위해의 방지, 기타 공공의 안녕과 질서유지"를 규정(경찰관직무집행법 제2조)하고 있다.

---

282) 박윤흔, 「행정법강의(하)」, (서울 : 박영사), 1996, 205면.
283) 박윤흔, 전게서, 282면.
284) 홍정선, 「행정법원론(하)」, (서울 : 박영사), 1996, 212면.

4) 경찰의 기능

경찰의 기능은 그 직접적인 목적에 따라 행정경찰과 사법경찰로 나눌 수 있다. 행정경찰은 사회공공의 안녕과 질서를 유지하는 권력작용인 실질적 의미의 경찰을 말하고, 사법경찰은 범죄를 수사하고 범인을 체포하는 권력작용을 말하다. 경찰을 행정경찰과 사법경찰로 구분하는 것은 프랑스에서 비롯되어 대륙법계 여러 나라에서 일반화된 것이나, 영미에서는 양자의 구별을 인정치 않고 사법경찰사무는 일반경찰기관의 고유사무요, 주사무로 이해되고 있다. 우리나라도 조직상으로 행정경찰과 사법경찰을 구분하지 않고 일반경찰기관이 양자를 아울러 관장(형사소송법 제196조, 경찰관직무집행법 제2조, 내무부직제 제11조)하고 있으나, 이론상으로는 양자의 구별을 인정하고 있다. 즉 행정경찰은 경찰작용이기 때문에 행정법규의 적용을 받으나 사법경찰은 형벌권의 작용이기 때문에 형사소송법의 적용을 받고, 검사의 지휘를 받아 수행한다는 점에서 구별의 실익이 있다고 하겠다.[285)]

사법경찰의 형사작용은 이미 실행된 과거의 범죄에 대한 제재로서 형벌을 과할 목적으로 하는 형벌목적적 작용인데 비하여, 행정경찰의 경찰행정은 장래에 향하여 공공질서를 유지함을 직접적인 목적으로 한다. 형벌도 간접적으로는 공공질서를 유지하는 결과를 가져오지만 그 직접적 목적은 과거의 행위를 처벌함에 대하여 질서행정은 과거의 의무위반에 대한 제재를 가하는 경우에도 이는 의무이행을 확보하기 위한 보조적인 수단에 불과하고 그 주안점은 장래에 향하여 질서를 유지함에 있다.

경찰행정과 형사작용은 직접적 목적에 있어서 이와 같이 구별되지만 다른 한편으로 양자의 관련성을 가지고 있다. ① 경찰의무의 위반에 대하여는 법규는 벌칙으로써 형벌을 과하는 것이 보통인데, 이 경우에는 형사작용이 경찰의 의무이행을 담보하기 위한 하나의 보조적인 수단이 되고 있으며, ② 사법경찰은 광의의 사법작용으로서 관념상 행정작용인 행정경찰과 구별하는 것이 보통이기는 하나, 우리나라에서는 사법경찰사무를 언제나 사회감시의 임무를 행하는 경찰기관이 겸하고 있는 점에서 양자는 관련성(경찰관직무집행법 제3조, 경찰공무원법 제2조)을 가진다. 그러므로 일반경찰기관은 사법경찰관의 임무인 범죄 수사와 범인 체포, 참고인 조사·감정·번역의 위촉,

---

285) 박윤흔, 전게서, 292면; 이상규, 『신행정법론(하)』, 법문사, 1995년, 287면.

공무소 등에 대한 조회 · 압수 · 수색 · 검증, 구속영장의 집행, 변사자의 처리, 기소중지자의 검거 등 다양한 사법경찰 업무를 수행하고 있다.[286] 따라서 우리나라의 경찰기능(제도적 의미의 경찰)은 행정경찰기능과 사법경찰기능의 양자를 고유사무와 주사무로 보아야 한다.[287]

5) 경찰의 범위

경찰에는 앞에서도 보았듯이 수사를 담당하는 사법경찰과 수사를 담당하는 이외의 부서에서 근무하는 행정경찰로 나누어 볼 수 있다. 경찰의 수사권 독립 논의와 관련된 경찰은 행정경찰을 제외한 사법경찰만 이에 해당된다. 사법경찰은 경찰청과 해양경찰청, 검찰청 소속의 일반사법경찰과 특별사법경찰로 구분된다.

가) 경찰청과 해양경찰청 소속의 사법경찰관리

경찰청과 해양경찰청 소속의 사법경찰관리는 "…경무관, 총경, 경감, 경위는 사법경찰관으로서 검사의 지휘를 받아 수사를 하여야 한다."는 형사소송법 제196조 제1항의 규정과 "경사, 순경은 사법경찰관리로서 검사 또는 사법경찰관의 지휘를 받아 수사의 보조를 하여야 한다."는 동법 제196조 제2항의 규정 및 "경정은 형사소송법 제196조의 규정에 의한 사법경찰관으로 경장은 동법 동조의 규정에 의한 사법경찰리로 보며 경찰청 및 해양경찰청에 근무하는 경무관은 동법 동조의 적용을 받지 아니한다."는 경찰공무원법 부칙 제6조의 규정에 의하여 경무관, 총경, 경정, 경감, 경위는 사법경찰관으로 경사, 경장, 순경은 사법경찰리로 보고 있다.

나) 검찰청 소속의 사법경찰관리

검찰청 소속의 사법경찰관리는 "수사관 …은 사법경찰관으로서 검사의 지휘를 받아 수사를 하여야 한다."는 형사소송법 제196조 제1항의 규정과 "검찰수사서기관 · 수사사무관 및 마약수사관은 검사를 보좌하며 그 지휘를 받아 범죄수사를 행한다."는 검찰청법 제46조 제2항의 규정, "전 2항에 규정한 자 이외에 법률로써 사법경찰관리를 정할 수 있다"는 형사소송법 제196조 제3항의 규정, "검찰주사 · 마약수사주사 · 검찰주사보 · 마

---

286) 김도창, 『행정법론(하)』, 청운사, 1992년, 285면.

287) 박동순, "경찰수사권 독립에 관한 연구", 대학원 석사학위논문, 2000년, 17면.

약수주사보 · 검찰서기 · 마약수사서기 · 검찰서기보 · 마약수사서기보로서 검찰총장 및 각급 검찰청 검사장의 지명을 받은 자는 소속검찰청 또는 지청에서 수리한 사건에 관하여 검찰주사 · 마약수사주사 · 검찰주사보 · 마약수사주사보는 형사소송법 제196조 제1항의 규정에 의한 사법경찰관의 직무를, 검찰서기 · 마약수사서기 · 검찰서기보 · 마약수사서기보는 동법 제196조 제2항의 규정에 의한 사법경찰리의 직무를 행한다."고 검찰청법 제47조 제1항에 규정되어 있다.

다) 특별사법경찰관리

특별사법경찰관리는 "삼림, 해상, 전매, 세무, 군수사기관, 기타 특별한 사항에 대하여 사법경찰관리의 직무를 행할 자와 그 직무의 범위는 법률로써 정한다."라고 형사소송법 제197조에 규정되어 있다. 법률이 직접 사법경찰권을 부여한 특별사법경찰관리는 교도소 · 소년교도소 · 구치소 · 소년원 · 소년분류심사원 · 보호감호소 · 치료감호소의 장, 출입국관리 공무원, 지방산림청 등에서 산림보호 단속 전담자로 검사장에게 보고한 임업주사 · 주사보 및 서기 근로기준법에 의한 근로감독관, 20톤 이상 선박(船舶)의 선장 · 항공기의 기장 · 선원 근로감독관, 국가정보원의 지명을 받은 직원 등이다. 그리고 검사장의 지명에 의한 특별사법경찰관리는 교도소, 구치소, 소년원, 보호소, 치료감호소, 산림보호, 식품 · 의약품, 등대, 철도공안, 소방, 문화재보호, 공원관리, 관세, 어업감독, 광산보안, 국가보훈, 공중위생, 환경, 전기통신, 차량운행, 관광지도 하천감시, 청소년보호, 원산지표시, 대통령 경호 등이다. 위와 같이 특별사법경찰권을 부여한 이유는 교도소, 구치소 등과 같이 수용시설, 운송수단 등 격리된 장소에서 발생하는 범죄단속을 위해 필요한 경우, 산림보호 등과 같이 행정업무 수행과정에서 위반사범의 일차적 적발이 용이하고, 현장단속이 특히 필요한 경우, 출입국관리 등과 같이 현장단속의 필요성과 함께 업무상 전문성이 요구되어 일반사경의 효율적 수사가 어려운 경우, 국가정보원 직원 등과 같이 국가보안 특정한 국가정책의 수행이나 특수분야의 수사업무 수행을 위한 경우 등으로 나누어 볼 수 있다.

특별사법경찰관리의 종류와 직무범위 및 수사관할은 사법경찰관리의직무를행할자와그직무범위에관한법률에서 규정하고 있다. 특별사법경찰관리가 그 직무의 범위내에서 행사하는 형사소송법상의 권한은 일반사법경찰관리와 원칙적으로 차이가 없다.

즉 특별사법경찰관은 소속관서의 관할구역 및 법상의 직무범위 안에서 범인의 검거 및 조사, 증거수집 등을 직무로 하고 특별사법경찰관리는 특별사법경찰관의 수사를 보조함을 그 직무로 한다. 경찰의 수사권 독립 또는 재조정 논의의 대상이 되는 경찰은 결국 검찰청 소속의 일반 사법경찰관리 및 특별사법경찰관리를 제외한 경찰청 및·해양경찰청 소속의 일반사법경찰관리에 한정된다. 사법경찰관은 수사목적달성을 위한 조사권, 피의자, 참고인 출석 요구권, 피의자신문권, 피의자와 참고인과의 대질조사권, 10일간의 구속수사권, 사후검사승인조건부 긴급체포권, 제한된 범위의 영장에 의하지 아니한 강제처분권, 고소 · 고발 · 자수의 접수 · 조사 · 송치권한등과 같은 폭넓은 수사권한을 갖고 있다. 그러나 사법경찰관의 수사권은 검사의 수사지휘 · 감독권에 의해 제약이 가해질 뿐만 아니라, 검사와 달리 영장청구권, 판사에 대한 강제처분청구권, 수사종결처분권이 없다.[288)]

나. 근대 경찰제도

우리나라 근대경찰의 최초 도입은 대한제국 구한말에 이루어졌다. 구한말에서 대한민국 임시정부 시대를 거쳐 미군정 시기까지를 근대경찰제도로, 대한민국 정부수립 이후 치안국 시대부터 현재까지를 현대경찰제도로 구별하여 그 변천사를 살펴보면 다음과 같다.

1) 한말의 신경찰제도

근대경찰이란 경찰조직에 경찰이라는 공식적인 명칭이 붙고 제복을 착용하며, 제도면에서는 법치주의에 입각하여 경찰활동이 법령에 근거하여 이루어지는 경찰을 가리킨다고 볼 수 있다. 우리나라에서는 한말의 갑오개혁(1894)을 계기로 하여[289)] 최초로 근대경찰제도가 성립되었는데, 이후 고종황제의 홍범 14조 선포(1895)에 이루어진 내무아문이 경찰관제와 연관성을 지니고 있다.

---

288) 김광중, "경찰의 수사권 독립에 관한 연구" 논문, 2004년, 177면.

289) 근대경찰제도는 갑오개혁 이래 한말의 경찰제도가 확립되면서 일반행정과 치안행정의 최초의 분리가 가능하게 되었으며, 이후 경무청 · 경부 · 대경무청 · 소경무청, 경시청 시대를 거치면서 근대경찰을 확립하고 오늘날 현대경찰의 바탕이 되는 기초가 되었다.- 허남오/이승주, 『한국경찰제도사』, 지구문화사, 2005년, 163면.

즉 1985년 내무아문의 내무대신은 지방행정, 경찰에 관한 사무를 장리하고 경시총감을 감독하도록 하였는데, 이 시대를 경무청시대라고 한다.

가) 경무청시대

당시의 경찰은 정치적으로 중요한 조직의 하나로서 각 아문관제와 동시에 제정되어 한성 5부의 경찰업무를 통합하여 경무청이 탄생하였다. 1894년부터 시작된 한성 5부의 경무지서는 오늘날 경찰서의 효시가 되었으며, 1895년부터는 궁내경찰서도 만들었고, 지방제도를 종래의 8도제에서 23부제로 세분하고 경무관 이하의 경찰관을 배치하였다. 경무청 설치와 함께 신경찰의 헌장이 제정되었는데, 제1절에서는 경찰의 업무를 "백성의 위험을 방지하고 평안한 생활을 영위케 하며 공공질서를 유지하는 것"이라고 규정하고, 백성의 위험방지 · 위생업무 · 풍기단속 · 범법자의 수사로 나누고 있다.[290)]

나) 경부시대(1900)

1900년 6월에서 1902년 2월까지 1년 8개월 동안 처음으로 경찰이 내무행정기관에서 독립되었는데, 고종황제의 지시로 경부관제가 반포되면서, 경부가 종래의 경찰업무가 감옥관장 및 행형을 포함한 것을 넘어 전국의 경찰을 관할하게 되었고, 또 한성과 개항장 경무서등을 관할하게 되었다. 경부대신은 경찰의 최고관청으로서 각부의 대신과 동일한 직권을 가지고 의정부회의에 참석하여 발언 · 의결 · 제안에 참여할 권한을 부여받게 되었다. 그러나 경부는 1년 8개월 동안 11대 경부대신이 교체될 만큼 정권쟁탈의 방편으로 이용되었으며, 당시 국권과 열강에 둘러싸인 내부 대립이 원인이 되어 폐지되기에 이르렀다.

다) 대경무청시대(1902)

경부가 폐지되고, 다시 종전의 경무청으로 환원되면서 이때부터 신 경무청관제가 시행되었다. 이 새로운 경무청은 구 경무청이 수도경찰관청인 것과 비교하여 전국경찰을 관리하게 되었지만, 실상은 경부의 격하로 내부대신의 지휘감독을 받게 되어 있어 이전의 경무청시대와 구별하여 이때를 대경무청시대라고 하여 양자를 구분한다.[291)]

---

290) 위 책, 165면.
291) 치안국, 『한국경찰사1』, 1972년, 459면.

라) 소경무청시대(1905)

1905년 2월 26일 대경무청제가 폐지되고 경무청을 다시금 수도경찰기관으로 환원시키면서 내부관제를 개정하여 경무국을 3등국으로 독립시키게 된다. 주목할 점은 대경무청을 갑오개혁 때의 수도경찰청으로 다시 환원시킨 점인데, 소경무청은 내국의 명칭이 총무국에서 경찰국의로 바뀌었다는 점, 그리고 종래의 법제상 존재하지 않았던 경찰과와 신문과로 2개과가 나타난 점이 특징이라 할 수 있다.

이 시대에는 지방 경찰관서가 조직되어 수도의 경무서와 지방의 경무분서 조직이 최초로 이루어졌으며, 도 단위로 1개의 경무서를 설치하고, 서장에는 경무관을 두어 도내의 모든 경찰업무를 관장케 하는 한편, 도내의 중요한 지역에 분서를 두었다.

마) 경시청 시대(1908)

일제의 침략이 노골적으로 이루어지면서 1907년 의정부를 내각으로 고치게 한 일제는 경무청을 다시 경시청으로 고치고, 경관의 계급 호칭을 종래의 경무관, 총순, 순검을 경시, 경부, 순사로 고치게 하였으며, 경무서는 경찰서로 개칭하고 분파소는 순사주재소로 개칭하도록 하였다. 새로운 경시청관제에서는 그 업무에 감옥업무가 빠지게 되었고 관할구역이 한성 5부에다 황궁과 경기도가 포함되었다. 한편, 일제의 침략으로 대한제국 경찰제도는 점차 형해와 되어 갔으며, 국권이 상실되는 과정에서 경찰제도 또한 그 기능을 상실해 갔고, 반면 통감부의 영역은 점차 확대되어 갔다. 1907년에는 고문경찰이 확대되면서 경찰조직이 전국적으로 확대되었지만, 이는 일본인 경무국장 지휘 하에 통감부를 통해 국권침탈을 위한 도구로 이용되었다. 또한 대한제국경찰은 청·일인을 관할 할 수 없게 되어 있었고, 폭도진압의 권한은 일본군사령관에게 있어 사법권은 대부분 일본경찰이 장악하였다.[292)]

2) 미군정하의 경찰제도

가) 군정경찰

1945년 해방 이후 대한민국이 수립될 때까지 우리나라는 미군정하의 군정경찰에 의해 경찰권이 행사되었다. 즉 1945년 9월 7일 태평양미육군총사령부는 포고 제1호를

---

292) 허남오/이승주, 『한국경찰제도사』, 지구문화사, 2005년, 183면.

반포하여 모든 국가기능은 잠정적으로 그 본래의 기능을 회복한다고 하여, 이에 따라 직장을 이탈하였던 한국 경찰관들이 대부분 복귀하여 치안확보를 담당하게 되었다. 또 군정장관 아놀드(A. Arnold) 소장의 성명서 발표를 통하여 군정경찰이 탄생되었는데, 그때까지 일본의 앞잡이로 활동하던 불량경찰관은 축출되고 새로운 한국 경찰관의 모집이 이루어졌다.[293] 한편 군정경찰은 한국경찰의 독립을 목표로 하는 과도기적 성격의 경찰이었으며, 해방 직후 좌익분자들의 만행이나, 민중을 선동, 폭동야기 등의 질서문란을 제압하기 위하여 무력행사가 불가피하였던 바 이로 인해 전투경찰로서의 성격도 지니고 있었다.[294] 제도적인 면에서 볼 때 군정경찰은 군정권 하의 기형적인 경찰이라 할 수 있지만, 한편으로는 독·일의 대륙법계 경찰에서 벗어나 영미법계 경찰제도로 전환된 점에서 큰 의의를 지니고 있으며, 이러한 점은 일제강점기(日帝强占期)하의 경찰악법폐지와 여경제도의 창설, 경찰 즉결처분의 폐지로 구체화되었다.

나) 민주경찰제도의 도입(경무국 시대와 경무부시대)

1945년 군정청은 경무국을 창설하였고, 국립경찰이란 이름으로 한국경찰은 본격적인 경찰업무를 수행하게 되었다.[295][296] 그런데 당시 경무국 경찰조직의 특징이 경찰행정권을 도지사의 권한으로부터 분리, 독립시킨 결과 전국의 경찰지휘와 감독이 경무국장의 담당이었으며, 예산이나 인사 등 가장 중요한 사항마저도 지방장관에게 하등의 권한이 없게끔 조직되었다. 이로 인해 일반행정관서와 경찰간의 잡음이 야기되었고 권한의 귀속문제로 인해 논란이 발생하였다. 조직과 편성에 있어 안정을 이루지 못했던 경찰은 1946년 1월 16일 경무부에 관한 건의 반포에 의하여 조직·직능·정원·관명 등이 확립되게 되었는데, 이로 인해 경찰행정권을 도지사의 권한으로부터 분리하여 독립된

---

293) 당시 자격여하의 구애없이 대량의 신규 경관 채용이 이루어진 경과 경찰관 자질이 없는 전과범, 결격사유자들이 잠입하여 은신해 경찰이 민중의 비난 대상이 되는 계기가 되었다.

294) 김석준, '미군정 시대의 국가와 행정', 이화여대출판부, 1996년, 262~263면.

295) 비록 당시 경무국은 군정법령에 근거한 군정경찰이기는 하였으나, 그 운영은 한국경찰에 의해 이루어졌으며 최초의 국립경찰로 정식 출범하게 되었다.

296) 당시 미군정당국과 민정당국의 논의 결과, 한국경찰의 형태를 국립경찰의 형태를 갖추는 것으로 일단락되었는데, 당시 한국의 상황이 38선 이남으로 국토가 협소하고, 좌우사상 대립으로 공산주의자들의 침략이 예상되며, 지방재정 빈약으로 지방자치단체에서 경찰의 운영을 감당할 수 없다는 점, 통일된 일원화 조직으로 신속하고 활발한 업무수행과 유기적 통일성을 기할 수 있는 점 등이 국립경찰의 형태를 갖게 된 동기가 되었다.

경찰부를 설치한 결과를 가져왔다.[297]

지방경찰기구는 이때부터 경찰관주재소를 지서로 개칭하고, 주재소의 수석을 지서장이라 개칭하였으며, 과와 서에 계와 반을 설치하였다. 직제개편 단행으로 각 도경찰부가 관구경찰청으로 개칭되었고, 각급 일선 경찰서는 지명위주의 서명에서 구번호별로 바뀌게 되었다. 이때의 개편으로 8개 관구경찰청이 구성되었으며, 경찰계급의 호칭도 바뀌어 경찰부장이 경찰청장으로 경찰부차장이 경찰부청장으로 변경되었다. 이어 각 관구경찰청의 경찰활동을 더욱 조직적으로 감독하기 위하여 3개 경무총감부를 신설하였는데, 경무총감은 예하의 관구경찰청의 경찰활동을 일반적으로 감독할 뿐, 일반경찰업무에 관하여는 명령계통에 설 권한이 업고 주로 감독을 행할 수 있었다. 한편 1946년 9월 18일 서울특별시가 설치됨에 따라 경기도에서 서울이 분리되고, 서울이 제1관구경찰청에서 수도관구경찰청으로 분리 창설되어 제1경무총감부는 수도관구경찰청을 추가로 관할하게 되었는데 이때의 경찰기구를 도시하면 <표 2-6>과 같다.[298]

다. 현대경찰제도

현대경찰제도는 정부수립 이후부터 5·16 쿠데타로 인한 유신정권 체제까지의 1, 2, 3공화국을 거치는 동안의 치안국시대와 1974년 8·15저격사건으로 인한 경찰기구 확장으로부터 1991년 경찰청 발족 이전까지의 4, 5, 6공화국의 치안본부시대, 그리 경찰청 발족 이후 현재까지의 경찰청시대로 구분될 수 있다.

이하에서는 치안국시대와 치안본부시대로 나누어 살펴보고 경찰청 이후의 경찰제도는 별도의 항에서 살펴보기로 한다.

1) 치안국시대와 경찰제도

가) 치안국 경찰제도

1948년 7월 17일 제헌헌법 공포에 따라 정부조직법에 근거하여 내무부장관이 치안사무를 장리하고 지방자치단체를 감독(정부조직법 제15조)하게 되었고, 이로 인해

297) 이와 같이 국립경찰과 시·도지사는 협의를 거쳐 일반행정은 지원만 하고 인사·예산 등에 관여하지 못하게 되었는데, 이는 건국 후에도 계속 이어지게 되었다.

298) 허남오/이승주, 『한국경찰제도사』, 지구문화사, 2005년, 228면 표 참조.

<표 2-6> 미군정경찰기구

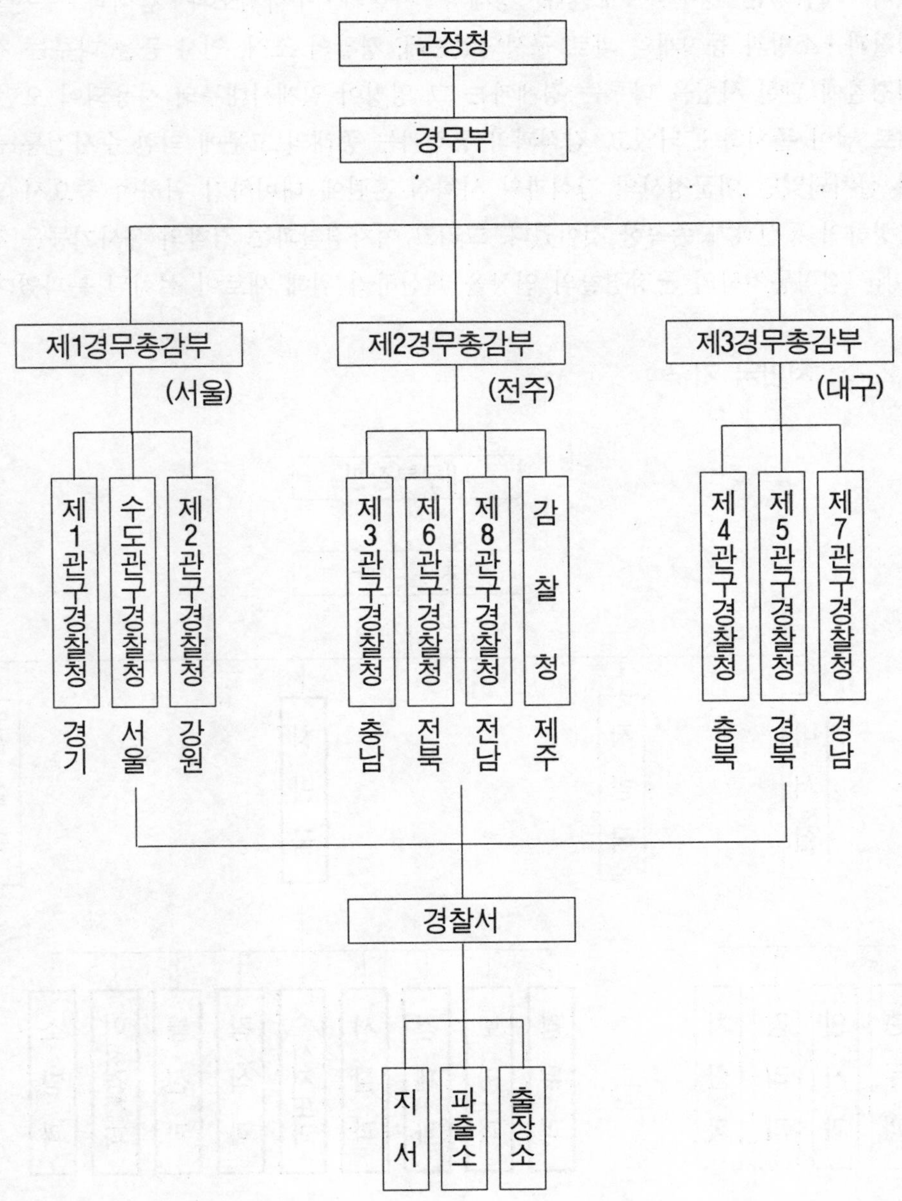
군정청
경무부
제1경무총감부
(서울)
제2경무총감부
(전주)
제3경무총감부
(대구)
제1관구경찰청
수도관구경찰청
제2관구경찰청
제3관구경찰청
제6관구경찰청
제8관구경찰청
감찰청
제4관구경찰청
제5관구경찰청
제7관구경찰청
경기
서울
강원
충남
전북
전남
제주
충북
경북
경남
경찰서
지서
파출소
출장소

미군정하의 경무부는 새로운 행정조직 체제하에서 내무부의 치안국으로 축소되어 설치되었다. 치안국은 경무과 · 보안과 · 경제과 · 사찰과 · 수사지도과 · 감식과 · 통신과 · 여자경찰과 · 소방과 등 9개의 과로 구성되었는데, 경찰의 조직, 인사 등을 다루는 경무과, 경제경찰에 관한 사항을 다루는 경제과는 그 명칭이 일제시대부터 사용되어 오던 것이 그대로 남아 존치하게 되었고, 감식과와 통신과는 종래의 고문에 의한 수사전통 근절을 위해 설치되었던 미군정시의 감식과와 사회적 혼란에 대비하기 위하여 중요시 되었던 미군정하의 통신과가 존속한 것이었다. 그리고 여자경찰과는 경찰의 봉사기능을 강조하고 미군 점령통치하의 군정경찰의 인상을 쇄신하기 위해 새로이 설치된 분과였다.

<표 2-7> 치안국 기구

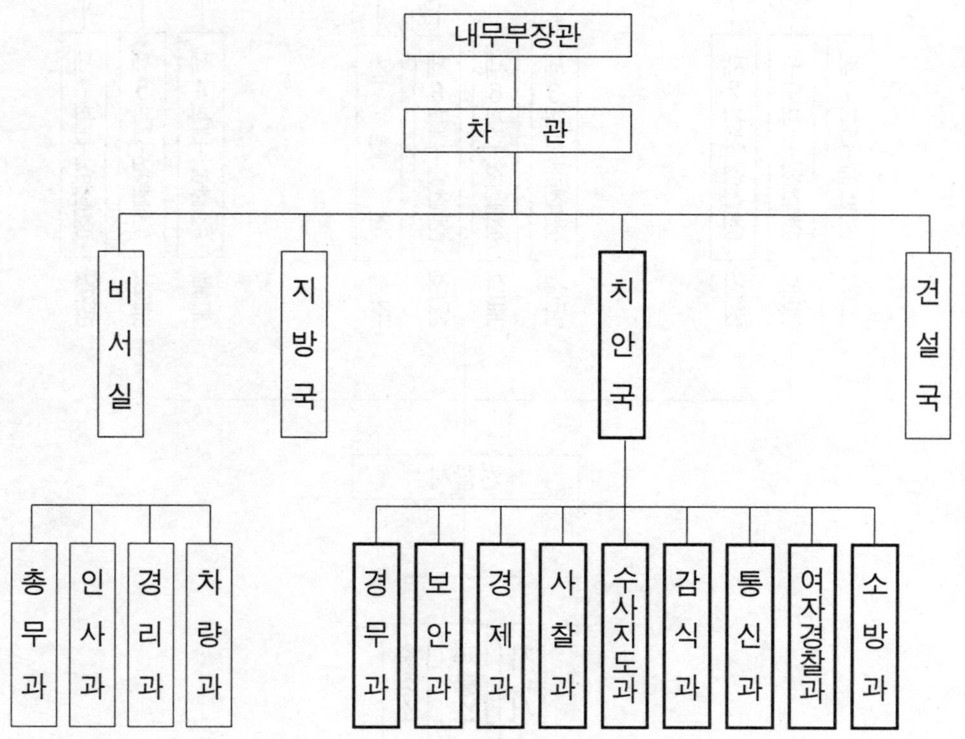

이상에서 본 것처럼 정부수립 이후 최초의 치안국 기구는 일본식 전통을 바탕으로 미군정하의 새로운 제도를 도입하여 독립국가 경찰로서의 형식을 갖춘 것으로서 치안국과 내무부 관계 기구를 도시하면 앞의 <표 2-7>과 같다.[299)]

나) 평 가

건국 후의 경찰은 그 조직과 업무가 뿌리를 내리기도 전에 남북 분단에 따른 사회혼란을 겪어야 했다. 전란과 이후의 사회혼란 대처에 몰두하다 보니 '봉사와 질서'라는 경찰본연의 정신과는 동떨어진 대공문제에 집중되었으며, 폭동진압에 있어서 군과의 불화도 야기되었다. 실로 이러한 상황하에서 민주경찰로서의 제도 토착화는 힘들었으며, 경찰의 중립성 보장과 자치경찰 인정 그리고 수사권의 적정화는 엄두도 내지 못했다. 더욱이 치안국은 독립된 부가 아니라 군정하의 경무부에서 내무부의 치안국으로 축소되었기 때문에 정치적 중립은 더 힘든 상황이 되었다. 또한 군정시대에 갑자기 늘어난 질이 좋지 않은 일부 경찰들의 횡포를 근절한다는 명목으로 치안국의 예산과 인권 등이 축소가 이루어졌는데, 이런 상황하에 경찰권은 올바른 기능을 할 수가 없었음은 자명하였다.[300)]

2) 치안본부시대와 경찰제도

가) 치안본부로의 승격

치안국이 정부조직법 개정을 통하여 조언의 내무부 치안국을 내무부 치안본부로 개편된 된 계기가 된 것은 영부인이 피살된 1974년 8·15 저격사건이었다. 이를 계기로 정부는 경찰활동의 강화를 재인식하여 치안국을 치안본부로 승격시키고, 치안본부장을 별정직으로 하는 차관급으로 승격시켰다. 치안본부에 3개의 부를 두고, 치안본부장을 치안총감으로, 각 부장을 치안감으로 보하도록 조직을 개편하였다.

그러나, 여전히 내무부 산하에 있는 치안본부는 조직의 독립성을 갖추지 못했으며, 치안국 시대의 4·15혁명 이후 경찰의 정치적 중립성 시도와 함께 수사권 독립의 문제를 조금씩 내비추기 시작하였다.

---

299) 허남오/이승주, 『한국경찰제도사』, 지구문화사, 2005년, 249면 표 참조.
300) 치안국, 『한국경찰사3』, 67면.

나) 치안본부 시대의 경찰특징과 성격

치안본부 시기는 건국 이래 사회가 안정기에 들면서 군의 힘보다 경찰의 힘에 의해 치안이 담당되었다. 치안본부로 승격한 이후 유신 이후 강조되어 온 안보치안은 더욱 강화되어 담당경찰기구가 확장되었는데, 이 시기의 경찰은 민주화를 요구하는 국민의 요구를 억압하고 정통성의 비난을 막아주는 역할을 감내해야 했다. 거리의 시위진압에 경찰력이 사용되었으며, 이 시기의 경찰은 시국치안경찰의 성격을 띄우고 있다고 볼 수 있다. 이 시대 경찰은 한반도의 특수한 상황으로 인해 경찰의 정보기능강화가 요청되어 치안본부에 제4부를 설치하여 3개 정보과와 4개 대공과를 담당하게 하였다. 1982년에는 부족한 경찰력을 충당하기 위하여 의무경찰제도를 실시하게 되었는데, 이로 인해 예산을 절감하고 경찰관들에게 각종 수당을 지급하는 혜택을 주었으나 반면 사명감 부족, 경찰 실무경험 부족으로 인해 대민 친절봉사라는 점에서 미흡하다는 단점도 야기되었다.[301] 제4공화국이 수립되고 사회안정이 이루어지면서 산업시설의 대규모화, 대도시의 고층건물에 금융가등의 사업체가 입주하면서부터는 시설 및 건물의 보안과 방범 등 안전관리에 대한 수요가 급증하게 되었고 이로 인해 전문화된 용역경비업체의 필요성이 요구 되었다. 이에 용역경비업법 제정을 통해 용역경비제도가 도입된 1972년 이후 그 수가 계속 증대하여 80년대 말에는 경비원이 3만여명에 달하게 되었다.[302] 이후 1986년에는 경찰조직의 직급이 상향조정되고 직제도 확대되어 경찰인원이 크게 증가하게 되었다.[303]

경찰제도의 괄목할 만한 발전중 하나는 치안본부 시대의 경찰대학 설립이라 할 수 있다. 경찰행정 수요에 대처하고 경찰교육의 자주성에 대한 요청으로 경찰대학 설립이 계속 주장되어 왔고, 결국 경찰대학설치법이 1979년 통과하여 1981년부터 경찰대학이 운영되기에 이르렀다. 이후 경찰대학은 경찰간부 인력의 전반적 질적 수준을 제고시키고 조직의 대외적 이미지를 향상시키는데 크게 기여하여 오늘에 이르고 있다.

---

301) 전투경찰대설치법 개정을 통하여 대간첩작전을 임무로 하는 전투경찰순경인 전투경찰은 내무부장관이 국방장관에게 요청한 자 중에서 임용하고, 치안업무의 보조를 임무로 하는 전투경찰순경은 내무부장관이 국방부장관에게 추천한 자 중에서 임용하였다.

302) 경찰청, 경찰백서, 1997년, 187~188면.

303) 이에 대한 상세한 사항은 허남오/이승주, 『한국경찰제도사』, 지구문화사, 2005년, 297면 참조.

라. 현행 경찰제도와 조직(경찰청시대)

1) 독립된 행정관청 탄생

제 6공화국을 끝으로 치안본부시대는 대단원의 막을 내리고, 경찰법이 제정되면서부터 독자성을 갖추게 되었다. 즉 1991년 경찰법이 법률 제4369호로 공포되어 행정자치부장관의 보조기관에서 외청으로 독립하여 경찰행정의 책임성과 독자성을 행사할 수 있는 체제를 갖추게 되었으며,[304] 이때부터 합의제 행정기관인 경찰위원회가 경찰의 주요정책 및 경찰업무 발전에 관한 주요사항을 심의·의결하기 위하여 구성되어 경찰중립화를 이루어 나기게 되었다. 경찰조직은 그동안 정부 수립 이후 행정자치부장관과 시·도지사의 보조기관으로서 법적인 행정관청의 지위를 갖지 못하고 시·도지사의 지휘·감독을 받게 되었는데, 이로 인해 경찰행정 조직상의 지휘체계가 이원화되어 조직운용상 비효율성에 대한 비판이 제기되어 왔다. 이러한 조직상 개선되어야 할 문제는 경찰청 발족에 따라 해결되게 되었는데, 경찰청은 중앙경찰행정기관으로서 행정자치부장관 소속하에 독립된 행정관청으로 그리고 경찰서의 사무를 지역적으로 분담·수행할 수 있는 지방경찰조직으로서 시·도지사의 소속하에 지방경찰청을 두었으며, 일선경찰서는 지방경찰청장의 소속으로 하여, 경찰조직내부의 지휘 체계를 경찰청장－시·도 지방경찰청장－일선 경찰서장으로 일원화되었다.

2) 경찰위원회

경찰위원회는 경찰의 인사·예산·장비·통신 등에 관한 주요정책 및 경찰업무 발전에 관한 사항, 인권보호와 관련된 경찰의 운영·개선에 관한 사항, 기타 행정자치부장관 및 경찰청장이 중요하다고 인정하여 위원회에 부의한 사항 등을 심의·의결하는 합의제 행정기관(경찰법 제9조, 경찰위원규정)이다. 경찰위원회를 통해 경찰행정의 합리성과 공정성을 확보하고 경찰행정의 대국민 신뢰를 강화시키고자 하는 것이 설치 목적이라 할 수 있다.[305]

---

304) 손봉선/송재복, 『경찰조직관리론』 대왕사, 2002년, 35면.

305) 경찰위원회는 위원장 1인, 차관급 상임위원 1인 등 7인의 위원으로 구성되며, 사무과는 경찰청에 두

3) 경찰청과 기구

경찰청은 구 치안본부의 5조정관, 16부, 46과를 1차장, 4관, 7국, 5심의관, 9담당관, 32과로 개편하였다가 1998년 이후에는 1차장, 2관, 6국, 2심의관, 11담당관, 24과로 재개편되어 운영되고 있다. 한편, 조정·통제기능의 강화를 목적으로 차장제를 신설하고 치안기획관(경무관)을 기획관리관(치안감)으로 격상시켰다.

앞에서 살펴본 것처럼 갑오개혁 이후 경찰기구는 그 조직 및 명칭의 변천을 거듭하면서 현재에 이르게 되었는데, 그 경찰기구의 변천사를 살펴보면 다음의 <표 2-8, 2-9>와 같다.[306]

<표 2-8> 갑오개혁 이후의 경찰기구 변천

년도	경 찰 청	지방경찰청	경찰서	지·파출소
1894	경무청			순검번소(50)
1895	(내부지방국) : 관방(서무·회계과), 총무국(신문계)		경무서	
1896			+개항장 감리서 +개하장 경무서	
1900	경부 : 경무(경무, 신문과), 서무, 회계국		경무서, 경무분서	
1902	대경무청 : +문서, 회계과			순검지소
1905	소경무청 : 경찰과, 신문과 (내부경무국 : 경보, 위생과)			분파소
1906	소경무청 : 경찰, 서무, 신문과	1도 1경무서		
1907	내부 경무국 : 경무, 보안, 민적과	경찰부	경찰서	순사주재소
1910	경무통감부 : 기밀, 경무(경무·위생·민적계), 보안과 경무총감부 : 고등경찰, 경무(경무·경비·민적계), 보안, 위생과	경무부	경찰서, 헌병분대	순사파출소 헌병분견소 헌병출장소
1919	경무국 :			헌병분견소 헌병출장소

고 있다.

306) 허남오/이승주, 『한국경찰제도사』, 지구문화사, 2005년, 315면 표 참조.

년도	경 찰 청	지방경찰청	경찰서	지·파출소
1930	고등경찰→도서과 +외사경찰과			순사출장소
1945	+경비, 경제경찰과			
1945	경무국 : 총무, 공안, 수사, 통신과			경찰관 지서 경찰관 파출소 경찰관 출장소
1946	경무부 : 경무, 통신, 공안, 수사, 교육국, 감찰실	경무총감부 관구경찰청		지서, 파출소 출장소
1947	중앙경찰위원회	관구경찰청평의회	구경찰위원회	
1948	치안국 : 경무, 보안, 경제, 수사 지도, 사찰, 감식, 통신, 여자경찰, 소방과 －경제과, ＋교육과	시·도경찰국		
1950	－여자경찰, 소방과, ＋경비보급, 저보수사과 －보급, 감식, 교육과, ＋수사, 특수정보과			
1961	: 경무, 보안, 경비, 수사지도, 정보, 통신과 ＋기획심사, 소방과(61년), 외사과(66년), 교통, 방위, 장비과(68년)			
1975	치안본부 : 제1, 2, 3부 －소방, 민방위과(75년) ＋정보2과(76년), 해경과(77년) ＋제4부(정보3과 추가 : 81년)			
1986	∴차장(4), 부장(9), 과장·담당관(30)으로 조정 ＋제5차장(대공 1, 2, 3부 추가 86년)			
1991	: 5차장, 16부 46과 경찰청 : 1차장, 4관, 7국, 5심의관, 9담당관, 32과	시·도지방경찰청 시·도치안행정		
1998	경찰위원회 : 1차장, 5관 6국, 2심의관, 119담당관, 24과 * 5관 : 기획관리관, 공보관, 감사관, 전산통신관리 관, 외사관리관 * 7국(심의관) : 경무, 방범, 형사, 경비교통(교통심의 관), 정보(기획정보심의관), 보안국	협의회		
1999	경찰위원회 : 1차장, 4관 6국, 2심의관, 7담당관, 25과 * 4관 : 공보관, 감사관, 전산통신관리관, 외사관리관 * 6국(심의관) : 경무기획, 방범, 수사, 경비교통(교통심 의관), 정보(기획정보심의관), 보안국 * 운전면허시험관리단(책임운영기관) 신설		과 통합 *경비+교통과→ 「경비교통과」 (53개서) *수사+형사과→	

년도	경 찰 청	지방경찰청	경찰서	지·파출소
			「수사과」 (29개서) *정보+보안과→ 「정보보안과」 (60개서)	
2000	사이버테러대응센터 신설 *협력운영팀, 신고경보팀, 수사대, 기법개발팀			<파출소통폐합> 총 3,229개→2,912개(감축 317개 : 폐지 100, 초소 56, 분소 161)
2001	경찰위원회 : 1차장, 5관 6국, 1심의관, 9담당관, 25과 * 5관 : 공보관, 감사관, 교통관리관, 전산통신관리관, 외사관리관 * 6국(심의관) : 경무기획, 생활안전, 수사, 경비, 정보(기획정보심의관), 보안국			
2002	수사국 마약지능과를 지능범죄수사과와 마약수사과로 분리 개편			
2003	전국 생활안전과 소속 순찰지구대 설치			순찰지구대 (치안센터) 특수파출소
2004	경찰위원회 : 1차장, 5관 6국, 1심의관, 9담당관, 25과 * 5관 : 공보관, 감사관, 교통관리관, 전산통신관리관, 외사관리관 * 6국(심의관) : 경무기획, 생활안전, 수사, 경비, 정보(기획정보심의관), 보안국			

2005년 1월 현재 한국 경찰제도의 조직 및 기구는 경찰위원회, 경찰청, 14개의 지방경찰청, 233개의 경찰서, 866개의 순찰지구대, 213개의 특수파출소를 두고 있으며, 경찰청 부속기관으로 경찰대학·경찰종합학교·경찰병원·운전면허시험관리단을 두고 있다. 한국의 경찰조직과 구성을 통해 살펴보면 다음과 같다.[307]

307) 위 책, 317, 318면의 표, 그림 참조.

<표 2-9> 경찰조직 및 구성

조 직	구 성
경찰위원회	위원장1, 상임위원1, 위원5
경찰청	청장, 차장, 5관, 6국, 1심위관, 9담당관, 25과
지방경찰청	서울, 부산, 대구, 인천, 울산, 경기, 강원, 충북, 충남, 전북, 전남, 경북, 경남, 제주
경찰서(지구대)	233개(866)

경찰청은 치안한 관한 사무를 관장하며 행정자치부장관 소속하에 있다. 경찰청장은 치안총감으로 보하며, 경찰위원회의 동의를 얻어 행정자치부장관의 제청으로 국무총리를 거쳐 대통령이 임명한다. 경찰청장은 각급 경찰기관장을 지휘·감독하는 권한을 갖고 있어 중앙경찰기관장의 지위를 갖는다. 경찰청의 조직과 구성 및 경찰청 부속기관을 그림으로 표시하면 다음 [그림 2-3]과 같다.

[그림 2-3] 경찰청 기구

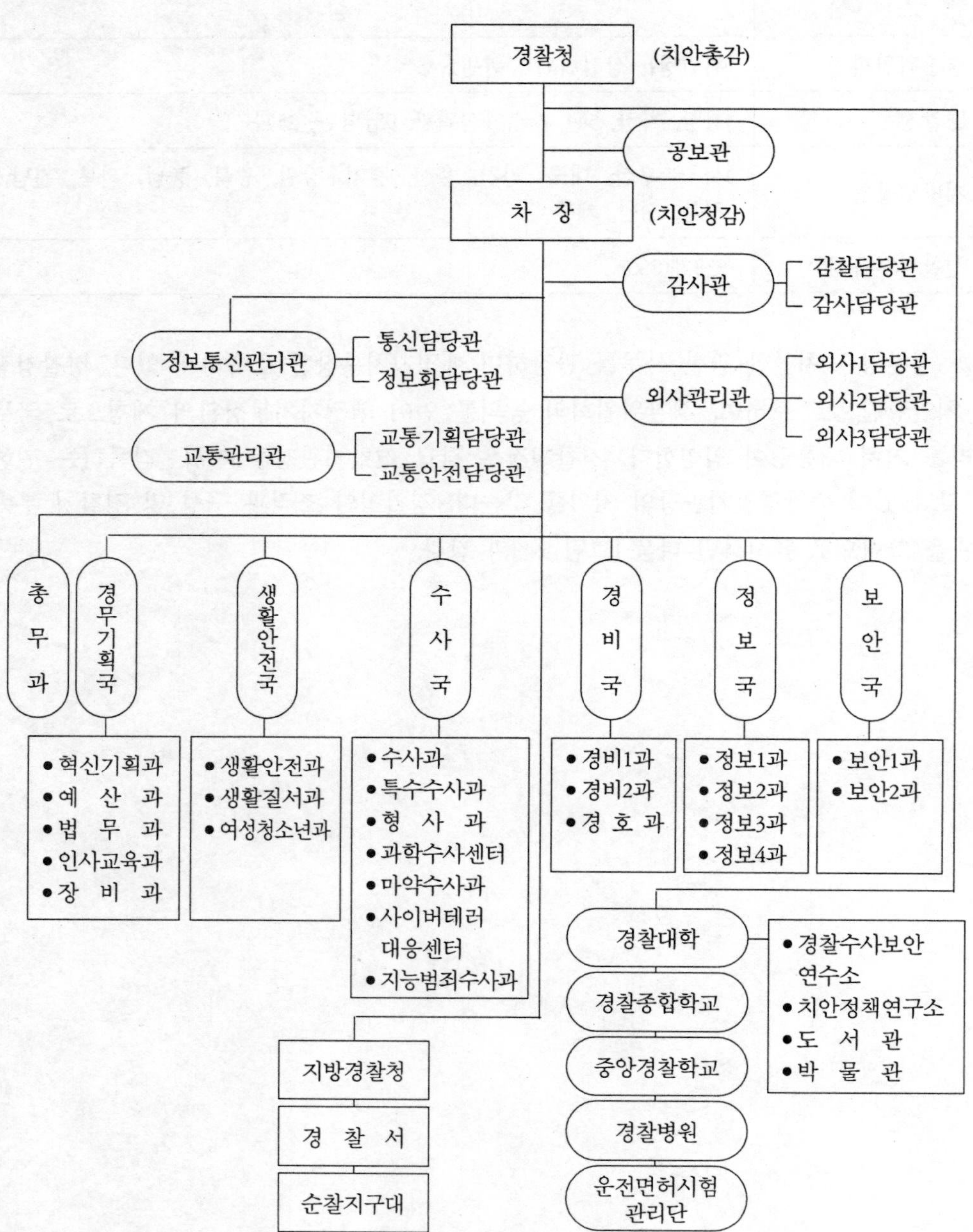
경찰청
(치안총감)
공보관
차 장
(치안정감)
감사관
감찰담당관
감사담당관
정보통신관리관
통신담당관
정보화담당관
외사관리관
외사1담당관
외사2담당관
외사3담당관
교통관리관
교통기획담당관
교통안전담당관
총무과
경무기획국
생활안전국
수사국
경비국
정보국
보안국
• 혁신기획과
• 예 산 과
• 법 무 과
• 인사교육과
• 장 비 과
• 생활안전과
• 생활질서과
• 여성청소년과
• 수사과
• 특수수사과
• 형 사 과
• 과학수사센터
• 마약수사과
• 사이버테러 대응센터
• 지능범죄수사과
• 경비1과
• 경비2과
• 경 호 과
• 정보1과
• 정보2과
• 정보3과
• 정보4과
• 보안1과
• 보안2과
경찰대학
• 경찰수사보안 연수소
• 치안정책연구소
• 도 서 관
• 박 물 관
경찰종합학교
중앙경찰학교
경찰병원
운전면허시험 관리단
지방경찰청
경 찰 서
순찰지구대

3. 수사에 관한 일반 이론

가. 수사의 의의

수사란 범죄의 혐의 유무를 명백히 하여 공소의 제기, 유지 여부를 결정하기 위하여 범인을 발견 확보하고 증거를 수집 보전하는 수사기관의 활동을 말한다. 이러한 활동을 법적으로 구제하는 절차를 수사라고 한다. 형사절차는 수사에 의하여 개선된다. 따라서 수사는 형사절차의 제1단계라고 할 수 있다. 그러나 수사의 개념에 대하여서는 아직도 견해가 일치하지 않는다. 종래의 통설은 수사를 공소 제기, 유지하기 위한 준비로서 범죄사실을 조사하고 범인과 증거를 발견 수집하는 수사기관의 활동이라고 정의하고 있었다.[308] 그러나 수사를 공소 제기, 유지하기 위한 준비행위로서 파악할 때에는 불기소 결정에 의하여 수사가 종결되는 경우를 수사라고 할 수 없는 불합리한 결론이 나온다. 여기서 수사를 수사기관이 범죄의 혐의가 있다고 사료하는 경우에 범죄의 혐의유무를 밝혀 공소제기 여부를 결정하기 위하여 또는 공소유지를 위한 준비로서 범인을 발견, 확보하고 증거를 수집, 보전하는 수사기관의 활동이라고 정의하는 견해[309]에 의하면 공소제기전의 수사는 범죄 혐의 유무를 밝혀 공소제기 여부를 결정함을 목적으로 함에 대하여 공소제기 후의 수사는 공소유지를 목적으로 하는 것이 된다.

공소제기 전의 수사가 공소제기 여부를 결정함을 목적으로 하는 수사기관의 활동이라고 하는 것이 타당하다. 그러나 공소제기에 관하여 기소법정주의를 채택하면서 공소취소를 인정하지 않는 독일 형사소송법과는 달리 기소편의주의의 기소변경주의를 취하고 있는 형사소송법에서는 공소를 제기한 후에 진범이 나타나서 공소취소 여부를 결정하기 위하여 행하는 수사기관의 활동도 수사의 개념에 포함시켜야 한다. 따라서 수사란 범죄혐의의 유무를 명백히 하여 공소를 제기, 유지할 것인가의 여부를 결정하기 위하여 범인을 발견, 확보하고 증거를 수집, 보전하는 수사기관의 활동[310] 또는 간

308) 이재상, 『형사소송법』 (서울 : 박영사), 1999년, 169면.
309) 백형구, 『형사소송법강의』, (서울 : 박영사) 1996년, 384면.
310) 강구진, 『형사송법원론』, (서울 : 학연사) 1992년, 147면.

단히 범죄의 유무와 범인의 체포 및 증거의 수집을 위한 수사기관의 활동을 말한다고 정의하는 것이 타당하다.

결국 수사는 주로 공소제기 전에 하는 것이나 반드시 공소제기 전에 제한되는 것은 아며, 공소제기 후에도 공소의 유지를 위하거나 또는 공소유지여부를 결정하기 위한 수사는 허용된다고 할 것이다.

나. 수사의 기본적 성격

수사는 그 대상의 다양성과 불가측성으로 인하여 그 활동에 있어서도 탄력성, 임기성, 기동성이 강하게 요청되므로 수사기관의 활동에는 여러 가지 편의와 강제력의 행사가 인정되고 있다. 그러므로 수사절차는 기술성, 사실성이 농후하고 합목적성의 원리에 의하여 지배된다. 만약 범죄수사를 빙자한 수사기관의 자의적 활동이 용인된다면 이는 국민의 기본적 인권에 대한 중대한 위협이 되므로 법이 정하는 절차에 따라 규제를 받아야 한다.[311] 이와 같이 수사절차의 합목적성 요구와 인권옹호의 요구라는 2중적 구조에서 다음과 같은 네 가지 기본적 성격이 도출된다.[312]

1) 기술적 성격

수사는 실체적 진실을 발견하고 그에 관한 증거자료를 수집하는 기술이다. 범죄수사는 무엇보다도 정확성과 신속성 그리고 경제성이 요청되고 이러한 요소들이 고루 갖추어질 때 비로소 높이 평가될 수 있다. 그러나 수사의 기술적인 측면만 강조한 나머지 실체적 진실을 발견하기 위해서 수단, 방법을 가리지 않고 수사 활동을 하게 될 때에 국민의 기본적 인권을 침해할 수 있는 소지가 있다. 따라서 법이 정하는 절차에 따라 규제를 받는 것은 당연하다 하겠다.[313]

2) 법률적 성격

범죄수사는 수사의 방법이 법률에 정하진 바에 따라 행하여야 한다는 점에서 법

---

311) 신동운, 『형사소송법』, (서울 : 법문사), 1996년, 42면.
312) 김진환, "수사지휘 체제의 개선방안", 「고시과」, 1992년, 50면.
313) 이삼재, 『과학수사입문』, (서울 : 정운출판사), 1983년, 42면.

률적이다. 다시 말하면 범죄수사는 법률에 정하여진 적정절차에 따라서 행하여지지 않으면 안 된다. 적정절차의 준수 요청은 범죄수사의 수단, 방법을 제약하는 하나의 요인이 되고 있다. 우리 헌법에서는 모든 국민의 신체 자유를 보장하고 있고 법률에 의하지 아니한 강제처분을 부정하고 고문 금지, 묵비권 인정, 영장주의, 변호인 조력권, 구속적부심사제도 등 수사단계에서 준수되어야 할 사항들을 규정하고 있다. 이러한 헌법적 규정은 모두 국민의 인권보장을 위한 것으로 국민 기본적 침해의 위험이 가장 많은 수사에 대하여 그 사법적 통제를 명시한 것이라고 할 수 있다. 따라서 수사는 인권보장이라는 헌법적 규제를 받고 있으며, 이에 저촉되지 않는 범위 안에서 수사가 행해져야 한다.

3) 절차적 성격

수사는 본질적으로 실체적 진실발견을 위한 합목적적 활동이지만 피의자를 단순한 조사 내지 강제처분의 객체로만 취급한다면 기본적 인권침해의 위험이 있고 합리적 수사의 요청에도 어긋난다. 따라서 수사를 하나의 법률절차로 규정하고 이에 대하여 엄격한 법적 규제와 법원의 관여를 통한 사법적 억제를 가할 필요가 있으므로 절차를 위배한 수사로 수집한 증거는 궁극적으로 유죄의 증명자료로 활용할 수 없다.[314] 이러한 의미에서 수사는 절차적 성격을 띠고 있고, 절차적 성격을 무시한 범죄수사는 본래의 수사라 할 수 없다.

4) 정책적 성격

수사가 기술적 법률적 절차적인 하자 없이 행해져 수사 자체로서 소기의 목적을 달성했다 하더라도 국가사회적 요청이나 범죄예방 목적에 따른 형사정책적 고려가 없이 타성적 기계적으로 처리된다면 훌륭하고 바람직한 수사로 평가될 수 없다고 할 것이다. 즉 수사는 국가와 사회의 존립과 질서유지라는 하나의 명제와 국민 기본권 보장이라는 또 다른 명제 아래서 양자를 잘 조화시키는 형사정책적 고려 하에 일관되게 이루어져야 할 것이다. 이렇듯 수사는 기술적, 법률적, 절차적, 정책적 성격을 가지고 있다. 그러나 이러한 측면들은 각각 독립적으로 작용하는 것이 아니고, 상호보완작용

---

314) 김진환, 전게서, 51면.

을 통하여 제약, 통합되는 입체적이고 동적인 개념이라고 할 수 있다. 결국 수사절차의 소송구조화 경향과 적법절차의 요구, 형사정책적 고려에 따라 수사기관 상호간의 관계가 설정된다고 보아야 할 것이다.[315)]

다. 수사의 지도원리와 기본원칙

수사의 지도원리는 수사절차를 전반적으로 지도하고 있는 기본원리가 무엇이냐는 문제로서 수사기관의 방향에 따라 기본원리 방향이 상이하게 된다. 범인의 처벌에 중점을 두는 경우 실체적 진실발견주의가 강조됨에 대하여 피의자의 인권보장에 중점을 두는 경우 적정절차의 법리가 수사지도 원리의 중점이 된다. 그러나 수사의 목적 달성이라는 면을 생각할 때 그 어느 하나도 소홀할 수 없는 합리적인 조화가 요청된다. 이러한 관점에서 현행법상의 수사지도 원리는 실체적 진실주의와 적정절차의 법리 등이 있고, 이러한 지도원리의 제도적 표현인 수사의 기본원칙은 임의수사의 원칙, 수사비례의 원칙, 수사 비공개의 원칙, 영장주의의 원칙, 제출인환부의 원칙, 강제수사법정주의 등이 있다.[316)]

1) 수사의 지도원리

가) 실체적 진실주의

실체적 진실주의는 재판의 기초가 되는 사실을 인정함에 있어 객관적 진실을 추구하는 주의를 말한다. 즉 법원이 당사자의 사실상의 주장, 사실의 인정 또는 당사자가 제출한 증거에 구속되지 아니하고 실질적으로 사안의 진상을 규명하여 객관적 사실을 발견하려는 소송법상의 원리를 말한다. 이에 대하여 법원이 당사자의 사실상의 주장사실의 인부, 당사자가 제출한 증거에 구속되어 이를 기초로 하여 사실의 진부를 인정하는 주의를 형식적 진실주의라 한다.[317)] 실체적 진실주의를 내용면에서 보면 적극적인 면과 소극적인 면으로 나누어 적극적 실체진실주의[318)]와 소극적 실체진

315) 전게서.
316) 백형구, 전게서, 359면.
317) 이재상, 전게서. 21면.
318) 이는 대륙법계의 직권주의적 형사절차로 범인의 처벌적 측면을 강조한다.

실주의[319]로 구별하고 있다. 적극적 실체진실주의란 범죄사실을 명백히 밝혀 죄 있는 자는 빠짐없이 벌하도록 하는 것이며, "열 사람의 범인이 있으면 열사람 모두 유죄로 하지 않으면 안 된다."는 점을 강조하는 반면 소극적 실체적 진실주의는 죄 없는 자를 유죄로 하는 일이 없도록 하려는 원리로서 "열 사람의 범인을 놓치는 한이 있더라도 한 사람의 죄 없는 사람을 벌하여서는 안 된다." 또는 "의심스러운 때는 피고인의 이익으로"라는 무죄추정의 원리를 강조한다.

나) 무죄추정의 법리

무죄의 추정이라 함은 형사절차에서 피의자 또는 피고인은 유죄의 판결이 확정될 때까지는 무죄로 추정된다는 원칙을 말한다.[320] 무죄추정의 원리는 인신구속에 대한 제한원리로서 그 내용으로는 첫째, 인신구속 그 자체를 제한하는 원리로 작용하고 있으며, 둘째, 구속 중인 피의자는 가급적 석방되어 시민적 자유를 향유할 것을 요청하고 있고, 셋째, 구속 중에도 피의자에게 구속 이외의 불필요한 고통을 당하지 않게 하고 가급적 인간적인 대우를 할 것을 요구하고 있는 것이다. 현행법상 임의수사의 원칙, 구속적부심사제도, 접견교통권의 보장 등은 무죄추정의 법리를 그 이념적 기초로 할 수 있다. 고문의 절대적 금지를 위압적, 모독적 신문의 금지 등은 무죄추정의 법리에 의하여 요청된다.[321]

다) 필요최소한도의 법리

수사처분 강제수사의 경우는 물론 임의수사의 경우도 인권제한적 처분이므로 필요한 최소한도의 범위 내에서만 허용되어야 한다. 이를 '필요최소한도의 법리'라 하고 이것을 강제처분의 제한에 한한 지도원리로 이해하는 견해가 있으나 임의 수사도 필요한 최소한도의 범위 내에서만 허용되어야 하므로 수사의 일반적 지도원리라고 이해하여야 한다.[322] 예컨대, 수사기관에 출석한 피의자 또는 참고인을 심문함이 없이 장시간 대기시킨다는 것은 적정절차의 법리에도 위배된다.

---

319) 이는 영미법계의 당사자주의적 형사절차로서 피고인의 인권보장적 측면을 중시한다.
320) 백형구, 전게서, 362면.
321) 상게서. 362면.
322) 상게서, 362면.

라) 적정절차의 원리

적정절차의 법리는 형사절차 전체의 지도원리이므로 수사절차에서도 지도원리로 작용하고 있다. 수사의 상당성은 적정절차의 법리를 이론적 기초로 하고 있으며 수사의 민주화 경향에 따라 인권보장 기본원리로서 적정절차의 법리가 더욱 강조되고 있다. 절차 위반이나 위법한 수사방법에 의하여 수집된 증거에 대하여 그 증거능력을 원칙적으로 부정해야 한다는 것은 적정절차의 법리를 이론적 근거로 하고 있다.

2) 수사의 기본원칙

수사절차는 기소 후 법원이 진행하는 공판절차와 달리 법률이 정해진 순서대로 진행되지 않고 검사의 합목적적 판단에 따라서 그때그때 다른 순서로 진행된다. 검사는 수사절차의 진행에 관하여 형성의 자유를 갖으며 수사상 증거조사는 공판절차에서 요구되는 절차 형식에 구속되지 않는다. 수사절차는 공판절차와 달리 공개원칙이 지배하지 않는다. 즉 헌법 제27조 제3항과 법원조직법 제57조는 공판절차에만 적용된다. 이러한 수사의 비공개성은 수사의 목적 달성과 피의자의 사생활을 보호하기 위한 것이다. 또한 수사절차는 공판절차와 마찬가지로 국가기관인 수사기관의 직무로 진행된다. 그리고 비례성 원칙의 구속을 받으며 수사목적의 달성을 위한 기본권 제한은 법률에 근거가 있는 경우에만 법관의 영장에 의하여 허용된다. 이와 같은 내용은 수사의 기본원칙이다.

가) 직권수사원칙

수사기관은 구체적 범죄혐의를 인지한 경우 범죄 피해자의 고소와 상관없이 직무상 수사 활동을 개시하여 진실을 밝혀야 할 의무가 있다. 이것을 '직권수사의 원칙'이라고 한다.[323] 직권수사의 원칙은 개인형벌이 폐지된 근대형법체계에서 국가형벌권의 균등한 행사를 도모하기 위한 제도이다. 이처럼 수사절차에는 직권수사원칙이 지배하기 때문에 범죄피해자의 고소는 수사의 단서에 지나자 않는다. 다만 예외적으로 친고죄의 경우에 고소는 수사의 조건이 된다.[324]

---

323) 배종재, 이상돈, 『형사소송법』, 홍문사, 1996, 188면.
324) 상게서, 188면.

나) 수사비례의 원칙

수사비례의 원칙은 헌법상의 원칙으로서 모든 하위법률에 대해서도 타당하다. 수사비례의 원칙이라 함은 일반적으로 수사의 수단이 수사의 목적달성에 적합(적합성원칙)하고, 필요(최소 침해원칙)하고 목적을 달성하여 얻는 이익과 수사활동으로 침해되는 이익 사이에 균형성(균형성의 원칙)이 있어야 함을 뜻한다. 수사의 일반원칙으로서 비례의 원칙은 헌법 제12조 제1항의 적법절차조항에서 이끌어낼 수 있다. 수사의 목적은 범인발견과 범죄사실 규명 및 증거 수집을 가리킨다. 그리고 수단은 구체적인 수사활동을 가리킨다. 따라서 수사의 결과에 의한 이익과 수사로 인한 법익침해(法益侵害)가 부당하게 균형을 잃어서는 안 된다. 수사비례의 원칙은 강제수사뿐 아니라 임의수사의 경우에도 요구되는 수사의 기본원칙이다.[325] 수사비례의 원칙은 수사권 행사, 특히 수사기관이 강제처분을 위한 실력행사를 하는 경우에 강조되나 수사권의 발동에 관해서도 적용된다. 예컨대 수사기관이 죄질과 침해가 극히 경미한 사건을 입건하는 것은 수사비례의 원칙에 의해서 범죄인지권의 남용이라고 해석하여야 한다.[326]

다) 임의수사의 원칙

임의수사의 원칙이란 수사는 원칙적으로 임의수사에 의하고 강제수사는 법률에 규정된 경우에 한하여 예외적으로 허용된다는 것을 말한다. 이는 비례원칙의 필요성 원칙을 실현하는 원칙이다. 형사소송법상 수사기관은 수사에 관하여 그 목적달성에 필요한 조사를 할 수 있으나 강제처분은 형사소송법에 특별한 규정이 없으면 하지 못한다고 규정하여 임의수사 원칙을 명시하고 있다. 임의수사의 원칙은 다음과 같은 세 가지 내용을 가지고 있다. 첫째, 임의수사로 달성할 수 있는 일정한 수사목표를 기본권 침해의 우려가 큰 강제수사를 해서는 아니 되고 임의수사를 하여야 한다. 이는 수사방법의 일반원칙이 된다. 둘째, 강제수사는 임의수사로써 달성할 수 없는 수사목표를 달성하기 위하여 예외적인 경우에만 인정되며 그것도 법률이 정한 요건과 절차에 의해야 한다. 이를 강제처분 법정주의라 한다. 셋째, 임의수사도 기본권을 침해할 위험성은 항상 있는 것으로 비례성원칙을 준수하여야 한다. 특히 피의자신문 시 밤샘심문 등은 피의자의 의사결정이나 진술거부권(헌법 제12조 제2항)이라는 기본권을 심각하게 침해

325) 백형구, 전게서, 364면.
326) 배종재, 이상돈, 전게서, 188면.

하여 균형성원칙이 침해될 수 있기 때문이다. 현행법상의 임의수사는 피의자에 대한 출석요구(형소법 제200조) 피의자신문(동법 제200조, 제241조), 제3자에 대한 출석요구 공무소 등에 대한 조회(동법 제199조 제2항)등이 있다.

라) 수사비공개의 원칙

수사의 개시와 실행은 이를 공개하지 아니한다. 이를 '수사비공개의 원칙'이라 한다. 공판절차에 있어서는 공개주의가 기본원칙이나 수사절차에 있어서는 비공개주의가 기본원칙으로 지배하고 있다. 수사비공개의 원칙은 범인의 발견, 증거 수집이라는 수사의 목적을 달성하기 위하여 당연히 요청되며 피의자, 피해자, 참고인 등의 명예, 비밀 등 인권을 보호하기 위해서도 요청된다. 수사의 내용을 사전에 공개한다면 피의자의 검거 또는 증거의 압수는 불가능하게 될 것이며 피의자신문이나 참고인 조사를 공개하는 경우에는 피의자, 참고인의 명예가 훼손되는 경우가 허다할 것이기 때문이다.

마) 자기부죄 강요금지의 원칙

자기부죄 거부의 원칙은 수사의 기본원칙으로서 헌법 제12조 제2항은 자기부죄 거부의 특권을 자유권적 기본권으로 명시하고 있으며, 형사소송법 제200조 제2항은 피의자의 진술거부권을 보장하고 있다. 자기부죄 거부의 특권이라 함은 광의로는 형사책임에 관하여 자기에게 불리한 진술을 강요당하지 않는 권리로서 피고인이나 피의자뿐만 아니라 증인이나 참고인에게도 인정되나 형사소송법에서는 협의로 형사책임에 관하여 피고인 또는 피의자가 공판 또는 수사절차에 있어서 판사나 검사 기타 수사기관의 신문에 대하여 진술을 거부할 수 있는 권리를 의미한다는 것이 통설이다.[327)]

바) 강제수사법정주의

강제처분 또는 강제수사는 수사목적을 효율적으로 달성하기 위해서 필요하지만 임의수사에 비하여 개인의 기본권을 중대하게 제한하는 결과를 가져온다. 따라서 형사소송법은 강제처분의 엄격한 요건과 절차를 규정하고 있고, 수사기관은 그 요건과 절차에 따라서만 이를 강제수사법정주의 또는 강제처분 법정주의라고 한다.[328)]

---

327) 차용석 · 백형구, 『형사소송법Ⅱ』, 한국사법행정학회, 1998년, 25면.
328) 배종대, 이상돈, 전게서, 190면.

사) 영장주의

영장주의는 법관이 발부한 적법한 영장에 의하지 않고는 수사상 필요한 강제처분을 할 수 없다는 원칙을 말한다. 이에 따라서 우리 헌법도 체포, 구속, 압수, 또는 수색을 할 때에는 적법한 절차에 따라 검사의 신청에 의하여 법관이 발부한 영장을 제시(헌법 제12조 제3항)하여야 한다고 규정하고 있다. 이것은 수사상 필요한 경우 일정한 자유를 제한할 수 있다는 권한에 대한 법치국가적 제한을 의미한다. 다시 말하면 권한을 행사하는 수사기관의 입장에서 보면 영장 없이 강제처분을 해서는 안 된다는 금지에 해당되고, 수사대상인 피의자의 입장에서 보면, 영장에 의한 강제처분을 요구할 수 있는 권리를 규정하고 있는 것이다. 따라서 영장주의는 수사기관을 위한 것이 아니라 시민의 기본권을 보호하기 위한 제도이다.

아) 제출인환부의 원칙

수사기관이 압수물을 환부함에 있어서는 피압수자(제출인)에게 환부함을 원칙(형소법 제133조)으로 한다. 이것을 제출인환부의 원칙 또는 피압수자 환부의 원칙이라고 한다. 국가형벌권의 실현을 목적으로 하는 형사절차에서는 사인간의 실체법상 권리에 관여하지 아니함을 원칙으로 하므로 압수물을 환부하는 경우에 피압수자에게 환부하여야 함은 당연하다. 다만 압수물이 장물인 경우에는 피해자를 보호하기 위해서 일정한 요건 하에 피해자환부를 허용(형사소송법 제134조)[329]하고 있다.

제 3 절 우리나라의 현행 수사구조

건국 이래 현재에 이르기까지의 수사체제 변천과정, 그리고 현행의 검찰조직과 경찰조직을 상세히 살펴보았는데, 이러한 검찰조직과 경찰조직 및 제도 하에서 우리나라 현행의 수사구조는 어떠한지 본격적으로 그 실체를 바라볼 필요성이 있다. 그러한 작업을 통해서만이 우리나라의 수사구조가 어떠한 모순점을 가지고 있는지 이에 대한 개선방향을 어떠해야 하는지에 대한 정립이 가능할 것이며, 이를 위한 전제가 바로 현

329) 백형구, 전게서, 366면.

행 수사구조의 분석 작업인 것이다.

1. 검사와 사법경찰에 관한 법규

검찰과 사법경찰과의 관계, 즉 검찰과 경찰의 지위와 권한, 그리고 상호관계에 대한 분석을 위해서는 검찰과 사법경찰의 관계를 규정한 법규 분석이 선행되어야 한다. 검사와 사법경찰리의 권한과 지위 및 양자의 관계를 규정한 법규에는 헌법, 형사소송법, 검찰청법, 사법경찰관리집무규칙, 폭력행위등처벌에관한법률, 통신비밀보호법, 즉결심판에관한절차법 등 총 7개 법령이 있다.

가. 헌 법

헌법 제12조 제3항에는 "체포·구속·압수·수색을 할 때에는 적법한 절차에 따라 검사의 신청에 의하여 법관이 발부한 영장을 제시하여야 한다. 다만, 형행범인의 경우와 같이 장기 3년 이상의 형에 해당하는 죄를 범하고 도주 또는 증거인멸의 염려가 있을 때에는 사후에 영장을 청구할 수 있다."라고 규정되어 있다.

나. 형사소송법

수사관, 경무관, 총경, 경정, 경감, 경위는[330] 사법경찰관으로서 검사의 지휘를 받아 수사를 하여야 한다. 경사, 경장, 순경은 사법경찰관리로서 검사 또는 사법경찰관의 지휘를 받아 수사 보조(제196조, 사법경찰관리)를 하여야 한다.

지방검찰청 검사장 또는 지청장은 불법체포·구속의 유무를 조사하기 위하여 검사로 하여금 매월 1회 이상 관할 수사관서의 피의자 체포·구속 장소를 감찰하게 하여야 한다. 감찰하는 검사는 체포 또는 구속된 자를 심문하고 관련서류를 조사하여야 한다. 검사는 적법한 절차에 의하지 아니하고 체포 또는 구속된 자를 석방하거나 사건을 검찰에 송치할 것을 명(제198조의 2, 검사의 체포·구속 장소 감찰)하여야 한다.

---

330) 경찰법 제23조. 경찰공무원의 계급은 치안총감·치안정감·치안감·경무관·총경·경정·경감·경위·경사·경장·순경으로 한다.

피의자가 죄를 범하였다고 의심할 만한 상당한 이유가 있고, 정당한 이유 없이 제200조의 규정에 의한 출석요구에 응하지 아니하거나 우려가 있는 때에는 검사는 관할 지방법원 판사에게 청구하여 체포영장을 발부받아 피의자를 체포할 수 있고, 사법경찰관은 검사에게 신청하여 검사의 청구로 관할 지방법원 판사의 체포영장을 발부받아 피의자를 체포할 수 있다. 다만, 50만원 이하의 벌금, 구류 또는 과료에 해당하는 사건에 관하여는 피의자가 일정한 주거가 없는 경우, 또는 정당한 이유 없이 제200조의 규정에 의한 출석요구에 응하지 아니한 경우(제200조의 2, 체포)에 한한다. 검사 또는 사법경찰관은 피의자가 사형・무기 또는 장기 3년 이상의 징역이나 금고에 해당하는 죄를 범하였다고 의심할 만한 상당한 이유가 있고, 제70조 제1항 제2호 및 제3호에 해당하는 사유가 있는 경우에 긴급을 요하여 지방법원 판사의 체포영장을 받을 수 없을 때에는 그 사유를 알리고 영장 없이 피의자를 체포할 수 있다. 이 경우 긴급을 요한다 함은 피의자를 우연히 발견한 경우 등과 같이 체포영장을 받을 시간적인 여유가 없을 때를 말한다. 사법경찰관이 제1항의 규정에 의하여 피의자를 체포한 경우에는 즉시 검사의 승인(제200조의 3, 긴급체포)을 받아야 한다. 피의자가 죄를 범하였다고 의심할 만한 상당한 이유가 있고, 제70조 제1항 각호의 1에 해당하는 사유가 있을 때는 검사는 관할 지방법원 판사에게 청구하여 구속영장을 받아 피의자를 구속할 수 있고 사법경찰관은 검사에게 신청하여 검사의 청구로 관할 지방법원 판사의 구속영장을 받아 피의자를 구속할 수 있다. 다만 금액 50만원 이하의 벌금・구류 또는 과료에 해당하는 범죄에 관하여는 피의자가 일정한 주거가 없는 경우(제201조, 구속)에 한한다. 사법경찰관리가 관할구역 외에서 수사하거나 관할 구역외의 사법경찰관리의 촉탁을 받아 수사할 때에는 관할 지방검찰청 검사장 또는 지청장에게 보고하여야 한다. 다만 제200조의 3, 제212조, 제214조, 제216조와 제217조의 규정에 의한 수사를 하는 경우에 긴급을 요할 때에는 사후에 보고(제210조, 사법경찰관리의 관할 구역외의 수사)할 수 있다. 검사는 범죄수사에 필요한 때에는 지방법원 판사에게 청구하여 발부받은 영장에 의하여 압수, 수색 또는 검증을 실시할 수 있다. 사법경찰관이 범죄수사에 필요한 때에는 검사에게 신청하여 검사의 청구로 지방법원 판사가 발부한 영장에 의하여 압수, 수색 또는 검증을 실시(제215조. 압수, 수색, 검증)할 수 있다. 검사나 피의자나 피의자 아닌 자의 진술을 기재한 조서와 검사 또는 사법경찰관이 검증의 경과를 기재한 조서는 공판준비 또는 공판기일에서 원진술자의 진술에 의하여 그 성립의 진정함이 인정된 때에는 증거로 할 수 있다. 단, 피고인이 된 피의자의 진술을 기재한 조서는 그 진술이 특히 신빙할 수 있는 상태 하에서 행하여진 때에 한하여 그 피의자였던 피고인의 공판준비 또는 공판기일에서의 진술에 불구하고 증거로 할 수 있다. 검사 이외의 수사기관 작성의 피의자신문조서는 공판준비 또는 공판기일에 그 피의자였던 피고인이나 변호인이 그 내용을 인정한 때에 한하여 증거(제312조, 검사 또는 사법경찰관의 조서)로 할 수 있다.

다. 검찰청법

검사는 공익의 대표자로서 다음의 직무와 권한이 있다.

① 범죄수사, 공소제기와 그 유지에 필요한 사항
② 범죄수사에 관한 사법경찰관리의 지휘·감독
③ 법원에 대한 법령의 정당한 적용의 청구
④ 재판집행의 지휘·감독
⑤ 국가를 당사자 또는 참가인으로 하는 소송과 행정소송의 수행 또는 그 수행에 관한 지휘·감독.
⑥ 다른 법령에 의하여 그 권한에 속하는 사항(제4조, 검사의 직무)

사법경찰관리는 범죄수사에 있어서 소관 검사가 직무상 발한 명령에 복종(제53조, 사법경찰관리의 의무)하여야 한다. 서장이 아닌 경정 이하의 사법경찰관리가 직무집행에 관하여 부당한 행위를 하는 경우에는 지방검찰청의 검사장은 당해 사건의 수사중지를 명하고, 임용권자에게 그 교체임용을 요구할 수 있다.

제1항의 요구가 있는 때에는 임용권자는 정당한 이유를 제시하지 아니하는 한 교체임용의 요구(제54조, 교체임용의 요구)에 응하여야 한다.

라. 사법경찰관리집무규칙

사법경찰관리는 검사의 지휘를 받아 범죄를 수사한다. 사법경찰관은 범인, 범죄사실과 증거를 수사함을 그 직무로 한다. 사법경찰관리는 수사를 보조함을 그 직무(제2조, 사법경찰관리의 직무)로 한다.

사법경찰관은 다음 각호에 해당하는 범죄가 발생하였다고 인정할 경우에는 즉시 관할 지방검찰청장 검사장 또는 지청장에게 보고하여야 한다. 다만, 비상사태 또는 이에 준하는 사태 하에서 아직 범죄가 발생하지 아니하였다 하더라도 그 발생의 염려가 있는 경우에는 그 동태를 보고[331]하여야 한다. 사법경찰관은 다음 각호의 1에 해당하는 사실이 있을 때에는 지체없이 그 사실과 경찰조치를 관할 지방검찰청 검사장 또는 지청장에게 보고하여야 한다. 소요의 발생 기타의 사유로 사회적 분란을 조성할 우려가 있을 때, 정당이나 사회단체의 동향이 사회질서에 영향을 미칠 우려가 있을 때(제12조, 정보보고). 사법경찰관은 사건마다 범죄통계원표를 작성하여 검찰총장이나 관할 지방검찰청검사장 또는 지청장에게 보고(제13조, 범죄통계보고)하여야 한다. 사법경찰관리는 변사자 또는 변사의 의심이 있는 사체가 있는 때에는 즉시 관할 지방검찰청 또는 지청의 검사에게 보고하여 그 지휘(제33조, 변사자의 검시)를 받아야 한다. 사법경찰관은 압수물에 관하여 소유자, 소지자, 또는 제출자로부터 환부 또는 가환부의 청구가 있을 때에는 지체없이 검사의 지휘(제53조, 압수물의 환부 및 가환부)를 받아야 한다.

마. 폭력행위등처벌에관한법률

관할 검찰청 검사장은 제2조 내지 제6조의 범죄자가 발생하였음에도 불구하고 이를 그에게 보고하지 아니하거나 그 수사를 태만히 하거나 또는 수사능력 부족, 기타의 이유로써 사법경찰관리로서 부적당하다고 인정하는 자에 대하여는 그 임명권자에게 당해 사법경찰관리의 징계, 해임 또는 체임을 요구할 수 있다. 제1항의 요구가 있을 경우에는 임명권자는 2주일 이내에 당해사법경찰관리에 대하여 행정처분을 한 후

331) 내란의 죄, 외환의 죄, 국기에 관한 죄, 국교에 관한 죄, 공안을 해하는 죄, 폭발물에 관한 죄, 방화·중 실화 및 업무상 실화의 죄, 교통방해의 죄, 통화에 관한 죄, 살인의 죄, 상해치사·폭행의 죄, 강도의 죄, 국가보안법 위반범죄, 각종 선거법 위반 범죄, 관세법위반 범죄, 중요한 조세범처벌위반범죄, 공무원에 관한 죄, 군사에 관한 죄, 변호사 및 언론인에 관한 죄, 외국인에 관한 죄, 사회의 이목을 끌만하거나 정부시책에 중요한 영향을 미치는 범죄, 지방검찰청 검사장 또는 지청장이 지시한 사항(제11조 수사보고).

이를 관할 검찰청 검사장에게 통보(제10조, 사법경찰관리의 행정적 책임)하여야 한다.

바. 통신비밀보호법

사법경찰관이 범죄수사를 위하여 통신제한조치를 하는 때에는 검사에게 허가를 신청(제6조 제2항)하여야 하고, 법원의 허가를 받을 수 없는 긴급한 사유가 있어 통신제한조치에 관한 긴급처분을 하는 경우에는 미리 검사의 지휘를 받아야 하며, 급속을 요하여 미리 지휘를 받을 수 없는 경우에는 사후에 즉시 승인(시행령 제11조 제1항)을 얻어야 한다.

사. 즉결심판에관한절차법

경찰서장은 관할법원에 청구한 즉결심판 사건에 대하여 무죄·면소·공소기각이 선고·고지된 때에는 7일 이내에 정식재판을 청구할 수 있으나, 이 경우 관할 지방검찰청 또는 지청의 검사의 승인(제14조 제2항)을 얻어야 한다.

아. 경찰법과 경찰관직무집행법

경찰은 이미 경찰법과 경찰관직무집행법에 의하여 범죄수사의 권한을 가지고 있는데, 경찰법 제3조는 "경찰은 국민의 생명·신체 및 재산의 보호와 범죄의 예방·진압 및 수사, 치안정보의 수집, 교통의 단속 기타 공공의 안녕과 질서유지를 그 임무로 한다."고 규정하고 있고, 경찰관직무직행법 제2조 제1호는 "경찰관은 '범죄의 예방·진압 및 수사'의 직무를 행한다."고 규정하고 있다.

2. 현행법상 수사구조의 분석

가. 서 설

검사가 수사의 주재자, 수사의 지휘권자로 규정되어 있는 현행 형사소송법 체제 하에서도 검사의 수사지휘는 공안, 선거, 공직비리, 기타 사회의 이목이 집중되는 사건

등 중요사건에 대하여는 초동단계부터 사법경찰관리에 대한 지휘가 이루어지고 있으나, 그 밖의 절도, 폭력, 교통사고 기타 각종 행정법규위반사범에 대하여는 사법경찰관리가 그 기준에 따라 독자적으로 수사를 하고 있는 실정이다. 또한, 법률상 문제점이 있는 사건이거나 범죄혐의자를 구속할 것인지 여부에 관하여 검사의 지휘를 받을 필요성이 있다고 판단하는 경우에는 사법경찰관이 사전에 검사의 지휘를 받고 있으나, 그 외에는 사법경찰관이 사건을 송치한 후에야 검사는 그러한 사건이 존재한다는 것을 알게 되고, 송치 전 수사는 물론 구속영장신청, 신병처리건의 여부 등이 거의 경찰에 일임되어 있는 것이 현실이다. 즉 권한법규는 검사독점적 수사구조를 규정하고 있으나, 현실적으로 이미 경찰에 수사권이 이양된 형태로 범죄수사가 이루어지고 있는 점에서 법규와 현실은 상당한 괴리가 존재하여 왔고 그 과정에서 검찰과 경찰간의 수사권 조정문제에 대한 갈등은 최고조에 이르렀다. 여기서는 현행 검사의 소송법상 지위와 사법경찰관리의 소송법상 지위를 분석하고 이에 따른 현행 형사소송법상의 검사와 사법경찰관리의 관계를 살펴보았다.

나. 검사의 소송법상 지위

1) 수사의 주재자

현행 형사제도상 검사는 수사권, 수사지휘권 및 수사종결권을 가지고 범죄를 수사하는 수사의 주체이다.

가) 수사권

검사는 범죄의 혐의가 있다고 사료하는 때에는 범인, 범죄사실과 증거를 수사(형사소송법 제195조)하여야 한다. 수사라 함은 형사사건에 관하여 공소를 제기하고 이를 유지·수행하기 위한 준비로서 범죄사실을 조사하고 범인과 증거를 발견·수집하는 일련의 활동을 말한다. 따라서 수사권은 궁극적으로 공소권을 위하여 존재하며 공소권 행사의 적정을 기하기 위해서는 수사권이 적정하게 행사되어야 한다.[332] 검사의 범죄인지(認知)라 함은 검사가 고소·고발·자수 이외의 원인에 의하여 직접 범죄혐의를

332) 백형구, 『형사소송법』, 신정판, 박영사, 1993년, 226면.

인정하고 수사를 개시하는 것을 말한다.[333] 검사가 범죄를 인지하는 경우에는 범죄인지서를 작성하여야 하며 범죄인지서에는 피의자의 인적 사항, 범죄사실, 범죄인지의 경위 등을 기재하여야 한다. 범죄인지 이전의 조사를 내사라고 한다. 피내사자는 범죄인지에 의하여 피의자로 된다. 검사는 수사권 행사의 일환으로 피의자신문(동법 제200조), 참고인조사(동법 제221조) 등의 임의수사는 물론 구속(동법 제201조), 압수·수색·검증(동법 제215조 내지 제218조) 등의 강제수사를 할 수 있고, 특히 영장청구권(동법 제201조 내지 제215조), 증거보전청구권(동법 제184조), 증인신문청구권(동법 제221조의 2)은 검사에게만 인정되고 있다. 실로 수사는 검사에게 집중되어 검사에 의하여 수행된다.[334]

나) 수사지휘권

검사를 수사의 주체라 하여 검사가 직접 수사를 수행할 것을 요하는 것은 아니다. 검사의 수사는 원칙적으로 중요사건에 제한되어 있다. 대부분의 수사는 사실상 사법경찰관리에 의하여 실행된다. 그러나 이 경우에도 법상 사법경찰관은 독립된 수사기관이 아니라 검사의 지휘를 받아 수사를 행하는 검사의 보조기관(형사소송법 제196조)에 지나지 않는다. 즉 검사의 수사지휘권에 의하여 사실상 대부분의 수사가 경찰에 의하여 실행되고 있음에도 불구하고 검사는 수사의 주체(Herr des Ermittlungsverfahrens)로서 수사에 대한 모든 책임을 지게 된다.[335]

다) 수사종결권

수사의 주된 목적은 공소제기의 여부를 결정하는 데 있다. 그런데 공소의 제기여부를 결정하는 수사종결권(형사소송법 제246조, 제247조)은 검사만 가지고 있다. 따라서 사법경찰관은 조사한 사건의 관계서류와 증거물을 신속히 검사에게 송부(동법 제238조)하여야 한다. 수사종결권에 의하여 검사는 사법경찰관이 수사한 사건에 대하여도 수사의 주체로서의 지위를 유지하게 된다.[336]

---

333) 李在祥, Supra, 179면.
334) Zipf, Strafprozeβrecht, 2. Aufl., 1977년, S.42
335) Rüping, Das Verhältnis von Staatsanwaltschaft und Polizei, ZStW S.95, 909.
336) 李在祥, Supra, 94면.

2) 공소권의 주체

검사는 공소를 제기·수행하는 공소권의 주체이다. 이러한 공소의 제기와 그 유지가 검사의 전권에 속하기 때문에 그 적정행사를 도모하기 위하여, 한편에 있어서는 검사의 임명자격을 엄격히 규정(검찰청법 제27조 내지 제30조)하고, 법관에 준하는 신분보장(동법 제37조)을 하는 등, 다른 한편에 있어서는 법무부장관의 일반적 지휘·감독권(동법 제8조), 검사동일체의 원칙(동법 제7조)등에 의하여 조직 내부에서의 통일적 권한 행사를 확보하고 있으며, 나아가 재판상의 준기소절차(형사소송법 제260조 내지 제265조), 불기소처분에 대한 항고제도(검찰청법 제10조) 등에 의하여 외부적 견제를 가하고 있다.

가) 공소제기의 독점자

공소는 검사가 제기(형사소송법 제246조)한다. 즉 공소제기의 권한은 검사에게 독점되어 있으므로 사인소추는 인정되지 않는다. 이를 기소독점주의라고 한다. 형사소송법은 기소독점주의를 채택하고 있을 뿐만 아니라, 공소제기에 관하여 검사의 재량을 인정하는 기소편의주의(동법 제247조)와 검사가 제1심 판결선고 전까지 공소를 취소할 수 있는 기소변경주의(동법 제255조)를 채택하여 준기소절차와 즉결심판의 경우를 제외하고는 공소제기의 권한을 검사에게 독점시키고 있다.

기소독점주의와 기소편의주의에 대하여 검사의 공소권을 적정하게 행사하기 위한 제도적 장치로 검찰청법에 의한 항고와 준기소절차가 있다. 그러나 검찰청법에 의한 항고는 검사 동일체의 원칙이 지배되고 있는 검사조직 내부의 시정책에 지나지 않고, 준기소절차 또한 공무원의 직권남용죄에 엄격히 제한(동법 제260조)되어 있으므로 기소독점주의에 대한 예외로서 그 범위가 제한적일 뿐만 아니라, 검사에게 집중된 권한이 남용될 경우에 대비한 효과적인 견제장치로 기능할 수 없다는 비판이 계속되어 왔다.

나) 공소수행의 담당자

검사는 공판절차에서 공소사실을 입증하고 공소를 유지하는 공소수행의 담당자가 된다. 공소수행의 담당자인 검사는 피고인에 대립하는 당사자의 지위에 선다. 피고인과 대립되는 당사자인 검사는 피고인과의 공격·방어를 통해서 형사소송을 형성하여 가고, 논고에 의하여 법령의 정당한 적용을 청구한다. 그러나 당사자주의는 당사자대등주의를 전제로 하고, 당사자대등주의는 당사자 사이의 실질적인 무기평등을 요구한다. 검사가 피고인과 대등한 당사자가 될 수는 없다. 독일에서는 검사에게 피고인과 대립된 당사자로서의 지위를 인정하는 것은 검사제도의 본질에 반한다는 이유로 검사의 당사자지위를 부정하는데 견해가 일치되어 있다.[337] 그러나 당사자주의를 강화한 형사소송법의 해석에 있어서 검사가 공판절차에서 당사자의 지위를 갖는다는 점에는 이론이 있을 수 없다.[338]

다) 불기소처분의 권한

검사는 소추기관으로서 피의사건에 대하여 불기소처분의 권한이 있다. 피의사건에 대하여 소송조건이 없거나 유죄판결을 받을 증거가 불충분한 경우에는 불기소처분을 하여야 하며, 피의사건에 대하여 소송조건이 존재하고 범죄의 객관적 혐의가 인정되는 경우에도 정상을 참작하여 기소유예를 할 수 있다. 현행법은 불기소처분의 권한을 검사에게만 인정하고 사법경찰관리에게는 인정하지 않고 있다.

3) 참여권의 주체

공소권의 주체로서 검사는 형사절차의 형성과 실체형성에 대한 능동적 참여자의 지위를 갖는 것 이외에도 다양한 참여권을 갖는다. 예를 들면 법원의 구성·관할에 대한 권리로 관할이전신청권(형사소송법 제15조), 관련사건병합심리신청권(동법 제6조, 제13조), 기피신청권(동법 제18조)이 인정된다. 그리고 소송절차의 진행에 관여하는 권리로서 변론의 분리·병합·재개신청권(동법 제300조, 제305조), 공판기일변경신청권(동법 제270조)이 인정되고 있고 법령의 적정과 통일을 도모하는 참여권으로서 비상상고권(동법 제441조)이 인정되고 있다.

4) 재판의 집행기관

재판의 집행은 검사가 지휘(형사소송법 제460조)한다. 다만 예외적으로 재판장, 수명법관, 수탁판사가 재판의 집행을 지휘할 수 있는 경우(동법 제81조, 제115조)도 있

337) Thiemann, Zur Parteistellung und Weisungsgebundenheit des Staatsanwalts, DRiZ S.50, 255.
338) 白亨球, Supra, 40면; 李在祥, Supra, 97면.

다. 재판의 지휘에 관하여는 법원이 집행지휘를 하는 법원주의와 검사가 하는 검사주의가 있다. 영미에서는 법원주의를 채택하고 있음에 반하여, 형사소송법은 형집행의 신속성과 기동성을 보장하기 위하여 검사주의를 취하고 있다.[339] 검사는 사형 또는 자유형의 집행을 위하여 형집행장을 발부하여 구인하도록 하고 있으며(동법 제473조), 검사가 발부한 형집행장은 구속영장과 같은 효력이 있다.

5) 국가를 당사자 또는 참가인으로 하는 소송과 행정소송의 수행 및 지휘·감독권

검사는 국가를 당사자 또는 참가인으로 하는 소송과 행정소송에 있어서 직접 소송을 수행하거나 그 소송수행업무를 지휘·감독하는 권한을 가진다. 국가를 당사자 또는 참가인으로 하는 소송에 있어서는 법무부장관이 국가를 대표(국가를당사자로하는소송에관한법률 제2조)하고, 행정소송에 있어서는 원칙적으로 처분행정청이 피고가 되나, 검사는 공익의 대표자이고 법률전문가이므로 위와 같은 권한을 부여한 것이다.

다. 사법경찰관리의 소송법상 지위

1) 개 관

사법경찰관리는 사법경찰관과 사법경찰리를 포괄하는 개념으로서, 그 직무범위가 특수한 사항 또는 지역에 한정되어 있는지의 여부에 따라 일반사법경찰관리와 특별사법경찰관리로 구분할 수 있다. 일반사법경찰관리 중 경무관 총경 경감 경위는 사법경찰관으로서 검사의 지휘를 받아 수사(형사소송법 제196조 제1항)를 하여야 하고, 경사 순경은 사법경찰리로서 검사 또는 사법경찰관의 지휘를 받아 수사의 보조(동조 제2항)를 하여야 한다.

일반사법경찰관리는 범죄수사에 있어서 검사의 지위를 받지만 조직상으로는 행정자치부 산하의 각급 경찰청에 소속되어 있다. 특별사법경찰관리는 특수분야의 수사를 담당하는 사법경찰관리로서 그 직무담당자와 직무범위는 「사법경찰관리의직무를행

---

339) 李在祥, Supra, 98면.

할자와그직무범위에관한법률」과 각 특별법에 규정되어 있다. 특별사법경찰관리는 일반적으로 그 근무지를 관할하는 지방검찰청검사장의 지명을 받아야 한다. 사법경찰관리의 지위를 사법경찰관과 사법경찰리로 구분하여 살펴보면 다음과 같다.

2) 사법경찰관과 사법경찰리의 지위

가) 사법경찰관의 지위

현행법상 사법경찰관의 수사기관으로서의 지위에 관해서는 검사의 보조기관에 불과하다는 견해[340]와 검사의 보조기관이 아니고 수사의 주체라는 견해가 대립되고 있다. 수사의 주체라고 보는 견해에 의하면, 구형사소송법 제248조의 규정(사법경찰관은 검사의 보좌로서 그 지휘를 받아 범죄를 수사하여야 한다.)하에서는 사법경찰관이 검사의 보조기관에 불과하나 현행법상 이 규정이 폐지되었고, 독자적인 수사권한을 가지고 있으므로 사법경찰관이 수사의 주체라고 한다.[341]

그러나, 검사와 사법경찰관리의 관계를 상명하복의 관계로 규정하고 있는 형사소송법 제196조, 검찰청법 제4조 제1항 제2호, 제53조, 제54조의 실정법적 근거와 사법경찰관의 수사권한은 독자적인 수사권한이 아니고, 검사의 지휘를 받아야 한다는 점을 고려할 때 현행 형사소송법하의 사법경찰관은 수사 주재자인 검사의 보조기관으로 보아야 할 것이다.

나) 사법경찰리의 지위

(1) 수사의 보조기관

사법경찰리는 검사 또는 사법경찰관의 지휘를 받아 수사를 보조함을 그 직무(형사소송법 제196조 제2항)로 하므로 수사의 보조기관에 불과하고 독자적인 수사권이 없다.

(2) 사법경찰관사무취급

사법경찰리라 할지라도 직무상 상사인 검사 또는 사법경찰관으로부터 구체적 사건에 관하여 특정한 수사명령을 받으면 사법경찰관의 직무를 취급할 권한이 인정된다. 이는 대법원판례의 확립된 견해로서 이러한 사법경찰리를 실무상 사법경찰관사무취급

340) 이재상, Supra, 85면.
341) 백형구, Supra, 341면.

이라고 한다. 경찰수사의 실제에 있어서는 사법경찰리가 사법경찰관사무취급의 자격으로 피의자신문, 참고인조사, 실황조사 등 경찰수사의 대부분을 담당하고 있는 것이 현실이다.

대법원판례는 현행법 하에서 사법경찰관사무취급의 법적근거가 형사소송법 제196조 제2항과 이에 근거를 둔 사법경찰관리집무규칙 제2조라는 견해를 취하면서 사법경찰리의 피의자신문, 참고인조사, 압수, 검증 등은 수사의 보조사무에 불과하다는 점을 이론적 근거로 내세우고 있다.[342] 생각건대, 경찰수사의 실제에 있어서 피의자신문조서, 참고인진술조서, 압수조서 등이 사법경찰리에 의해서 대부분 작성된다는 경찰수사의 현실을 고려할 때 사법경찰관사무취급을 인정하는 것이 현실적인 요청이라 할 것이나, 사법경찰관사무취급에 관한 해석상 의문을 해소하기 위해서는 실정법적 근거를 명시하는 것이 바람직하다 할 것이며 이 경우에는 사법경찰관사무취급의 요건과 그 직무범위를 명시하여야 한다. 다만 현시점에서는 입법의 불비를 해석론으로 보완할 수밖에 없을 것이다.

다) 일반사법경찰관리와 특별사법경찰관리의 관계[343]

일반사법경찰관리와 특별사법경찰관리는 서로 대등한 수사기관으로서 협조관계(사법경찰관리집무규칙 제8조)에 있음은 물론이나, 특별사법경찰관리의 존재 목적상 몇 가지 특칙이 있다. 우선 일반사법경찰관리와 특별사법경찰관리의 수사권이 서로 경합되는 경우에는 특별사법경찰관리에게 수사의 제1차적 책임이 있다. 왜냐하면 특별사법경찰관리의 직무범위에 속하는 사항에 관하여는 그 특수성 때문에 일반사법경찰관리가 수사를 행하는 것이 거의 불가능하거나 부적당하기 때문이다. 수사권문제로 일반사법경찰관과 특별사법경찰관간에 협의가 이루어지지 않거나 중요한 사건일 경우에는 검사가 수사권행사기관을 지정(범죄수사규칙 제43조 제2항)하여야 할 것이다. 다음으로 일반사법경찰관리의 수사권이 특별사법경찰관리와의 관계에 있어서 배제되는 수가 있다. 일반사법경찰관리가 관세범에 관한 사건을 발견하거나 피의자를 체포하였을 때에는 즉시 관세청 또는 세관에 인계(관세법 제200조 제2항)하여야 하고, 근로기준법 기타 노동관계법령위반범죄에 관하여는 근로감독관이 수사를 전행(근로기준법 제108

342) 대판 69.12.9, 69도1884판결; 대판 82.3.9, 82도63판결.
343) 수사절차론, 사법연수원, 24면.

조하며), 선박소유자·선원의 선원법·근로기준법 기타 선원근로관계법령위반범죄에 관하여는 선원근로감독관이 수사를 전담(선원법 제117조 제2항)하는 것 등이 바로 그것이다.

3) 사법경찰관리의 권한[344)]

가) 범죄수사의 권한

사법경찰관은 검사의 지휘를 받아 수사를 하고 사법경찰리는 검사 또는 사법경찰관의 지휘를 받아 수사의 보조를 한다.

(1) 범죄인지의 권한

사법경찰관은 범죄의 혐의가 있다고 인정한 때에는 범죄를 인지할 수 있으며 사법경찰관이 범죄를 인지한 때에는 범죄인지보고서를 작성(사법경찰관리직무규칙 제21조 제1항)하여야 한다. 사법경찰관이 고소·고발사건에 관하여 수사의 권한(형사소송법 제238조)이 있음은 물론이다.

(2) 수사실행의 권한

사법경찰관은 피의자신문 및 참고인조사(동법 제200조, 제221조, 제241조, 제245조), 감정·통역·번역의 위탁(동법 제221조), 공무소 기타 공사단체에 대한 조회(동법 제199조 제2항)와 같은 임의수사는 물론 피의자 체포·구속, 압수·수색·검증(동법 제200조의2 제1항, 제200조의3 제1항, 제201조 제1항, 제212조, 제215조 내지 제218조)과 같은 강제수사도 할 수 있다.

나) 영장신청과 집행의 권한

(1) 사법경찰관은 피의자가 죄를 범하였다고 의심할 만한 상당한 이유가 있고 정당한 이유 없이 출석요구에 응하지 아니하거나 응하지 아니할 우려가 있을 때에는 검사에게 체포령장을 신청(형사소송법 제200조의2 제1항)할 수 있고, 피의자를 긴급체포한 후 구속하고자 할 때 또는 피의자가 죄를 범하였다고 의심할 만한 상당한 이유가 있고 일정한 주거가 없거나 증거를 인멸할 염려가 있거나 도망하거나 도망할 염려가

344) 서울고등검찰청, "수사지휘론', 138~143면.

있는 때에는 검사에게 구속영장을 신청(동법 제200조의4 제1항, 제201조 제1항)할 수 있으며, 범죄수사에 필요한 때에는 검사에게 압수·수색·검증영장을 신청(동법 제215조 제2항)할 수 있고, 그 밖에도 증거보전신청(동법 제184조 제1항, 사법경찰관리집무규칙 제48조), 통신제한조치허가신청(통신비밀보호법 제6조 제2항) 등을 할 수 있다.

(2) 사법경찰관리는 검사의 지휘에 의하여 피의자에 대한 체포·구속영장 또는 피의사건에 대한 압수·수색영장을 집행할 권한(형사소송법 제200조의5, 제209조, 제81조 제1항, 제219조, 제115조 제1항)이 있다. 피고인에 대한 감정유치장, 증인에 대한 구인장(동법 제172조 제7항, 제155조, 제81조 제1항)에 관해서도 마찬가지이다.

다) 관할구역과 사법경찰관리의 권한

사법경찰관리는 각 소관 관서의 관할구역 내에서 직무를 행함을 원칙으로 하나, 관할구역내의 사건과 관련성이 있는 사실을 발견하기 위하여 필요한 경우에는 관할구역 외에서도 그 직무를 수행(사법경찰관리집무규칙 제6조)할 수 있다. 사법경찰관리가 관할구역 외에서 수사를 하거나 관할구역 외의 사법경찰관리의 촉탁을 받아 수사할 때에는 관할 지방검찰청 검사장 또는 지청장에게 보고(형사소송법 제210조)하여야 한다.

4) 사법경찰관리의 의무

사법경찰관은 중요한 범죄가 발생하였다고 인정할 경우에는 즉시 관할 지방검찰청 검사장 또는 지청장에게 보고(사법경찰관리집무규칙 제11조)하여야 한다. 또한 사법경찰관리는 소요의 발생 기타의 사유로 사회적 불안을 조성할 우려가 있을 때나 정당, 사회단체의 동향이 사회질서에 영향을 미칠 우려가 있을 때에는 지체 없이 그 사실과 경찰조치를 관할 지방검찰청 검사장 또는 지청장에게 보고(동규칙 제12조)하여야 한다. 사법경찰관은 사건마다 범죄통계원표를 작성하여 검찰총장이나 관할지방검찰청 검사장 또는 지청장에게 제출(동규칙 제13조)하여야 하며, 사법경찰관리가 관할구역 외에서 수사를 할 경우에는 수사착수 전에 검사에게 보고(형사소송법 제210조)하여야 한다. 또한 사법경찰관은 모든 사건을 수사종결시 관할검사장 또는 지청장에게 송치(동규칙 제54조)하여야 하며, 고소 고발사건의 경우는 2개월 이내에 수사를 완료하여 송치하여야 하고 만약 이 기간내에 완료하지 못한 때에는 그 연장을 구하기 위하여 검사의 지휘(동규칙 제39조)를 받아야 한다. 송치 후 수사를 속행하는 경우에는 주임 검사의 지휘(동규칙 제59조)를 받아야 한다.

라. 검사와 사법경찰관리의 관계

1) 상명하복의 관계

우리나라의 수사기관에는 검사와 사법경찰관리가 있으나, 검사는 수사의 주체이고 사법경찰관리는 검사의 보조기관에 불과하다. 즉 형사소송법상 검사와 사법경찰관리의 관계는 상호협력관계가 아니라 상명하복의 관계에 있다. 따라서 검사는 범죄수사에 관하여 사법경찰관리를 지휘・감독(검찰청법 제4조 제1항 제2호)하며, 사법경찰관리는 범죄수사에 있어서 소관 검사의 직무상 발한 명령에 복종(동법 제53조)하여야 한다. 사법경찰관리에 대한 검사의 상명하복관계를 제도적으로 보장하기 위하여 검찰청법은 지방검찰청 검사장에게 체임요구권과 수사중지명령권을 인정(동법 제54조)하고 있다.

2) 양자의 상명하복 관계에 따른 구체적 관계

가) 경찰의 보고의무

사법경찰관은 중요범죄가 발생하였다고 인정할 경우에는 즉시 관할 지방검찰청 검사장 도는 지청장에게 보고(사법경찰관리집무규칙 제11조)하여야 한다. 이로 인해 현행법상 사법경찰관의 수사개시에 있어서도 독자적 권한이 인정되고 있지 않음을 알 수 있다. 또한 사법경찰관은 소요의 발생이 사회적 불안을 조성할 우려가 있을 때와 사회단체의 발동이 사회의 질서에 영향을 미칠 우려가 있을 때에는 그 사실과 경찰조치를 지체 없이 관할 검사장 및 지청장에게 보고하여야 한다. 이는 경찰에 고유한 범죄예방 및 정보유치에 대하여도 검찰이 개입하려는 의도이다.[345] 나아가 사법경찰리 사무규칙 제12조의 2는 “정당, 사회단체의 동향이 사회질서에 영향을 미칠 우려가 있을 때 사법경찰관은 지체없이 검사장 또는 지청장에 보고한다.”라고 규정하고 있는 바, 정당이나 사회단체의 동향정보는 주로 정보과 소속경찰관이 수집하는 정치정보에

345) 손동권, ‘수사권독립, 경찰에 보장하여야 한다.’ ‘시민과 변호사’, 1994년 207면.

가까운 것인데, 이 규정은 사법경찰관이 이러한 정보를 수집할 수 있도록 규정하고 있다. 현재는 정보경찰이 정치정보를 수집해도 문제가 되는 세상인 만큼 준사법기관이라고 자처하는 검찰이 정당과 사회단체의 동향에 관한 정보를 보고받아야 한다는 것은 스스로 주장하는 준사법기관적 성격과 동떨어진 점이 없지 않다. 결국 위 규정은 수사권 조정과 함께 삭제되어야 할 규정이라 생각된다.

나) 검찰에의 사건송치의무

사법경찰관은 모든 사건을 수사종결시 관할 검사장 또는 지청장에게 송치(사법경찰관리집무규칙 제54조)하여야 하며, 고소 고발사건의 경우 2개월 내 수사를 완료하여 송치하여야 하고 만약 기간 내 완료치 못한 때에는 그 연장지시(동 규칙 제59조 제1항)를 받아야 한다. 사건의 송치 후에 당해 사건에 속하는 피의자의 여죄를 발견시 즉시 주임검사에게 보고하여 그 지휘(동 규칙 동조 제2항)를 받아야 한다. 이 법규들로부터 사법경찰관은 불기소사건에 대해 자체 사건종결권을 가지고 있지 않음을 알 수 있다.

다) 검사의 독점적 영장청구권

헌법 및 형사소송법은 각종 영장의 청구는 검사만이 할 수 있도록 규정(헌법 제11조 제3항, 형사소송법 제201조, 215조)하고 있으며, 사법경찰관은 직접 법원에 영장을 청구할 수 없고 검사에게 신청하면 검사가 그 필요성을 판단하여 판사에게 청구하도록 되어 있다. 또한 영장의 집행은 사법경찰관리가 행하나 이것 역시 검사의 지휘(형소법 제81조, 사법경찰관리집무규칙 제23조 제3항)에 의하도록 되어 있으며, 이러한 검사의 독점적 영장청구권은 사법경찰에 대한 수사통제에 아주 유용한 수단이 된다.

한편 법률기관이 하는 일은 해당 법률에 명시되어야 함에도 불구하고 우리나라는 세계에서 유일하게 법률기관인 검사가 하는 일이 헌법에 명시되어 있는 특이점을 보이고 있다.[346)]

라) 검사의 수사중지명령과 체임요구권

서장이 아닌 경정 이하의 사법경찰관리가 직무집행에 관하여 부당한 행위를 하는 경우 지방검찰청 검사장은 당해 사건의 수사중지를 명하고 임용권자에게 대체임용

---

346) 앞서 본 것처럼 이 조항이 헌법에 편입된 것은 5·16 이후 1962년 실시된 5차 개헌 때인데, 형사소송법에 규정되면 될 영장청구가 헌법에 규정된 것은 우리나라밖에 없다.

을 요구할 수 있다. 이 요구가 있을 때 임용권자는 정당한 이유를 제시하지 아니하는 한 교체임용의 요구(검찰청법 제54조)에 응하여야 한다.

마) 검사의 체포구속장소감찰권

검사는 매월 1회 이상 경찰이 피의자 체포구속장소를 감찰하여 피구속자가 불법으로 구속된 것이라고 의심할 만한 상당한 이유가 있을 때에는 즉시 구속피의자를 석방한다. 검찰은 이라한 유치장검찰권과 포괄적 조사지휘권을 통해 경찰서장 고유권한인 내사종결권, 즉결심판사건, 교통사고처리현황 등 경찰업무전반까지 감찰하고 있으나, 이러한 유치장 감찰권은 제2편에서 본 것처럼 미국, 영국, 독일, 프랑스, 일본 등 어느 선진국도 검사의 유치장 감찰권을 규정하고 있지 않다.

바) 검사의 변사체 검시에 대한 지휘권

변사체가 발생하면 사법경찰관은 검사에게 보고하여 지휘를 받으며 그 명에 의하여 검시조서를 작성(형소법 제222조, 사법경찰관리집무규칙 제33조)한다. 이는 조서의 단서에 해당하는 영역까지 검사의 지휘권을 인정한 규정이라 할 수 있다.

사) 경찰의 타 관할 조사시 보고의무

사법경찰관리가 관할구역 외에서 수사를 하거나 관할 구역외의 사법경찰관리의 촉탁을 받아 수사를 할 때에는 관할 지방검찰청 검사장 또는 지청장에게 보고하여야 하며 긴급을 요할 때에는 사후에 보고할 의무(형소법 제210조)가 있다.

아) 검사의 사법경찰관리에 대한 행정적 책임요구권

관할 검찰청검사장은 폭력행위등처벌에관한법률위반의 범죄가 발생하였음에도 불구하고, 이를 그에게 보고하지 아니하거나 그 수사를 태만히 하거나 또는 수사능력 부족 기타의 이유로 사법경찰관리로서 부적당하다고 인정하는 자에 대해서는 그 임명권자에게 사법경찰관리의 징계, 해임 또는 체임을 요구할 수 있다.

제1항의 요구가 있을 경우에는 임명권자는 2주일 이내에 당해사법경찰관리에 대하여 행정처분을 한 후 이를 관할 검찰청 검사장에게 통보(폭력행위등처벌에관한법률 제10조, 사법경찰관리의 행정적 책임)하여야 한다.

이는 검찰이 경찰의 행정처분까지 간섭할 수 있는 규정이다.[347]

제4절 현행 수사구조의 운영실태

1. 범죄수사에 있어 경찰과 검찰

위에서 수사상 검찰과 경찰 관계는 하나의 체제에서 상명하복 관계를 이루고 있음을 살펴보았는데 구체적인 수사 진행과정에서 검찰과 경찰의 관계는 어떻게 규정되어 있고 또한 범죄수사 단계에 따른 운영실태는 어떤지 다음에서 자세히 살펴보기로 하겠다.

가. 수사개시 전 단계

공공의 안녕질서를 침해하는 위험의 발생을 장래를 향하여 방지하고 제거하는 활동은 원칙적으로 경찰의 고유한 권한이다. 따라서 이미 일어난 범죄사건을 규명하고 범인을 처벌하기 위한 활동이 아닌 장래에 일어날지 모르는 범죄에 대한 예방과 그를 위한 정보활동은 수사의 영역에 속하는 것이 아니다.

그러나 우리의 현행법규는 검찰이 인정한 경우 경찰의 이러한 조치에 관여할 수 있는 여지를 마련해 놓고 있는데, 사법경찰관리집무규칙 제11조와 제12조를 보면 경찰은 중요범죄[348]가 발생하였다고 인정할 경우 즉시 관할 지방검찰청 검사장 또는 지청장에게 보고하여야 한다고 규정할 뿐 아니라 아직 범죄가 발생하지 아니하였다 하더

---

347) 한편, 법무부 예규(1958년 4월 23일)에 의하면 "법무부 관계직원의 관련사건이 발생시 시급히 관할 경찰청에 보고하고, 각급 검사장 또는 지청장은 사건의 경중을 불문하고 경찰 등에 수사지휘를 함이 없이 시종일관 검찰에서 수사토록 할 것"을 규정하고 있었으나, 그동안 경찰이 검찰조직원의 비리를 제대로 조사할 수 없는 문제가 발생했고, 그 결과 검찰의 내부비리가 외부에 노출되지 않는 등 특혜를 준다는 비판으로 인해 1995년에 이르러서야 삭제되었다.

348) 1. 내란 죄 2. 외환 죄 3. 국기에 관한 죄 4. 국교에 관한 죄 5. 공안을 해하는 죄 다만, 공무원자격의 사칭 죄는 제외한다. 6. 폭발물에 관한 죄 7. 방화, 중실화 및 업무상 실화 죄 8. 교통방해 죄 9. 통화에 관한 죄 10. 살인 죄 11. 상해치사, 폭행치사죄 12. 강도 죄 13. 국가보안법 및 반공법 위반범죄 14. 각종 선거법 위반범죄 15. 관세법 위반범죄 16. 중요한 조세범처벌법 위반범죄 17. 공무원에 관한 죄 18. 군사에 관한 죄 19. 변호사 및 언론인에 관한 죄 20. 외국인에 관한 죄 21. 사회 이목을 끌만하거나 정부시책에 중요한 영향을 미치는 범죄 22. 지방검찰청 검사장 또는 지청장이 지시한 사항.

라도 또는 이에 준하는 사태 하에서는 그 발생의 염려가 있는 경우에는 그 동태를 보고하여야 한다고 규정하고 있으며, 소요 발생 기타의 사유로 사회적 불안을 조성할 우려가 있을 때, 정당이나 사회단체의 동향이 사회질서에 영향을 미칠 우려가 있을 때에도 그 사실과 경찰조치를 관할 지방검찰청 검사장 또는 지청장에게 보고하여야 한다고 규정하고 있다.

나. 수사의 개시

수사는 수사기관의 주관적 판단에 의하여 개시된다. 검사는 범죄 혐의가 있다고 사료하는 때에는 범인, 범죄사실과 증거를 수사(형사소송법 제195조)하여야 한다. 경찰도 경찰법과 경찰관직무집행법상 범죄수사를 그 임무로 하고 형사소송법상에서도 수사 권한을 인정하고 있는 만큼 수사 단서를 발견하면 수사에 임하여야 한다.

그러나 경찰의 수사개시는 형사소송법 제196조(수사관, 경무관, 총경, 경감, 경위는 사법경찰관으로서 검사의 지휘를 받아 수사를 하여야 한다.)의 규정에 의거해 독자적인 것은 아니며 검사의 지휘에 따르는 것이라 할 수 있다. 이와 관련하여 구체적으로 경찰의 수사개시에서 검찰의 지휘가 어떻게 이루어져야 하는지를 설명하는 규정은 없는데, 수사의 개시의 원인이 되는 수사 단서의 발견과 관련하여 검찰과 경찰의 관계를 구체적으로 규정하고 있는 현행법규의 규정으로는 「변사자 검시」에 관한 것이 있다. 변사자 또는 변사의 의심이 있는 때에는 그 주소지를 관할하는 지방검찰청 검사가 검시하여야 하며, 검사는 이를 사법경찰관에게 명할 수 있다. 사법경찰관리가 변사자 또는 변사의 의심이 있는 시체를 발견할 때에는 즉시 관할 지방검찰청 또는 지청의 검사에게 보고하고 그 지휘(형사소송법 제222조, 사법경찰관집무규칙 제33조)를 받아야 한다. 이러한 규정의 취지는 변사자의 검시는 원칙적으로 검사의 책무이고 사법경찰관이 이를 행할 때에는 반드시 검사에게 보고 한 후 그의 명이 있을 경우에 한하여 지휘에 따라 행하여야 한다는 것이다.

다. 수사활동

경찰의 범죄수사는 원칙적으로 독자적인 것이 아닌 것인 만큼 수사진행 과정 역시 검사의 지휘에 따라 행해져야 하는 것은 물론이다. 형사소송법과 사법경찰관집무규칙은 경찰수사상 검찰의 지휘권을 확보하기 위해, 이미 본 것과 같이 경찰의 보고의무를 규정하고 있고, 강제수사를 위한 영장의 청구권을 검사에게만 부여하고 있으며, 이러한 시스템을 확고히 할 수 있도록 검찰이 경찰에게 영향력을 행사할 수 있는 장치를 마련하고 있다. 이러한 규정은 경찰과 검찰이 별도의 조직에 속해 있지만 수사에 관한한 하나의 시스템 속에서 작동하도록 되어 있는 수사체제의 운영을 유지하기 위한 수단으로써 검찰이 경찰에 대하여 직접 행정적 책임을 요구할 수 있도록 했다.

한편, 수사체제에서 경찰과 검찰의 직접적인 관계를 규율하는 규정은 아니지만 우리 수사체제의 주요한 특징으로 볼 수 있는 것으로는 검사작성의 피의자신문조서와 경찰작성의 피의자신문조서의 증거능력 차이가 있다. 검사작성의 피의자신문조서는 원진술자가 법정에서 성립의 진정을 인정하면 증거능력이 있으나 경찰작성의 피의자신문조서는 원진술자가 그 내용을 인정할 때에 한하여 증거능력이 부여되도록 되어 있어 검찰작성의 피의자신문조서와 경찰작성의 조서에는 증거능력의 차이(형사소송법 제312조 제1항, 제2항)가 있다. 이렇게 경찰작성의 조서와 검찰작성의 조서 증거능력의 차이를 두는 조항은 우리나라에만 있는 특이한 조항[349]으로 이로 인해 검사는 재판을 위해 반드시 피의자 또는 참고인을 불러서 재조사를 하게 되어 있으며, 그러한 과정을 통해서 경찰의 수사에 대한 통제가 이루어진다.

라. 수사의 종결

사법경찰관은 자체적으로 수사를 종결할 수 없고 수사종결 시 모든 사건을 관할 검사장 또는 지청장에게 송치(사법경찰관집무규칙 제54조)하여야 하며, 고소, 고발사건의 경우 2개월 내 수사를 완료하여 송치하여야 하고, 만약 기간 내에 완료하지 못한 때에는 그 연장 품신(형소법 제238조, 사법경찰관집무규칙 제59조)[350]을 받아야 한다. 송치 후 수사를 속행하는 경우에는 미리 주임검사의 지휘(사규 제59조 1항)를 받아야

349) 이러한 조항이 생기게 된 배경에 대하여는 이글 제4절 '1공화국 당시의 형사소송법 제정과정'을 참조.

350) 즉 사법경찰관은 수사종결이 없다. 따라서 사법경찰관이 수사를 완료하였을 때에는 검사에게 송치하여야 한다. 사법경찰관이 수사한 결과 범죄혐의가 없음이 명백하거나 피의사건에 관하여 공소권이 없음이 명백한 경우(예컨대 공소시효완성, 피의자사망)에도 사건을 검찰에 송치하여야 한다.

한다. 사건의 송치 후에 당해 사건에 속하는 피의자의 여죄를 발견하였을 때에는 즉시 주임검사에게 보고하고 그 지휘(동규칙 동조 2항)를 받아야 한다. 공소의 제기여부를 결정하는 수사종결권은 검사의 고유 권한으로 이에 의하여 사법경찰관이 수사한 사건에 대하여 검사는 수사의 주체로서 지위를 유지하게 된다.

2. 현 수사구조의 운영실태

수사에 있어 검찰과 경찰의 관계에 대한 현행법규를 앞에서 살펴본 바, 현 체제는 경찰 수사에 있어 주체적인 지위를 부여하지 않고 수사의 개시, 진행, 종결에 이르는 모든 영역에서 검사는 경찰을 통제할 수 있음을 살펴보았다.

그런데 위에서 살펴본 우리 수사체제의 제도상 문제점은 수사현실에서 극복되고 있지 못하며 수사체제의 실제적인 운용은 이러한 법규의 구상과는 다소 다른 방향으로 나아가고 있다. 검사는 수적 한계와 서로 다른 정보조직에 속해 있다는 현실 때문에 경찰의 수사에 있어 주체적인 위치를 차지하기 힘들고, 경찰의 수사와 검찰의 수사는 사실상 분리되어 있으며, 공동목적을 위해 조화롭게 움직여야 할 머리와 손발이 서로 의사소통에 문제를 겪고 있고, 이로 인해 수사의 효율성은 떨어지고 상대에 대한 오해와 불신을 키워오고 있다.

가. 수사지휘의 실제

현 수사체제 운영상의 특징 중 가장 두드러진 것은 수사현실이 법규범과는 거리를 두고 있다는 것이다. 수사에 있어 검사는 주체적인 지위를 차지하고 경찰의 수사를 일반적·구체적으로 지휘하도록 되어 있으나 검사수의 한계와, 조직의 이원화라는 문제로 인해 검사의 구체적·실질적 수사지휘를 힘들게 하는 경우가 많다. 우리나라 검사는 과연 얼마만큼의 사건을 처리하고 있을까? 검찰청의 통계에 의하면 1인당 1일 사건처리 인원은 1986년 10.3명, 1990년 11.4명, 1995년 11.6명, 1997년의 경우 11.7명으로 매년 증가추세를 보이고 있으며, 또한 검찰의 인력운용의 필요상 공안, 강력, 특수, 조사 및 총무부 등 비형사부서에 수사경력이 많은 검사들이 배치되고 형사부에는 수사경력이 비교적 적은 검사들이 배치될 수밖에 없고 초임검사들도 소관 전담사건 및 일반사건의 수사지휘 업무를 담당하고 있다.351)

<표 2-10> 범죄발생건수와 경찰공무원, 검사, 판사의 정원(1994년~2003년)

區分 / 年度	犯罪發生		警察公務員		檢事		判事	
	件數	指數	定員	指數	定員	指數	定員	指數
1994	1,373,407	(100)	90,558	(100)	1,020	(100)	1,324	(100)
1995	1,399,085	(102)	90,639	(100)	1,060	(104)	1,374	(104)
1996	1,494,846	(109)	87,419	(97)	1,110	(109)	1,434	(108)
1997	1,588,613	(116)	89,629	(99)	1,087	(107)	1,494	(113)
1998	1,852,792	(135)	96,286	(106)	1,214	(119)	1,447	(109)
1999	1,840,927	(134)	90,201	(100)	1,284	(126)	1,674	(126)
2000	1,867,882	(136)	90,670	(100)	1,348	(132)	1,724	(130)
2001	1,985,980	(145)	90,819	(100)	1,287	(126)	1,738	(131)
2002	1,977,665	(144)	91,592	(101)	1,357	(133)	1,794	(136)
2003	2,004,329	(146)	92,165	(102)	1,514	(148)	1,874	(142)

註 : 1. 警察公務員 定員 : 警察白書.
註 : 2. 檢　　事 定員 : 檢察年鑑.
註 : 3. 判　　事 定員 : 司法年鑑.

위 <표 2-10>의 수치에서 알 수 있듯이 수사현실에서 검사가 경찰수사에서 주체적인 역할을 하며 사건을 지휘한다는 것은 매우 어렵다. 한 개 사건을 수사하는 데 많은 수의 경찰이 몇 개월을 매달리는 경우도 많고 수사과나 형사과의 경찰들이 격무를 호소하고 있는 현실을 감안할 때 검사 일인당 하루에 6건의 사건수사의 주체가 된다는 것은 불가능한 것이다. 결국 검찰의 수사지휘는 형식적·사후적인 것이 되는 경우가 대부분이고, 경찰은 독자적인 계획과 판단 하에 수사를 개시하고 진행한 후 검찰에 송치하게 된다.352)

그 구체적인 실태로는 다음과 같은 것이 있다. 먼저 각종 보고의무를 보면 사법경찰관은 보고의무를 우선적으로 하지 않고 범인검거를 기다려 범죄발생 및 범인 검

351) 서울고등검찰청, 「수사지휘론」, 1998. 158~161면.

352) 검사의 업무폭주는 피의자신문에 있어 대부분 사건을 검찰입회서기가 신문하고, 검사의 피의자신문으로 기재되는 실정을 만들었다고 한다. - 김성남, 「검찰제도의 개선 방향」, 법조춘추 136호, 1988년, 47면. 이러한 사실은 검사가 법률전문가이므로 경찰수사를 지휘하여야 한다는 주장의 설득력을 잃게 하는 것이다.

거보고를 한꺼번에 하는 것이 대부분이다. 이는 법의 원래 취지와는 달리 사건발생을 경찰이 인지한 경우 먼저 검찰에 보고하고 그 지휘를 받아 다음 절차를 실행하는 것이 아니라, 검찰에 대한 보고는 형식을 갖추기 위해 사후에 이루어지게 되는 것이다. 더욱이 일반 도범사건이나 폭력사건은 전혀 보고하지 않고 있으며 검사는 업무폭주로 지휘의 엄두도 못내는 실정으로 실질적 담당자인 경찰에 완전히 일임하고 있는 실정이다.353)

경찰의 입장에서 보면 대부분의 사건을 경찰 자체적으로 해결하는 현실에서 검찰에 대한 보고는 그 필요성을 느끼지 못하며, 보고를 한다고 해도 범죄에 대해 경찰보다 훨씬 적은 정보력과 수사력을 가진 경찰에게 지휘할 수 있는 것은 별로 없다는 것이 경찰의 주장이다. 이와 비슷하게 사법경찰이 관할구역 외에서 수사시 검사에게 보고해야 한다는 규정도 우리의 좁은 국토와 범죄의 기동화·광역화 현상을 고려하면 의미가 없는 규정이고 이 역시 서류의 구색을 갖추기 위한 것 말고는 수사현상에서 의미를 가지지 않고 있다. 변사체 검시에서도 실무상 검사의 지휘는 형식적, 또는 사후적인 경우가 일반적이다. 즉 변사의 신고를 받은 경찰관이 사체를 검사하지 않고 보고하는 것이 아니라 의사를 대동하여 검안 및 관계인의 진술을 받는 등 검시를 완료하고 보고하여 검사의 형식적 지휘를 사후에 받아 처리하게 된다. 그러므로 검사의 지휘내용은 사전에 지휘를 받아 검시를 하는 것으로 되어 있으나 실질상은 반대로 검시를 먼저 완료하고 사후에 지휘를 받아 사체를 인계하는 종결처리를 하는 것이 대부분인 것이다.354)

검찰은 중요 강력사건에 기인한 변사체, 사회의 이목을 집중시킬만한 중요변사사건 등을 제외하고 대부분의 경우에 사법경찰관이 작성하여 보고하는 변사체 발생보고를 검토하여 타살의 혐의가 없다고 판단되는 때에는 사법경찰관으로 하여금 검시를 하도록 지휘하고 있다고 한다.355)

---

353) 최선우, "한국 수사권체제의 실태분석과 발전방안에 관한 연구", 동국대 석사논문, 1996년, 92면.

354) 사법경찰관은 검사 지휘를 받아 변사체를 처리하도록 규정되어 있으므로 경찰관이 사망자를 발견하거나 신고를 받았을 경우에는 반드시 검사에게 보고하고 그 지휘를 받아 처리해야 하는 데 지휘내용은 대부분 '사체를 검시하여 사인을 규명하고 범죄혐의가 없으면 유족에게 인계하거나 유족이 없으면 가매장하라'는 취지라고 한다. -최선우, 위의 글, 89면.

355) 위 수사지휘론, 191면(1997년의 경우 검사가 직접 나가 검시한 것은 16.1%에 지나지 않는다).

사법경찰관이 법률상의 문제점이나 범죄혐의자를 구속할 것인지에 관하여 검사의 지휘를 받을 필요성이 있다고 판단하는 경우에는 사전에 검사의 지휘를 받고 있으나 그 외에는 사법경찰관이 사건을 송치한 후에야 검사가 그러한 사건이 존재한다는 것을 알게 되고 송치 전 수사는 물론 구속영장신청 여부, 신병지휘건의 여부 등이 거의 경찰의 독자적인 판단에 의해 이루어지고 있다. 그 예로 1996년 서울지방검찰청의 통계에 따르면 관내경찰서에서 송치한 425,420건 중 약 90,000건만(20%)이 검사의 수사지휘를 받은 사건이며, 나머지 사건은 경찰에서 독자적으로 판단하여 사건수사를 종결 또는 송치한 것이다.[356)]

요약하건데 구속사건, 기소중지 재기 사건, 공안사건, 고소사건, 변사체처리 외의 불구속사건에 대한 검사지휘는 대부분 송치서류의 사후 검토에 그치고 있는 실정이다. 또한 수사진행과정에서의 지휘 역시 사후보고에 의한 원거리 지휘로 형식화되고 비능률성을 가져오고 있어 이는 경찰에게 상당한 부담을 안겨주고 있다. 이러한 현실 속에서 경찰은 검사의 지휘를 불필요한 것, 또는 번거로운 절차로 인식하는 경향이 있다.[357)]

나. 경찰과 검찰의 의사소통 문제

우리의 수사체제 현실 중 두 번째 특징 또는 문제점은 수사상 검찰과 경찰의 의사소통이 원활하지 못하고 그 사이에 오해와 갈등이 상존해 왔다는 것을 들 수 있다.

현재의 수사체제는 경찰의 수사를 검찰이 통제하여 경찰수사에서 발생할 수 있는 인권침해를 방지하고 경찰수사의 적법성을 담보한다는 목적으로 형성되었다. 그러나 위에서 살펴본 바와 같이 검사의 수적인 역량부족은 경찰의 수사를 효과적으로 통제하는 것을 매우 힘들게 하고 있는데 검찰과 경찰이 서로 이질적인 조직에 속해 있는 현실은 이를 더욱 심화시키고 있다. 더욱이 검찰과 경찰이 서로 조직을 달리하고 있는 현실 속에서 두 조직은 원활한 의사소통을 통한 수사의 진행에 어려움을 겪고 있으며 조직간의 갈등이 계속되어져 왔던 것이 사실이다.

---

356) 고등검찰청, 수사지휘론, 156면.

357) 한국형사정책연구원의 설문조사에 의하면 경찰 중 검사의 수사지휘감독을 반드시 필요한 것으로 여기는 경우에는 16.3%에 지나지 않고 나머지 83.7%는 그를 불필요한 것으로 여기고 있다(1991년 경찰관 929명을 대상으로 설문조사를 실시한 결과임). -(한국형사정책연구원, 『수사경찰에 관한 연구』, 1991년, 93면.

검찰과 경찰의 주요한 존립목적은 범인을 검거하여 유죄판결을 받도록 함으로써 범죄를 효과적으로 통제하는 데에 있다고 할 수 있다. 그런데 만일 동일한 목적을 달성하려는 이 두 형사사법기관이 상호 협력적인 관계를 유지하지 못한다면 범인 검거로부터 유죄판결에 이르는 형사사법 통로에 장애를 초래할 것이다. 이는 실체적 진실발견에도 도움이 안 될 뿐만 아니라 인권옹호 차원에서도 심각한 문제를 야기할 수 있다. 수사기관의 두 축을 형성하고 있는 경찰과 검찰간의 의사소통이 원활하여야 한다는 것은 수사에 있어 실체적 진실발견이나 인권보장 차원에서 절실히 요구되고 있음은 너무도 당연한 문제이다. 수사에 있어 신속성과 능률성은 실체적 진실발견을 위해 절실하게 요청되고 있는데 검찰, 경찰 두 조직간의 의사소통이 잘 이루어지지 않을 경우 수사의 신속성과 능률성은 확보할 수 없으며 더불어 불필요한 절차와 수사의 지연으로 수사요원의 부담을 가중시키는 것은 물론이고 수사에 관계된 피의자나 참고인들은 중간에서 상당한 피해를 입게 된다.

그런데 우리의 현실은 검찰과 경찰간의 의사소통이 원활하지 못하다고 할 수 있다. 이로 인해 지금 체제는 다수의 비효율을 만들어 내고, 이점에 있어서는 검찰, 경찰, 국민이 모두 동의하고 있다. 의사소통이 원활하지 못한 이유는 크게 두 가지가 있다. 첫 번째는 정보가 교환되는 통로가 잘 발달되어 있지 못하고, 정보의 흐름도 거의 일방통행이다시피 하여 상호 협조를 기대하기 힘들다는 것이다. 아이러니하게도 경찰과 검찰은 두 집단이 서로간 의사소통이 원활하지 못하고, 사건처리가 제대로 이루어지지 않고 있다고 믿고 있다. 경찰관들은 이러한 결과가 검찰의 지나친 관심에 기인한다고 생각한다. 반대로 검사들은 그러한 결과는 경찰이 기소가 가능한 상태로 사건을 송치하지 않기 때문이라고 주장하면서 경찰의 무능과 동기의 결여, 그리고 검거와 관련한 통계에 대한 지나친 관심 때문이라고 지적한다.[358]

검찰과 경찰은 수사를 개시, 진행함에 있어 서로간의 의견을 교환할 기회를 잘 갖지 못한다. 이 때문에 검찰은 수사지휘권을 가지고 있고 성공적인 기소를 위해 최종 정보 취득 책임자가 되어야 함에도 현실적으로는 수사경찰이 정보 책임자의 역할을 담당하고 양 조직간에 의사소통이 원활하지 못하기 때문에 충분한 정보를 얻기 힘든 경우가 많고 경찰의 경우 직접 수사를 개시, 진행하지만 검찰에 일단 사건을 송치한

358) 김보환, 『정보 및 조직이론적 관점에서 본 검찰과 경찰의 관계』, 한국형사정책연구원, 1990년, 22면.

후에는 사건에 대하여 의견을 개진할 기회를 갖지 못한다.359)

이와 같이 현재 수사체제 속에서 수사의 두 축을 형성하고 있는 검찰과 경찰은 원활하게 의사소통을 하지 못하고 있으며, 두 기관은 서로 사건처리에 문제가 있다는 것을 의식하면서도 그 원인은 서로 다른 곳에 있다고 주장하고 있는 형편이다. 두 번째는 형사소송법상 규정되어 있는 사법경찰의 범위가 명백하지 않아서 검사의 지휘를 받아야 하는 경찰의 범위가 명백하지 않다. 경찰은 수사를 함에 있어서만 검사의 지휘를 받고, 검찰과 경찰의 관계는 수사에 있어서만 상명하복 관계이다. 그러나 모든 경찰 기능은 수사와 직, 간접적으로 관련을 갖고 있고, 경찰의 조직은 사법경찰과 행정경찰의 구분과 관계없이 업무특성에 맞게 편제를 묶어 놓았기 때문에 검사의 지휘를 받는 경찰의 범위가 명백하지 않다. 이와 같은 현실 속에서 검사의 수사지휘권이 미치는 경찰의 범위가 명백하지 않아, 검찰은 가급적 수사상 경찰에 대한 영향력의 범위를 넓히고자 하는 경향이 있는 반면, 경찰은 반대로 될 수 있는 한 검찰의 영향을 받지 않기를 바라게 된다.

이는 검찰, 경찰 모두에게 불만요소로 작용하고 있다. 예를 들어 경찰의 불심검문(주로 생활안전부서에서 실시함)은 범죄예방이 주목적이지만 이는 곧 범죄의 단서를 획득하는 행위이며, 범인검거를 위해 실시될 경우에는 수사의 일환이라고 할 수 있다. 또한 경찰의 경비업무는 시설보호 등 범죄예방차원에서 실시되기도 하지만 다중범죄 진압 혹은 범법자의 검거와 불법행위의 체증의 기능 역시 갖고 있다. 또한 보안, 정보, 교통 등은 모두 수사와 밀접한 관계를 갖고 있다. 따라서 검찰은 이러한 경찰의 활동에 대해

---

359) 김보환, 위의 글, 51면.

이 글에서는 검찰(30명)과 경찰(60명)의 설문조사 결과를 싣고 있는데 관련 설문조사의 결과는 다음과 같다.

* 검사와 사법경찰관리 사이에는 사전검토를 위한 의사교환이 자주 있습니까?
  검찰 - 긍정 30%, 부정 67%, 경찰 - 긍정 15%, 부정 80%
* 검사는 수사지휘권을 가지고 있기 때문에 성공적인 기소를 위하여 최종정보 취득 책임자가 되어야 하는데도 현실적으로는 수사경찰이 정보책임자 역할을 담당하기 때문에 검사가 필요한 정보를 충분히 얻지 못하는 경우가 있다.
  검찰 - 긍정 63%, 부정 - 34%, 경찰 - 긍정 88%, 부정10%
* 검찰의 사건처리(특히 불기소 처분) 과정에 경찰이 의견을 개진할 수 있는 기회가 있습니까?
  검찰 - 긍정(아주 많다,.많은 편이다.) 19%, 부정(별로 없다. 전혀 없다.) 78% 경찰 - 긍정 11%, 부정 - 84%

영향력을 행사하려 하지만 경찰은 종종 이에 반발하게 되는 것이다. 경찰의 정보 업무는 범죄의 단서를 찾거나 이미 발생한 범죄의 증거를 찾는 것도 주요한 임무로 하고 있다. 그러나 정보과 경찰은 검사의 지휘를 받으려 하지 않고 있고, 검찰이 음주운전 단속을 위해 경찰관의 지원을 요청하자 범죄예방활동이란 이유로 경찰은 지원을 거절하고 검찰은 이를 반박하는 사례[360] 등은 현재 수사체제의 현실을 잘 보여준다.[361]

경찰의 주요기능인 생활안전 수사, 경비, 정보, 보안 등의 기능들은 범죄 수사와 밀접한 관련을 갖고 있고, 범죄수사를 위해 긴밀히 협조가 이루어져야 한다. 그러나 이러한 기능이 경찰조직 내에서는 동일한 명령계통에 의해 비교적 일사불란하게 움직이지만, 검찰과의 관계에 있어서는 그렇지 못한 것이다.[362] 이러한 두 기관간의 의사소통상의 어려움은 수사의 비효율을 초래할 뿐만 아니라 검찰과 경찰의 갈등을 증폭시키는 원인이 되기도 하는데 다음에서 그 내용을 살펴보기로 하겠다.

다. 검찰과 경찰의 갈등

우리의 현행 수사구조의 또 다른 특징으로 빼놓을 수 없는 것이 수사구조의 두 축을 형성하고 있는 경찰과 검찰 사이에 갈등이 상존해 왔다는 사실이다. 위에서 살펴본 대로 우리의 수사구조는 검사가 머리가 되고 경찰이 손발이 되어 수사를 진행하는 것을 그 기본 구상으로 하고 있다. 그런데 이러한 구상은 검찰의 수적 한계, 그리고 검찰과 경찰이 이질적인 조직에 속해 있고 그간에 의사소통이 잘 되지 않는 이유로 인해 항상 갈등이 상존해 오고 있다.

경찰대학 수사교재에서 검찰과 경찰의 관계를 규정한 형사소송법 규정을 규정이라고 표현했던 것이나,[363] 검찰이 발행한 수사지휘론에서 경찰의 주장을 검찰에 대한

---

360) 서울고등검찰청, 수사지휘론, 166면.

361) 이러한 모습은 검찰의 유치장 감찰과 관련해서도 나타난다. 경찰은 검찰의 유치장 감찰이 경찰업무 전반에 대한 감사로 변질되어, 수사지휘와 관계없는 파출소 업무일지를 가져오게 하여 조사하는 등 일반 방범업무까지 관여하고, 경찰서장의 고유권한인 즉결심판사건, 진정 등 내사사건까지 감찰하고 있다는 비판하고 있다. 윤종기, 위의 글, 8면.

362) 검찰은 합동단속 등의 이름으로 경찰의 단속활동을 지시 또는 감독하기도 하고, 경찰서의 정보과장, 보안과장, 교통과장 등도 수시로 부르고 있는데 일선 경찰관들은 이러한 것에 불만을 표시한다. -이상식외 8명, 「일선 실무자가 말하는 경찰의 수사권 독립」, 월간 경찰행정, 1998년 8월, 11면.

363) 경찰대학, 『경찰수사론』, 1995년, 45면. -여기서는 '현행 노예법규의 고찰'이란 별도 항목 하에 헌법

'감정적 저항'[364]으로 표현하고 있는 것은 이러한 갈등양상을 잘 보여준다.

우선 경찰은 현재의 수사체제에 늘 불만을 표시해 오고 있다. 비록 정도의 차이는 있으나 1공화국 이후 정권교체시, 또는 경찰의 개혁에 관한 논의가 있을 때마다 '수사권 독립' 또는 '수사권 현실화'라는 명목으로 수사체제의 변화를 요구하고 있다.

현재의 체제 속에서 경찰관들은 흔히 수사상 검사의 지휘를 형식적인 것으로 여기고 있으며, 그 필요성에 대해서도 회의적인 사람이 대부분이다. 수사경찰들과의 면담을 통해 알게 된 사실은, 경찰들은 자신들이 수사를 진행하는 과정에서 검찰과 의견교환을 하거나 서로 상의하는 일은 거의 없으며 실제로는 검사들이 경찰수사에 대해 특별한 경우를 제외하고는 대부분 관심을 갖지 않는 것으로 느끼고 있다.

경찰이 느끼기에는 경찰의 수사를 검사가 지휘한다고는 하나 그 지휘 모습은 경찰이 작성한 수사서류를 검토하는 것에 그칠 뿐 경찰이 수사를 진행하는 과정에 검찰이 적극적으로 개입하는 경우에는 매우 드물기 때문에 수사의 주체가 검찰이 된다는 의식은 없고, 수사상 검사의 지휘를 불필요한 것으로 여기는 것이다. 경찰 수사체제에 대한 불만은 또 다른 측면에서 나타난다.

경찰은 최일선에서 범죄자들과 만나고 위험을 감수하고 열악한 환경에서 수사를 진행하는 등 실질적으로 수사의 어려운 부분을 모두 해내고 있음에도 불구하고 수사보조자의 지위에 있기 때문에 수사상 중요한 결정은 검사가 내리고, 경찰은 그러한 결정에 참여할 길이 제한되어 있으며,[365] 검찰은 사건 처리결정과 그 이유에 대하여 경찰에게 환류정보를 제공하지 않는다. 이러한 현실 속에서 경찰은 수사절차상 주체적인 지위에 있고 싶어 하며, 그렇지 못한 현실 속에서는 검거 또는 검찰에게 송치까지만 관심을 집중시키고 그 이후 과정에 대해서는 상대적으로 무관심하게 된다. 검찰에서는 현재의 체제가 문제점이 있다는 것은 인식하고 있으나 그 원인에 대해서는 경찰과 전혀 반대의 견해를 갖고 있다. 검찰은 경찰들이 검사들이 필요로 하는 정보 및 증거를

과 형사소송법, 검찰청법의 일부 조항은 경찰이 검찰의 수사지휘를 받도록 함으로써 독자적인 범죄수사를 가로막아 경찰을 검찰의 노예로 만들고 있다는 논리를 전개하고 있다.

364) 향후 검찰이 합리적인 수사지휘, 감독권을 행사하기 위하 여는 경찰이 이 제도에 대해 감정적 저항을 하는 이유가 무엇인지를 객관적 입장에서 검토해 보는 것이 필요하다. - 수사지휘론, 209면.

365) 일선 수사현실상 검사가 담당경찰을 만나는 것은 비교적 용이하나 반대의 경우에는 매우 어려운 것이 현실이라고 한다.

충분히 제공해 주지 않고, 기소 실상을 이해하지 못하여 기소 가능한 상태로 사건을 송치하지 않는다고 불만을 표하며, 현재 수사체제가 잘 운영되지 않는 이유는 경찰의 무능과 동기 결여, 그리고 검거와 관련한 통계에 대한 지나친 집착이라고 지적한다.[366] 따라서 현 체제를 원활히 작동시키기 위해서는 검사의 지휘가 더욱 강화되어야 하며, 더 나아가 수사경찰을 검찰로 종속시키는 것이 바람직하다고 생각한다. 이러한 검찰과 경찰의 뚜렷한 견해차는 이러한 체제가 만들어진 이후 한번도 그 간격이 좁혀진 적이 없으며, 합의를 도출하기 위한 공동의 노력이 없었다. 양쪽의 주장은 서로에게 터무니없는 것이었고, 따라서 합의할 여지가 전혀 없었던 것이었다. 지금의 체제가 만들어진 이후 지금까지 평행선을 그리고 있는 양측의 현 체제에 대한 주장을 다음에서 살펴보자.

3. 현 체제에 대한 경찰과 검찰측의 평가

우리 수사체제 구조와 현실을 위에서 살펴본 바, 검찰을 정점으로 하고 경찰이 그 손발이 되어 수사를 하도록 구조되었으나 그러한 취지가 지켜지기에는 몇 가지 장애요인이 있음을 살펴보았다. 다음에서는 이러한 수사체제에 대한 경찰과 검찰의 평가를 정리해 보도록 하겠다. 경찰과 검찰의 주장으로 이분하기에는 다양한 주장[367]이 있지만 대체로 경찰과 검찰의 주장은 대립된 모습을 보이고 있기 때문에[368] 여기서는 경찰측과 검찰측의 주장을 대비하여 그 중심내용을 살펴보았다.

---

366) 김보환, 앞의 글, 22면.

367) 수사권독립과 관련한 주장으로는 경찰에게 수사권을 주어야 한다는 입장과 검찰이 독점해야 한다는 주장, 이른바 시기상조론으로 경찰에게 수사권을 주는 것이 바람직 하지만 현재로서는 시기상조라는 주장이 있다. 궁극적으로는 경찰에게 수사권을 주어야 한다는 주장으로 볼 수 있음으로 여기서는 특별히 따로 언급하지 않았다.

368) 현재의 수사체제가 문제점을 안고 있다는 것에는 경찰과 검찰이 대체로 동의하고 있다. 다만 이를 해결하기 위한 방법에 대하여는 경찰과 검찰이 명확히 반대되는 입장을 치하고 있는데, 경찰은 현재의 수사체제를 변화시켜 경찰에게 수사에 있어 보다 많은 권한을 주어야 한다는 주장을 하고 있는 반면, 검찰은 문제해결을 위해서는 검찰의 수사지휘를 보다 강화하여야 하고, 또는 수사경찰을 검찰로 종속시켜야 한다는 주장을 펴고 있다.

가. 제도에 대한 평가

경찰에게 수사권을 주어야 한다는 입장에서는 현재의 수사체제는 검찰이 공소관으로서 객관성을 유지하기 힘든 체제이며, 검찰에게 지나치게 권력이 집중되어 권력의 통제가 힘들고 남용의 우려가 있다고 주장한다. 반대 입장에서는 검사의 수사지휘는 필연적인 것이며 경찰이 수사를 담당할 경우 경찰의 권력이 지나치게 커진다고 주장하고 있다. 다음에서 수사권을 경찰에게 주는게 바람직하다고 보는 경찰측의 견해(공판전종론)와 현재와 같은 검사의 수사지휘는 필연적이라고 보는 검찰측의 견해를 살펴보겠다.

1) 경찰측의 평가(공판전종론)

검사는 공소관으로서의 직무에 전념하여 기소, 불기소 결정권과 공판활동의 권한만을 갖고 수사활동에는 관여하지 않는 것이 옳다. 이렇게 될 경우 검사는 스스로 수사에 관여하지 않아 공소관으로서 예단을 배제할 수 있고, 재판의 적정을 기하고 공소유지 중 인권보장을 철저하게 할 수 있다.[369] 그러나 현재와 같이 검사가 공소관으로서의 직무에 전념하지 않고 수사를 장악하게 될 경우 검사는 공소관으로서 객관성을 유지하기 힘들 뿐만 아니라 지나치게 검사에게 권력이 집중되게 된다. 권력의 집중은 가능한 피하는 것이 바람직하며 따라서 기소여부 결정권과 공소권을 가진 검찰이 수나 권력에 있어 거대한 조직을 가진 경찰을 담당하게 된다면, 그 효과가 능률적일지는 몰라도 권력집중의 우려를 피할 수 없다. 따라서 민주주의의 대원칙인 권력분립을 채택하여 국가권력이 입법, 사법, 행정으로 분산된 것처럼 국가형벌권을 수사, 기소, 재판의 세 가지 기능으로 분리한 뒤 각각을 경찰, 검찰, 법원에 분배함으로써 국민의 인권보장을 꾀하여야 한다.[370]

2) 검찰측의 평가(수사와 소추의 불가분성)

수사의 본질은 소추를 위한 준비절차로서 법률적 평가 작용을 포함하므로 법률

369) 고송경치, 「검찰관と사법경찰직원との관계」, 경찰학론집 6권2호, 1970년, 30면.
370) 중무정부, 「검찰관と사법경찰직원と관계について」, 개정형사소송법, 일본형법학회편, 소화35면, 246면.

전문가인 검사가 수사과정에 개입하여 법률적 감시기능을 수행함이 당연하며[371)372)] 경찰작용은 행정행위로서 행정경찰행위만이 실질적인 경찰의 개념이고 범죄수사는 이에 포함되지 않는다. 즉 경찰작용은 '공공의 안녕과 질서유지'를 위한 것인 바, 연혁적으로 보아 이는 소극적 개념인 '현상유지 또는 예방활동'으로 보아야 하고 범죄수사는 헌법상 보장된 개인기본권의 침해이므로 이를 경찰작용에 포함할 수는 없다. 경찰은 수많은 인권과 전국적인 조직망을 갖추고 있고, 국가통치를 위한 물리력의 중추역할을 수행하고 있는데, 이러한 경찰에게 예방경찰 권한 이외에 수사권까지 줄 경우 수사과정에 대한 견제기관이 전혀 없어 경찰의 권한은 막강해지고, 경찰국가화 할 위험성도 우려된다.

나. 제도의 운영에 대한 평가

경찰과 검찰의 제도 자체에 대한 평가가 크게 엇갈리고 있는 것처럼 제도 운영에 대한 평가 역시 검찰과 경찰이 대립된 모습을 보이고 있다. 경찰측의 평가는 현재의 수사체제는 그 운영이 법률의 규정과는 다르게 경찰이 사실상 독자적으로 수사를 진행하고 있으며, 검사의 수사지휘는 형식적인 절차를 만들어 내고, 반대로 검찰측의 평가는 검사의 수사지휘가 경찰수사 전반에 걸친 것은 아니더라도 검사의 탄력적인 수사지휘에 의해 경찰수사를 통제하고 있으며, 이러한 통제는 더욱 강화되어야 한다.

1) 경찰측의 평가(형식적 수사지휘)

경찰은 범죄의 대부분을 실제 처리하고 있고, 경찰의 수사는 독자적인 경찰의 판단 하에서 이루어지고 있는 만큼, 검사의 수사지휘는 형식적인 것에 지나지 않게 된다. 검찰이 실질적으로 경찰의 수사를 지휘하지 못함에도 불구하고 규정상 모든 수사는 검찰의 지휘 하에 이루어져야 한다는 규정은 지휘명령의 이원화로 인한 업무혼선을 초래하고[373)] 경찰은 검거, 수사과정에서 법상 재량의 여지가 없으면서도 책임이 중

371) 황희철, 「인권과 수사권의 통제」, 1998년 6월 한국형사법학회 발표문, 4면.

372) 형벌권행사의 절차는 수사개시와 수사종결에 이어 소추절차가 연속적으로 이루어지게 되며, 재판절차가 완결되면 비로소 형벌이 관하여 책임지게 되는데, 그 일관된 과정을 삼분하여야 한다는 것은 입법, 행정, 사법의 정립된 삼권을 나누는 삼권분립의 원리와는 전혀 무관한 주장이다. -김진우, 「검찰과 경찰과의 관계」 사법행정, 1989년 7월, 30면.

하여[374] 사기가 저하되어 수사부서 근무 기피현상이 나타나고 있는 실정이며, 유연하게 대처하기에 곤란하다. 또한 이러한 체제로 인해 경찰은 대부분의 수사를 담당하고 있으면서도 경찰 자체적인 수사역량을 발전시키는 데 어려움을 겪게 되며, 우수한 인력을 영입하는 데도 문제가 있다. 검사의 수사지휘가 형식적이라고 보는 이상 검찰의 수사지휘에 의한 인권침해 방지는 유명무실하며, 오히려 검사의 수사지휘는 수사상 여러 형식적인 절차를 만들어 내어 국민들에게 시간적 · 정신적 피해를 주고 있다.

2) 검찰측의 평가(탄력적 수사지휘)

검사의 수사지휘가 경찰에서 수사하는 모든 사건의 처음부터 끝까지 행사되고 있는 것은 아니지만, 검사의 수사지휘는 사건의 경중, 중요도, 파급효과 등에 따라 그때그때 다양하고 탄력적인 모습으로 행사되어 실체적 진실발견이라는 효율성과 인권보호를 목적으로 한 적법성의 요청을 충족시키고 있는 바, 검사가 소수라서 수사지휘가 현실적으로 불가능하다거나 형식적이라는 주장은 실무상의 수사지휘의 모습을 전혀 모르는 데서 비롯된 오해이다.[375] 또한 현재 우리나라의 경찰업무는 크게 보아 사법경찰업무와 일반행정경찰업무로 대별할 수 있고, 그 가운데에서 사법경찰업무를 담당하는 공무원들이 수사업무에 관하여 검사의 지휘를 받고 있다고 하여 그것이 경찰기능 전체의 효율성에 영향을 받는다는 것은 전혀 합리성이 없는 주장이다.[376] 검사의 수사지휘가 형식적인 것이 아닌 이상, 국민의 인권보호를 위한 검사의 수사지휘로 인해 소요되는 시간 동안의 불편함을 수사상 인권침해 방지라는 본질적인 문제보다 우월시 하는 것은 경찰의 왜곡된 인권의식을 보여주는 단면일 뿐이다. 이상의 검찰과 경

373) 공 · 사를 막론하고 어느 조직에 있어서든 조직기능이 효율적으로 운영되기 위해서는 무엇보다도 명령계통의 일원화가 이루어 져야 한다. 명령의 통일성을 유지함으로써, 첫째, 기관 내의 권한과 통제를 강화시켜주고, 둘째, 행동에 대한 책임을 결정하는데 도움을 주며, 셋째, 의사전달을 촉진시키고 모순된 명령을 제거함으로써 기관 내의 갈등을 감소시켜 준다. 넷째, 직원의 효과적인 감독을 강화시켜 준다. 그런데 현 수사체제 속에서는 이러한 명령의 통일이 이루어지지 않아 혼란을 겪고 기관간의 갈등을 야기하고 있다. - 이황우, 「경찰행정학」, 서울 : 법문사, 1994년, 79~81면.

374) 경찰은 범죄사건수사에 관하여 수사권을 가지고 지휘하는 검사보다는 수사의 보조자에 지나지 않는 경찰이 수사과정과 결과에 대하여 내부적으로 뿐만 아니라 대외적인 언론, 여론에 대해 사실상 책임을 지고 있다면 불만을 표시해 오고 있다.

375) 위 수사지휘론, 225~227면 참조.

376) 김진우, 「검찰과 경찰과의 관계」, 사법행정, 1989년 7월, 30면.

찰의 제도와 제도의 운영에 관한 평가와 주장을 대비하여 살펴본 바, 제도에 대한 평가가 엇갈리고 있는 이유는 경찰 수사에 대한 개념 규정의 차이에서 오고 있는 것으로 보인다.

즉 수사는 법률적 평가 작용을 포함하는 사법작용의 일환이고, 경찰은 이를 담당할 수 없다는 것이 대륙법계의 전통적인 개념 규정이다. 반면 영미법계에서는 수사를 단순한 사실행위로 보고 있으며, 경찰의 개념규정 역시 예방경찰만을 실질적 의미의 경찰로 보는 견해를 취하고 있지 않다. 그런데 우리나라의 경우 대륙법계의 수사체제의 영향을 많이 받았으면서도 동시에 미군정을 거치면서 영미법계의 영향도 많이 받았기 때문에 어느 기관에게 수사에서 주도적 위치를 부여할 것인가의 문제는 필연의 문제가 아니라 선택의 문제라고 할 수 있다.

그런데, 우리의 수사체제에서 검사, 경찰의 역할변화를 연혁적으로 살펴본 바에 의하면 현재의 수사제도가 인권보장과, 수사의 효율성을 담보하기 위해 바람직한 것이었는지, 적어도 현재의 경우에 그러한 요건을 갖추었는지를 생각해 볼 때 많은 회의가 드는 것은 사실이며, 이로 인해 끊임없이 수사권 조정의 문제가 계속 제기되어 왔음을 알 수 있다. 다음으로 제도의 운영에 대한 평가가 엇갈리고 있는 이유를 살펴보자. 위에서 우리나라 수사체제의 운영실태를 살펴본 바에 의하면, 검사의 수사지휘가 경찰수사의 전면에 미친다고 볼 수는 없고, 검사의 수적인 한계는 경찰의 수사와 검찰의 수사를 사실상 분리하여, 많은 경우 검찰과 경찰간의 수사는 경쟁양상마저 보이고 있음을 알 수 있다.

다. 현 체제의 제도상 문제점

위에서 검찰과 경찰의 직무영역이 만나는 수사 분야에서 검찰과 경찰의 역할관계를 우리의 수사체제는 검사를 중심으로 하나의 체제로 구상하고 있으며, 이를 뒷받침하기 위해 여러 제도적 장치들을 마련하고 있음을 살펴보았다. 그리고 검찰과 경찰은 현행의 제도에 대하여 그 제도면과 운용면에서 각자 평가를 달리하고 있다는 것도 알 수 있다. 그런데 우리 법규가 구상하고 있는 수사시스템이 원활히 작동하기 위해서 몇 가지 전제조건이 필요한데, 첫 번째, 경찰조직이 어느 범위까지 검찰의 지휘를 받는지 명확히 규명되어야 하고, 두 번째, 경찰이 검찰의 지휘를 받는 한도 내에서는 경찰과 검찰의 관계가 한 조직 내의 관계처럼 원활한 지휘명령체계가 이루어져야 한다. 즉 두 개의 이질적인 조직이 하나의 체제 속에서 작동하려면 이러한 조건이 충족되어야만 수사분야에서 임무를 충실히 수행할 수 있다. 그러나 경찰과 검찰은 비록 수사분야에 있어 그 임무가 만나고 있다고 하더라도 두 조직은 서로 다른 존립목적을 가지고 있으며, 다른 정부기관에 속해 있는 이상 이러한 전제조건이 충족되기란 여간 힘든 일이 아니며, 따라서 여기서 우리의 수사체제는 제도상 문제점을 드러내고 있다고 하지 않을 수 없다.

먼저 첫 번째 문제에 대해 살펴보면, 경찰의 임무는 크게 범죄예방과 범죄수사로 나눌 수 있고, 전자를 담당하는 경찰을 '행정경찰', 후자를 담당하는 경찰을 '사법경찰'로 구분하는 것이 대륙법계의 전통이며, 우리의 경우도 형사소송법에서 사법경찰관리란 표현을 쓰고 있는 바, 수사절차에서 이러한 구분을 받아들이고 있다.

그러나 공공의 안녕질서를 침해하는 위험의 발생을 장래를 향하여 방지하고 제거하는 행정경찰활동(범죄예방)과 과거에 일어나 범죄사건을 규명하고 범인은 처벌하기 위한 사법경찰활동(범죄수사)은 관념상으로는 분명하게 구분된다고 할 수 있으나 실제의 경찰활동에 있어서는 양자의 요소가 혼재되어 있는 경우가 매우 많다. 예를 들어 인질극이 벌어지고 있는 상황을 보면 인질로 붙잡혀 있는 피해자의 생명과 신체를 무사히 구해내는 일은 행정경찰의 활동영역에 속하는 활동이지만 범인을 검거하고 증거를 수집하는 활동은 사법경찰의 영역에 속한다. 이 경우 범죄예방의 활동은 순수한 경찰의 판단 하에 이루어져야 하지만 범죄수사는 검찰의 판단 하에 이루어져야 하는 데 두 가지 행위는 구분할 수 있는 것이 아니라 동시에 일어나야 하기 때문에 이 경우 무엇을 우선해야 할지, 어느 범위까지 검찰이 경찰을 지휘해야 할지를 결정하는 것은 매우 어려운 일이 된다.[377] 게다가 우리의 경우 형사소송법과 사법경찰관집무규칙에서 사법경

377) 독일의 경우 이러한 문제가 발생할 때는 검찰과 경찰은 가능한 한 협의하여 적절한 조치를 취하여야 한다는 원칙이 검찰과 경찰의 공동준칙(Gemeindame Richtlme)가운데 규정되어 있으며, 위험방지와 형사소추의 조치가 서로 상반되어 타협을 구할 수 없는 경우 독일경찰은 구체적인 조치를 취함이 있어서 형사소추가 더 우선적인 목적인가 위험방지가 더 우월한 목적인가 하는 점에 따라서 판단하고 있고, 특히 지체를 불허하는 긴급상황이 발생한 경우에는 경찰로 하여금 판단을 내리도록 한다는 지침이 검찰·경찰의 공동준칙 가운데 규정되어 있다. -신동운, 「주요국가의 수사구조 및 사법경찰제도(독일의 수사구조 및 사법경찰제도)」, 치안연구소, 1996년, 104~109면에서 참조.

찰관리라는 용어를 사용하고는 있지만, 이에 대립되는 행정경찰이라는 용어를 사용하고 있지 않으며, 이를 제외한 다른 경찰관련 법규에서는 사법경찰 또는 행정경찰을 구분하지 않고 그냥 경찰[378]이라는 용어를 사용하며, 실무상에서도 아래의 경찰서 직무도표를 보면 알 수 있듯이 경찰의 조직은 사법업무와 행정업무를 기준으로 하여 나누어진 것이 아니라 경찰의 고유 업무의 특성에 따라 나누어져 있고 수사과나 형사과만 수사업무를 하는 것이 아니라, 생활안전, 교통, 보안, 경비 등의 부서도 수사업무를 하고 있다.[379] 또한 사법경찰과 행정경찰 사이의 이동에 제한이 있는 것도 아니다. 이처럼 사법경찰과 행정경찰을 명확하게 구분하기 힘들고 그러한 내용들이 혼재되어 있기 때문에 경찰활동에 대한 검찰의 영향력의 범위를 두고 검찰과 경찰 사이에 의견이 대립될 가능성을 항상 가지고 있다. 그럼에도 불구하고 우리의 경우 이러한 것을 규율하는 아무런 규정도 가지고 있지 못하기 때문에 수사시스템은 검찰과 경찰의 역할갈등이 일어날 가능성을 늘 안고 있다. 두 번째, 현재의 수사체제는 검찰을 중심으로 하나의 체제를 유지하는 것을 구성하고 있기 때문에 그러한 체제가 유지하기 위해서는 검찰이 경찰의 수사를 통제하고 지휘할 수 있는 시스템이 잘 구성되어야 한다. 그런데 경찰과 검찰은 다른 조직에 속해 있기 때문에 이러한 것이 매우 어려울 수 밖에 없다. 수사진

---

378) 경찰법, 경찰관직무집행법, 경찰공무원법 상의 경찰이란 범죄수사, 범죄예방 모두를 임무를 하고 있다.

379) **경찰서장**

경무과	경무계 : 조직, 인사업무, 후생업무관장, 근무성적평정 등
	경리계 : 세입, 세출, 경리사무
	민원실 : 진정, 탄원, 고소, 고발접수 및 각종전화상담, 즉시 민원처리
	장비계 : 차량, 경찰무기, 탄약관리
생활안전과	생활안전계 : 파출소 업무관장, 방범업무, 112업무지령실 운영
	생활안전지도계 : 풍속영업, 총포, 도검, 화약, 경범죄처벌법 등 업무관장
	소년계 : 가출인, 미아, 소년업무관장(소년사건수사포함)
수사과	조사계 : 고소, 고발사건처리
	수사1계 : 진정 탄원사건처리, 유치장 업무관장
	수사2계 : 경제사범, 공무원 범죄, 위조수표사범 등 단속업무
형사과	현행범, 강력사범, 마약사범 등 수사 검거 등 외근활동
교통과	교통지도계 : 교통질서유지, 교통시설업무, 불법주정차 등 단속업무, 음주운전단속 등
	교통사고처리반 : 교통사고처리업무
정보과	견문수집, 신원조회업무
보안과	보안2계 : 대공업무, 좌익사범수사
	외사계 : 외국인절도 등 외국인 범죄수사
경비과	경호경비, 재해대책수립, 다중범죄진압, 전의경 관리업무

행상 경찰의 검찰에 대한 수사보고의무, 영장청구에 있어 검사경유, 모든 사건의 검찰송치 원칙 등 검사의 수사지휘를 규정하는 규정은 검사의 경찰수사에 대한 통제를 위한 것이다. 그러나 경찰과 검찰은 조직을 달리하고 있고 근무지도 다르기 때문에 수사에 있어 두 조직간의 의사소통은 자연히 문서를 통한 의사소통에 치우칠 뿐, 검사가 경찰수사에 있어 실제 주도적 역할을 하기가 매우 힘들어 지게 된다. 뿐만 아니라, 검찰이 경찰의 수사를 완전히 장악하기에는 검사의 숫자가 턱없이 부족하여, 경찰의 수사에 대한 검찰의 통제와 지휘는 형식적이고 제한적인 것이 될 우려가 있다.

수사와 기소를 각각 경찰과 검찰에게 맡기고 있는 미국의 제도에서는 이러한 문제가 발생할 여지가 없다. 그러나 우리의 체제처럼 검사가 수사의 주체가 되고 경찰이 검찰의 보조기관이 되어 하나의 수사체제를 구성하고 있는 독일의 경우에는 우리처럼 이러한 문제를 안고 있어[380] 독일에서도 검찰이 경찰의 수사를 원활히 통제하는데 어려움을 겪고 있고 수사체제에서 검찰과 경찰의 관계를 재조정해야 한다는 주장이 있어 왔다.

독일 연방범죄수사청이 1976년 간행한 「미래의 형사소송 관점에서 본 경찰 수사행위의 분석」이라는 검찰과 경찰간의 관계에 대한 실증적 연구결과[381]에 따르면 독일 수사절차에 있어 경찰은 수사를 거의 독자적으로 행하며, 검찰은 대개 경찰수사종결 후 검찰에 사건기록이 송치될 때 비로소 사건에 대하여 알게 되고 검찰은 예외적인 경우에 경찰에 대한 재수사지시에 의하여 추가로 수사결과에 영향력을 행사하려고 하지만 그에 의하여 공소제기의 가능성이 높여지지는 않았다.

---

380) 검사의 수사지휘권과 경찰의 수사실무 사이에 존재하는 괴리를 해결하기 위하여 독일에서는 1975년 연방 및 각주의 법무장관과 내무부장관의 연석회의에서 그 해결방안이 모색된바 있는데, 이 회의 결과 마련된 '검찰과 경찰의 관계 재정립에 관한 지침을'을 마련한 바있다. -이러한 회의 내용은 Bundeskriminalamt(Hrsh.), Polizei und Justiz, Arbeitstagungdes Bundeskriminalamt Wiesbaden vom 12, Oktober 1976년 (BKA-Vortragsreige Band 23에 수록되어 있다. -신동운, 위 독일의 수사구조 및 사법경찰제도, 147-155면.

381) 이러한 연구는 연방범죄수사청의 재정적 지원으로, '막스 · 플랑크 외국 및 국제형사사법연구소'의 연구원들이 1973년 1월부터 1975년 10월까지의 기간에 연구한 연구과제의 과정과 그 결론을 편천한 것으로 그 연구는 비브케 슈테펜(Steffen)과 에르하르트 블랑켄부르그(Erhard Blankenburg)에 의하여 지도되었고 형사소송절차에 참여하는 기관 중의 누구 실제에 있어 전체 용의자 가운데 어떤 특정인을 피의자로, 그리고 궁극적으로 재판을 받는 자로 선정하는가 하는 문제를 설명하는 것이었다. 이 연구는 이후 경찰과 검찰의 관계재정립에 관한 많은 논쟁을 불러일으키는 시발점이 되었다고 한다. -Dierk Helmken(김원치 역), 「법사회학적 연구로 조명된 검찰과 경찰의 관계」, 법무연구, 1984년 12월, 26~29면.

따라서 수사의 실제적 지배자는 검찰이 아니고 경찰이며, 어떠한 범행에 관하여 얼마나 집약적으로 수사할 것인가는 경찰이 결정[382]한 이러한 연구결과는 독일의 수사체제에서의 경찰과 검찰의 지위가 입법자에 의하여 의도된 규정과는 반대로 전개되고 있다는 것을 보여주고 있다.

라. 각국의 입법례와 우리나라의 수사체제 비교

이상에서 살펴본 것처럼 우리나라의 수사체제는 한마디로 검사를 정점으로 하여 검사가 수사와 공소제기 및 유지, 그리고 형벌집행에 이르기까지의 일련의 형사절차 전 과정에서 주도권을 가지고 있음을 알 수 있다. 그러나 제2편에서 본 것처럼 각국의 수사체제에 있어 우리나라의 경우와 같이 검사가 수사절차 및 소추권에 있어서 강력한 권한을 가진 나라는 매우 드물다. 앞에서 살펴본 각국의 수사체제를 다시 한번 상기해 보고, 이를 우리나라의 수사체제와 비교하여 도표로 정리해 보면 우리나라의 수사체제에 있어서 검사에게 권한이 집중되어 권력 배분이 불균형을 이루고 있음을 쉽게 알 수 있다.[383]

<표 2-11> 각국의 검사의 소추권한 비교

구 분		프랑스	독 일	영 국	미 국	일 본	한 국
수사 종결권		△[1]	○	×	×	△	○
기소권	기소권 유무	○	○	○	○	○	○
	기소 독점주의	×	○[2]	×	×	○	○
	기소 편의주의	○	×[3]	○	○	○	○
공소 유지권		○	○	○[4]	○	○	○

1) 프랑스의 경우, 중죄와 복잡한 경죄사건의 수사 및 수사종결은 강제수사권을 보유한 수사판사에 의해 이루어진다.
2) 독일의 경우, 기소권은 원칙적으로 검사에게 귀속되어 있어 ○으로 표시하였다. 다만, 일정한 범죄에 한해 범죄피해자에게 사인소추권이 예외적으로 인정되고, 세무공무원의 경우, 약식명령에 해당하는 사건에 있어서 기소권이 예외적으로 인정되고 있다.
3) 독일의 경우, 일정한 경미한 범죄에 한하여는 검사에게 기소유예처분을 인정하고 있으나, 기소법정주의의 원칙이 유지되고 있다.

---

382) 김원치, 위의 글, 30~33면.
383) 박창호 외 4인 공저, 『비교수사제도론』, 박영사, 2004년, 763면의 표 참조.

4) 영국의 경우, 치안법원에서는 검사가 법정에 출두하여 공소유지를 할 수 있지만, 형사법원에서는 법정출두를 할 수 없고 법무변호사에게 공소유지를 대행하게 한다.

우리나라의 검찰은 표에서도 확연히 알 수 있듯이 소추권한에 있어서 절대적으로 우월한 지위를 점하고 있음을 알 수 있으며, 기소권에 더하여 공소유지 및 공소취소권을 가지고 있다. 기소권은 국가소추주의원칙하에 검사가 독점하고 있으며, 기소편의주의에 입각하여 기소재량권 또한 검사에게 인정되고 있다. 그러한 반면, 검사의 기소권 남용에 대한 견제장치는 마련되지 않아 검사의 차별적 공소제기 또는 부당한 불기소처분에 대한 구제방법이 별도로 마련되어 있지 않아 효율적인 통제가 실질상 어렵다.[384] 또한, 각국 검찰의 수사권한 및 수사에 관여정도를 비교 다음과 같이 정리될 수 있다.[385]

<표 2-12> 각국검사의 수사권한 및 수사관여의 정도

구 분	프랑스	독 일	영 국	미 국	일 본	한 국
수 사 권	△[3]	○	×	○	○	○
수사지휘권	△[4]	○	×	×	△	○
자체수사력[1]	×	×	×	○	○	◎
검·경조서의 증거능력차이	×	×	-[5]	×	×	○
중앙집권여부[2]	○	×	○	×	○	○

1) 자체 수사력 구분은 검찰이 수족으로 활용이 가능한 수사권을 가진 자체 인력 보유여부에 따른 기준을 의미한다.
2) 중앙지권여부는 검찰조직이 집권화된 국가검찰조직인지 아니면 분권화된 자치검찰조직인지 여부의 기준을 말한다.
3)·4) 프랑스의 경우, 중죄와 복잡한 경죄사건의 수사는 수사판사가 이를 주재한다.
5) 영국검찰은 수사권이 없고, 직접 피의자나 참고인을 조사하여 조서를 작성하지 아니하므로 해당사항이 없다.

결국, 한국검찰은 비교상국과 비교해 볼 때 절대적으로 우월한 소추권한은 물론 자체수사력까지 겸비하고 수사에 적극적으로 관여하고 있음을 알 수 있다. 그리고 세계에서 전례가 없이 검찰과 경찰 작성의 조서의 증거능력에 차이를 부여하고 있으며,

384) 전게서 767면 참조.
385) 전게서 773면의 표 참조.

중앙집권화된 국가검찰조직을 유지하면서도 검사동일체의 원칙이 적용되고 있는 우리나라의 경우에는 검찰의 수사권한이 한층 더 강화되어 있다는 평가가 가능하게 된다.

<표 2-13> 각국 경찰의 수사상의 권한 비교

분류	경찰의 수사상 권한								
	경찰수사의 일반근거 (조항)	독자적 수사권	대인적 강제수사권			대물적 강제수사권		훈방권	수사 종결권
			독자적 영장청구권	무영장 인신구속권 (긴급체포)	무영장 체포 피의자 석방권	독자적 강제수사권	압수물 처리권		
한 국	×	×	×	○[3]	×	×	×	△[6]	×
일 본	○	○	○	○	○	○	○	○	△[7]
독 일	○	△[1]	×	○	○	△[4]	△[5]	×	×
프랑스	○	△[2]	×	○	○	×	×	×	×
미 국	○	○	○	○	○	△	○	○	○
영 국	○	○	○	○	○	○	○	○	○

1) 독일의 경우, 2000년 11월 형사소송법 개정으로 기존의 경찰 초동조치권에 관한 조항(제163조 1항)에 수사권한에 관한 근거규정을 2문으로 추가하였음 (동조 2문 : 이 목적을 달성하기 위하여 경찰기관과 그 공무원은 모든 관서에 정보를 의뢰하거나 또한 지체의 위험이 있는 경우 정보를 요구할 수 있으며, 또한 다른 법률이 경찰의 권한을 특별히 정하지 않는 한 모든 종류의 수사를 진행할 권한을 갖는다.).

2) 프랑스의 경우, 수사판사와 검사의 수사가 개시되기 전에는 독자적인 예비수사의 권한을 인정하고 있음(형사소송법 제14조).

3) 법정형이 사형, 무기 또는 장기 3년 이상에 해당하는 범죄의 경우에 한하여 긴급체포가 허용되나, 이 경우 검사의 사후승인을 반드시 받도록 요구되고 있음.

4), 5) 독일의 경우, 긴급시 경찰이 독자적으로 대물적 강제처분권(긴급압수・수색)을 행사할 수 있음.

6) 경찰의 훈방권은 실무상 극히 제한된 범위내에서 행사되고 있으나, 그 법적 근거에 대하여는 학설상 논란이 있음. 특히 훈방권의 중요한 법적 근거로 제시되어 온 '즉결심판에관한절차법'은 현재 사법제도개혁위원회에서 폐지하는 방안을 추진 중이어서, 없어질 가능성도 있음.

7) 일본의 경우, 경찰이 수사를 종료한 후 범죄혐의가 없다고 판단되는 사건, 즉 소위 사건성 없는 사건에 대하여는 검찰송치 없이 경찰에서 자체적으로 종결하는 실무관행이 정착되어 있음. 또한 경미한 범죄에 대하여는 범죄혐의가 인정되는 경우에도 검찰송치 없이 경찰이 훈계, 경고 후 방면하는 권한(미죄처분권)이 인정되어 있음(형사소송법 제246조 참고).

<표 2-14> 각국 검사의 권한 비교

분류	검사의 기소권한				검사의 수사상 지위					검사의 구체적 수사지휘권															
	수사종결권	기소독점주의	기소편의주의	공소취소권	수사권	수사지휘권	자체수사력[4]	검경조서 증거능력 차이	중앙집권 여부[5]	경찰	검찰	인권옹호직무방해죄	체포구속장소감찰권	사법경찰 대한 징계	변사체 검시권	긴급체포 사후승인제도	체포구속피의자 석방지휘	압수물 처분시 지휘	관할외 수사시 보고	사건이송 지휘	고소고발사건 송치전 지	고소고발사건 수사기간 연장 지휘	내사사건 지휘권	중요사건발생보고	정보보고
한 국	○	○	○	○	○	○	◎	○	○	○	○	○	○	○	○	○	○	○	○	○	○	○	×	○	○
일 본	△	○	○	○	○	△	○	×	○	×	×	×	×	○[10]	○	×	×	×	×	×	×	×	×	×	×
독 일	○	○[2]	×[3]	×	○	○	×	×	×	×	×	×	×	×	○	×	×	×	×	×	×	×	×	○[14]	×
프랑스	△[1]	×	○	×	△[6]	△[7]	×	×	○	×	×	×	○[9]	△[11]	○	×	×	-	×[12]	×	×	×[13]	×	△[15]	×
미 국	×	×	○	○	○	×	○	×	×	×	×	×	×	×	×	×	×	×	×	×	×	×	×	×	×
영 국	×	×	○	○	×	×	×	-[8]	○	×	×	×	×	×	×	×	×	×	×	×	×	×	×	×	×

1) 프랑스의 경우, 중죄와 복잡한 경죄사건의 수사 및 수사종결은 강제수사권을 보유한 수사판사에 의해 이루어짐.
2) 독일의 경우, 기소권은 원칙적으로 검사에게 귀속되어 있으므로 '○'로 표시(독일형소법 제152조). 그러나 일정한 범죄에 한하여 범죄피해자에게 사인소추를 제기할 수 있는 권한을 예외적으로 인정하고 있으며(형소법 제374조), 또한 세무직 공무원(Finanzbeamter)의 경우, 약식명령에 해당되는 사건의 경우에 기소권을 행사할 수 있는 예외가 인정되어 있기도 함(Abgabenordnung 제399조).
3) 독일의 경우, 일정한 경미 범죄에 한해 검사에게 기소유예 처분을 인정하고 있으나(형소법 제153조~제153조e), 기소법정주의의 원칙이 유지되고 있음(형소법 제170조).
4) 자체수사력의 구분은 검찰이 수족으로 활용할 수 있는 수사권을 가진 자체인력을 보유하고 있는지 여부를 기준으로 한 것이며, 실제 어느 정도 독자적으로 수사를 수행하고 있는지를 고려하였음.
5) 중앙집권 여부는 검찰조직이 집권화된 국가검찰조직인지 분권화된 자치검찰조직인지 여부를 기준으로 분류한 것임.
6), 7) 프랑스의 경우, 중죄와 복잡한 경죄사건의 수사는 수사판사가 이를 주재함.
또한 강제수사권은 원칙적으로 수사판사에게 귀속되어 있으며, 검사의 수사권 및 수사지휘권은 현행범수사와 예비수사의 영역에 한정되어 있음.
8) 영국검찰은 수사권이 없고 직접 피의자나 참고인을 조사하여 조서를 작성하지 않으므로 해당사항이 없음.
9) 기존 3개월에 1회 실시되었으나 연 1회 이상으로 개정(2002년 3월 형소법 개정)
10) 검사의 예외적 지휘권 불복에 한하여 징계파면소추권 인정.
11) 징계 · 책임을 직접 요구하는 권한은 없으며, 다만 사법경찰에 대한 임명권을 가진 고등검사장이 사법경찰의 자격을 정지시키거나 박탈하는 권한을 보유하고 있음.
12) 경찰은 원칙적으로 관할구역에 한해 수사권을 가지나, 현행범 수사시 인접관할에 대한 수사관할권을 가지며, 이 경우에는 별도의 보고규정은 없음.
한편 수사판사나 검사로부터 수사위임을 받은 때에는 전국적인 관할권을 가지게 됨.
13) 경찰이 인지하여 예비수사를 진행하는 경우 6개월 경과시 검사에게 수사상황을 보고.
14) 독일의 법무부와 내무부의 상호협약에 의거, 중요사건에 대하여는 검찰과 경찰이 관련정보를 상호 통지함.
15) 모든 범죄의 현행범을 인지한 경우에는 검찰에 보고.

제5절 현행법상 수사권 구조개혁의 제 문제

국가 공권력의 실현을 통한 사법정의 실현이라는 목적을 가진 수사를 임무로 하는 수사기관의 경우 책임과 권한이 명확해야 하고 외부인의 간섭으로부터 조직의 자율성과 독자성이 보장되도록 하여야 한다. 그런데 우리나라의 현행법상 수사권의 구조를 살펴보았듯이 검사가 수사를 위한 모든 법적 권한을 독점하고 수사실무의 대부분을 수행하는 경찰은 단순히 검사의 보조자에 불과하여 상명하복의 원칙 하에 검사의 지휘감독만을 받게 되어 있는 우리나라의 현행 수사구조는 그 자체로 많은 문제점을 가지고 있다. 우리나라 수사구조의 불합리성과 문제점을 이론적·실무적 측면에서 살펴보면 다음과 같은 사항이 지적될 수 있다.[386)]

1. 수사권에 있어서의 견제와 균형의 원리

앞에서는 국가권력분립에 관한 헌법학적 고찰을 통하여 모든 국가권력은 하나에 집중되어서는 안 되며, 권력기관 상호간에 상호 균형을 이루고 통제할 수 있는 견제장치가 필요하다는 일반론에 관하여 살펴보았다. 그렇다면 이러한 원리는 국가권력의 중요 핵심인 수사권력에 있어서도 수사기관 상호간에 견제와 균형의 원리가 관철되어야 하는 것은 당연하다. 수사권력에 있어서의 견제와 균형이 이루어져야 국민의 자유와 권리를 최대한 보장할 수 있는 것이며, 더구나 수사권의 행사는 다른 어떠한 국가권력의 행사보다도 국민의 인권침해와 가장 밀접하게 연관되어 있기 때문에, 그 필요성은 더욱 강조되어질 수밖에 없다. 연혁적으로 수사제도인 경찰과 검찰제도는 본래 국민의 자유와 인권을 보장하기 위해서라기보다는 강력한 중앙집권 국가의 달성 또는 왕의 사법권의 통제방편으로 도입되었다.

그러나 근대국가로 넘어오면서 인권 즉 인간답게 살 권리라는 가장 기본적이고도 중요한 자연권의 보장이 시대의 화두로 대두되었고, 이제 더 이상 수사권력은 국민

386) 천진호, '수사권체제의 합리화 방안', 치안연구소, 1999년 46~53면.

앞에 군림하는 것이 아닌 국민의 자유와 권리를 보장하기 위한 수단이 되었다. 하지만 수사기관에 의한 인권침해는 권력의 속성상 오늘날에 있어서도 계속되고 있으며, 우리나라의 경우 수사기관의 인권침해 문제는 수사권의 불균형적 배분의 문제와 맞물려 논의가 활발하게 진행되고 있다. 수사권 배분이 불균형적, 기형적으로 배분되어 있다는 것은 곧 권력의 균형과 견제의 원리가 관철되고 있지 못하는 것을 의미한다. 권력이 불균형을 이루고 상호 견제할 수 있는 통제장치가 없다면, 국민의 자유와 권리는 그 만큼 침해의 위험에 노출되어 있는 강도가 크다고 하지 않을 수 없다. 결국 수사권 배분의 문제는 국민의 권익 신장의 차원에서 검토되어져야 한다는 결론이 나온다.

가. 인권보장과 수사권

1) 범죄수사와 인권보장

가) 인권보장과 수사

인류의 역사는 끊임없이 계속되는 인권보장에의 투쟁사라고도 할 수 있다.[387] 로마의 자연법사상은 인권이 자연법적으로 인정된다는 것을 의미하고 있는 것이다. 홉스는 "인간의 자연 상태를 '만인의 만인을 위한 투쟁 상태'라고 하여 이러한 자연 상태를 제거하기 위하여 국가라는 생활형태가 필요하다."고 하였다.[388] 홉스와 달리 로크는 "자연권은 인간이 국가 이전의 자연 상태에서 향유하고 있던 자유권으로서 불가양적이며 신성불가침한 것으로 국가계약이 필요하다."고 하였다. 이와 같은 정치풍토에 따라 유럽에서는 자의적 체포 및 판결 등에 대한 복종거부권 등을 내용으로 하는 지배계약이 귀족회의 간에 체결되곤 했는데, 이것이 후에 사회계약설의 바탕이 된 것이다.

M. Luther로부터 영향을 받은 캘빈은 "정부에 대한 저항권이 인정되지 않는 한 개인의 생명·재산 및 자유권이 보장받을 수 없다."고 하였다. 그러므로 부당한 정부정책에는 강력히 저항해야 한다고 주장했다. 그 후 16, 17세기에 이르러 루소 등에 의해 근대 인권이 정착되는 원동력이 되었다. 1776년 미국의 버지니아 권리장전과 독립선언 등에서 천부적 인권사상과 신체의 자유 등을 열거하였으며, 마침내 1789년 프랑

387) 이동명, "국제법상 인권보장에 관한 고찰", 「사회개별연구」 1985년 12월, 제10집, 211면.
388) 이태재, 『법철학사와 자연법론』, (서울 : 법문사 1987), 101면, 195면.

스 혁명으로 그 꽃을 피워 천부적이고 불가침·불가양의 자연권으로 평등권, 신체의 자유, 종교의 자유권, 사상표현의 자유, 소유권 절대 등을 내세워 인권을 보호함과 아울러 1791년 헌법으로 채용하여 강력한 보장을 하기에 이르렀다. 혁명 후인 1808년에 탄생된 치죄법(Code Distraction Criminally)으로서 비로소 형사절차에 있어서 피의자의 인권이 실천적으로 보장되는 역사가 시작되었다.

이러한 인권사상은 국제적으로도 보장하는 것이 세계 평화와 인류 복리에 도움이 된다는 생각이 싹트기 시작되었는데, 특히 제2차 세계대전의 계기로 개인의 기본적 인권을 국제적으로 보장할 간절한 필요성을 느꼈다. 대서양헌장(1941년 8월 14일), UN에 관한 선언(1942년 1월 1일), 테헤란선언(1943년 12월 1일) 등이 있다. 1948년 UN총회에서 세계인권선언을 채택하여 각국에 시행을 촉구하였는데 제1조에 "모든 인간은 나면서부터 자유이며 그 존엄과 권리에 있어서 평등하다."고 규정하고 있다. 1950년 '유럽인권선언' 즉 인권과기본적 자유의 준수를 위한 협약도 인권이 국제적 보장의 하나로 간주되고 있다.

우리 헌법은 헌법 제10조에 "모든 국민은 인간으로서의 존엄과 가치를 가지며, 행복을 추구할 권리를 가진다. 국가는 개인이 가지는 불가침의 기본적 인권을 확인하고 이를 보장할 의무를 가진다."고 규정하고 있고, 동법 제12조에서는 "모든 국민은 신체의 자유를 가진다."고 규정하여 대원칙을 인정하고, 나아가 범죄 법정주의와 체포·구속·압수·수색 등의 법률주의를 규정한 다음 고문금지와 묵비권 보장·영장제도 등의 여러 가지 장치를 마련하여 객체 자유의 침해를 예방하고 구속적부심제, 자유의 증거능력 제한, 체포나 구속시 가족 등 법률에 의한 자에게 그 이유와 시간·장소를 지체 없이 통보해야 한다는 규정을 두어 부당한 신체자유의 침해로부터 구제받을 길을 열어놓고 있다. 또한 제27조 제4항에는 "형사 피고인은 유죄의 판결이 확정될 때까지 무죄로 추정된다."는 규정을 두어 규제하고 있다.

나) 헌법과 수사에서 인권보장

형사소송법은 국가의 형벌권 행사에 대한 법적 규제를 통하여 국가기관에 의한 인권침해의 방지를 그 이념으로 하고 있다. 형사소송법을 피고인의 마그나 카르타라고 부르는 이유도 여기에 있다. 형사소송 절차에 인권보장은 수사절차에 있어 특히 강하게 요청되고 있다. 범인과 증거의 확보라는 수사 목적을 달성하기 위해서는 피의자신문 · 인신구속 · 압수 · 수색 · 검증과 같은 인권제한적 처분이 행하여지고 수사의 합목적성이 강조된 나머지 위법 · 부당한 수사처분이 반복될 위험성이 있기 때문이다.

우리나라의 현행 헌법은 인권보장적 제한을 가하고 있다. 즉 "모든 국민은 신체의 자유를 가진다."(헌법 제11조 제1항), 또는 "모든 국민은 거주의 자유를 침해받지 아니한다."(헌법 제15조)고 규정하여 신체의 자유와 거주의 자유를 국민의 자유권적 기본권으로 선언하고 있을 뿐 아니라, 강제처분 법치주의(헌법 제11조 제1항), 고문의 절대적 금지와 불리한 진술의 강요 금지(동조 제2항), 수사상 체포 · 구금 · 압수 · 수색에 대한 영장주의 원칙(동조 3항, 제12조 후단), 체포 · 구금을 당한 즉시 변호인의 조력을 받을 권리(동조 제4항 전단), 구속적부심사 청구권(동조 제5항), 임의성 없는 자백의 증거능력 부정과 자백의 보강법칙(동조 제6항), 무죄추정의 원칙(헌법 제6조 제4항)을 명문으로 규정하고 있다.

나. 수사권력에 있어서의 견제와 균형의 필요성

1) 서 설

이상과 같이 살펴본 수사제도, 즉 경찰과 검찰에 대한 수사권력은 처음 법으로 규정할 때에는 가장 이상적으로 생각되는 형태로 안배가 되었을 것이다. 그러나 법과 현실은 언제나 괴리가 발생하듯이 제도가 아무리 이상적이라고 하여도 수사기관이 위법한 수사처분을 반복한다면 수사제도의 본질은 왜곡되고, 국민으로부터 불신을 받아 외면을 당할 수밖에 없다. 나아가 수사권력이 어느 한 곳에 집중되어 있고 그에 대한 통제장치마저 마련되어 있지 않다면 국민에 대한 인권보장의 수위는 낮아질 수밖에 없고 인권침해사태를 효과적으로 예방할 수도 없게 된다. 뒤에서 상세히 다루겠지만 우리나라의 경우 검찰에 수사권력이 독점되어 있는 수사구조를 지니고 있는데 이러한 수사구조 하에서 인권의 침해상황을 살펴보면 수사구조의 불균형이 초래하는 인권침해 문제가 심각함을 알 수 있다. 그러나 검찰의 수사권력 독점으로 인해 인권이 침해되는 상황만 발생하고 경찰로 인해 인권이 전혀 침해되지 않는다는 의미는 아니다. 경찰 수사로 인한 인권의 침해 또한 중대하고 결코 간과될 수는 없는 것은 당연한 바, 현행 수사권력이 재조정된다고 하여도 그에 따른 수사권 남용에 대한 예방책 마련은 더욱 철저해야 할 것이다.

2) 검찰의 수사권력 독점과 인권침해상황

인권의 사전적 의미는 "사람이라면 누구나 태어나면서부터 가지고 있는 생명·자유·평등 등에 관한기본적인 권리"이며, 20세기 이후에는 정치에 참여할 수 있는 '참정권'과 기본적 생활을 보장받을 수 있는 "사회권"을 포함한 개념으로 인식되고 있다. 이러한 인권은 각 국가가 헌법으로 보장하고 있는데 우리 헌법도 앞에서 본 것처럼 수사와 직접적으로 관련하여 인권보장 규정을 두고 있다. 먼저 모든 국민은 법 앞에 평등(헌법 제11조)하며, 모든 국민은 고문을 받지 않으며 불리한 진술을 강요당하지 않는다(제12조 2항). 임의성 없는 자백과 자백이 유일한 증거일 때는 증거능력이 인정되지 않는다(12조 7항). 체포·구속을 당한 때에는 즉시 변호인의 조력을 받을 권리를 가지며, 단 형사피고인이 스스로 변호인을 구할 수 없을 때에는 법률이 정하는 바에 의하여 국가가 변호인을 붙인다(제12조 4항). 미란다 원칙을 천명함으로써, 체포 또는 구속을 당한 경우 가족 등에게 그 이유와 일시·장소가 지체 없이 통지(제12조 제5항)되어야 하며, 모든 국민은 신속한 재판을 받을 권리(제26조 3항)를 가진다. 또 범죄피해를 받은 국민은 국가로부터 구조를 받을 수 있다(제30조).

그러나 우리 수사현실에서는 이러한 인권이 제대로 보장 받지 못하고 있다는 것이 사회일반의 지적이다.[389] 특히 검사 독점의 수사구조를 가지고 있는 현형법체제에 있어서의 구조적 문제점이 인권침해의 근본적 원인의 한 축을 차지하고 있다는 지적이 점차 커지고 있다. 이에 대해 차례로 검사 독점 수사구조가 헌법상 보장된 기본권을 침해하고 있는 상황[390]을 항목별로 살펴보고자 한다.

가) 검사 독점 수사구조와 평등권 제약 상황

먼저 우리 헌법 제11조는 '모든 국민은 법 앞에 평등하다'고 천명하여 평등권을 국민의기본권임을 명확히 하고 있다. 그러나 범죄수사에 있어서는 이러한 평등원칙이

389) 한국일보, 2002년 12월 24일 사설, '수사편의보다 인권 우선을'.

390) 표창원, "경찰수사권 독립이 인권보장의 첩경", 한국형사정책학회 춘계 학술회의 발췌문.

지켜지지 않고 있음이 지적되고 있다. 과거에 검찰소속공무원의 범죄행위에 대한 수사는 반드시 검찰만 행할 수 있다는 규칙을 운영하던 검찰은 사회의 변화와 더불어 평등권을 침해한다는 지적에 따라 그 규칙을 최근에야 폐지하게 되었다.[391] 그러나 여전히 수사의 유일한 주재자로 되어 있는 검찰에 의해 수사가 이루어지고 있는 것이 현실이다.

그 결과 검사나 검찰청 소속 공무원들은 특수한 경우를 제외하고는 가혹 수사나 고문, 뇌물 수수 등의 범죄혐의가 제기되어도 좀처럼 수사대상이 되어 처벌이 이루어지는 사례가 거의 없는 것이 현실이다. 더구나 검사나 검찰공무원 스스로만이 아닌 검찰과 친분이 있거나 유착된 자인 경우에도 검찰의 경찰 등 타 수사기관에 대한 지배력으로 인해 마찬가지로 부당한 특혜를 누릴 우려가 상존하고 있다. 또한 우리 형사소송법은 '기소독점주의'와 '기소편의주의'를 채택하고 있어 검찰의 불기소결정에 대한 구제방법이 거의 없다. 왜냐하면 검찰항고 제도가 있기는 하나 이 제도는 검사동일체의 원칙에 따라 거의 유명무실한 제도이고, 재정신청 제도의 경우 적용 범죄 대상이 공무원의 직권남용 등 일부 범죄에 한정되어 있기 때문이다. 경찰수사권의 재조정을 통해 검찰 소속원의 범법행위에 대해서도 일반인과 같은 법의 잣대를 들이대고 나아가 검찰수사에 불만을 느낀 사람도 경찰 등 타 기관에 이의제기를 할 수 있는 '법 앞의 평등' 원칙을 관철시킬 제도적 장치가 마련되어야 한다.

나) 검사독점 수사구조의 고문 받지 않을 권리 침해 상황

우리나라의 수사구조는 검찰이 수사권과 기소권을 모두 독점하고 있는 체제를 가지고 있다. 이러한 독점적 수사구조 하에서는 수사과정에서의 가혹행위의 시비는 끊이지 않을 것으로 생각된다. 검사 수사과정에서의 가혹행위가 이루어지고 있는 원인은 검찰작성의신문조서의 증거능력을 인정하고 있는 현행 법규정에 있다고도 볼 수 있다.[392] 왜냐하면 물적 증거가 충분하지 않은 가운데 용의자에 대한 강한 심증이 형성

---

391) 법무부직원과 관련된 사건수사시 즉시 검찰로 송치할 것을 지휘하여 검찰에서 수사할 수 있도록 한 「법무부관계직원사건처리예규」(대검찰청 예규)는 국민으로부터 평등의 원칙에 어긋난다는 지적과 사건 왜곡 등의 우려가 있어 이를 불식시킨다는 취지에서 1995년 3월 10일자로 폐지되었다.

392) 형사소송법 제312조는 "검사가 피의자나 피의자 아닌 자의 진술을 기재한 조서와 검사 또는 사법경찰관이 검증의 결과를 기재한 조서는 공판준비 또는 공판기일에서의 원진술자의 진술에 의하여 그 성립의 진정함이 인정된 때에는 증거로 할 수 있다"고 규정함으로써, 검사와 사법경찰관 작성의 피

되는 사건에서, 자백만 받으면 용이하게 유죄판결을 만들 수 있기 때문에 가혹행위의 유혹에서 벗어나기가 쉽지 않은 것이 현 제도의 현실이기 때문이다. 형사소송법 제309조는 임의성 없는 자백의 증거능력을 배제하도록 규정하고 있으며, 강압의 의심이 있을 경우에는 검사가 그 의문을 해소하는 입증을 명백히 하여야 한다.[393] 그럼에도 불구하고 강압수사에 의한 무리한 자백의혹이 끊이지 않은 이유는 수사권력이 균형과 견제의 원리에 따라 배분되어 있지 않고 독점되어 있기 때문이다. 외국의 경우 검찰은 기소를 행하는 기관이며, 대륙법계인 독일과 프랑스에서도 검찰은 스스로 수사를 행하지 않고 경찰을 통해서 수사를 지휘하고 있다. 이러한 점에서 우리나라의 경우도 경찰의 독자적 수사권이 인정된다면 견제와 균형의 원리에 의해 수사과정에서의 고문이나 가혹행위가 발생하기는 어려워질 것이다.[394]

다) 검사독점 수사구조의 변호인조력권 침해 상황

우리나라의 형사절차에서 변호인의 조력을 받을 권리가 가장 많이 침해되는 단계는 '검찰에서 행해지는 조사' 단계이다. 경찰에서는 이미 전면적으로 실시하고 있는 조사단계에서의 변호인 참여권 보장을 통해 변호인 조력권이 보장되고 있다. 그러나 검찰에서는 수사목적 수행상 필요한 경우에는 언제든지 변호인 참여를 제한할 수 있도록 하는 조건부 도입을 검토하고 있어 대한변호사협회와 마찰을 빚고 있다. 나아가 현행 법규상 검찰 수사단계에서 확보된 수사자료와 정보, 증거에 대하여 형사소송법의 기본 원칙인 무기평등의 원칙이 보장되고 있지 못하다. 과거의 수사자료 독점에 대한 자료열람등사 승인거부에 대하여 변호인접견교통권을 침해한다는 헌법재판소의 결정에 따라, 검찰의 변호인에 대한 형사확정 소송기록에 대한 열람등사권이 인정되기는 하였지만[395] 검사가 제출하지 않은 자료와 증거에 대해서는 여전히 무기평등의 원칙

의자신문조서의 증거능력 인정에 차등을 두고 있다. 검사 작성의 피의자신문조서는 피의자가 '진정하게 성립'되었음을 인정하면 '내용을 인정'하지 않는다고 하여도 모두 증거능력이 있으므로, 검찰 수사과정에서는 자백을 받기 위해 가혹행위가 이루어질 가능성이 농후하다.

393) 대법원, 1998년 4월 10일, 97도3234 판결.

394) 특히 형사소송법 제312조를 검찰작성의 조서의 증거능력도 경찰작성의 조서의 증거능력과 마찬가지로 "피고인이 내용을 인정"한 때에 한하여 증거능력을 인정하는 방향으로 개정이 된다면, 형사소송법의 기본이념인 공판정중심주의, 구두변론주의가 복원되어 수사과정에서 무리한 자백을 이끌어 낼 여지가 줄어들 것으로 기대된다.

395) 헌재, 1991년 3월 13일, 90헌마133 결정.

이 보장되고 있지 않다.[396]

라) 검사독점 수사구조의 신속한 재판을 받을 권리 침해 상황

검사에게 수사의 주재권이 있는 수사구조 하에서 경찰작성의 조서와 검사작성의 조서의 증거능력을 차등화하고 있는 현 형사소송법 제312조로 인해 경찰과 검찰에서 이중으로 피의자조사를 받는 현행 수사구조는 필연적으로 피의자의 '신속한 재판을 받을 권리'를 심대하게 침해하게 된다. 구속된 피의자의 경우 구속기간 역시 경찰이 10일, 검찰이 10일 및 검찰의 연장구속기간 10일까지 모도 합하면 피의자는 최장 30일까지 재판을 받지 못하고 구속된 상태에 있게 된다. 검찰은 마약, 강력범죄 등의 경우에는 구속기간을 6월로 연장하는 것을 내용으로 하는 형사소송법 개정안을 마련했다가 대법원, 국가인권위원회 등 사회 각계의 반발을 받은 적이 있다.

문제는 경찰이 피의자를 체포 혹은 구속하였다가 그 혐의가 풀려 석방해야할 경우에도 검사의 지휘를 받아야 석방이 가능하게 되어 있기 때문에 석방이 즉시 이루어지지 못하고, 변사체의 검시권 역시 검사에게 있어 검사의 지휘가 있기 전에는 변사체에 대한 처리를 하지 못해 피해자나 목격자, 증인, 관련 유가족들의 원성이 많다. 경찰의 독자적 수사권이 인정되게 된다면 이중조사문제가 해소됨으로써 헌법상 국민의 기본권인 신속한 재판을 받을 권리가 신장될 것으로 기대된다.

마) 검사독점 수사구조의 범죄피해구조를 받을 권리 침해 상황

범죄의 피해를 당한 국민은 그 피해를 복구하기 위해 일정한 요건을 갖춘 경우 국가에 보상을 청구할 권리가 있다(헌법 제30조). 이를 구현하기 위해 제정된 것이 현 범죄피해자구조법인데, 그동안 동법을 운영하는 과정에서 지적된 가장 큰 문제는 운영주체이다. 형사소송법상 당사자주의를 택하고 있는 우리 법체계에서 소송의 일방당사자인 검찰이 피해자 구조업무의 주체로 규정되어 있기 때문이다. 검찰은 현행법상 기소권자이며 수사권자로 되어 있는데, 피해자지원의 영역까지 주도를 한다는 것은 상호업무의 성질상 맞지가 않다. 또한 피해자지원의 영역은 형사절차가 아닌 사회복지차원

---

396) 2000년 대법원은 '사법발전계획'을 발표하면서 앞으로 검사가 제출하지 않은 자료와 증거에 대해서도 변호인에게 공개하도록 형사소송법 개정을 추진하겠다고 발표했지만 검찰의 반발로 그 실현은 이루어지지 않았다. 중앙일보, 2000년 2월 11일, 사법발전계획 내용에 대한 기사.

에서 이루어져야 한다는 점에서 독립된 심의위원회에 의하여 운영되도록 하여야 할 것이다.

2. 검찰 권한의 비대화

검사에게 수사권에 관한 모든 권한이 집중되어 있는 관계로 검사의 사법경찰 수사에의 지나친 관여, 수사와 기소 양자의 검찰 주도에 따른 폐해가 주된 문제점이 지적된다.

가. 검사의 사법경찰 수사에의 관여실태

우리 형사소송법 제195조는 검사는 수사의 주재자로서 범죄의 혐의가 있다고 사료되는 때에는 범인·범죄사실과 증거를 수사하는 독자적인 수사기관임을 규정하고 있고, 동법 제196조는 사법경찰관은 검사의 지휘를 받아 수사하여야 하며 사법경찰리는 검사 또는 사법경찰관의 지휘를 받아 수사를 보조하여야 하는 지위에 있음을 규정하고 있다. 그런데, 이러한 현행법상의 검찰·경찰 관계에 관한 기본규정은 검사에게 대게 무제한적인 수사지휘권을 부여한 근거규정인 것처럼 확대 해석되고 있는 바, 즉 검사는 사법경찰의 수사에 관하여 일반적이고 포괄적인 각종 지휘나 지시가 가능할 뿐만 아니라 개별사건의 수사에 대하여도 언제든지 개입하여 구체적인 지휘를 할 수 있고, 또한 언제든지 수사중지를 명하고 사건송치를 명할 수 있다는 식으로 해석되고 있다. 이러한 검사의 수사지휘권은 각종 법규에 산재되어 있는 다양한 규정을 통하여 구체화되어 있으며, 구체적인 개별사건의 수사를 수행함에 있어서 사법경찰은 수사개시 단계부터 종결단계에 이르기까지 수사의 전 과정에 걸쳐 검사에게 각종의 사항을 보고·건의하거나 승인을 받도록 요구되고 있다. 한편, 검사의 수사지휘권의 확보는 특히 강제수사 분야에 있어서 더욱 철저한 양상을 보이고 있는데, 검사는 모든 종류의 대인·대물적 영장에 대한 판사에의 청구권을 유일하게 행사할 수 있으며, 검사 이외의 다른 수사기관은 모든 영장을 검사를 통해서만 판사에게 청구할 수 있게 되어 있다.[397)]

현행법은 사전영장이 불요한 사법경찰의 긴급체포의 경우에도 사법부의 사후통제는 결락(缺落)시키고 있지만 검사에 대한 사후승인의무는 규정(형사소송법 제200조의3 제2항)하고 있으며, 사법경찰이 인신 구속한 피의자를 석방하는 경우에도 검사의 사전지휘를 받게 하고 있어 수사의 신속성을 저해하고 있다.[398] 총체적으로 볼 때 한국의 검찰·경찰 관계는 검찰이 필요시 사법경찰의 수사에 개입하여 지휘하거나 그 수사를 중단시키고 자신이 직접 수사를 수행할 수 있으며, 사법경찰의 수사는 상대적으로 주체성이 매우 제한되어 있다는 특성을 가지고 있다.

우리나라의 수사구조가 가지고 있는 또 하나의 큰 특성으로는 검찰이 직접적으로 수사를 수행하며, 그 정도 또한 과도한 수준에 이르고 있다는 점이다. 검찰조직 내에는 검사의 수사를 보조하는 자체 수사인력이 겸비되어 있음으로써 검사가 직접 수사를 수행할 수 있는 토대가 마련되어 있으며, 또한 검사조서의 증거능력이 사법경찰 작성의 조서에 비하여 극히 완화되어 있고, 이러한 조서의 증거능력은 공판정에서 절대적인 통용력을 발휘하여 검사가 피의자를 직접적으로 수사해야 할 필요성과 실익을 제공하고 있다. 나아가 한국의 검찰은 앞서 살펴본 바와 같이 세계 각국의 검찰 중에서도 가장 강력한 소추권을 행사하고 있다. 검사는 국가소추주의 하의 유일한 공소기관으로서 공소유지 및 공소취소권을 담당하고 있으며, 기소독점주의 하에서 배타적·독점적 기소권과 혐의가 인정되어도 기소하지 않을 수 있는 재량을 함께 행사하고 있다. 결국 한국의 수사절차와 기소절차는 검찰에 의해 장악되어 있으며, 양 절차가 기능적인 분리가 되지 못한 형태를 취하고 있고, 수사와 기소가 실질적으로 일체화

397) 현재 한국의 검사는 다른 수사기관이 강제수사를 실시하고자 할 때 그 당부에 관한 사법부의 판단을 받아 볼 기회마저 배제시킬 수 있고, 또한 사법경찰의 수사진행을 실질적으로 차단시킬 수 있는 권한을 가지고 있다. 실례를 들자면 2002년도의 경우, 사법경찰의 전체 구속영장신청인원은 122,191명이었고, 이 중 검사에 의해 영장이 기각된 인원이 18,892명, 판사에 의해 영장이 기각된 인원은 13,855명으로, 사법경찰이 신청한 구속영장의 약 15.5%(=18,892/122,191)는 결국 사법부의 심사 없이 검사단계에서 기각되었다.

398) 사법경찰관이 체포·긴급체포·구속한 피의자를 석방하는 경우에는 미리 검사의 지휘를 받고 있으며(사법경찰관리집무규칙 제26조 1항, 제4항), 검사의 지휘에 의하여 피의자를 석방한 경우에는 즉시 그 사실을 검사에게 재차 보고하도록 요구되고 있다(동 규칙 제26조 3항, 1996년 12월 31일 신설). 다만, 현행범체포 후 석방에 있어서 석방에 대한 검사의 사전 지휘를 요하지 않으며 사법경찰관리가 구금의 필요가 없다고 사료되는 때에는 즉시 석방할 수 있으나, 사법경찰관은 현행범을 체포한 피의자를 석방한 때에는 즉시 그 사실을 검사에게 사후적으로 보고할 것이 요구되고 있다(동 규칙 제32조 2항).

된 현행 구조는 한국 형사사법제도를 특징 지우는 가장 큰 특색 중의 하나로 볼 수 있다.

나. 수사·기소의 검찰 주도에 따른 폐해

1) 검찰권의 비대화와 이에 대한 견제장치의 불비

우리나라의 검찰은 수사절차를 장악하고 있음에 더하여 배타적·독점적 기소권한을 보유하고 있음에도 불구하고 이에 대한 실효성 있는 통제장치는 물론이거니와 권력의 분립·다원화에 따른 견제장치 또한 미흡한 실정이다. 독점적인 기소권과 혐의가 있어도 기소하지 않을 권리, 이 두 가지 권리를 함께 가진 조직에게 권한 남용을 방지하기 위한 통제장치가 마련되어 있지 않을 경우에는 엄격한 자기 통제를 기대하는 수밖에 달리 방도가 없으나, 견제장치 없는 자기 통제가 심히 어려운 일임은 이미 반세기가 넘는 역사적 경험을 통해 충분히 증명되었으며, 전근대적 도덕율에 의존하여 일국의 형사사법의 정의를 세우려는 것은 다원화된 시대의 요구에 더 이상 부합된다고 할 수 없다. 우리 형사사법시스템은 수사단계에서조차 검찰에 대한 타 기관의 견제를 배제하는 체제라는 점에 있으며, 현재 검찰의 비위사실에 대하여 수사할 수 있는 기관은 검찰 자신을 제외하면 사법경찰밖에 없으나, 검찰에 대한 사법경찰의 수사는 현실적으로 불가능에 가까운 실태인 것이다. 왜냐하면 사법경찰이 분투하여 검찰의 불법을 수사한다고 하더라도 이러한 사실이 일단 범죄 발생단계에서 검찰에 보고되거나 영장신청절차를 포함하여 각종 수사처분과 관련한 경찰의 사전 내지 사후의 승인·보고·건의를 받는 과정에서 사법경찰의 수사는 검찰의 구체적·포괄적 수사지휘권에 의해 자의적으로 제어될 수 있기 때문이다.

2) 위법적·인권침해적 피의자신문절차의 형성과 수사절차 규문화

검사가 직접 수사를 담당하거나 사법경찰의 수사를 구체적으로 지휘하는 현행 수사구조 하에서는 검사는 유죄입증을 위해 수사과정에서 자백을 포함한 증거의 수집에 매달리게 된다. 따라서 검찰이 직접 수사를 주도하는 구조 하에서는 수사권조정 반대의 주 논거인 검찰의 사법경찰의 수사를 감시하는 제3자적 통제자의 역할을 기대하기란 어려운 실정임을 알 수 있다. 또한 잘 알려져 있는 바와 같이 담당사건의 유죄판결율이 검찰인사의 중요한 기준으로 평가되고 있다는 사실과 전문증거인 검사작성의 피의자신문조서가 공판정에서 제한 없이 통용되고 있는 현실은 검사에게 자백획득에 대한 유혹을 더욱 부채질하고 있으며, 그 결과 검찰의 피의자신문 과정에는 자백을 강요하기 위해 고문 · 폭행 · 협박 등의 수단이 수반될 위험성이 상존하고 있음을 간과할 수 없다.[399)]

3) 기소재량을 악용한 비합법적 사법거래 및 허위진술 취득의 위험성

나아가 기소편의와 기소독점이라는 강력한 권한을 가지고 있는 검찰은 유죄입증에 필요한 진술을 얻기 위해 피의자신문 과정에서 기소재량을 악용한 비합법적 사법거래를 동원하여 피의자로부터 자백을 받아낼 위험성이 있으며, 그러한 자백에는 허위가 개입될 여지 또한 크다. 예컨대, 불기소나 기소유예처분을 약속하거나, 경미한 죄로 소추하거나 경하게 처벌하겠다는 약속을 하고 자백을 유도하는 경우를 예상할 수 있으며, 이러한 비합법적인 수사방법이 실제 적지 않게 동원되고 있다는 추측은 그리 비현실적인 것이 아니다.[400)]

---

399) 검찰의 피의자 신문과정에서 탈법적인 수사관행은 이미 수사실무가들 사이에서도 여러 차례 지적된 바 있으며, 이러한 관점에서 볼 때 서울지검 피의자 고문치사사건 등은 우연한 사고가 아니라 구조적 문제점에서 빚어진 결과로 볼 수 있다.

400) 불기소나 경한 죄의 소추를 약속하는 등 기소재량을 악용하여 자백을 유도한 사례는 판례를 통하여도 엿볼 수 있는 바, 수뢰금액을 낮추어 특정범죄가중처벌등에관한법률위반(뇌물수수)을 적용하지 않고, 단순수뢰죄의 가벼운 형으로 처벌받게 해 주겠다는 약속하고 자백을 유도한 사례(대판 1984년 5월 9일, 83도2782), 다른 범죄사실은 불문에 붙이고 소매치기하였다는 피의사실부분은 가볍게 처리할 것이며 피고인에 대하여 보호감호를 청구하지 않겠다는 각서를 작성하여 주면서 자백을 유도한 사례(대판 1985년 12월 10일, 85도2182), 별건의 특정경제범죄가중처벌등에관한법률위반(사기) 및 사문서위조 등의 혐의로 수배중인 자에게 사기의 점에 대하여는 무혐의 처분하고 사안이 가벼운 사문서위조만을 기소하기로 약속하고, 본건에 있어 뇌물을 교부하였다는 자백을 유도한 사례(대판 2002년 6월 11일, 2000도5701) 등이 있다. 한편 공판기일에 공판개시 이전에 검사가 피고인을 검사실로 불러 피고인에게 최소한 피해자를 밀쳤다고만 시인하면 공소장을 변경하여 벌금형이 선고되도록 하여 주겠다고 제의하여 공판정에서 자백을 유도한 사례로는 (대판 1987년 4월 14일, 87도317)참조.

4) 공소기관으로서 요구되는 객관성·중립성을 저해

현행법상 검사는 공익의 대표자로서 기소여부를 판단하고 법령의 정당한 적용을 감시하는 책무를 부담하고 있다. 공소를 전담하고 광범위한 기소재량을 행사하고 있는 한국적 상황을 감안하면 이러한 검찰의 객관성 및 중립성의 요청은 더욱 중요시된다. 그러나 공소기관인 검찰이 수사를 직접 담당하는 구조 하에서는 이러한 객관성과 중립성을 유지하기 어려운 것이 현실이다. 왜냐하면, 검찰이 수사를 직접 담당하는 한 수사기관으로서 가지기 쉬운 유죄의 예단으로부터 자유로울 수 없기 때문이다.

5) 검사의 당사자 지위와의 배치성 및 피고인의 방어권 제약

검사가 향후 당사자인 피고인 될 자를 수사단계에서 객체로 삼아 직접적으로 신문하여 조사한다는 것은 이론적으로 당사자인 검사의 지위에 부합되지 않으며, 피고인의 방어권을 실질적으로 제약하는 측면이 있다는 것 또한 간과하지 않을 수 없다. 결국, 공판중심주의가 확립된 법정절차에서는 수사과정을 체험한 수사관의 법정증언이 활성화되어야 할 것이나, 당사자인 검사에게 공판정에서 증인의 역할을 기대하는 것은 적절하지 못하므로 검사의 직접적인 수사는 제한되는 것이 바람직하다고 할 것이다.

다. 소 결

이상과 같이 일반적 수사기관인 검찰과 경찰의 수사권이 지나치게 불균형하게 분배되어 있다는 것을 알 수 있다. 권력분립의 원칙과 기관 상호간의 견제는 개인의 자유와 권리를 확보하기 위한 자유주의적 조직원리이면서 민주주의의 실천원리라고 할 수 있다. 우리나라의 수사구조는 이런 면에서 검찰에게 지나치게 권력이 집중되어 있고, 이로 인해 수사의 효율성이 저하됨은 물론 기관간의 견제 상실로 인한 시민권리의 침해현상이 나타나고 있어서 개혁이 시급하다고 하지 않을 수 없다. 2005년 6월 '수사권조정에 대한 검찰의 입장'이라는 홍보물을 통해 검찰은 수사권을 골고루 나누어 갖자는 주장은 선진 법치국가 어느 곳에서도 그 예를 찾아볼 수 없는 것으로 '하나의 국가기능은 하나의 국가기관에 맡기는 것이 정부조직 원리'로서 수사권 조정론은 이러한 원리에 정면으로 어긋난다고 입장을 밝힌 바 있다.[401] 그러나 이미 살펴본 것처럼 세계 각국의 수사구조상 경찰에게 독자적인 수사권을 인정하는 것은 형사소송의 흐름임을 알 수 있다. 더욱이 근대 이후 국가권력의 기능적 배분과 균형은 헌법상 보장되는 통치구조원리인 바, 하나의 국가기능이 하나의 국가기관에 맡기는 정부조직원리라는 검찰의 논거는 그 출처를 찾아볼 수 없을 뿐만 아니라 권력 집중을 추구하는 시대착오적이고 위험한 발상이라고 하지 않을 수 없다.

결국 검사는 공소제기와 그 유지의 직무에 전념하도록 하고, 경찰에게도 독자적 수사권을 부여하여 양자를 상호협력관계로 설정하는 것이 권력의 상호견제와 균형이라는 민주적 이상에 부합한다.[402] 수사와 공소의 전담기관을 각각 경찰과 검찰이 분담토록 하여 경찰이 자기의 권한과 책임 하에 수사를 담당하도록 하고 검찰은 공소제기와 유지에 전념하여 적극적인 형사소송의 당사자로서의 공익의 실현에 주력하도록 수사체제가 정비되어야 한다. 국민의 인권은 법적 지식이나 특정기관에 강력한 지휘감독권한을 부여함으로써 보장되는 것이 아니라, 오히려 각 수사기관들이 스스로 법의 적정절차를 준수하지 않으면 아니 되도록 법적·제도적 장치를 마련함으로써 보장되는 것이기에 더욱 그러하다.[403]

3. 경찰책임과 권한의 불일치

우리나라의 수사구조에는 조직상 명령계통이 일원화되어 있지 않다는 문제점이 있다.[404] 범죄수사에 있어서 사법경찰관리는 법무부 소속인 검사의 지휘감독을 받고 있으나, 한편으로는 소속 상관의 지휘감독도 받아야 한다. 즉 동일한 사안에 대해 검사와 소속 상관의 지휘 내용이 다를 경우에는 누구의 명령에 따라야 할 것인가가 문제될 수 있다. 검사는 외부조직에 있으면서도 법상 사법경찰관리의 범죄수사에 관하여 직접적으로 명령을 내리는 위치에 있으며 사법경찰관리는 검사의 명령에 복종해야 할 의무를 부담한다. 이러한 명령지휘체계의 이원화는 결과적으로 경찰조직의 지휘체계에 혼

401) 검찰청, "수사권조정에 대한 검찰의 입장", 20005년 6월, 2면.
402) 천진호, "수사권체제의 합리화 방안", 치안연구소, 1999년, 47면.
403) 이영란, 『다수를 위하여』, 좋은세상, 2000년, 146면.
404) 김성원, "경찰의 수사권독립에 관한 연구", 2004년, 53면.

란을 가져오고 있으며, 범죄수사의 효율성을 저해하고 경찰조직에 있어서 책임과 권한의 불일치를 초래하고 있다. 수사에 있어서 검사가 사법경찰관리를 지휘하도록 규정한 것은 검사에게 범죄수사의 책임이 부여되고 있음을 의미하며, 이로 인해 수사에 관한 일차적 책임은 검사가 부담하고 사법경찰관리는 검사의 지휘를 받아 수사를 한 것을 부차적 책임 이상은 부담시킬 수 없게 된다. 그러나 검사의 수사지휘가 사법경찰이 행하는 수사의 개시·진행·종결의 전 과정에 걸친 직접적이고 포괄적인 것임에도 불구하고 사법경찰관리라 수사에 대한 주된 책임을 부담하고 법률상의 모든 권한은 검사가 독점한다는 것은 권한과 책임의 불일치라는 측면에서 모순으로 작용하고 있다.[405]

4. 경찰 수사기능의 저해

행정권의 작용에 속하는 경찰권과 사법권에 속하는 수사권에는 본질적 차이점이 존재함에도 불구하고 순수한 경찰권의 발동에 이르기까지 검찰이 개입하고 감독하여 경찰의 사기를 떨어뜨리고 결국 경찰조직의 혼란을 야기하고 있다. 실질적 의미의 경찰은 '위험발생을 방지하거나 예방하고 이미 발생한 위험이나 장해를 제거하는 작용'이며, 경찰관은 경찰관직무집행법 규정에 근거하여 거동 수상자나 이미 행하여진 범죄에 대하여 이를 안다고 인정되는 자 등에게 임의동행을 요구하고 보호가 필요한 자를 보호조치할 수 있다. 그러나 우리나라의 경찰관직무집행법은 경찰작용을 위해 필요한 법적근거가 제대로 되어 있지 않다는 문제점이 있다. 경찰업무의 긴급성과 부정형성 등의 특성을 고려하여 사법적인 뒷받침이 있어야 한다.

수사를 임함에 있어서 범죄와 관련된 것으로 의심되는 혈흔이 묻은 옷을 입은 주거부정인 자를 경찰관이 발견시 임의동행의 필수적 전제조건에 해당하는 본인의 동의를 얻지 못했고 대상자가 현행범에 해당하지 않는다면 상당한 의심점이 있다고 하여도 신병을 확보할 방법이 없다. 이와는 달리 독일의 경우에는 이러한 상황이라면 경찰법상 늦어도 다음날 자정까지는 강제구금이나 보호조치를 할 수 있도록 법례를 두고 있으며, 아울러 신체와 물건 수색을 행할 수 있도록 하고 있다. 뿐만 아니라 독일은 사법경찰관이 긴급한 상황에 대처하기 위해 법관의 영장없이도 세 가지 형태의 일시체포를 할 수

405) 서보학, "수사권중립을 위한 수사권의 합리적 배분", '헌법학연구', 한국헌법학회, 2002년.

있도록 되어 있다.406) 우리나라의 형사소송법 제200조의 3조(긴급체포)는 긴급체포의 경우에 즉시 검사의 승인을 얻어야 한다고 규정하고 있는데, 대륙법계의 전형인 독일의 긴급체포제도는 경찰관이 일정한 요건이 있을 때 긴급체포를 하여 다음날 자정까지 합법적으로 신병을 유치할 수 있다는 점이 비교된다.

5. 일반국민의 불편 가중

현재의 수사구조는 검사에게 수사권이 집중되어 있는 반면 검사의 부당한 수사지휘에 대한 시정이나 구제방안은 마련되어 있지 않아서 검사의 독주가 심화되고 있다. 이로 인해 수사의 효율성과 경찰구성원의 사기를 저하시킬 뿐만 아니라 국민의 불편을 초래하고 있다. 일단, 합목적성이 우선되는 수사절차에 있어서 수사의 신속성과 능률성이 생명인데, 현재의 검사주도적인 수사구조는 기동성 · 조직성 · 지능성 · 광역성의 성격을 점차적으로 띄우는 다양한 범죄형태에 효율적으로 대처하기 어려우며, 검찰의 수사지휘권은 법률규정에 의하여 포괄적으로 규정되어 있어서 수사지휘권의 구체적 요건, 내용, 절차와 한계, 나아가 부당한 수사지휘권 행사에 대한 책임이나 구제 등이 전혀 명시되어 있지 않다.

이러한 사정 때문에 검찰의 수사지휘권 내용이 확대 해석되어 경찰의 고유한 직무에까지 검찰의 간섭이 이루어지고 있을 뿐 아니라, 반대로 감정유치나 피의자의 감호, 수형자 호송, 대용감방 운용, 벌과금 징수 등 검찰의 단순 업무는 경찰에 넘겨지는 사례까지 발생하고 있다.407) 또한 경찰에서 간단히 처리할 수 있는 경미한 사건까지도 수사종결권을 가진 검사의 결정을 받아서 수사를 종결하기 위해 모조리 형사입건하여 검찰청에 송치를 하여야 하므로 사건처리의 지연과 함께 번잡한 절차로 인해 국민불편과 경찰업무량이 가중되는 원인이 되고 있다. 그리고 검사가 작성한 조서와 사법경찰관이 작성한 조서의 증거능력에 차등을 두어 대부분의 사건 피의자가 검찰에서 재조사를 받아야 하는 등 국가적인 시간적 · 경제적인 손실은 실로 막대하고 하지 않을

---

406) 독일 형사소송법상의 출석확보와 신분확인을 위한 현행범체포, 신분확인을 위하여 검찰 및 경찰이 행하는 체포, 구속영장 집행을 위한 직무상 체포가 그것이다. 독일경찰제도 -범죄행위 수사와 관련된 경찰의 권한, -볼프. R. 쉔케, 『독일경찰법론』, 세창출판사, 1998년, 197면.

407) 천진호, 전게서, 49면.

수 없다.

6. 경찰의 사기저하

수사에 있어서 사법경찰관리가 검사에 대한 단순한 보조자에 불과하다는 사실은 범죄수사의 효율성 및 사법경찰관의 사기저하를 초래할 뿐만 아니라 사법경찰에 대한 사회적 평가를 저하시키고, 경찰 스스로의 자질 향상에도 역효과를 가져온다. 현행 수사구조 하에서는 사법경찰은 자율적인 수사활동을 할 수 없고 타율적·수동적인 지위에서 수사를 진행하기 때문에 창의적이고 능동적인 수사활동은 기대하기 어렵다. 이로 인해 사법경찰의 자질은 더 저하되고 인재확보는 더 어렵게 되는 요인이 되어, 악순환을 거듭하고 있는 실정이다. 경찰조직에 우수인력을 유치하고 경찰수사의 자질향상을 위해서도 현행 수사구조는 합리적으로 조정되는 것이 바람직하다.

7. 소 결

가. 국가권력으로서의 검찰, 경찰조직

현재의 대한민국의 수사구조는 '대통령- 법무부장관- 검찰총장- 검사- 경찰'의 일직선식의 상명하복 구조로 되어 있다. 검찰이나 경찰 모두 외부의 견제와 통제가 결여되어 인권침해가 쉽게 되어 있는 구조임을 알 수 있다. 우리나라의 검찰제도는 검사동일체 원칙에 따라 검찰총장을 정점으로 하여 피라미드형 계층적 조직체를 형성하고, 일체불가분의 유기적 통일체로서 활동한다. 검사동일체 원칙에 의하여 단독제의 관청인 검사는 분리된 관청이 아니라 전체의 하나로서 검찰권을 행사할 수 있게 된다.

이에 의해 모든 검사는 범죄수사를 전국적으로 통일된 수사망을 이용해 수사의 효율을 기하게 된다.[408] 이와 같이 피라미드형태로 하나의 막강한 조직력을 갖추고 있는 우리나라의 검사는 형사소송법상 수사의 독점적 주재자의 지위를 가지고 있으면서, 범죄수사권, 수사종결권, 영장청구권, 보완수사 요구권, 기소독점주의에 의한 기소권을

408) 이재상, 『형사소송법』, 박영사, 2004년, 100면.

모두 독점적으로 행사하고 있다. 한편 우리나라의 경찰은 경찰청장을 정점으로 검찰의 몇 배나 되는 수사인력, 조직력을 갖추고 있으며 언제라도 기동할 수 있는 기동력과 전국적 수사조직망을 갖추고 있다. 현재 이러한 기동력, 수사력으로 인하여 중요범죄 수사를 제외하고는 범죄수사의 대부분을 경찰이 개시하고 진행하여 검찰에 송치를 하면, 검찰은 송치기록을 검토, 보완수사를 통해 기소여부를 결정하고 있는 것이 실상이다. 그럼에도 불구하고 경찰은 범죄수사업무를 주 업무로 하는 조직임에도 불구하고 형사소송법상 독자적수사권이 존재하지 않으며 검사의 수사지휘를 받고 수사를 보조하는 지위밖에 인정되지 않고 있다.

이상의 점들을 면밀히 살펴볼 때, 분명히 검찰과 경찰은 권력기관 중에서도 수사업무를 주요업무로 하고 있다는 점에서 권력기관이다. 그러나 같은 수사에 관한 권력기관이면서도 경찰은 검찰의 지휘를 받아 수사를 하여야 하는 수사의 보조자적 지위에 불과하고 검찰과는 상명하복의 관계에 있다. 거기다가 앞에서 본 바와 같이 검찰은 수사권력을 남용하더라도 이를 견제할 만한 권력기관이 존재하지 않으므로, 그 독주를 막을 통제장치가 반드시 필요하다. 검찰로 권력이 집중될 경우 인권이 침해되기 쉽지만, 만일 수사권을 분산시키고 상호 견제될 수 있도록 장치를 마련한다면 인권침해를 예방할 수 있기 때문이다.

나. 검찰과 경찰간의 수사기관으로서의 상호 견제와 균형

결론적으로 말하면, 수사권력에 있어서도 기능적 권력분립론에 의한 권력의 견제와 균형을 위한 통제장치가 마련되어야 한다. 현재 검찰과 경찰은 앞에서 본 것과 같이 모두 국민의 불신의 대상이다. 수사권이 검찰에 독점되어 있고, 그 폐해가 발생하고 있다고 하여 경찰이 더 신망을 받는 상황이라고도 볼 수 없는 것이다. 경찰의 경우, 실질적으로 수사권을 행사하여 오면서도 수사의 주재자인 검사에 의해 지휘를 받고 있는 상황을 빗대어 책임 있는 수사기관으로 거듭나지 못했다. 또한 검찰의 경우 현행수사제도 체제상 수사권을 독점하고 있으면서도 검찰의 수사권력 남용, 독주하여 왔고, 이러한 검찰의 수사권 독주에 대한 제한 또는 통제할 방법이 없었다. 이러한 수사구조에서 국민의 신뢰를 바란다는 것은 구조적으로 불가능한 일이다. 결국 검찰, 경찰 양 수사기관간에 기능적 권력분립이 이루어지려면 경찰에게도 독자적 수사권을 부여하되 그에 대한 강력한 책임제도를 설치하고, 경찰의 인권남용에 대한 예방책으로 검찰에 의한 감시, 통제제도를 마련하여야 한다. 그리고 검찰의 수사권에 대한 통제방안으로서 경찰이 검찰을 사실상 구속 수사할 수 있는 견제장치가 마련되어야 한다. 그래야 수사기관 상호간에 권력의 견제와 균형이 이루어질 수 있다. 더 구체적인 기능적 권력분립이 이루어지게 하려면, 경찰은 보다 철저한 법적, 민주적 통제를 강화함으로써 국민의 불신상태를 제거해 나가야 한다. 검찰과 경찰은 기소와 수사를 분리하여 각기 법원의 직접적 통제와 경찰위원회 및 검찰위원회 등을 통한 민주적 통제, 그리고 인권위원회와 부패방지위원회 및 언론 등을 통한 감시와 견제가 보다 실질적으로 이루어지도록 해야 한다. 그렇게 되기 위하여는 경찰과 검찰간의 기능상의 상명하복이라는 고리를 끊고 분리를 할 필요성이 있다. 이에 검찰은 검찰청법의 개정을 통해 민주화와 인권화 방향으로 개혁을 이루고 경찰은 지방자치경찰제의 전면 실시를 통하여 분권화와 민주화를 이루어내야 한다.

이러한 의미에서 검찰·경찰간의 수사권 구조개혁의 문제는 수사권의 상호 견제와 균형이라는 통치구조에 맞게 재정립 되지 않으면 안 된다는 결론이 도출된다. 그렇다면 우리나라에 있어서 검찰·경찰간에 수사권 조정은 구체적으로 어떻게 이루어지는 것이 기능적 권력분립 원리에 적합한 것인지 이에 대해 모색해 보아야 한다. 이러한 모색은 각국의 수사제도에 관한 입법례를 살펴보고, 우리나라의 수사제도를 이들과 비교하여 어떠한 문제점이 있는지에 대한 분석과정이 선행적으로 이루어져야 할 것이다.

제3편

한국의 수사구조 개혁의 필요성과 바람직한 조정방향

우리나라는 건국 당시 형사소송법 전반이 일본의 경우와 같이 미국식 형사소송법체계를 대폭 도입했음에도 수사구조만은 대륙법계 구 일본형사소송법을 계수하고 있다. 검사가 경찰에 대한 지휘감독권을 통해 수사권을 독점하고 경찰은 수사 보조자의 지위에 있도록 규정하였다. 더 나아가 제5차 헌법 개정시(1962년)에는 검사만이 판사에 대하여 영장청구를 할 수 있도록 이를 헌법사항으로 규정하여 검사의 수사권을 강화하였다.

우리나라에 있어서 경찰과 검찰의 관계정립이 역사적 요인의 산물일 뿐 검사의 수사지휘체제가 논리필연적인 것은 아니라 할 것이다. 따라서 검사 수사지휘체제는 시대나 여건 변화에 관계없는 형사소송체계상 논리필연적인 제도라는 주장은 설득력이 없을 뿐만 아니라, 건국 이래 검찰제도 개혁에 대한 논의가 필요한 이유이기도 하다.

이하에서는 기존의 수사권 독립에 관한 검찰과 경찰의 입장, 수사권조정위원회의 활동경과들을 비교적 균형 있게 서술하고 이에 대한 수사구조 개혁에 관한 필자의 입장을 밝힌 후, 올바른 수사구조 개혁을 위한 입법 모델을 제시하고자 한다.

제 I 장 수사권 구조개혁 논의 일반론

제 1 절 경찰 수사권 조정의 의미

1. 서 설

우리가 최근까지 사용하여 온 용어로 수사권 독립 또는 조정이란 결국 경찰의 고유 수사권이 인정되어야 한다는 주장이다.1) 수사권독립 개념은 우리나라에서 수사 보조자로 되어 있는 사법경찰이 독자적인 수사권을 갖기 위하여 주장하고 있는 것으로, 먼저 외견상 범죄행위라 판단되는 행위가 발견되었을 때, 첫째, 범죄행위로 선택하여 입건여부를 결정할 권한이 있는가, 둘째, 범죄를 범한 피의자를 조사하는 데 있어서 피의자 신병을 구속할 것인지의 여부를 판단하여 구속하는 것이 타당하다고 판단되면, 법관에게 구속영장을 청구할 권한이 있는지, 셋째, 피의자가 구속 또는 불구속된 때에 사법경찰이 피의자나 참고인에 대하여 작성한 조서가 공판정에서 증거능력을 가지는지, 넷째, 수사가 종결된 사건에 관하여 이를 검사에게 송치하느냐의 여부를 결정할 권한, 즉 송치할 필요가 없으면 바로 수사를 종결할 수 있는 권한이 있는가의 4가지를 핵심쟁점으로 하여 수사권 조정 논의가 진행되고 있다.

현행 형사소송법상, 경찰이 일정부분을 검사의 지휘를 받지 않고 수사업무를 독자적으로 처리하는 규정이2) 있을 뿐만 아니라, 또한 현실상 경찰이 독자적으로 수사를 하고 있다. 특히 거의 모든 사건에 대한 범죄수사의 초동단계는 경찰 스스로 판단하여 수사를 하고 있는 실정이고, 강력사건 경우도 사건의 과반수 이상이 구속영장 청구 단계에서야 비로소 검사 지휘를 받고 있는 현실에 있다.3)

---

1) 경찰에게도 고유한 수사권을 인정하자는 주장이지 검사보다 우위의 수사권을 인정해야 한다거나 검사 수사권은 인정하지 않고 경찰에게만 수사권을 인정하자는 주장이 아니다.

2) 형사소송법 제200조 제1항 (피의자신문), 동법 제221조(참고인신문).

3) 허일태, "경찰수사권독립에 관한 견해", 「수사연구」, 수사연구사, 1992년, 25면.

이처럼 실무상의 원칙과 관행 불일치 현상을 해소하는 것으로부터 시작하여 과거 인권침해기관으로 인식되었던 경찰 이미지 및 여건 변화 등 다양한 근거를 바탕으로 수사권 독립 또는 수사권 조정 문제가 끊임없이 제기되어 왔던 바, '경찰에게 독자적 수사권을 인정하는 것이 과연 바람직한가'라는 경찰 수사권 독립 또는 조정 문제는 이제 우리 사회 구성원 모두가 공통적으로 인식하고 바람직한 방향을 모색하여 해결하여야 할 과제가 된 듯 싶다. 결국 어떠한 이유로든 수사권 조정이 필요한 것인지, 필요하다면 과연 어떠한 형태로 수사권이 조정되어야 하는 것인지에 대한 해결점을 찾는 것이 경찰 수사권 조정에 대한 논의라 할 수 있겠다.

2. 경찰 수사권독립 또는 수사권 조정의 의의

기존에 논의되어 온 경찰 수사권독립(조정)이란 경찰이 수사 개시부터 종결처분에 이르기까지 외부기관의 간섭 없이 독자적으로 책임과 권한에 따라 수사업무를 수행함을 의미한다. 한편 제도적인 측면에서 경찰 수사권독립(조정)이란 특정 국가에 있어서 경찰의 독자적인 수사권을 법에 의하여 구체적으로 보장하고 있는지 보장한다면 그 범위가 어디까지인가에 관한 논의를 의미한다.

우리나라에서 논의되어 온 수사권독립(조정)이란 결국 수사구조 개혁을 의미하는데, 그 요체는 검사의 수사지휘권으로부터 독립, 즉 독자적 수사권 보장과 판사에 대한 직접적 영장청구권 보장이라 할 수 있다. 이와 아울러 사법경찰관이 수사 주체로서 효율적으로 수사활동을 수행할 수 있도록 일정한 범위 내에서 강제처분권을 인정하고 사법경찰관 작성의 피의자신문조서 증거능력을 인정하는 등 사법경찰관의 수사체제상 지위를 향상시키는 법적 뒷받침을 마련해야 한다는 주장이 포함된다. 여기서 경찰이 판사에 대한 직접적 영장청구권 인정은 피의자 인권에 직접적인 영향을 미치는 중요한 절차로서 피의자 구속을 비롯한 각종 강제처분권 부여 등 수사의 전 과정을 독자적 권한으로 진행할 수 있다는 것을 의미한다는 점에서, 그리고 현행 수사체계에 일대 변혁이 가해진다는 점에서 경찰수사권독립 또는 조정 논의는 당연히 신중을 기하지 않을 수 없다. 이러한 점에서, 전면적인 수사권 독립은 국가권력의 효율적 배분에 역효과를 가져올 수 있다는 점을 간과해서는 안 될 것이며, 현행 수사체제 수사효율성

재고, 기본권 침해 최소화 및 국가 수사권력의 균형적 배분, 그리고 국민적 합의라는 다양한 관점이 종합적으로 검토, 반영되어야 한다.

제 2 절 검찰 · 경찰간 수사구조 개혁의 필요성

1. 서 설

검찰 · 경찰간의 수사권 조정 논의는 겉보기로는 양 조직의 세력싸움, 즉 한쪽에서는 수사권과 지휘권을 그대로 유지하고, 한쪽에서는 법상의 독자적 수사권한을 인정받으려는 권력다툼으로 보일 수 있다. 그러나 그 내막을 들여다보면 수사권 조정 논의는 헌법상 권력배분 원칙에 어긋나게 검찰에게 집중되어 있는 수사권 독점으로 인한 폐해, 당사자주의적 형사소송구조와 검사가 수사주재자로 되어 있는 현행 수사체제의 부조화, 그리고 경찰이 대부분 범죄사건을 처리하고 있는 수사실무와는 거리가 멀게 검사가 사법경찰에 대하여 수사지휘권을 행사하고 있는 점 등 수사제도상의 여러 문제점에 대한 인식에서부터 시작되었음을 알 수 있다. 이러한 검찰 · 경찰간의 수사권 조정 필요성은 크게 헌법적 권력분립원칙상의 근거, 그리고 형사소송법적 근거로 크게 나누어 볼 수 있는 바, 차례로 그 근거들을 살펴보자.

2. 헌법적 근거

가. 권력분립의 견제·균형상의 필요성

한 국가의 모든 통치구조(통치기구)는 국민의 기본권실현을 위한 국가권력 기능적 · 제도적 제동장치를 의미한다.[4] 통치구조는 자기목적적인 존재일 수 없으며, 국민의 기본권적 가치와 유리될 수 없는 기본권실현의 수단적인 의의와 기능을 갖는다. 헌법철학적 관점에 따라 기본권과 통치권의 상호관계에 대한 해석도 다르게 나타나는데,

4) 허영, 한국헌법론, 박영사, 2005년.

C. Schmitt의 통치구조는 무제한 개인적 자유를 보장하기 위한 수단 내지 제도라고 보며, R. Smend는 통치구조를 동화적 통합의 실질적 계기를 의미하는 기본권 실현을 위한 정돈 된 기능으로 이해하고 있다.[5)6)]

이와 같이 통치구조의 근본이념은 기본권실현, 민주적 정당성 확보, 권력통제에 있다고 할 수 있으며 모든 국가권력은 기본권 실현을 할 수 있도록 제도화되고, 통치질서 내에서 제도화되어 행사되는 모든 국가권력은 민주적 정당성이 확보되어야 함은 물론 권력남용을 방지하기 위하여 권력행사에 대한 합리적인 통제수단이 마련되어야 한다. 즉 국가권력은 그 자체가 힘의 행사를 본질로 하기 때문에 민주적 정당성이 확보된 국가권력이라 하더라도 그 권력의 폭력화를 방지할 수 있는 제도적 장치가 요구된다. 따라서 국가권력의 분리, 권력간의 견제와 균형, 견제수단 형평성 및 효율성이 요구된다.

이러한 통치구조 본질과 근본이념적 측면에서 바라볼 때, 통치구조로 경찰과 검찰 수사권력 역시 국민의 기본권 실현을 위해 제도화되고 행사되는 모든 수사권력은 민주적 정당성이 확보되어야 하며, 그 권력의 폭력화를 방지할 수 있는 제도적 장치로써 수사권력의 균형적 배분, 검찰과 경찰의 수사권한간의 견제와 균형, 견제수단 형평성 및 효율성을 갖추고 있어야 한다.

그러나 우리나라 검찰은 단순히 범죄수사권만 가지고 있는 것이 아니라, 경찰의 고유영역이라고 할 수 있는 범죄예방에서부터 정보수집, 수사, 공소제기, 공판절차 참여, 형집행, 범죄인 사후관리 및 감시 등 형사사법의 전 분야에 걸쳐 광범위하고 막강한 권한을 가지고 있다. 특히 수사 방향·대상·범위 등을 결정할 수 있는 수사지휘권, 공소제기여부를 독자적으로 판단할 수 있는 기소재량권, 그리고 이미 진행 중인 형사재판까지 중단시킬 수 있는 공소취소권 등을 가지고 있어 사법처리 여부와 대상·범위 등을 독자적 재량으로 결정할 수 있는 막강한 권한을 견제받지 않고 행사하고 있다.

이렇듯 경찰 수사권 독립 또는 조정 논의는 현재 한 기관에 독점되어 있는 수사권과 수사종결권을 두 기관으로 분산시켜 상호견제와 균형을 맞추도록 함으로써 권한 남용

5) 권영성, 헌법학원론, 박영사, 2003년.
6) 한편 법실증주의는 통치구조를 국민의 기본권실현과 무관한 국가자신의 목적을 위한 자기목적 강제기구로 보았다.

과 권력기관의 독주를 막는 긍정적 기능을 할 수 있을 것으로 기대된다.[7] 결국 수사권 조정은 수사권력의 분산과 견제를 위해 반드시 필요하다.[8]

나. 인권보장의 기여

헌법은 인권보장을 위한 실체적 보장 및 절차적 보장을 통해 인간존엄성을 실현하기 위한 기본권 및 제도적 장치를 동시에 마련하고 있다. 그 구체적인 규정이 바로 신체 자유를 보장하고(헌법 제12조 제1항 전단) 법률과 적법한 절차만이 강제처분·형벌부과가 가능하며 자기부죄진술거부의 원칙, 변호인조력권, 체포·구속의 이유와 변호인조력권 고지의 원칙, 구속적부심사제도 등을 구체적으로 보장하고 있다. 이와 같은 국민의 신체 자유와 신체구속 등 강제처분 등에 대한 적법절차 원칙은 검찰·경찰의 수사권 행사에 있어서 지켜져야 할 가장 기본적인 인권보장 규정이다. 현대 자유사회에서 인간의 가장 원초적인 자유권(自由權)인 신체 자유를 구속할 수 있는 국가권력은 검찰과 경찰이라는 수사기관에 제한, 일임되어 있기 때문이다.

그런데 현재 형사사건의 수사진행은 검찰 수사지휘 없이 대부분 경찰에 의해 이루어지고 있는 바, 검찰의 경찰에 대한 수사지휘권이 피의자 인권보호를 위해 유지되어야 한다는 주장은 큰 설득력을 주지 못하고 있다. 더구나 검찰자신도 결코 피의자의 인권침해에 대한 시비로부터 자유롭지 못한 상태이기에 검찰 수사지휘가 피의자의 인권을 보호하는 견제장치가 된다고 말하는 것은 현실과 일치하지 않는다. 오히려 수사기관과 공소기관을 분리하여 각자 형사업무에 대한 권한을 인정하고, 그에 맞는 책임을 묻는 현실적인 수사체제 및 형사소송구조가 정비되어야 한다. 이에 독자적 수사권을 인정받는 경찰은 자기의 책임하에 수사가 진행·완결되도록 하고 만약 경찰수사과정 중 가혹행위가 있었다는 의혹이 불거져 나온 경우에는 이 부분을 검찰이 수사하여 철저하게 책임을 묻는 체제가 정착된다면 오히려 경찰의 피의자에 대한 인권유린 가능성에 대한 확률도 낮아지게 될 것이다. 한편 수사과정에서 피의자에 대한 인권침해

7) 同旨 허일태, 수사연구 1992년 7월, 28면. 차용석, 수사연구, 1992년 3월, 43면. 김용세, 대전대 사회과학논문집 제19권 제1호 통권 제32호, 2000년 5월, 89면. 이태언, 고황법학 제3호, 2001년 5월, 135면 참조.

8) 서보학, "수사권 중립을 위한 수사권의 합리적 배분," 2002년 12월 4일 한국헌법학회 제24회학술대회 발제문.

위험을 근절 및 예방하기 위해서는 피의자신문과정에서 변호인의 참여제도가 적극 권장되어 보편화되어야 할 것이다.[9)]

3. 형사소송법적 근거

가. 형사소송의 이념 내지 목적 측면

1) 실체진실발견과 사법정의의 실현

(1) 수사권과 기소권을 모두 독점하고 있는 현재 검찰은 실제로 자신과 관련된 사건 등에서 실체적 진실이 규명되기 보다는 오히려 은폐나 축소수사에 머무른 경우가 많았다. 이와 같은 이유로 재정신청의 전면적 확대나 부패수사에 대한 또 다른 수사처(예: 공직비리수사처)를 신설하자는 논의가 있어 왔는 바, 이와 같은 점에서도 수사권을 경찰에서 담당하게 할 경우, 양 기관간의 견제 속에서 은폐와 축소가 쉽지 않고 실체적 진실에 좀더 다가설 수 있는 계기가 된다고 할 수 있다.

(2) 또한 법관에게 인정되는 제척・기피・회피 제도를 검사의 공정한 수사를 위해서 그 정신은 받아들어야 한다고 생각된다.[10)] 현재 법관에게 인정되는 제척・기피・회피제도는 검사에게 인정하거나 준용하는 법적 근거가 마련되어 있지 않다. 지금껏 검사 수사 및 공소제기 등에 있어서는 검사동일체의 원칙상 제척・기피・회피제도가 인정될 수 없다는 학설이 우세하였으나, 준사법기관으로서의 성격을 인정하는 검사에게 수사, 기소 공정성을 담보하는 제척 등의 제도가 마련되어 있지 않은 점에 많은 비판이 있어 왔던 것도 사실이다. 만일 검사동일체 원칙이 지배한다는 점을 들어 이를 인정하지 않는 입장을 취할 경우에 검사가 당해 사건의 피고인 또는 피해자와 이해관계가 있는 경우에 실체진실로부터 멀어질 수밖에 없다. 이 경우 수사권을 경찰에서 담당하게 할 경우에는 일반인과 같은 법의 기준에 따라 처리됨으로써 오히려 실체진실에 좀더 접근할 수 있는 계기가 된다고 본다. 더구나 현행 사법경찰관리집무규칙 제9

9) 同旨 김용세, 대전대 사회과학논문집 제19권 제1호 통권 제32호, 2000년 5월, 98면. 이태언, 고황법학 제3호, 2001년 5월, 137면.

10) 본 책 3편 검사의 소송법상 지위 부분 참조.

조(수사의 회피)는 "사법경찰관리는 피의자 · 피해자 기타 관계인과 친족 기타 특별한 관계로 인하여 수사에 공정성을 잃을 염려가 있거나 또는 의심받을 염려가 있다고 인정되는 사건에 대하여는 소속관서 장의 허가를 받아 그 수사를 회피하여야 한다."고 규정하여 사법경찰 수사 공정성을 담보하려고 하고 있는 바,[11] 사법경찰보다도 그 권한과 지위가 막강한 검사에게 수사 및 공소에 있어서 제척 · 기피 · 회피제도가 적용되지 않는다는 것은 그만큼 수사 권력에 대한 견제가 효율적으로 이루어지지 않고 있음을 반증해 주는 것이 아닐 수 없다.

2) 적정절차원리

가) 무기평등의 원칙

우리 형사소송법 이념, 목적 가운데 최고 이념은 실체진실발견에 있지만, 한편으로 그 실체진실은 적정한 절차에 의하여 발견될 것을 요구받고 있다. 적정절차란 헌법정신을 구현한 공정한 법정절차에 의하여 형벌권이 실현되어야 한다는 원칙을 말하는 것으로 재판의 신뢰를 얻기 위해서는 공평한 법원 구성과 피고인 방어권 보장 및 무기평등의 원칙을 그 내용으로 하는 바, 그 중에서 무기평등의 원칙과 관련하여 문제되는 것은 수사과정에서 입수되고 작성된 자료와 정보, 증거들을 기소측과 피기소측이 동등하게 공유함을 기본으로 해야 한다. 그러나 우리나라 경우 검사는 수사의 주재자로서 사건 발생단계에서부터 경찰 수사를 지배하거나 그 스스로가 수사를 행하며 모든 정보와 자료, 증거들을 입수하여 파악하고, 취사선택하지만 피기소측의 변호인은 그러하지 못한 것이 현실이다.

검사는 수사절차에서 인권보장이나 적법절차를 보장해야 하는 준사법적 지위를 갖기 때문에 굳이 변호인에게 많은 권한을 주어가며 수사의 효율성을 떨어뜨릴 필요가 없다고 하지만, 경찰에 독자적인 수사권이 인정되면 경찰 수사과정에서 변호인의 참여권이 더욱 확대 보장될 수 있을 뿐만 아니라 그 과정에서 수집된 서류 및 증거물을 동등

---

11) 한편 2004년 제정된 특별사법경찰관리집무규칙 제7조 (수사의 회피)에서도 "특별사법경찰관리는 피의자 · 피해자 그 밖의 사건관계인과의 친족관계 또는 그에 준하는 특별한 관계로 인하여 수사의 공정성을 의심받을 염려가 있는 사건에 대하여는 소속 행정기관의 장이나 소속 부서의 장의 허가를 받아 그 수사를 담당하지 아니하도록 하여야 한다"고 규정하여 역시 수사의 공정성을 담보하는 장치를 마련하고 있다.

하게 공유할 수 있어 궁극적으로 무기평등의 원칙을 실현할 수 있게 된다.

나) 인권보장

경찰에게 제1차적 수사권이 인정되어야 하는 또 하나의 중요한 이유는 현행 검사가 기소는 물론 수사를 맡고 있는 이상 결코 객관적인 입장에서 경찰수사를 감시하고 통제할 수 없다는 사실이다. 특히 검사가 초동수사부터 관여하여 형성된 수사 심증은 기소로 제약 없이 이어지게 되므로 합법성 원리가 지배해야 할 공소권행사에 수사과정에서 예단과 수사상의 합목적성이 작용할 위험이 있기 때문에 검사제도 본래의 발생취지라고 주장되는 인권보장기능을 제대로 수행하기 어렵다.
따라서 수사를 행한 경찰과 기소를 행하는 검찰이 명확히 구분되어 있어야 기소과정에서 수사관이 의욕과 심증에 사로잡히지 않고, 객관적으로 증거와 정황을 판단할 수 있을 것이며, 나아가 검찰과 경찰이 각자 분야에서 경험을 통한 분화적 발전을 기대할 수 있고[12] 피고인에 대한 예단을 막을 수 있어 재판의 적정을 기하고 피고인에 대한 인권보장에 궁극적으로 기여하게 될 것이다.

다) 방어권 보장

편견과 선입견에 치우치지 않고 사실관계를 명확하게 규명하기 위해서도 수사와 기소는 분리되어야 할 것으로 생각된다. 왜냐하면 기소권자가 수사단계에서부터 지나친 권한을 가지고, 우월한 지위에서 관여하게 되면 상대적으로 피의자 방어권이 심대하게 제약받을 여지가 있기 때문이다.

3) 신속한 재판을 받을 권리와 이중조사 및 석방가능성

가) 이중조사로 인한 국민 불편 및 수사력 낭비

우리나라 수사체제는 검사주재 수사구조 하에 사법경찰관작성 조서와 검사작성 조서 증거능력을 달리한 형사소송법 제312조로 인하여 필연적으로 검사는 이중조사를 하여 검사작성의 피의자신문조서를 작성해야 하는 이중조사의 수사구조를 가지고 있다. 즉 공소유지기관인 검찰 입장에서는 피고인이 법정에서 내용을 부인하면 증거능력

12) 지영환, 플라톤의 정치철학연구, 성균관대학교 대학원, 75면. 플라톤 역시 그의 국가철학에서 국가운영에 있어서 분업의 원리를 강조하였다.

이 없게 되는 경찰작성의 피의자신문조서만으로는 충분한 입증준비가 될 수 없고, 반드시 검찰에 불러 검사 면전에서 자백을 확보하여 그 내용을 검사작성의 피의자신문조서에 담아 두어야 하는 것이다. 물론 피의자 입장에서는 경찰 수사에 불만을 가질 수 있고 따라서 검사 앞에서 재차 진술의 기회를 갖는다는 것이 바람직할 수도 있다. 그러나 피의자의 소박한 희망과는 달리 검찰 수사는 대개 경찰자백과 똑같은 자백을 다시 한번 받아내는데에 주력하기 때문에 실체적 진실규명이나 피의자의 억울함 해소에는 큰 도움이 되지 않는 것이 현실이다. 오히려 이중수사로 인한 국민 불편과 수사력 낭비라는 단점이 더 크게 부각되어 있는 실정이다.

따라서 이런 문제점을 없애려면 검사작성 및 사법경찰관작성 피의자신문조서의 증거능력을 동일하게 규정하여 양자 모두 법정에서 피고인이 그 내용을 인정하는 경우에만 증거능력을 부여하자는 것이다.[13] 이렇게 양 기관 작성의 피의자신문조서 증거능력을 통일함으로써, 즉 증거가치를 하향평준화 함으로써 경찰에서 피의자가 순순히 자백함에도 불구하고 재판과정에서 부인할 것을 대비하여 검사가 재차 피의자신문조서를 작성하는 이중수사의 불편과 수사력 낭비를 제거할 수 있을 것으로 본다. 따라서 형소법 제312조 제1항과 제2항은 수사절차에서 검·경간 이중수사로 인한 막대한 수사력 낭비 및 국민 불편을 야기하는 원인이 되고 있음을 인식해야 한다.

나) 석방시 검사의 지휘

한편 경찰이 피의자를 체포 또는 구속하였다가 그 혐의가 풀려 석방해야 할 경우에도 검사 지휘를 받아야 석방이 가능하기 때문에 피의자 신변이 체포나 구속 상태에서 석방이 즉시 이루어지지 못함으로 인하여 피의자는 필연적으로 신속한 재판을 받을 권리가 침해받게 된다.

나. 소송구조와의 관계

형사소송 구조와 관련하여 재판기관이 소추기관의 소추 없이 직권으로 형사절차를 개시하여 심판하는 규문주의는 프랑스혁명을 계기로 자취를 감추었고, 오늘날에는

---

13) 계경문, 형사소송법 제312조에 대한 소고, 한국외국어대학교 외법논집, 제3집(1996), 522면 이하 : 신동운, 형사소송법, 622면 : 이동명, 피의자신문조서의 증거능력, 호남대 논문집 제21집, 2000년 12월, 337면.

소추기관의 소추에 의하여 재판기관이 심리를 개시하는 탄핵주의가 자리를 잡게 되었는데, 수사권자와 공소권자를 분리하여 범죄수사를 일차적으로 검사의 수사지휘권에서 독립된 사법경찰의 책임 하에 두고 공소제기여부와 유지만을 검사 직무로 한다고 하더라도 현행 형사소송법이 취하고 있는 탄핵주의 소송구조에서 본질적으로 벗어나는 것은 아니라는 점이다.
규문주의 소송구조 하에서 규문판사의 자의적 판단을 막기 위해서 절차에 소추관인 검사제도를 도입한 것처럼, 수사와 기소의 결합은 검사에 의한 또 다른 자의적인 권한 행사 우려가 항시 내재해 있으므로 이를 분리하는 것이 오히려 탄핵주의 취지에도 부합한다.

다. 수사지휘권의 관점

1) 수사의 효율성 관점

가) 수사지휘

검사 수사지휘와 경찰서장 등 경찰간부의 수사지휘가 중복되어 지휘명령 체계가 이원화되고 있어 두 수사지휘가 일치하지 아니할 때는 오히려 수사지연과 업무혼선이 초래될 수 있을 뿐만 아니라 하루 24시간 발생하고, 기동화, 광역화되고 있는 범죄현장에 임하여 신속·유연하게 대처하기 곤란하게 만드는 요인이 될 수 있다. 따라서 검사의 수사지휘권을 일정부분 제한하는 것을 검토해 볼 필요가 있다. 왜냐하면 수사지휘체계의 이중성으로 인해 수사지연 등을 초래할 경우 이질적인 수사지휘체계보다는 상급상사의 지휘체계를 유지하는 것이 수사효율에 더 만전을 기할 수 있음은 당연하다고 할 것이기 때문이다. 또한 수사간부로서 사건수사에 검사가 개입하는 경우에 창의적이고 능동적인 수사지휘에 한계를 가져오지 않을 수 없으며 오늘날 경찰수사는 검사의 철저한 수사지휘를 받지 않더라도 충분히 국민의 인권이 보장될 수 있는 환경이 조성되었다고 보이므로 우리나라도 이제 수사권 조정이 필요한 시점이 왔다고 생각된다.

나) 전국적 수사망 확보와 지휘체계의 수립 측면

경찰의 독자적 수사권을 부인하는 주장에 의하면 검사와 사법경찰관 관계를 수사지휘, 즉 상명하복 관계로 한 이유 중에 하나가 범죄수사는 전국적 수사망의 확보와 지휘체계 수립을 통하여 효율적으로 수행될 수 있다는 점을 들고 있으나, 이러한 것은 수사지휘관계가 아닌 업무지침 등을 통하여 해결할 수 있고, 긴밀한 공조체제를 유지함으로써 얼마든지 범죄수사 목적을 달성할 수 있을 것이므로 반드시 검사가 사법경찰을 수사지휘 해야만 하는 근거가 될 수 없다.

다) 구속영장 청구

원칙적으로 범죄수사기관이며 수사 주체인 사법경찰에게 수사 활동의 효율성을 보장하기 위해서는 구속, 압수, 수색 또는 검증 등의 강제처분권이 부여되어야 할 것이다. 문제는 피의자구속의 경우 사법경찰이 법관에게 구속영장을 청구할 수 있느냐에 있는데, 검사의 수사지휘에 의해서가 아니라 사법경찰이 독자적으로 수사권을 행사할 수 있는 한 구속영장신청권이 인정되어야 하는 것이 논리적이다. 물론 이와 같은 논리는 현행헌법 제12조 제3항의 영장주의원칙에 위배되는지 의문이 제기될 수 있지만, 영장주의의 실질적인 내용은 법관 또는 법원이 발부한 영장에 의한 형사절차상의 강제처분을 의미하므로 반드시 영장주의가 검사에 의한 영장청구를 본질적인 내용으로 하는 것임을 알아야 한다.[14)]

2) 검사의 업무과중

소수인 검사에게 수사지휘권을 인정함은 과중한 책임이라고 할 것이므로 범죄수사는 사법경찰관에게 일임하고 공소제기만을 검사의 직무로 하자는 논의를 해볼 가치가 충분히 있다고 본다. 실무 관행상 검사작성의 피의자신문조서를 작성할 때에도 검찰 주사(보)에 의하여 대부분 작성되고 있는데, 검사는 많은 사건처리와 함께 공소장 작성, 각종 보고서제출 등의 과중한 업무부담을 지고 있기 때문에 모든 신문을 직접 할 수 없어 검찰 신문은 참여계장 주도로 피의자를 신문하고 조서를 작성하고 있는 편법수사관행이 존재하고 있는 것이다. 이것을 보더라도 검사의 업무가 얼마가 과중한 것인지를 현실적으로 느껴 볼 수 있을 것으로 판단된다.

판례에 나타난 바에 의하면 ① 검사가 피의사실에 관하여 전반적 핵심적 사항을

14) 경찰 수사권 인정에 있어서 영장청구권 인정은 반드시 포함되어야 하고, 헌법제12조 제3항은 개정할 필요성이 있다고 할 것이다.

질문하고 이를 토대로 그 신문에 참여한 검찰주사보가 직접 문답하여 피의자 신문조서를 작성함에 있어 검사가 신문한 사항 중에 다소 불분명한 사항이나 또는 보조적 사항(행위일시, 장소 등)에 관하여 피의자에게 직접 질문하여 이를 조서에 기재하였다 하여도 참여주사보가 문답할 때 검사가 동석하여 이를 지켜보면서 문제점이 있을 때에는 재차 직접 묻고 참여주사보가 조서에 기재하고, 조서작성 후에는 검사가 이를 검토하여 검사의 신문결과와 일치한다고 인정하여 서명날인 하였다면 참여주사보가 불분명 또는 보조적 사항을 직접 질문하여 기재하였다 하여 이를 검사작성의 피의자 신문조서가 아니라고는 할 수는 없지만[15], ②"검찰주사가 검사 지시에 따라 검사가 참석하지 않은 상태에서 피의자였던 피고인을 신문 작성하고 검사는 검찰주사의 조사 직후 피고인에게 개괄적으로 질문한 사실이 있을 뿐인데도 검사가 작성한 것으로 되어 있는 피고인에 대한 피의자신문조서와 검찰주사가 참고인의 주거지에서 그의 진술을 받아 작성한 것인데도 검사가 작성한 것으로 되어 있는 참고인에 대한 진술조서는 검사 서명 · 날인이 되어 있다고 하더라도 검사가 작성한 것이라고는 볼 수 없으므로, 형사소송법 제312조 제1항 소정의 '검사가 피의자나 피의자 아닌 자의 진술을 기재한 조서'에 해당하지 않는 것임이 명백하다"고 판시하고 있으며,[16] 더 나아가 그 피의자였던 피고인이 공판기일에 그 피의자신문조서 내용을 부인하면 그 피의자신문조서에 기재된 자백은 피고인의 공소사실에 관하여 증거능력이 인정되지 않는다고 보는 것이 최근 판례이다.[17] 물론 검사가 작성권자인 피의자신문조서의 사실상 작성자는 검찰주사 또는 검찰주사보일 때가 많을 것이나(검찰청법 제46조 2호 참조), 사실상 작성자와 법률상 작성권자와는 구별하여야 하며, 조서 작성권자는 어디까지나 검사이며, 그 참여자에 불과한 검찰주사는 작성권자가 아님을 분명히 하고 있는 판례이지만,[18] 실무적인 측면에서 보면 검사의 업무가중 때문이라는 분석을 추리해 볼 수 있으므로 법률전문가인 검사는 공소제기에 전념하도록 수사체제가 재조정 되는 것이 바람직하다고

15) 대판 1984년 7월 10일, 84도846.

16) 대판 1990년 9월 28일, 90도1483. 검사가 피고인이 된 피의자나 피의자 아닌 자의 진술을 기재하여 작성한 피의자신문조서나 진술조서의 증거능력에 관하여는 형사소송법 제312조 제1항이 규정하고 있는 만큼, 조서 형식이 검사가 작성한 것으로 되어 있는 피의자신문조서와 진술조서는 같은 법 제313조 제1항 소정의 "전 2조의 규정이외에 피고인의 진술을 기재한 서류"에 해당하지 않는다고 보아야 한다.

17) 대판 2003년 10월 9, 2002도4372.

18) 신이철, 판례연구 형사소송법, 도서출판 태학관, 243면 이하 참조.

본다. 결국 검사의 업무과다로 수사전문화에 미흡할 뿐만 아니라 검찰 고유 업무인 기소와 공소유지 등 소추업무에도 소홀함으로써 적정한 형벌권 집행에 장애를 초래하게 되는 상황이 개선되어야 한다는 것이다.

라. 검사의 당사자로서의 지위

1) 검사의 당사자 지위의 인정여부

공판절차에서 검사 지위와 관련하여 피고인에 대립하는 상대방이라는 의미에서 당사자라고 할 수 있는지에 대한 의견이 대립되고 있다. 즉 당사자 개념은 형사절차의 본질에 친숙하지 못할 뿐만 아니라, 공익의 대표자인 검사를 당사자라고 지칭하는 것은 적절하지 못하며, 검사를 당사자로 보게 되면 공판절차의 검찰사법화가 우려된다는 이유로 검사를 당사자로 이해하는 것은 부당하다는 견해(부정설)가 있다[19]. 그러나 검사와 피고인이 당사자 입장에서 서로 공격·방어를 행함보다는 효율적으로 실체적 진실발견에 접근이 가능하다는 것을 근거로 검사 당사자 지위를 긍정하는 견해(긍정설)가 압도적 다수설이며,[20] 당사자주의를 강화한 형사소송법의 해석에 있어서도 검사가 공판절차에서 당사자의 지위를 가진다는 것을 부정할 수는 없다[21].

사정이 이러하다면 우리나라 검사가 피고인에게 대립되는 당사자의 지위에 있다고 할 것이며, 그렇게 보는 이상 검사는 피의자 또는 피고인에 대한 인권보장의 주체가 될 실질적인 자격이 있는지에 대하여 상당한 의문이 제기되지 않을 수 없다.

2) 검사의 객관의무와의 관계

나아가 현행 형사소송법은 실체적 진실주의를 이념으로 하는 직권주의 구조로부터 법의 적정절차를 이념으로 하는 당사자주의로 전환되었기 때문에 검사의 객관의무를 인정할 수 없다는 견해가 없는 것은 아니지만,[22] 다수설은 실질적인 당사자대등

---

19) 신동운, 형사소송법, 549면, 배종대/이상돈, 형사소송법, 82면.
20) 이재상, 형사소송법, 97면, 진계호, 형사소송법, 91면.
21) 다만 검사 당사자 지위가 검사의 공익적 지위 내지 객관의무와 어떻게 조화될 수 있느냐의 문제만 남게 된다고 하는데, 이는 후술한다.
22) 차용석, 형사소송법, 155면.

원칙을 실현하기 위하여 검사는 피고인의 유죄입증을 위한 입증활동 뿐만 아니라 피고인에게 유리한 활동도 하여야 하는 의무가 있으며, 현행법은 당사자주의 소송구조이지만 적정절차의 실현을 위해 검사는 준사법기관이어야 하므로 객관의무를 인정하여야 한다는 견해를 취하고 있다.[23] 따라서 검사는 피고인에게 대립되는 당사자이면서도 단순한 당사자가 아니라 공익 대표자이므로, 검사가 실체진실을 탐지하고 법을 발견·적용해야 하는 것은 당연하기도 하고 또 공익 대표자로서 피고인의 정당한 이익을 옹호해야 할 의무(객관의무)가 있다는 것이다. 그 내용으로 형사절차 전반에 걸쳐 인정된다고 하며, 검사는 피고인에게 이익이 되는 사실도 조사·제출하고, 피고인의 이익을 위하여 상소, 재심(제420조, 제424조, 제425조) 및 검찰총장은 비상상고(제441조)를 할 수 있다. 그러나 이와 같은 객관적 의무는 이론에 불과하고 실제로도 구호에 그치고 있을 뿐이다.[24] 따라서 검사가 공익의 대표자라고 하는 것은 국가와 개인의 긴장관계에서 국가를 대표하여 제3의 중립적 기관인 법관에게 심판을 요구하는 지위에 있다는 정도에 지나지 않는다고 봄이 옳다. 실제로 최근 민사판례에서 나타난 바에 의하면, 원고의 무죄를 입증할 수 있는 결정적인 증거에 해당하는데도 검사가 법원에 제출하지 아니하고 은폐한 경우 그와 같은 행위는 위법하다고 보아 국가배상책임을 인정한 예가 보이는 바,[25] 이는 현실적으로도 검사의 객관의무가 허울에 지나지 않음을 보여주는 단적인 예라고 할 수 있을 것이다. 결국 검사는 피고인에 대립하는 당사자의 지위에 있는 이상 피의자나 피고인의 인권보장의 주체가 얼마나 되기 어려운 것인가를 현실적으로 보여주는 좋은 예라고 할 수 있을 것이다.

마. 형사기록 열람·등사권 문제

과거 검찰에서는 형사기록 열람·등사청구에 대하여 검사가 거부처분을 하는 경우 당사자주의 소송구조에 있어서는 자기에게 유리한 증거 수집 및 제출은 본래 당사자가 각기 행하여야 하며, 유리한 증거 발견을 목적으로 상대방 당사자의 수중에 들어

23) 이재상, 위 책 98면. 강구진, 위 책, 106면. 배종대/이상돈, 위 책 82면. 진계호, 위 책 91면.
24) 이에 대한 지적으로 손동권, "수사독립권 경찰에게 보장하여야 한다", 「시민과 변호사」, 1994년 11월, (통권 10호) 209면 참조.
25) 대판, 2002년 2월 22일, 2001다23447.

가는 것은 허락되지 않기 때문에 변호인이라 하더라도 상대방 당사자인 검사에게 제1회 공판기일 이전의 단계에서 증거로 제출되지도 아니한 자료들에 대하여 그 전부를 공개하라고 요구할 수는 없는 것이다. 또한 형사소송법이 제47조에서 소송서류의 비공개를, 제198조에서 수사비밀 엄수를 규정하고 있는 점을 보더라도 수사서류는 피고인 또는 이해관계인의 명예를 보호하고 재판에 대한 외부의 부당한 영향을 방지하기 위하여 이를 공개하지 아니함이 원칙이고, 열람·등사가 허용되지 아니한다는 것이라고 주장하였고, 또 형사소송법 제35조가 변호인의 수사기록에 대한 열람·등사권을 규정하고 있지만 그것은 공소제기 후 공판절차에서 증거로 제출된 수사서류들에 한 한다고 해석하여야 할 것이라고 하여 거부를 정당화 하려고 한 바 있다. 그리고 수사기록에 대한 열람·등사가 필요하다면 증거조사 단계에서 법원으로부터 필요한 부분을 열람·등사 받을 수도 있는 것이므로, 이로써 변호인의 조력을 받을 권리는 충분히 보장된 것이라 볼 수 있고, 피청구인의 열람·등사거부행위가 변호인의 조력을 받을 권리를 침해하는 것이라고 할 수는 없다. 즉 형사소송법 제35조가 "변호인은 소송계속 중의 관계서류 또는 증거물을 열람 또는 등사할 수 있다."고 규정하고, 위 법률조항에 의하여 변호인에게 허용되는 열람·등사권 범위는 검사가 법원에 증거로 제출한 관계서류와 증거물에 한정된다고 보아야 하므로 피청구인이 변호인의 제1회 공판기일 이전의 수사기록에 대한 열람·등사를 거부한 것은 정당하다는 것이다.

그러나 헌법재판소는 위 법률조항 자체가 공판기일 이전 변호인 수사기록에 대한 열람·등사권을 적극적으로 부정하지 아니할 뿐만 아니라 열람·등사 거부로 인한 헌법상 권리에 대한 침해를 정당화 할 근거는 되지 못한다 할 것이라는 점을 들어 헌법상 신속하고 공정한 재판받을 권리와 변호인의 조력을 받을 권리에 근거하여 열람 등사가 허용된다는 입장을 취하고 있다.[26)]

여기서 우리가 알 수 있는 것은 검사가 수사 주재자로서 사건 발생단계에서부터 경찰 수사를 지배하거나 그 스스로가 수사를 행하며 모든 정보와 자료, 증거들을 입수하여 파악하는 경우 검사는 수사과정에서 취득한 수사서류는 물론 증거물에 대한 피고인 또는 변호인의 열람·등사에 소극적임을 알 수 있다는 것이다. 물론 헌법재판소는 이러한 경우에 열람·등사청구권이 있다는 점을 분명히 하고 있지만, 더욱 더 궁극

26) 헌재결, 1997년 11월 27일, 94헌마60.

적으로 문제를 해결하기 위해서는 수사권을 사법경찰에게 맡기는 것은 피고인에게 방어권을 보장하는 가장 확실한 방안이 될 수 있다는 점이다. 왜냐하면 수사과정에서 얻어지는 증거자료와 증거물들은 기소하는 검사측과 기소를 당하는 피고인측(변호인)이 동등하게 공유할 수 있어야 무기평등원칙을 실현할 수 있다는 점이다.

바. 수사자원의 합리적 자원배분

수사활동의 기술적·기동적 그리고 사실적·물리적인 성격 때문에 인적·물적 자원 설비를 풍부히 갖춘 사법경찰에게 독립된 수사권을 인정하는 것이 효율적이다. 예컨대 법정형을 기준으로 일정한 형벌 이하에 해당하는 범죄라든가 범죄 성질에 따라서 일정한 범죄에 대하여 독립된 수사권을 부여하는 것이 하나의 방안이 될 수 있다. 결국 사법경찰은 풍부한 범죄정보를 갖고 현실적으로 범죄와 접하며 생동감 있게 수사활동을 할 수 있는 환경 속에서 대부분 범죄수사를 담당하고 있을 뿐만 아니라, 수사의 사실적·물리적 측면에서 볼 때 신속성·기동성·탄력성을 기하여 수사의 능률을 높인다는 점에서도 더욱 그러하다.

현행 형사소송법의 검사와 사법경찰관과의 관계가 상명하복, 지휘복종 관계라면 군사법원법상의 검찰관과 군사법경찰관과의 관계는 상호협조 내지 상호독립의 관계라고 할 수 있다. 군사법원법 제228조(검찰관·군사법경찰관의 수사)는 검찰관 및 군사법경찰관은 범죄의 혐의가 있다고 사료될 때에는 범인, 범죄사실과 증거를 수사하여야 한다고 규정하고 있으며, 동법 제37조에는 검찰관의 직무는 범죄수사 및 공소제기와 그 유지에 필요한 행위를 주된 것으로, 동법 제43조 “군사법경찰관은 범죄를 수사한다.”고 규정하고 있다. 여기에서 보듯이 검찰관과 군사법경찰관이 각기 독립적 수사권을 갖고 있으면서도 별 문제없이 시행되고 있다. 그런데 유독 사법경찰관에 대해서만 인권침해의 우려 등을 이유로 수사권독립을 부정해야 하는 것은 쉽게 납득이 가지 않는 부분이라고 할 것이다. 따라서 현재 형사소송법 제195조의 “검사는 범죄의 혐의가 있다고 사료되는 때에는 범인, 범죄사실과 증거를 수사하여야 한다.”는 규정을 적어도 군사법원법 정도로 개정할 필요가 있다.

사. 영장주의

영장주의는 법관이 발부한 적법한 영장에 의하지 아니하고는 수사에 필요한 강제처분을 할 수 없다는 원칙을 말한다. 이는 헌법상 신분이 보장되고 직무활동의 독립성이 보장되는 법관이 발부한 영장에 의하지 아니하고는 수사에 필요한 강제처분을 하지 못한다는 원칙을 말한다. 이는 수사상 필요한 경우에 일정한 자유를 제한할 수 있다는 권한에 대한 법치국가적 통제를 의미하는 것으로 수사기관의 입장에서 보면 영장 없이 강제처분을 해서는 안 된다는 금지에 해당하고, 수사대상인 피의자입장에서는 영장에 의한 강제처분을 요구할 수 있는 권리를 규정하고 있는 것이다. 따라서 영장주의는 수사기관의 강제수사활동에 대한 사법적 통제 또는 수사절차에서 권력분립을 실현하는 제도라고 할 수 있다.

여기서 검사에게만 판사에 대한 영장청구 권한을 국한하고 있는 것은 일반적으로 법률전문가에 의하여 합법성을 높이기 위한 것이라고 할 수 있지만, 검찰 실무를 보면 검사 영장청구권 독점이 강제처분 운용에 어떤 법치국가적인 제한을 내포하고 있는 것으로는 보이지 않는다. 따라서 바로 이러한 현실을 살펴보건대 이론적으로 경찰에게도 영장청구권 내지 수사권 조정이 필요하다는 근거로 충분히 작용할 여지가 있다고 보여 진다.[27] 즉 검사의 판단을 거치지 않더라도 영장은 결국 판사가 발부하므로 경찰이 직접 청구한다고 해서 인권보호에 역행하는 것이 아니라 오히려 법원과의 직접적인 커뮤니케이션을 통한 인권수사가 가능해 질 수 있다는 점이다.

아. 체포·구속의 적정성 심사와 관련된 측면

체포 및 구속 적정성에 대한 법원 심사를 받을 권리의 구체적인 모습을 살펴보면 다음과 같다. ① 체포 또는 구속된 피의자에 대하여 법원이 체포 또는 구속의 적법여부와 그 필요성을 심사하여 체포 또는 구속이 부적법·부당한 경우에 피의자를 석방시키는 제도인 체포·구속적부심사제도, ② 구속영장 청구를 받은 판사가 피의자를 직접 심문하여 구속사유를 판단하는 영장실질심사제도를 들 수 있다.

27) 배종대/이상돈, 형사소송법, 199면.

여기서 검찰이 수사권과 기소권을 독점하고 그 스스로 수사하는 상황에 있어 왔기에, 수사를 담당하는 검찰과 이를 통제해야 하는 판사가 동등한 자격의 소유자이므로 끊임없이 검찰과 법원의 갈등과 충돌로 얼룩져 왔다. 이와 같은 문제를 근본적으로 해결하기 위해서라도 사법경찰에게 수사권을 독립시켜 수사과정에서의 사법경찰 체포 또는 구속의 적정성 여부를 법원으로부터 직접 심사, 통제받게 함이 합리적일 것이다.

자. 피의자신문시 변호인의 참여권 등

수사과정에서의 적정절차 준수와 피의자 인권보호는 모든 수사기관의 권한과 책무이고, 검찰과 경찰이 공히 지향해야 할 가치이므로 검찰이 수사권을 독점하고 있어야 보다 실효성 있게 보장할 수 있다는 주장은 선뜻 납득하기 어렵다.

따라서 수사기관의 인권침해방지를 위해서는 무엇보다도 인권관련기관, 언론, 시민단체의 사법감시활동 등 국민 감시와 비판이 강화되어야 할 것으로 보이고, 법관의 영장실질심사제도, 인권법 제정에 따른 국가인권위원회의 설치 등 제도적 장치가 마련되었을 뿐만 아니라 변호사 수의 확충으로 경찰수사 단계부터 변호사의 조력을 받을 기회가 확대되어 경찰수사권 남용의 안전장치를 충분히 수행하고 있다.

특히나 피의자신문시에 변호인의 참여와 관련한 판례를 살펴보면 대법원은 “신체를 구속당한 사람의 변호인과 접견교통권이 헌법과 법률에 의하여 보장되고 있을 뿐만 아니라 누구든지 체포 또는 구속을 당한 때에는 즉시 변호인의 조력을 받을 권리를 가진다고 선언한 헌법규정에 비추어, 구금된 피의자는 형사소송법의 위 규정을 유추적용하여 피의자 신문을 받음에 있어서 변호인 참여를 요구할 수 있다.”고 판시함으로써 피의자의 접견교통권을 규정한 형사소송법 제209조, 제89조, 제34조의 유추적용에 의하여 구속 피의자에 대한 변호인의 피의자신문 참여권이 인정된다는 입장이다.[28] 그리고 헌법재판소는 “피의자 구속여부를 불문하고 조언과 상담을 통하여 이루어지는 변호인의 조력자로서의 역할은 변호인 선임권과 마찬가지로 변호인의 조력을 받을 권리의 내용 중 가장 핵심적인 것이고, 변호인과 상담하고 조언을 구할 권리는 변호인의 조력을 받을 권리의 내용 중 구체적인 입법형성이 필요한 다른 절차적 권리의 필수적인 전제요건

28) 대판, 2003년 11월 11일, 2003모402.

으로서 변호인의 조력을 받을 권리 그 자체에서 곧바로 도출되는 것이다. 형사소송법상 명문 규정이 없더라도(구속 피의자는 물론) 불구속 피의자가 피의자 신문시 변호인의 조언과 상담을 원한다면, 수사기관은 특별한 사정이 없는 한 피의자의 위 요구를 거절할 수 없다."고 선언하는 한편 "불구속 피의자의 경우에도 변호인의 조력을 받을 권리는 우리 헌법에 나타난 법치국가원리, 적법절차원칙에서 인정되는 당연한 내용"이라고 함으로써,[29] 구태여 헌법 제12조 제4항의 규정을 빌리지 않더라도 변호인의 조력을 받을 권리는 헌법상 기본권으로 인정할 수 있으며, 변호인의 조력을 받을 권리에서 헌법상 기본권으로 인정할 수 있고, 이러한 변호인조력권에서 변호인의 피의자신문참여권의 근거를 직접 도출할 수 있다는 입장이다. 그 결과 구속피의자는 물론 불구속피의자에 대하여도 소송법상의 권리로서 피의자 신문참여권을 인정하게 되는 바, 이와 같이 피의자 신문시 변호인의 참여권보장은 혹시라도 발생하게 될 경찰수사권 남용에 대한 안전판 기능을 충분히 수행하게 될 것으로 경찰수사과정에서 인권침해 논란을 불식시키는 계기가 될 것으로 보인다.

차. 공소권 행사

1) 검사의 수사권독점은 적정한 공소권행사의 장애

수사는 신속성, 기동성, 조직성, 과학성, 그리고 현장성을 지닌 사실관계의 확정영역으로서 실제 대부분의 사건 수사지휘에 있어서는 고도의 법률적 지식에 의한 법률적용 보다는 수사인력과 비용을 효율적으로 배분하여 범인을 검거하고 증거를 확보하는 기법이 무엇보다도 중요하므로 법률전문가인 검사의 관여가 필수적이라고 보기는 어렵다. 기소권을 독점하고 기소여부를 결정할 수 있는 재량을 갖고 있는 검찰이 수사권마저 독점함으로써 수사권 발동여부 및 수사결과 처리를 자의적으로 결정할 경우 공소권 적정행사에 오히려 장애요인이 될 수도 있으며, 따라서 수사기관과 공소기관을 분리하여 각각의 전문적인 지식과 기술을 살리는 것이 더 효과적일 수 있다. 또한 범죄예방업무를 책임지고 있는 경찰이 독자적 수사권을 행사할 경우 범죄 진압과 피해회복에 더 효율적일 것이다. 왜냐하면 범죄예방활동과 수사는 동전의 양면과 같기

---

29) 헌재결, 2004년 9월 23일, 2000헌마138.

때문이다.

2) 공소권행사의 남용

세계 각국에서는 검찰의 불신원인으로 검찰 기소여부를 차별적으로 결정하고 있는 것과 관련하여 검찰의 기소권 남용을 방지하기 위해서 제도적 장치를 운영하고 있는데, 독일의 경우는 기소법정주의, 영국과 미국의 경우는 사인소추제도, 일본의 경우는 검찰심사위원회제도가 운용되고 있다. 반면 우리나라는 검사의 공소권 남용에 대한 외부적 시민통제장치가 없을 뿐만 아니라 검사의 기소재량 통제장치인 재정신청의 범위 또한 축소되어 있어, 헌법소원이라는 예상치 못했던 통제방향으로 나아가고 있으며, 실제로 헌법소원이 검사의 공소권행사 남용에 대한 사후적 통제방법으로 사건전체의 약 70% 정도를 차지하고 있는 실정이다. 따라서 경찰에게 독자적 수사권을 인정하여 검사에게 공소업무를 집중하게 하도록 하여 공소권 남용에 대한 간접적 통제를 하게 되므로, 검찰로서도 수사업무의 부담으로부터 벗어나는 계기가 될 것이다. 결국 검사는 고도의 법률적 지식이 필요한 공소권 부분에 집중할 수 있어 제3자적 입장에서 형사사법의 정의실현에 기여할 수 있을 것이다.

카. 고문·가혹행위 문제

경찰수사권 독립이 이루어지면 견제와 균형의 원리가 복원되어 수사과정에서 고문이나 가혹행위가 발생하기 어려울 것으로 판단된다. 특히나 형사소송법 제312조 제1항의 검사작성 피의자신문조서의 증거능력을 사법경찰관작성 피의자신문조서의 증거능력과 마찬가지로 피고인이 내용을 인정할 때 한하여 증거능력을 인정하는 방향으로 변화가 이루어진다면 형사소송법의 기본이념인 공판중심주의는 물론 구두변론주의가 복원되어 수사과정에서 무리한 자백을 이끌어낼 여지가 줄어들게 될 것으로 보인다.

즉 현행 형사소송법은 사법경찰관의 피의자신문조서와 달리 검사작성의 피의자신문조서 증거능력을 크게 완화함으로써 검찰·경찰의 이중절차 피의자 신문이란 폐해를 낳고 있음은 물론 경찰에서 부인하는 사건의 경우 검사가 자백을 받도록 내몰아 탈법적 신문을 조장하고 있으며 또한 수사기관이 과학적인 수사방법으로 증거를 확보하기 보다는 일단 먼저 자백을 받아내는데 주력하게 되므로, 공판중심주의나 직접심리주의 충실화라는 입법목적 달성에 실패하고 있는 것이다.

타. 공판중심주의 등

국가의 형벌권 실현은 형사소추를 통해서가 아니라 공판절차를 통해서 비로소 완성되는 것이기 때문에 공판절차가 오히려 더 중심적인 역할을 해야 하며, 이를 유지하기 위해서는 검사는 공소제기와 유지에만 전념해야 하는 것이다. 따라서 검사가 수사에 전념하는 것은 공판중심주의 정신과도 합치된다고 보기는 어렵다고 판단된다. 검사가 공소유지에 전념해야 한다면 검찰 수사권은 조정차원에서 경찰에 이양해야 할 필요성이 자연스럽게 제기 될 수 있는 것이며, 또 다른 한편에서는 검사는 수사의 합목적성 판단에서는 수사 전문성을 키운 경찰에 대하여 수사지휘를 자제할 필요가 충분히 생기는 것이다.

이상에서 살펴본 바와 같이 형사소송법적인 여러 근거에 비추어 살펴볼 때, 검사는 수사보다는 기소여부결정과 공소유지 등 소추분야에 전념함으로써 당사자주의, 공판중심주의 등 형사소송이념에 충실함이 타당하고 수사권자와 공소권자를 분리함으로써 수사권자의 편견이 판단자에게 전수되는 것을 방지하고 탄핵주의 소송구조에 적합하게 만들어야 할 것으로 생각된다.

4. 기타 현실적 근거

수사권이 소수의 검사에게 독점되어 있고, 이로 인해 경찰이 검찰의 수사지휘권에 복종하도록 되어 있는 현행 수사체제 하에서는 만일 정치권이 검찰을 장악하면 결국 검찰을 통해 경찰까지 장악하는 결과를 낳게 된다. 즉 수사기관의 정치적 중립성 확보가 어려운 것이 현행 수사체제라 할 수 있다. 따라서 형사사법기관의 수사권이 정치권에 종속되어 사법정의의 구현이 저해되는 부조리를 피하기 위해서도 경찰의 독자적 수사권은 인정되어야 하고, 검찰과의 관계도 대등·수평적 관계로 재정립 될 필요성이 있다. 경찰의 독자적인 수사권이 인정될 경우, 정치권이 소수인력의 검찰을 장악하는 것보다는 두 개의 수사기관을 특히 거대 인력의 경찰을 장악하는 것이 훨씬 어렵게 될 것은 명백하기 때문이다.30)

[그림 3-1] 검사 지배적 수사구조에서 오는 '독점 폐해' 악순환

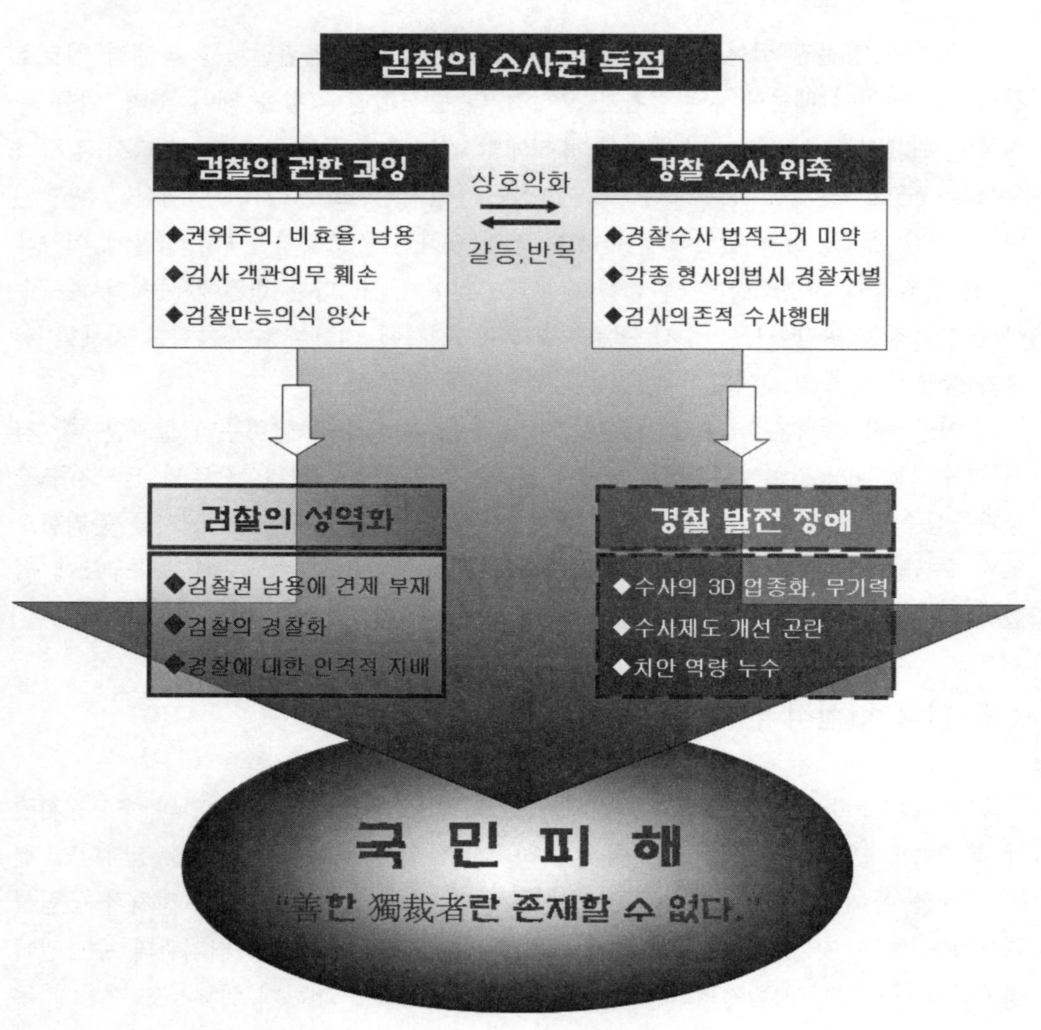

30) 서보학, 전게 논문.

[그림 3-2] 민주 분권적 수사구조로의 전환, 수사서비스 선순환 유도

국민 권익 · 만족도 제고
▶ 전체 범죄의 97%를 수사하는 경찰의 수사서비스 대폭 향상
▶ 수사상 권위주의 · 부조리 해소
▶ 수사절차 간소화, 국민불편 감소
▶ 국민 권리 구제 기회 확대
일본 경찰과 검찰 사례
▶ 갈등 · 반목 해소, 상호 협력 발휘
▶ 역할분담, 범죄 · 불법 대응력 향상
▶ 검 · 경 모두 이미지 개선, 국민 신뢰확보
상생의 수사구조 실현
▶ 객관적 수사 통제자 역할 회복
▶ 공소기능 활성화, 공판중심주의에 부합
▶ 보완 수사 철저, 국민인권 보호 주체
▶ 검찰 업무부담 경감
견제와 균형
협력과 경쟁
▶ 수사를 책임으로 인식, '현장정의' 실현
▶ 우수인력 유입, 자질 향상
▶ 경찰 자체 통제력 강화
▶ 주체성과 사명감으로 직무 전념
검찰의 본질적 역할 충실
경찰 수사의 책임성 제고

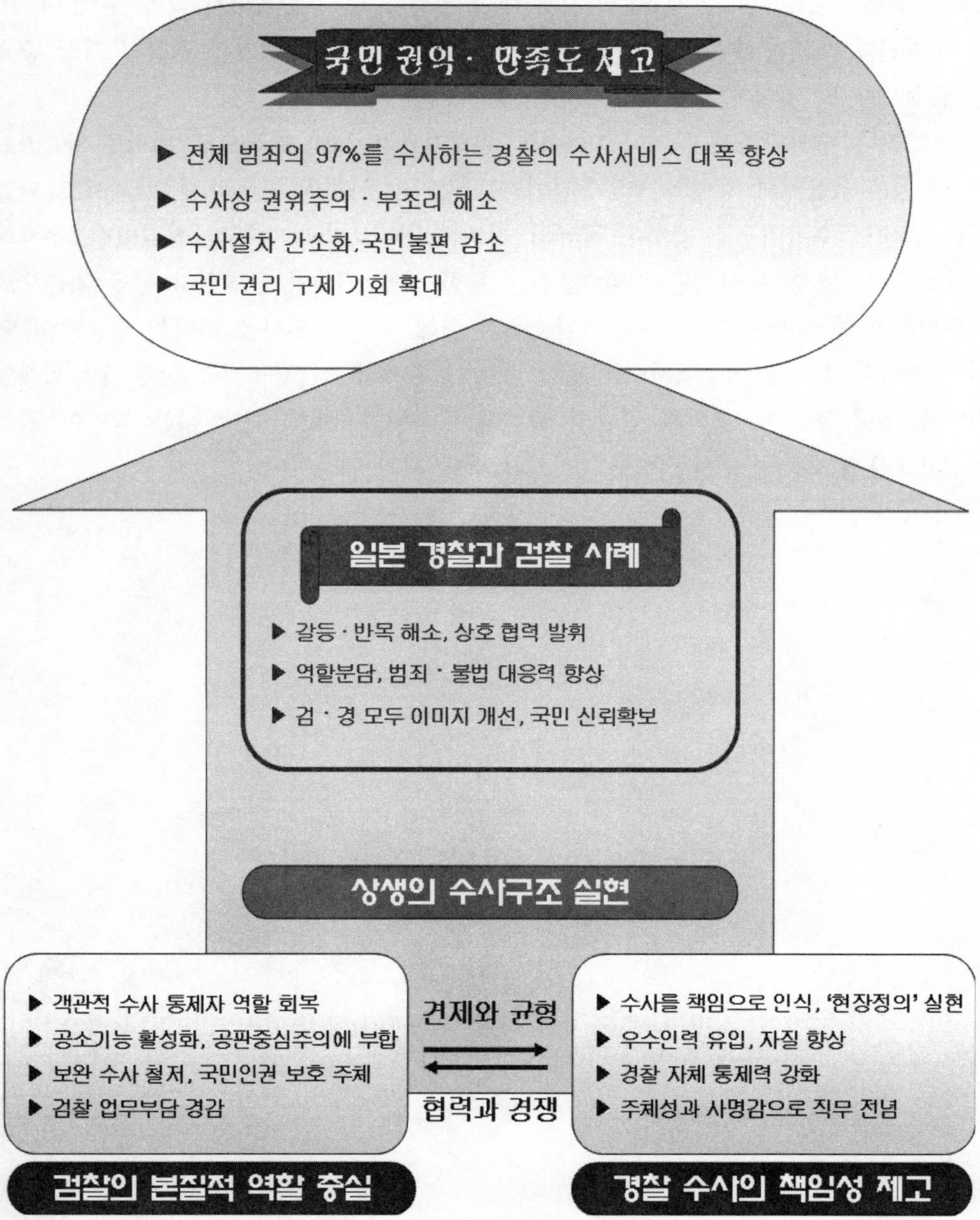

한편 현행 검사주재의 수사구조에 개혁이 이루어진다면, 검찰·경찰의 수사권 범위를 어느 정도까지 인정할 것인지에 대한 범위가 먼저 문제되지 않을 수 없다. 이는 국가권력 배분과 수사기관 상호간의 역할 분담 문제로서 검찰과 경찰의 가장 중요한 관심사가 될 것이다.

그러나 수사권조정 문제가 더 이상 권력기관의 세력 다툼으로 비화될 수 없고 국가운영의 효율성과 국민의 권익증진이라는 국가와 사회의 공통적 논의 과제로 되었다는 점에서 수사권구조 개혁은 국민의 기본적 인권보장과 실체적 진실발견, 수사의 능률성 및 효율성, 수사기관의 권력분산을 통한 상호 견제와 균형원리 등을 기준으로 논의되어야 할 것이지, 세력다툼을 잠재우기 위해 굵직한 권한을 하나씩 균분하여 던져주는 식의 조정은 이루어져서는 안될 것이다. 그렇게 될 경우에는 현행 수사체제와 별다를 것이 없으며, 오히려 경찰의 권한이 강화되었음에도 이에 대한 책임이 없이 인권보장을 담보하는 수사구조와는 거리가 멀게 되기 때문이다.

제Ⅱ장 수사권구조의 개혁에 관한 논의

제1절 수사권독립에 관한 논의의 역사

광복 이후 수사권 구조개혁에 관한 논쟁은 광복 직후의 미군정시대와 1954년의 현행형사소송법 제정 시에 전개되었던 논쟁을 우선적으로 꼽을 수 있다. 그리고 현행형사소송법이 제정된 이후에도 현재까지 독자적 수사권 부여 방안에 관한 논쟁은 지속적으로 이어져 왔다. 이하에서는 현행형사소송법 제정 시점을 기준으로 제정 이전과 제정 이후의 시기를 구분하여 수사권독립에 관한 논쟁이 어떻게 전개되어 왔는지[31] 개괄적으로 살펴보도록 하자.

1. 1954년 현행 형사소송법 제정 이전 (광복 이후~1954년)

광복 직후 미군정청이 일본과 마찬가지로 우리나라에서도 일제강점기의 인권침해적 형사절차를 개혁하기 위한 방안으로 미국식 형사사법제도를 이식하여 검찰과 경찰의 형사절차상 역할 및 상호관계를 재정립하고자 하는 시도였다.[32] 미군정 초기에는 훈령을 통해, 공소는 검사, 수사는 경찰이 담당하는 미국식의 형사사법제도가 시행되는 등 일시적으로 경찰에게 독자적인 수사권한이 부여되기도 했다.[33]

미군정 초기의 검찰·경찰 관계 재정립 개혁시도는 검찰을 비롯한 법률가들의 강력한 반대에 직면하게 된다. 당시 검찰이나 법조계에는 독립운동가 등 국민들로부터

31) 우리나라에 있어서 수사체제의 변천과정은 '우리나라의 수사체제의 변천과정' 부분에서 다루고 있는바, 수사권독립에 관한 논쟁의 역사에 대하여는 관련부분에서 시기별로 간략히 소개하였다. 여기서는 수사권독립론을 둘러싼 '논쟁의 연혁'에 초점을 맞추어 관련내용을 정리하였다.- 이동희, 검·경 수사권조정 공청회 토론 발췌문, 2005년 4월 11일, 참조.

32) 이동희, '경찰수사제도의 개선에 관한 연구', 경찰대학 치안정책연구소, 297~301, 전면게제.

33) 1945년 12월 29일자로 발포된 미군정청의 "법무국 검사에 대한 훈령 제3호"는 기본적으로 수사권은 경찰에게 부여하는 반면 검사에게는 기소와 공소유지의 책무를 부과하고 있었다.

신망을 받던 명망 있는 인사들이 대거 포진하고 있었다. 이러한 법률가들의 시각에서 볼 때 일제의 잔재를 제대로 청산하지 못하였고, 인권침해적 강압수사의 소지가 다분하였던 경찰에게 독자적 수사권을 부여한다는 것은 쉽게 용인될 수 없었다. 미군정 초기에 경찰에게 부여되었던 독자적 수사권은 성문입법을 통해 명문화되기까지 이르지는 못했으며, 법제도가 정비되어 가던 과도기적 상황 속에서 그 주도권은 점차 검찰인사를 중심으로 한 법률가들에게 넘어갔다. 군국주의의 유지를 위한 첨병으로 역할을 담당했던 검찰을 수사에서 한걸음 후퇴시킴으로써 검찰조직의 민주화 개혁을 단행했던 미군정 일본식 개혁 시도는 이러한 한국의 시대적 특수성을 배경으로 제대로 실현되지 못했다.

결국 미군정청 중기 이후부터 검찰이 여전히 일제강점기(日帝强占期)와 마찬가지로 수사주재자의 지위를 유지하는 쪽으로 논쟁이 일단락되었다. 이후 현행 형사소송법[1954년 9월 23일, 법률 제341호] 제정에 즈음하여[34] 경찰과 검찰에 형사절차상 어떠한 책무를 맡길 것이며, 또한 경찰과 검찰 관계를 어떠한 형태로 설정할 것인지 등에 대하여 적지 않은 논의가 다시 전개되었다. 당시 국회법제사법위원회는 특히 이 문제에 대하여 각별한 관심을 가지고 있었다는 점은 공청회자료나 속기록 등 당시의 입법자료를 통해 확인되고 있다.

이 문제에 대한 입법자들의 인식을 개관하자면, 인권보장에 충실하기 위해 영미법 당사자주의적 형사절차를 폭넓게 수용하고자 하였으며, 수사와 소추를 분리하여 경찰과 검찰에게 분담시키는 미국식의 수사구조를 도입하는 것이 법이론적으로 보다 바람직하다는 점에 대하여도 공감대가 형성되어 있었다. 이러한 점은 당시 입법과정에 참여했던 검찰출신의 법조인이자 형사법학자로서 법제사법위원회를 주도했던 엄상섭의원이나 검찰총장이었던 한격만총장 발언 등을 통해서 간접적으로 엿볼 수 있다. 형사소송법 초안에 대한 공청회에서 법제사법위원회의 엄상섭위원은 권력집중에 따른 남용을 방지하기 위하여 장래적으로 영미식 수사절차, 즉 수사권과 기소권을 분리하여

34) 광복 이후 우리나라 법률이 정비되기 전까지는 일제강점기 하의 법률을 대체로 인용해서 사용하는 시기였다. 형사절차를 규율하는 기본법인 형사소송법도 일제 군국주의 말기에 일본국의 형사소송법으로 사용되었던 소위 대정형사소송법(1922년에 제정된 일본의 구형사소송법)이 의용형사소송법으로서 사용되었다. 일본의 구형사소송법은 직권주의 소송구조를 취하고 있던 대륙법계의 독일 형사소송법의 영향을 강하게 받은 것이었다.

수사는 경찰이 전담하고 검찰은 공소유지에 전념하는 형태로 전환되는 것이 바람직하다는 견해를 피력하였다.[35] 또한 당시 검찰총장이었던 한격만은 이러한 엄상섭위원의 견해가 법리상으로 타당하다는 점을 인정하고 있었다.[36]

다만 특기할 만한 것은 형사절차법의 정비과정에서 법제정의 주도권을 쥐고 있던

---

35) 1954년 1월 9일 엄상섭의원은 형사소송법 초안에 대한 공청회에서 수사권 문제에 관하여 다음과 같은 발언을 하였다. "우리는 대륙법 계통인 독일법계통의 형사소송법을 연구했습니다. 우리의 생각은 검찰관이 수사의 주도체가 되는 것입니다. 그러나 미국식의 형소법이라는 것은 그렇게 되어 있지 않습니다. 미국의 예를 들면 미국은 수사는 경찰관, 기소는 검찰관, 재판은 법관… 이렇게 나누어져 있습니다. 그리고 일본도 지금은 형소법에 이 점이 명확하게 나와 있습니다. 그러나 우리는 여러 가지 우리나라 실정에 비추어 역시 검찰관이 수사의 주도적 입장에 있어야 되겠다… 이렇게 생각해 왔습니다. 그런데 미국에 있어서 왜 수사는 경찰관, 기소는 검사, 이렇게 나누었느냐 하면 이것은 역시 미국 사람들 생각에는 권력이 한군데에 집중되면 남용되기 쉬우므로 권력은 분산이 되어야 개인에게 이익이 된다고 생각한 것입니다. 그런데 우리나라 실정으로 보면 검찰기관이 범죄수사의 주도체가 된다면 기소권만을 가지고도 강력한 기관이거늘 또 수사의 권한까지 더하니 이것은 결국 검찰 「파쇼」를 가지고 온다는 것입니다. 그런데 지금 일본이나 미국같은 나라는 경찰기관은 자치단체에 들어가 있고, 영국도 그렇습니다. 이런 나라에서도 「수사는 경찰관이 해라, 기소여부는 검찰관이 해라…」 또 「증거가 모자라면 경찰에다가 의뢰해라…」 이렇게 되어 있는데, 우리나라는 경찰이 중앙집권제로 되어 있는데, 경찰에 수사권을 전적으로 맡기면 경찰 「파쇼」라는 것이 나오지 않나, 검찰 「파쇼」보다 경찰 「파쇼」의 경향이 더 크지 않을까? 이런 점으로 봐서 소위원회나 법제사법위원회에서는 오직 우리나라에 있어서 범죄수사의 주도권은 검찰이 가지는 것이 좋다는 정도로 생각을 했던 것입니다. 그러나 장래에 있어서는 우리나라도 수사권과 기소권을 분리시키는 이러한 방향으로 나가는 것이 좋겠다는 생각을 가지고 있습니다." (형사정책연구원, 형사소송법제정자료집, 1990년, 109면).

36) 위 공청회에서 수사권 문제에 관하여 한격만검찰총장은 다음과 같은 발언을 하였다. "이 문제는 대단히 중요한 문제라고 생각합니다. 해방 전에도 사법경찰관리가 검사의 보조로서 검사의 지휘명령을 받아왔었는데, 그때에도 인사권까지 검찰에 주도록 해야 명령이 잘 이행된다. 이 인사권을 다른데에서 하게 되면 잘 복종하지 않으니까 인사권까지 검사에게 주어야 된다는 의론(議論)이 있었습니다. 그것은 대단히 실행되기 어려운 문제이고, 이제 여러분이 말씀한 바와 마찬가지로 각국의 입법례가 경찰관과 검사와 대등한 입장으로 수사권을 가지는 그러한 예도 있고, 또한 대륙법계에서는 검사의 지휘를 받아 가지고 경찰관이 수사를 하는 예도 있을 줄로 압니다. 또한 경찰에게는 수사를 맡기고 기소는 검사가 한다는데도 있는 줄로 압니다. 그러나 이제 엄상섭의원과 서일교전문위원께서 여러 가지 설명한 바와 마찬가지로 우리나라의 실정은 해방 이후 오늘날까지 여러 가지 사정은 제가 말씀하지 않아도 여러분이 잘 아실 줄로 압니다만, 수사의 일원화와 검사의 지휘권을 강화해야 된다는 것은 여러분이 다 추측하실 줄로 압니다. 그래서 지금까지 시행해 온 형사소송법의 사법경찰관은 검사의 한 보조역으로서 수사를 한다고 이렇게 되어 있는데 이 문제에 대해서는 법전편찬위원회에서도 여러 가지 논의가 많이 있었습니다. 그래서 여러 가지 절충해 가지고 이 원안이 나왔는데 저는 이 원안을 찬성합니다. 지금 우리나라에 있어서 이 정도로 하는 것이 대단히 타당하다고 생각합니다. 그러나 이론적으로 말하면 아까 엄상섭의원이 말씀한 바와 마찬가지로 수사는 경찰에 맡기고 검사에게는 기소권만 주자는 것은 법리상으로는 타당합니다만 앞으로 백년 후면 모르지만 검사에게 수사권을 주는 것이 타당하다고 생각합니다."

법률가들의 견해가 전면에 등장하고 있음에 반하여, 정작 이해당사자라고 할 수 있는 경찰측 견해는 적어도 입법자료의 차원에서는 거의 발견되고 있지 않다는 점이다.

2. 1945년 현행 형사소송법 제정 이후 (1954년~현재)

앞서 본고 제2장 제4절에서 살펴본 바와 같이 현행 형사소송법 제정 이후 최근까지의 검찰·경찰 관계의 변천사는 검사가 사법경찰에 대한 수사지휘권을 일방적으로 강화시켜왔던 과정이었다고 요약할 수 있다. 검찰은 그간 법규제정의 우월적 지위를 십분 활용, 헌법을 위시하여 형사소송법이나 각종 특별법이나 규칙·예규 등에 다양한 지휘관련 조항을 확장시켜 왔으며, 이러한 경향은 정권유지를 위해 검찰권이 강화되었던 역사적 시점에 더욱 두드러지게 나타난다. 그러나 한편 검사의 수사지휘권 강화라는 역사적 사실과는 별도로 형사소송법 제정 이후에도 경찰 수사권독립 논쟁은 지속적으로 이어져 왔다. 경찰측의 직접적인 문제제기나 학계와 정부에서 입법론 내지 형사정책적 제안의 형태로 언급되어 왔으며, 그 개괄적인 주요 논쟁의 연혁은 다음과 같다.

가. 제2공화국 과도정부기하에서의 논의

4·19 민중혁명 이후 허정(許政)을 수반으로 하는 과도정부에서 경찰의 수사권독립에 관한 논의가 공식적으로 다시 재개되었다. 과도정부는 민주화된 경찰운영을 모색하기 위하여 1961년 6월 1일 경찰행정개혁심의회를 구성하여 경찰행정 개혁방안을 검토하였다. 심의회는 10여 차례의 토의를 거쳐 바이런 앵글(Bairon Angle), 로버트 로우(Robert. C. Low) 등 미국인 전문가의 의견을 참작해 경찰중립화 방안과 경찰에게 1차적 수사권을 부여하는 수사권독립방안 등을 입안하여 내무부장관에게 건의하였다.

건의안에서는 '경찰의 수사주체화' 방안으로서 사법경찰관리인 경찰관은 범죄가 있다고 사료될 때에는 범인 및 증거를 수사하는 제1차 책임을 갖는 수사기관으로 하고, 검사는 필요하다고 인정할 때에 스스로 범죄를 수사하는 제2차 책임을 가지는 수사기관으로 하자는 형사소송법 개정안을 제안하였다.[37]

이 개정안은 제2차 세계대전 이후 종래의 수사주재자 역할을 담당하던 대륙법계 검사제도에 영미식의 공소전담형 검사제도를 대폭 가미하여 절충적인 검사제도를 탄

37) 건의안이 형사소송법 개정안의 제안 이유로서 설시한 논지는 다음과 같다. 「현행법상 범죄수사의 중심기관은 검사이며, 사법경찰관리는 검사의 보조자로서 검사의 지휘권을 받아 수사를 행하도록 되어 있다. 이와 같이 검사를 범죄수사의 중심기관으로 하고 검사에게 사법경찰관리에 대한 수사상의 전면적 지휘 명령권을 부여한 것은 수사업무 수행을 통일하고 있다. 또한 수사업무에 관한 책임 소재를 명확히 할 필요가 있기 때문에 각종 수사기관을 통일적으로 구성하여, 그 중심이 되는 것을 정할 필요가 있다고 판단하여 검사로서 이에 충당함으로 생각하였던 까닭이다. 왜냐하면 범죄수사는 국가형벌권의 실현을 목적으로 하는 형사절차의 제2단계로서 일체의 범죄수사는 공소 실행을 향하여 집중되지 않으면 안되는 것이며, 따라서 공소관인 검사를 범죄수사의 중심기관으로 정하여 다른 모든 수사기관을 검사의 보좌 또는 보조기관으로 둔다면 범죄수사가 적정하고, 또한 공소실행을 위하여 능률적으로 행하여 질 것을 기대하였던 까닭이다. 뿐만 아니라 범죄수사에 있어서는 범죄사실의 법률적 구성이 필요하기 때문에 그 임용자격에 있어 거의 재판관과 다름없는 엄격한 자격을 필요로 하여 법률적 소양이 높은 검사를 범죄수사의 중심기관으로 하고, 기타 수사기관은 검사의 지휘명령을 받아 수사를 행하도록 하는 것이 최적이라고 생각하였던 까닭이다.

그러나 이와 같은 제도나 사고는 반세기 이전까지는 그 타당성이 인정되어 왔으나, 20세기 초부터 급격히 발달된 사회문물의 혼란과 이에 따르는 범죄의 양상 및 규모 등에 대비하려면 경찰로 하여금 수사에 대한 제1차적 책임을 지우고 수사 주체로서 그 조직과 시설을 충분히 활용케 함이 오히려 효율적이고 타당하다. 특히 헌법상의 기본원칙인 민주주의에 있어서는 권력 집중은 될 수 있는 한 이를 피하여야 하는 것이며, 또한 책임의 명확화라는 것이 강력히 요구되지 않으면 아니된다. 이번에 새로 제정되는 본 경찰법은 경찰의 민주화와 경찰의 정치적 중립을 제도로서 확고부동하게 확립하여 놓을 것을 기본원칙으로 하는 바이다. 종래 구 경찰이 범죄수사권이라는 뒷받침과 검찰당국의 비호 아래 각종 정치에 관여 또는 탄압할 수 있었고, 또한 그렇게 하여왔음을 부인할 수 없는 실정이었음을 감안할 때, 만일 검사동일체 원칙의 지배를 받고 있는 통일적 국가기관인 검사가 전면적으로 경찰을 지휘명령한다는 제도를 그대로 존속시킨다면 이는 확실히 신 경찰법 제정 정신에 위배되는 것이며, 행정기구상의 개혁만으로 경찰중립화를 도모한다는 것은 무의미하며, 경찰의 중립이란 유명무실화할 것이 명약관화한 바이다.

또한 현행법에서는 전술한 바와 같이 검사를 유일한 책임 있는 범죄수사의 주체로 하고 사법경찰관리는 검사의 지휘명령을 받아 수사에 종사케 되는 검사의 보조기관으로 정해져 있으나, 실제의 운용에 있어서는 검사의 지휘 명령권은 행정관청에 있어서의 지휘명령과 같이 법문 그대로 엄격히 그 철저를 기할 수 없으며, 따라서 사법경찰관리가 행하는 범죄수사에 대한 책임의 불명확을 초래하여 왔음은 부정할 수 없는 바이다. 이와 같이 현실과 괴리가 있는 제도를 그대로 존속시키다는 것은 책임의 명확화를 강력히 요구하는 민주주의에 있어서 도저히 허용될 수 없다. 이에 단 한 가지 고려되는 점은 경찰관의 탈선적 행위에 대한 방비 문제이나 이점은 별문제가 되지 않는 바로서, 즉 임용자격의 엄격화(시험제도), 교양의 철저화(정기적으로 학교에서 수강하는 의무), 새로운 책임으로 하부직원에 대한 엄격한 감독 및 감독 강화, 검사 스스로도 수사권이 있기 때문에 현재와 다름없이 이를 감시 견제할 수 있는 것이다.

이상의 문제를 고려한 결과 신법 제정에 있어서는 검사와 사법경찰관리(신법에서는 이를 사법경찰직원이라 개칭코자 함)를 각각 독립의 수사주체로 하고, 또한 검사의 공소관으로서의 직무를 특히 중시하여 검사는 오히려 공소 실행에 주력을 경주하도록 해야 한다.(구미선진제국 및 일본제도 참조).」(치안국, 한국경찰사Ⅱ, 1973년, 1279~1294면 참조)

생시킨 일본 제도를 그 모델로 한 것이었다. 당시 경찰행정개혁심의회는 내무부를 통해 건의안 수용을 정부에 요구하였다.

나. 신군부 집권기 당시의 논의 (1980년~1992년)

5·16 군사쿠데타 이후 박정희 정권 집권기는 검찰권이 급격히 강화되었던 시기였다. 특히 1972년 유신헌법 제정 이후에는 형사소송법의 대폭적인 개정이 이루어져 검찰권이 극도로 비대화되었다.(제2장 제4절 참조) 이 시기에는 경찰의 수사권독립 주장이 가시적으로 드러나지 않았으며, 그 논쟁은 신군부 집권 이후 1980년대에 이르러 다시 고개를 들기 시작했다. 전두환 정권시절인 1985년 12월 20일 당시 치안본부 기획과 연구발전계에서는 '2천대를 향한 경찰발전방향'을 성안하여 일본식으로 경찰에 1차적 수사권과 수사주재권을 부여하여야 한다고 주장한 바 있다. 이후 1989년 3월, 전직 경찰관들로 구성된 단체인 대한경우회는 경찰의 정치적 중립과 기구 독립을 위한 제도적 장치의 일환으로서 경찰수사권독립을 주장하는 성명서를 발표한 바 있다. 당시 대한경우회의 성명서는 일간지 광고면을 통해 발표하는 형식을 취하였다.

1990년대에 들어서는 당시 야당측에서 수사권독립의 문제를 들고 나오기 시작했다. 경찰의 선거개입을 막기 위하여 경찰중립화를 추진하려 했고, 그 일환으로서 자치경찰제 도입과 수사권독립 방안을 제기하였던 것이다. 또한 1992년 1월 야당인 민주당은 경찰이 1차적인 수사권을 가지는 일본식 수사권독립 방안을 제시한 바 있다.

이 이외에도 1991년 3월 한국생산성본부에서 '치안실태조사와 대책'의 일환으로 경찰수사권의 적정화방안으로서 경찰에게 독자적 수사권을 부여한 방안을 제안하였고, 1992년 4월에는 한국개발연구원에서 '2천년대의 경찰행정발전방안'에서 경찰독자성 확보 방안의 일환으로 경찰에게 1차 수사권을 부여할 것을 제안한 바 있다.

다. 문민정부 이후의 논의 (1993년~2004년)

1993년 여당이었던 민주자유당은 단순절도, 폭력, 교통사고 등의 경미범죄에 대하여 경찰에게 독자적 수사권을 부여하는 방안을 대통령에게 보고한 바 있다. 1994년 3월, 야당인 민주당 내무위원회 소속 국회의원 보좌진 및 내무전문위원은 공동 집필한

'경찰행정의 주요 문제점과 개선방안'을 통해 일본식으로 경찰에게 1차적 수사권을 부여하는 방안을 제안하였다. 1994년 6월 민주자유당 국가경쟁력강화특위 행정쇄신소위원회에서 경찰에게 독자적 수사권을 부여하는 방안을 성안하였고, 같은 해 12월에는 국무총리실 산하 행정쇄신위원회에서는 경찰수사권의 현실화 방안을 마련한 바 있다.

김대중 대통령 취임 이후 1998년 3월 12일, 연립여당인 국민회의와 자민련의 민생안정대책위원회는 신속하고 효과적인 수사를 위해 단순경미범죄에 한하여 경찰에게 독자적 수사권을 부여하는 법개정을 추진하겠다고 발표하였다.[38] 독자적 수사권을 부여할 단순경미범죄로서는 당시 전체범죄의 57%를 차지하고 있는 '상해, 폭행, 과실치사상, 강도, 절도 등'을 포함시키고 있었다. 이러한 여권의 방침에 대하여 검찰은 "일부 한정된 범죄라고 할지라도 경찰에 독자적 수사권을 허용할 경우 여러 가지 문제가 발생할 소지가 있다."는 이유로 반대의 입장을 표명한 바 있다.[39] 당시 검찰과 경찰이 이와 같은 문제를 둘러싸고 기관간의 심한 대립양상을 보이기 시작하였으며, 급기야 대통령이 논쟁을 자제하라는 직접적인 지시를 내림으로써 양 기관간의 논쟁은 수면 아래로 잠복하게 되었다.

노무현 대통령은 민생침해범죄에 대하여 경찰에게 독자적 수사권을 부여하는 방안을 대선공약으로서 제시하였으며, 대통령 취임 이후에도 공약을 실천한다는 기본방침은 이미 여러 차례 확인된 바 있다. 2003년 2월 대통령정권인수위원회에서는 경찰청으로부터 수사권독립방안에 관한 보고서를 직접 제출받은 바 있으며, 노무현 대통령은 경찰청 관계자들과의 모임이나 주요 경찰행사 등에서 대통령 임기 중에 경찰에게 독자적 수사권을 부여할 것임을 확약해 온 상태이다.[40]

---

38) 동아일보, 1998년 3월 14일자 3면 참조.

39) 조선일보, 1998년 3월 13일자 기사. 법률신문, 1998년 3월 19일자 1면 참조.

40) 노무현 대통령은 2003년 6월 16일 경찰청과 해양경찰청 소속 지휘관을 청와대로 초청, 특강 및 오찬을 가지는 자리에서 경찰수사권독립문제와 관련하여 "이미 공약한 문제로 적절한 시기에 해나가겠다"며 임기 내에 실현할 방침임을 재차 확인한 바 있다. 또한 "(수사권독립은) 지금까지도 정당하다고 생각하는 공약"이라며 "국정을 운영하다 보면 한꺼번에 여러 가지를 할 수 없으나 자연스럽게 협의해서 잘 해결할 수 있다고 생각한다."고 부언하였다(경향신문, 2003년 6월 16일자 기사 참조). 또한 2004년 10월 21일 '경찰의 날' 기념식장과 2005년 3월 15일 경찰대학 졸업식에서 임기 중에 반드시 공약사항을 실천할 것임을 재차 확인한 바 있다.

한편 최근 2005년 8월 11일 청와대는 자체에서 수사권 조정을 위한 형사소송법 개정안을 이번 국회의 본회의에 상정할 것임을 발표하였는데, 구체적인 안에 대하여는 검찰과 경찰, 법조계와 학계등 의견

라. 수사권조정위원회 설치·운영

한편 2004년은 수사권 조정에 대한 논의가 공론화되면서, 각계 전문가들의 참여하에 활발한 논의가 시작된 시기라고 할 수 있다. 2005년 4월 11일에는 '검·경 수사권조정에 관한 공청회'를 개최하여 바람직한 수사권조정방안에 대한 국민의 의견을 광범위하게 수렴하는 기회를 갖기도 했다. 이후 검찰과 경찰은 합리적인 수사제도와 관행을 정착시키는 방안을 강구하기 위해 2004년 9월 15일 양 기관 공동으로 '수사권조정협의체'를 발족하여 수사권조정을 협의해 오던 중, 사회 각계각층의 의견을 수렴하고 검찰총장과 경찰청장의 자문에 응하여 국민의 입장에서 보다 합리적인 수사권조정안을 도출하기 위한 노력의 일환으로써, 2004년 12월 20일 '합리적인 수사제도와 관행을 정착시키는 방안에 대한 의견을 수렴하고, 검찰총장과 경찰청장의 자문에 응하기 위한 목적'으로 대검찰청훈령 제112호, 경찰청훈령 제436호에 근거하여 수사권조정자문위원회가 설치되었다.[41] 동위원회는 대검찰청·경찰청 수사권조정 협의와 관련하여 검찰총장과 경찰청장이 자문하는 안건을 심의하며 위원회장은 심의결과에 따른 의견을 검찰총장과 경찰청장에게 제시하도록 되어 있다.(동 위원회 운영규정 제1조, 제2조)

동 위원회의 운영경과를 볼 때 결과적으로는 검·경 양 기관의 의견이 첨예하게 대립되어 수사권 조정 합의안 도출에는 실패하였다. 수사권 조정의 본질적인 부분이라고 할 수 있는 형사소송법 제195조와 제196조의 개정에 대하여 경찰은 상명하복관계에 있는 위 규정을 경찰에게도 수사주체성을 인정하고, 상호 협력의무를 명문화하자는 입장인 반면, 검찰은 현행 수사구조를 그대로 유지하면서 수사지휘를 일부 완화하여 경찰 수사의 자율성을 보장하는 방향으로 개정하는 입장이 팽팽했기 때문이었다.[42]

그러나 동 위원회의 활동으로 인하여 최초로 검찰과 경찰이 사회 각계의 입장을 수렴하여 상호 합의안을 도출하려는 노력을 하였다는 점에서 위원회 운영 경과는 실로 앞으로의 수사권 조정 문제 해결에 고무적이라 하지 않을 수 없으며, 이를 계기로

을 수렴하여 양자의 의견을 절충할 것으로 보인다.

41) 대검찰청, 검·경 수사권조정자문위원회 활동경과에 대한 보고 및 의견서, 2005년 7월, 7면.

42) 동 위원회에서는 2005년 5월 2일까지 15차례의 회의를 개최하여 검찰과 경찰 양 기관에서 상정한 26개의 안건을 논의하였으며, 논의의 결과 조정이 이루어진 사항과 조정이 이루어지지 않은 사항 그리고 조정내용으로 제시하지 않기로 하는 합의사항이 도출되었다.

검찰과 경찰은 수사권 조정 논의가 기득권 유지 또는 권력 이양의 차원이 아닌 국민의 자유와 인권, 국민의 편익제공 차원이라는 시대정신과 역사성에 귀를 기울이는 합목적적 자세를 갖는 계기로 삼아야 할 것이다.

제 2 절 수사권 조정에 대한 기존의 논의

1. 수사권 독립에 대한 선행연구

검찰과 경찰의 수사권독립에 관한 논쟁은 건국 이래 지금까지 지속적으로 이루어져 왔다.[43] 정권교체기마다 경찰수사권 문제가 불거졌지만, 검찰의 강력한 지지로 번번이 없었던 일이 되었다. 이러한 경찰수사권 문제가 불거져 왔던 시기에 맞추어 학계에서도 수사권독립에 관한 많은 연구가 이루어졌다. 경찰수사권독립에 대한 연구는 1978년 이황우의 "경찰의 독립수사권체제문제 -80년대를 향한 경찰행정"을 시작으로 하여, 1985년 박정섭의 "경찰수사의 선진화를 위한 수사권 독립에 관한 연구", 1989년 이관희의 "경찰의 정치적 중립과 수사권 독립문제", 1989년 백형구의 "경찰중립화론과 경찰수사권독립론", 1992년 차용석의 "완전독립보다 일정형벌 이하 범죄에 수사권 부여", 1999년 양문승의 "수사경찰의 과제 및 강화방안", 2002년 강수열의 "경찰수사권체제에 관한 연구", 2002년 서보학의 수사권 중립을 위한 수사권의 합리적 배분, 2003년 표창원의 "수사제도 개선의 당위성 : 경찰수사권 독립", 2005년 서보학의 검찰 · 경찰간의 합리적 수사권 조정 방안 등 최근까지 많은 연구 논문과 학술세미나가 있었다.[44] 경찰 수사권 독립에 대한 학계 입장은 크게 긍정설, 일부긍정성, 부정설, 경찰의 자질과 역량부족을 근거로 내세우는 시기상조설 등으로 나누어진다.[45]

수사권 독립에 대한 긍정설로는 이황우, 백형구, 김기두, 염정철, 손동권, 이관희, 김용세 등의 학자들이 있으며, 일부 긍정설에는 차용석, 허일태, 신현호, 이태언, 부정

---

43) http : //news. hankooki.com/1page/opinion.

44) 2005년 4월 11일, 검·경 수사권 조정공청회를 통해 이에 관한 논문이 발표된 바 있다.

45) 서보학, "수사권중립을 위한 수사권의 합리적 배분, 헌법학 연구 제8권, 제4호, 2002년, 178~179면.

설로는 이재상, 하태훈, 시기상조설로는 백형구, 신동운, 배종대, 이상돈, 송광섭 등의 학자들이 있다. 위의 연구들 중에서 수사권 독립에 대한 긍정설과 일부긍정설 중에서 수사권 독립의 범위에 대해 다시 구분해 보면, 검찰과 경찰의 수사권한을 분점하자는 견해, 경찰에 1차적 수사권을 부여하는 방식으로 나누어 질 수 있다.

이에 대해 자세히 알아보면 다음과 같다. 첫째, 검찰과 경찰의 수사권한을 분점하여 수사를 한다는 것이다. 즉 일정한 범죄의 종류·형량 및 수사단서 등을 기준으로 하여, 사안이 단순하고 경미한 범죄에 한하여 사법경찰이 독자적인 수사의 개시, 실행, 종결권을 갖고, 경제·정치 등과 같이 고도의 법률적 지식을 요하거나 중요한 범죄에 대해서만 검사 수사권을 인정하여 필요시에는 사법경찰이 검사 수사를 보조하는 방식이다. 둘째, 경찰에 완전한 수사권을 부여하는 것으로 이 방안은 영미법계의 수사권체제와 같이 모든 범죄에 대하여 경찰의 독자적인 수사 개시와 종결권을 인정하여 검사의 지휘 없이도 명실상부한 수사 주재자로서의 역할을 담당하게 하고, 검사에게는 공소 제기 및 유지 권한만을 인정하자는 것이다. 즉 경찰이 수사권을 독점하는 방식이라 할 수 있다. 검사는 공소유지를 위해 필요한 경우에 수사 및 증거를 보완하는 요청권을 부여하여 송치시까지는 수사지휘권을 인정하지 않는 것을 원칙으로 경찰은 수사권, 검사는 공소권만 전담함으로써 기관간의 상호견제와 균형을 유지하여 실질적인 대등과 협력관계를 유지하도록 하는 방식이다. 셋째, 경찰에 1차적인 수사권을 부여하는 방식으로서 이 방안은 일본 수사권체제와 같이 검사와 사법경찰의 경쟁체제가 도입되었을 때 오히려 국민의 인권이 신장될 수 있다는 취지에서, 경찰에게 제1차적 본래적 수사권을 부여하고 검사에게 제2차적 보충적 수사권을 부여하는 방식이다. 검사의 수사가 2차적, 보충적이라는 것은 공소제기 및 유지 권한을 적정하게 행사하기 위하여 사법경찰에게 보충수사를 명하거나 사건의 성질상 검사 자신이 수사를 개시하는 것이 적합하다고 판단되는 경우에는 독자적으로 수사할 수 있다는 것이다.

이상과 같이 지금까지 경찰에게 독자적인 수사권을 부여하여 권한과 책임을 가지고 국가의 안녕질서와 국민의 행복을 저해하는 범죄를 예방 또는 수사하여 안정된 사회를 유지할 수 있도록 한다는 주장은 꽤 설득력 있게 지속적으로 제기되어 왔으나, 검찰의 강한 반발, 시기상조론이란 논거로 매번 조정 논의는 일축되어 왔다.

기존의 수사권독립에 관한 찬·반론의 내용과 논거 그리고 유관기관과 학계의 입장을 정리하여 보면 다음과 같다.

2. 수사권 독립 찬성론

경찰이 독자적인 수사권을 확보함으로써 수사업무의 효율성, 정치적 중립성 및 기능이 정상화된다는 주장의 이론적·현실적 근거로서 찬성론은 다음과 같다.

가. 이론적 근거

1) 경찰기능의 효율화

범죄 예방과 진압은 경찰의 임무로 발생된 범죄 수사를 검찰의 임무로 이원화하는 것은 19세기 시민국가적 사고에 입각한 것이며, 범죄상황이 급박하고 피해가 큰 현대의 범죄에 대처하기 위하여는 범죄의 예방, 진압 및 수사가 일원적인 체제로 되는 것이 바람직하다.

2) 권력분립원칙

현대 법치국가에 있어서 가능한 한 국가권력을 입법, 사법, 행정으로 분리하는 것과 마찬가지로 국가형벌권을 수사, 소추, 재판의 세가지 기능으로 분리하여 경찰, 검찰, 법원에 전담케 하여 국민의 인권보호를 꾀할 수 있다.[46] 검찰에만 수사권을 주는 현행 제도하에서는 수사의 주재자인 검사가 검찰파쇼화를 초래할 우려가 있다.[47]

3) 행정조직원리의 지배

행정조직의 기본원리는 명령·지휘체계가 일원화되어야 하는 것이 기본 요소이다. 그런데도 경찰수사기관은 검사와 상급경찰의 이중 지휘를 받게 되어 있어 수사행정의 효율성을 저해하며, 우리나라 형소법 제196조는 사법경찰관의 범위를 경무관, 총

---

46) 최환성, 경찰의 독자적수사권 확보방안에 관한 연구, 석사논문, 2001년, 51면.

47) 표창원, 경찰수사권 독립이 인권보장의 첩경, 2003년. 한국형사정책학회 춘계학술세미나 자료집. 2003년, 43면.

경, 경정, 경사, 경위라는 계급으로 정하고 있는데, 경무관과 총경은 사법만을 담당하는 것이 아니라 하위 행정경찰과 사법경찰을 총괄하는 일종의 경찰행정관청에 해당하는 경우도 있다. 따라서 이러한 행정관청에 대하여 명령의 방식으로 검사가 수사지휘를 하는 것은 부당하다.

4) 수사에 관한 책임의 명확화

행정의 지배이념상 행정기관에게는 책임의 일치 또는 비례되는 권한이 부여되어야 한다. 현실적으로 범죄자수사에 있어서 검사가 수사 주재자로 되어 있음에도 불구하고 범죄수사의 90% 이상을 수사경찰이 담당하고 있다. 따라서 검사의 수사지휘권이 현실적으로 수사 미진, 법률적용 오류 등에 대해 수사경찰에게 그 책임을 묻고 있는 정도라는 실정을 감안해 볼 때, 권한과 책임의 불균형으로 인한 피해를 강력히 요구하는 민주주의 원칙에도 부합되고 책임과 권한균형의 조직원리에도 부합하기 위해서도 경찰에 독자적인 수사권이 부여되어야 한다.

5) 공판전종론

검사는 공소관으로서 직무에 전념하여 기소 및 불기소 결정권과 공판활동권만을 갖고 수사활동에는 관여하지 않는 것이 바람직하다. 왜냐하면 공판절차는 점차 당사자주의, 공판중심주의, 직접심리주의로 이행되고 있는 것이 세계적인 추세이고, 우리나라도 그 추세에 발맞추어 가고 있음에 비추어 검사는 공소관으로서의 직무에 전념해야 한다. 또한 검사 자신이 스스로 수사에 관여하지 않는 것이 공소관으로 예단을 배제할 수 있고 재판에 적정을 기하고 공소유지나 인권보장에 철저를 기할 수 있다. 또 수사의 이중성을 배제함으로써 수사체계 일원화를 확립하여 수사 능률을 향상시켜 국민복리에 이바지 할 수 있다.[48)]

나. 현실적 필요성

첫째, 범죄의 예방업무와 진압인 수사업무는 수레의 두 바퀴와 같이 표리일체를

48) 이경훈, 한국경찰의 수사권독립 방안에 관한 연구, 2003년, 10면. 김상수, 한국경찰의 수사권현실화 방안에 관한 연구, 2003년, 54면.

이루는 것이어서 두 업무가 법적 단일기관에 의하여 관정 운영되면 치안확보에 혁신적 발전을 가져다준다. 둘째, 경찰청으로부터 말단지서 순경까지 범죄수사에 관한 지휘체계가 확립되어 철저한 감독을 할 수 있어 일부 경찰의 비리를 보다 철저하게 방지하고 인권을 옹호할 수 있다. 또한 경찰이 검찰총장의 단일한 지휘 하에 있는 검사의 구체적인 수사지휘를 받지 않음으로써 정치로부터 완전히 독립할 수 있다. 셋째, 경찰에게는 현행범이나 긴급구속 여건에 해당하지 않는 범죄에 대한 용의자를 발견했더라도 임의 동행하는 방법 외에는 수사할 수 있는 법적 권한이 부여되지 않고 있어, 이러한 사안에 대하여는 합법적인 수사가 불가능하게 되어 있다. 넷째, 실질적 수사업무의 대부분을 수행하는 수사경찰이 수사권을 갖지 못하고 검사만이 갖는 것은 현실적 감각과 전혀 맞지 않을 뿐만 아니라 국민의 법감정에도 어긋난다. 즉 실제로 거의 대부분이 범죄수사는 발생에서부터 범인 검거, 증거 발견·보전이 경찰에 의해 수행되고 있기 때문이다. 다섯째, 단순 사건의 불구속 피의자와 사건 관계인 등 많은 국민에게 번거롭게 이중수사 절차를 분담시키지 않기 위해서는 경찰에게 독자적인 수사권을 인정하여 피의자나 참고인이 검찰에서 재조사를 받지 않도록 해야 한다. 여섯째, 현행의 법관에 의한 구속영장 발부 과정은 반드시 검사를 경유하여 영장을 신청하도록 하고 있어, 그 실효성에 문제가 있으며 이중적인 업무처리가 될 수 있다. 일곱째, 검찰에서 피의자 신문조서 작성은 대부분 검사의 보조자인 검찰서기가 주로 담당하고 그 명의는 검사로 하는 것이 관례화 되어 있는 것과 비교해 볼 때, 사법경찰관 작성의 피의자 신문조서 증거능력은 인정되어야 한다. 여덟째, 변사사건 발생시 실효성 없는 검사지휘를 기다리기 위하여 변사체 처리가 지연되어 보호자에게 불편을 초래한다는 현실적 필요성이 그 논거로 제시되고 있다.

3. 경찰의 수사권독립 반대론

사법경찰관리들의 자질문제와 인권침해 사례 및 정치적 중립성에 대한 이유를 들면서 경찰의 수사권독립을 반대하는 주장의 이론적·현실적 논거는 검찰의 기본적인 입장으로서 다음과 같다.[49]

49) 경찰대학, 경찰수사론(용인 : 경찰대학), 2003, 83~86면.

가. 이론적 근거

1) 행정작용으로서의 경찰작용

경찰작용은 행정기관의 행정행위로서 행정경찰 행위만이 실질적인 경찰 개념이며, 범죄수사는 이러한 행정행위에 포함되지 않는다. 즉 경찰작용은 공공의 안녕과 질서유지를 위하여 현상유지 또는 예방활동만으로 보아야 하고, 범죄수사라는 것은 헌법상 보장된 기본권 침해이므로 이를 경찰개념에 포함시킬 수 없다.

2) 적정절차의 보장과 인권보장

수사에 있어서 적정절차의 보장과 피의자 인권보장을 위해서는 검사가 수사의 주재자가 될 수밖에 없다. 즉 경찰은 법률적 지식이 없고 인권의식이 희박하여 범죄사건 전담시 적정절차를 경외시하여 수사를 하게 되며 결국 형사소송 이념의 피의자의 인권을 침해하는 결과를 초래한다. 따라서 법률지식이 높고 인권옹호의 기관인 검사가 수사의 주도적 권한을 가지고 있어야 타당하다.[50)]

3) 탄핵주의 수사구조

현행법상 수사단계는 준당사자주의적 구조를 취하고 있고, 이러한 탄핵주의적 소송구조 하의 재판과정에서 일방의 당사자인 검사에게 수사의 주도적 권한을 부여하는 것이 타당하다.

4) 체포와 수사개념의 구별

경찰에게는 체포권을 부여한다고 해도 그 체포는 사실상의 행위로서 법률적 행위가 아니므로 현장에서 범법자를 체포하는 진압기능은 경찰이 수행하지만 범죄성립 여부를 평가하는 기능인 수사는 검사만이 할 수 있도록 해야 한다.

---

50) 김윤상, 수사지휘권과 인권보장, 한국형사정책학회 춘계학술세미나 자료집. 2003년, 23면.

5) 수사와 소추의 일체지향성

수사와 공소의 관계를 실제적이고 능동적인 면에서 바라보면 수사는 국가형벌권 구현을 목적으로 하는 형사소송절차의 제1단계로서 그 결과는 공소실행의 자료가 되기 때문에 필연적으로 사법경찰관리로부터 검사에게 발전적인 흐름을 하게 하고 검사는 이를 취사·정리·보충하여 법률적으로 재조립한 후 공소단계에 투입하게 되므로 능률적이고 적절한 형벌권행사를 위하여 수사권과 공소권을 동시에 검사가 가져야 한다.

나. 현실적 필요성

첫째, 형사사법에 대한 국민의 신뢰를 증진하기 위해 검찰이 지휘·감독권 및 수사권을 가져야 한다. 현재 경찰이 검사의 수사지휘·감독을 받고 있는데도 박종철사건, 권인숙양 성고문 사건, 대치파출소에서의 폭행치사 등 고문사건이 일어나고 있고, 시국사건이나 공안사건 뿐만 아니라 일반 형사사건이나 재산 관계사건에서도 많은 사람들이 경찰조서에 대한 불신을 호소하고 있는데, 검사의 지휘를 받지 아니하면 불법수사, 편향수사, 사건의 암장이나 은폐를 막을 수 없어, 국민의 인권보장 및 공정한 수사를 통한 권익보호가 위험에 빠질 수 있다. 둘째, 검사가 범죄수사에 대하여 경찰의 수사를 지휘·감독하고 있지만, 이는 형사정책적 차원이지 범죄수사개시에 대한 인허가가 아니며, 따라서 수사경찰은 그 수사개시 및 진행을 고유권한으로 행하고 있다. 셋째, 수사경찰이 검사의 수사지휘 및 감독에서 벗어나 수사가 독립되려면 경찰 조직이 행정경찰과 사법경찰로 분리되어야 한다. 우리나라의 경우 아직 그 기구가 분리되어 있지 않고, 통일되어 있어 수사의 전문화를 기할 수 없다. 넷째, 경찰의 수사권을 인정시 정치적 성향 및 권력과의 타협적 성향상 권력형 범죄에 수사를 제대로 할 수 없다. 또한 경제·조세 등에 관한 전문지식 부족으로 수사능력이 부족하다는 것이다. 다섯째, 현재 한국 경찰은 강력한 중앙집권적 조직형태를 취하고 있어 여기에 수사의 독자적인 권한까지 인정된다면 경찰국가화를 초래할 위험이 있다. 여섯째, 경찰에게 수사권 독립이 인정될 경우 검사의 수사권과 충돌이 야기되어 인권침해 사례 및 부작용을 낳을 수 있다. 일곱째, 만일 수사와 소추가 분리될 경우 경찰의 부당한 수사에 대한 감독이 불가능하게 되므로 수사초기부터 검사가 이를 적극 개입하여 부적절한 수사남용을 방지해야 한다는 것을 그 현실적 논거로 하고 있다.

4. 소 결

이상과 같이 경찰의 수사권 독립에 대한 찬·반론을 중심으로 살펴보았고, 그 이론적 논거와 현실적 필요성을 살펴보았다. 그 논거들이 일면적 타당성을 지니고 있어 수사권이 검찰·경찰의 어느 기관에 귀속되어야 한다는 결론을 쉽게 내리는 것은 오히려 성급한 일이 될 수도 있다. 그러나 어떤 조직이나 기관이 갖는 기능이 효율적으로 운영되자면, 지휘계통의 일원화를 통해 조직 기능이 최대한 발휘되어야 하는 것은 조직운영에 있어서 가장 기본적인 사항이 아닐 수 없다. 또한 책임과 권한의 균형원리상 기능수행에 따른 적정한 권한을 보장하고, 그에 상응하는 책임을 묻는 구조가 확립되어야 함은 당연하다. 나아가 조직외부의 간섭으로부터 기능 자율성과 독립성은 반드시 보장되어야 할 필요성이 있다.

그런데 현재 경찰조직은 법무부 소속 검사와는 별개로 되어 있고, 경찰의 주된 업무가 범죄수사의 90% 이상을 처리하고 있음에도 법상 경찰 수사 기능은 검찰에 완전히 예속되어 있는 기형적인 운용구조를 띄고 있다. 이로 인하여 경찰기능이 비정상적으로 운영되고 있으며, 경찰의 중립화에도 심대한 영향을 미치고 있다. 현재까지 검사 독점의 수사체제를 유지한 50년 동안 독점적 폐해는 어제 오늘 일어난 일이 아니며, 이로 인해 학계와 유관기관에서는 현행 수사구조에 대한 비판이 끊임없이 제기되어 왔다. 또한 수사권 독립 또는 조정의 논의는 이제 사회에 공론화 되어, 올해 국회 본회의에서는 형사소송법 개정안이 상정될 것이 예측되는 바, 이제는 수사권 조정논의에 대한 찬반의 차원이 아닌 어떠한 방향으로 수사권이 조정되어야 하는가에 대한 논의의 차원으로 발전하게 되었다. 결론적으로 현행 수사구조는 개선, 조정되어야 하며 그 논거와 필요성은 다음과 같이 정리될 수 있겠다.[51)]

---

51) 논거의 정리로는 서보학, 검찰·경찰간의 합리적 수사권 조정방안, 2005년 4월 11일, 검·경 수사권조정 공청회 자료집 참조.

첫째, 경찰의 수사현실과 법규범의 괴리 제거를 위하여 수사권 조정이 필요하다. 검찰은 경찰법, 경찰관직무집행법 및 사법경찰관리집무규칙 등의 규정을 들어 경찰도 수사권 주체이고 수사권이 보장되어 있다고 주장하나, 학계의 다수설은 현행 형사소송법 제195조 및 제196조, 검찰청법 제53조, 사법경찰관리집무규칙 제2조 제1항 등을 근거로 수사권 주체는 검사만이고 사법경찰관리는 수사 보조자로 보고 있다. 따라서 모든 형사사건에 대한 수사 주재자는 검찰이고 경찰은 그의 지휘를 받아서만 수사를 하도록 되어 있다.

그러나 수사실무에서는 특히 중대하고 의례적인 범죄사건이 아닌, 대부분 경찰이 독자적으로 수사를 개시하여 완료하고 검사는 송부된 수사기록만을 토대로 기소여부를 결정하는 것이 일반적이다. 소수의 검사가 모든 형사사건에 대해 책임지휘를 한다는 것은 물리적으로 불가능하기 때문이다. 그렇다면 전체 형사사건의 97%를 사실상 독자적으로 수사하고 있는 수사현실에 맞도록 경찰에게도 수사 주체성과 독자성을 인정하는 것이 규범과 현실의 괴리를 막기 위해 마땅한 조치라 할 것이다.

특히 경찰 수사가 법적 근거에 기초해 행사될 수 있도록 경찰의 수사주체성을 명문화하는 형사소송법의 개정은 시급한 일이 아닐 수 없다. 한편 검찰은 헌법에 규정된 검사의 영장청구권을 근거로 검사 수사주체성은 헌법적 사항이라고까지 주장하고 있으나, 헌법상 영장제도는 수사기관에 의한 인신의 체포·구속시 헌법상 신분이 보장된 법관이 발부한 영장에 의하여야 한다는 '법원에 의한 사법통제'를 선언한 규정으로 해석해야만 이를 검찰의 수사주체성을 인정하는 근거규정이라고 할 수 없다. 따라서 이 조항을 근거로 헌법상 수사 주체는 검사'만'이라는 검찰 주장은 전혀 설득력이 없다. 둘째, 헌법상 통치구조 기본원리의 권력 분산과 견제의 원리상 경찰 수사권은 조정 논의되어야 한다. 참여정부로부터 검찰이 정치권의 손을 떠나면서 최대의 권력기관으로 부상되고 있어 앞으로는 검찰에 집중된 권력을 분산하고 검찰권력의 독주를 견제하는 것이 국가운영에 있어 중요한 과제이다. 현재 한국 검찰은 수사권, 수사지휘권, 독점적 기소권과 기소재량권 그리고 진행 중인 형사재판까지 중단시킬 수 있는 공소취소권을 가지고 있으며, 사법처리 대상과 범위 그리고 기소 여부 등을 독자적·독점적으로 결정할 수 있는 막강한 권한을 갖고 있다. 또한 검찰이 직접 주재하고 있는 수사는 주로 권력형 비리사건, 기업비리사건, 부정선거·노동 등 공안사건, 마약사건, 조

폭사건 등에 집중되어 있어 검찰 자체의 정책적 판단에 따라 정치권 및 사회의 흐름에 중대한 영향을 미칠 위험이 있다. 권력이 집중된 검찰을 효율적으로 견제하기 위해서는 권력의 분산을 통한 'Check and Balance'의 체제를 갖추어야 한다. 견제 받지 않는 권력은 필연적으로 부패되기 마련이라는 역사적 교훈을 생각할 때 검찰의 정치적 독립성을 보장하면서도 검찰 권력의 독주와 남용을 방지할 수 있는 시스템 정착이 반드시 필요한 것이다.

결국 검찰·경찰간의 수사권 조정은 현재 한 기관에 독점되어 있는 수사권을 적정하게 양 기관으로 분산시켜 상호 견제와 균형을 맞추도록 함으로써 권한의 남용과 권력기관의 독주를 막는 긍정적 기능을 할 수 있을 것으로 기대된다.

셋째, 실체적 진실발견과 사법정의의 실현을 위하여 수사권 조정이 필요하다. 지난 50년간 수사권과 기소권의 검찰 독점으로 인하여 검찰은 편파수사·축소, 은폐수사 등의 불명예스러운 표제어로 언론에 오르내렸다. 최근 검찰이 지난 대선자금 수사를 통해 어느 정도 명예를 회복하였다 할지라도 검찰에 권력이 집중되어 있는 한 수사독점 폐해는 다시 불거질 가능성은 크다. 따라서 검찰수사 및 기소권 행사의 정치적 중립성을 담보하면서도 그 남용과 독주를 막을 수 있는 제도적 장치 마련이 시급한 상황이다.[52] 이런 점에서 경찰수사의 독자성 확보도 그 한 방안이 될 것이며, 이로 인해 양 기관간의 감시와 견제, 균형의 관계 속에서 일방이 사건을 은폐·축소하기도 쉽지 않게 됨은 물론 실체적 진실 발견 본연의 임무에 충실을 기할 수 있을 것이다. 넷째, 수사권 조정은 궁극적으로 인권보장의 강화에 기여할 수 있다. 검찰은 피의자의 인권보호를 위해 경찰 수사를 지휘해야 한다고 주장하지만 현실적으로 대부분의 사건이 검찰의 지휘 없이 진행되고, 최근 몇 년간 검찰에서 발생한 인권침해 사례에서 보듯이 검찰자신도 결코 피의자의 인권침해에 대한 시비로부터 자유롭지 못한 상태이다. 그리고 검찰이든 경찰이든 수사과정 중 피의자에 대한 인권침해를 막고 적법절차의 준수를 강제하기 위해서는 외부 참여와 감시가 강화되어야 하는 바, 그 하나의 방법으로 피의자신문 과정에 변호인의 참여 활성화를 들 수 있다.

다섯째, 경찰에 대하여 수사의 책임을 물을 수 있고, 이로 인해 국민편익 증대

52) 서보학, 전게 논문. 그 예로 검찰의 사건수사에 대한 법무부장관의 지휘권배제, 검찰에 대한 외부감찰의 강화, 재정신청제도의 전면적 확대, 부패수사에 대한 경쟁체제의 도입 등 방안이 제시되고 있다.

를 가져올 수 있다. 현재 경찰이 '권한과 책임' 없이 수사를 하다보니 일선 수사현장에서는 수사경찰관이 수사의 최종 책임을 검찰에 떠넘기는 무책임한 수사행태가 나타나고 있다. 당사자의 진술을 기초로 대충 수사하여 조서와 함께 사건을 검찰로 송치하면 사실상 책임이 끝나기 때문에 책임지고 실체적 진실을 밝히려는 노력이 부족하게 된다. 또한 수사경찰은 검사와 경찰간부로부터 이중의 수사지휘를 받게 되어 있어 수사현장에서 지휘체계의 혼란이 야기되고 있다. 이러한 현실적 문제점을 해결하기 위해서는 송치 전 경찰수사에는 자율성이 보장되어야 하고, 그 수사결과에 대해서는 엄격한 책임을 묻는 체제로 수사권 구조가 전환되어야 한다. 그럼으로써 경찰에 대한 신뢰가 커질 것이고 국민의 편익도 증대될 것이다.

여섯째, 경찰의 사기진작과 구성원의 자질향상의 면에서 경찰의 독자적 수사권은 인정되어야 한다. 과거에는 검사에 비해 경찰수사 인력의 자질이 떨어진다는 이유를 들어 수사권 독립논의가 부인되어 왔으나, 그동안 경찰조직 내에서 우수 인재들의 양성과 유치를 위해 꾸준한 노력을 기울인 결과 이제는 경찰전체의 자질을 폄하할 수는 없는 실정이다. 더욱이 올해부터는 수사부서에 근무하는 수사경찰관의 전문화를 위해 수사경과제[53]를 도입해 실시하고 있다. 더욱이 경찰에 독자적 수사권이 확보될 경우에는 향후 경찰에 우수인력이 상당히 유입될 것이 예측가능하며, 이로 인해 전체 조직의 수준 향상은 상승작용을 타게 될 것임은 당연하다.

일곱 째, 수사권조정을 통해 검찰은 공소관으로서 본연의 임무에 충실을 기하여야 한다. 현재 검찰의 주된 기능은 수사와 수사지휘, 기소 그리고 공소유지인 바, 세계 어느 나라도 우리나라 검찰의 경우처럼 수사권과 공소권을 막강하게 보유한 나라는 없다. 우리나라 검찰은 직접 수사에 매달리다 보니 경찰수사에 대한 지휘나 사후 감독이 제대로 이루어지지 않고 있을 뿐만 아니라, 법정에서의 공소유지에 소홀하게 되는 현상도 발생하고 있다. 또한 사건을 직접 수사하지 않은 공판검사가 사건에 대한 충분한 지식 없이 공판에 임하다 보니 형사재판은 법정공방이 사라진 채 조서로 피고인의 혐의를 확인하는 서류재판으로 진행되고 있는 것이 현실이다.

한편 최근 법원은 그동안의 형식적 재판을 반성하고 구두변론주의에 입각한 공

53) 김종오, "수사경과제의 효율성 제고방안", 「수사경찰의 과제와 쇄신방안」, 춘계학술세미나 발췌문, 한국공안행정학회, 2005년, 167면.

판중심주의 재판관행의 정착을 위한 제도개선에 힘쓰고 있는데, 이제는 검찰도 과도하게 수사에 집중되어 있는 인력을 검찰 본래의 기능인 공소유지로 돌리고 법정에서 제대로 된 재판이 이루어질 수 있도록 검찰기능과 내부체계를 합리적으로 조정해야 한다. 이를 위해서는 검찰이 수사전문기관인 경찰에게 그 기능을 상당부분 넘기고 경찰수사의 인권침해 감시와 송치된 수사결과의 사후 통제에 힘쓰는 방향으로 업무를 분장해야 한다.

제Ⅲ장 검찰·경찰 수사권조정자문위원회 활동 및 경과

제1절 서 설

이상과 같이 기존의 수사권독립이라는 명제 하에 논의 되어 온 주장들은 직접적인 관련 기관인 검찰과 경찰의 합의점을 찾고자 하는 노력의 일환으로 지난 해 수사권조정자문위원회 발족을 통하여 현실적으로 세부적인 사항에까지 논의가 되기에 이르렀다. 5개월의 기간을 거쳐 수사권조정자문위원회 제15차에 이르는 논의는 2005년 5월 2일자를 끝으로 종결되었고, 합의안은 도출되지 못했지만, 기존의 물밑논의를 협상테이블 위로 끌고 나와 직접적인 현안으로서 논의하고 검토되어졌다는 점에서 큰 의미가 있다. 또한 수사권조정위원회의 논의 내용 및 결과가 이후 계속될 검찰과 경찰간의 수사권 조정을 위한 형사소송법 개정에 적지 않은 영향을 미칠 것이기 때문에 동 위원회의 활동은 역사적인 지위를 점한다고 하지 않을 수 없다.[54] 이에 3장에서는 수사권조정위원회의 의제별 논의결과를 원안 그대로 소개하고자 한다.

제2절 수사권 조정을 위한 위원회의 설치

앞에서도 살펴 본 것처럼 검찰과 경찰은 합리적인 수사제도와 관행을 정착시키는 방안을 강구하기 위해 2004년 9월 15일 양 기관 공동으로 '수사권조정협의체'를 발족하여 수사권조정을 협의해 오던 중, 사회 각계각층의 의견을 수렴하고 검찰총장과 경찰청장의 자문에 응하여 국민의 입장에서 보다 합리적인 수사권조정안을 도출하기 위한 노

54) 조선일보, 2005년 8월 11일자 기사. 청와대는 형소법개정안과 관련하여 동 위원회의 조정안이 현실성 있는 입법안으로 고려될 것이라고 한다.

력의 일환으로써, 2004년 12월 20일 '합리적인 수사제도와 관행을 정착시키는 방안에 대한 의견을 수렴하고 검찰총장과 경찰청장의 자문에 응하기 위한 목적'으로 대검찰청훈령 제112호, 경찰청훈령 제436호에 근거하여 수사권조정자문위원회가 설치되었다.[55] 동 위회는 대검찰청·경찰청 수사권조정 협의와 관련하여 검찰총장과 경찰청장이 자문하는 안건을 심의하며 위원회장은 심의결과에 따른 의견을 검찰총장과 경찰청장에게 제시하도록 되어 있다(동 위원회 운영규정 제1조, 제2조). 동 위원회의 운영경과를 볼 때 결과적으로는 검·경 양 기관의 의견이 첨예하게 대립된 관계로 수사권 조정 합의안은 도출되지 못했다. 검찰과 경찰간에 수사권 조정의 본질적인 부분이라고 할 수 있는 형사소송법 제195조와 제196조의 개정에 대하여, 경찰은 상명하복관계에 있는 위 규정을 경찰에게도 수사주체성을 인정하고, 상호 협력의무를 명문화하자는 입장인 반면, 검찰은 현행 수사구조를 그대로 유지하면서 수사지휘를 일부 완화하여 경찰 수사의 자율성을 보장하는 방향으로 개정하는 입장이 팽팽했기 때문이었다.

제 3 절 운영경과와 검찰·경찰의 입장

먼저 수사권조정자문위원회의 논의 결과로 현행 수사제도가 검사가 수사권 주재자로, 사법경찰관리가 수사권이 보조자로서의 지위에 있다는 점에서 대부분의 견해가 일치하였다. 이를 전제로 검찰측과 경찰의 입장을 정리해 보면 다음과 같다.

1. 검찰의 입장

검찰은 수사권조정자문위원회가 국민의 인권보장과 권익증진에 충실하면서도 효율적이고 합리적인 수사시스템을 마련하는 것이 궁극적인 목적이라는 전제하에서 동 위원회의 논의에 임하였다고 자평하고 있다.

검찰의 기본 입장은 경찰의 독자적인 수사권을 인정하지 않는 것을 전제로 경찰의 수사 자율권을 최대한 보장하는 방향으로 조정되어야 할 것을 주장하였다.

---

55) 대검찰청, 검·경 수사권조정자문위원회 활동경과에 대한 보고 및 의견서, 2005년 7월, 7면.

그 세부적인 주장내용을 보면 ① 기존 검사의 수사지휘 대상 76만 건을 5만 건으로 줄여(93% 축소) 종전 검사의 수사지휘로 국민들이 일부 겪는 불편을 완전히 해소할 수 있음은 물론 경찰수사의 자율성을 최대한 보장할 것이며, ② 민생치안범죄나 고소, 고발 사건 등에 있어 경찰이 송치하기 전에는 검사의 강제처분, 법률규정이 있는 경우 등 이외에도 원칙적으로 경찰 수사에 관여하지 아니하고 일부 불기소 사건에 대하여는 간이 송치하도록 하고, ③ 형사소송법 제196조를 개정하여 현재 경찰이 자율적으로 수사를 개시, 진행하는 부분에 대한 근거조항을 마련하여 경찰의 수사역량을 강화하여 민생치안범죄에 주력할 수 있도록 한다. ④ 한편 경찰에 독자적인 수사권을 인정하게 될 경우, 검사와 경찰간에 수사권이 이원화 되어 수사영역 확대로 인한 국민의 불편이 초래되고 인권침해 위험이 발생하게 됨을 논거로 이에 대한 문제는 보다 장기적이고 신중한 논의가 필요하다는 입장을 제시하였다. ⑤ 또한 경찰수사권독립이 가능하려면 경찰권의 과다집중과 비대화를 차단하고 경찰조직 내에서 사법경찰관의 수사권에 대한 자율성과 공정성을 담보할 수 있는 견제장치가 먼저 마련되어야 한다는 입장을 보였다. ⑥ 그밖에도 경찰수사의 자율성 범위 확대에 따른 징계소추권 신설방안, 사법경찰 통합 운영방안, 지방경찰청장을 사법경찰로 편입하는 방안, 경찰의 내사종결 등 감찰방안도 제시하였다.

[그림 3-3] 검찰이 주장하는 수사권조정전후 수사지휘현황(강제수사포함)

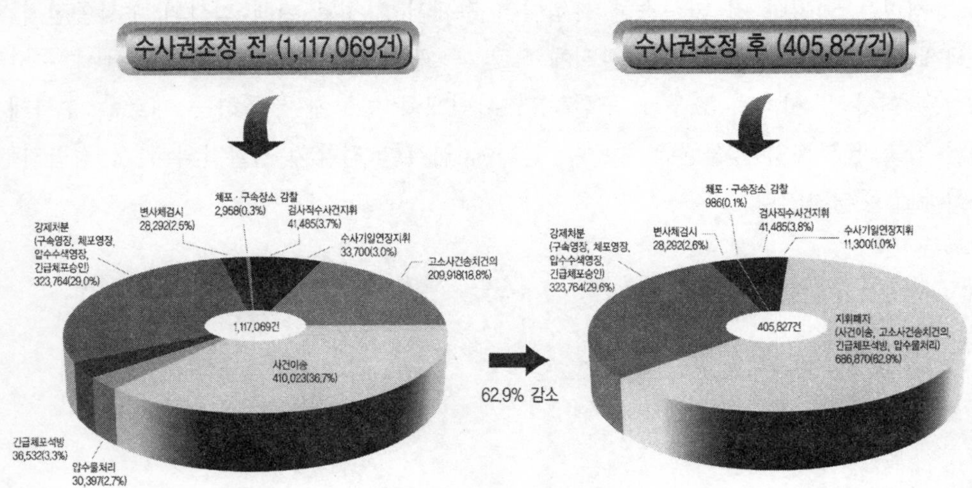

[그림 3-4] 검찰이 주장하는 수사권조정전후 수사지휘현황(강제수사제외)

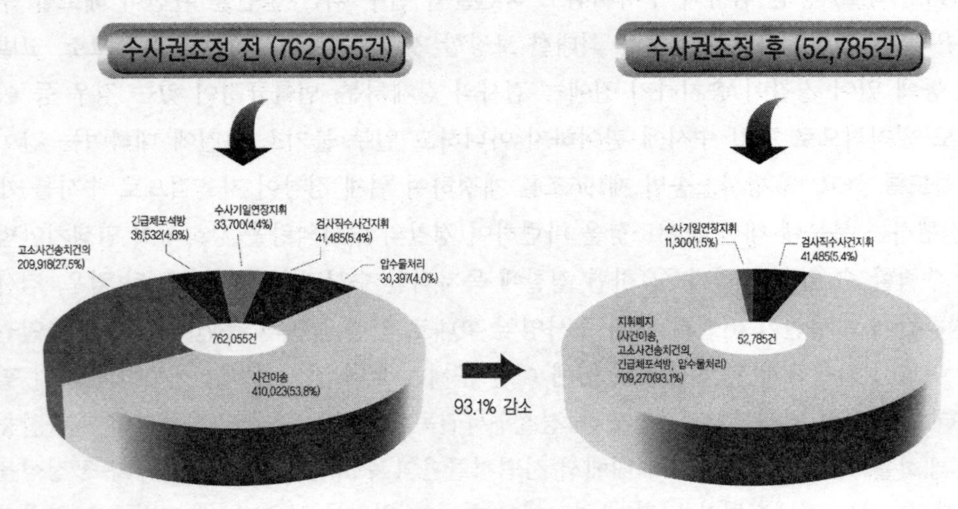

2. 경찰의 주장

경찰은 50여년 전 미성숙한 사회여건 하에서 기초된 현행 검사의 수사독점적 형사체제는 우리 사회의 변화와 발전에 알맞게 재설계되어야 한다는 입장에서 수사권 조정은 역사적, 시대적 요구를 구현하고, 사법개혁 방향에 부응하는 새로운 수사패러다임 창출의 과정임은 물론 민주정부 원리에 입각한 검찰과 경찰간의 관계 정립의 일환이라고 주장하였다.

<표 3-1> 경찰이 주장하는 입법안

현 행	개 정 안
제195조(검사의 수사) 검사는 범죄의 혐의 있다고 사료하는 때에는 범인, 범죄사실과 증거를 수사하여야 한다.	제195조(검사와 사법경찰관리 등의 수사) ① 검사와 사법경찰관은 범죄의 혐의가 있다고 사료하는 때에는 범인, 범죄사실과 증거를 수사하여야 한다. ② 경무관, 총경, 경정, 경감, 경위는 사법경찰관으로, 경사, 경장, 순경은 사법경찰리로 한다. 사법경찰리는 사법경찰관의 지휘를 받아 수사를 하여야 한다. ③ 제2항에 규정한 자 이외에 법률로써 사법경찰관리를 정할 수 있다.
제196조(사법경찰관리) ① 수사관, 경무관, 총경, 경감, 경위는 사법경찰관으로서 검사의 지휘를 받아 수사를 하여야 한다. ② 경사, 순경은 사법경찰리로서 검사 또는 사법경찰관의 지휘를 받아 수사의 보조를 하여야 한다. ③ 전2항에 규정한 자 이외에 법률로써 사법경찰관리를 정할 수 있다.	제196조(검사와 사법경찰관의 관계) ① 검사와 사법경찰관은 수사에 관하여 서로 협력하여야 한다. ② 검사는 공소유지에 필요한 사항에 관하여 수사에 대한 일반적인 기준을 정할 수 있다. ③ 사법경찰관은 범죄를 수사한 때에는 신속히 서류 및 증거물과 함께 사건을 검사에게 송치하여야 한다. 다만 대통령령이 정하는 일부 사건에 대하여는 그러하지 아니하다. ④ 전항의 경우에 검사는 사법경찰관에게 공소유지에 필요한 보완수사를 요구할 수 있다. 이 경우 사법경찰관은 정당한 이유가 없는 한 이에 응하여야 한다.

이를 전제로 ① 현행 수사구조를 결정짓고 있는 형소법 제195조와 제196조는 마땅히 개정되어야 하고, 수사군 조정 성패의 핵심은 여기에 있다는 입장을 밝혔다. ②이어 동 위원회 논의과정에서 개별적인 수사절차에 관련된 의제들에 대해서는 일부 의견접근이 이루어졌으나, 핵심의제인 형소법 제195조와 196조의 개정문제, 즉 경찰의 수사주체성 인정, 검찰·경찰간 상호 협력관계의 설정의제 대해서는 의견조정이 이루어지지 못하였으므로, 본질적인 수사권 조정안은 도출되지 못하였다고 평가하였다. ③또한 개별의제 중 상당수가 위 핵심의제와 결부되어 있어 논의결과가 불명확하게 되어 있어 다시 검사의 수사권 독점과 일반적 수사지휘권이 존재하는 한 그 이전으로 다시 회귀할 가능성이 상존하게 되므로 그 조정결과에 대한 법적 보장이 없다는 의견을 피력하였다.

제 4 절 의제별 논의결과

수사권조정자문위원회의 의안검토를 시간별 진행순서에 맞추어 그 논의결과를 나열해 보면 다음과 같다.[56)]

1. 의안1호〈검찰 안건명〉민생범죄에 대한 경찰수사 자율성 보장방안

<경찰 안건명>민생범죄 등 경찰수사 자율성 보장

가. 경찰수사 자율성 보장방안

전체 틀 문제는 나중에 토론을 하여 결론에 따라 재검토 여부를 결정하되, 원칙적으로 송치 전 경찰수사의 자율성을 완전 보장하도록 한다. 이 때 송치 전 검사의 수사지휘는 중요범죄 및 강제처분 등 법률에 규정된 경우로 한정하기로 한다.

수사지휘 대상인 '중요범죄'는 사법경찰관리집무규칙 제11조의 중요범죄발생 보고 대상범위로 의견 조정된 12개호를 의미하는 바, 내란의 죄, 외환의 죄, 국기의 관한 죄, 국교에 관한 죄, 공안을 해하는 죄, 폭발물에 관한 죄, 살인의 죄, 국가보안법위반, 선거법위반 죄, 공무원에 관한 죄(검찰보고사무규칙 제3조의 공무원에 국한), 사회의 이목을 끌만하거나 정부시책에 중대한 영향을 미치는 범죄로서 지방검찰청검사장 또는 지청장이 지시한 사항으로 한다.

나. 민생범죄에 대한 간이송치

경찰 인지사건 중 법률적 판단이 용이한 교통사고처리특례법위반, 도로교통법위반, 폭행, 협박, 폭력행위등처벌에관한법률위반(야간·공동폭행, 야간·공동협박) 사건에 대하여 피해자 처벌불원의 의사표시가 있거나, 종합보험 가입을 이유로 공소권 없음 의견으로 검찰에 송치하는 경우에는, 간이송치하여 전담관이 신속히 종결처리하도

56) 검찰청, 검·경 수사권조정자문위원회 활동경과에 대한 보고 및 의견서, 2005년 7월, 12~22면 참조.

록 하는 방안을 제시하였다.

다. 긴급체포시 검사의 사후승인제도 폐지

긴급체포시 검사의 사후승인 절차는 현행대로 존치하되, 석방시 사후보고 절차를 통해 통제가 가능하므로, 사전지휘 절차는 폐지한다(사법경찰관리집무규칙 제26조 개정).

라. 압수물처리에 대한 검사지휘 폐지

사법경찰에게 독자적인 압수물 처리권한을 부여하되(형사소송법 제219조 단서 삭제, 사법경찰관리집무규칙 제53조 개정), 검사의 지휘 배제시 예상될 수 있는 부작용 방지를 위한 경찰의 자체 보완책을 마련한다.

마. 관할외 수사시 보고의무 폐지

관할외 수사시 보고의무를 폐지하되(형사소송법 제210조 폐지), 관할외 수사의 필요성에 대한 근거자료를 수사기록 등에 반드시 첨부하는 한편 사법경찰관리집무규칙 제11조에 규정된 중요범죄에 대하여는 현행 보고체계를 유지하는 등 경찰의 자체 보완책을 마련한다.

바. 사법경찰관에게 변사자 검시권한 부여

현행 제도를 유지하되, 검·경 양 기관이 변사사건 처리절차에 소요되는 시간을 최대한 단축할 수 있는 방안을 강구하고, 향후 전문검시관 제도 도입 등 사인확인제도 전반에 대한 검토에 공동으로 참여하여 지속적으로 논의하기로 한다.

사. 중요범죄 발생보고 폐지

현행 수사사무보고 대상 22개 항목에서 ① 내란 죄 ② 외환 죄 ③ 국기에 관한 죄 ④ 국교에 관한 죄 ⑤ 공안을 해하는 죄 ⑥ 폭발물에 관한 죄 ⑦ 살인 죄 ⑧ 국가보안법위반 범죄 ⑨ 각종 선거법위반 범죄 ⑩ 공무원에 관한 죄(검찰보고사무규칙 제3조의 공무원에 국한) ⑪ 사회의 이목을 끌만 하거나 정부시책에 중요한 영향을 미치는 범죄 ⑫ 지방검찰청 검사장 또는 지청장이 지시한 사항 등 12개 핵심적 항목만 존치하되(사법경찰관리집무규칙 제11조 개정), 다만 제11호, 제12호 부분은 보고대상을 축소·조정하는 취지에 부합하는 범위 내에서 그 대상이 무제한으로 확대되는 것을 방지하기 위하여 사전에 대검 승인 또는 허가를 받는 방안을 강구하기로 한다.

아. 진정·내사중지 및 불입건 지휘범위 검토

경찰에서 명확하고 구체적인 진정·내사사건 처리지침을 마련하기로 하되, 피내사자를 소환하여 조사하는 경우에는 반드시 정식 내사사건으로 번호를 부여하여 관리하고, 공안사건, 집시법위반 등 공안관련 사건, 선거법위반 사건, 노동관련 사건 등에 대하여는 불입건시 검사의 지휘를 받아야 한다. 또한 강제처분(통신사실 확인자료 요청은 제외)을 한 사건은 정식으로 인지하며, 검찰·경찰 공히 내사사건에 있어 인권침해를 최소화하기 위하여 내사기간을 제한하고, 내사종결시 피내사자에게 통지를 해주는 한편 내사정보에 대한 접근권을 확보해 주는 방안을 강구하기로 한다.

자. 사건 이송 지휘 폐지

경찰의 사건이송에 대한 검사 지휘를 폐지하되, 이송남용 방지를 위한 경찰의 자체 보완책을 마련함과 아울러, 이송주체를 특정 및 이송사유를 한정하며, 이송사유 등 판단시에는 피해자의 입장을 고려하도록 한다. 또한 공조수사 시스템을 적극적 활용하도록 하며, 이송의 경우에도 수사기간의 계산을 동일하게 하는 방안 그리고 이송을 책임회피 수단으로 악용하는데 대한 통제장치 등을 강구하기로 한다.

차. 통신제한 조치 집행통지 유예 후 통지시 보고의무 폐지

집행통지 유예 후 통지시 보고의무는 폐지하되(사법경찰관리집무규칙 제55조의 3 폐지), 통신제한조치 집행통지 유예 후 해소사유가 발생하였을 때, 신속한 집행통지가 이루어 질수 있도록 경찰의 내부지침을 마련한다. 아울러 통지유예기간과 관련하여 '수사에 필요한 최단기간' 등 합리적인 제한을 가하는 방안을 강구하고, 통지의 주체와 관련, 현행 '수사기관'에서 '통신기관'으로 변경하는 방안을 검토하기로 한다.

카. 체포 · 구속 피의자 건강침해 염려시 보고의무 폐지

체포 · 구속 피의자의 건강침해 염려시 보고의무는 폐지하되(사법경찰관리집무규칙 제24조 폐지), 보고의무 폐지로 인하여 발생할 수 있는 부작용 방지장치를 경찰의 내부지침으로 마련한다.

타. 신병지휘 건의제도 폐지

사법경찰의 검사에 대한 신병지휘권의 제도를 폐지하도록 한다.

2. 의안 2호 : 고소 · 고발사건 처리 혁신방안

가. 고소 · 고발사건 처리절차 혁신방안

경찰접수 고소 · 고발사건에 대하여 송치 전 검사의 수사지휘를 대폭 축소하여 경찰이 자율과 책임의 원리에 따라 수사하도록 보장하며, 고소 · 고발사건 책임수사제(대검 예규 308호)를 폐지한다. 송치 전 수사지휘는 중요사건, 강제처분 등 법률 규정에 의한 경우, 검찰 직접 접수사건에 국한하며 "중요사건"은 사법경찰관리집무규칙 제11조의 중요범죄발생보고 대상범위로 의견 조정된 12개호로 정한다. 또한 검사는 송치 후 필요한 경우 보완수사를 위하여 사법경찰에 수사지휘를 할 수 있도록 한다.

즉 사적자치 및 경찰수사 자율성 존중을 통한 민사분쟁적 사건의 신속한 종결을 도모하기 위하여 수사지휘를 받지 않는 범죄대상은 경찰접수 고소 · 고발 사건 중 사기 · 횡령 · 배임 등 재산범죄 사건의 경우로 하며, 사법경찰이 수사결과 불기소의견(혐의없음, 죄안됨, 공소권없음, 각하)인 경우 송치 전에 고소 · 고발인에게 처리의견 및 이유를 통지하여 이의 여부를 구체적으로 확인하도록 한다. 이때 이의제기 없는 사건은 검찰에 간이송치하고, 이의제기 있는 사건은 현행 원칙대로 송치하도록 한다. 송치 후 이의제기 없는 사건은 검찰전담관이 신속히 종결처리하여 국민들의 법적불안정 상태를 조속히 해소함과 아울러 경찰수사의 자율성을 최대한 보장하도록 한다. 나아가 '명백히 혐의가 인정되지 않는' 피고소인에 대한 인권보호장치를 마련하여야 하는 바, 피의자신문조서 대신 진술조서 작성, 피고소인 명칭 사용 혐의유무에 관계없이 미리 피고소인의 지문을 채취하는 관행을 폐지하도록 한다. 또한 조사 없이도 혐의없음 처리가 가능한 경우에는 소환 조사하지 않고 불기소 처리가 가능하도록 한다.

나. 고소 · 고발사건에 수사기간연장

경찰접수 고소 · 고발사건에 대한 수사기간은 현행 2개월을 유지하며, 형사소송법에 3개월 이내에 고소사건을 처리하도록 규정되어 있으므로 사건의 신속한 처리를 위해 경찰에서 2개월 이내에 사건을 조사하여 검찰에 송치하게 하도록 한다. 또한 고소 · 고발사건에 대한 검사 수사지휘 기간은 현행 1개월에서 2개월로 연장하도록 하며, '수사기일 연장 지휘권의 폐지 문제(사법경찰관리집무규칙 제39조)'는 검사의 수사지휘권 문제와 연관되어 있으므로, 형사소송법 제195조, 제196조 개정문제와 결부시켜 조정되어야 한다.

다. 고소 · 고발사건 처리 수사경찰 인력운영 개선방안

수사부서 직제 개선으로 사건처리의 효율성을 강화하기 위해 수사경과제를 시행하고, 전담 전문수사팀 편성 운용 및 팀별 책임수사제를 시행하도록 한다. 나아가 수사인력의 증원으로 업무부담이 경과되고 있으므로, 변호사 등 법률전문가를 지속적으로 채용하여 수사 · 형사과장의 보임 대상으로 하도록 하여야 한다. 경찰이 고소사건을 책임지고 수사하기 위하여는 수사인력의 증원이 필요하므로 이를 위해 우선적으로 노력하기로 한다.

3. 의안3호〈검찰 안건명〉수사지휘제도의 합리적 개선

<경찰 안건명>기타 검찰·경찰간 업무의 합리적 개선

가. 검사의 체포·구속장소 감찰권한 폐지

감찰횟수는 3월 1회로 하되, 필요시 수시감찰이 가능(형소법 제198조의2 개정)하도록 하며, 그 감찰범위는 '현재 체포·구속되어 있는 자와 그 관련된 서류'및 '불법 체포·구속의 합리적(상당한) 의심이 있는 경우 그 확인에 필요한 서류'로 한정한다. '경찰수사 사무의 적정여부'를 감찰하도록 규정하고 있는 '검찰사건사무규칙 제34조'를 형사소송법상 '체포·구속장소 감찰'의 취지에 맞도록 개정한다.

체포·구속장소 감찰제도 운영이 적정하게 활성하게 될 수 있도록 하기 위한 방안으로써, ① 검찰은 불법 체포·구속 신고센터를 운영하고, ② 경찰은 체포·구속된 자에 대해 유치장 감찰제도의 취지와 내용을 고지하도록 하며, ③ 시민과 함께 하는 감찰방안, ④ 경찰뿐만 아니라 국정원 등 다른 체포·구속기관에 대한 감찰도 실효성 있게 하는 방안도 함께 강구하도록 한다. 특히 외국인 보호소를 감찰대상에 포함시키는 방안을 모색하고, 구치감의 시설 및 운영도 인권침해의 소지를 제거하는 방향으로 개선할 필요가 있음을 지적하였다. '내사종결철, 변사종결철, 즉결심판부, 등 감찰 문제(체포·구속장소 감찰권한 폐지 의제에서 파생)'는 경찰의 수사주체성 인정 및 검찰·경찰간 상호 협력관계 설정 문제와 밀접한 관련이 있으므로, 형사소송법 제195조·제196조 개정문제와 결부시켜 조정되어야 한다.

나. 사법경찰관리 검찰 파견 문제

구체적·개별적 사건 수사 시에는 6개월 범위 내에서 파견근무 할 수 있도록 하고, 필요한 경우에는 연장이 가능하도록 한다.

다. 징수금 집행 촉탁제도 개선

검찰에서 관계법령에 마련된 각종 징수절차를 우선적으로 활용하고, 경찰에 대한 촉탁제도는 최후 보충적으로 운용되도록 한다.

라. 범죄사건부 등에 검사장(지청장)의 간인을 받을 의무 폐지

범죄사건부 등에 검사장(지청장)의 간인을 받을 의무(사법경찰관리집무규칙 제61조 제2항)는 폐지하되, 사건 전산화 등 경찰의 내부통제를 강화하기로 한다.

마. 사법경찰관 작성 피의자신문조서의 증거능력 강화

검찰측은 수사권조정과 직접 관련이 없다는 이유로 조정논의에서 배제되어야 한다고 주장하는 반면, 이는 수사권 조정과 관련된 사항이 아니라 증거능력에 관한 문제이고, 현재 사법제도개혁추진위원회에서 전체 형사사법체계와 관련하여 논의 중에 있으므로, 수사권조정자문위원회에서는 조정의견을 제시하기로 하였다.

바. 수형자 등 호송업무 개선

양 기관간 업무성격, 업무부담에 대한 시각차가 있는데다 인력, 예산 등 조정문제와도 관련된 사항이므로 수사권조정자문위원회에서 논의하는데는 한계가 있어, 본 사항에 대하여는 조정의견을 제시하지 않기로 정하였다.

4. 의안4호〈검찰 안건명〉기타 쟁점사항

<경찰 안건명>수사권 조정의 핵심 쟁점사항

가. 경찰의 수사주체성 인정 및 검·경간 상호 협력관계 설정

경찰은 수사상 국민권익 강화를 위해서는 그간 많은 폐단을 야기해 온 검찰의 수사권 독점 체제와 검찰·경찰간 상명하복 수사구조를 획기적으로 혁신하는 것이 필요하므로, 형사소송법 제195조, 제196조를 개정하여 경찰의 수사주체성을 인정하고 검찰·경찰간 상호 협력·경쟁 관계로 재편하는 민주분권적 수사권 조정방안을 제시하였다. 구체적으로 검찰 송치 전 경찰수사에 법적으로 자율성을 부여하는 대신, 경찰수사에 대한 검찰의 통제장치 또한 충분히 인정하여 경찰의 수사권과 검사의 수사통제권을 합리적으로 조화하는 방안이므로 우리의 수사현실과 시대적·국민적 요구를 합리적으로 조화시킨 현 단계의 '최적 모델'임을 주장하였다. 또한 법 개정 없이 경찰수사의 자율성을 보장하겠다는 검찰의 주장은 검찰의 의사에 따라 언제든지 법적 권한을 행사하여 자율성을 불인정하겠다는 것과 다름이 아니므로 의미가 없다는 입장을 표명하였다.

이에 반해 검찰은 경찰권 비대화·인권침해 우려·검사제도 본질상 경찰의 수사주체성 인정과 상호협력 관계 설정은 불가하다는 입장에서, 형소법 제195조와 제196조의 변경은 우리나라 직권주의 수사구조와 검사제도의 근간을 훼손하는 것이므로 개정에 대한 반대입장을 분명히 표명하였다. 다만 경찰수사의 인권침해 우려 등에 대비하여 검사의 경찰수사에 대한 잠재적 지휘 가능성은 유지하되, 송치 전 경찰수사에 대해서는 원칙적으로 지휘를 하지 않는 등 경찰수사의 자율성을 최대한 보장하겠다는 입장이었다.

양 기관의 입장이 첨예하게 대립하는 가운데 외부 자문위원들은 타협을 위한 절충 방안을 모색하였는데, 경찰추천 자문위원들은 경찰을 독자적 수사주체로 명문화하고, 송치 전 검사의 지휘는 중요범죄(사법경찰관리집무규칙 제11조의 중요범죄발생보고 대상 12개 범죄)에 한정하도록 하면서도, 검사에게 수사상 일반적 기준 제정권, 수사종결권, 보완수사요구권, 수사권 경합시조정권 등을 부여하여 경찰수사에 대한 통제자 역할을 충분히 하도록 함으로써, 실사구시(實事求是) 원칙에 따라 검찰과 경찰간 수사상 지위와 역할이 정립되도록 형사소송법 제195조, 제196조를 개정해야 한다는 입장인 반면, 검찰추천 자문위원들은 대체로 형사소송법 제196조 제1항 단서에 경찰의 현실적 수사권 근거규정을 신설할 수는 있지만, 수사권을 이원화하고 송치 전 검사의 수사지휘를 전면배제하는 방안은 수사영역 확대로 인한 국민불편과 인권침해 방치의 위험성이 있어 수용하기 어렵다는 입장을 견지하였다.

이러한 가운데 양측 위원들간에 다음과 같은 5개의 조정안이 제시되었으나, 의견차이를 좁히지 못하여 단일 조정안이 마련되지 않게 되었다.

본 사항에 대하여 경찰추천 외부자문위원과 검찰추천 외부자문 위원이 각각 제시한 조정안은 다음과 같다.

1) 경찰추천 외부자문위원 제시 조정안

가) 제1안

경찰추천 외부자문위원 전원이 제시한 최종안으로서, ① 형사소송법 제195조 · 제196조를 개정하여 사법경찰관리의 수사주체성(수사 개시 · 진행권)을 명문화하고, ② 검사의 사법경찰관리에 대한 수사지휘는 대통령령이 정하는 중요범죄에 한정하도록 하되, '대통령령이 정하는 중요범죄'는 검찰 · 경찰간 협의 및 자문위원회에서 의견조정된 중요범죄발생보고 대상 12개 범죄로 한다.

나) 제2안

이는 조국 위원이 독자적으로 제시한 안으로서 ① 형사소송법 제195조 · 제196조를 개정하여, 사법경찰관리의 수사주체성(수사 개시 · 진행권)을 명문화하고, ② 검사의 수사주재자적 지위를 명시하되, 사법경찰관리에 대한 수사지휘는 대통령령이 정하는 일부 중요범죄에 한정하도록 한다는 방안이다. 여기서 '대통령령이 정하는 중요범죄'는 제1안의 경우와 같다.

2) 검찰추천 외부자문위원 제시 조정안

가) 제1안

검찰추천 외부자문위원 전원이 최초로 제시한 안으로서, ① 일단 형사소송법 제195조 · 제196조는 현행 유지하여야 하며, ② 가칭 '수사권조정에 관한 전문연구 · 검증위원회'를 설치하여 수사 및 수사지휘의 실상에 대한 경험 및 분석, 선진외국 사례연구, 수사구조의 전체 권력구조 내에서의 조화 고찰 등 실증적 검증단계를 거친 다음에 기존 합의사항 시행여부 검토 및 수사권의 구조조정 형태에 대해 논의하여야 한다는 안이다.

나) 제2안

이는 검찰추천 외부자문위원 전원이 수정하여 제시한 최종안으로서, ① 형사소송법 제195조 · 제196조는 일부 개정을 하되, ② 검사가 지정하는 민생치안범죄에 대하여 검사의 지휘가 없는 경우에는 경찰이 자율적으로 수사를 개시 · 진행할 수 있되, 이 경우에도 검사가 구체적으로 지휘하는 경우에만 이에 따라야 한다는 안이다. ③ 검사의 지휘를 받는 사법경찰관의 범위를 치안정감까지 확대하여야 한다고 한다.

다) 제3안

서경석의원이 독자적으로 제시한 안으로써 ① 형사소송법 제195조 · 제196조를 개정하여 사법경찰관리의 수사주체성(수사 개시 · 진행권)을 명문화하고, ② 검사의 수사주재자적 지위와 사법경찰관리에 대한 수사지휘권을 명시하도록 한다. ③ 대통령령이 정하는 범죄에 해당하지 않는 경우 경찰은 검사의 지휘가 없는 경우에도 수사를 할 수 있도록 한다는 안이다.

나. 사법경찰에 대한 징계 · 해임 · 체임요구권 폐지(경찰제안)와 사법경찰에 대한 검사의 징계소추권 신설(검찰제안)

경찰은 현행 검사지배적 수사구조 하에서는 검찰의 경찰에 대한 징계 등 행정통제권은 검찰에 대한 경찰의 예속상태를 더욱 심화시키고, 사법경찰의 직무상 불법행위 등에 대하여는 형법상 공무원의 직무관련 범죄 등으로 처벌이 가능하며, 자체 통제규범을 통해 수사의 적정성을 확보할 수 있으므로, 현행 검찰의 징계 · 해임 · 체임요구권은 모두 폐지되어야 한다는 입장인 반면, 검찰은 경찰수사의 자율성 범위가 대폭 확대됨에 따라 이에 상응하는 책임 부여가 필요하므로, 형사소송법이나 검찰청법에 징계소추권 내지 징계요구권을 신설해야 한다는 입장이었다. 핵심의제인 "경찰의 수사주체성 인정 및 검찰 · 경찰간 상호협력관계 설정(형사소송법 제195조 · 제196조 개정)" 문제와 결부된 의제로서 논의를 마무리하는 단계에서 조정하기로 하였으나, 핵심의제에 대한 논의가 마무리되지 못하고 결렬됨으로써 조정이 이루어지지 못하였다.

다. 지방경찰청장(치안정감, 치안감)도 검사의 지휘 대상으로 포함하는 문제

이에 대하여 검찰은, 지방경찰청장인 치안정감과 치안감이 실제 광역수사대를 설치하여 수사를 지휘하고 있으므로, 이들도 사법경찰관에 포함시켜 검사의 수사지휘를 받도록 형사소송법 제196조를 개정하여야 한다고 제안을 하였다. 반면 경찰은 지방경찰청장을 검사의 지휘대상으로 포함시키는 것은 검·경의 기능적·조직적 결합을 야기하고, 검찰권의 비대화와 남용 및 경찰의 검찰 예속화를 심화시키는 결과를 초래하므로 수용이 불가능한 입장이었다. 또한, 검찰·경찰간의 견제와 균형을 위해서는 오히려 검사의 지휘를 받는 사법경찰의 범위를 직접수사를 담당하고 있는 직급까지로 축소하여야 한다는 입장이었다. 이에 따라 핵심의제인 "경찰의 수사주체성 인정 및 검찰·경찰간 상호협력관계 설정(형사소송법 제195조·제196조 개정)" 문제와 결부된 의제로서 논의를 마무리하는 단계에서 조정하기로 하였으나, 핵심의제에 대한 논의가 마무리되지 못하고 결렬됨으로써 조정이 이루어지지 못하였다.

라. 사법경찰 통합운영, 법무부 소속 특별수사기구 설치방안

검찰은 부정부패 사범, 대형경제 범죄, 조직폭력, 마약, 주요 강력범죄, 컴퓨터 범죄 등 주요범죄 인지수사를 담당하는 사법경찰을 행정경찰과 분리한 후, 검찰의 일부 수사인력과 통합하여 법무부 소속의 특별수사기구로 편입하는 방안을 제시하였다. 반면 경찰은 행정경찰과 사법경찰을 분리하는 것은 경찰조직과 기능의 와해를 초래하고, 국가의 치안역량을 심각하게 훼손시킬 뿐만 아니라, 경찰수사를 형해화시켜 수사권 조정에 역행하는 결과를 초래하므로 수용불가능하다는 입장이었다. 한편 국가기관의 설치에 관한 문제로서 수사권 조정과는 거리가 멀다는 일부 위원들의 문제제기가 있어, 조정이 이루어지지 않게 되었다. 이상 검토된 의안들을 조정여부에 초점을 맞추어 내용적으로 분류하고 같은 분류의 논의 결과를 한데 묶어 서술해 보면 다음과 같이 정리될 수 있다.

5. 잠정조정이 이루어진 사항

가. 민생범죄에 대한 사실상의 종결권 부여

경찰의 인지사건 중 법률적 판단이 용이한 교통사고처리특례법위반, 도로교통법위반, 폭행, 협박, 폭력행위등처벌에관한법률위반(야간·공동폭행, 야간·공동협박) 사건에 대하여 피해자 처벌불원, 종합보험 가입을 이유로 공소권없음 의견으로 검찰에 송치하는 경우에는 간이송치하여 전담관이 신속히 종결처리하도록 한다.

나. 긴급체포시 검사지휘 배제

긴급체포시 검사의 사후승인 절차는 현행대로 존치하되, 석방시 사후보고 절차를 통해 통제가 가능하므로, 사전지휘 절차는 폐지하도록 한다(사법경찰관리집무규칙 제26조 제1항 개정).

다. 압수물 처리에 대한 검사지휘 배제

검사의 수사지휘 배제시 예상될 수 있는 부작용 방지를 위한 경찰 자체의 보완책 마련을 전제로 하여, 사법경찰에게 독자적인 압수물 처리권한을 부여하도록 한다(형사소송법 제219조 단서 삭제, 사법경찰관리집무규칙 제53조 개정).

라. 관할 외 수사시 보고의무 폐지

관할 외 수사의 필요성에 대한 근거자료를 수사기록 등에 반드시 첨부하는 한편 사법경찰관리집무규칙 제11조에 규정된 중요범죄에 대하여는 현행 보고체계를 유지하는 등 경찰 자체의 보완책 마련을 전제로 하여 관할 외 수사시 보고의무를 폐지한다(형사소송법 제210조 폐지).

마. 사경의 독자적 변사자 검시권한 문제

검찰·경찰 양 기관이 현행 제도를 유지하되, 변사사건 처리절차에 소요되는 시간을 최대한 단축할 수 있는 방안을 강구하고, 향후 전문검시관 제도 도입 등 사인확인제도 전반에 대한 검토에 공동으로 참여하여 지속적으로 논의하기로 한다.

바. 중요범죄 발생보고 범위 축소

현행 수사사무보고 대상 22개 항목에서 ①내란 죄 ②외환 죄 ③국기에 관한 죄 ④국교에 관한 죄 ⑤공안을 해하는 죄 ⑥폭발물에 관한 죄 ⑦살인 죄 ⑧국가보안법위반 범죄 ⑨각종 선거법위반 범죄 ⑩공무원에 관한 죄(검찰보고사무규칙 제3조의 공무원에 국한) ⑪사회의 이목을 끌만 하거나 정부시책에 중요한 영향을 미치는 범죄 ⑫지방검찰청 검사장 또는 지청장이 지시한 사항 등 12개 핵심적 항목만 존치하되(사법경찰관리집무규칙 제11조 개정), 다만 제11호, 제12호 부분은 보고대상을 축소·조정하는 취지에 부합하는 범위 내에서 그 대상이 무제한으로 확대되는 것을 방지하기 위하여 사전에 대검 승인 또는 허가를 받는 방안을 강구하기로 한다.

사. 진정·내사중지 및 불입건 지휘범위 검토

경찰에서 명확하고 구체적인 진정·내사사건 처리지침을 마련하도록 하여, ① 피내사자를 소환하여 조사하는 경우에는 반드시 정식 내사사건으로 번호를 부여하여 관리하도록 하고, ② 공안사건, 집시법위반 등 공안관련 사건, 선거법위반 사건, 노동관련 사건 등에 대하여는 불입건시 검사의 지휘를 받도록 한다. ③ 강제처분(통신사실확인자료 요청은 제외)을 한 사건은 정식으로 인지할 수 있도록 한다. 나아가 검·경 모두 내사사건에 있어 인권침해를 최소화하기 위하여 내사기간을 제한하고, 내사종결시 피내사자에게 통지를 해주는 한편, 내사정보에 대한 접근권을 확보해 주는 방안을 강구한다.

아. 사건 이송 지휘 폐지

이송남용 방지를 위한 경찰 자체의 보완책 마련을 전제로 경찰의 사건이송에 대한 검사의 지휘를 폐지하며, ① 이송주체의 특정 및 이송사유를 한정하도록 하되, 이송사유 등 판단시 피해자의 입장을 고려하도록 한다. ② 공조수사 시스템을 적극적으로 활용하며, ③ 이송의 경우에도 수사기간의 계산을 동일하게 하는 방안 및 이송을 책임회피 수단으로 악용하는데 대한 통제장치 마련 등의 방안을 강구하기로 한다.

자. 통신제한 조치 집행통지 유예 후 통지 보고의무

통신제한조치 집행통지 유예 후 해소사유가 발생하였을 때 신속한 집행통지가 이루어질 수 있도록 경찰 내부지침을 마련하는 것을 전제로 하여, ① 집행통지 유예 후 통지시 보고의무는 폐지하고(사법경찰관리집무규칙 제53조의3항 폐지), ② 통지유예기간과 관련, '수사에 필요한 최단기간'등 합리적인 제한을 가하는 방안을 모색하며, ③ 통지의 주체와 관련, 현행 '수사기관'에서 '통신기관'으로 변경하는 방안을 검토하기로 한다.

차. 체포·구속 피의자 건강침해 염려시 보고의무 폐지

보고의무 폐지로 인하여 발생할 수 있는 부작용 방지장치를 경찰 내부지침으로 마련하는 것을 전제로 하여, 체포·구속 피의자의 건강침해 염려시 보고의무는 폐지하도록 한다(사법경찰관리집무규칙 제24조 폐지).

카. 신병지휘권의 제도 폐지

사법경찰의 검사에 대한 신병지휘권의 제도를 폐지한다.

타. 고소·고발사건 처리절차 혁신 방안

경찰에 접수된 고소·고발사건에 대하여 송치전 검사의 수사지휘를 대폭 축소하여 경찰이 자율과 책임의 원리에 따라 수사하도록 보장한다. 이를 위해 ① 고소·고발 사건에 대한 책임수사제(대검 예규 308호)를 폐지하고, ② 송치전 수사지휘는 중요사건, 강제처분 등 법률의 규정에 의한 경우, 검찰이 직접 접수사건 등에 국한하며, ③ 송치 후 필요한 경우 보완수사를 위하여 검사가 사법경찰에 수사지휘를 하도록 한다.

나아가 사적자치 및 경찰수사 자율성 존중을 통한 민사분쟁적 사건의 신속한 종결을 도모하기 위하여, ① 경찰접수 고소·고발 사건 중 사기·횡령·배임 등 재산범죄 사건을 그 대상으로 하고, ② 사경 수사결과 불기소의견(혐의없음, 죄안됨, 공소권 없음, 각하)인 경우 송치전에 고소·고발인에게 처리의견 및 이유를 통지하여 이의 여부를 구체적으로 확인하도록 한다. ③ 이의제기 없는 사건은 검찰에 간이 송치, 이의제기 있는 사건은 현행 방식대로 송치하며, ④ 송치 후 이의제기 없는 사건은 검찰전담관이 신속히 종결처리 하여 국민들의 법적불안정 상태를 조속히 해소함과 아울러 경찰수사의 자율성을 최대한 보장하도 한다. '명백히 혐의가 인정되지 않는' 피고소인에 대한 인권보호 장치를 마련하기 위해 ① 피의자신문조서 대신 진술조서 작성을 하도록 하고, 피고소인의 명칭을 사용하도록 하며, ② 혐의유무에 관계없이 미리 피고소인의 지문을 채취하는 관행을 폐지하도록 한다. ③ 또한 조사 없이도 혐의없음 처리가 가능한 경우에는 소환 조사하지 않고 불기소 처리하도록 한다.

파. 고소·고발사건 사법경찰관 수사기간 연장 방안

경찰 접수 고소·고발사건에 대한 수사기간은 현행 2개월을 유지하기로 하되, 형사소송법에 3개월 이내에 고소사건을 처리하도록 규정되어 있으므로 사건의 신속한 처리를 위해 경찰에서 2개월 이내에 사건을 조사하여 검찰에 송치하도록 한다. 한편 경찰 접수 고소·고발사건에 대한 검사 수사지휘 기간은 현행 1개월에서 2개월로 연장(대검 지침 마련)하도록 한다.

하. 고소·고발사건 처리 수사경찰 인력 운용 개선 방안

이를 위해 수사경과제를 시행하며, 수사부서 직제 개선으로 사건처리의 효율성 강화하도록 한다. ① 전담 전문수사팀 편성 운용, 팀별 책임수사제를 시행하며, 수사인력 증원으로 업무부담을 경감(2005년에 수사경찰 870여명 증원)하도록 한다. 또한 변호사 등 법률전문가를 지속적으로 채용하여 수사·형사과장에게 보임 대상으로 하도록 하며, 경찰이 고소사건을 책임지고 수사하기 위하여는 수사인력의 증원이 필요하므로 이를 위해 우선적으로 노력하기로 한다.

햐. 검사의 체포·구속장소 감찰권 폐지 문제

감찰횟수는 3월 1회로 하되, 필요시 수시감찰이 가능하도록 하고(형소법 제198조의2 개정), 감찰범위는 '현재 체포·구속되어 있는 자와 그 관련된 서류' 및 '불법 체포·구속의 합리적 의심이 있는 경우 그 확인에 필요한 서류'로 한정하며, 경찰 수사사무의 적정여부를 감찰하도록 규정하고 있는 검찰사건사무규칙 제34조를 형사소송법상 체포·구속장소 감찰의 취지에 맞도록 개정한다. 아울러 체포·구속 장소 감찰제도 운영이 적정하게 활성화 될 수 있도록 하기 위한 방안으로 ① 검찰은 불법 체포·구속 신고센터 운영, ② 경찰은 체포·구속된 자에 대해 유치장 감찰 제도의 취지와 내용을 고지하며, ③ 시민과 함께 하는 감찰방안, 경찰 뿐만 아니라 국정원 등 다른 체포·구속기관에 대한 감찰도 실효성 있게 하는 방안을 강구하도록 한다. ④ 또한 외국인 보호소를 감찰대상에 포함시키는 방안을 모색하고, 구치감의 시설 및 운영도 인권침해의 소지를 제거하는 방향으로 개선할 필요가 있음에 합의를 보았다. 다만 '내사종결철, 변사사건철, 즉결심판부 등 감찰' 문제는 양 기관의 입장차이로 의견접근이 이루어지지 않았다.

허. 사법경찰관리 검찰 파견 문제

구체적·개별적 사건 수사시에는 6개월 범위 내에서 파견근무 할 수 있도록 하고, 필요한 경우에는 연장이 가능하도록 한다.

혀. 징수금 집행 촉탁제도 개선

검찰에서 관계법령에 마련된 각종 징수절차를 우선적으로 활용하고 사경에 대한 촉탁제도는 보충적으로 운용되도록 담당직원을 상대로 정기적인 교양 등을 실시하고, 이에 대한 중점적인 점검을 병행하도록 한다.

호. 범죄사건부 등에 검사장(지청장)의 간인을 받을 의무 폐지

범죄사건부 등에 검사장(지청장)의 간인을 받을 의무(사법경찰관리집무규칙 제61조 제2항)는 폐지하되, 사건 전산화 등 경찰 내부 통제를 강화하도록 한다.

6. 조정이 이루어지지 않은 사항

가. 사법경찰의 독자적 수사주체성 인정 및 상호 대등협력관계

수사권 구조개혁에 관한 중핵적 논점으로서, 경찰측 위원들은 대체로 사법경찰을 독자적 수사주체로 명문화하고, 비 중요범죄 수사에 대하여는 송치전 검사의 수사지휘를 배제하도록 형사소송법 제195조, 제196조를 개정해야 한다는 입장인 반면, 검찰측 위원들은 대체로 형사소송법 제196조 제1항 단서에 사경의 현실적 수사권 근거규정을 신설할 수는 있지만, 수사권을 이원화하고 송치전 검사지휘를 전면 배재하는 방안은 수사영역 확대로 인한 국민불편과 인권침해 방치의 위험성이 있어 수용하기 어렵다는 입장이어서 단일 조정안은 마련되지 않았다.

위원들이 제시한 5개의 조정안을 정리해 보면 다음과 같다.

1) 검찰측 위원 조정안

제1안(김일수 · 서경석 · 김주덕 · 신성호 · 황덕남 · 정웅석 위원 안)은 「수사권조정 전문연구 · 검증 위원회」설치하여, 검 · 경 수사실무 현장에 임하여 수사 및 수사지휘의 실상에 대해 실증적으로 경험 및 분석하여야 하는 절차가 선행되어야 한다는 제안이었다.

제2안(김일수 · 서경석 · 김주덕 · 신성호 · 황덕남 · 정웅석 위원 안)은 검사가 지정하는 민생치안범죄에 대해 지휘가 없는 경우에는 사경이 자율적으로 수사를 개시 · 진행하되, 검사가 구체적으로 지휘하는 경우에는 이에 따라야 하며, 치안정감, 치안감을 사법경찰관에 편입하여 검사의 수사지휘 대상에 넣어야 한다는 안이었다(형소법 제196조 개정).

제3안(서경석위원 안)은 제195조에서 검사의 수사주재자적 지위 및 수사지휘권을 명시하고, 대통령령이 정하는 범죄에 해당하지 않는 경우 사경은 검사지휘 없이 수사가 가능하도록 하여, 제196조에서 사경의 독자적 수사 개시 · 진행권을 인정하자고 하였다.

2) 경찰측 위원 조정안

제4안(성유보 · 최영희 · 김희수 · 서보학 · 조국 · 오창익 위원 안)은, 사법경찰의 수사주체성을 형소법 제195조에서 명시하고, 검사는 대통령령이 정하는 범죄에 한해 수사지휘권을 행사하도록 제196조를 개정하여야 한다는 안이다.

제5안(조국위원 안)은 형소법 제195조에서 검사의 수사주재자적 지위를 명시하고, 검사의 수사지휘의 대상과 방법을 대통령령으로 규정하도록 한다. 또한 제196조에서 사경의 독자적 수사 개시 · 진행권을 인정하여야 한다는 안을 제시하였다.

나. 수사지휘 대상 인적범위 확대 방안

검찰은 지방경찰청장인 치안감과 치안정감이 실제 광역수사대를 설치하여 수사를 지시하고 있으므로, 이들도 사법경찰관에 포함시켜 검사의 수사지휘를 받도록 형사소송법 제196조를 개정하여야 한다는 입장인 반면, 경찰은 지방경찰청장의 사경 편입은 검 · 경의 기능적 · 조직적 결합을 야기, 검찰권의 비대화와 남용 및 경찰의 검찰 예속화를 강화하는 결과를 초래하므로 수용불가하다는 입장이어서 본 사항에 관하여는 조정이 이루어지지 않았다.

다. 사법경찰 통합 운영 방안

검찰은 부정부패 사범, 대형 경제범죄, 조직폭력, 마약, 주요 강력범죄, 컴퓨터범죄 등 주요 범죄 인지수사를 담당하는 사법경찰을 행정경찰과 분리한 후 검찰의 일부 수사인력과 통합하여 법무부 소속 특별수사기구로 편입하는 방안을 제시하였으나, 경찰은 행정경찰과 사법경찰을 분리하는 것은 경찰 조직과 기능의 와해를 초래하고 국가 치안 역량을 훼손하는 결과를 초래하므로 수용불가하다는 입장이어서 역시 조정이 이루어지지 않았다.

라. 사법경찰에 대한 징계소추권 등 문제

검찰은 경찰 수사의 자율성 범위가 대폭 확대됨에 따라, 이에 상응하는 책임 부여가 필요하므로, 형사소송법이나 검찰청법에 징계소추권 내지 징계요구권을 신설하는 방안을 제시하였으나, 경찰은 사경의 직무상 불법행위 등에 대하여는 형법상 공무원의 직무관련 범죄 등으로 처벌가능하고 자체 통제규범을 통해 수사의 적정성을 확보할 수 있으므로, 현행 검찰청법상의 체임요구권, 폭력행위등처벌에관한법률위반상의 징계요구권 등을 모두 폐지하여야 한다는 입장이어서 조정이 이루어지지 않았다.

7. 조정의견을 제시하지 않기로 한 사항

가. 사법경찰관 작성의 피의자신문조서의 증거능력 강화 문제

사법경찰관 작성의 피의자신문조서의 증거능력 문제는 수사권 조정과 관련된 사항이 아니라 증거능력에 관한 문제이고, 현재 사법제도개혁추진위원회에서 전체 형사사법체계와 관련하여 논의 중에 있으므로, 수사권조정자문위원회에서는 조정의견을 제시하지 않기로 하였다.

나. 벌과금 징수를 위한 형집행장 집행제도 개선

양 기관간의 업무성격, 업무부담에 대한 시각차가 있는데다 인력, 예산 등 조정 문제와도 관련된 사항이므로 수사권조정자문위원회에서 논의하는 데는 한계가 있어 조정의견을 제시하지 않기로 하였다.

제 5 절 수사권조정 협의사항 종합

이상에서 살펴본 수사권조정자문위원회를 통한 검찰과 경찰의 의제별 협의사항을 종합하여 이를 다시 수사권 조정 필요성에 대한 대표적 논거인, 견제와 균형의 원리구현, 국민의 편익 제고 측면, 인권보호 강화 측면, 수사효율성 제고 측면, 기타 검·경 관련 업무 합리화 별로 도표로 정리하면 다음과 같다.[57]

<표 3-2> 견제와 균형의 원리 구현

연번	의 제	검·경 수사권조정 협의체 협의결과	수사권조정자문위원회 논의결과
1	경찰의 수사주체성 인정 (경찰제안 : 형사소송법 제195조)	−검찰 수용 불가 ※검사제도의 본질인 수사주재 규정은 절대 개정 불가	−논의중
2	검찰·경찰간 관계를 상호협력 관계로 재정립 (경찰제안 : 형사소송법 제196조, 검찰청법 제53조)	−검찰 수용 불가 ※검사제도의 본질인 수사지휘권 규정은 절대 개정 불가 −검찰청법 제53조의 상명하복 규정은 개정가능	
3	지방경찰청장(치안감·치안정감) 검사지휘대상 포함 (검찰제안)	−경찰 수용 불가	
4	사법경찰 통합 운영, 법무부 소속 특별수사기구 설치방안 (검찰제안)	−경찰 수용 불가	
5	사법경찰에 대한 징계·해임·체임 요구 등 규정 폐지 (경찰제안 : 검찰청법 제54조, 폭력행위등처벌에관한법률 제10조)	−제1안 : 검찰청법에 현저한 부당한 행위를 요건으로 징계소추권 신설 −제2안 : 폭처법 규정 폐지하되, 검찰청법은 현 규정보다 엄격	−수사권한과 책임문제에 직결되어 있으므로 195조, 196조 개정문제 논의를 마무리하는 단계에서 논의하자는 데 의견일치

57) 수사권조정자문위원회가 발족되기 전인 2004년 9월 15일, 검·경은 수사권조정협의체를 구성하여 수사권조정을 협의하여 왔었다. 검찰·경찰간의 수사권조정협의체는 수사권조정자문위원회의 전신이라 할 수 있는 만큼 검찰·경찰간의 수사권조정협의체의 논의결과도 함께 도표로 정리하였다.

연번	의 제	검·경 수사권조정 협의체 협의결과	수사권조정자문위원회 논의결과
5	사법경찰에 대한 징계소추권 형소법에 통합 규정 (검찰제안)	화된 요건하에 징계요구권 신설 －제3안 : 폭처법 규정 폐지하되, 검찰청법 현행 유지 －제4안 : 모두 폐지	
6	정보보고 폐지 (경찰제안 : 사법경찰관리집무규칙 제12조)	－검찰 수용 불가 ※보고범위 축소는 긍정검토 －대검 공안부, 경찰청 정보국 등 실무의견 수렴후 재논의	－자문위 상정여부 미정
7	중요범죄발생보고 폐지 (경찰제안 : 사법경찰관리집무규칙 제11조)	－현 22개호에서 12개호로 축소 －내란 · 외환, 국기 · 국교, 폭발물, 공안, 살인, 국가보안법, 선거법, 공무원범죄, 사회이목사건, 검사장 등 지시사건 －다만 "공무원에 관한 죄"는 검찰보고사무규칙 제3조 1호~4호에 규정된 공무원에 관한 죄만 보고	－현행 보고대상 22개호에서, －내란 · 외환, 국기 · 국교, 폭발물, 공안, 살인, 국가보안법, 선거법, 공무원범죄(검찰보고사무규칙 제3조의 공무원에 국한), 사회이목사건, 검사장 등 지시사건 등 12개 핵심항목만 존치하되, －다만, '사회이목 사건' 및 '검사장 등 지시사건' 부분은 보고대상을 축소 · 조정하는 취지에 부합하는 범위 내에서 그 대상이 무제한으로 확대되는 것을 방지하기 위해 사전에 대검의 승인 또는 허가를 받는 방안을 강구하기로 의견일치
8	경찰청장에 대한 특정금융거래 정보 제공방법 개선 (경찰제안 : 특정금융거래정보의보고및이용등에관한법률 제7조)	－검찰은 검사의 수사주재자 및 법령제정 취지에 부합치 않으므로 수용불가	－자문위 논의는 보류
9	출국금지·정지 요청시 검사의 지휘 폐지 (경찰제안 : 출국금지업무처리규칙 제5조 제2항, 외국인출국정지업무처리규칙 제4조)	－검찰 수용 불가 －법무부 의견조회, 향후 상설 수사권조정 협의체에서 재논의	－자문위 논의는 보류
10	긴급통신제한 조치시 검사의 사전지휘 및 사후승인 폐지 (경찰제안 : 통신비밀보호법 제8조)	－검찰은 검사의 수사주재자 및 법령제정 취지에 부합치 않으므로 수용불가	－자문위 논의는 보류

연번	의 제	검·경 수사권조정 협의체 협의결과	수사권조정자문위원회 논의결과
11	마약류 범죄혐의외국인 입국상륙허가 요청시 검사에 대한 신청제도 폐지 (경찰제안 : 마약류불법거래방지에관한특례법 제3조 제5항)	-검찰은 검사의 수사주재자 및 법령제정 취지에 부합치 않으므로 수용불가	-자문위 논의는 보류
12	마약류 의심화물의 세관특례조치 요청시 검사에 대한 신청제도 폐지 (경찰제안 : 마약류불법거래방지에관한특례법 제4조 제3항)	-검찰은 검사의 수사주재자 및 법령제정 취지에 부합치 않으므로 수용불가	-자문위 논의는 보류

<표 3-3> 국민 편익 제고의 측면

연번	의 제	검·경 수사권조정 협의체 협의결과	수사권조정자문위원회 논의결과
1	압수물 처리(환부·가환부 등)에 대한 검사지휘 폐지 (경찰제안 : 형사소송법 제219조 단서, 사법경찰관리 집무규칙 제53조)	폐지하되, 수사경찰의 고의·중과실에 의한 처리 오류에 대해 징계요구권 등 마련	-사경에게 독자적인 압수물 처리권한을 부여하되, -검사지휘 배제시 예상될 수 있는 부작용 방지를 위한 경찰 자체의 보완책 마련 -보완책 마련과 관련하여 징계소추권 등 신설문제는 향후 종합적으로 논의키로 의견일치
2	사법경찰관에게 변사자 검시권한 부여 (경찰제안 : 형사소송법 제222조)	-전문 검시관 제도 도입 검토	-검·경 양 기관이 현행 제도를 유지하되, 변사사건 처리절차에 소요되는 시간을 최대한 단축할 수 있는 방안을 강구 -향후 전문검시관 제도 도입 등 사인확인제도 전반에 대한 검토에 공동으로 참여하여 지속적으로 논의키로 의견일치
3	검·경 작성 피신조서에 동일한 가치 부여 (경찰제안 : 형사소송법 제312조)	-특신상태 인정시 증거능력 부여	-수사권 조정과 직접 관련된 사항이 아니고 사법개혁추진위원회 논의 중인 사안으로, 수사권 조정 자문위원회에서 논의하기는 부적절하므로 의견을 제시하지 않기로 함
4	긴급체포 후 석방시 사전지휘 폐지	-검사의 사후승인 유지 -석방시 사전지휘 폐지	-긴급체포시 검사의 사후승인 절차는 현행대로 존치

연번	의 제	검 · 경 수사권조정 협의체 협의결과	수사권조정자문위원회 논의결과
4	(경찰제안 : 사경규칙 제26조 ①)		–석방시 사후보고 절차를 통해 통제가 가능하므로, 사전지휘절차는 폐지키로 의견일치(사규 제26조제1항 개정)

<표 3-4> 인권보호 강화 측면

연번	의 제	검·경 수사권조정 협의체 협의결과	수사권조정자문위원회 논의결과
1	검사의 체포·구속장소 감찰 권한 개선 (경찰제안 : 형사소송법 제198조의2) 검사의 종합사무감사 폐지 (경찰제안 : 검찰사건사무규칙 제34조)	–종합사무감사는 폐지 –체포 · 구속장소 감찰은 부장 또는 경력검사가 실시 –다만, 감찰범위에 대해서는 이견 · 제1안 : 횟수축소하고(3월1회), 현재 체포구속되어 있는 자와 그 관련된 서류로 한정 · 제2안 : 횟수축소하고(3월1회) 현재 체포구속되어 있는 자와 그 관련된 서류는 물론 불법체포의심이 있는 경우 그 확인에 필요한 서류로 한정 · 제3안 : 횟수축소하고(3월1회), 체포구속 관련된 서류이외에도 즉결 · 내사 · 변사체 등 기타 서류 포함	–경찰 수사사무의 적정여부를 감찰하도록 규정하고 있는 검찰사건사무규칙 제34조를 형소법상 체포 · 구속장소 감찰의 취지에 맞도록 개정하기로 의견일치 –체포 · 구속장소 감찰이 본래 법의 취지대로 운영될 수 있도록 감찰범위 명확화 · 감찰횟수는 3월1회로 하되, 필요시 수시 감찰 가능 · 감찰범위는 현재 체포 · 구속되어 있는 자와 그에 관련서류 및 불법체포구속의 합리적(상당한) 의심이 있는 경우(소명필요) 그 확인에 필요한 서류로 한정 –위원회 외부 위원들은 체포구속장소 감찰제도 운영이 적정하게 활성화 될 수 있도록 하기 위해서는 · 검찰은 불법체포구속신고센터를 운영 · 경찰은 체포구속된 자에 대해 제도의 취지와 내용 고지 · 시민과 함께하는 감찰방안 강구 · 경찰 뿐만 아니라 국정원 등 다른 체포구속기관에 대한 감찰도 실효성 있게 하는 방안이 필요 · 외국인보호소를 감찰하는 방안을 모색하고 · 구치감의 시설 및 운영도 인권침해 소지를 제거하는 방향으로 개선할 필요가 있다는데 의견일치

연번	의　　제	검·경 수사권조정 협의체 협의결과	수사권조정자문위원회 논의결과
1-1	내사종결철 등 감찰방안 (검찰제안)	–종합사무감사를 폐지키로 당초 의견접근 되었으나 검찰측이 자문위에서 신규 제안	–'내사종결철 등 감찰'은 검사의 수사지휘권 문제와 깊이 연관되어 있으므로, 핵심의제인 형소법 제195조·제196조 개정 문제와 결부시켜 나중에 논의하기로 함
2	진정·내사중지 및 불입건 지휘 범위 검토 (검찰제안 : 근거법령 없음)	–피내사자 소환한 경우, 내사번호 부여 관리 –선거사범, 공안사범, 공안관련사범, 노동사범의 경우 검사지휘 받아 종결 –강제처분(통신사실 확인자료 요청은 제외) 수반내사는 입건처리 ⇒ 이에 대한 경찰내부 지침 마련	–경찰에서 명확하고 구체적인 진정·내사사건 처리지침을 마련키로 의견일치 ·피내사자를 소환·조사하는 경우에는 반드시 정식 내사사건으로 번호를 부여·관리 ·공안사건, 집시법위반 등 공안관련 사건, 선거법위반 사건, 노동관련 사건에 대하여는 불입건시 검사지휘를 받음 ·강제처분(통신사실 확인자료 요청은 제외)을 한 사건은 정식으로 인지 –위원회 외부위원들은, ·검·경 공히 내사사건에 있어 인권침해를 최소화하기 위해 내사기간을 제한하고, ·내사종결시 피내사자에게 통지를 해주는 한편, ·내사정보에 대한 접근권을 확보해주는 방안을 강구할 필요가 있다는데 의견일치

<표 3-5> 수사 효율성 제고 측면

연번	의 제	검·경 수사권조정 협의체 협의결과	수사권조정자문위원회 논의결과
1	중요범죄를 제외한 범죄에 대한 경찰수사 자율성 보장, 일부 정형화된 불기소의견 범죄에 대한 간이송치 (검찰제안 : 근거법령 없음)	-송치전 수사지휘는 강제처분 및 중요범죄으로 한정하여 경찰수사의 자율성 완전보장 ※ 중요범죄의 범위는 7번 '중요범죄발생보고 폐지'의 자문위원회 논의결과 참조 -경찰인지사건 중 법률적 판단이 용이한 교특법위반, 도교법위반, 폭행, 협박, 폭처법위반(야간·공동폭행, 야간·공동협박) 사건에 대해 피해자 처벌불원, 종합보험 가입을 이유로 공소권없음 의견으로 검찰에 송치하는 경우 간이송치	-전체 틀 문제는 나중에 토론하여 결론에 따라 재검토 여부를 결정 -중요범죄를 제외한 민생범죄 등에 대한 경찰수사 자율성 보장의 기본원칙에 대해서는 의견일치 -경찰인지사건 중 법률적 판단이 용이한 교특법위반, 도교법위반, 폭행, 협박, 폭처법위반(야간·공동폭행, 야간·공동협박) 사건에 대해 -피해자 처벌불원, 종합보험 가입을 이유로 공소권없음 의견으로 검찰에 송치하는 경우에는 간이송치하여 전담관이 신속히 종결처리키로 의견일치
2	고소·고발사건 처리 혁신방안 (검찰제안) 고소·고발사건 송치전 지휘건의 제도 폐지 (경찰제안 : 대검예규 제308호)	-대검예규는 폐지하되, 중요사건·강제처분의 경우 검사지휘 유지 -이의제기 없는 불기소 사건의 경우 일괄송치로 신속종결 -3개월 초과 사건 등에 경찰자체 통제 방안 마련	-고소·고발사건 송치 전 지휘건의제도(대검 예규 제308호)는 폐지하되, ·송치 전 수사지휘는, 중요사건(사규 제11조의 중요범죄 발생보고 대상에 국한)·강제처분 등 법률의 규정에 의한 경우·검찰직접접수사건에 국한 ·사기·횡령·배임 등 재산범죄 중 이의제기가 없는 불기소 사건은 간이송치 권고
3	고소·고발사건 수사기간 연장 (검찰제안 : 사법경찰관리 집무규칙 제39조)	-경찰접수사건 : 현 2 → 3개월 -검찰접수사건 지휘기간 : 현 1 → 2개월	-수사기간은 국민의 입장에서 사건처리 지연 우려가 있으므로 현행 2개월로 한정토록 권고(검찰직수사건은 2개월로 연장 권고) ·다만 수사기일 연장지휘 건의에 대해서는 국민을 납득시킬만한 통제장치 마련이 필요하다는데 공감, 별도 의제로 재논의키로 함

연번	의 제	검·경 수사권조정 협의체 협의결과	수사권조정자문위원회 논의결과
4	이송지휘권의 폐지 (경찰제안 : 근거법령 모호)	-폐지하되, 이송남용 방지를 위한 경찰의 자체제도 보완	-경찰의 사건이송에 대한 검사지휘를 폐지하되, 이송남용 방지를 위한 경찰 자체의 보완책 마련 -위원회 외부 위원들은, · 이송주체 특정 및 사유 한정 · 이송사유 등 판단시 피해자의 입장 고려 · 공조수사시스템의 적극적 활용 · 이송의 경우에도 수사기간의 계산을 동일하게 하는 방안 · 이송을 책임회피 수단으로 악용하는데 대한 통제장치 등을 강구할 필요가 있다는데 의견일치
5	신병지휘건의 제도 폐지 (경찰제안 : 근거법령 모호)	-경찰인지사건 신병지휘건의 제도 폐지	-사법경찰의 검사에 대한 신병지휘건의 제도를 폐지키로 의견일치
6	사법경찰관리 관할외 수사시 보고의무 폐지 (경찰제안 : 형사소송법 제210조)	-폐지하되, 경찰의 내부지침에 중요사건 보고장치 마련	-관할외 수사시 보고의무를 폐지키로 의견일치 -관할외 수사의 필요성에 대한 근거자료를 수사기록 등에 반드시 첨부하는 한편, -사규 제11조에 규정된 중요범죄에 대하여는 현행 보고체계를 유지하는 등 경찰자체의 보완책 마련
7	통신제한조치 집행통지 유예 후 통지시 보고의무 폐지 (경찰제안 : 사법경찰관리 집무규칙 제53조의3)	-폐지하되, 신속 통지를 담보하는 경찰의 내부지침 마련	-집행통지 유예 후 통지시 보고의무는 폐지하되, 통신제한조치 집행통지 유예후 해소사유가 발생하였을 때 신속한 집행통지가 이루어질 수 있도록 경찰 내부지침을 마련 -위원회 외부위원들은, · 통지유예기간 관련, '수사에 필요한 최단기간' 등 합리적인 제한을 가하는 방안을 강구하고, · 통지의 주체와 관련, 현행 '수사기관'에서 '통신기관'으로 변경할 필요가 있다는데 의견일치

<표 3-6> 기타 경·검 관련 업무 합리화

연번	의 제	검·경 수사권조정 협의체 협의결과	수사권조정자문위원회 논의결과
1	형집행장 집행 관련 규정 개선 (경찰제안 : 형사소송법 제475조)	-검찰의 인력과 예산 확보를 전제로 검토	-양기관간 업무성격, 업무부담에 대한 시각차가 있는데다 인력, 예산 등 조정문제와도 관련된 사항이므로 수사권조정 자문위원회에서 논의하는데는 한계가 있다는데 의견일치
2	징수금 집행의 촉탁 개선 (경찰제안 : 검찰징수사무규칙 제43조)	-경찰에 대한 촉탁제도는 보충적으로만 운용 -검찰담당직원에 대해 교양 및 중점점검 실시	-검·경간 협의한 대로, 관계법령상 각종 징수절차를 우선적으로 활용하고, -경찰에 대한 촉탁은 최후 보충적으로 운용되도록 개선하는 것으로 의견일치
3	수형자 등의 호송업무 개선 (경찰제안 : 수형자등호송규칙 제2조)	-검찰의 인력과 예산확보를 전제로 검토	-양기관간 업무성격, 업무부담에 대한 시각차가 있는데다 인력, 예산 등 조정문제와도 관련된 사항이므로 수사권조정 자문위원회에서 논의하는데는 한계가 있다는데 의견일치
4	사법경찰관리 검찰파견 문제 (검찰제안)	-구체적 개별사건 수사시 6개월 이내 파견으로 의견접근	-검·경간 협의한 대로, 구체적·개별적 사건 수사에 국한하여, 6개월 범위 내에서 파견(필요시 연장 가능)하는 것으로 의견일치
5	범죄사건부 등에 간인을 받을 의무 폐지 (경찰제안 : 사법경찰관리집무규칙 제61조 제2항)	-폐지	-검·경간 협의한 대로, 폐지하고, 경찰관서장의 간인 및 사건관리 전산화 등 경찰의 자체통제를 강화하는 것으로 의견일치
6	체포·구속 피의자 건강침해 염려시 사유보고의무 폐지 (경찰제안 : 사법경찰관리집무규칙 제24조)	-폐지하되, 경찰의 내부지침 마련	-체포·구속 피의자의 건강침해 염려시 보고의무는 폐지하되, 보고의무 폐지로 인해 발생할 수 있는 부작용 방지장치를 경찰 내부지침으로 마련
7	기소중지 사건기록 보관방식 개선 (경찰제안 : 검찰보존사무규칙 제5조)	-중요사건에 대해 사본에 의한 보관방식으로 업무개선	-자문위 논의는 보류

연번	의 제	검·경 수사권조정 협의체 협의결과	수사권조정자문위원회 논의결과
8	마약류특례법상 몰수추징보전을 위한 처분명령제도 개선 (경찰제안 : 마약류불법거래방지에관한 특례법 제76조 제3항)	-검찰은 검사의 수사주재자 및 법령제정 취지에 부합치 않으므로 수용불가	-자문위 논의는 보류
9	보안관찰법상 검·경 관련 규정의 전면 개선 (경찰제안 : 보안관찰법, 동법 시행령·시행규칙)	-검찰은 검사의 수사주재자 및 법령제정 취지에 부합치 않으므로 수용불가	-자문위 논의는 보류
10	형집행정지자 관찰·보고의무 등 개선 (경찰제안 : 형집행정지자 관찰규정 제1조·제2조, 검찰집행사무규칙 제31조·제32조)	-검찰은 검사의 수사주재자 및 법령제정 취지에 부합치 않으므로 수용불가	-자문위 논의는 보류
11	공소보류자 관련 검사의 감독지시권 등 개선 (경찰제안 : 공소보류자관찰규칙 제7조·제8조·제10조)	-검찰은 검사의 수사주재자 및 법령제정 취지에 부합치 않으므로 수용불가	-자문위 논의는 보류
12	고소·고발사건 처리 수사경찰 인력운용 개선방안 (경찰제안)	-고소·고발사건 처리 혁신방안과 연계 논의	-경찰이 고소·고발사건을 책임지고 수사하기 위해서는 수사인력의 증원이 필요하므로 이를 위해 우선적으로 노력을 하여야 한다는데 의견일치

제Ⅵ장 수사구조 개혁의 방향과 입법모델

검찰 경찰간의 수사권 조정문제는 그 역사에 대해서도 살펴보았듯이 형사소송법의 역사와 같은 기간 동안 논의되어 왔음을 알 수 있었다.

다만 최근 검찰·경찰간의 수사권 구조개혁에 관한 논의가 양 기관의 권력다툼의 문제로 인식되던 것이 최근 5년 전부터는 형사소송구조 개혁의 일환의 문제로 점차 인식되어지면서 국민들도 이 문제에 관심을 갖기 시작했다. 국민의 수사권조정 논의에 대한 입장을 살펴보면 검찰의 주장과는 달리, 최근 여러 여론조사에서 경찰에 독자적 수사권이 부여되어야 한다는 쪽으로 국민들이 상당히 공감하고 있는 것으로 나타났는데,[58] 이는 우리사회의 민주화와 인권의식이 성숙되고 권력에 대한 견제와 감시의 중요성이 강조되면서, 오히려 국민들은 검찰권의 비대화에 대한 견제가 필요하다는데 공감하고 있음을 알 수 있다. 더구나 사법개혁위원회가 우리나라의 형사사법개혁안을 제시함에 따라 앞으로의 검찰·경찰의 형사절차상 역할과 그 위상은 상당한 변혁, 개혁이 필요할 것이 예측되고 있다.

이러한 국민의 요구 및 제도에 대한 시대의 변화요구에도 불구하고 수사권 조정논의가 우리 사회에 본격적으로 공론화되고, 그 논의의 필요성을 공유하게 된 것은 불과 최근의 일이다. 즉 문민정부가 들어서고부터 정부차원에서 수사권 논의의 문제에 관심을 가지게 되었으며, 2004년 4월 11일에는 사상 최초로 검찰·경찰간에 '검찰·경찰 수사권조정협의체'를 발족하여 수사권조정문제를 협의하게 되었다. 한편 검찰·경찰 수사권조정협의체에서 의견합치가 이루어지지 않자 2004년 12월 20일 민간위원이

58) 최근 '04년 12월 인터넷 포털사이트 'DAUM(다음)'에서 실시한「경찰의 수사권 독립에 대한 찬반투표」결과, 전체 참여자 4,374명 중 찬성 3,229명(73.8%), 반대 1,070명(24.5%)으로 나타났으며, 2003년 1월 연합, 한겨레 신문 등 각종 언론사 및 방송사 여론 조사에서도 70~80%의 응답자가 경찰 수사권 독립을 지지하는 것으로 나타났다. 한편 1999년 5월 민주시민운동연합(의장 전재혁)에서 인 사이트 리서치를 통해 당시 형사사법학회 회원이었던 형법학 교수 100명을 상대로 설문 조사한 결과, '경찰의 수사권을 현실화해야 한다.'는 의견이 54%로 '검찰의 수사권이 강화되어야 한다.'(40%)는 의견보다 우세하였으며, 특히 조사대상자 68%가 검·경 대등협력관계로 개선하는 것에 지지를 보였다.

참여하는 수사권조정자문위원회가 발족되어 2005년 5월 2일까지 15차에 이르는 논의가 진행되었다.

결과적으로 5개월에 걸친 수사권조정자문위원회를 통한 조정작업은 결국 성과를 내지 못하고 종결되었다. 동 위원회의 논의과정에서 내사사건 문제, 검찰의 체포·구속장소 감찰문제 등 국민의 인권 옹호를 위한 차원에서 진일보한 합의가 이루어지기도 하였으나, 수사권 조정의 문제가 형사소송법 제195조와 제196조 개정이 그 핵심적 사안이라는 점에서 이에 대한 양측의 합의가 이루어지지 않은 상태에서는 커다란 의미를 부여할 수는 없다.[59] 이처럼 형사소송법 개정과 관련한 검찰과 경찰의 시각 차이는 실로 컸고, 앞으로도 국회에 입법안이 상정되는 과정 그리고 상정된 후 표결에 부쳐지기까지의 과정에서 지금까지 반복되어 온 것 못지않은 강도 높은 상호비방과 갈등 등의 난항이 예측된다.

그러나 수사권조정 논의는 하루 빨리 해결되지 않으면 안 된다. 지금까지 그 논의로 인하여 사회 여론이 분화되고, 논쟁으로 인한 국력 소모 등의 역효과가 적지 않았으며, 앞으로도 이로 인한 국력낭비는 계속될 것이 예상되기 때문이다. 또한 조속한 합리적 수사권 조정을 통해 국정이 안정되고 국민의 권익증진, 수사기관의 수사의 효율성도 빨리 안정을 찾아가야 한다.

이에 본 편에서는 먼저 형사사법개혁위원회가 제시한 형사사법제도 개혁 방안으로 인하여 예측되는 현재의 검찰·경찰의 역할 및 지위의 변화를 먼저 살펴본 후, 수사권 조정이 이루어지기 위한 전제조건은 무엇인지 살펴보았다. 나아가 합리적인 수사권 조정의 방향이 어떻게 설정되어야 하는지, 그리고 바람직한 입법 모델은 어떠한 형태가 되어야 하는지 제시해 본다.

제 1 절 형사사법제도 개혁

경찰의 수사권 조정 논의는 그 일면만 바라볼 경우 검찰의 수사지휘에서 벗어나 독자적 수사권을 인정받고, 이에 대한 책임을 지고자 하는 자기조직의 강화, 확장의

59) 대검찰청, 위 보고 및 의견서, 오창익, 검찰·경찰의 수사권 조정에 대한 입장, 47면.

측면으로 바라볼 수도 있으나, 큰 틀에서 인식할 경우 형사사법체제에 대한 개혁의 요구의 일면이라 할 수 있다. 왜냐하면 형사사법체계에 맞는 공판단계에 적합한 수사절차가 대응하게 마련이며, 수사권 조정에 의해 현재 문제가 되는 형사사법체계를 개선하여 시대에 부응하는 형사사법체계로 변화가 가능하기 때문이다.

그런데 수사권 조정 논의와 함께 우리 사회에서 꾸준히 제기되어 온 또 하나의 과제가 바로 형사사법제도의 개혁이었다. 그 개혁 요구의 결실이 사법개혁위원회의 발족이었으며, 1년 3개월 동안의 활동을 통해 우리나라 사법제도의 문제점이 무엇인지, 그리고 이를 개선하기 위한 개혁방안을 논의해 왔다. 이에 사법개혁위원회에서 제시한 우리나라 형사사법제도의 개혁방안으로 인하여 향후 검찰과 경찰의 형사절차상 역할 및 위상에 변화가 예상되고 있는 바, 사법개혁위원회에서는 구체적으로 배심제 · 참심제의 도입, 공판중심주의적 법정절차의 확립, 경미범죄 신속처리절차의 도입 방안 등을 검토하고 있다.[60] 따라서 사법개혁위원회의 각각의 개혁방안을 도입함에 따라 검 · 경의 역할이나 업무행태가 어떻게 변화될 것인지, 또한 어떠한 점에 유의해야 할 것인지를 미리 예측하여 볼 필요가 있다.

사전예측을 통해 검찰과 경찰의 역할과 위상이 어떻게 변화하고 재조정되어야 하는지, 그러한 바람직한 검찰과 경찰의 역할 및 관계 변화의 모습은 현재 논의되고 있는 수사권 조정 논의와 방향을 같이 하는 것인지 살펴볼 필요가 있다. 만일 형사사법개혁에 따라 변화될 검찰과 경찰의 역할 및 위상 모습과 경찰의 독자적 수사권 인정 방향이 서로 배치된다면, 이는 형사사법제도 전체 구도의 부조화, 불균형을 가져오는 결과가 되기 때문이다. 여기에 수사권조정논의와 관련하여 사법개혁위원회의 사법개혁안 도입에 따른 검찰 · 경찰의 바람직한 역할변화방향은 어떠한지 살펴보고자 하는 목적이 있다.[61]

---

60) 사법개혁위원회에서 논의되고 있는 6개 안건은 대법원의 기능과 구성, 법조 일원화와 법관 임용방식 개선, 법조인 양성 및 선발, 국민의 사법참여(배심제, 참심제 등), 사법서비스 및 형사사법제도, 민사재판 개선방안 등 사법개혁위원회 자체 채택안 등이다.

61) 따라서 새로운 형사사법제도 도입 이후 경찰과 검찰의 형사절차상 바람직한 관계 모습은 어떠한지 예측해 볼 필요가 있는 바, 새로운 형사사법제도 도입에 따른 바람직한 경찰과 검찰의 관계, 즉 수사와 공소는 기능적 · 조직적인 측면에서 어떠한 관계를 형성하는 것이 바람직한 것인지, 형사절차상 공소관은 어떠한 임무를 수행하는 것이 바람직한 것인지, 그리고 수사절차의 투명성을 확보하고 객관적으로 통제하기 위해 어떠한 담보장치를 마련해야 하는지 등에 대하여 살펴보았다.

1. 형사사법제도 개혁과 검사와 사법경찰의 바람직한 역할 및 관계

경찰의 수사구조개혁 논의는 일면만 바라볼 경우 검찰의 수사지휘에서 벗어나 독자적 수사권을 인정받고 이에 대한 책임을 지고자 하는 자기조직의 강화, 확장의 측면으로 바라볼 수도 있으나, 보다 큰 틀에서 바라볼 경우 현행 형사사법체제에 대한 개혁의 요구의 일면이라 할 수 있다. 왜냐하면 운용되는 형사사법체계 및 공판단계에 맞추어 그에 적합하도록 수사절차가 대응하게 마련이며, 또 수사구조 개혁은 현재의 문제가 되는 형사사법체계를 개선하는 방향으로 유도하여 시대에 부응하는 형사사법체계로 변화할 수 있게 함으로써 양자는 상호 피드백작용을 하기 때문이다.

수사구조 개혁 논의와 함께 우리 사회에서 꾸준히 제기되어 온 또 하나의 과제가 바로 형사사법제도의 개선문제이며, 그 개선요구에 따라 사법개혁위원회가 발족하여 1년 3개월 동안의 활동을 통해 우리나라의 형사소송절차의 문제점과 이를 개선하기 위한 개혁방안을 논의해 왔다. 사법개혁위원회에서 제시한 우리나라 형사사법제도의 개혁방안에 따라 향후 검찰과 경찰의 형사절차상 역할 및 위상에 변화가 예상되고 있는 바, 사법개혁위원회에서는 기본적으로 '공개 재판이 재판절차의 중심이 되어야 한다'는 '공판중심주의' 이념에 따라, 그리고 '유죄 무죄의 심증 형성은 오로지 공판정에서의 심리에 의하여야 한다.'는 입장에서 '공개주의, 구두 변론주의, 직접주의적 방법으로 재판이 진행되어야 한다.'는 취지에서, '공판주의적 법정심리절차의 확립을 위한 형사소송법 개정안'을 발표하였다.[62] 개정안 주요 내용을 보면, 증거능력 규정의 개선, 수사과정의 투명성 확보와 적법절차의 보장 및 피고인의 방어권 강화, 증거개시제도를 도입, 증거조사절차 등 공판중심주의의 개선 등으로 나누어 볼 있다.[63] 따라서, 사법개혁위원회의 위 각각의 개혁방안이 형사소송절차에 도입함에 따라 검·경의 역

---

62) 신승남, 「형사소송절차의 개선의 문제점과 변호사의 역할」, 2005년 8월 29일, 법의 지배를 위한 변호사대회 발표문, 13면, 사법개혁위원회의 형사소송법 개정안은 미국의 형사소송절차 모델로 출발한 것이라고 볼 수 있다.

63) 형사법개혁위원회에서 논의되고 있는 안건은 형사소송절차 개선 문제를 포함하여 대법원의 기능과 구성, 법조 일원화와 법관 임용방식 개선, 법조인 양성 및 선발, 국민의 사법참여(배심제, 참심제 등), 사법서비스 및 민사재판 개선방안 등 사법개혁위원회 자체 채택 안 등이다.

할이나 업무행태가 어떻게 변화될 것인지, 또한 어떠한 점에 유의해야 할 것인지를 미리 예측하여 볼 필요가 있다.

사전예측을 통해 검찰과 경찰의 역할과 위상이 어떻게 변화하고 재조정되어야 하는지, 검찰과 경찰의 역할 및 관계 변화의 모습은 현재 논의되고 있는 수사구조 개혁논의와 방향을 같이 하는 것인지 살펴볼 필요가 있다. 만일 형사사법개혁에 따라 변화될 검찰과 경찰의 역할 및 위상의 모습과 수사구조 개혁의 방향이 서로 배치된다면, 이는 형사사법제도의 전체 구도에 부조화, 불균형을 가져오게 된다. 여기서 수사구조 개혁논의와 관련하여 사법개혁위원회의 형사소송법 개정안의 새로운 제도 도입에 따른 검찰·경찰의 바람직한 역할변화 방향은 어떠한지 살펴볼 필요성이 있다.

가. 현재 추진 중인 형사사법제도의 개선 방향과 수사기관의 역할

1) 증거능력 규정의 개선과 검찰·경찰의 역할

사법개혁추진위원회[64]의 형사소송법개정안에서는 전문법칙의 예외가 폭 넓게 인정됨으로써 현행 현사재판이 수사기관이 제출한 조서를 비롯한 각종 기록을 확인하는 절차로 전락할 위기에 놓인 현실을 개선하고자 현행 증거법상의 증거능력 규정에 대폭 수정을 가하고 있다. 먼저 헌법에 보장된 적법절차의 원칙을 구현하기 위하여 위법수집증거배제의 원칙을 명시하였다(형사소송법 개정안 제307조). 나아가 검사 작성 피고인 진술을 기재한 조서의 증거능력 규정에 수정을 가하였다. 검사 작성의 피의자신문조서 증거능력이 부각된 이유는 형사소송법 312조 제2항에 의하여, 검사 이외의 수사기관이 작성한 피의자신문조서는 공판 준비 또는 공판 기일에 그 피의자였던 피고인이나 변호인이 그 내용을 인정할 때에 한하여 증거로 할 수 있다는 규정때문이다. 경찰의 수사권 독립을 주장하는 입장에서는 사법경찰관 작성 피의자신문조서의 증거능력 인정요건이 검사작성 피의자신문조서의 증거능력 인정요건에 비하여 현저하게 제한되어 있어, 검찰·경찰간의 이중수사의 폐해를 유발하고 있다는 점을 지속적으로 지적해 왔는 바,[65] 즉, 피고인 또는 변호인이 법관의 면전에서 검사 이외의 수사기관

64) 구체적으로는 대법원 산하 사법개혁위원회의 건의를 통해 발족한 사법제도개혁추진위원회가 그 연구 및 공청회를 통해 2005년 6월 24일 형사소송법 개정안을 발표하게 되었다.

이 작성한 피의자신문조서에 대해 '공판정에서 피고인의 진술내용과 배치되는 기재부분을 부인한다.'라고 진술할 경우 그 내용을 인정한 것으로 볼 수 없어,[66] 그 피의자신문조서는 증거로 채택될 수 없게 된다. 조서의 작성주체별에 따라 즉 검사와 검사 이외의 수사기관을 구별하여 증거능력의 인정요건을 규정하는 독특한 입법례를 보이고 있는 것이다.[67] 이에 사법개혁추진위원회는 2005년 7월 18일 제5회 의결에서 다시 제312조 제1항을 "검사가 피고인의 진술을 기재한 조서는 적법한 절차와 방식에 따라 작성된 것으로서 피고인이 진술한 내용과 동일하게 기재되어 있음이 공판준비 또는 공판기일에서 피고인의 진술 또는 영상녹화물 등 객관적인 방법에 의하여 증명되고, 그 조서에 기재된 진술이 변호인의 참여 하에 이루어지는 등 특히 신빙할 수 있는 상태 하에서 행하여졌음이 증명된 때에 한하여 증거로 할 수 있다."라고 다시 개정안을 제출하였다. 이 법안이 통과될 경우 기존의 증거법체계는 변화가 오게 되며 검사의 당사자로서의 공판활동의 강화 요청에 따라 변화를 수반하게 될 것이 예측 가능하다. 따라서 우선 경찰과 검찰의 업무행태와 관련하여 어떠한 변화가 초래될 것인지 예상해 보면 다음과 같다.

첫째, 검사 작성의 피의자신문조서에 대하여 수사기관 작성의 피의자신문조서에 비하여 더 나은 증거능력을 인정해야 한다는 종래 입장을 획기적으로 바꾸었다. 현행 증거법은 검사작성 피의자신문조서의 경우 사법경찰관 작성의 피의자신문조서와는 달리 피고인이 공판정에서 피의자신문조서의 진정성립을 부인하여도 피고인 진술이 특히 신빙할 수 있는 상태 하에서 행하여진 경우에는 피고인의 공판정에서의 진술에도 불구하고 증거능력을 인정하고 있으나, 개정안은 검사작성의 피의자신문조서를 '영상녹화물 등 객관적인 방법에 의하여 증명되고, 그 조서에 기재된 진술이 변호인의 참여 하에 이루어지는 등 특히 신빙할 수 있는 상태 하에서 행하여졌음이 증명된 때에 한

65) 즉, 이러한 이중수사의 문제점을 해소하고 국민편익에 부응하는 수사절차를 구현하기 위해 사법경찰관작성 피의자신문조서의 증거능력을 검사작성 피의자신문조서의 증거능력과 마찬가지로 증거능력 인정요건을 완화하자는 입법적 대안을 제시하여 왔다.

66) 대법원, 1965년 5월 31일, 선고 64도 723 판결.

67) 영미법은 물론 독일형사송법은 검사작성 피의자신문조서의 증거능력을 인정하지 않고 있다. 일본 형사소송법은 전문법칙(제320조 1항)을 채택하는 한편 그 예외(제321조, 제328조)의 하나로서 수사기관이 작성한 소위 피의자신문조서(공술녹취서)의 증거능력을 엄격하게 제한하고 있을 뿐, 검사와 사법경찰 직원에 따라 증거능력 인정요건을 달리 규정하고 있지 않다(제322조 1항).

하여 증거로 할 수 있다.'고 하여 그 특신성의 요건을 이전보다 강화하였다.[68] 이렇게 될 경우, 검사 작성의 피의자신문조서의 증거능력 인정 요건인 특신상황 판단에 변호인 참여여부가 중요하게 되는 등 변호인의 형사절차에서의 역할이 중요하게 되고, 수사기관이 작성한 조서가 법정에서 통용되는 현행의 조서재판의 관행은 점차적으로 지양될 가능성도 있어 보인다.

그러나 여전히 검사의 피고인에 대한 진술 조서와 검사 이외의 사법경찰관 작성의 피고인에 대한 진술조서의 증거능력에 차등을 두고 있음으로 인해 기존에 경찰의 수사권독립과 관련하여 주장되어 왔던 형사소송법 제312조 제2항의 사법경찰관 작성의 피의자신문조서에 대한 증거능력 완화, 즉 검사작성 피의자신문조서와 대등한 증거능력을 부여해 달라는 주장은 계속될 것으로 예상된다.[69] 그러나 공판중심주의 구현과 국민의 사법참여를 위한 배심제·참심제가 도입될 경우 전문법칙의 예외를 폭 넓게 인정하고 있는 현행 증거법에 대한 전면적인 재검토가 필요하며, 모든 증거를 차별없이 법정에 현출시키도록 하지 않도록 하여 증거 획득 과정에서의 불법은 어떠한 경우에도 용납될 수 없도록 영원히 증거능력을 배제시켜야 한다는 점에서 현행 검사작성 피의자신문조서의 증거능력도 원칙적으로 증거능력이 배제되는 방향으로 개정되는 것이 형사소송절차의 개선방향에 부합될 것이라 생각된다.

둘째, 공판중심주의적 법정절차의 확립에 따라 검사의 공판정에서의 입증활동이 강화되여야 함에 따른 검사의 역할이 변화될 것으로 예측된다.[70] 검사는 당사자로서

---

68) 이 밖에도 증거능력 규정을 개선하기 위하여 '검사 또는 사법경찰관 앞에서의 피고인 진술을 내용으로 하는 영상녹화물은 피고인이 법정에서 검사나 사법경찰관 앞에서 일정한 진술을 한 사실을 인정하지 아니하고, 조사자의 진술 등 다른 방법으로도 이를 증명하기 어려운 때에 한하여 보충적으로 증거로 할 수 있도록 하고(개정안 제312조의 2항), 피의자의 진술을 내용으로 하는 영상녹화물은 그 진술이 변호인의 참여하에 이루어지는 등 특히 신빙할 수 있는 상태하에서 행하여졌음이 증명되는 등 엄격한 요건을 갖추어야 증거로 가능하며(314조), 공판준비 또는 공판기일에 진술을 하여야 할 자가 사망, 질병, 외국거주, 행방불명 기타 이에 준하는 사유로 인하여 진술할 수 없을 때에는 수사기관의 조서 등을 증거로 할 수 있도록 하는 등(316조) 전문법칙의 특신성의 요건을 보다 엄격하게 인정하는 방향을 취하고 있다.

69) 반대 견해로 이동희, 「경찰수사제도의 개선에 관한 연구」, 치안정책연구소(2005-13), 306면.

70) 이 이외에도 배심제나 참심제가 도입될 경우, 구체적인 제도운용의 형태에 따라서는 배심이나 참심으로 선정된 자에 대한 신변보호의 문제가 대두될 것이며, 이 경우 경찰이 이들에 대한 보호업무를 담당하게 될 가능성을 배제할 수 없다. 아울러 법정증언이 의 증가에 따른 증인에 대한 신변보호업무의 증가도 예상할 수 있을 것이다.

공판활동에 주력해야 할 수밖에 없고, 또한 기존의 조서재판 관행을 유지할 수 있었던 증거법 체계에 변화가 수반됨으로서 수사기관에 의한 피의자에 대한 직접적인 조사필요성은 점차 낮아지게 된 것이다. 이러한 변화는 경찰의 수사기관으로서의 역할분담을 더욱 촉진시킬 것이고, 검사의 공소관 역할강화로 인해 검찰과 경찰의 역할 및 상호관계를 재정립하는 방향으로 개선될 것이다.

2) 수사과정의 투명성, 적법절차의 보장, 피고인의 방어권 강화와 검찰・경찰의 역할

수사과정의 투명성을 확보하고 수사의 적법절차를 보장하기 위하여 검사나 사법경찰관 등은 수사과정에서 작성되거나 취득한 서류 등의 목록을 빠짐없이 작성하여야 하고(개정안 제198조), 피의자의 진술은 피의자 또는 변호인의 동의가 있을 때에는 영상녹화를 할 수 있으며, 이 경우 조사의 전과정과 객관적인 정황을 모두 녹화하여야 한다(제244조). 또 영상녹화가 완료된 때에는 지체없이 그 원본을 봉인하고, 피의자 또는 변호인의 요구가 있는 경우 재생하여 시청하게 하고, 그 내용에 대해 이의를 제시할 때에는 그 취지를 서면에 기재하여야 한다(제244조의 2항). 검사 또는 사법경찰관은 피의자가 진술거부권과 변호인의 조력을 받을 권리를 행사하지 아니할 의사를 명시적으로 표시하기 전에는 조사에 들어갈 수 없도록 하고, 이에 대한 피의자의 답변여부를 조서에 기재하도록 하며(제244의 3조), 신문에 참여한 변호인은 원칙적으로 신문이 끝난 후 의견을 진술 할 수 있으나, 신문 중이라도 부당한 신문방법에 대하여 이의를 제기할 수 있고, 검사 또는 사법경찰관의 승인을 얻어 의견을 진술할 수 있도록 하고 있다(제244의 4조).

피고인의 방어권 강화를 위해 피고인의 진술거부권 침묵과 진술거부를 모두 포함하는 개념으로 규정하였으며, 피고인은 수사기관의 개별적 질문에 대해 답변을 거부할 수 있음은 물론이고, 처음부터 일체의 진술을 하지 아니하고 침묵할 수 있는 권리가 있음을 명백히 하였다(제275조, 제283의 2조). 과거 법규체제상의 문제점이 지적되었던 진술거부권의 규정을 인정신문 앞으로 옮겨 인정신문에 들어가기 전에 진술거부권을 고지하도록 하였으며, 검사의 공소장 낭독을 필수적 절차로 하여 재판의 시작단계에서 심리의 대상을 명확히 하도록 하고(제285조), 검사의 모두 진술이 끝난 뒤 피고인으로 하여금 공소사실의 인정여부를 진술하도록 하여 사건의 쟁점이 조기에 부각되도록 하고, 재판장은 피고인의 모두 진술이 끝난 뒤 피고인 또는 변호인에게 쟁점정리를 위한 질문(제287조의 2 제1항)을 할 수 있도록 하였다. 그리고 증거조사에 들어가기에 앞서 검사, 변호사로 하여금 공소사실 등의 증명과 관련된 주장 및 입증계획 등을 진술할 수 있도록 하여 피고인의 방어권 보장을 위한 절차규정을 구체화하였고(제287조의 2 제2항), 공판정에서의 좌석배치에서 피고인이 변호인의 조력을 실질적으로 받을 수 있도록 피고인석을 변호인석 옆으로 이동시켰다. 위와 같은 형사소송법 개정안들은 궁극적으로 공판중심주의 실현을 위한 피고인의 방어권 보장을 그 중심 내용으로 하고 있음을 알 수 있는데, 영미법계에서의 공판중심주의는 전문증거의 증거능력을 엄격히 제한하여 사실을 체험한 자가 공판정에서 직접 출석하여 진술함으로써 실체적 진실을 발견해 나간다는 절차를 이상으로 하는데, 대륙법계의 형사절차에서도 구술주의와 직접주의를 엄격히 적용함으로써 실질적인 의미에서의 공판중심주의를 구현하고 있다.

이번 형사소송절차 개정에 의해서 수사기관의 피의자, 피고인에 대한 수사과정의 적법성을 고도로 확보할 수 있을 것이 기대되며, 반면 수사기관의 업무는 그만큼 과중될 것이 예상된다. 과거에 수사 객체나 재판을 받는 자의 지위에 지나지 않았던 피고인은 소송주체로 부각되고 검사와 대등한 지위에서 공격방어를 할 수 있는 기반이 마련되었다. 검사의 형사소송진행에 있어서의 지위는 피고인과 대등한 당사자로서의 지위로 재정립될 것이며, 이러한 당사자주의적 형사사법체제 하에서 검사는 더 이상 공소자 역할과 동시에 수사의 주재자 지위를 가질 수 없게 된다. 왜냐하면, 검사와 대등한 공격권과 방어권이 피고인 측에 보장되기 위해서는 검사에게 더 이상 수사의 주재자라는 지위를 인정할 수 없기 때문이다. 법정에서 대등한 당사자로서 검사와 공방을 벌어야 할 피고인에 대하여 검사가 그 이전 단계인 수사절차에서 피고인을 직접 수사한다는 것은 대등당사자의 방어권 보장이라는 당사자주의의 본질을 침해하는 것이 된다.

일본의 경우 제2차 세계대전 이후 1948년 현행 형사소송법 제정과 더불어 경찰을 제1차적 수사기관으로 자리매김하고, 검사의 역할은 공소관으로서 공판활동을 본연의 임무로 하며, 다만 공소유지를 위해 필요한 범위 내에서 보충적·보정적 수사를 담당하게 하는 방향으로 개혁되었다. 이렇게 검사 역할이 변화하게 된 것은 일본의 현행 형사소송법이 당사자주의를 강화한 결과, 검찰관의 공소관으로서의 직무가 차지하는 비중은 과거 법제하보다 더욱 중요시되었으며, 경찰활동의 지방분권화, 경찰의 민주화가 이루어진 일본사회에 있어서는 수사의 제1차적 책임은 분권화된 경찰에 분배되었다.[71][72] 결국, 공판중심주의 확립과 피고인의 방어권 보장을 위한 형사소송절차의 개선과 함께 이의 궁극적인 실현을 위하여 검사의 역할은 공소관으로서 주된 임무를 수행하도록 재조정되어야 하고, 또 수사권은 수사전문기관인 경찰이 담당하고, 그 책임을 지도록 하는 것은 위 형사절차개선방향과 궤를 같이하는 것이 된다.

3) 증거개시제도의 도입과 검찰·경찰의 역할

사법개혁위원회의 개정안은 미국식의 증거개시제도를 도입하여 공소제기 후 제1회 공판기일 전에 검사가 피고인 또는 변호인에게 수사기록을 열람할 수 있도록 허용하고, 검사가 피고인 또는 변호인의 열람·등사 신청을 거부할 때에는 법원에 불복신청을 할 수 있도록 하였다(개정안 제266의 3조). 열람·등사신청의 전제가 되는 서류

---

71) 団藤重光, 條解刑事訴訟法(上), 弘文堂, 1950년, 348면; 伊藤榮樹외 5인, 注釋刑事訴訟法[新版]第3卷, 立花書房, 1996년, 18면 참조(참고로 동 주석서의 저자대표 6명은 검사총장 출신 1명(伊藤榮樹)을 포함하여 전현직의 검찰관 3명과 판사 3명으로 구성되어 있다.)

72) 구형사소송법 하에서 수사의 주재자 역할을 수행하는 일본검찰은 1948년 현행 형사소송법이 제정되면서 일본의 경우, 수사권을 1953년에 경찰수사에 대한 지휘권을 구법 당시 형사소송법의 일부개정안을 통과시키려는 움직임에 대하여 저명한 형사법학자인 동경대의 団藤重光 교수(최고재판소판사 역임)는 당사자주의 하에서의 검찰의 역할에 대하여 다음과 같은 의견을 피력한 바 있다. "문제는 곧 형사소송의 근본적인 구조에 관계된다. 만약 구법과 같이 직권주의적인 절차라면 수사는 공판절차의 전(前)절차에 지나지 않는다. 이러한 절차에서는 공판절차의 주재자가 재판소인 것과 마찬가지로 전절차인 수사의 주재자는 검찰관이다. (중략) 새로운 형사소송법과 같은 당사자주의적인 절차구조 하에서는 완전히 그 취지를 달리한다. 검찰관의 주된 임무는 공판절차에 있어서의 原告官으로서의 임무이다. (중략) 이러한 절차구조 하에서는 검찰관은 더 이상 수사의 주재자일 수는 없다. 이것은 단지 이론적으로 그러하다는 정도의 것이 아니다. 실제상으로도 검찰관이 수사의 면에 주력한다면 그 만큼 공판에 있어서의 임무 공백이 생기는 것은 당연하다. 그것은 공판절차의 당사자 주의적 운용을 저해하게 되며, 나아가서는 신형사소송법, 거슬러 올라가면 신헌법 그 자체의 요청인 당사자주의를 근저에서부터 흔드는 일이 될 것이다. 검찰관이 수사면에 있어서 사법경찰직원의 활동을 자기의 통제 하에 묶어두려고 하는 움직임은 이러한 근본적인 문제에 결부되는 것임을 충분히 인식하고 있지 않으면 안 된다. (중략) 이러한 개정의 방향은 현행법의 정신과 배치된다는 점을 지적하지 않을 수 없다. 솔직히 말하자면 현행법 제193조 조차도 신형소법 입법 당시의 과도기적 과정이며, 장래에는 이 규정이 오히려 점차 제한되거나 삭제되는 방향으로 나아가는 것이 이상적이라 생각하고 있었다." 団藤重光, 刑事訴訟法改正案をめぐて—とくに檢察官と司法警察職員との關係—, 警察學論集第6卷第3號, 立花書房, 1953년, 3~5면 및 7면.

등의 목록은 반드시 개시하도록 하며, 검사가 법원의 열람·등사에 관한 결정을 이행하지 아니한 때에는 해당 서류 등에 대한 증거신청을 하지 못하도록 하고, 피고인 측도 공판준비절차에서 현장부재, 심신상실 또는 심신미약 등의 주장을 한 때에는 검사에게 그 주장과 관련된 서류 등의 열람·등사를 허용하도록 하였다. 동시에 피고인 측의 수사서류 등 증거 남용을 제재하기 위하여 피고인 또는 변호인이 개신된 서류 등의 복사본을 당해 사건이나 관련 소송의 준비 이외의 목적을 위하여 타인에게 교부하는 행위 등을 처벌하는 규정을 두었다. 이와 같은 개정안은 피고인의 방어권을 실질적으로 보장함으로써 제1회 공판기일 전에 검사가 피고인 또는 변호인에게 수사기록의 열람을 허용하고, 수사기록에 대한 실질적 접근권을 보장하는 것을 내용으로 하는 증거개시제도를 도입한 것으로, 공판절차에 들어가기 전에 각종 증거자료가 피고인에게 개시되면 피고인은 충분한 방어 준비기회를 확보하고 소송쟁점을 정확하게 파악, 정리하여 공판에 임하게 됨으로써 신속하고 공정한 재판을 실현할 수 있을 뿐만 아니라, 형사피고인에게 불의의 공격을 받지 않게 하여 실질적인 당사자대등주의를 실현할 수 있게 된다.

이는 헌법재판소가 검사보관의 수사기록에 대하여 변호인의 열람·등사를 지나치게 제한하는 것은 피고인의 신속, 공정한 재판을 받을 권리 및 피고인에게 보장된 변호인의 조력을 받을 권리를 침해하는 것이라고 판시함으로써 이를 신속, 공정한 재판을 받을 권리와 변호인 조력권의 내용으로 인정한 것을 명문화시킨 것이다. 이로써 검사의 공소제기 전후 증거조사 이전 피고인은 검사에게 검사가 보관하고 있는 수사기록에 대하여 열람·등사하게 해 달라고 청구함으로써 형사피고인의 기본권으로 헌법 제12조 제4항에서 규정하고 있는 "변호인의 조력을 받을 권리"와 헌법 제27조 조1항과 제3항에서 규정하고 있는 "신속하고 공정한 재판을 받을 권리"로 인정받게 되어 피고인의 실질적 방어 기회가 한층 강화되었다.

검사는 수사단계에서도 더 이상 피고인 또는 변호인의 수사기록 열람·등사를 거부할 수 없게 현실적으로 조정된 결과, 수사절차에 있어서 검찰과 경찰의 인권침해적인 수사가 지양되고, 반면 변호인의 수사절차 참여가 강화되고, 실질화됨으로써 수사기관의 수사권 남용에 대한 견제장치로 기능하게 될 것이다. 이러한 피고인, 변호인의 실질적 방어권, 참여권 보장은 수사구조 개혁에 필요적으로 보완되어야 할 사항으로 지적[73)]되었다.

나. 형사절차 개선과 검찰·경찰의 관계 예측

사법개혁위원회가 제시한 형사사법제도 개정안의 주요 내용을 보면, 증거능력 규정의 개선, 수사과정의 투명성 확보와 적법절차의 보장 및 피고인의 방어권 강화, 증거개시제도를 도입, 증거조사절차 등 공판중심주의로의 개선 등으로 나누어 볼 수 있다. 공판중심주의로 형사절차가 개정될 경우 형사절차제도에 맞물려 수사체제 또한 바람직하게 재정립되어야 한다. 왜냐하면, 형사소송구조 안에 수사체제가 포함되어 있어 그 변화의 모습은 같은 방향으로 나아가야 할 것이기 때문이다. 형사사법제도 개선에 따른 바람직한 검찰·경찰의 관계를 정리해 보면 다음과 같다.

1) 수사업무와 공소업무의 분화를 통한 상호 권력통제

그동안 공소권의 주체인 검사에 의한 직접적인 수사진행은 물론 수사과정의 과도한 관여로 인하여 검찰권력의 비대화를 초래한 반면, 이에 대한 견제장치는 마련되지 않았으며, 인권 침해적 피의자신문절차라는 여건을 암암리에 조장하고, 또 검사의 기소재량을 악용한 비합법적 사법거래가 비공식적으로 행해짐은 물론 수사종결을 위한 허위진술 취득의 위험성 문제가 매번 제기되어 왔다. 또 검사는 공소 이전에 수사관이었던 이유로 공소기관으로서 요구되는 객관성과 중립성을 지키기 힘들며, 이는 당사자인 검사의 지위와도 배치될 뿐만 아니라 피고인의 방어권을 제약하고 있다는 문제점 등이 지적되어 왔다. 검사의 이러한 수사기관으로서의 지위는 피고인의 방어권 실질적 보장 및 당사자대등주의 그리고 공판중심주의 형사절차와 모순관계라 하지 않을 수 없다. 따라서 공판중심주의와 피고인의 방어권 보장과 그 방향을 맞추어 검찰에 의해 장악되어 있는 현재 수사구조는 개별 절차라 할 수 있는 수사업무와 공소업무를 분리하여 수사는 수사기관이 담당하고, 공소는 공소기관이 담당하게 함으로써 권력의 어느 기관에 집중되는 것을 예방하여 권력분립에 의한 견제 및 균형의 원리를 실현해야 한다.

---

73) 서보학, 「수사권 중립을 위한 수사권의 합리적 배분」, 2002년 12월 4일, 한국헌법학회 제24회 학술대회 발췌문.

2) 검사의 공소업무충실과 공소유지를 위한 검찰·경찰의 상호 협력

우리나라 검찰은 공소권 및 수사의 주재권을 모두 가지고 있어 '검찰의 사법경찰화'라는 비판을 받고 있다. 따라서 검사는 전문적 법률지식인으로서 공판활동에 충실하도록 하고, 공소제기나 유지를 위하여 필요한 경우에 직접적인 수사나 수사에 대해 관여할 수 있도록 함으로써 필요 최소한의 범위로 한정시키는 방향으로 수사구조 개혁이 이루어져야 한다. 또한 공판중심주의 실현을 위해서도 검찰과 경찰은 공소유지를 위해서 상호 협력해야 할 필요성이 있으며, 이를 위해 검찰은 공소유지를 위해 수사가 필요한 경우 경찰에 보완수사를 요구하고, 경찰은 이를 충족시켜 주는 기능적 분담이 이루어져야 한다. 검찰이 직접 보완수사를 담당하는 것을 최소한으로 하고 되도록 경찰을 통하여 충족시키는 방향이 바람직하다.[74)]

3) 외부적 통제에 의한 경찰의 적법한 수사절차 확보

한편, 수사구조 개혁을 통해 경찰에게 독자적 수사권이 부여될 경우 경찰에 의한 수사절차에 인권침해의 우려는 그 이전보다 더 많아질 수 있다. 따라서 수사절차의 투명성을 확보하고, 이에 대한 객관적 통제장치가 함께 마련되어야 한다. 이점에서 사법개혁추진위원회의 개정안에 수사과정의 투명성과 적법절차를 보장하기 위한 제반 규정이 마련된 것은 다소 늦은 감이 있지만 환영하지 않을 수 없다. 피의자신문에 변호인 참여제도가 실질적으로 보장되고, 신문에 참여한 변호인은 원칙적으로 신문이 끝난 후 의견을 진술할 수 있으나, 신문 중에도 부당한 신문방법에 대하여 이의를 제기할 수 있고 검사 또는 사법경찰관의 승인을 얻어 의견을 진술할 수 있게 됨으로써, 변호인 참여제도에 의한 외부적 통제를 통해 경찰의 적법한 수사절차를 확보할 수 있는 계기를 마련하였다. 결국, 형사사법제도의 개선방안에 있어서 검찰·경찰의 역할 변화의 방향은 앞으로 도입될 공판중심주의에 대응하여 검사는 공소업무에 그리고 경찰은

---

74) 이러한 분담체제를 이루기 위해서는 검사작성 조서를 사법경찰작성의 조서에 비하여 그 증거능력 인정 요건을 극히 완화시키고 있는 현행법의 규정은 개정되어야 하는 바, 그 개정은 검사작성 조서의 증거능력을 엄격한 요건 하에서 인정함과 동시에 검찰·경찰간의 조서의 증거능력 인정요건을 동일하게 규정하는 방향이어야 할 것이다. 그런 점에서 여전히 작성 주체별로 조서의 증거능력에 차별화를 두고 있는 사법개혁추진위원회의 개정안에 대해서는 여전히 그 논란이 계속될 것으로 보인다.

수사업무에 전념하는 방향으로 나아감으로써, 업무의 분업화를 도모하고, 점차 수사권을 다원화하여 기관간 상호 견제와 균형을 이루도록 하는 구도로 요약될 수 있다. 나아가 외부적 통제를 통하여 수사기관의 수사절차의 투명성을 높이고 피의자의 방어권을 보장하는 제도적 장치가 마련되어질 것으로 기대된다. 결국 사법개혁추진위원회의 개정안에 도입된 형사절차의 개선은 근본적으로는 현행의 검사독점적 수사체제에 변화를 요구하지 않을 수 없으며, 이는 궁극적으로는 경찰의 독자적 수사권 인정 또는 수사권 조정을 통해 이루어져야 해결될 수 있을 것이다. 왜냐하면, 경찰의 독자적인 수사권이 인정되지 않고는 검찰의 수사지휘 및 관여가 깊숙이 이루어지고 있는 현행의 수사체제에 수사기관의 다원화를 가져올 수 없을 뿐만 아니라, 검찰과 경찰이 상호 견제하고 통제할 수 있는 실효적인 수단이 가동될 수 없기 때문이다.

[그림 3-5] 형사사법제도 개혁방안에 맞는 바람직한 검찰 · 경찰의 관계[75]

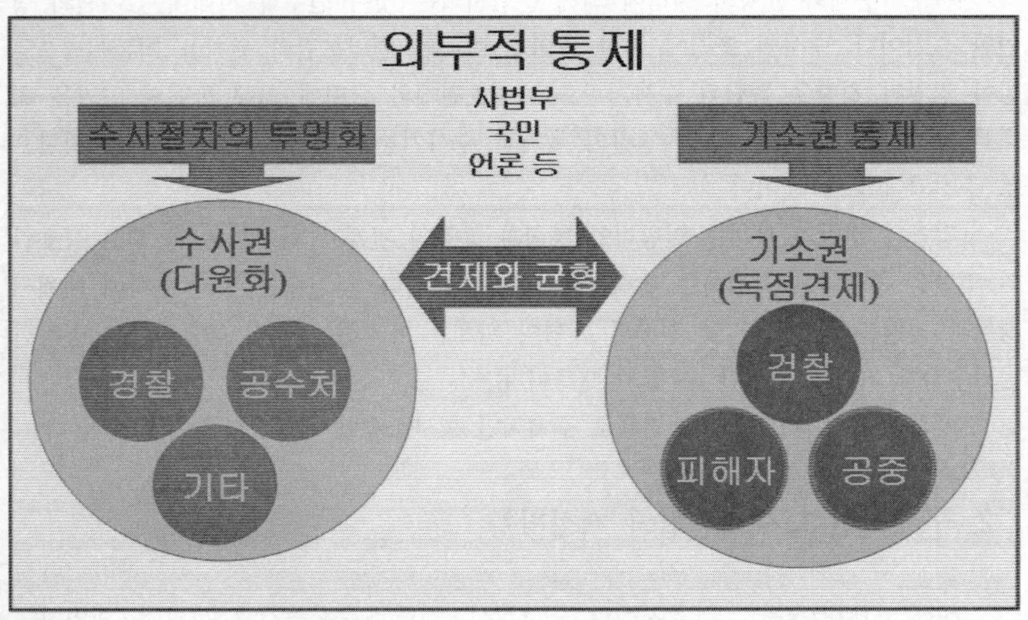

75) 이동희, '경찰수사제도의 개선에 관한 연구', 경찰대학 치안정책연구소, 327면.

제 2 절 합리적인 수사권 조정의 방향

1. 기본적인 방향

경찰의 수사권 조정 방안으로는 절도·폭력·교통사고 등 민생치안 범죄수사와 이를 포함한 모든 인지된 범죄에 대한 1차적 예비적 초동수사권을 인정하여 경찰의 수사업무 효율성을 제고하고 검사의 수사업무 부담을 경감시키는 것이 바람직하다. 이는 검사의 기소를 보다 공정하고 정확하게 하고 국민의 신속한 재판을 받을 권리를 보장하며, 현행 경찰의 독립적 수사관행을 현실화시켜 주는 방안이 될 것이다.

한편, 민주주의 기본이념은 국민의 복리를 최대한 보장하는 데에 있으며 이는 국가권력을 견제와 균형의 원리에 의해 분립시키는 것이 민주화 시대에 있어서의 당연한 요청이다. 수사권 조정에 관한 논의도 이러한 권력분립의 원칙을 기본이념으로 삼아 검찰과 경찰을 독립된 수사기관으로 상호견제와 균형에 의해 국민의 인권을 최대한 보장할 수 있도록 하고, 경찰의 독자적 수사기능을 정당화시킬 수 있는 방향으로 추진되어야 할 것이다.

검찰과 경찰의 관계는 일방적인 명령과 복종의 관계가 되어서는 안 되고 상호간의 의견을 존경하고 합의하는 협력관계가 되어야 한다. 사건송치 전의 수사에 대해서 경찰과 검찰은 상호협력 및 견제와 균형의 관계를 유지하는 것이 능률적이고 공정한 범죄수사가 되는데 기여할 수 있기 때문이다.

이러한 기본적인 방향을 전제로 구체적인 형사소송법 개정방향을 정리해 본다.

2. 구체적인 형사소송법의 개정방향

첫째, 사법경찰관리의 독자적인 수사개시·진행권(수사종결권 제외)을 확인하는 일반적 법적 근거가 마련되어야 한다.[76][77] 현재 경찰은 전체 수사의 97%를 담당하면

76) 조국, 실사구시의 원칙에 선 검찰·경찰 수사권조정방안, 2005년 4월 11일 검·경 수사권조정 공청회

서도 수사업무에 대한 독자적 권한에 관하여 법적 보장을 받지 못하고 있다.

이러한 점은 우리 형사소송법의 모태가 된 대륙법계 국가인 독일과 프랑스 형사소송법의 경우와도 확연한 대조를 보이고 있는 바,[78] 검찰·경찰간의 수사권 조정에 있어서 법적 근거의 마련은 가장 먼저 해결되어야 할 부분이다.[79] 이와 관련 경찰의 수사권 근거규정 마련에 있어서 국내법에서 참조할 만한 근거규정으로는 군사법원법 제228조를 들 수 있으며, 동조는 표제를 '검찰관·군사법경찰관의 수사'로 하면서, "검찰관 및 군사법경찰관은 범죄의 혐의가 있다고 생각되는 때에는 범인·범죄사실 및 증거를 수사하여야 한다. 군사법경찰관이 수사를 시작하여 입건하였거나 입건된 사건을 이첩받은 경우에는 이를 관할 검찰부에 통보하여야 한다."라고 규정하고, 동법 제37조에서는 검찰관의 직무는 범죄수사 및 공소제기와 그 유지에 필요한 행위를 주된 것으로, 동법 제43조에는 군사법경찰관은 범죄를 수사한다고 규정하고 있다.

또한 피의자를 구속하기 위한 구속영장은 군사법경찰관이 검찰관에게 청구하며, 관할관이 발부하도록 규정하고 있다. 위와 같은 규정에 따라 현재 검찰관과 군사법경찰관이 각기 독립적으로 수사권을 가지고 상호 협조적으로 공조를 하고 있다. 즉 검찰관과 군사법경찰관의 관계는 상호협조 내지 상호독립의 관계에 있어 검찰·경찰간의 수사권 조정 입법에 위 규정을 참고로 충분한 자료 근거가 되고 있다. 한편, 초동수사권을 양 수사기관이 모두 가질 경우, 그 수사현실에 있어서는 양 수사기관의 충돌이 야기될 수 있으므로, 이를 방지하기 위해서는 실무적으로 발생할 수 있는 문제를 해결하는 법규가 함

세미나 자료문.

77) 위 전게논문. 입법형식으로는 (i) 형사소송법 제195조의 표제를 <검사와 사법경찰관리의 수사>로 변경하고 제1항의 주어에 사법경찰관리를 추가하는 방식, (ii) 검사와 사법경찰관리의 수사를 형사소송법의 별도 조항으로 구별하여 조문화하는 방식 등이 있음을 소개하고 있다.

78) 독일 형사소송법 제163조는 "경찰 기관과 공무원은 범죄행위를 조사하여야 하며, 사건의 증거인멸을 방지하기 위하여 지체해서는 안될 모든 조치를 취하여야 한다. 이 목적을 달성하기 위하여 경찰기관과 그 공무원은 모든 관서에 정보를 의뢰하거나 또한 지체의 위험이 있는 경우, 이 정보를 요구할 수 있으며, 또한 다른 법률이 경찰의 권한을 특별히 정하지 않는 한 모든 종류의 수사를 진행할 권한을 갖는다"고 규정하여 경찰의 범죄혐의에 대한 적극적인 인지권, 즉 수사개시권을 명문으로 보장하고 있고, 프랑스 형사소송법 제14조는 "사법경찰은 예심이 열리지 않는 한 범죄를 적발하고 범인의 발견 및 증거를 수집하는 임무를 맡는다"라고 규정하여 경찰 수사에 대한 일반적 법적 근거를 설정하고 있다. -조국, 전게논문.

79) 현재 검찰과 경찰간의 수사권 조정 방향에 대하여 경찰의 독자적 수사권 인정여부가 가장 핵심적인 부분으로 검찰은 이에 대해 절대 반대의 입장을 취하고 있다.

께 마련되어야 할 것이다. 이에 관하여는 뒤에서 다시 살펴보기로 한다.

둘째, 사법경찰에 대한 검사의 수사지휘권은 현행대로 유지되는 것이 바람직하다. 일부 견해에서는 검사의 수사지휘권의 필요성을 완전 부정하고 수사에 있어서 검찰·경찰간의 관계를 대등한 협력관계로 재편해야 한다거나, 수사는 경찰이 전담하되 공소는 검사가 전담하는 체제로 역할을 완전히 구분하여 재편해야 한다는 견해도 설득력이 없는 것은 아니다.[80] 그러나 우리나라 경찰의 현실 및 수사현실 또한 감안하지 않을 수 없는데, 현재 한국경찰은 경찰청장을 정점으로 15만명의 인원으로 구성되는 강력한 중앙집권적 국가경찰제도를 유지하고 있으며, 현재의 수사권체제가 검사를 수사의 주재자임을 전제로 이루어져 있기 때문에 검사의 수사지휘권을 전면적으로 배제시킬 경우 검찰·경찰간의 충돌 그리고 기존의 수사체제가 완전히 바뀜으로 인하여 오는 혼란이 초래될 수 있다.[81] 이러한 현실에서 경찰수사에 대한 기존의 검사의 지휘권을 전면적으로 폐지하기보다는 공소 책임자이자 법률가인 검사가 경찰수사를 지휘하는 장치를 유지하는 것이 실체적 진실발견과 피의자의 인권보호에 유리할 것이다.

결국, 검사의 수사지휘권을 존치시키면서 검찰과 경찰의 관계를 협력관계로 구성하되, 점차적으로 경찰수사의 능력을 향상시키면서 단계적으로 수사권을 독립시켜 나가야 할 것이다. 다만, 검사의 수사지휘권은 중요범죄에 집중하여 행사하게 하고, 중요범죄가 아닌 경우에는 일반적으로 경찰에게 독자적인 수사권이 인정되어야 한다. 현행의 '사법경찰관리집무규칙 제11조'에 의하면 사법경찰은 검사에게 중요범죄 발생을 보고하도록 의무화하고 있는 바, 이미 앞에서 살펴보았듯이 지난해 검·경 수사권조정협의체에서는 위 대상범죄 중 축소조정 된 총 12개 범죄(내란, 외환, 국기, 국교, 폭발물, 공안, 살인, 국가보안법, 선거법, 4급 이상 공무원 범죄, 사회의 이목을 끌만 하거나 정부시책에 중대한 영향을 미치는 범죄, 지방검찰청 검사장 또는 지청장이 지시한 사항

80) 외국의 경우 이러한 입법적 태도를 취하고 있는 나라도 있고, 우리 역사에서도 1945년 미군정은 법무국검사에대한훈령 제3호(1945년 12월 29일)를 통하여 검사의 수사지휘권을 배제하는 조치를 취한 적도 있다. -조국, 위 전게논문.

81) 검사에게 수사지휘권을 존치시키는 또 하나의 근거로 경찰의 수사인력의 자질과 수준 정도에 있어서 아직은 전면적인 독자적 수사권을 인정받기에는 미흡하다는 점, 검찰의 수사권독점에 의해 검찰비리를 단호하게 수사하고 있지 못하다는 비판과 마찬가지로 경찰조직 또한 스스로 경찰 내부의 비리를 단호하게 감찰·징계하는 노력 역시 부족한 현실을 간과할 수는 없다는 점을 들고 있는 학자도 있다. 조국 교수 위 전게논문.

등)로 검사의 수사지휘권이 인정되는 중요범죄로 한다는 것에 합의하였다.

따라서 이러한 협의체의 결과를 토대로 중요범죄에 대하여 검사의 수사지휘권이 집중되어 행사할 수 있도록 조정한다면, 경찰의 자율적 수사권이 보장될 수 있음은 물론 검찰의 수사지휘권 확보를 통해 양자의 수사권력에 있어서의 균형을 이룰 수 있게 된다.[82] 셋째, 사법경찰관에게 공소권 없는 형사사건에 한정하여 수사종결권을 인정하되, 검사에게 이에 대한 사후적 보고의무를 통해 사법경찰관의 자의적인 수사종결의 여지를 예방하여야 한다. 한편, 그 이외의 형사사건에 대한 수사종결권은 모두 검사에게 있으므로, 검사는 경찰의 중요범죄 이외의 범죄에 대한 수사가 송치된 이후에도 검사는 공소유지 여부의 판단에 필요한 수사의 개시 또는 보강을 경찰에게 요구할 수 있을 것이다.

넷째, 사법경찰에 독자적인 수사권이 인정되는 대신 이에 대한 검찰의 통제장치가 마련되어야 한다. 즉 경찰의 독자적 수사로 인한 인권침해 사태 및 수사왜곡의 가능성을 방지하기 위하여 검찰의 통제장치는 사법경찰의 수사권 인정시 반드시 수반되어야 한다. 이를 위해서는 검사에게 수사상 '일반적 기준 제정권'을 부여하여 사법경찰의 수사절차법에 관한 집행의 통일성과 형평성을 확보하도록 하여야 한다.

제 3 절 검찰·경찰간 수사권 조정을 위한 구체적 입법 모델

이상과 같은 수사권 조정을 위한 기본적인 형사소송법 개정 방향을 전제로 현재 각계에서 제시되고 있는 수사권 조정안으로서의 가능한 입법 모델을 먼저 살펴보고 가능한 입법모델 중 가장 바람직한 안은 무엇인지 살펴보기로 한다.

---

82) 조국교수는 위 전게 논문에서, 형사소송법 제196조의 표제는 <검사의 수사지휘권>으로 변경하고, 지휘권의 범위와 행사방식에 대한 세부사항은 '검·경 수사권조정협의체'에서 합의한 항목을 기초로 하여 대통령령에 위임하는 입법형식을 취할 것을 제안하였다. 그리고 공소유지에 필요한 경우 검사가 경찰에게 수사의 개시 또는 보강을 요구할 수 있는 권한을 형사소송법에 명시함과 아울러 세부 법령을 통해 검사의 수사지휘를 원칙적으로 서면으로 하도록 하여 지휘의 정형화·투명화를 꾀할 필요도 있다고 하였다.

1. 제시 가능한 여러 가지 입법 모델

현행 형사소송법은 영미법계의 많은 장점을 도입·채택하면서도 수사권체제만은 대륙법계의 영향을 받아 검사주재의 수사권체제를 택하고 있다. 이러한 현행 법제하에서 경찰수사권 조정문제를 어떤 방향으로 그리고 어느 범위까지 인정할 것이냐에 대하여는 다음과 같은 기본방안이 제시되고 있다.

가. 수사권 조정모델

1) 경찰에 대한 1차적·본래적 수사권 부여 방안(제1안)

가) 내용 및 평가

일본의 수사권체제와 같이 경찰에게 1차적·본래적 수사권을 부여하고 검사에게 2차적·보충적 수사권을 부여하는 방안이다. 즉 경찰수사권의 독립이 검찰수사권과 완전히 별개의 수사권을 갖는다는 의미가 아니라 경찰 본래의 기능인 수사기능을 경찰 스스로의 권한과 책임으로 수행하여 민주적이면서도 효율적인 수사행정을 이룩하는 동시에, 검사가 기소·불기소의 권한을 적정하게 행사하기 위하여 사법경찰의 수사 내용을 보충하거나 사건의 성질상 사법경찰보다 검사 자신이 수사를 개시하는 것이 적당하다고 판단하는 경우에는 독자적으로 수사할 수 있는 것으로 하자는 방안이다.[83)]

이는 검사의 고등수사기관으로서의 필요성과 지위를 긍정하면서도 경찰의 독자수사권 부여를 통한 권력분립원칙의 장점을 최대한 살린 방법으로 알려져 있으며, 검사와 경찰의 관계를 대등·협력관계로 보고 수사가 인권에 미치는 권력적 작용을 최소화하고 검찰과 경찰에 수사권을 분산시키는 것이 형사소송의 이념인 실체진실발견과 인권보장을 매우 합리적이면서도 이상적으로 조화한 것으로 평가받고 있다. 또한 검사의 소추권은 필연적으로 경찰의 수사권을 전제로 한 권한이기 때문에 경찰이 수사기관이라 하여 그 기능이 검찰로부터 완전히 독립될 수는 없는 것이므로 일정한 범

---

83) 현재 이러한 입장을 취하고 있는 대표적인 학자는 서보학교수이다. 서보학, "검찰·경찰간의 합리적 수사권 조정 방안", 2005년 검·경 수사권조정 공청회, 2005년, 71면.

위 내에서 검사에게 수사지휘권을 인정하여 주면서 경찰에게 독자적인 제1차 수사기관으로서 수사영역을 확보시켜 주기 때문에 현실적이고 합리적이다.

수사가 인권에 미치는 권력적 작용을 최소화하고 검찰과 경찰에 수사권을 분산하기 위하여 검사와 사법경찰의 관계는 원칙적으로 상호 대등·협력관계로 한다. 따라서 사법경찰과 검찰은 수사에 대해 대등한 지위를 갖기 위해서는 현행법상의 상명하복관계와 검사의 구체적 사건에 대한 개별적인 수사지휘권 등이 폐지되어야 한다. 즉 검사의 사법경찰에 대한 지휘감독 및 사법경찰의 복종의무규정, 사법경찰에 대한 검사의 교체임용요구권과 각종 보고의무 등도 폐지되거나 적어도 완화되어야 한다. 그러나 수사의 적정화 및 효율화, 공소의 적정한 유지를 위해 일정한 범위 내에서 검사에게 사법경찰에 대한 지시 및 지휘권을 부여할 수 있다.

나) 입법론

사법경찰의 수사개시권에 대한 실정법적 근거를 두기 위하여 형사소송법 제195조의 "검사는 범죄의 혐의가 있다고 사료하는 때에는 범인, 범죄사실과 증거를 수사하여야 한다."는 규정을 "사법경찰관은 범죄 혐의가 있다고 사료하는 때에는 범인, 범죄사실과 증거를 수사하여야 한다"고 개정하여 사법경찰관의 독립적 수사개시권을 부여하고 경찰이 제1차적 수사기관임을 명시해야 한다. 뿐만 아니라 형사소송법 제195조 제2항을 신설하여 "검사는 공소유지에 필요하다고 사료될 때에는 범인과 범죄사실을 수사할 수 있다."고 규정하여 검사를 제2차적 보충 수사기관으로 규정하여야 할 것이다. 그리고 형사소송법 제196조 제1항은 "수사관, 경무관, 총경, 경감, 경위는 사법경찰관으로서 검사의 지휘를 받아 수사를 하여야 한다."고 규정하여 검사의 사법경찰에 대한 수사지휘권을 인정 있지만 이를 개정하여 검사의 사법경찰관에 대한 무제한적인 수사지휘권을 지양하고 검사가 수사상 필요하다고 인정하는 때에 한하여 지휘할 수 있도록 해야 한다. 그리고 검찰청법 제4조 제2항 사법경찰관리에 대한 지휘감독권, 동법 제53조 사법경찰관리의 의무, 동법 제54조 교체임용요구권 등은 형사소송법 등에 흡수·조정되어야 할 것으로 판단되며, 위 검찰청법의 제반규정은 현재로서는 상호 협조해야 할 국가기관 상호간에 불필요한 마찰만 유발시키는 요인으로 될 뿐만 아니라 정치적 문제로까지 비화될 염려가 있는 교체임용요구권 등은 삭제하고, 수사지휘의 계통을 해치는 사법경찰관의 비리가 있는 경우에는 경찰내부의 자체징계위원회에 회부하거나 또는 경찰위원회 등 심의사항으로 흡수시키는 것으로 검찰과 경찰의 상호관계를 진정한 의미에서 상호협력 관계로 발전시켜야 한다.

이와 같은 입법안의 모델이 되는 나라는 일본으로서, 형사소송법도 "사법경찰직원은 범죄가 있다고 사료되는 때는 범인 및 증거를 수사할 수 있다(일본 형사소송법 제189조 제2항)"고 규정함으로써 경찰에 대해 독자적인 수사개시권을 부여하고 있으며 나아가 "검사는 필요하다고 인정하는 때에는 스스로 범죄를 수사할 수 있다(동법 제191조 제1항)"고 규정하고 있으므로 검사도 모든 범죄를 수사할 수는 있지만 검찰이 경찰과 같은 충분한 수사인력과 장비를 갖추지 못하고 있으므로 결국 일반적인 범죄사건에 대한 제1차적 수사권은 경찰에게 부여되어 있다. 그리고 경부 이상의 사법경찰관은 검사와 마찬가지로 판사에게 체포장 발부를 청구할 수 있으며(동법 제199조 제2항), 압수수색 · 검증 또는 신체검사, 감정유치 및 감정에 필요한 처분 등을 위한 영장 또는 허가를 청구할 수 있도록 하고 있다.

2) 사건의 복잡 · 경중에 따른 검찰과 경찰의 수사권 분점(分點) 방안(제2안)

가) 내용 및 평가

일정한 범죄의 종류, 법정형량, 수사단서 등을 기준으로 하여 단순 · 경미한 범죄사건의 경우 사법경찰이 독자적인 수사권을 갖도록 하며, 고도의 법률적 지식을 요하는 경우나 중요한 범죄에 대해서만 검사의 수사권을 인정하면서 필요시에는 사법경찰이 검사의 수사를 보조하는 방안이다.[84] 이때 검사와 사법경찰과의 관계는 상호 대등 · 협력관계를 원칙으로 하고 사법경찰이 검사의 수사에 보조할 필요가 있을 경우에는 상명하복관계로 설정할 수 있다는 것이다.

이는 대륙법계 국가경찰제도를 채택하고 있는 독일의 수사권체제와 비슷한 것으로서 독일은 검사와 사법경찰의 관계가 원칙적으로 상명하복관계이나 실질적으로는 검사가 경제사범, 테러범, 정치범 등의 경우에만 수사하고 기타 사건은 경찰에 위임함으로써 경찰이 독자적으로 수사를 하고 있다.

---

84) 이러한 견해를 취하고 있는 대표적인 학자는 조국교수를 들 수 있다. 조국, "실사구시의 원칙에 선 검찰·경찰 수사권조정 방안", 2005년 검·경 수사권조정공청회 발췌문, 2005년.

이 방식은 우리나라 수사의 현실을 직시한 매우 이상적인 방안이라고 할 수 있지만, 경미한 범죄의 기준과 범위를 설정하는 것은 물론 수많은 경미범죄를 어떠한 법률에 규정할 것인가에 대한 문제도 심각하게 고려해야 한다는 점이 지적되기도 한다.

경미범죄의 대상으로 논의되는 것은 (i)범죄 종류의 측면에서는 상해, 폭행, 절도 등 일부 단순범죄는 전체 범죄의 57%에 해당하고 법령상 검사의 지휘를 받고 처리해야 하지만 현실적으로 검사의 지휘를 받지 않고 처리되고 있어 이러한 단순 범죄에 대하여 경찰에게 독자적인 수사권을 부여해야 한다는 것이다. (ii)법정형량의 측면에서 장기 5년 이하의 징역이나 금고 또는 200만원 이하의 벌금에 해당하는 형량에 해당하는 범죄에 대하여 경찰에게 독자적인 수사권을 부여해야 한다. (iii)수사 단서 측면에서는 일선에서 범죄예방 활동을 하고 있는 경찰이 범죄를 인지하여 수사단서를 찾기 쉬운 변사체의 검시, 불심검문, 고소·고발 등에 대해서는 사법경찰에게 수사권을 인정해야 한다.

나) 입법론

경미한 범죄사건에 대한 경찰 수사권을 부여하기 위해서는 먼저, 사법경찰에게 영장청구권을 인정이 전제되어야 한다는 점에서 현행법상의 영장제도에는 수정이 가해져야 할 것이다. 즉 헌법제정 당시에는 사법경찰관리의 영장청구권을 배제하는 명문규정이 없었을 뿐만 아니라, 검사의 영장청구권 자체는 헌법사항에 규정될 성질이 아님에도 불구하고 헌법적 사항으로 격상시킨 세계적으로 유례가 없는 유일한 헌법상의 규정이라는 점과 검사 측에서는 영장청구권 독점을 사법경찰관에 대한 통제의 주요 수단으로 생각하고 있다는 것이다. 본래 헌법은 국가의 기본권이고 법관이 인권보장의 보루라는 점에서 볼 때 영장주의에 관한 헌법상의 규정은 '법관이 발부한 영장'이라고 표현함이 타당함에도 구태여 영장 절차문제라고 할 수 있는 '검사의 신청'이라는 문구를 삽입하고 있는 것이므로 이를 삭제하고 형사소송법 개정을 통하여 영장청구권을 검사와 사법경찰관에게 인정하여야 할 것이다. 또한 영장청구권을 경찰에게 부여하더라도 그 발부에는 법관의 통제가 있으므로 국민의 인권보장에 특별한 위험이 발생하지 않기 때문에 충분히 긍정적으로 검토될 수 있다고 생각된다. 그렇게 되면 영장이 없는 피의자 유치기간이 불필요하게 장기화되는 폐해를 그만큼 줄일 수 있고, 영장이 없는 피의자의 신체침해를 최대한 단축한다는 의미에서도 충분한 의미가 있다. 나아가 사법경찰관이 영장발부의 요건을 모두 갖춘 경우에도 반드시 검사에게 신청하여 검사의 청구로 판사의 영장을 발부받는 이중 절차를 거칠 필요가 없어진다는 신속, 효율적 측면에서도 의미 있는 고려라고 하지 않을 수 없다.

물론 독일의 경우에는 수사절차에 있어서 구속영장청구권이 검사에게 있지만 대부분 국가들은 사법경찰관에게 영장청구권을 인정하고 있다. 즉 영미법계인 미국이나 영국은 보통법상 광범위한 사법경찰의 영장 없는 체포를 인정하고 있을 뿐만 아니라 영장에 의한 체포의 경우에도 사법경찰에게 영장청구권이 있으며, 일본의 경우도 체포영장의 청구권은 검사와 아울러 사법경찰관에게도 있다(일본 형사소송법 제199조 제2항). 우리나라의 경우에도 영장실질심사가 이루어지고 있을 뿐만 아니라, 위법부당한 체포구속의 경우에 적부심사제도를 마련하고 있으며, 형법 또한 불법체포감금죄를 인정하여 처벌하고 있음은 물론, 사법경찰의 피의자 신문시에 변호인의 참여권이 인정되고 사법경찰의 인권의식 등이 제고되고 있으므로 경찰의 영장청구권도 수사경찰에게 인정하는 합리적인 개선책이 타당하다.

둘째, 범죄시간대에 가장 근접한 경찰이 작성한 조서의 증거를 인정해야 할 것이다. 물론 구형사소송법에서는 조서재판의 형식을 취하였기 때문에 법령에 의하여 작성된 신문조서로서 무조건 증거능력을 인정하였다. 비교법적으로 보면 독일 형사소송법은 전문법칙을 채용하고 있는 것은 아니지만 법원의 직접심리주의를 철저화하여 원칙적으로 피의자 등의 진술조서는 공판정에서 배제하고 있지만, 미국에서는 자인(승인, admission)과 자백(confession)을 전문법칙의 예외로 하거나 또는 그 법칙 부적용의 경우로 취급하여 그 증거능력을 인정하고 있다. 물론 이것은 수사기관이 서명된 서면으로 작성은 되지만 그 서면이 증거로서 공판정에 나오는 것이 아니고 그것을 청취하거나 신문한 자가 공판정에 증인으로 나와서 진술함으로써 그 증언이 거론되기 때문이다. 일본의 형사소송법은 사법경찰 피의자신문조서의 경우 피의자 서명날인이 있는 것은 그 진술이 피고인에게 불이익한 사실 승인을 내용으로 할 때 또는 특히 신용할만한 정황아래서 행해진 때에 한하여 그것을 증거로 하고 있다. 현재 우리나라의 경찰의 피의자신문조서는 공판정에서 그 내용이 부인되는 경우에 증거로서의 의미가 없는 것으로 취급하고 검사의 구속영장청구 자료나 수사자료로 취급함으로써 경찰작성 조서는 원칙적으로 공판정에서 배제하려는 태도를 취하고 있으나,[85] 이는 외국의 경우에 비하여 현저한 차이를 보이고 있는 것이다. 따라서 진정한 경찰수사권의 조정이 이루어지려면 검사에 비하여 경찰이 작성한 수사서류에 대하여 증거능력을 약화시키는 형사소송법의 규정들도 그 차별을 없게 하는 방향을 개정하여야 한다.[86]

3) 경찰에 대한 점진적 수사권 부여 방안(제3안)

우선 강력범죄, 재산범죄 등 일반적 민생범죄에 대해서는 경찰이 독자적으로 수사하도록 하되, 공무원범죄, 지능범죄, 정치범죄, 마약범죄 등 고도의 법률적 지식을 요하는 사건과 검사가 인지한 사건에 대해서만 검찰이 수사하도록 하는 방안으로서 이를 위해 우선 상해, 폭력, 교통범죄, 절도 등 경미한 범죄에 대하여 검찰의 지휘를 받지 않고, 경찰에게 독자적인 수사권을 부여하며 점진적으로 살인 등 중대 범죄까지 경찰에게 독자적인 수사권을 부여해야 한다.[87]

검찰은 공소유지를 위해 필요한 범위 내에서 수사보완 및 지시, 검사 스스로 인지한 사건에 대하여 보조 지시 등 구체적 지휘권을 인정하면서 경찰 스스로의 책임과 권한 하에 수사하도록 하는 것이다. 일부범죄에 한하여 독자수사권을 부여하고 장래에 여건이 조성되면 점차 모든 범죄에 대하여 수사권을 부여하는 방안은 이론적으로 설득력을 가질 수 있으나, 현재와 같이 거의 대부분의 범죄사건이 경찰에 의해 수사가 이루어지고 있는 상황에서는 경찰에게 독자적 수사권을 인정한다는 명분만을 주고 검찰에게 실리를 안겨준다는 비판과 함께 현 수사구조와 별다를 것이 없어 형사소송구조 개혁과 관련하여 근본적인 수사구조개혁의 실체는 존재하지 않게 되는 역효과가 초래될 수 있다. 또한 장기적으로 보면 수사권의 완전한 확보시점의 결정문제가 현재 경찰 수사권 확보문제만큼 까다로운 것이며, 그 과정에서도 법률의 빈번한 개정작업이 뒤따라야 한다는 점을 생각하면 제도가 안정적으로 정착될 수 없는 등 법적 안정성

---

85) 신이철, 형사증거법, 유스티니아누스, 180면.

86) 만약 피의자신문조서의 경우 엄격한 직접주의를 추구하여 공판중심주의로 가려고 한다면 공판정에 출정한 피고인이 증거로 하지 않는 피의자신문조서에 대해 그 작성주체가 검사이든 사법경찰관이든 구별하지 않고, 그 증거능력을 부정하는 입법태도를 고려할 수는 있을 것이다. 위 전게서 186면 참조.

87) 현재 정부가 고려하고 있는 입법안의 방향이 이 방안으로 될 것이 예상된다(조선일보, 2005년 8월 10일자 관련기사 참조).

문제와 여타 복잡한 문제가 파생된다는 한계가 지적되고 있다.

4) 송치전까지 경찰에 대한 완전한 수사권 부여 방안(제4안)

가) 내용 및 평가

영미법계의 수사권체제와 같이 모든 범죄에 대하여 경찰의 독자적인 수사 개시, 실행, 종결권을 인정하여 검사의 지휘 없이 명실공히 수사 주재자로서의 역할을 담당하고 검사에게는 공소의 제기 및 유지권만을 인정하자는 방안이다.

검사는 공소유지를 위해 필요하다면 수사 및 증거를 보완하는 요청권만을 가지며 송치시까지는 수사지휘권을 인정하지 않는 것을 원칙으로 하고 경찰은 수사권, 검찰은 공소권만을 전담함으로써 기관간 상호 견제하고 균형을 유지하여 실질적인 대등·협력관계를 유지하도록 하는 것이다. 이는 권력분립 원칙 및 인권보호이념, 그리고 수사의 효율성 원리에 매우 충실한 합리적인 방식으로 경찰의 자발성 제고로 범죄수사의 능률을 향상하고 사기를 진작시키며 책임감을 부여하여 자질향상의 효과를 가지고 올 수 있는 것이지만, 이를 시행하기 위해서는 기존의 법규,[88] 제도, 인력을 전면적으로 재조정해야 하는 문제가 생기며 우리나라의 현실상 검사의 수사 및 수사지휘가 필요한 경우를 전혀 도외시 할 수만은 없다는 점이 지적되기도 한다.

원칙적으로 국가기관의 하나가 그에게 부여된 권리를 독자적으로 행사할 수 있어야 하는 것은 당연한 요청이고, 반면에 국가기관의 하나가 다른 수평적 국가기관에 예속되는 것은 그 자체가 모순이기 때문에 범죄수사에 있어서는 경찰에게 송치 전에 독자수사권을 보장해 주어야 한다는 입장이다.

나) 입법론

먼저 공소권 없는 사건에 대한 경찰의 수사종결권을 부여해야 한다. 수사의 현실은 송치된 사안 중에서 공소권없음, 혐의없음, 죄안됨으로 불기소되는 경우에는 전체 범죄의 약 20%를 차지하고 있는 바, 우리나라의 경우 기소독점주의를 채택하고 있으며 경찰에게 독자적인 수사종결권이 없는 관계로 국민들이 피해를 보는 바, 이를 개선하기 위해서라도 공소권 없는 사건에 대한 수사종결권을 경찰에게 부여하여 불필요한

---

88) 즉, 헌법 및 형사소송법상 관계조항을 비롯하여 검찰청법을 개정하고 한편으로 사법경찰관리집무규칙 등 법규를 행정자치부와 법무부 합동으로 입안·제정·시행하는 후속조치가 수반되어야 한다.

시간 단축 및 업무수행의 효율화를 기할 수 있기 때문이다. 영국의 경우도 기소가치가 없는 사건에 대해서는 경찰의 자체수사로 종결하고 불기소 처분이 명확한 사건도 경찰이 수사종결권을 가지고 있음을 참고할 필요가 있다.

5) 기 타

이상과 같이 제시한 방안 이외에도 부분적인 수사권으로 조정할 경우에 구체적으로 수사권을 누구에게까지 부여할 것인가 하는 인적 범위상의 문제와 독자적 수사권의 적용을 어떤 범죄에까지 한정시킬 것인가 하는 사안적 한계 문제를 좀더 고려할 수 있다.

가) 인적 범위상의 방안

첫째, 경찰서장에게 부여하는 방안을 생각해 볼 수 있으나, 이는 서장의 수사지휘를 강화할 수 있는 반면에 서장의 유고시 수사지휘의 공백을 초래한다는 문제점이 지적되기도 하며, 둘째, 경찰서장과 수사·형사과장에게만 국한시켜 부여하는 방안인데, 이는 서장의 수사지휘 강화와 동시에 실제 수사지휘는 수사·형사과장이 담당하여 추진할 수 있는 장점이 있다는 점에서 논의되고 있다.[89] 셋째, 경위 이상의 사법경찰관에게 부여하는 방안인데 이 경우 수사지휘권의 범위 확대로 수사진행이 능률적인 반면 수사지휘권의 남용과 수사지휘체계의 혼란의 우려가 있다는 단점이 지적되기도 한다.

나) 사안적 범위상의 방안

첫째, 국가의 법익을 해하는 범죄 이외의 모든 범죄에 적용하는 방안, 둘째, 개인적 법익을 해하는 범죄에 한하여 적용하는 방안, 셋째, 재산범죄에 한하여 적용하는 방안 등을 생각해 볼 수 있다. 다만 사안적 범위 한계가 수사기관 상호간에 갈등의 소지가 있을 수 있다는 점이 지적되고 있다.

---

89) 박정섭, 경찰수사의 선진화를 위한 수사권독립에 관한 연구, 수사연구, 1992년 2월, 29면. 경찰수사권을 행사할 인적 범위로 수사경정 이상, 총경, 경무관, 치안감, 치안총감, 경찰관청 서장, 국장(지방경찰청장), 본부장(경찰청장)을 들고 있다.

나. 수사권 조정을 위한 바람직한 입법 모델

경찰이 아무런 독자성 없이 검사의 지휘를 받아서 수사하도록 하는 법제를 가진 나라는 적어도 선진국에서는 찾아 볼 수 없다. 영국과 미국에서 경찰은 독자적인 수사권을 가지고 있고 일본에서는 경찰은 1차적인 수사권을 가지고 검찰과 상호협력 관계를 유지하고 있다. 우리나라와 비교적 유사한 수사구조를 가지고 있는 독일의 형사소송법도 경찰에게 독자적인 초동수사권을 보장하고 있다. 이와 같은 여러 나라의 수사구조와 비교하여 우리나라의 현행 수사구조 실상과 문제점 등을 살펴 볼 때 우리나라에서도 경찰에게 독자적인 제1차적인 수사권을 부여하고 검사와 사법경찰관리와의 관계는 상호협력관계로 발전시키는 것이 바람직하며, 이와 같은 수사구조를 확립하기 위해 형사소송법에 검사와 사법경찰의 관계를 대등·협력관계로 규정해야 한다고 본다. 그리고 경찰에게 독자적인 수사개시권을 부여하고 수사의 신속성·기동성 요구에 부응하도록 하기 위하여 영장청구권(최소한 체포영장이라도)을 인정하여 이중 수사로 인한 국민의 부담을 줄일 수 있고, 나아가 검사의 업무부담을 경감시키기 위해 '혐의 없음', '공소권 없음', '죄안됨' 등의 불기소사건은 경찰 자체적으로 종결하는 방향으로 개선되어야 한다.

검사는 수사실무가라기 보다는 법률전문가이기 때문에 그 전문영역인 법적 영역에서 기능을 발휘하여야 하므로 검찰의 수사절차상 개입은 법률검토에 중점을 두어야 할 것이다. 이로써 검찰은 고도의 법률적 지식이 필요한 중요 공안·경제·지능사범 수사에 집중할 수 있게 되고, 수사과정에서 생길 수 있는 피의자에 대한 편견·선입견을 배제하며 경찰의 입장에 서지 말고 공소제기자로서 제3자의 입장에서 경찰 수사의 오류와 무리를 바로 잡도록 하는 방향으로 나아가야 할 것이다. 그럼으로써 경찰의 책임하에 수사를 하여 스스로 수사요원의 자질향상과 경찰수사능력의 내실화를 도모할 수 있고, 국가 전체로서는 수사기관의 중복에 의한 인력·예산 등의 낭비를 줄일 수 있다. 특히 자치경찰제를 실시하는 경우 경찰권한 비대화의 우려는 불식될 수 있을 것으로 생각된다.

따라서 현행 수사의 독점 구조를 조정하여 검·경에 수사권을 분립시켜 어느 한

기관이 전권을 행사하는 것을 막고, 상호협력체제를 구축하고 상호 견제·균형에 의하여 수사능력에 향상을 기하도록 함이 바람직하다.

2. 수사권 조정의 바람직한 입법 모델

이상에서 내린 결론을 토대로 검찰·경찰간 수사권 조정을 위한 구체적인 입법모델을 제시하여 보면 다음과 같다.

가. 수사권의 배분을 통한 권력분산 및 균형

수사는 국가형벌권을 실행하기 위한 국가의 첫 번째 단계에 해당하는 국가권력의 행사이다. 수사권은 곧 국가권력이며, 국가권력인 수사권은 통치구조원리인 권력분립의 원칙에 따라 운용되어야 한다. 더구나 국민 개개인의 인권보호 그리고 피고인의 인권침해와 가장 밀접한 관련이 있는 국가형벌권 실현의 일단계이기에 권력분립원칙이 더 강조되어야 한다. 따라서 수사권은 어느 하나의 조직이나 기관에 독점되어서는 안되며, 효율적으로 분산·균형을 갖추고 상호 견제할 수 있는 통제장치를 마련하여 수사권 남용의 여지를 최소화하여야 한다. 선진국으로 갈수록 검찰과 경찰의 상호관계가 상명하복의 관계가 아닌 상호협력의 관계로, 그리고 수사와 기소의 업무 분화가 더욱 뚜렷해지는 것은 그만큼 수사권력의 독점에 의한 폐해를 줄이는 방향으로 제도를 선택 및 개선해 나가고 있는 반증인 것이다.

또한, 국가형벌권의 실효성을 확보하기 위해서도 수사를 가장 효율적, 기동적으로 수행할 수 있는 조직 또는 기관에 부여되어야 한다. 이 점에서 우리나라의 경찰은 전국적으로 조직망을 가진 조직으로서 풍부한 범죄정보를 가지고 현실적으로 범죄와 접하며 생동감 있게 수사활동을 전개할 수 있는 환경을 갖추고 있다. 그런데도 현행 형사소송법은 사법경찰관에게 수사를 개시할 수 있는 권한을 주고 있지 않다.[90] 형사소송법 제196조 제1항에는 사법경찰관은 검사의 지휘를 받아 수사를 하도록 하는 강제규정을 두고 있어 현행법의 해석상 사법경찰의 독자적 수사권은 인정되지 않는다는

90) 다만, 사법경찰관집무규칙 제20조 제1항 및 제21조 제1항의 규정상에 사법경찰관의 수사착수권을 인정하는 규정이 있을 뿐이다.

것이 검찰・경찰・학계 및 유관단체의 공통된 견해이다.[91] 경찰이 범죄수사의 96%를 해결하고 있는 현실을 고려할 때 경찰의 수사권독립을 위한 적절한 수사권 배분이 절실히 요구되고 이를 제도적, 입법적으로 개선해야 할 시기가 도래한 것이다.

먼저 앞에서 내린 결론대로 사법경찰에게 제1차적・본래적인 수사권이 인정되어야 한다. 형사소송법 제195조 "(검사의 수사) 검사는 범죄의 혐의가 있다고 사료되는 때에는 범인, 범죄사실과 증거를 수사하여야 한다."는 규정을 "① 사법경찰관리는 범죄의 혐의가 있다고 사료되는 때에는 범인, 범죄사실과 증거를 수사하여야 한다."로 개정하여 사법경찰관에게 독자적 수사개시권한을 부여하고, 제195조 제2항을 신설하여 "검사는 공소유지에 필요하거나 직접 수사함이 적절하다고 사료될 때에는 범인과 범죄사실을 수사할 수 있다."고 규정하여 검사를 제2차적 보충 수사기관으로 규정하여 수사권을 분립・재분배해야 할 것이다.

또한 검사와 사법경찰관과의 관계를 상명하복관계로 규정하고 있는 형사소송법 제196조 제1항은 상호협력관계로 개정되어야 하는 바,[92] 앞에서 본 것처럼 군사법원법 제228조가 검찰관과 군사법경찰관에게 각기 독립적 수사권을 인정하고 양자의 관계를 상호협력관계로 규정하고 있어 동법은 수사권 조정입법에 참고될 만하다 하겠다.[93] 즉 형사소송법 제196조 검사의 사법경찰관리에 대한 수사지휘권 규정을 삭제하고, 검사와 사법경찰관리의 관계를 상호협력관계로 규정하여야 한다. 검사는 공소유지에 필요하다고 판단되거나 직접 수사하는 것이 적절하다고 판단되는 사항에 대하여는 범인과 범죄사실을 수사할 수 있음을 규정하여 검사를 제2차적 보충 수사기관으로 규정함으로써 수사권을 분립・재분배하여야 한다. 나아가, 검사・사법경찰간 수사협력규칙을 제정하여 검사와 사법경찰관의 수사상 업무공조 방식 및 수사권 충돌시 이를 조

91) 대검찰청, "검·경 수사권조정자문위원회활동경과에 대한 보고 및 의견서", 2005년 5월 31일, 5면.
92) 검찰·경찰 간 수사권 조정 논의의 핵심은 바로 형사소송법 제196조의 개정이라 할 수 있다. 그러나 앞에서도 살핀 것과 같이 검·경 수사권조정위원회 설치, 운영 결과 위 핵심사항에 대한 조정은 전혀 이루어지지 않았고, 이번 국회 본회의에서 개정입법안 논의 핵심도 '형사소송법 제196조의 개정방향'이 될 것이다.
93) 현재 사법경찰주재 수사체제를 갖고 있는 영·미법계 국가는 물론 검사주재 수사체제를 갖고 있는 독일, 프랑스에서도 사법경찰에게 수사개시권을 인정하고 있으며, 양자의 혼합형 체제를 가지고 있는 일본에서는 사법경찰에 제1차적 수사권을 인정하고 있다. 영·미와 독일, 프랑스, 일본의 수사제도에 대해서는 본 책 2편 「수사권 배분에 관한 비교법적 고찰」 부분에서 영국, 미국, 독일, 프랑스, 일본의 수사제도에 대하여 상세히 다루었다.

정할 수 있는 문제해결기구(가칭 검·경수사협력위원회) 설치에 대한 근거를 마련하여야 한다.[94]

나. 검사의 제한적 수사지휘권

형사소송법 제196조 제2항의 개정을 통하여 검사는 수사상 필요하다고 인정될 경우에는 사법경찰관리에게 수사를 지휘할 수 있도록 규정하여 검사의 사법경찰관리에 대한 수사지휘권을 제한하여야 한다. 형사소송법 제196조 검사의 사법경찰에 대한 수사지휘규정을 삭제하고 검사와 경찰의 수사상 지위를 전면적 대등관계로 조정하고 사법경찰의 수사에 대한 송치 전 관여를 배제하여야 한다는 주장이 있지만,[95] 현재 우리나라의 수사권체제는 제반 법령·제도·인원편성 등 모든 체제가 검사의 수사기관으로서의 역할을 전제로 짜여져 있는 한편, 수사의 실제적인 물적, 인적 자원은 경찰에게 있기 때문에 검사의 수사지휘권을 전면적으로 부인하는 것은 현실과 많은 괴리가 발생하게 될 상황적 구조이다.[96]

따라서 경찰에 1차적 수사권을, 검사에게 2차적 수사권을 인정하는 배분방식에 맞게 검사의 수사지휘권은 제한적으로 인정하되, 그 범위는 앞에서 수사상 필요하다고 인정되는 범위 내에서 수사지휘권이 인정되어야 한다. 필요하다고 인정되는 범위에 대하여는 법령으로 구체적으로 정하여야 할 것인 바, 그 범위의 기준은 사안이 중대한 경우 또는 중요범죄의 경우에 있어서 기동력이 있는 경찰의 수사협력이 요구될 때를 말한다.[97]

---

94) 검찰·경찰간 수사업무에 있어서의 충돌을 해결할 권위 있는 기관을 가칭 '수사협력위원회'라 하고 동 위원회는 검찰을 대표하는 3인, 경찰을 대표하는 3인 그리고 법원을 대표하는 3인 총 9인으로 구성하되, 검찰을 대표하는 3인은 검찰총장의 제청으로 법무부장관이 임명하고, 경찰을 대표하는 3인은 경찰청장의 제청으로 행정자치부장관이 임명하고, 법원을 대표하는 3인은 대법관회의를 대법원장이 임명한다(이 경우 대법관회의 내용에 대한 관련 법령 개정이 수반되어야 할 것이다. 假案).

95) 서보학, 수사권 중립을 위한 수사권의 합리적 배분, 2002년 12월 4일, 한국헌법학회 24회 학술대회 발췌문.

96) 손동권, 기존경찰수사권 독립론에 대한 고찰, 경찰행정, 1998년 9월호, 22면.

97) 검사의 수사지휘권을 제한적으로 인정하되, 그 범위를 중요범죄에 한하여 검사의 사법경찰관리에 대한 수사지휘권을 인정하자는 견해가 있다. 여기서 중요범죄의 범위에 대하여는 현행의 '사법경찰관리집무규칙' '제11조'를 참고하여, 검·경수사권조정협의체에서 조정한 내용대로 동규칙 11조의 대상범죄 중 축소조정된 총 12개 범죄(내란, 외환, 국기, 국교, 폭발물, 공안, 살인, 국가보안법, 선거법, 4

다. 공소권 없는 사건에 대한 수사종결권 인정 및 경찰의 검찰에 대한 보고의무

우리나라는 기소독점주의를 채택하고 있기 때문에 경찰에게 독자적 수사종결권이 인정되지 않고 있다. 그러나 경찰에게 독자적 수사종결권이 없음으로 인하여 국민에게 적지 않은 피해가 야기되고 있다. 즉 경찰이 인지, 또는 고소 등에 의하여 범죄수사를 진행한 결과, 피해자의 확대고소 또는 무고 등으로 인하여 피의자로 지목된 자가 범죄혐의가 없을 경우, 긴급체포·현행범체포 등으로 인신이 구속되어 있는 피의자의 경우는 이를 검사에게 보고하여 검사의 지휘가 하달될 때까지 경찰이 피의자의 신변을 구속하고 있어야 하는 불합리한 상황이 종종 발생할 수 있다. 인신이 구속되는 등의 강제수사가 개시된 경우가 아니라고 하더라도 불기소 될 상황이 뻔한데도 검사의 처분이 내려지기 까지는 피의자의 지위에 있어야 하는 상황인 것이다.[98] 따라서 경미한 범죄사건에 대한 경찰의 수사종결권을 인정해야 한다. 경찰에게 독자적 수사권을 인정하더라도 입건된 모든 사건은 검사에게 송치하도록하여 검찰에 의한 사후통제를 받도록 하여야 하는 견해도 있으나, 검사를 제2차적 수사기관으로 검사의 수사지휘권을 제한적으로 인정하는 통일적 운영상 공소권 없는 사건에 대한 경찰의 수사종결권을 인정하는 것이 양 기관의 업무경감 및 업무효율성을 위해서도 바람직하다.

다만, 경찰의 자의적인 또는 편파적인 수사종결의 여지도 전혀 배제할 수는 없기에 수사종결 후 사건 경과를 검사에게 보고하도록 하는 감독장치가 함께 마련되어야 할 것이고, 억울한 피해자가 나타나지 않도록 사건종결에 대한 이의제도를 신설하는 것도 경찰의 자의적인 수사종결에 대하여 견제할 수 있는 방안이 될 것이다.[99]

급 이상 공무원 범죄, 사회의 이목을 끌만하거나 정부시책에 중대한 영향을 미치는 범죄, 지방검찰청 검사장 또는 지청장이 지시한 사항 등)로 조정될 수 있다. 조국, 실사구시의 원칙에 검·경 수사권조정방안, 2005년 4월, 검·경 수사권조정 공청회.

98) 현행 수사현실은 경찰에 입건된 모든 사건을 검찰에 송치하게 되어 있어 피의자의 수가 실제보다 부풀려지게 되고(암수범죄), 불필요한 시간과 자원낭비 등의 상황이 초래되고 있다.

99) 서보학, 위 논문. 이에 대해 경찰수사 결과 및 인권침해 여부에 대한 관련자의 '검찰에의 이의제도'를 명문화하여 경찰 수사결과에 대한 사후통제를 강화하는 방안을 제시하고 있다. 그러나 경찰에게 제1차적 수사권을 인정하는 전제에서 검찰에의 이의제도를 통해 사후통제를 강화하는 것은 일반 국민에게 경찰의 수사권에 대한 불신기조를 조장할 수 있어 그 도입은 신중해야 한다. 만약 이의제도를

라. 경찰의 직접적 영장청구권 인정

현행 영장제도에 관하여 헌법은 체포·구속·압수 또는 수색을 할 때에는 적법한 절차에 따라 검사의 신청에 의하여 법관이 발부한 영장을 제시하여야 한다고 규정하고 있고, 형사소송법에서는 영장청구 요건 및 절차를 구체적으로 규정하고 있어(헌법 제12조 제3항 및 형사소송법 제200조 2항 내지 201조), 영장청구권은 검사의 독자적 권한이고 사법경찰관은 검사에게 영장을 신청할 수 있도록 되어 있다. 원래 영장제도의 취지는 수사기관에 의한 강제처분시 그 요건과 절차라는 법적 통제를 통하여 수사기관에 의한 강제처분권 남용을 억제하고, 인권보장을 확보하기 위해 마련된 제도이다. 그러한 영장제도의 취지에 비추어 볼 때, 수사기관인 검사에게는 영장청구권을 인정하고 사법경찰관에게는 인정하지 않는 근거는 되지 못한다. 오히려, 사법경찰관에게 검사의 신청절차를 거치게 함으로써, 검사의 사법경찰관에 대한 수사지휘권을 확보하고 통제하기 위한 수단으로 작용하고 있는 것이다. 따라서, 사법경찰의 수사상 필요에 의해 신속하게 신병을 확보할 수 있도록 하는 등 수사의 실효성을 담보하기 위하여 경찰이 직접 법관에게 영장을 청구할 수 있도록 개정되어야 한다. 이를 위한 전제로 헌법 제12조 3항의 '검사의 신청에 의하여' 부분은 '검사 또는 사법경찰관의 신청에 의하여'로 그 내용에 맞게 개정되어야 할 것이다.

경찰에게 영장청구권을 인정할 경우 국민의 인권보장에 큰 위험이 발생할 여지가 있다는 우려가 있을 수 있으나, 영장청구권을 경찰에게 부여하더라도 그 발부는 사법기관인 법관의 공정한 판단에 의한 것이므로 국민의 인권보장에 대한 위험상황이 발생할 여지는 없다. 오히려 피의자의 수사기관에 의한 강제처분상태를 법관이 신속하게 판단함으로써, 체포·구속이 필요 없는 피의자를 석방시킬 수 있으므로 영장 없는 피의자의 구속상태를 그만큼 단축시킬 수 있어 인권보장에 크게 기여하게 될 것이다.

경찰의 수사가 불공정하게 이루어진 경우 검찰의 재조사를 통해 진실을 규명하고 관련인의 불만을 해소하는 것을 주목적으로 하고 경찰 수사에 대한 사후통제도 부수적인 목적으로 도입한다면 이는 검토해 볼만한 제도가 될 것으로 기대된다.

마. 사법경찰관 작성의 피의자신문조서의 증거능력

현행 수사절차상 경찰단계에서 피의자수사가 이루어진 후 다시 검찰단계에서 동일한 심문이 이루어지고 있는데, 이러한 이중심문 관행은 검찰 작성의 피의자신문조서가 갖는 절대적인 증거능력에 기인한 것이다.[100] 경찰이 독자적인 수사권을 갖게 되면 피의자・참고인 등이 검찰에서 재수사를 받아야 하는 불편은 없어지게 되어 이중심문의 관행은 사라질 것이다. 또한 사법경찰관 작성의 피의자신문조서는 공판과정에서 사실관계를 결정하는 중요한 증거자료로 기능하게 될 것인데, 여기서의 문제는 사법경찰관 작성의 피의자신문조서의 증거능력을 어느 정도까지 인정할 것인가이다.

독일의 경우, 직권주의적 소송구조를 취하고 있음에도 불구하고 검사의 검찰조서에 증거능력을 인정하지 않아 실무상 검사의 조서는 작성되지 않고 있으며, 미국의 경우 예비심문제도가 있어 검사에 의한 피의자신문 역시 행해지지 않고 있다.[101] 일본의 경우에는 검찰의 신문조서가 작성되고, 사법경찰의 조서는 예외적으로 증거능력이 인정되는데, 다만 각종 조서의 증거능력을 엄격하게 제한하고 있어 우리나라처럼 증거수집의 결정적 단계로서 기능하지 않고 간략하게 행하여진다.[102]

한편, 이미 살펴 본 것과 같이 우리나라의 경우에는 수사기관이 작성한 피의자신문조서의 증거능력을 인정하면서[103] 조서의 작성 주체별에 따라, 즉 검사와 검사 이외의 수사기관을 구별하여 증거능력의 인정요건을 규정하는 독특한 입법례를 보이고 있는 바,[104] 이러한 수사주체에 따른 증거능력 차이는 실무상 사법경찰과 검찰에 의한 중복적인 피의자신문 그리고 검찰의 참여계장에 의한 검사명의 피의자신문조서 작성

---

100) 황인철, "사법의 민주화", 「대한변호사협회지」, 대한변호사회, 1985년 8월, 20-22면.

101) 이완규, "검사의 지위에 관한 연구-형사사법체계와 관련성을 중심으로-", 서울대학교 박사학위논문. 107면.

102) 신동운, "한국 검찰제도의 현황과 개선책", 「법학」, 서울대학교 법학연구소, 1998년, 55면.

103) 형사소송법 제312조의 입법경위에 관하여는 신동운, 공판절차에 있어서 피고인의 방어권 보장-수사기록 열람・등사권 확보를 중심으로, -서울대학교 법학, 제44권 제1호(통권 제126호), 2003년 3월, 146면 이하 참조.

104) 영미법은 물론 독일형사송법은 검사작성 피의자신문조서의 증거능력을 인정하지 않고 있다. 일본형사소송법은 전문법칙(제320조 1항)을 채택하는 한편 그 예외(제321조 내지 제328조)의 하나로서 수사기관이 작성한 소위 피의자신문조서(진술녹취서)의 증거능력을 엄격하게 제한하고 있을 뿐, 검사와 사법경찰직원에 따라 증거능력 인정요건을 달리 규정하고 있지 않다(제322조 1항).

이라는 비합리적인 운용상의 문제점이 계속 지적되었다.

생각하컨대 앞으로 이루어질 형사사법개혁의 방향인 공판중심주의는 궁극적으로 제312조의 규정은 삭제되는 것이 바람직하다고 할 것이나, 현재의 형사소송체제 하에서는 검사 작성의 피의자신문조서의 증거능력을 사법경찰관작성의 피의자신문조서의 그것과 동일하게 하향평준화하여 피고인이 공판정에서 그 내용을 인정하는 경우에만 증거능력을 인정하는 방향으로 개정되어야 할 것이다.

이상의 내용을 구체적으로 개정했을 때의 수사권에 관한 형사소송법의 주요 규정은 다음과 같다.

제195조(검사와 사법경찰관리의 수사) ① 사법경찰관리는 범죄의 혐의가 있다고 사료하는 때에는 범인, 범죄사실과 증거를 수사하여야 한다.
② 검사는 공소유지에 필요하다고 판단한 때 또는 직접 수사하는 것이 적절하다고 판단하는 경우에는 직접 수사할 수 있다.
제196조 ① 검사와 사법경찰관리는 수사에 있어서 서로 협력하여야 한다. 검사와 사법경찰관리의 수사협력에 관한 사항 및 수사권 충돌시의 조정에 관한 사항은 대통령령으로 정한다.
② 검사는 수사상 필요하다고 인정할 경우에 사법경찰관리의 수사를 지휘할 수 있다. 수사상 필요한 경우에는 대통령령으로 정한다.
③ 검사는 ②항의 경우 공소유지에 필요한 사항에 관하여 수사에 대하여 일반적인 기준을 제정할 수 있다.

제196조 1항(사법경찰관리의 사건송치의무와 수사종결) 사법경찰관리는 범죄를 수사할 때에는 신속히 서류 및 증거물과 함께 사건을 검사에게 송치하여야 한다. 다만, 대통령령으로 정하는 일부 사건에 대하여는 그러하지 아니하며, 이 경우 그 결과를 검사에게 보고하여야 한다.

3. 관련조항 개정방향

가. 서 설

사법경찰에게 제1차적 수사권을 인정하면 기존의 검사와 사법경찰의 수사상 지위에 관한 산재되어 있는 관련 규정 또한 수사권 조정에 맞게 현실적으로 개정되어야 할 것이다.

나. 검찰청법 제53조, 제54조의 개정

검찰청법 제53조는 사법경찰관리는 범죄수사에 있어서 소관 검사가 직무상 발한 명령에 복종하여야 한다고 규정하고 있는 바, 사법경찰에 독자적 수사권이 인정되면 위 규정은 자연히 검찰과 사법경찰의 관계를 재정립하는 방향으로 개정되어야 할 것이다. 검찰과 사법경찰의 관계를 상명하복의 관계가 아닌 상호협력관계로 개정하되, 중요범죄에 있어서 또는 검사가 공소유지에 필요하다고 판단할 경우에는 사법경찰에게 제한적으로 수사지휘권을 인정할 수 있는 근거도 함께 마련되어야 할 것이다. 결국 검찰청법 제53조는 "① 검사와 사법경찰은 수사에 있어 상호 협력하여야 한다. ② 검사는 중요범죄 수사에 있어서 필요하다고 인정할 경우 또는 공소유지에 필요하다고 인정될 경우 사법경찰관리에게 수사를 지휘할 수 있다."로 개정되어야 할 것이다.

한편 검사의 사법경찰관리에 대한 명령복종관계를 전제로 한 검찰청법 제54조 제①항의 '서장이 아닌 경정 이하의 사법경찰관리가 직무집행에 관하여 부당한 행위를 하는 경우에는 지방검찰청 검사장은 당해 사건의 수사중지를 명하고 임용권자에게 그 교체임용을 요구할 수 있다.'는 규정과 제②항의 '제1항의 요구가 있는 때에 임용권자는 정당한 이유를 제시하지 않는 한 교체임용의 요구에 응하여야 한다.'는 규정은 삭제되어야 할 것이다. 검찰과 경찰의 수사상 지위가 상호협력관계로 개선되므로 검찰의 수사경찰에 대한 수사중지명령권이나 교체임용권한은 검찰과 독립된 조직인 경찰의 인사권자에게 인정되어야 하는 것이 합리적이기 때문이다.

또한 별도의 기관 역시 상호협력관계를 전제로 개선되어야 할 것이다.

다. 검사장·지청장의 불법체포·구속감찰권한 이양

현재 지방검찰청 검사장 또는 지청장은 불법체포·구속의 유무를 조사하기 위하여 검사로 하여금 매월 1회 이상 관할 수사관서 피의자의 체포·구속장소를 감찰권을 인정하고 있다(형사소송법 제198조의 2). 이러한 규정은 사법경찰이 독자적 수사권한이 없는 상황에서 자못 법률적 전문성 부족으로 또는 수사과정에서의 인권침해 상황을 야기할 수 있다고 판단하여 검사의 감찰을 통해 이를 예방, 감독하기 위하여 규정한 것이다. 그러나 수사권 조정에 의하여 경찰의 1차적 수사권이 인정하게 될 경우, 기존의 체포구속장소감찰권의 주체는 수사기관이 아닌 인권보호 관련업무를 주업무로 다루는 기관에 이양하여야 한다. 지금까지는 검사의 사법경찰에 대한 수사지휘권을 인정하는 것은 검사가 수사에 있어서 인권을 보장하기 위한 기관이라는 점에 그 근거가 있고, 따라서 검사가 수사의 주체로서 투철한 인권의식을 전제로 한 때에만 검사의 수사지휘권이 타당하며, 검사의 구속장소감찰제도는 이러한 의미에서 중요한 뜻을 가지는 제도라고 하겠다.[105] 그러나 사법경찰에게도 수사의 주체성을 인정할 경우, 사법경찰 또한 인권옹호기관으로서 그리고 투철한 인권의식을 갖고 수사에 임한다는 사명감을 인정해 주여야 하고, 이러한 점에서 검사의 사법경찰에 대한 체포・구속감찰제도는 객관적으로 수사기관을 감찰할 수 있는 제3의 기관에 위임되어야 할 것이다.[106]

라. 사법경찰관의 변사자 검시권한 인정

현행 형사소송법은 변사자 또는 변사의 의심이 있는 사체가 있을 때에는 그 소재지를 관할하는 지방검찰청검사가 검시하여야 한다고 규정하여 검사에게만 변사자검시권이 인정되고 있다(형소사송법 제222조 제1항). 경찰에게 1차적 수사권이 인정되게 되면 변사자의 검시권한 또한 사법경찰에게도 인정되어야 할 것인 바, 다만 변사체의 경우 범죄 중요성 및 변사체가 유죄 입증을 위한 중요한 단서라는 점에서 사법경찰관에게만 인정하도록 해야 할 것이다.

마. 경찰수사에 대한 검찰의 통제장치 확보

사법경찰에게 1차적 수사권을 인정하는 것은 실로 기존의 검사에게 수사독점권이 인정되어 온 체제에 상당히 큰 변화를 주는 것이 사실이다. 전면적 수사권을 인정할 경우 초래될 충돌과 혼란을 방지하기 위하여 단계적, 타협적 방안으로써 경찰에게 제1차적 수사권을 인정하면서 검사의 제한적인 수사지휘권을 인정하는 방향으로 완화

105) 이재상, 형사소송법 박영사, 2002년, 107면.
106) 이 부분과 관련하여 국립경찰대학 표창원교수는 체포·구속감찰권의 주체를 검사에서 국가인권위원회로 변경하여야 한다고 보고 있다. 표창원, 수사권 논쟁에 대한 정리 및 고찰, 정치사회연대세미나 발췌문, 2003년 2월.

하는 방안을 채택한다고 하여도 사실 현행 수사체제에 많은 변혁이 가해질 것이다. 일단 사법경찰은 수사주체의 전면에 나서게 됨으로써 그 지위와 권한은 격상될 것이 예상되는데, 이에 따라 사법경찰의 독자적 수사로 인한 인권침해 및 수사왜곡의 가능성은 여전히 공존한다. 따라서 그러한 가능성을 방지하기 위하여 사법경찰의 수사권한에 상응하는 검찰의 통제장치가 함께 확보되어야 할 것이다.[107]

바. 현행범 범위 축소

현행범의 경우 누구든지 영장 없이 체포할 수 있는 바(형사소송법 제212조), 현행범인 현행범, 준형행범의 범위에 '누구임을 물음에 대하여 도망할 염려가 있는 자'를 포함한 형사소송법 제211조 제2항 제4호 규정을 삭제하여야 한다. 제3편에서 잠깐 언급을 하였듯이 프랑스의 경우에는 위 제4호 유형을 현행범인에서 제외하고 있다. '누구임을 물음에 대하여 도망할 염려가 있는 자'의 유형은 실상 범행과의 관련이 극히 미약할 뿐만 아니라 다른 상황과 종합하여 죄를 범했다는 사실이 인정될 것을 요한다는 점에서 무죄추정 원칙에도 반하고 위헌의 소지가 크다는 점에서 입법론상으로 재검토를 요한다는 비판이 제기되어 왔으나, 아직도 그대로 유지되고 있다.[108] 따라서, 이번 수사권조정을 위한 개정과 함께 제4호 유형을 삭제하는 것이 바람직하다.

사. 사법경찰리의 긴급체포권한 인정

한편, 우리 형사소송법상 긴급체포의 주체는 검사 또는 사법경찰관에 한정되어 있는 바(형사소송법 제200조 3 제1항), 사법경찰리도 긴급체포의 주체성이 인정되어야 한다는 지적은 타당하다.[109] 현재 수사실무상 수사는 대부분 사법경찰리에 의하여 이루어지고 있으며, 수사능력에 있어서도 사법경찰리의 수사능력이 수사업무를 직접 하고 있지 않은 사법경찰관의 수사능력보다 탁월하다. 사법경찰리에게 독자적인 긴급체포권한을 부여하게 되면 긴급체포의 남용이 우려된다는 지적이 가능할 수 있으나, 우

107) 경찰에 대한 사법통제 방편의 하나로 검사에게 수사상 '일반적 기준 제정권'을 부여하자는 제안은 참고할 만하다. -서보학, 전게 논문.

108) 형사소송법 제211조, -이에 대한 비판으로는 이재상, 형사소송법, 박영사, 1998년, 249면 참조.

109) 김경수, "현행긴급체포제도의 문제점과 개선방안", 2003년 8월, 충북대학교 석사학위논문, 86면.

리나라의 수사실무상 긴급체포업무는 대부분 사법경찰리에 의하여 이루어지고 있으며, 사후적으로 사법경찰관에게 보고를 하는 실정이다. 법규정대로라면 이는 엄격히 긴급체포권한이 없는 사법경찰리에 의한 강제수사이므로 불법체포라 할 수 있는데, 현실상 검사가 이에 대해 문제삼는 경우는 거의 없다.

따라서, 사법경찰리는 사법경찰관의 지휘를 받아 긴급체포할 수 있도록 되어 있는 형사소송법 제200조의 3 제1항은 사법경찰리의 긴급체포권한을 인정하는 방향으로 개정하여 수사실무와 법상의 괴리를 해소하여야 한다.

아. 기타 불평등 조항의 삭제

이외에도 검찰과 경찰간의 상명하복 관계를 강요하는 불평등 조항들은 모두 삭제되어야 하므로, 경찰의 타 관할 수사시 보고의무(형사소송법 제210조), 경찰의 수사사무보고 및 정보보고의무(사법경찰관리집무규칙 제11조, 제12조)의 삭제 등 체계적인 법개정에 심혈을 기울여야 할 것이다.

<표 3-7> 수사권 개혁 입법안

현 행	개 정 안
제195조(검사의 수사) 검사는 범죄의 혐의 있다고 사료하는 때에는 범인, 범죄사실과 증거를 수사하여야 한다.	제195조(검사와 사법경찰관리 등의 수사) ① 사법경찰관리는 범죄의 혐의가 있다고 사료하는 때에는 범인, 범죄사실과 증거를 수사하여야 한다. ② 검사는 공소유지에 필요하다고 판단한 때 하는 경우에는 직접 수사할 수 있다. ③검사는 ②항의 경우 공소유지에 필요한 사항에 관하여 수사에 대한 일반적인 기준을 제정할 수 있다.
제196조(사법경찰관리) ① 수사관, 경무관, 총경, 경감, 경위는 사법경찰관으로서 검사의 지휘를 받아 수사를 하여야 한다. ② 경사, 순경은 사법경찰관리로서 검사 또는 사법경찰관의 지휘를 받아 수사의 보조를 하여야 한다.	제196조(협력의무와 검사의 수사지휘권) ① 검사와 사법경찰관리는 수사에 있어서 서로 협력하여야 한다. 검사와 사법경찰관리의 수사협력에 관한 사항은 대통령령으로 정한다. ② 검사는 공소유지에 필요하다고 인정하는 경우에 사법경찰관리의 수사를 지휘할 수 있다. 사법경찰관리는 정당한 사유가 없는 한 이에 응하여 수사에 협력하여야 한다.

③ 전 2항에 규정한 자 이외에 법률로써 사법경찰관리를 정할 수 있다.	제196조의 1행(사법경찰관리의 사건송치의무와 수사종결) 사법경찰관리는 범죄를 수사한 때에는 신속히 서류 및 증거물과 함께 사건을 검사에게 송치하여야 한다. 다만, 대통령령으로 정하는 일부 사건에 대하여는 그러하지 아니하며 이 경우 그 결과를 검사에게 보고하여야 한다.

제 4 절 수사구조 개혁과 병행되어야 할 경찰의 개혁과제

현행 수사구조의 개혁이 성공적으로 정착화하고 국민의 권익보장에 기여할 수 있기 위해서는 수사구조 개혁 이전에 우리나라의 경찰조직에는 먼저 선행되어야 할 몇 가지 과제가 놓여있다고 할 수 있다. 제도가 아무리 좋아도 제도가 한 사회에 뿌리를 내릴 수 있으려면, 해당 사회가 제도를 받아들일 수 있는 제반 여건이 조성되어 있어야 하기 때문이다. 그러한 전제조건이 선행되어 있지 않으면 아무리 좋은 취지와 내용의 제도라고 해도 역효과가 발생할 수 있고, 오·남용의 여지가 있다는 것은 역사적 경험을 통해서도 우리는 잘 알고 있다.[110] 이러한 의미에서 수사권구조에 있어 성공적인 개혁이 이루어지기 위한 선행 조건을 살펴보면 다음과 같다.

1. 경찰수사의 전문성 제고를 위한 개혁 과제

가. 정치적 중립성 확보와 수사경찰의 인권의식 확립

1) 정치적 중립성의 확보

오늘날 민주주의 국가에 있어서 사회질서에 유지 및 복지증진이라는 공동목표를 달성하기 위하여 국가권력이 국민 전체의 개인생활 영역에까지 개입 간섭하는 등 행

110) 현행 수사구조가 탄생한 형사소송법 제정 당시에도 경찰파쇼를 우려하여 검찰에게 수사권, 공소권을 모두 갖게 하였지만, 독재정권이 들어서면서 인권옹호기관 및 공익의 대표자 기능에 기대를 걸고 힘을 실어주었던 검찰의 권한은 더 강화되었고, 이로 인해 많은 폐단이 발생하였으며, 그 체제는 지금까지 유지되고 있음을 알 수 있다.

정기관의 확대 및 행정권이 강화되고 있는 추세이다. 이러한 행정권의 집중현상은 한편으로는 권력구조 내에서의 견제와 균형을 약화시켜 국민의 기본권을 침해하거나 제한시킬 가능성도 가지고 있다.[111] 특히 국가행정 중에서도 사회공공의 안녕과 질서유지를 목적으로 중추적 역할을 하고 있는 경찰은 국가의 통치권을 바탕으로 국민에게 명령 강제하는 권력작용을 담당하기 때문에 그 권력작용의 행사에 있어 중립성과 공정성을 상실할 경우 국민의 기본권 침해는 물론 국가질서를 혼란시킬 수 있는 가능성이 높아진다. 따라서 오늘날 경찰의 중립화, 독립화의 필요성과 당위성에 대하여는 이론을 제기할 여지가 없다. 특히 수사경찰의 범죄활동에 있어서 외부의 영향력에 의해 간섭을 받게 될 때 국민의 인권침해는 더욱 심각해질 것이다.

따라서, 경찰공무원이 정치적 중립을 유지하면서 공정하게 직무를 수행하고, 고도의 능률을 발휘하도록 하기 위해서는 집권정당이나 해당부서 책임자의 자의에 의해 그 지위가 동요되지 않도록 해야 하고,[112] 이를 제도적으로 보장하여야 한다. 이러한 경찰의 인사권확립 내지 신분보장은 경찰의 독립기구 구성과 함께 경찰의 정치적 중립성 유지에 있어서 핵심적 요소라 할 수 있다. 범죄를 수사함에 있어서 정치적으로 중립을 기하기 위해서는 행정자치부장관 지시나 영향력행사의 배제 외에 경찰의 범죄수사를 지휘하는 검사가 법무부장관의 지시나 영향력을 받는다고 한다면 그 또한 진정한 경찰의 정치적 중립성 확보는 기대하기 어려울 것이다. 이는 경찰이 범죄수사에 있어서 검사의 지휘를 받도록 되어 있는 현행 수사구조 체제하에서는 더욱 어려워진다.

또한 현행의 경찰공무원의 승진인사제도를 보면 경찰서장 보직인 총경의 승진은 시험승진이 없고 심사에 의하도록만 되어 있고(경찰공무원법 제11조 2항 경찰공무원 승진규정 제14조에 이하), 또한 총경 이상의 임용은 경찰청장(해양경찰청장)의 추천에 의하여 행정자치부장관의 제청으로 국무총리를 거쳐 대통령이 임명하도록 되어 있다(경찰공무원법 제6조 제1항). 이처럼 경찰의 인사권이 경찰내부에 존재하지 않고 장관이나 대통령에 일임된 상황 속에서 보직과 승진을 위해 정치권의 눈치보기나 줄서기 그리고 연줄망 형성에 신경을 쓰지 않을 수 없게 되어 있다. 이러한 것은 다시 경찰내의 비공식적인 정실주의와 연고주의를 조장시키고 지연·학연이 인사에 실질적인

111) 홍명선, '경찰수사권이 발전방향에 관한 연구' 2003년, 석사논문, 110면
112) 오석홍, 인사행정론(서울 : 박영사), 1987년, 561면.

영향을 미치고 있는 것이 현실이다. 합리적이지 않고 보편타당하지 않는 인사제도에서 탈피하여 신분보장이 되는 인사제도 정립은 경찰의 독립기구 구성과 함께 정치적 중립성 확보에 있어서 핵심적인 요소라 할 수 있다.[113] 또한 우리나라에서 현행법상 인정된 신분보장제도로 정년제도, 징계제도, 소청제도 등이 있는데, 징계제도로서는 파면, 정직, 감봉, 견책 등이 있다. 경찰공무원 징계의 경우 징계위원회의 의결을 거쳐 징계위원회가 설치된 소속기관의 장이 행하도록 엄격히 규정되어 있다. 그러나 반면 법률상 규정되어 있지 않은 직위해제와 전보는 경찰관의 신분보장을 약화시키고 있는 요인이 되고 있다.[114]

2) 국민에 대한 신뢰회복

경찰의 수사권독립은 국민적 바탕이 전제되지 않고서는 기대할 수 없다. 치안수요가 증대됨에 따라 경찰의 국민에 대한 접촉이 늘어나면서 그에 따른 경찰과 국민의 협조관계가 필수 불가결한 요인이 되고 있으나 아직까지 경찰과 국민은 유기적인 관계를 형성하지 못하고 있다. 따라서 수사업무처리에 있어서 불친절하고 군림하려는 자세나 폭행·폭언 등 비정상적인 수사관행을 시정하여 친절하고 공정한 법집행을 하는 경찰로 국민신뢰를 회복하도록 노력하여야 한다. 그러기 위해서는 경찰은 국민의 편에서서 생각하고 공정한 업무수행을 보여 주어야 하고 봉사경찰상의 정립을 위해 보다 많은 노력과 투자가 이루어져야 할 것이다. 이처럼 경찰이 국민에 대한 봉사자로서 업무에 충실하여 국민의 신뢰감을 회복할 때 경찰수사권의 독립은 가능할 것이다.

3) 인권의식의 재확립

과거 경찰의 인권유린 사례가 가끔씩 발생하고 국민의 경찰에 대한 불신이 제기될 때마다 이는 경찰조직 발전을 저해하는 가장 큰 요인으로 작용해왔다. 모든 국민은 인간다운 삶을 추구할 수 있어야 하며, 국가는 이에 필요한 기본적 자유와 권리를 보장할 의무를 지닌다. 그리고 국가의 공권력을 바탕으로 한 범죄수사 활동은 국민 개개

113) 정균환, 「경찰개혁 中, 인사개혁제도」 좋은세상(1998), 101면.

114) 직위해제는 정식의 징계절차를 밟지 않고 인사권자가 용이하게 취할 수 있으며, 전보의 경우는 인사권자에게 절대권이 부여되어 있는 관계로 신변 변화에 대해 전혀 예측할 수 없다.

인의 자유와 권리를 구체적으로 보장하기 위하여 필요한 수단일 뿐이다. 범죄수사에 있어서 적법절차가 강조되는 이유도 바로 이러한 국가의 국민의 기본권보장 의무에 바탕을 두고 있기 때문이다. 그럼에도 불구하고 수사현실에 있어서는 긴급체포가 남용되고 압수·수색에 있어서 영장주의가 잘 지켜지지 않으며 조사에 있어 적법한 절차에 의하지 않은 강제가 전혀 행하여지지 않는다고 단언하기는 어렵다. 이는 비단 경찰의 문제일 뿐만 아니라 검찰의 문제이기도 하다. 피의자의 자백이 형사사건에서 유죄의 증거로서 중요한 위치를 차지하고 있어 피의자로부터 자백을 얻어내기 위해 때때로 무리한 수사가 이루어지고 있는 것이다.

범죄수사의 2대 이념은 실체적진실의 규명과 인권 보장이다. 그런데 범죄수사는 그 궁극적인 목표가 범인을 검거하여 유죄의 판결을 얻어내고자 하는 것이므로 수사를 담당하는 입장에서는 이론적으로 설명되는 적법절차 구체적인 내용들이 수사의 목적달성을 지연시키거나 방해하는 요소로 받아들여질 소지가 없지 않다. 그렇기 때문에 경찰윤리헌장은 수사경찰을 포함하는 모든 경찰공무원들에게 국민의 수임자로서 국민의 자유과 권리를 존중하여 성실하게 봉사할 것을 요구하고 있다.

수사경찰관들이 강력사건의 피의자에 대하여 어떤 인식을 가지고 있는가의 문제는 수사의 성패를 결정한다. 수사경찰관이 피의자의 인권에 대한 보장을 소홀히 한다면 오히려 수사진행에 있어 피의자의 능동적인 협조를 받지 못하는 결과를 가져올 것이다. 범죄수사를 수행 중, 수사의 대상이 된 사건의 피의자 및 피해자 이외에도 고소·고발인·참고인 등의 명예와 신용을 손상시킴으로써 물의를 일으키기도 하며 수사상의 기밀누설 공개적인 증언청취 등으로 인하여 제보자나 증인이 피의자로부터 훗날 보복을 당하는 경우가 발생하기도 한다. 따라서 수사절차에 있어 참고인 등 사건관계자들에 대한 각별한 배려가 요망된다.

나. 수사경찰의 전문화 및 장비의 과학화

오늘날 산업체가 고도로 발달해 각종 지식과 정보산업의 발달 및 과학기술이 발달해 감에 따라 이로 인한 범죄의 양상은 복잡 다양해지고 전문화 지능화되어 가고 있다. 이에 수사경찰도 이러한 범죄에 대응하기 위하여 전문지식 및 기술을 습득하여 수사능력을 함양해야 하는데도 불구하고 여러 가지 이유(예산부족 등)로 능동적으로 대응하지 못하고 있다. 2004년도 통계에 따르면 수사경찰에 종사하는 경찰관은 전체 93,271명 중 약 17,500명 정도로 전체의 18% 정도로 이 수치는 2000년 통계인 16%에 비해 다소 증가하였으나 아직도 일본 등 선진국에 비해 턱없이 부족한 편으로 2004년 현재 경찰관 한명당 담당하는 국민수가 519명으로 일본에 비해 3배 정도의 업무량을 담당하고 있는 것이다. 예를 들면 조사요원의 적정 업무량이 8건인데 월 28.5건을 담당하고 있는 실정이다. 또한 각 청·서에 과학수사팀을 신설하고 인원을 확충하고 있으나 절대적으로 부족한 현실이다.

경찰수사교육도 1992년 11월 16일 경찰종합학교에 있는 수사직무 3개 과정과 수사간부연수소에 있는 수사지휘과정을 통합하여, 현재의 수사경찰전문교육훈련기관인 '경찰수사보안연수소'를 설치 운영중이나 대부분 1~3주 교육으로 내실 있는 교육이 어렵고 일선부서에서의 인식부족으로 교육으로 인한 업무공백 부담으로 교육을 기피하는 경향이 있는 실정이다. 경찰수사가 국민에게 전폭적인 신뢰를 얻기 위해서는 앞서 언급한 인권보장의 수사관행을 정착시키는 것 외에 인력을 확충하고 전문성을 강화하는 것도 시급한 과제이다. 또한 경찰수사의 전문성 강화는 검찰과의 수사권 조정을 통해 독자적인 수사권을 확보하기 위해서도 반드시 해결해야 할 과제이다.

검찰에서는 검사들이 재직기간 동안 주로 수사업무에만 종사한다. 이런 이유로 법률전문가들인 검사들이 수년간의 수사경험을 통해 수사전문가로 거듭나게 된다. 수사업무에만 매달리는 검찰 내 수사관들도 수사의 전문가들이기는 마찬가지이다. 반면 경찰에서는 현재 수사경과제가 시행되고 있지만 도입초기 진통이 계속되고 있고, 인사가 순환보직 시스템으로 돌아가다 보니 수사전문가를 양성·확보하기가 쉽지 않은 상황이다. 본래는 경찰이 수사기관이고 검찰은 소추기관임에도 불구하고, 검찰이 오히려 수사전문기관으로 자리 잡고 있는 현상이 벌어지고 있는 것이다. 합리적 사고와 과학적 수사방법 그리고 충분한 법률지식으로 무장된 전문수사관들을 양성하고 확보하여 경찰수사의 전문성을 강화하는 것이 국민의 경찰로 자리매김 하기 위해서는 반드시 해결해야 할 시급한 과제가 아닐 수 없다.

또한 현행 검사주재의 수사권체제에서 경찰수사요원은 크게 매력 있는 직업으로 생각하지 않으며, 업무 폭주로 인한 과로 및 사회적 평가의 저하로 우수인력이 수사부서를 기피하고 있는 실정이다.[115] 범죄의 증가현상과 사회변동에 따라 공정하고 신속하게 사건을 처리 해줄 것을 바라는 국민의 기대 수준의 증가는 필연적으로 수사경찰의 범죄수사에 대한 고도의 전문지식과 기술의 필요성이 요청되고 있다. 이러한 국민의 기대에 부응하기 위하여는 수사경찰의 자질 향상이 절실히 요구되고 있다.[116] 이에 경찰관으로서 필요한 자질을 육성함과 동시에 그 직무와 관련된 학식, 기술 및 응용능력을 배양시킬 수 있도록 전문화와 교육훈련에 만전을 기하여야 한다.

현재 상당수의 행정 사법고시 출신자들과 4년제 경찰대학을 졸업한 신진엘리트의 간부들이 경찰의 요직에서 일하고 있고, 말단 경찰관의 학력도 상대적으로 높아지고 있으나[117] 앞으로 사법고시 합격인원이 대폭 늘어남에 따라 그들을 경찰간부(현재 경정)로 공채하여 수사현장에 이들을 전담 배치함으로써 현재 검사가 담당하는 지휘업무를 대신하게 하고 조사업무에 종사하는 형사만이라도 대부분 법학을 전공한 학사경찰로 특채 배치하는 방법도 모색하여야 한다. 또한 간부후보생의 교육내용을 기능별로 실무교육을 대폭 개선하여 전문적인 교과목을 증설 전문화된 간부를 양성하는 것이 바람직하고 전문기관에 대한 위탁교육의 광범위한 실시와 해외연수 및 유학제도의 확대가 필요하다 하겠다. 수사활동은 범인과의 경쟁 내지 사실상의 적대관계에서 범인을 검거하여 범죄사실을 증명하는 일이기 때문에 조직화·신속화·지능화해 가는 범죄에 대응하기 위해서는 수사장비의 과학화 및 첨단 수사장비의 현대화가 절실하다.

다. 수사경찰에 대한 처우개선

어떤 조직체이든 그 조직체의 목적달성을 위해서는 유능한 인재를 선발채용하고 그들의 지속적인 능력개발을 통한 근무능률의 향상을 기대하기 위하여 처우가 개선되어야 한다. 경찰 또한 예외가 될 수 없다. 현실적으로 경찰관은 박봉에 시달리고 있으며, 그로 인해 부정부패의 유혹을 받을 수 밖에 없다.. 이러한 부정부패의 고리는 국민이 경찰에 대한 불신을 조장하고 성실한 경찰행정의 발전에 커다란 장애요인이 되고

---

115) 정경식, 수사구조론(서울 : 법전출판사, 1996), 216면.

116) 이삼재, 전게서, 268면.

117) 경찰통계연보(2000년)에 의하면 전투경찰을 제외한 경찰공무원 90,148명 중 대졸이상 19,761명(21%), 전문대졸 대퇴 14,950(정16.6%), 고졸 52,766명(58.5%), 고퇴이하 1,962명(2.2%)으로서 고졸이상이 대부분을 차지하고 있다. 경찰 통계연보, 50면.

있어 수사경찰의 처우 개선이 우선적으로 필요하다. 특수 수사경찰관에 지급되는 수사활동비 및 출장비가 비현실적이면서 청렴성과 정직성을 요구하고 있음은 결국 더 불신만 조장하게 되고, 이로 인한 피해는 국민에게 돌아가게 되는 결과를 초래하게 된다, . 따라서 효과적인 수사활동을 위해서는 수사 활동비, 출장비 등을 현실화하여 합리적인 경비기준을 설정하여 매월 지급하여야 할 것이다. 경찰이 독자적인 수사권을 가지게 된 상태에서 수사권남용에 대한 견제장치가 필요하다. 이를 위해서 경찰 내부의 수사지휘체제의 확립, 책임수사원칙의 확립, 위법수사에 대한 수사중지요청 및 관계자에 대한 처벌요구권을 검찰에 부여하고, 이로 인한 문제 발생시 해당 경찰관에게 민사·형사 책임의 부담과 자체징계처분 강화 등의 견제수단이 되는 것이다. 이러한 것은 바로 위법수사를 억제하고 인권보장과 수사의 선진화를 가능하게 할뿐만 아니라 국민들로부터 신뢰받는 수사경찰이 될 수 있는 커다란 요인이 될 것이다.

라. 검찰의 기능 변화 및 중립성 재고

수사권 조정과 관련하여 검찰의 몇 가지 자세변화가 필요하다. 첫째, 검사업무의 전문화와 책임의식의 확립이 필요하다. 즉 중요사건(강력범죄, 공안범죄, 경제범죄 등) 및 구속사건의 수사시 전담부를 설치하여야 하며, 이 경우 수사미진이나 법리착오가 생겼다면 검사 자신이 직접 수사한 경우는 물론 사법경찰관리를 지휘하여 수사한 경우까지도 검사가 책임을 지게 함이 타당하다. 둘째, 현재 검찰청법상 법무부장관은 "구체적 사건에 관하여 경찰청장만을 지휘 감독할 수 있다(제8조)"라고 규정하고 있다. 또한 검찰은 수사권독점, 기소독점 기소재량의 막대한 권한을 갖고 있으므로 검찰의 총수가 정치적인 영향을 받아 수사권 및 결정권을 부적절하게 행사한다면 국가형벌권 행사 가치자체가 문제될 것임에 틀림없다. 따라서 검찰업무는 상당한 수준의 정치적 독립이 요구된다 할 것이므로 검찰총장은 법무부장관으로부터 행정적인 지휘만을 받고 구체적인 수사에 있어서는 그로부터 독립되는 것이 바람직하다.

마. 하위직 많은 인력구조의 개선

날로 흉포화 지능화되어 가는 범죄들이 증가함에 따라 국민의 경찰을 향한 체감치안 확보 요구 또한 높아가고 있다. 경찰이 국민의 요구에 부응하는 치안서비스를 제공하기 위하여는 하위직이 많은 현재의 경찰구조가 변화되어야 한다. 즉 현재 국립경찰은 중간관리층이 적고 하위직이 많은 구조를 띄고 있는 바, 이로 인해 국민생활과 밀접한 형사·조사·교통사고처리·인권 등 중요업무를 수행해야 할 사법경찰관이 부족한 실정이다. 사법경찰관이 중간관리층업무를 대행하다 보니 책임과 권한이 일치하지 않아 갖가지 위험이 도사리고 있다. 또한 경찰초임부터 중간관리층으로 승진하기까지 보통 25년이나 걸리는 등 승진정체가 심화되다 보니 근무의욕상실로 인해 부정부패 유혹에 쉽게 노출될 수 있다. 하위층인 경사 이하 비율은 현재 경찰 전체 인력의 86.3%에 달하는 반면 총경 이상은 0.5%이다. 즉 정책결정에 참여해 상·하간의 직접적인 의사소통 라인을 만들어 주고, 유연한 조직에 중추역할을 담당하는 중간관리층이 15%에도 미치지 못하고 있다.[118] 이러한 의미에서 경찰의 직급구조 상향조정이 필요하며, 이를 통해 우수한 인재를 경찰조직에 많이 확보하여 위기관리능력을 갖추어 나가야 한다.

결국 다른 공무원에 비하여 하위직 비율이 지나치게 많은 경찰의 불합리한 인력구조부터 개선을 통하여 위임된 수사권을 적법하고 책임 있게 행사할 수 있는 전제여건을 마련해야 한다.

2. 한국 경찰조직의 쇄신과 변화방향

가. 서 설

검찰의 수사권 독점에 따른 폐해를 줄이고 검찰의 권력남용에 대한 견제방법을 강구하기 위하여 시민사회는 형사절차의 개선, 검찰청법 개정, 특별검사제의 도입, 독립 국가인권위원회와 고위공직자 비리조사처의 신설 등을 추진하여 왔다. 그리고 현재는 검찰의 수사권 독점의 근본적인 개선방안으로 검찰·경찰간의 수사권 조정논의가 활발하다. 그러나 검찰권력 남용에 대한 효과적인 견제장치가 필요함을 인정하고, 검찰권력의 분산, 견제를 바라는 이들도 '경찰수사권 독립'에는 선뜻 동의를 못하고 있다. 이는 경찰 역시 권력기관의 하나로서 부패하고 인권을 침해하는 어두운 면을 지니

118) 지영환, "경찰, 하위직 많은 인력구조 개선을", 조선일보 2003년 9월 8일, 기고문.

고서 수사권력을 행사해 왔다는 인식이 국민들에게 강하게 자리잡고 있기 때문일 것이다. 수사 활동은 자유민주사회에서 유일하게 인간의 신체 자유를 박탈할 수 있는 합법적인 수단인 만큼, 법을 집행하는 과정에서 경찰의 수사 활동은 '인권'을 침해사례가 끊임없이 발생하여 왔다. 나아가 수사의 대부분을 담당하고 있는 경찰은 수사활동을 함에 있어서 현행 헌법과 법률이 인권을 보장하는 여러 가지 제도를 통하여 인권을 보호해야 할 의무가 있음에도 불구하고 군사독재정권 등을 겪어 오면서 권력유지 목적에 이용되어 적법한 절차보다는 국민을 제약하고 통제하는 역할을 한 것도 사실이다. 그러나 민주주의가 발전되어 가는 과정에서 '수사과정에 있어서의 인권의 보호'의 요구는 이미 수사기관의 가장 큰 과제로 자리잡아 가고 있으며, 경찰이 범죄수사의 96% 이상을 전담하고 있다는 점에서 경찰수사의 틀을 바로 세우는 것이야말로 수사기관의 국민에 대한 신뢰확보에 결정적인 요소가 될 것이다.[119] 즉 피의자와 사건 관계인의 인권을 최대한 존중하면서도 과학적 수사방법을 통해 실체적 진실을 밝혀내는 것이 국민들이 바라는 경찰수사의 모습이고, 이러한 바람직한 방향으로 나아가는 것은 대한민국 경찰의 최선이자 최후의 목표가 될 것이다. 이에 우리나라 경찰조직이 현재의 국민의 불신을 종식시키고 조직을 쇄신해 나갈 수 있을 것인지에 대하여 고민해 보고자 하며, 먼저 한국의 경찰조직의 특성과 부패실태 및 병리현상을 먼저 살펴보고 인권을 보장하는 국민중심의 경찰수사가 되기 위한 선행조건 그리고 그 쇄신 방향과 인권침해를 최소화하기 위한 방안을 살펴본다.

나. 우리나라 경찰의 현주소

1) 한국 경찰조직의 특성

가) 역사적·구조적 특성

(1) 역사적 성격

경찰국가시대에는 국가기능을 경찰기능과 동일시하는 확대개념이었다. 그리고 자유주의 국가시대에는 야경적인 한정적 개념으로 규정했다. 현대국가에서는 실질적 의미의 경찰로 규정하고 있다. 우리나라 경찰법 제3조는[120] 경찰은 국민의 생명, 신체

119) 표창원, '경찰수사권 독립이 인권보장의 첩경'. 2003년도 한국형사정책학회 춘계 학술회의, 발췌문.

및 재산의 보호와 범죄의 예방, 진압 및 수사, 치안정보의 수집, 교통의 단속 기타 공공의 안녕과 질서유지를 그 임무로 한다고 규정하고 있다. 다른 한편으로는 국민을 계몽·지도하고 봉사하는 작용이 있는 것으로 보아 경찰의 개념이 보다 실질적이며 포괄적인 기능으로 확장·적용되고 있다. 우리나라의 경찰기능의 시대성은 달라도 건국 이후 유사한 경향을 띈 점을 찾을 수 있다. 해방 이후 6·25 동란을 전후한 때에는 호국경찰로서 사실상 국가기능 상당부분을 그 고유의 기능영역에 포함시켰다. 그 이후 4·19의 정치적 변혁을 겪으면서 기능수행의 확대에 대한 견제와 압력을 받았다. 그리고 1960년대 군사정권시대부터 1990년대에 이르기까지 30여년 동안은 민생치안보다 시국치안에 치중했다. 이러한 이유 때문에 실제로 시민들은 경찰에 대해 좋지 않은 이미지를 가지고 있었으며, 결국 민간정부가 들어서고 경제 성장과 정치적 안정을 토대로 복지사회가 요청하는 봉사기능의 비중이 커짐에 따라 경찰에 대한 시민욕구가 점차 확대되어 새로운 천년의 변혁기에 처해 있다.

(2) 경찰조직의 계층구조

한국의 경찰조직은 권한을 중앙에 집중시킨 국가경찰기관으로 유지되고 있으며, 이에 경찰청·지방경찰청·경찰서 등으로 제도화되어 있다. 행정자치부장관을 정점으로 하여 제1급 중앙보통경찰관청으로 하여 외청으로 차관급인 경찰청을 두고 있으며, 지방자치단체의 장인 서울특별시장·도지사·광역시장을 지방의 상급 일반경찰관청으로 두고 기관위임사무를 수행하도록 법제화되어 있다. 그러나 실제로는 지방자치단체장의 지시나 통제를 받음이 없이 경찰청의 지시에 의하여 지방경찰청과 경찰서의 업무수행이 이루어지고 있다.

나) 경찰조직의 구조적 특성

현대는 산업, 정보, 지식사회로 발전하면서 사회의 기능이 점차 전문화되고 있다. 그리고 사회구조는 더욱 복잡해지며, 이에 전문화되고 강력한 법집행 또한 요청되어 경찰행정은 국민에게 명령과 강제를 일방적으로 강요하기 쉽다. 경찰이 시민이 바라는 사회적인치안의 욕구를 어느 정도 달성하느냐의 여부는 주민만족도, 사회적 평온유지의 기준에서도 평가할 수 있다. 그러나 경찰행정의 구조적 특성이라는 관점에서 치안

---

120) 송봉선/송재복, 『경찰조직관리론』, 대명사, 2002년, 345면.

행정의 투입요인을 중심으로 시민들의 치안수요에 만족시킬 수 있어야 한다. 치안행정의 수요는 시민의 안전에 대한 사회적 요구를 의미한다. 행정의 민주성이라는 규범원리에 의하면 치안 서비스는 국민의 안전·보호에 관한 욕구를 공공의 차원에서 공급함으로써 국민의 욕구를 충족하여야 한다.

경찰조직은 그 사회의 발전단계에 상응하는 방법으로 치안 기능을 확보해야 한다. 조직체가 환경 속에서 생존하기 위해서는 수요와 동시에 지지와 균형을 유지해야 하는데, 이러한 의미에서 경찰조직은 공평한 치안 공급으로 시민의 지지를 획득해야 하며, 만일 그렇지 못할 경우 사회계층 의식을 유발하거나 정치적 쟁점에 따라서 불평등을 초래할 위험성이 초래하게 된다.

2) 한국 경찰의 부패 실태(경찰조직의 병리)

가) 부패원인과 실태

경찰부패란 경찰공무원이 자신의 사적인 이익을 위해, 또는 특정 타인의 이익을 도모하기 위해 경찰력을 의도적으로 오용하는 것이라고 할 수 있다. 즉 경찰공무원이 자기에게 주어진 경찰권의 부적절한 행사를 하면서 돈이나 물질적인 가치가 있는 것을 받는다면 그 경찰공무원은 부패한 것이다. 경찰공무원이 부정부패를 범하게 되는 것은 크게 두 가지 원인에서 기인한다.

첫째, 경찰행태의 개인적 성향에 기반을 둔 것으로 경찰공무원으로 채용되기 전에 부정직한 사람이 경찰조직에 와서도 부패경찰이 된다는 것이다. 사과상자 안의 사과 중 애초에 문제 있는 사과가 썩듯이 애초에 자질이 없는 사람이 경찰공무원이 됨으로써 부패의 원천이 된다는 것이다. 결국 개인의 윤리성 결함에서 그 원인을 찾는 것이다. 둘째, 경찰공무원 경찰활동 중의 사회화 과정에서 부패된다는 이론으로서, 신임 경찰은 기성 경찰에 의해 이루어진 조직의 부패전통에 따르게 된다는 것이다. 경찰부패는 개별 경찰관의 개별적인 부정이 아니라 조직에 결부되어 있는 모순적인 규범, 잘못된 관행과 문화 등 체계적인 집단현상으로 이해되어야 한다. 즉 경찰의 부패를 조장하고 묵인하는 구조적·체계적 환경 속에서 경찰공무원이 사회화되고 그로 인해 부패현상이 생긴다는 것이다.[121)]

---

121) 이황우, 『경찰행정학』, 제3판, 법문사, 2002년, 420면

이상의 견해에 대해서는 다음과 같은 문제점이 있는데, 즉 전자의 경우에는 개인적 성향이나 자질에 있어 아무런 문제가 없는 사람이 경찰조직에 들어와 부패되는 상황을 적절하게 설명하지 못하고, 후자는 똑 같은 경찰환경에서 어떤 경찰공무원은 부패하고 어떤 경찰공무원은 부패하지 않는지에 대해 적절하게 설명하지 못한다. 결국, 양자 모두 일면의 원인이 될 수 있을 것이다.

나) 우리나라 경찰조직의 병리

우리나라 경찰 조직의 문제점과 구성원의 병리현상에 대한 조직내부의 현실적·구체적 사실을 살펴보면 다음과 같다.[122]

첫째, 규정 또는 절차의 집착과 형식주의를 든다. 치안행정이 규정과 절차에 의존하기 때문에 형식적이고 기록중심적이며, 위급한 사항의 신고나 요청 등이 신속하고 적극적인 대처를 못하는 경향이 있다. 둘째, 비신축적이며 명령적이고 국민의 입장을 배려하지 못한다. 전통적 특성으로 인하여 경직성과 고정관념 및 관료주의적 행태로 하급기관이나 구성원들의 재량행위도 상부나 상사에게 의무적으로 보고하고 의존한다. 모든 권한은 상사가 독점하고 부하는 지시를 기다리면서 국민의 입장을 시기적절하게 고려하지 못하는 경우가 흔히 발생한다. 셋째, 계급주의적 우월화로 인해 의사소통의 단절·왜곡현상이 심각하다. 이러한 특성은 경찰조직에서만 발견되는 것이 아니라 한국의 공무원 조직사회에서 널리 일반적으로 나타나는 현상이다. 엄격한 계급주의적 우월화로 조직구성원 상하간에 우애가 없으며, 사소한 일도 승인을 받아야 하며, 명령·지시가 무조건적이며 위압적이다.[123] 넷째, 분파주의 팽배와 공동체 의식의 결여 등으로 조직의 통합이 어렵다. 조직 내부구성원간에 편가르기 식의 정실주의가 팽배하여 능력이 있어도 인사행정에 있어서 적재적소에 인재가 배치되지 않는다. 그리고 구성원 대다수가 개인주의적으로 행동하고, 파벌의식이 심하다. 원칙적으로 구성원의 응집력이 필요한 조직이지만, 집단주의적 통합이 잘 되지 않아 공동체의식이 약화되어 소외감을 가진다. 다섯째, 조직 내의 비민주성을 들 수 있다. 조직은 의사결정과 집행을 민주적 방식에 의하여 수행하여야 함에도, 비민주적 방식인 전통적·권위적 방식에 의존하고 있다. 이러한 이유로 경찰 내부에서 상사는 비전문적·강압적 의사결정이 지배적이다.

---

122) 손봉선·송재복, 『경찰조직관리론』, 대왕사, 2002년, 349면.
123) 백완기, 『한국행정학의 기본문제들』, (서울 : 나남), 1998년, 516면.

다. 경찰조직의 쇄신과 변화 방향

1) 한국경찰조직의 쇄신 필요성

경찰에게 독자적 수사권이 인정되게 되면, 지금까지 수사권한은 행사하되 책임은 지지 않거나 회피하여 온 관행은 더 이상 유지될 수 없게 된다. 경찰은 권한을 인정받는 대신 그에 상응하는 책임을 져야 한다. 그런 의미에서 경찰은 지금까지의 부정적인 이미지를 벗어나 조직 자체가 국민의 권익을 보호하고 국민에게 다가가는 경찰행정서비스를 제공할 수 있는 자세로 전환되어야 한다. 즉 한국경찰조직이 수사의 책임자로서 경찰조직 스스로 쇄신할 수 있는 방안을 끊임없이 연구, 모색해 나가야 한다.

우리나라의 국민 대다수는 한국 경찰에 대해서 부정적인 이미를 가지고 있으며, 경찰관을 친절하고 신뢰할 수 있는 공무원이라 생각하는 사람도 별로 많지 않다. 경찰이 국민을 위해 일하는 신속, 정확, 친절, 봉사로 국민에게 다가가는 서비스를 펼치는 조직이라고 생각하는 사람 역시 드물다.

이와 같은 국민의 경찰에 대한 판단은 과거에 길들여진 것으로 일제강점기(日帝强占期)의 경찰은 우리나라 국민을 착취 대상으로 삼았으며, 그 때부터의 문제점이 지금까지도 청산되지 못하고 계속되고 있다. 이러한 문제점은 경찰조직의 구조적 요인과 구조상의 취약점에 그 원인이 있는데,[124] 경찰기능과 경찰구성원을 철저하게 분석하여 치안정책의 제고 및 집행과 관련된 문제점을 시정해 나가야 할 것이다.

2) 한국경찰의 쇄신사항

한국경찰이 자치경찰제 도입에 의해 책임 있는 치안행정서비스를 펼치고, 독자적인 수사권을 인정받아 공정하고 전문적인 수사기관으로서 거듭나기 위해서는 지금까지의 부정적인 이미지를 불식시키기 위한 쇄신이 필요하다.

첫째, 지역사회 주민을 찾아 상담·협의하고, 애로사항을 해결해 주며, 사생활 관여가 아닌 차원에서의 사생활의 분쟁이나 갈등을 미리 타협하고 조정시킴으로써 사회질서 차원의 문제로 발전하지 않도록 주민을 계몽·지도하는 선도기관으로서 자리매

---

124) 손봉선·송재복, 『경찰조직관리론』, 대왕사, 2002년, 351면 참조.

김하여야 한다.[125] 국민의 통합과 주민 일체는 이제 경찰의 봉사적 기능을 어떻게 잘 소화해 내느냐에 달렸으며, 사소한 교통위반자나 청소년의 행위를 두고 명령·강제와 같은 과거의 수단에 의지하거나 계몽과 선도를 멀리 할 경우 경찰은 국민들로부터 외면당하지 않을 수 없게 된다. 둘째, 전문화를 통해 경찰의 위상을 높여야 한다. 따라서 조직 내의 전문가 비율을 높이고, 이에 따라 국민과 주민에게 범죄예방을 위한 프로그램에 적극 참여를 유도하는 등 국민에 대한 정보의 지원이나 아이디어 생산에 적극적으로 임해야 할 것이다. 이미 행정기관에서는 조직 내에 각 전문분야에 전문가의 비율을 높여가고 있는 바, 경찰청에서도 최근 10년간 법률전문가의 확보를 위하여 사법고시를 패스한 변호사 자격자를 기용하여 법률자문, 대외홍보 등을 통해 인권침해를 최소화하고 전문성 제고를 위해 부단히 노력하고 있다. 그러나 경찰의 전문화는 수사 인력면에서 완성도를 높여가야 독자적인 수사권을 인정받고 국민의 신뢰를 받을 수 있다는 점에서, 기업형 경제사범, 조세범, 선거법위반사범 등 특별수사영역에 있어서의 전문가를 조직 내에 확보하여 나가야 할 것이다. 셋째, 경찰조직의 규모가 서비스 질에 영향을 줌에 따라 경찰서의 규모 또한 지역별 특성에 따라 다양화되어야 한다. 조직구조에 영향을 미치는 상황변수로서, 특히 도서지역에서의 경찰 서비스 관리는 통합적으로 이루어져야 할 것이며, 큰 경찰서는 분업성을 증대시키고 높은 수준의 전문성을 유지해 운영상 효율성을 높여야 한다. 이를 위해 경찰조직 자체 내에서 이러한 목적 달성을 위한 적정모형을 개발·운영하여 대처해 나가야 할 것이다.

마지막으로, 경찰조직의 행태를 개선하기 위해서는 경찰관 각 개인의 경찰관 지원 동기나 요구 성취를 파악하여 인성 및 덕성 중심의 윤리교육, 경찰교육을 통해 과거의 가부장적·위압적 권위의식을 타파해야 한다. 이를 위해서 동료와 타인간에 자유로운 접촉을 통한 관계의 형성을 바탕으로 시민 위에 군림하는 경찰이 아니라, 시민과 더불어 사는 봉사자로서의 생활관을 가져야 한다. 또, 고등교육을 통해 민주주의적 사고를 높임으로써, 국민과 동료에게 민주적인 봉사를 할 수 있는 능력을 배양해 내는 시스템을 갖추어야 한다. 이러한 봉사자로서의 생활관, 국민에 대한 민주적 봉사의 실현을 위해 시민과의 대화·행사 등의 공동체적 모임을 자주 가져야 한다.

이상과 같이 한국경찰이 스스로 거듭나기 위한 노력을 아끼지 않고, 그 변화된

---

125) 지영환, "경찰의 교통질서 유지는 '원칙'보다 '감성'으로", 문화일보, 2004년 11월 10일 오피니언기고문.

모습을 보일 때 경찰에 대한 국민의 신뢰와 지지는 박수를 아끼지 않을 것이며, 그에 따른 권한을 위임할 수 있을 것이다. 한편 경찰이 스스로 추진하는 쇄신과 개혁은 경찰만의 문제가 아니라 국가운영의 문제이며 구체적으로는 사회안녕과 인권보호와 직결되는 문제라 할 수 있을 만큼 국민의 경찰개혁의지에 대한 지대한 관심이 필요함은 물론이다.[126] 결국, 한국경찰의 쇄신은 독자적 수사권을 인정받고 국민으로부터 신뢰를 받기 위한 전제이면서도 지속적으로 지켜나가야 할 과제이다.

라. 경찰의 독자적 수사권에 대한 통제방안

검찰·경찰의 수사권 논의는 그 결론이 어떠한 형태를 보이던간에 이번 국회 본회의에서 최소한 일시적인 종지부를 찍을 것으로 예상된다. 따라서 전면적으로든, 부분적으로든 경찰에 독자적 수사권이 인정될 경우, 경찰의 수사권에 대한 통제방안이 우선적으로 마련되어야 하는 것은 당연하다. 이는 검찰이 독점적인 수사권을 가지고 있을 때의 이에 대한 견제수단이 없었던 부정적 효과에 비추어, 경찰이 독자적 수사권을 가지게 되면 그에 대한 응당한 견제수단을 마련하여 과거와 같은 전철을 밟지 않기 위해 반드시 검토되어야 한다. 이에 수사권의 내부적 통제방안과 외부적 통제방안으로 나누어 살펴보면 다음과 같다.

1) 수사권의 내부적 통제방안

가) 부서간의 견제균형

먼저 경찰 내부의 현행 견제균형을 위해 마련된 제도의 문제점을 직시하고 이를 개선하여야 할 것인 바, 다음과 같은 경찰 내부의 부서간의 견제와 균형이 제도화하기 위한 노력이 필요하다.

나) 수사공정성 판단기관의 이원화

경찰관의 부조리행위를 조기에 발견, 척결함으로써 공정성을 해치는 사례가 발생하는 것을 방지하고, 수사진행에 대한 불공정성에 대한 의심이 있을 경우 제3자적 객관적 입장에서 수사의 공정성을 설명하고 불만이나 불편사항을 상담·해소할 수 있도

126) 지영환, "경찰개혁 국민관심이 관건이다", 대한매일 2003년 8월 8일 기고문 참조.

록 하기 위해 청문감사관제도가 시행되고 있다. 그러나 그 도입취지의 장점에도 불구하고, ① 비리와 내부청탁이 속성상 감찰, 감사에 쉽게 적발되지 않는 현실, 그리고 조직에 대한 비호, 동료의식으로 인해 적발이 쉽지 않고,[127] ② 사법경찰관이 아닌 경찰간부인 청문감사관이 사법경찰관의 수사 내용을 조사한다는 발상 자체가 수사경과 독립원칙에 반한다.[128] 이러한 점에서 청문감사관은 비리조사 및 징계업무만을 담당하도록 하고, 수사의 공정성은 상급관청인 지방청, 경찰청의 사법경찰관이 직접 조사하여 밝히도록 하여 그 결과를 청문감사관에 보고 후 징계를 처리하도록 하여 수사공정성 판단기관을 이원화시켜야 할 것이다.

다) 상급감독관청에 의한 통제와 수사개입 제한

수사권이 경찰에게 부여될 경우 경찰의 내부통제는 더 객관적이고 공정하게 이루어져야 한다는 점에서 상급감독관청의 통제 강화를 통하여 현행의 감찰기능이 개선되어야 한다. 반면, 상급관청이 하급관청에서 취급하는 개별 사건수사에 대해 지휘 또는 개입하는 것은 제한되어야 하는 바, 수사권 독립이 이루어지면 경찰의 상부구조는 경찰조직의 결속강화와 더불어 상급감독관청의 하급관청에 대한 부당한 통제, 개입을 통하여 말단조직에 이르기까지 조직력을 발휘하려 하기 때문이다.

따라서 수사업무의 전국적 통일성을 위한 수사지침 하달은 구체적 개별사건에 있어서 수사공조를 위한 통계 및 수법에 관한 정보를 교류하는 차원에 한정하여 이루어져야 할 것이다.

라) 수사업무의 효율화

(1) 전문성 있는 수사요원 확보

수사는 법률적 지식보다는 실제 기술적, 현장적인 영역이기에 수사의 전문화 또한 이러한 점에 중점을 두어야 한다. 즉 기소나 재판과 같은 법률적 지식의 전문화 보다는 증거법, 수사에 필요한 범죄심리학, 피해자학, 법의학, 곤충학, 인류학 등의 지식 습득에 전문화의 초점이 맞추어져야 할 것이다. 그러나 현재 우리나라 경찰의 현실은

127) 황문규, "수사경찰의 공정성확보방안에 관한 연구", 고려대학교 대학원 석사학위논문, 2001년, 56면.
128) 경찰간부인 청문감사관은 같은 소속의 동료일 뿐만 아니라 수사전문가도 아니라는 점에서 그 업무 수행에 한계가 있을 수 밖에 없다.

잦은 보직 변동으로 인해 전문성 확보에 지장을 초래한다는 문제점이 지적되고 있다.[129] 즉 경찰은 교통, 경비, 정보, 경무 등 상호 이질적인 부서간에 제한 없는 개방형 인사를 시행하고 있는데다가 격무와 낮은 처우 등의 문제는 전문성 확보를 위해 해결되어야 할 과제이다.

(2) 민간경비제도 활용

사건처리의 공정성을 담보하기 위해서는 수사요원의 근무조건을 개선하고 수사에 전념할 수 있도록 환경이 조성되어야 하는데, 우리나라의 경찰은 과중한 업무량으로 인해 근무의욕 저하, 나아가 수사의 불공정성을 야기하는 원인이 되고 있다.

이를 해결하기 위해 민간경비제도의 효용성과 활성화를 통해 해결방안을 강구할 필요가 있는데, 특히 범죄의 양적·질적 변화를 겪고 있는 우리나라의 현실에 있어서 스토커나[130] 성범죄, 회사 내 절도에 이르기까지 범죄자가 접근하지 못하도록 하는 범죄예방시스템으로 민간탐정제도를 활용할 필요가 있다. 왜냐하면 범죄증가에 대응한 경찰관 증원은 국가적·재정적 차원에서 한계가 있으며, 경찰영역에 민간경찰을 도입함으로써 업무효율성을 기하고 수사비용부담을 줄일 수 있기 때문이다.

(3) 검시관제 도입

검사가 검시의 주체로 되어 있는 우리나라와는 달리 영국과 미국의 경우 전문가인 검시관 또는 법의학 전문의가 검시의 주체가 되는 전담검시 제도를 채택하고 있다.

한편, 독일의 경우 사망여부 조사에 대한 주체는 검사지만, 검안은 모든 의사의 의무로 규정되어 있으며, 사체를 화장하려고 할 경우 반드시 법의학 전문의사가 2차 검안을 하도록 되어 있어 범죄은폐율을 줄일 수 있다.

그러나 우리나라는 변사체 발견시 의사의 자격이나 경험과 무관하게 일반 개업의가 사건현장에서 법의학적 검안과 부검을 하도록 요청받고 있다. 따라서, 사인에 의문이 있을 때 명확한 근거나 없거나 지식부족이 있어도 막연히 사인을 추정하는데, 이러한 절대적으로 믿을 수 없는 판단을 근거로 수사가 행해지고 있다.

이러한 문제점을 시정하기 위해서는 국가적 차원에서 법의학 실무를 담당하는

---

129) 이윤환, "경찰수사권독립과 통제에 관한 연구", 동국대학교대학원 석사논문, 2003년, 91면.
130) 지영환, 서울신문, 2004년 5월 10일자 & 2004년 5월 18일자 기고문, 「사랑과 스토킹」.

전문인력을 양성하여 경찰조직 내에 법의학 업무를 담당하는 법의병리전문의 자격을 가진 자를 채용하도록 하여야 할 것이다. 그럼으로써, 범죄수사 초기에 정확한 의학적 판단이 가능하도록 확보하여야 하며, 조기에 범인을 검거하여 불필요하게 수사에 투입되는 막대한 인력과 재정의 낭비를 줄여야 할 것이다.

마) 수사경찰 채용단계에서의 전문성 제고

경찰의 수사권 독립의 문제는 수사경찰의 자질을 갖추는 문제와 직접적으로 연결된다. 현재보다 경찰의 자질이 향상하기 위한 노력을 하지 않고서는 경찰조직 자신도 수사권 인정을 위한 국민의 지지나 신뢰를 강하게 받기 어려울 것이다. 또한 독자적 수사권을 인정받은 이후에도 끊임없이 그 자질향상을 위한 다방면의 모색이 행해져야 한다. 이를 위해서는 먼저, 수사인력의 모집단계에서부터 우수인재를 경찰조직에 유치하도록 하여야 한다. 이를 위해 신규채용시 수사경찰은 업무의 전문성과 기술성을 고려해 수사실무자는 최소한 전문대 이상의 학력을 소지하도록 자격조건을 부여하고 수사지휘자의 경우는 정규 4년제 대학을 졸업한 자 중에서 공개경쟁시험에 의거 엄격히 선발하도록 전환이 이루어져야 한다.[131]

2) 수사권의 외부적 통제

가) 사법 또는 비사법기관에 의한 통제

(1) 사법기관에 의한 통제

경찰에게 독자적인 수사권을 부여하여 제1차적 수사기관으로서 활동하게 되면, 이제 검사의 지휘 없이 책임수사를 진행하게 된다. 또한 형사사건 중 무혐의·죄안됨·공소권없음과 같이 불기소처분할 것이 명확한 사안에 대하여 경찰에게 수사종결권을 인정하게 되면, 경찰의 수사처분에 대하여 명확한 법적 책임을 묻도록 하기 위한 장치가 마련되어야 한다. 이러한 점에서, 경찰 수사처분에 대한 검찰항고제도를 명문화하고, 이 경우에는 경찰이 입수한 수사서류와 증거물을 검찰에 송치하도록 하여야 한다. 검사가 당해 사건을 수사한 결과 공소제기함이 명백하다고 판명되고, 이후 검사의 기소에 의해 유죄판결이 확정되면, 관할 지방검찰청 검사장은 그 사건 수사담당자

131) 이황우, "수사경찰의 전문화에 관한 연구", 한국형사정책연구원, 1991년, 3면.

의 임명권자에게 수사담당자의 징계·체임을 요구할 수 있도록 하는 방안이 강구될 수 있다.[132)]

(2) 비사법기관에 의한 통제

현행의 수사체제는 행정부 소속의 검찰이 같은 행정부 소속인 경찰을 통제하는 구도로 되어 있어, 권력분립 및 견제와 균형이라는 헌법상의 통치구조 원리에 반하는 것임을 부인하기 힘들다. 이에 독자적 수사권을 부여받은 경찰에 대한 외부적 통제는 공신력을 가진 외부 기관에 의하여 이루어져야 할 것이다. 이미 언급한 것처럼, 경찰의 체포구속장소감찰권한을 국가인권위원회에 이양하여야 함을 주장하였던 바, 그 연장선상에서 경찰의 수사에 의해 일어날 수 있는 인권침해행위에 대해서는 국가인권위원회가 담당하도록 하여야 할 것이다.

나) 시민에 의한 감시제도 확보

수사의 공정성 확보는 경찰 개인에게 맡길 수 없는 중요한 문제이듯이 이를 위한 시스템이 구축되어 있어야 한다. 특히 지방자치경찰제의 시행과 더불어 자치단체장의 경찰에 대한 압력의 위험이 있을 수 있어,[133)] 그 제도적 확보는 그 필요성이 절실하다. 이를 위한 비용을 줄이면서도 이미 전국적 의사소통 및 감시체제를 활용할 필요가 있는데, 가장 적합한 시민통제 수단으로 기존의 인터넷망을 활용한 시민감시체제의 구축을 들 수 있다. 오늘날 경찰조직 뿐만 아니라 각 행정조직에서 공무원의 비위는 그 발생과 더불어 인터넷을 통해 민원으로 제기되는 등 국민의 행정에 대한 투명성, 공정성의 요구가 점차 강화되고 있다. 세계적으로 인터넷 보급률을 자랑하고 있는 우리나라에서 인터넷을 통한 감시는 경찰의 수사공정성 제고를 위한 유효적절한 수단이 될 것이다.

---

132) 김한섭, "우리나라 수사제도의 문제점과 개선방안에 관한 연구", 석사학위논문. 2002년, 115면.
133) 황문규, "수사경찰의 공정성 확보방안에 관한 연구", 35면.

제 5 절 수사구조 개혁과 자치경찰제의 문제

1. 자치경찰제에 관한 일반론

가. 자치경찰제의 도입필요성

1995년 6월 27일 단체장 선거를 처음 치름으로써 시작된 지방자치제 실시가 벌써 10년이라는 시간이 흘렀고, 이에 따라 우리나라는 정치, 경제, 사회, 교육, 그리고 행정에 이르기까지 모든 분야에 있어서 지방자치화 구조로 개편되어 이러한 구조가 자리를 잡아가면서도 아직까지 지방분권이 이루어지지 않은 국가권력의 영역이 경찰제도라 할 것이다. 이러한 상황은 우리나라 경찰조직이 효율성을 강조함으로써 중앙집권화를 강조하고 있기 때문이기도 하다.[134)]

그러나 지방화시대가 개막된 이래 지역주민들은 민생치안에 더욱 관심을 가지게 되면서, 주민직선으로 선출된 단체장이나 지방의회 의원이 이제는 치안문제나 경찰관리에 대하여 정치적 책임을 져야 할 상황이 되었다. 나아가 자치경찰제의 도입은 교육자치제와 함께 지방자치제도의 총체적 완성을 위한 하나의 필요조건이며, 노무현 대통령의 대선 당시 공약사항이기에 앞서 참여민주주의와 지방분권의 폭을 넓힌다는 측면에서 그리고 지역의 일반행정과 치안행정의 연계성을 확보함으로써 국가전체의 치안역량을 강화한다는데도 기여할 수 있으며, 시·도의 지방행정과 국가경찰행정이 유기적 연관성을 갖기 위해서도 국가경찰과 자치경찰로 이원화할 필요성이 크다.

더구나 대통령직속 정부혁신지방분권위원회 자치경찰추진팀이 2004년 5월 28일 '새로운 지방분권 추진전략 모색을 위한 대토론회'에서 참여정부의 지방분권 로드맵(road map)에 따라 2005년부터 시행예측으로 지방자치경찰의 모형을 '지방자치경찰 창설방안에 대한 제언'을 통해 발표한 이래,[135)] 2005년 8월 2일 청와대는 국정브리핑을 통해 '수요자 중심의 맞춤형 치안서비스'를 제공하는 시·군·구별 자치경찰제도를

134) 정균환, 「지방자치완성을 위한 자치경찰」, (서울 : 신유영사), 1996년, 16면.
135) 이강종, 「주요국가의 경찰관리-위원회제도를 중심으로」, (서울 : 유성사), 2004년, 260면.

2007년 하반기에 전면 시행한다는 방침을 밝힌 바 있다.[136] 자치경찰제에 대한 관심과 논의의 열기는 앞으로 더욱 뜨거워질 것이다. 그간 이러한 자치경찰 논의는 경찰의 수사권 독립에 관한 논의가 진행될 때마다 관련문제 또는 수사권독립찬반의 논거로 항상 거론되어 왔던 바[137], 정부의 자치경찰제도의 전면적 시행방침에 따라 이제 자치경찰제는 모든 행정영역에 있어서의 지방자치제 실시의 차원에서 더 이상 거부할 수도 뒤로 미룰 수도 없는 하나의 과제가 되었다고 할 수 있겠다.

자치경찰제 도입 논의에 대한 찬반론이 60여년 동안 계속되면서 자치경찰제 실시와 경찰의 수사권독립 논의의 상호관계에 대하여 자치경찰제와 검사의 수사지휘·감독권과는 직접적인 관련이 없다는 견해도 있고,[138] 오히려 자치경찰제를 도입할 경우 검사수사지휘권은 더욱 강화되어야 한다는 견해도 있었다.[139] 하지만, 시·도지사 소속하에 자치경찰을 두는 경우, 검사가 자치경찰의 사법경찰관리를 지휘·감독하는 문제는 중앙집권적인 국가기관인 검찰이 경찰수사에 대하여 자치경찰을 지휘·감독하는 것이 되므로 이는 자치단체의 자치권에 대한 침해를 뜻하는 바, 이러한 이유로 자치경찰제와 경찰의 수사권 독립여부는 전혀 무관한 논의라고 볼 수 없다. 이하에서는 지방자치제로서의 자치경찰제에 관한 일반론과 우리나라에서의 자치경찰제도 논의는 어디까지인지 살펴보기로 한다.

나. 지방자치제도의 의의와 본질

1) 지방자치제도의 의의

가) 개 념

헌법 제117조는「① 지방자치단체는 주민의 복리에 관한 사무를 처리하고 재산

136) 문화일보, 2005년 8월 27일 자치경찰제를 위한 시론 참조. 그 주요내용을 보면, 기초자치단체가 자치경찰대를 창설, 국가경찰의 기능을 일부 이양받아 지역특성과 주민수요에 걸맞은 치안행정을 펼친다는 것이다. 국가경찰은 수사·정보·보안 등에 치중하고 자치경찰은 주민 기초생활과 밀접한 방범순찰, 교통소통·관리, 기초질서 위반행위 단속 등과 함께 자치단체가 수행하던 식품·위생·환경 등 17종의 특별사법경찰 사무를 떠맡는다 등 행정자치부가 2005년 8월초에 입법예고한 자치경찰법안의 기본 줄기이다.

137) 따라서, 자치경찰제에 대한 논의 또한 수사권독립논의에 대한 역사와 마찬가지로 형사소송법 제정이래 올해로 60년을 맞이하게 된 것이다.

138) 서울고등검찰청, 수사지휘론, 1998년, 183면.

139) 법무부, 자치경찰제도입과 경찰수사권독립 문제, 1999년, 12면.

을 관리하며, 법령의 범위 안에서 자치에 관한 규정을 제정할 수 있다. ② 지방자치단체의 종류는 법률로 정한다.」라고 하여 지방자치의 제도적 보장, 지방자치단체의 기능과 그 종류의 법정주의를 규정하고 있다.

나) 지방자치의 이념

지방자치란 일정한 지역을 단위로, 그 지역주민이 자신의 사무를 자기책임 하에 자신이 선출한 기관을 통하여 직접 처리하게 함으로써 지방자치행정의 민주성과 능률성을 제고하고, 지방의 균형있는 발전과 아울러 국가의 민주적 발전을 도모하는 제도를 말한다.[140] 제임스 브라이스(James Brice)의 '지방자치는 민주주의 원천인 동시에 그 교실'이라는 말이 흔히 인용되듯이 지방자치제는 민주정치와 밀접한 관련을 가지고 있는 바, 풀뿌리 민주주의를 강화하고 직접민주제의 요소를 정착시켜 중앙집권주의를 견제할 수 있는 지방분권주의의 실현이 곧 지방자치제의 이념임을 알 수 있다. 즉 수직적 권력에 있어서의 균형·분산의 원리가 구현된 것이라 할 수 있다. 지방자치제는 지방행정에 대한 정당국가화 경향에서 오는 부작용을 최소화하며 지방행정의 능률성을 제고하는 데에 그 제도적 기능의 의의가 있다고 할 수 있으며,[141] 따라서 지방자치제에 있어서는 지방주민으로 하여금 그들의 사무를 그들 스스로 처리하게 함으로써 주민을 민주적으로 교육하고, 경제·사회·문화·치안정책 등을 분업적으로 집행하도록 하는 분업적 기능을 수행할 수 있도록 되어야 한다.

2) 지방자체제의 본질

현대의 지방자치는 헌법과 법률의 테두리 안에서의 자치를 의미하기 때문에 국가의 의사로부터 완전히 독립된 지방자치제는 존재할 수 없다는 의미에서 국가가 승인하는 한도 내에서만 행사할 수 있는 위임된 권능을 그 본질로 한다고 할 수 있겠다. 대한민국의 헌법은 지방자체제를 헌법사항으로 보장하고 있는 바, 이러한 지방자치제의 헌법적 보장은 지방자체제가 역사적·전통적으로 형성된 제도의 일종으로서 그 본질적 내용을 입법에 의하여 폐지하거나 유명무실한 것이 되게 하여서는 안된다는 의

140) 판례 : 헌재, 1996. 6. 26. [96헌마200]; 1991년 3월 11일, 「91헌마21」.
141) 권영성, 「헌법학원론」, (서울 : 법문사), 2003년, 230면

미를 갖는다. 즉 지방자치제의 자치권은 개인이 국가에 대하여 가진 천부적 자연권과 같은 기본권의 일종이라 볼 수는 없고 헌법에 의한 제도적 보장[142]으로 이해된다.

다. 헌법상 지방자치체제도의 보장 및 지방자치제의 한계

1) 지방자치제도의 헌법적 보장

우리나라는 건국헌법에서부터 지방자치제에 관한 규정을 두었고, 1949년에는 지방자치법이 제정되어 헌법에 의한 제도적 보장에 충실하였다. 1952년에는 최초의 지방의회가 구성되기도 하였다. 그러나 본격적인 지방자치시대는 대한민국의 헌정이후 37년의 세월이 흐른 1995년에 이르러서야 열리게 되었는데, 1949년 지방자치법 제정이후, 한국전쟁 반발, 1961년 박정희 군사정부의 지방의회 해산 및 지방자치에관한 임시조치법 제정을 통한 지방자치법의 효력정지, 1972년 유신헌법의 부칙에 의한 지방의회 구성을 조국의 통일시까지 유예 등 우리나라에 아직 민주주의가 정착되지 못한 정치적 혼란으로 인하여 지방자치제 시행에 각종 장애가 많았기 때문이었다.

군부정권이 사라지자 서서히 지방자치제 실시에 대한 기대가 무르익고 마침내 1994년 3월 공직선거및선거부정방지법(부칙 7조)이 자방자치단체의 장(長)선거를 1995년 6월 27일에 실시하도록 규정함으로써 지방자치 시대가 시작되었으며, 1998년에는 지방자치제에 대한 주민의 직접참여 확대를 위한 대폭적인 개정이 이루어졌다.[143] 올해는 지방자치제시대가 열린지 꼭 10년이 되는 해인데, 지방자치 10주년을 맞이하여 정부가 적극적으로 자치경찰제 실시를 위한 입법예고를 하는 등 그 실시가 구체화되고 이에 따라 성공적 실시를 위한 각계의 충고 또는 비판 등의 논의가 활발히 진행되고 있는 뜻 깊은 해라고 할 수 있다.

2) 지방자치제의 한계

지방자치단체는 국가와는 별개의 법인격을 가지고 자율적으로 지방행정을 처리

142) Schmitt,C., aaO S.170ff. 권영성, 「헌법학원론」, (서울 : 법문사) 2003, 231면.

143) 그 구체적인 내용은 주민의 조례제정 및 개폐 청구제도, 주민감사 청구제도, 국가와 지방자치단체간 또는 지방자치단체 상호간의 갈등 조정을 위한 제도적 장치 마련, 각급 지방자치단체의 장 또는 지방의회의 의장이 전국적 협의체를 설립을 들 수 있다.

하고 있다. 그러므로 지방자치의 본질의 면에서 볼 때 자치행정에 대한 국가의 관여는 가능한 한 배제[144)]하는 것이 바람직하다고 하지 않을 수 없다. 하지만 지방자치도 일정한 한계가 있을 수 밖에 없는데, 이는 지방행정도 국가행정의 일부이기에 국가적인 감독·통제에서 벗어날 수 없기 때문이다. 이러한 점에서 민주국가에서 중앙정부와 지방자치단체는 상호 행정기능과 행정책임을 분담하고 중앙행정의 효율성과 지방행정의 자주성을 조화시킴으로써 국민의 복리를 증진시키는 공동목표를 달성하는 것을 염두에 두고 행정을 펴 나가야 하는 한계와 사명을 지니고 있는 것이다.

2. 자치경찰의 유형과 자치경찰사무의 성격

가. 자치경찰의 유형

지방자치제도의 민주주의 실현과 지방분권주의 실현이라는 이념은 곧 지방자치경찰제의 이념이라 할 수 있다. 즉 지역행정은 주민이 스스로 책임지는 관념에서 출발한 지방자치경찰은 지방분권주의 사상에 의해 지방자치단체에 자치권을 인정하여 경찰업무를 부여하게 된다. 자치경찰제가 실시되면 자치경찰의 책임과 권한은 자치단체에 있으며, 경찰의 사무와 지휘·감독에 있어서 주민의 의사가 반영된 제도인 점에서 국가경찰과 근본적인 차이가 있다고 하겠다. 이러한 자치경찰제 도입에는 국가경찰제가 간과하기 쉬운 지역적 특성을 고려한 주민지향 치안서비스 질의 제고와 주민의 요구를 치안정책에 반영하고 경찰행정에 대한 주민만족도를 높이는데 일차적 목표를 두게 된다.

자치경찰제의 유형 역시 지방자치단체의 유형이 중앙행정과의 밀접성에 따라 사법통제형과 행정통제형[145)]으로 나눠듯이 국가경찰제도와의 밀접성의 정도에 따라 세

144) 권영성, 「헌법학원론」, (서울 : 법문사) 2003년, 233면.

145) 사법통제형 지방자치는 주민자치라고도 하여 지역 고유사무의 처리가 지역 주민의 고유권한이라는 측면에서 주장된 것으로 영·미의 지방자치 유형이다. 행정통제형 지방자치의 경우 단체자치라고 하는데, 지역의 고유사무의 처리가 지역 단체의 고유권한이라는 측면에서 주장된 것으로, 주로 독·불등 대륙에서 발달한 지방자치의 유형을 말하는 바, 전자는 고유사무와 위임사의 구별이 있을 수 없고, 지방자치단체는 국회의 감독하에 있는 것을 특징으로 하는 반면, 후자는 고유사무와 단체사무의 구별이 뚜렷하고, 지방자치단체가 중앙행정기관의 감독하에 있다는 것을 특징으로 한다.

가지[146]로 나누어 볼 수 있다. 즉 먼저 순수한 의미의 자치경찰제 유형으로 시·군·구 단위의 경찰서장을 시·군·구의 자치단체장이 임명하거나 시·군·구 자치단체장 선출시 후보가 경찰서장 후보를 지명하여 동시에 주민이 선출하는 자치경찰제로서 생활안전, 교통, 경비, 일반사무 등의 경찰사무를 자치사무로서 집행하는 제도 유형이 있다. 둘째, 현행 국가경찰제를 유지하면서 행정경찰형 자치경찰제는 기존 경찰기관은 존치시키되 시·군·구의 경찰권행사에 부수되어 있는 각종 단속사무와 교통, 생활안전, 질서유지 등의 민생치안 관련사무의 기속인력을 통합하여 자치경찰기관으로 활용하는 제도유형이다. 셋째, 국가경찰제와 자치경찰제의 절충형으로 현행 국가경찰제를 근간으로 하되 시 · 도 또는 시 · 군 · 구 단위에 경찰위원회를 설치하여 자치경찰적 요소를 부가함으로써 제도전환에 따른 소요비용을 최소화하려는 유형을 들 수 있다.

나. 자치경찰사무의 성격

우리나라는 남북이 대치되는 역사적 특이성으로 인하여 치안이 국방과 더불어 본래적 국가목표 달성을 최우선으로 인식되어 왔다. 그로 인해 경찰의 직무범위가 대공, 외사, 정보 등 중요한 부분으로 구성되어 국가체제유지를 위한 중요한 역할 분담을 하여 왔으며, 경찰사무는 국가적 사무의 성격으로 받아들여져 왔다. 경찰권은 국가가 담당하며 경찰행정은 자연히 권력적이고 중앙집권적인 관료적 성격을 띄게 되었던 것이다. 그러나 1980년대 이후 민주화가 정착되어 가고 1990년대에 들어서고부터는 지방자치제도가 본격적으로 실시되면서 이제는 지방주민들의 치안서비스에 대한 사회적 요구 내지는 필요성이 증가하게 되었으며, 경찰사무도 방범, 순찰, 교통 등 주민편의 위주의 서비스 지향으로 보는 시각이 대두되어 경찰사무를 지방적 사무로 봐야 하는 견해가 상당한 설득력을 지니게 되었다. 생각하건대, 오늘날 경찰행정의 상당부분이 지방자치단체의 자치사무적 성격을 가지고 있다고 볼 수 있어 국민의 생명과 신체 그리고 자유와 재산의 안정을 보호하고 공공질서를 유지함이 그 본질적 기능인 경찰행정은 국가사무적 성격과 자치사무적 성격을 함께 지니고 있다.

146) 김성원, "경찰의 수사권독립에 관한 연구", 2004년, 조선대학교 대학원 석사학위논문.

3. 우리나라의 자치경찰제의 현주소

가. 자치경찰제의 현재

1) 논의 과정

자치경찰제 실시 논의는 수사권독립 논의와 함께 그리고 경찰의 중립성 확보라는 과제 달성을 위한 방안으로서 해방 이후 끊임없이 주장되어 왔다. 그동안 자치경찰제 실시를 위하여 경찰내부에서도 '경찰중립화'와 '자치경찰'에 대한 필요성을 절감하고 [2000년대 경찰행정의 발전 방안]이라는 보고서를 제출하기도 하였다.[147] 이후 2003년에 들어서면서 자치경찰제 도입은 경찰의 수사권 독립과 함께 노무현대통령의 공약사항으로 내걸릴 만큼 공론화되기에 이르렀고, 참여정부 이후 대통령직속 정부혁신지방분권위원회 자치경찰추진팀이 2004년 5월 28일 '새로운 지방분권 추진전략 모색을 위한 대토론회'에서 참여정부의 지방분권 로드맵(road map)에 따라 2005년부터 시행예측으로 지방자치경찰의 모형을 '지방자치경찰 창설방안에 대한 제언'을 통해 발표하기도 하였다.[148][149]

2) 자치경찰제 입법예고

그러나, 가장 최근인 2005년 8월 2일 행정자치부는 국정브리핑을 통해 '수요자 중심의 맞춤형 치안서비스'를 제공하는 시 · 군 · 구별 자치경찰제도를 2007년 하반기 전면 시행한다는 방침을 밝히면서,[150] 시 · 군 · 구 기초자치단체에 '자치경찰'을 창설

147) 정균환, 「지방자치의 완성을 향한 자치경찰」, (서울 : 신유영사), 1996년, 53면.

148) 이강종, 「주요국가의 경찰관리-위원회제도를 중심으로」, (서울 : 유성사), 2004년, 260면.

149) 반면, 정부혁신지방분권위원회 차원에서 마련된 자치경찰제 안은 실질적인 자치경찰이 아니라, 경찰의 복제와 명칭만을 기초자치단체에 빌려주는 매우 소극적 의미의 자치경찰제라는 지적을 받고 있으며, 현재 추진되는 자치경찰제는 국가경찰의 폐해를 극복할 수도 없고, 시민참여형, 주민친화형의 경찰활동과도 무관한 것이 될 가능성이 높다는 비판을 받고 있기도 하다. 이동희, "검 · 경 수사권조정 공청회 토론문", 2005년, 4월 11일, 검 · 경 수사권조정 공청회 발췌문 참조.

150) 문화일보, 2005년 8월 27일, 자치경찰제를 위한 시론 참조. 그 주요내용을 보면, 기초자치단체가 자치경찰대를 창설, 국가경찰의 기능을 일부 이양받아 지역특성과 주민수요에 걸맞은 치안행정을 펼친다는 것이다. 국가경찰은 수사 · 정보 · 보안 등에 치중하고 자치경찰은 주민 기초생활과 밀접한 방범순찰,

하는 주민생활중심의 자치경찰법안을 4일 입법예고하기에 이르렀다.[151] 지방자치제도 실시 10년만에, 그리고 자치경찰제 논의 60년 만에 그 결실을 맺게 되었다고 할 수 있다. 이에 따라 우리나라에도 지역 실정과 주민 요구에 따른 생활밀착형 치안서비스를 제공하는 자치경찰제가 도입되는 역사적 시점을 맞이하게 된 것이다.

나. 자치경찰법안개요와 구체적 내용

1) 자치경찰법안의 취지와 개요

2007년 하반기부터 전면 실시될 계획인 자치경찰제법은 지역특성에 적합하고 주민의 의사에 부합되는 이웃처럼 친근한 경찰상을 정립하고, 지방분권 이념과 국가경찰의 장점을 조화시켜 국가전체적인 치안역량을 강화할 것을 목표로 하여, 주민의 기대에 부응하는 치안서비스 제공으로 지역사회가 더욱 안전하고 살기 좋은 공동체 달성을 그 도입취지로 하고 있다고 할 수 있다. 오랫 동안 산고의 과정을 거쳐 그 도입이 확실시 되는 자치경찰제는 자치단체의 집행력 강화로 지방자치의 종합 행정성이 제고될 것에 기대가 모아지고 있는 것이다.

행정자치부가 예고한 자치경찰법안에 따르면 자치경찰은 지역의 생활안전, 교통, 경비 등 주민생활과 밀접한 치안서비스와 함께 식품·위생·환경 등 17종류의 특별사법경찰사무를 담당한다. 자치경찰은 지역주민의 수에 따라 12명에서 120명의 특정직 지방공무원으로 구성되며, 자치총경 내지 자치경감이 대장을 맡는다. 또 주민의 참여와 자치경찰운영의 민주성을 보장하기 위해 시·군·구에 '지역치안협의회'를 두고, 시·도에는 '치안행정위원회'를 설치해 자치경찰과 국가경찰의 협력과 업무분화를 조정하도록 했다. 자치경찰법안이 통과되면 내년 하반기 10여 개 기초자치단체가 시범운영하고, 2007년 하반기에는 희망하는 모든 기초자치단체의 제도가 전면적으로 도입된다.

교통소통·관리, 기초질서 위반행위 단속 등과 함께 자치단체가 수행하던 식품·위생·환경 등 17종의 특별사법경찰 사무를 떠 맡는다 등 행정자치부가 2005년 8월초에 입법예고한 자치경찰법안의 기본 줄기이다.

151) 행정자치부는 입법예고에 이어 공청회 등을 통해 국민의 여론을 수렴하고, 10월 정기국회에 법안을 제출할 계획이다.

2) 자치경찰제의 내용

지방자치를 하고 있는 대부분의 선진국에서 자치경찰제를 운영하는데도 자치경찰은 국민이 피부로 직접 지방자치를 체감[152)]할 수 있는 영역으로 인식되어 왔는 바, 자치경찰제 도입에 따라 자치경찰은 국가경찰과 이원적으로 운영되면서 치안의 사각지대를 해소할 것으로 기대된다.

[그림 3-6] 자치경찰 조직도

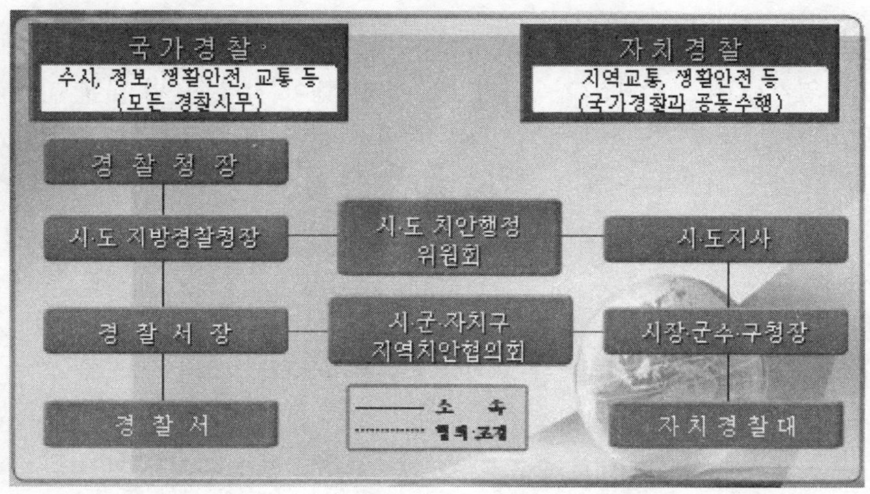

중앙경찰이 범죄예방과 함께 범법행위 단속, 범인 검거 등 수사권 행사에 무게중심이 있다면, 자치경찰은 치안서비스 제공에 초점을 맞추고 있다. 즉 자치경찰은 식품단속, 공중위생단속, 환경단속, 청소년 보호업무 등 지금까지 기초자치단체가 국가경찰과 함께했던 17가지 특별경찰사무 업무를 맡게 되는데, 방범순찰, 사회적 약자보호, 기초질서단속, 교통 소통·단속, 지역행사 경비 등의 업무는 국가경찰과 공동으로 담당하게 된다.[153)]

152) 국정브리핑, 2005년 8월 2일, 관련내용 참조.
153) 정부는 주민과 1차적으로 만나는 행정기관인 시·군 및 자치구에 도입함으로써 지역특성에 적합한 치안서비스를 제공할 것으로 기대하고 있는 것으로 보여진다.

가) 자치경찰이 처리하는 특별경찰사무

산림보호 · 국유림경영, 식품단속, 의약품 단속, 문화재 보호, 공원관리, 어업감독, 공중위생단속, 환경단속, 차량운행제한단속 및 도로시설관리, 관광지도, 청소년보호업무, 농 · 수산물 원산지 · 유전자변형/농수산물표시, 대외무역법상 원산지표시 단속, 농약 및 비료단속, 하천감시, 가축방역 · 검역, 무등록자동차정비업, 자동차 무단방치 및 강제보험 미가입 자동차운행 단속 등이 될 것으로 입법예고 되었다.

3. 자치경찰제의 성공 조건

오늘날의 맞춤서비스시대와 궤를 함께 하여, 각계 공공기관의 대국민을 향한 서비스 향상 열기가 최근 10년간 가속화되었고 지역행정이 지역주민의 삶에 직접적으로 다가가면서 시청, 구청 등 각 공공기관들의 서비스 질이 실제 상당부분 개선되었다고 할 수 있다. 이는 지방자치제도가 뿌리를 내리면서 행정이 더 이상 국민을 다스리고 군림하는 것이 될 수 없고 국민의 자유와 기본권보장을 위한 수단으로 거듭나야 함을 인식하게 된 것이 원인이라 할 것이다. 이에 발맞추어 경찰행정도 이제는 범죄예방과 진압이라는 고전적이고 수동적인 역할에 머무르지 않고, 다원적이고 적극적으로 주민편의 위주의 다가가는 경찰서비스를 펼쳐야 한다는 시대적 요청을 거스를 수 없게 되었다. 이러한 시대적 요청은 자치경찰제 도입 논의를 더욱 활성화시키는 계기가 되었던 바, '맞춤치안'에 대한 기대로 불려질 수 있는 자치경찰제의 성공 관건은 지방자치단체에 대한 인력, 예산지원이라 하지 않을 수 없다.

지방자치단체에 대한 예산지원, 인력지원 문제는 실제 지방자치단체의 각각 다른 반응에서도 알 수 있는 바, 자치경찰법안의 입법예고에 따라 전국의 많은 자치단체들은 '맞춤치안'이 가능하게 됐다며 환영하고 청사확보 등 자치경찰제 도입을 위한 본격적인 준비에 나서고 있는 반면 재정자립도가 낮은 일부 자치단체에서는 취지는 좋지만 예산 지원 없이는 상당기간 자치경찰제 도입이 어렵다고 밝히고 있는 상황이다.[154]

즉 정부의 지방경찰제 입법예고안 발표에 따라, 부산시는 부산진구, 수영구, 서구 등 3개 기초자치단체가 내년 하반기부터 시행되는 자치경찰제 시범실시를 신청했으며

154) 연합뉴스, 2005년 8월 3일자 관련 기사 참조.

자치경찰제가 본격 도입되는 2007년에는 적정수준의 인력과 예산이 지원되면 16개 시. 군 가운데 상당수가 자치경찰제를 실시할 것으로 예상하고 있으며,[155] 파주시도 주민치안 복지향상을 위해서는 지역실정에 맞는 치안유지와 단속이 시급하다고 보고 자치경찰제 도입을 적극 추진하기로 했다.[156] 또한 충남도에서는 천안시와 공주시, 서산시 등 3개 시ㆍ군이 자치경찰제를 신청했는데, 특히 인구 51만명을 돌파한 천안시는 치안수요가 급증하는데 비해 경찰서가 1곳 밖에 없어 자치경찰제 도입을 적극 추진하고 있으며 시범도시로 선정될 경우 이달 말 입주 예정인 신청사에 자치경찰을 위한 공간을 확보할 방침을 밝히고 있으며, 충북지역에서도 12개 시ㆍ군 가운데 청주ㆍ충주ㆍ제천시와 청원군 등 4개 기초자치단체가 자치경찰 시범실시를 신청하고 인력충원에 따른 사무실 확보 등 준비에 박차를 가하고 있다.

위와 같이 재정자립도가 충분하여 자치경찰제를 운영할 준비가 되어 있는 자치단체가 정부의 자치경찰제도 도입을 위한 입법예고안을 환영하고 있는 분위기와는 정반대로, 전남과 광주, 강원지역 대부분 기초자치단체는 이번 시범실시 신청을 포기하였으며, 충북지역의 농촌지역인 괴산군 등 나머지 9개 군은 아예 자치경찰제 도입을 신청조차 포기하고 있어 대조를 보이고 있다. 이는 재정자립도가 열악해 자치경찰 청사 및 장비 등을 갖추는데 소요될 것으로 예상되는 예산확보에 큰 부담을 갖고 있기 때문이다.

각 자치단체의 입법예고안에 대한 상반된 태도에서 알 수 있듯이 자치경찰제는 인력과 예산문제가 큰 난관으로 등장하고 있으며, 이로 인해 일부 자치단체에서는 광역단위에서 먼저 시행돼야 한다는 지적이 나오고 있다.[157] 즉 자치경찰제를 시ㆍ군ㆍ구에서 시작할 경우 시ㆍ군ㆍ구의 치안을 주로 담당하는 관계로 광역치안 행정수요 대처에

155) 시범실시를 신청한 부산진구의 경우 입법예고된 것처럼 식품, 위생, 환경 등 17종의 특별사법 경찰사무를 자치경찰이 맡게 되면 부산 최고의 유흥가 밀집지역인 서면 일대 주점ㆍ오락실ㆍ음식점 등에 대한 효율적인 단속과 함께 더욱 질 높은 행정서비스를 제공할 수 있을 것으로 기대하고 있다. 위 관련기사 참조.

156) 파주시의 경우 넓은 면적의 도ㆍ농 복합도시에다 최근에는 개성공단 배후도시, LCD관련 기업도시, 운정 신도시 등 대규모 개발사업이 진행되면서 지역간 이기주의 등 다양한 분쟁이 빈발하고 있어 이에 원활하게 대처할 자치경찰제가 시급히 요구되고 있는 상황이다.

157) 인천시의 경우 기초자치단체에서 자치경찰제를 실시할 경우, 인건비, 운영비 등의 예산확보에 어려움이 뒤따르는 만큼, 광역차원에서 먼저 시행해야 한다는 입장을 보이고 있다.

미흡할 수 있고, 자치경찰이 해당지역 단체장의 사병화가 우려되며, 열악한 지방재정에 따른 급여지급 불능사태 발생 등 여러 가지 문제점이 지적되고 있는 상황이다.

생각하건대, 자치경찰제는 지방자치제를 더욱 성숙시킬 수 있는 계기가 됨은 물론 지방자치제의 완결을 목표로 향하여 나아갈 때 자치경찰은 반드시 도입되어야 할 이상이라 할 것이다. 그러나 지방자치단체 중에서도 지방재정상태가 좋지 않은 기초단체의 경우 예산에 대한 철저한 계획과 확보 없이 지방경찰제를 도입할 경우 기존의 중앙집권적 국가경찰에 비하여 그 위상이 크게 떨어지는 역효과를 초래할 수 있다. 결국, 정부는 지방경찰제의 전면적인 실시 계획에 따라 재정자립도가 현저히 낮은 자치단체의 경우 어떠한 재원에 의하여 예산을 지원하고 인력을 확보할 것인가를 각 자치단체와 충분한 협의를 거쳐 구체적인 대책을 마련하여야 할 것이며 자치경찰제 도입이라는 공약 이행이라는 민심의 눈치를 먼저 살펴서는 안 될 것이다. 자칫 철저한 준비도 없이 자치경찰제를 실시하였다가는 자치단체에 지방경찰제 도입에 따른 재정적 부담을 안겨 줄 수 있음은 물론 주민에게 효율적인 치안행정서비스를 제공하지 못함으로 인하여 그 의도가 훌륭함에도 불구하고 자치경찰제도에 대한 불신을 가져올 수 있기 때문이다.

4. 수사권의 구조개혁과 지방자치경찰제

가. 서 설

앞에서도 언급한 것처럼 자치경찰제는 경찰의 수사권독립 주장과 함께 경찰의 중립성 확보를 위한 방안으로 논의되어 왔다. 즉 자치경찰제가 도입될 경우 현재와 같은 검사와 사법경찰관리의 관계를 상명하복식 지휘·감독관계로 그대로 유지할 것인가, 혹은 상호협력관계로 할 것인가, 아니면 일정한 범죄 또는 전체범죄에 대하여 경찰에게 독자적인 수사권을 인정할 것인가가 계속적으로 문제시되어 왔다. 이러한 논의는 노무현 대통령이 대통령 선거과정에서 '분권형 대통령제'를 비롯해 지방에 권한 이양을 강조하고,[158] 지역주민 중심의 경찰서비스를 제공하기 위하여 자치경찰제를 도입

158) 현 참여정부의 주요한 방향은 '중앙과 지방의 균형 발전'과 '이를 위한 정책 수립, 달성'이라 할 수 있는 바, 대표적인 정책으로 올해 상반기 무산된 수도이전을 위한 '신행정수도건설특별조치법', '지

을 공약하기에 이르렀다. 이러한 자치경찰제는 참여정부 출범과 함께 전면적인 사회적 이슈로 등장하였으며, 경찰의 수사권독립문제와 관련하여 수사권 독립 주장의 주요한 논거로 제시되어 왔다. 그런데 이미 자치경찰제 도입에 대한 법안이 예고되어 내년 상반기부터는 부분 실시될 전망이긴 하나, 자치경찰제 실시에 대한 반대의 우려가 아직도 가라앉지 않고 있고, 또 앞에서 지적한 것처럼 자치단체에 대한 예산지원 등의 문제와 관련하여 자치경찰제의 전면적 실시에는 외적, 내적인 난항이 예상되고 있다.

이러한 점에서 여기서는 지방자치경찰제에 대한 부정적인 우려를 불식시키는 면에서 자치경찰제의 도입에 의한 순기능적인 변화방향을 한번 되짚어 보고, 경찰수사권 독립과 자치경찰제가 필연적으로 수반되어 실시되어야 하는 당위성을 밝혀보았다.

나. 자치경찰제 도입에 따른 경찰기능의 변화

중앙집권적 국가경찰체제를 유지하고 있는 현행 법체제 하에서는 경찰의 정치적 중립성과 민주성의 확보, 경찰조직의 비대화에 따른 경찰행정의 비능률, 지역치안수요에 대한 대응성의 저하, 지역차원의 종합행정 미흡 등이 구조적이고 제도적인 한계점으로 인식되어 왔다. 이로 인해 그 해결을 위한 대안으로 자치경찰제 도입이 논의되기 시작하였는데, 1980년 말부터 경찰의 정치적 중립과 경찰행정의 민주성의 확보방안으로 본격적으로 거론된 이후, 1990년대에 들어와서는 지방자치제 실시와 함께 지방자치제의 완성이라는 측면이 추가되어 자치경찰의 도입논의는 더욱 활성화되었다.[159] 그 동안 지방자치제도가 도입된 지 10년이 지났음에도 지방자치의 본질이라고 할 수 있는 자치행정·자치교육·자치경찰 중 유독 자치경찰제만이 실시되지 않고 있어 왔는데, 자치경찰제 시행을 통해 수직적인 경찰조직의 지휘체계는 변화를 가져오게 되었다.

첫째, 자치경찰의 도입으로 지방분권 확립을 들 수 있다. 경찰사무에 대한 인사·예산권이 자치단체에 이양됨으로써 중앙에 집중된 경찰행정권을 지방에 분권하고 지역별 특성에 맞는 민생치안을 확립하여 봉사하는 경찰상을 구현할 수 있다.

방분권특별법', '국가균형발전특별법' 등 3대 특별 법안이 2003년 말 국회 본회의에서 통과됨으로써 지방분권과 국가균형발전을 향한 법적·제도적 기반을 마련한 바 있다.

159) 이황우, "지방화시대에 따른 자치경찰제 도입모형에 관한 연구", 한국공안학회보 제4호, 1997년, 5-10면.

둘째, 지역행정의 효율성 확보이다. '경찰의 분권화'라는 이념 실천을 위해 주장되는 자치경찰제는 중앙의 특정세력에 의한 경찰행정의 독점과 정치적 이용을 막을 수 있으며 주민통제를 강화하여 경찰행정의 민주성과 대응성을 높이고 정책결정의 메커니즘을 지방자치구도와 연계시킴으로써 지역차원의 종합행정을 원활하게 할 수 있다는 이점이 있다.[160]

셋째, 자치행정과의 조화요구이다. 지방자치의 발전과 함께 자치행정과 치안행정과의 조화요구가 확산되면서 지역주민 중심의 치안행정, 주민 친화적 경찰운영이 새로운 과제로 지적되고 있다.

다. 자치경찰제 도입과 수사권 구조개혁

경찰의 수사권 독립의 필요성은 그 동안 다양한 논거를 토대로 제기되어 왔다. 그 논거들 중에는 기존의 국가경찰체제를 유지하는 전제하에 경찰수사권 독립 필요성을 제기하는 견해도 있지만, 자치경찰제의 도입이라는 경찰체제의 전환은 경찰의 수사권 독립을 위한 현실적 논거를 제공하고 있음을 알 수 있다. 즉 지방자치단체 소속인 자치경찰이 중앙집권화된 국가기관인 검찰의 지휘 아래 놓일 경우, 자치경찰제의 목적인 분권화와 정치적 중립성은 훼손될 수 밖에 없다. 현재와 같이 검찰이 기소권과 수사권을 모두 독점할 경우 수사권의 발동여부와 수사결과의 처리를 검찰이 자의적으로 결정하게 되어 공소권의 적정행사에 장애가 될 수 있다.[161] 또한, 검찰과 경찰의 관계가 철저한 상명하복과 지휘감독관계가 아닌 분산된 권한을 갖는 대등 또는 협력적 관계가 되어야만 국가기관의 상호견제와 균형을 이룰 수 있을 것이다. 현행법상 외교, 국방, 사법, 국제 등 국가의 존립에 필요한 사무는 지방자치법 제11조에서 국가의 고유사무로 규정되어 있을 뿐만 아니라, 현행 헌법이 상정하는 지방자치제가 전면적인 자치입법과 자치사법까지 허용하는 것은 아니며, 수사사무 같은 준사법사무가 자치사무로 되려면 미국과 같은 연방제로의 헌법 개정이 선행되어야 한다는 점을 들어 자치경찰제가 경찰의 수사권독립 논의와 무관하다는 견해도 있다.[162] 이 견해의 입장에서

160) 최병태, "자치경찰제도, -중앙, 지방간 기능분배를 중심으로", 서울시정개발연구원, 1998년, 225면.
161) 표창원, "경찰수사권 독립이 인권보장의 첩경", 2003년도 한국형사정책학회 춘계학술회의 발췌문 33면.
162) 김윤상, "수사권지휘와 인권보장", 한국형사정책학 외 2003년 학술회의 발췌문, 22면.

는 국회에서 제정한 형법과 형사소송법에 준거하고, 법원에서 경과를 심사하는 수사업무는 본질적으로 국가사무이므로 오히려 국가기관인 검찰의 수사지휘는 반드시 필요하다고 보여지고, 경찰조직 내의 지휘체계 변경과 예산의 지방이전의 문제인 자치경찰제는 국가사무인 형사사법권을 수행하는 검사의 수사지휘권과는 아무런 관련이 없다.

그러나, 결론적으로 보면 자치경찰체제 하에서의 경찰의 권한과 위상은 기존의 국가경찰체제 하에서의 그것과 다른 의미를 가진 것이 사실이며, 앞으로 자치경찰은 국가적 사무보다는 자치적 사무의 성격을 가진 지역적, 특별 경찰업무를 자치단체 스스로의 권한과 책임에 시행해 나가게 될 것으로 전망되고, 또 입법예고안에서도 특별자치경찰업무를 주요한 업무로 들고 있으며, 범죄수사의 자율성 보장 역시 자치경찰의 핵심요소라 하지 않을 수 없다.

이와 같이, 경찰의 독자적 수사권 인정은 자치경찰제도의 실시에 앞서 반드시 전제되어야 할 당면과제라는 점에서 자치경찰제에 대한 입법예고안까지 발표된 현 시점에서 경찰의 독자적 수사권 인정은 하루 빨리 선결되어야 할 문제다.

경찰의 수사권 독립을 위한 개정입법안과 자치경찰제를 연결하여 결론지어 볼 때, 지역주민의 민생치안과 직결된 범죄수사에 있어서는 지방경찰에 제1차적, 독자적 수사권을 부여하여 신속하고 효과적인 범죄수사를 가능하게 하며, 이로 인해 지역주민에게는 효율적인 치안서비스를 제공할 수 있도록 함이 오늘날 복지국가 실현이라는 국가의 일대과제와 방향을 같이하는 것이라 생각된다. 따라서 경찰의 수사권 독립은 자치경찰제가 전면적으로 실시될 것을 전제로 부분적 시범시기인 2006년 하반기 이전에 이루어져야 할 것이다.

제 6 절 수사권 독립론과 정치적 중요사건에 있어서의 전담기구 설치문제

현재 경찰에 독자적 수사권을 인정하자는 공론화에 이어 이를 위한 입법안이 오는 국회 본회의에 상정된다고 하여도 앞에서 제시한 바람직한 입법모델대로 입법안이 상정될 수 있는지, 과연 경찰에 독자적인 수사권이 부분적으로라도 인정될 것인지는 아직 확신할 수 없다. 검·경간 수사권조정자문위원회의 논의 결과에서도 이미 알 수 있듯이, 검찰·경찰간의 수사권 논쟁에 대한 핵심 근거인 형사소송법 제195조와 제196조를 놓고 의견이 팽팽하게 대립되어 그 조율에 1차적인 실패를 하였기 때문이다.

따라서, 경찰 수사권 독립이 이루어지기까지 또는 검찰에 대한 권력집중의 폐해의 하나인 기소독점주의로 인한 국민의 불신을 해소하기 위하여 독자적인 의견을 내놓고 있어 여기서 이를 소개하고자 한다.

그 동안 우리나라에서는 정치인과 고위공직자들이 연관된 대형 비리사건과 정치적으로 민감한 사건들이 터질 때마다 특별검사제도의 도입이 강력하게 주장되었고, 국민의 정부들어 우리 사법사상 최초로 조폐공사파업유도사건, 옷로비사건, 벤처비리사건(이용호게이트)에 특별검사제가 도입되었다. 특별검사제도는 미국에서 채택·운용되고 있는 제도로, 검찰의 기소독점주의에 대한 예외를 인정하여 정치적 중립성과 독립성이 특별히 요청되는 사건에서 비상설적으로 임명되는 검사가 수사와 공소제기를 맡도록 하는 제도이다.

정식명칭이 獨立辯護士(Independent Counsel)인 미국의 특별검사제는 닉슨 대통령의 하야를 가져온 워터게이트 사건에서 비롯되어 78년 카터 대통령 때 법적으로 제도화되었으며, 이후 레이건 대통령 당시 「이란-콘트라 사건」의 조사를 위해 특별검사가 임명된 바 있고, 최근에는 클린턴 대통령의 아칸소 주지사 시절의 의혹사건인 「화이트워터 사건」의 비리를 캐내기 위해 특별검사가 임명되기도 했다. 미국에서의 특별검사제도는 미국 검찰권의 완전한 독립을 보장해주는 핵심제도로 평가받았다.[163] 그러나 미국 내에서도 이 특별검사제도에 대한 비판이 없었던 것은 아니다. 동제도의 대표적인 단점으로는 특별검사는 일반 검사와는 달리 예산상의 제한이나 수사·기소상의 의무도 없이 예산·시간·(검찰)정책순위에 상관없이 활동함으로써 통상 수사기간이 장기화되고 수사의 대상자에게는 지나치게 큰 부담을 안겨준다는 점, 형사사법절차가 과도하게 정치화되어 정치적 인기영합이나 지나친 언론의 관심을 유발시키려 하기 때문에 정상적·직업적 검찰영역을 침해한다는 점 등이 지적되었다.[164]

한편, 우리나라에서는 인권단체와 재야법조를 중심으로 상시적인 특별검사제를

---

163) 이상 미국의 특별검사제도에 대해서는 전원배, 미국 특별검사제도의 내용과 문제점, 현안분석 제98호, 1995년 김주원, 특별검사법의 필요성과 입법방안, 인권과 정의, 1997년 6월(제250호), 10면 이하 참조.
164) 전원배, 현안분석 제98호, 1995년, 21면.

도입해야 한다는 주장이 강하게 제기되고 있다. 정치적으로 민감한 대형비리사건에 대한 검찰수사가 국민의 총체적인 불신에 직면하여 있기 때문이다.[165] 검찰의 중립화가 보장되어 있지 않고 검사동일체의 원칙에 따라 전조직이 마치 군대식으로 일사분란하게 움직이는 현 검찰조직의 특성을 고려할 때, 정치적으로 민감한 사건에 대해 검찰이 국민의 소리를 듣기보다는 정치적 외풍에 더 민감하게 반응하는 것은 어쩌면 당연한 현상이라고 할 수 있다.

이러한 상황에서 현재의 검찰 직제와 조직으로는 정치적 사건에 대해 검찰권의 엄정하고 공정한 수사를 기대하는 것은 사실상 무리임을 지적하면서, 이런 맥락에서 상시적 특검제의 도입은 그 필요성과 타당성을 주장하고 있다. 그렇다고 하여 특별검사제에 지나친 기대와 환상을 갖는 것은 금물이며, 그러한 이유에 대하여 특별검사제 자체가 정치적 시비로부터 완전히 자유로울 수 없는데다가 그 실효성과 효율성도 100% 확신할 수 없기 때문임을 적절하게 지적하고 있다.[166] 나아가 특별검사제의 존재자체는 우리 형사사법의 한 축을 이루고 있는 검찰과 사법경찰을 2류 수사・소추기관으로 전락시켜 그 존재가치를 훼손시킬 우려도 없지 않은 것이다.

따라서 수사권의 정치적 중립성과 공정성을 확보하기 위해서는 검찰과 사법경찰을 정치적 영향력으로부터 자유롭게 하기 위한 제도적 장치로서, 예컨대 사건수사에 대한 장관의 지휘권 배제, 검찰총장・경찰청장의 엄격한 임기보장과 인사청문회 도입, 검찰・경찰 내에 독립된 인사위원회 설치 등의 도입방안을 제시하여 권력기관간의 견제와 균형을 위한 권한의 배분에 역량을 집중을 도모하여야 한다. 다만, 현재 정치적 사건에 대한 검・경의 수사가 정쟁에 이용되고 극도의 국민적 불신에 부딪혀 있는 상황임을 고려할 때, 형사사법기관을 정치적 시비로부터 자유롭게 하기 위해서는 당분간인 정치적 중립을 위한 제도의 정착과 수사기관 자체의 체질이 개선될 때까지 정치적 사건에 대한 수사를 독립된 제3의 기관에 맡기는 방안도 진지하게 고려해 볼 수 있음을 제안하고 있다.

현재까지 검찰은 과거 정치권의 시녀로 이용되던 암울한 시기를 극복하고 투철

165) 서보학, "수사권중립을 위한 수사권의 합리적 배분", 2002년 12월 4일, 한국헌법학회 제24회 학술대회 발췌문 참조.

166) 서보학, "수사권중립을 위한 수사권의 합리적 배분", 2002년 12월 4일, 한국헌법학회 제24회 학술대회 발췌문 내용.

한 인권의식을 전제로 인권보장을 위한 기관으로 거듭나기 위해 노력해 왔으며, 상당 부분 그러한 목적도 달성하였다고 보여진다. 그러나 정치적 사건과 관련하여 중립적이어야 할 검찰이 때로는 자의적, 타의적으로 정치권의 영향을 받아 사건의 수사가 결론을 내리지 못하고 미궁에 빠지는 경우가 많았으며, 신문과 방송을 온통 시끄럽게 메꿔놓은 정쟁사건에 국민들의 관심이 멀어져감과 동시에 검찰의 진실발견을 위한 책임감 있는 수사태도 또한 언제 사라진지도 모르게 자취를 감추곤 하였다.

이러한 상황을 두고 비단 검찰을 정치적 중립성 미확보라는 비난만 하기는 어렵다. 왜냐하면, 현재의 형사소송체제나 수사체제가 검찰에게 준사법기관임을 전제로 공정한 수사, 공소, 형집행에 관한 전권을 주면서도 그 막강한 권력에 대한 통제방안은 마련하고 있지 않는 제도적, 구조적 문제점이 있기 때문이다. 즉 제도적으로 권력이 집중되어 있으면서도 이를 견제할 효율적 방안이 없음으로 인해 그 권력남용의 위험은 2배 이상으로 가중되어 나타날 수 있는 구조가 현행의 수사체제라 할 수 있는 것이다. 따라서 이러한 근본적 문제해결은 현행의 형사소송체제와 수사체제에 대한 개혁이 가해지지 않으면 이루어지기 힘든 것이 사실이다.

그러한 점에서 제3의 독립적인 상설적 특별검사제도 또는 한시적 독립기구를 설치하자는 위 견해는 경찰·검찰의 수사권 조정이 입법되기까지 그리고 이후 제도 안정화에 이르기 위한 단계적인 수사권 중립화 방안으로서 참고할 가치 있는 방안이 될 것이다.

제7절 결 론

현행의 수사구조는 검찰이라는 수사기관이 수사상 발생시킬 수 있는 인권침해상황을 방지하는데 취약한 구조이다. 현대적 수사제도가 우리나라에 처음 도입될 당시에는 검사에 의한 인권침해에 대한 우려가 경찰에 의한 인권침해에 대한 그것보다 상대적으로 적었고 또 일제강점기(日帝强占期)라는 역사적 경험상 지나치게 비대화된 경찰의 권한을 통제하기 위하여 검찰권을 강화하였다. 그러나 검찰의 수사권력은 그렇지 않아도 수사권력이 집중된 상태에서 출발하였음에도 3, 4공화국을 거치면서 더욱 그 권한이 강화된 반면 한편으로는 강화된 수사권력을 통제할 수 있는 장치를 마련되하지 않았다. 이로 인해 현행의 수사구조는 검찰에 의한 인권침해를 예방하고 견제하기 매우 어려운 구조적 모순을 지니고 있다. 이미 살펴본 것처럼 각국의 검사의 권한을 비교한 결과에서 알 수 있지만, 우리나라 검찰의 권한은 선진국에 비해 넓고 무제한적[167]이라 하지 않을 수 없다. 민주주의가 발전하고 국민의 인권의식이 높아지고, 수준 높은 사법행정에 대한 요구가 높아질수록 집중된 권한은 분산, 견제되어야 함에도 불구하고, 오히려 권력의 검찰집중 현상은 수사기관으로서의 영역에 머무르지 않고 사회 전반에 대한 지배적 권력기관으로 자리 잡는 상황이 되어 버렸다. 즉, 유독 검찰의 막강한 권력 유지 상황 자체를 꼬집어 비난하려는 것이 아니라, 검찰에게 권력이 집중되어 있음에도 불구하고, 이를 효율적으로 견제할 수 있는 장치가 마련되어 있지 않음으로 인해 실체진실 발견과 수사절차의 적법성 준수라는 형사소송에 있어서의 기본원리가 지켜지지 않는 상황이 발생하는가 하면, 그러한 견제수단 미비사실 자체가 헌법상 권력의 분립 및 상호 견제와 균형이라는 통치구조원리에 배치된다는 점이 근본적인 문제라고 생각된다.

또한, 현행의 수사구조 현실에 있어서도 검찰에게 독점된 수사지휘권은 그 자체로 제대로 발휘되지 못하고 있어 수사권에 대한 권한과 책임이 일치하지 않고 있으며 이러한 법과 현실의 괴리가 개선되지 않은 상태에서의 수사지휘권 행사는 수사기능의 전문성, 효율성을 저해하고, 이는 결국 국민의 기본권 침해 및 국민에 대한 미래지향적인 경찰서비스를 제공하는데 있어서 장애사유가 되고 있다. 이러한 악순환이 계속되는 수사구조에 국민의 안전과 인권이 담보되어 끌려가고 있는 것이다.

과거에 검찰은 정치성 있는 사건에 관하여 편파수사, 축소수사, 표적수사, '몸통은 없고 깃털만 있는 수사'라는 말을 많이 들어 왔다. 물론 검찰의 정치적 사건에 대한 위와 같은 수사현상이 검찰의 책임이라고만 할 수는 없을 것이다. 정치권력의 검찰에 대한 부당한 압력은 국민으로부터의 검찰에 대한 신뢰부여에 끊임없이 방해하여 온 근본적 이유가 될 수 있다. 그러나 한편으로 달리 생각해 보면 정치권의 압력이 때만 되면 실질적으로 검찰에 입김을 불어넣는 이유는 검찰에게 그만큼 진실을 때로는 왜곡하고 때로는 그 수위를 축소할 수 있는 충분하고 막강한 수사상의 권한이 집중되

167) 법률신문 2005-05-23자 관련 기사.

어 있기 때문이기도 하다. 만일 검찰에게 진실을 움직일 수 있는 힘이 없다면 정치권은 그러한 힘을 가진 영역에 영향력을 행사하려 할 것이기 때문이다.

결국 검찰이 국민으로부터 신뢰를 받고 진정한 준사법기관으로서 거듭나기 위하여서는 검찰이 수사지휘권과 공소권, 형사소송 진행에 있어서의 당사자지위 및 형 집행권을 모두 가지고 있는 현행 수사구조를 헌법상의 권력분립 및 균형원리 그리고 기능적 권력분립의 원칙에 맞게 재조정할 필요가 있다. 지난 50십년간의 경험을 통하여, 검찰의 수사지휘권 독점만이 일선 수사에서 인권을 보장할 것이라는 주장은 더 이상 설득력이 없으며, 현행의 수사구조가 많은 비효율을 낳고 있다는 것은 모두가 공감하고 있는 사실이다. 이러한 비효율성은 경찰에게 독자적 수사권을 인정하여 수사기관을 다원화시킴으로써 상당부분 해소될 수 있을 것이며, 다만 비효율성의 해소를 위하여 경찰의 독자적 수사권을 전면적으로 인정할 것인지, 제한적으로 인정할 것인지에 대한 조율 및 입법의 문제가 남아 있는 것이다.

요컨대, 경찰의 독자적인 수사주체로서의 지위를 인정하되 검찰에 대부분의 종결처분권[168)]을 부여해 수사기관을 다원화시킴으로서 수사 권력이 상호간에 견제·균형이 이뤄지도록 해야 한다. 여러 나라의 수사구조와 비교하여 우리나라의 현행 수사구조 실상과 문제점 등을 살펴 볼 때 우리나라에서도 경찰에게 독자적인 제1차적인 수사권을 부여하고 검사와 사법경찰관리와의 관계는 상호협력관계로 발전시키는 것이 바람직하며, 이 같은 수사구조를 확립하기 위해 형사소송법에 검사와 사법경찰의 관계를 대등·협력관계로 규정해야 한다. 그리고 사법경찰이 작성한 피의자신문조서의 증거능력은 적어도 검사가 작성한 피의자신문조서의 증거능력과 동일한 효력을 부여하는 방안을 검토할 필요가 있다. 또한 경찰에게 독자적인 수사개시권을 부여하고 수사의 신속성·기동성의 요구에 부응하도록 하기 위하여 영장청구권을 인정하여 이중 수사로 인한 국민의 부담을 줄이고, 나아가 검사의 업무부담을 경감시키기 위해 '혐의없음', '공소권 없음', '죄 안됨' 등의 불기소사건은 경찰 자체적으로 종결하는 방향으

168) 수사종결권을 경찰에게 인정할 것인가에 관하여서는 불기소처분을 할 것이 명백한 사건에 한하여 인정하되, 경찰의 임의적인 불공정한 수사종결처분을 견제하기 위하여 검사에게 보고할 의무를 인정하는 방안을 제시한 바 있다. 경찰로부터 수사종결처분을 보고 받고 검토한 검사는 합당하다고 인정할 경우는 그대로 종결되나, 관련자나 검사가 불공정한 점이 발견되어 이의할 경우는 이를 검찰이 수사를 할 수 있도록 하여야 할 것이다.

로 개선되어야 한다.

나아가, 검사는 수사실무가라기 보다는 법률전문가이기 때문에 그 전문영역인 법적 영역에서 기능을 발휘하여야 하므로 검찰의 수사절차상 개입은 법률검토에 중점을 두어야 할 것이다. 이로써 검찰은 고도의 법률적 지식이 필요한 중요 공안·경제·지능사범 수사에 집중할 수 있게 되고, 수사과정에서 생길 수 있는 피의자에 대한 편견·선입견을 배제하며 경찰의 입장에 서지 말고 공소제기자로서의 제3자의 입장에서 경찰 수사의 오류와 무리를 바로 잡도록 하는 방향으로 나아가야 할 것이다. 그럼으로써 경찰로서는 자신의 책임 하에 수사를 진행하고, 스스로 수사요원의 자질향상과 경찰수사능력의 내실화를 도모할 수 있고, 국가 전체로서는 수사기관의 중복에 의한 인력·예산 등의 낭비를 줄일 수 있다. 특히 자치경찰제를 전면적으로 도입하도록 하는 입법안이 예고되었고, 내년 하반기부터는 신청 자차단체에 시범실시를 하기로 되어 있는 바, 자치경찰제를 실시하는 경우 경찰권한 비대화의 우려는 불식될 것이다. 따라서 현행의 수사의 독점 구조를 조정하여 검찰·경찰간의 수사권을 분립시켜 어느 한 기관이 전권을 행사하는 것을 막고, 상호 협력체제를 구축하고 상호 견제·균형에 의하여 수사능력에 향상을 기하도록 함이 바람직하다.

한편, 수사권이 합리적으로 조정되더라도 이에 반드시 수반되어야 할 문제가 있는데, 이는 정부의 사면권 남용의 근절이다. 수사기관이 아무리 실체진실발견 및 공정한 수사를 위하여 스스로 그 지위에 대한 위험을 무릅쓰고 기소하여 유죄판결을 받게 되어도 또한 그 아무리 중한 범법자라도 정치권 수뇌부의 단한번의 정치적 결정으로 인해 사면을 받을 수 있는 것이 오늘날 우리나라의 사면권 행사의 실상이다. 이러한 사면권 남용 사태는 사법정의 실현이라는 헌법이념에 맞지 않을 뿐만 아니라, 통치자가 국민에 대한 권력의 정당성을 인정받지 못하게 되는 길을 스스로 걷는 행위가 아닐 수 없다.

정치권의 사면권 남용은 특히 법원에서 더 큰 불만이 되고 있는 바, 동일한 정권이 한쪽에서는 깨끗한 정치의 구현을 위하여 불법정치자금사건을 수사해서 유죄판결을 내려놓았는데 다른 쪽에서는 사면한다면 이는 오히려 불법정치자금을 장려하는 모순적 결과[169] 가초래된다. 대의민주주하에서의 국민의 대표자로서 의사결정에 참여

169) 법률신문 2005-05-23자 관련 기사.

할 국회의원 출마자가 과거에 불법정치자금 수수로 인해 유죄선고를 받고도 사면 이후 곧바로 국민의 대표자로서 다시 일하겠다고 나선다면[170] 이는 국민의 정치수준을 과소평가하는 것이며, 결과적으로 국민의 정치적 결단을 왜곡시키는 중대한 위험요소이다. 사면을 받은 범법행위자는 자신의 지난 허물을 숨기고 국민을 위해 열심히 일하는 일꾼으로 일할 것을 공약할 것이며, 이러한 진실을 모르는 국민은 자신의 의사와는 달리 사면 받은 국회의원 지원자를 선출하는 오류를 범하게 될 경우 민의(民意)는 왜곡될 수밖에 없는 것이다. 정치권의 핵심부는 국정운영에 있어서 국민이 민의를 왜곡시킬 수 있는 권한을 위임하지 않았다는 사실을 항상 유념해야 할 것이다. 또 다른 예로 최근 광복절 특별사면으로 음주운전으로 운전면허정지와 취소를 당한 운전자에 대한 대대적인 사면조치가 단행됐지만 오히려 음주운전 범법행위는 여전히 줄지 않고 있다.[171] 이러한 정치권의 특별사면 조치와는 정반대로 사법부에서는 음주운전에 대해 경각심을 일깨우게 하기 위하여 예외 없이 엄격한 기준에 따른 사법적 판단을 내리고 있다.[172] 최근 서울고등법원에서도 음주운전으로 운전면허가 취소되어 택시를 몰 수 없게 된 사람이 경찰을 상대로 낸 소송에서 1심 판결을 뒤엎고서 '음주경력이 없고 택시면허가 유일한 생계수단인 점은 인정하나, 음주운전을 막고자 하는 공익상의 필요성이 더 크다는 이유에서 경찰의 면허취소는 정당하다'고 선고[173]한 바 있다. 그럼에도 불구하고 최근의 정치권의 특별사면조치는 운전자들 사이에서 '음주운전을 하다 적발되더라도 사면을 받으면 된다.'는 식의 법 무시 풍조를 유발하게 하고 있음은 물론 특별사면의 본래의 취지까지 퇴색시키고 있는 것이다. 수사기관의 정치권 특별사면으로 인한 위와 같은 역효과에 대한 우려는 갈수록 커가고 있으며, 국민들도 음주운전이 사회적으로 심각한 문제임에도 불구하고 너무 쉽게 사면을 해 줘 음주운전의 심각성이 왜곡되는 측면이 있음을 우려하고 있다. 따라서 수사구조 개혁의 문제와 함께 사면권의 남용 제한은 법적, 제도적으로 해결되어야 할 가장 시급한 문제 중 하나라 할 수

170) 데일리서프라이즈, 2005. 9. 20. 관련기사 참조.

171) 제주일보, 2005. 8. 26.자 관련기사 참조.

172) 연합뉴스(YTN), 2005. 9. 4.자 보도내용.

173) 또한 지난 2003년 11월 택시운전사로 음주운전을 하다 경찰에 적발 된 자가 혈중알콜농도 0.116% 상태에서의 음주운전으로 인해 운전면허가 취소됐고, 자동적으로 택시 면허도 잃게 된 사안에서, 대법원은 '음주운전으로 인한 교통사고를 방지할 공익상의 필요에 비춰볼 때, 경찰의 처분은 정당하다'고 선고하여 현재 사법부는 음주운전에 대해 과거 보다 엄격한 잣대를 적용하고 있는 상황이다..

있겠다. 만일 사면권 남용을 근절시키지 않는다면 아무리 수사구조 개혁을 통해 각 수사기관의 공정하고 효율적인 수사가 진행된다고 하여도 형벌이 공평하게 집행되지 못함으로 인하여 오는 국가형벌권에 대한 엄정성과 권위는 땅에 떨어지게 될 것이며, 결국 올바른 사법정의는 실천될 수 없게 될 것이기 때문이다. 결국 수사기관의 공정하고 효율적인 수사권 수행을 위해서는 현행 수사구조 개혁뿐만 아니라 합목적성을 벗어나는 사면권의 남용을 근본적으로 제한하도록 하는 사면권 남용방지를 위한 입법을 제도화하는 작업이 수반되어야 함을 강조하면서 본 책의 결론을 마치고자 한다.

부 록

대한민국헌법

전문개정 1987.10.29 (헌법 제10호) 국회

前 文

悠久한 歷史와 傳統에 빛나는 우리 大韓國民은 3·1運動으로 建立된 大韓民國臨時政府의 法統과 不義에 抗拒한 4·19民主理念을 계승하고, 祖國의 民主改革과 平和的 統一의 使命에 입각하여 正義·人道와 同胞愛로써 民族의 團結을 공고히 하고, 모든 社會的 弊習과 不義를 타파하며, 自律과 調和를 바탕으로 自由民主的 基本秩序를 더욱 확고히 하여 政治·經濟·社會·文化의 모든 領域에 있어서 各人의 機會를 균등히 하고, 能力을 最高度로 발휘하게 하며, 自由와 權利에 따르는 責任과 義務를 완수하게 하여, 안으로는 國民生活의 균등한 향상을 기하고 밖으로는 항구적인 世界平和와 人類共榮에 이바지함으로써 우리들과 우리들의 子孫의 安全과 自由와 幸福을 영원히 확보할 것을 다짐하면서 1948年 7月 12日에 制定되고 8次에 걸쳐 改正된 憲法을 이제 國會의 議決을 거쳐 國民投票에 의하여 改正한다.

第1章 總 綱

第1條 ① 大韓民國은 民主共和國이다.

② 大韓民國의 主權은 國民에게 있고, 모든 權力은 國民으로부터 나온다.

第2條 ① 大韓民國의 國民이 되는 요건은 法律로 정한다.

② 國家는 法律이 정하는 바에 의하여 在外國民을 보호할 義務를 진다.

第3條 大韓民國의 領土는 韓半島와 그 附屬島嶼로 한다.

第4條 大韓民國은 統一을 指向하며, 自由民主的 基本秩序에 입각한 平和的 統一 政策을 수립하고 이를 추진한다.

第5條 ① 大韓民國은 國際平和의 유지에 노력하고 侵略的 戰爭을 否認한다.

② 國軍은 國家의 安全保障과 國土防衛의 神聖한 義務를 수행함을 使命으로 하며, 그 政治的 中立性은 준수된다.

第6條 ① 憲法에 의하여 체결·公布된 條約과 一般的으로 승인된 國際法規는 國內法과 같은 效力을 가진다.

② 外國人은 國際法과 條約이 정하는 바에 의하여 그 地位가 보장된다.

第7條 ① 公務員은 國民全體에 대한 奉仕者이며, 國民에 대하여 責任을 진다.

② 公務員의 身分과 政治的 中立性은 法律이 정하는 바에 의하여 보장된다.

第8條 ① 政黨의 設立은 自由이며, 複數政黨制는 보장된다.

② 政黨은 그 目的·組織과 活動이 民主的이어야 하며, 國民의 政治的 意思形成에 참여하는데 필요한 組織을 가져야 한다.

③ 政黨은 法律이 정하는 바에 의하여 國家의 보호를 받으며, 國家는 法律이 정하는 바에 의하여 政黨運營에 필요한 資金을 補助할 수 있다.

④ 政黨의 目的이나 活動이 民主的 基本秩序에 違背될 때에는 政府는 憲法裁判所에 그 解散을 提訴할 수 있고, 政黨은 憲法裁判所의 審判에 의하여 解散된다.

第9條 國家는 傳統文化의 계승·발전과 民族文化의 暢達에 노력하여야 한다.

第 2 章 國民의 權利와 義務

第10條 모든 國民은 人間으로서의 尊嚴과 價値를 가지며, 幸福을 追求할 權利를 가진다. 國家는 개인이 가지는 不可侵의 基本的 人權을 확인하고 이를 보장할 義務를 진다.

第11條 ①모든 國民은 法 앞에 平等하다. 누구든지 性別·宗教 또는 社會的 身分에 의하여 政治的·經濟的·社會的·文化的 生活의 모든 領域에 있어서 차별을 받지 아니한다.

② 社會的 特殊階級의 制度는 인정되지 아니하며, 어떠한 形態로도 이를 創設할 수 없다.

③ 勳章등의 榮典은 이를 받은 者에게만 效力이 있고, 어떠한 特權도 이에 따르지 아니한다.

第12條 ① 모든 國民은 身體의 自由를 가진다. 누구든지 法律에 의하지 아니하고는 逮捕·拘束·押收·搜索 또는 審問을 받지 아니하며, 法律과 適法한 節次에 의하지 아니하고는 處罰·保安處分 또는 强制勞役을 받지 아니한다.

② 모든 國民은 拷問을 받지 아니하며, 刑事上 자기에게 不利한 陳述을 强要당하지 아니한다.

③ 逮捕·拘束·押收 또는 搜索을 할 때에는 適法한 節次에 따라 檢事의 申請에 의하여 法官이 발부한 令狀을 제시하여야 한다. 다만, 現行犯人인 경우와 長期 3年이상의 刑에 해당하는 罪를 범하고 逃避 또는 證據湮滅의 염려가 있을 때에는 事後에 令狀을 請求할 수 있다.

④ 누구든지 逮捕 또는 拘束을 당한 때에는 즉시 辯護人의 助力을 받을 權利를 가진다. 다만, 刑事被告人이 스스로 辯護人을 구할 수 없을 때에는 法律이 정하는 바에 의하여 國家가 辯護人을 붙인다.

⑤ 누구든지 逮捕 또는 拘束의 이유와 辯護人의 助力을 받을 權利가 있음을 告知받지 아니하고는 逮捕 또는 拘束을 당하지 아니한다. 逮捕 또는 拘束을 당한 者의 家族등 法律이 정하는 者에게는 그 이유와 日時·場所가 지체없이 통지되어야 한다.

⑥ 누구든지 逮捕 또는 拘束을 당한 때에는 適否의 審査를 法院에 請求할 權利를 가진다.

⑦ 被告人의 自白이 拷問·暴行·脅迫·拘束의 부당한 長期化 또는 欺罔 기타의 방법에 의하여 自意로 陳述된 것이 아니라고 인정될 때 또는 正式裁判에 있어서 被告人의 自白이 그에게 不利한 유일한 증거일 때에는 이를 有罪의 증거로 삼거나 이를 이유로 處罰할 수 없다.

第13條 ① 모든 國民은 行爲時의 法律에 의하여 犯罪를 구성하지 아니하는 행위로 訴追되지 아니하며, 동일한 犯罪에 대하여 거듭 處罰받지 아니한다.

② 모든 國民은 遡及立法에 의하여 參政權의 제한을 받거나 財産權을 剝奪당하지 아니한다.

③ 모든 國民은 자기의 행위가 아닌 親族의 행위로 인하여 불이익한 處遇를 받지 아니한다.

第14條 모든 國民은 居住·移轉의 自由를 가진다.

第15條 모든 國民은 職業選擇의 自由를 가진다.

第16條 모든 國民은 住居의 自由를 침해받지 아니한다. 住居에 대한 押收나 搜索을 할 때에는 檢事의 申請에 의하여 法官이 발부한 令狀을 제시하여야 한다.

第17條 모든 國民은 私生活의 秘密과 自由를 침해받지 아니한다.

第18條 모든 國民은 通信의 秘密을 침해받지 아니한다.

第19條 모든 國民은 良心의 自由를 가진다.

第20條 ① 모든 國民은 宗教의 自由를 가진다.

② 國教는 인정되지 아니하며, 宗教와 政治는 分離된다.

第21條 ① 모든 國民은 言論·出版의 自由와 集會·結社의 自由를 가진다.

② 言論·出版에 대한 許可나 檢閱과 集會·結社에 대한 許可는 인정되지 아니한다.

③ 通信·放送의 施設基準과 新聞의 機能을 보장하기 위하여 필요한 사항은 法律로 정한다.

④ 言論·出版은 他人의 名譽나 權利 또는 公衆道德이나 社會倫理를 침해하여서는 아니된다. 言論·出版이 他人의 名譽나 權利를 침해한 때에는 被害者는 이에 대한 被害의 賠償을 請求할 수 있다.

第22條 ① 모든 國民은 學問과 藝術의 自由를 가진다.

② 著作者·發明家·科學技術者와 藝術家의 權利는 法律로써 보호한다.

第23條 ① 모든 國民의 財産權은 보장된다. 그 내용

과 限界는 法律로 정한다.

② 財産權의 행사는 公共福利에 적합하도록 하여야 한다.

③ 公共必要에 의한 財産權의 收用·사용 또는 제한 및 그에 대한 補償은 法律로써 하되, 정당한 補償을 支給하여야 한다.

第24條 모든 國民은 法律이 정하는 바에 의하여 選擧權을 가진다.

第25條 모든 國民은 法律이 정하는 바에 의하여 公務擔任權을 가진다.

第26條 ① 모든 國民은 法律이 정하는 바에 의하여 國家機關에 文書로 請願할 權利를 가진다.

② 國家는 請願에 대하여 審査할 義務를 진다.

第27條 ① 모든 國民은 憲法과 法律이 정한 法官에 의하여 法律에 의한 裁判을 받을 權利를 가진다.

② 軍人 또는 軍務員이 아닌 國民은 大韓民國의 領域안에서는 중대한 軍事上 機密·哨兵·哨所·有毒飮食物供給·捕虜·軍用物에 관한 罪중 法律이 정한 경우와 非常戒嚴이 宣布된 경우를 제외하고는 軍事法院의 裁判을 받지 아니한다.

③ 모든 國民은 신속한 裁判을 받을 權利를 가진다. 刑事被告人은 상당한 이유가 없는 한 지체없이 公開裁判을 받을 權利를 가진다.

④ 刑事被告人은 有罪의 判決이 확정될 때까지는 無罪로 推定된다.

⑤ 刑事被害者는 法律이 정하는 바에 의하여 당해 事件의 裁判節次에서 陳述할 수 있다.

第28條 刑事被疑者 또는 刑事被告人으로서 拘禁되었던 者가 法律이 정하는 不起訴處分을 받거나 無罪判決을 받은 때에는 法律이 정하는 바에 의하여 國家에 정당한 補償을 請求할 수 있다.

第29條 ① 公務員의 職務上 不法行爲로 損害를 받은 國民은 法律이 정하는 바에 의하여 國家 또는 公共團體에 정당한 賠償을 請求할 수 있다. 이 경우 公務員 자신의 責任은 免除되지 아니한다.

② 軍人·軍務員·警察公務員 기타 法律이 정하는 者가 戰鬪·訓練등 職務執行과 관련하여 받은 損害에 대하여는 法律이 정하는 報償외에 國家 또는 公共團體에 公務員의 職務上 不法行爲로 인한 賠償은 請求할 수 없다.

第30條 他人의 犯罪行爲로 인하여 生命·身體에 대한 被害를 받은 國民은 法律이 정하는 바에 의하여 國家로부터 救助를 받을 수 있다.

第31條 ① 모든 國民은 能力에 따라 균등하게 敎育을 받을 權利를 가진다.

② 모든 國民은 그 보호하는 子女에게 적어도 初等敎育과 法律이 정하는 敎育을 받게 할 義務를 진다.

③ 義務敎育은 無償으로 한다.

④ 敎育의 自主性·專門性·政治的 中立性 및 大學의 自律性은 法律이 정하는 바에 의하여 보장된다.

⑤ 國家는 平生敎育을 振興하여야 한다.

⑥ 學校敎育 및 平生敎育을 포함한 敎育制度와 그 운영, 敎育財政 및 敎員의 地位에 관한 基本的인 사항은 法律로 정한다.

第32條 ① 모든 國民은 勤勞의 權利를 가진다. 國家는 社會的·經濟的 방법으로 勤勞者의 雇傭의 增進과 適正賃金의 보장에 노력하여야 하며, 法律이 정하는 바에 의하여 最低賃金制를 施行하여야 한다.

②모든 國民은 勤勞의 義務를 진다. 國家는 勤勞의 義務의 내용과 조건을 民主主義原則에 따라 法律로 정한다.

③ 勤勞條件의 基準은 人間의 尊嚴性을 보장하도록 法律로 정한다.

④ 女子의 勤勞는 특별한 보호를 받으며, 雇傭·賃金 및 勤勞條件에 있어서 부당한 차별을 받지 아니한다.

⑤ 年少者의 勤勞는 특별한 보호를 받는다.

⑥ 國家有功者·傷痍軍警 및 戰歿軍警의 遺家族은 法律이 정하는 바에 의하여 優先的으로 勤勞의 機會를 부여받는다.

第33條 ① 勤勞者는 勤勞條件의 향상을 위하여 自主的인 團結權·團體交涉權 및 團體行動權을 가진다.

② 公務員인 勤勞者는 法律이 정하는 者에 한하여 團結權·團體交涉權 및 團體行動權을 가진다.

③ 法律이 정하는 主要防衛産業體에 종사하는 勤勞者의 團體行動權은 法律이 정하는 바에 의하여 이를 제한하거나 인정하지 아니할 수 있다.

第34條 ① 모든 國民은 人間다운 生活을 할 權利를 가진다.

② 國家는 社會保障·社會福祉의 增進에 노력할 義務를 진다.

③ 國家는 女子의 福祉와 權益의 향상을 위하여 노력하여야 한다.

④ 國家는 老人과 靑少年의 福祉向上을 위한 政策을 실시할 義務를 진다.

⑤ 身體障碍者 및 疾病·老齡 기타의 사유로 生活能力이 없는 國民은 法律이 정하는 바에 의하여 國家의 보호를 받는다.

⑥ 國家는 災害를 豫防하고 그 위험으로부터 國民을 보호하기 위하여 노력하여야 한다.

第35條 ① 모든 國民은 건강하고 快適한 環境에서 生活할 權利를 가지며, 國家와 國民은 環境保全을 위하여 노력하여야 한다.

② 環境權의 내용과 행사에 관하여는 法律로 정한다.

③ 國家는 住宅開發政策등을 통하여 모든 國民이 快適한 住居生活을 할 수 있도록 노력하여야 한다.

第36條 ① 婚姻과 家族生活은 개인의 尊嚴과 兩性의 平等을 기초로 成立되고 유지되어야 하며, 國家는 이를 보장한다.

② 國家는 母性의 보호를 위하여 노력하여야 한다.

③ 모든 國民은 保健에 관하여 國家의 보호를 받는다.

第37條 ① 國民의 自由와 權利는 憲法에 열거되지 아니한 이유로 輕視되지 아니한다.

② 國民의 모든 自由와 權利는 國家安全保障·秩序維持 또는 公共福利를 위하여 필요한 경우에 한하여 法律로써 제한할 수 있으며, 제한하는 경우에도 自由와 權利의 本質的인 내용을 침해할 수 없다.

第38條 모든 國民은 法律이 정하는 바에 의하여 納稅의 義務를 진다.

第39條 ① 모든 國民은 法律이 정하는 바에 의하여 國防의 義務를 진다.

② 누구든지 兵役義務의 이행으로 인하여 불이익한 處遇를 받지 아니한다.

第 3 章 國 會

第40條 立法權은 國會에 속한다.

第41條 ① 國會는 國民의 普通·平等·直接·秘密選擧에 의하여 選出된 國會議員으로 구성한다.

② 國會議員의 數는 法律로 정하되, 200人이상으로 한다.

③ 國會議員의 選擧區와 比例代表制 기타 選擧에 관한 사항은 法律로 정한다.

第42條 國會議員의 任期는 4年으로 한다.

第43條 國會議員은 法律이 정하는 職을 겸할 수 없다.

第44條 ① 國會議員은 現行犯人인 경우를 제외하고는 會期중 國會의 同意없이 逮捕 또는 拘禁되지 아니한다.

② 國會議員이 會期전에 逮捕 또는 拘禁된 때에는 現行犯人이 아닌 한 國會의 요구가 있으면 會期중 釋放된다.

第45條 國會議員은 國會에서 職務上 행한 發言과 表決에 관하여 國會외에서 責任을 지지 아니한다.

第46條 ① 國會議員은 淸廉의 義務가 있다.

② 國會議員은 國家利益을 우선하여 良心에 따라 職務를 행한다.

③ 國會議員은 그 地位를 濫用하여 國家·公共團體 또는 企業體와의 契約이나 그 處分에 의하여 財産上의 權利·이익 또는 職位를 취득하거나 他人을 위하여 그 취득을 알선할 수 없다.

第47條 ① 國會의 定期會는 法律이 정하는 바에 의하여 매년 1回 集會되며, 國會의 臨時會는 大統領 또는 國會在籍議員 4分의 1이상의 요구에 의하여 集會된다.

② 定期會의 會期는 100日을, 臨時會의 會期는 30日을 초과할 수 없다.

③ 大統領이 臨時會의 集會를 요구할 때에는 期間과 集會要求의 이유를 명시하여야 한다.

第48條 國會는 議長 1人과 副議長 2人을 選出한다.

第49條 國會는 憲法 또는 法律에 특별한 規定이 없는 한 在籍議員 過半數의 출석과 出席議員 過半數의 贊成으로 議決한다. 可否同數인 때에는 否決된 것으로 본다.

第50條 ① 國會의 會議는 公開한다. 다만, 出席議員 過半數의 贊成이 있거나 議長이 國家의 安全保障을 위하여 필요하다고 인정할 때에는 公開하지 아니할 수 있다.

② 公開하지 아니한 會議內容의 公表에 관하여는 法律이 정하는 바에 의한다.

第51條 國會에 제출된 法律案 기타의 議案은 會期중에 議決되지 못한 이유로 폐기되지 아니한다. 다만, 國會議員의 任期가 만료된 때에는 그러하지

아니하다.

第52條 國會議員과 政府는 法律案을 제출할 수 있다.

第53條 ① 國會에서 議決된 法律案은 政府에 移送되어 15日이내에 大統領이 公布한다.

② 法律案에 異議가 있을 때에는 大統領은 第1項의 期間내에 異議書를 붙여 國會로 還付하고, 그 再議를 요구할 수 있다. 國會의 閉會중에도 또한 같다.

③ 大統領은 法律案의 일부에 대하여 또는 法律案을 修正하여 再議를 요구할 수 없다.

④ 再議의 요구가 있을 때에는 國會는 再議에 붙이고, 在籍議員過半數의 출석과 出席議員 3分의 2이상의 贊成으로 前과 같은 議決을 하면 그 法律案은 法律로서 확정된다.

⑤ 大統領이 第1項의 期間내에 公布나 再議의 요구를 하지 아니한 때에도 그 法律案은 法律로서 확정된다.

⑥ 大統領은 第4項과 第5項의 規定에 의하여 확정된 法律을 지체없이 公布하여야 한다. 第5項에 의하여 法律이 확정된 후 또는 第4項에 의한 確定法律이 政府에 移送된 후 5日이내에 大統領이 公布하지 아니할 때에는 國會議長이 이를 公布한다.

⑦ 法律은 특별한 規定이 없는 한 公布한 날로부터 20日을 경과함으로써 效力을 발생한다.

第54條 ① 國會는 國家의 豫算案을 審議·확정한다.

② 政府는 會計年度마다 豫算案을 編成하여 會計年度 開始 90日전까지 國會에 제출하고, 國會는 會計年度 開始 30日전까지 이를 議決하여야 한다.

③ 새로운 會計年度가 開始될 때까지 豫算案이 議決되지 못한 때에는 政府는 國會에서 豫算案이 議決될 때까지 다음의 目的을 위한 經費는 前年度 豫算에 準하여 執行할 수 있다.

1. 憲法이나 法律에 의하여 設置된 機關 또는 施設의 유지·운영
2. 法律上 支出義務의 이행
3. 이미 豫算으로 승인된 事業의 계속

第55條 ① 한 會計年度를 넘어 계속하여 支出할 필요가 있을 때에는 政府는 年限을 정하여 繼續費로서 國會의 議決을 얻어야 한다.

② 豫備費는 總額으로 國會의 議決을 얻어야 한다. 豫備費의 支出은 次期國會의 승인을 얻어야 한다.

第56條 政府는 豫算에 變更을 加할 필요가 있을 때에는 追加更正豫算案을 編成하여 國會에 제출할 수 있다.

第57條 國會는 政府의 同意 없이 政府가 제출한 支出豫算 各項의 金額을 增加하거나 새 費目을 設置할 수 없다.

第58條 國債를 모집하거나 豫算외에 國家의 부담이 될 契約을 체결하려 할 때에는 政府는 미리 國會의 議決을 얻어야 한다.

第59條 租稅의 種目과 稅率은 法律로 정한다.

第60條 ① 國會는 相互援助 또는 安全保障에 관한 條約, 중요한 國際組織에 관한 條約, 友好通商航海條約, 主權의 制約에 관한 條約, 講和條約, 國家나 國民에게 중대한 財政的 부담을 지우는 條約 또는 立法事項에 관한 條約의 체결·批准에 대한 同意權을 가진다.

② 國會는 宣戰布告, 國軍의 外國에의 派遣 또는 外國軍隊의 大韓民國 領域안에서의 駐留에 대한 同意權을 가진다.

第61條 ① 國會는 國政을 監査하거나 특정한 國政事案에 대하여 調査할 수 있으며, 이에 필요한 書類의 提出 또는 證人의 출석과 證言이나 의견의 陳述을 요구할 수 있다.

② 國政監査 및 調査에 관한 節次 기타 필요한 사항은 法律로 정한다.

第62條 ① 國務總理·國務委員 또는 政府委員은 國會나 그 委員會에 출석하여 國政處理狀況을 보고하거나 의견을 陳述하고 質問에 응답할 수 있다.

② 國會나 그 委員會의 요구가 있을 때에는 國務總理·國務委員 또는 政府委員은 출석·답변하여야 하며, 國務總理 또는 國務委員이 出席要求를 받은 때에는 國務委員 또는 政府委員으로 하여금 출석·답변하게 할 수 있다.

第63條 ① 國會는 國務總理 또는 國務委員의 解任을 大統領에게 建議할 수 있다.

② 第1項의 解任建議는 國會在籍議員 3分의 1이상의 發議에 의하여 國會在籍議員 過半數의 贊成이 있어야 한다.

第64條 ① 國會는 法律에 저촉되지 아니하는 범위안에서 議事와 內部規律에 관한 規則을 制定할 수 있다.

② 國會는 議員의 資格을 審査하며, 議員을 懲戒

할 수 있다.

③ 議員을 除名하려면 國會在籍議員 3分의 2이상의 贊成이 있어야 한다.

④ 第2項과 第3項의 處分에 대하여는 法院에 提訴할 수 없다.

第65條 ① 大統領·國務總理·國務委員·行政各部의 長·憲法裁判所 裁判官·法官·中央選擧管理委員會 委員·監査院長·監査委員 기타 法律이 정한 公務員이 그 職務執行에 있어서 憲法이나 法律을 違背한 때에는 國會는 彈劾의 訴追를 議決할 수 있다.

② 第1項의 彈劾訴追는 國會在籍議員 3分의 1이상의 發議가 있어야 하며, 그 議決은 國會在籍議員 過半數의 贊成이 있어야 한다. 다만, 大統領에 대한 彈劾訴追는 國會在籍議員 過半數의 發議와 國會在籍議員 3分의 2이상의 贊成이 있어야 한다.

③ 彈劾訴追의 議決을 받은 者는 彈劾審判이 있을 때까지 그 權限行使가 정지된다.

④ 彈劾決定은 公職으로부터 罷免함에 그친다. 그러나, 이에 의하여 民事上이나 刑事上의 責任이 免除되지는 아니한다.

第 4 章 政　　府

第 1 節　大 統 領

第66條 ① 大統領은 國家의 元首이며, 外國에 대하여 國家를 代表한다.

② 大統領은 國家의 獨立·領土의 保全·國家의 繼續性과 憲法을 守護할 責務를 진다.

③ 大統領은 祖國의 平和的 統一을 위한 성실한 義務를 진다.

④ 行政權은 大統領을 首班으로 하는 政府에 속한다.

第67條 ① 大統領은 國民의 普通·平等·直接·秘密選擧에 의하여 選出한다.

② 第1項의 選擧에 있어서 最高得票者가 2人이상인 때에는 國會의 在籍議員 過半數가 출석한 公開會議에서 多數票를 얻은 者를 當選者로 한다.

③ 大統領候補者가 1人일 때에는 그 得票數가 選擧權者 總數의 3分의 1이상이 아니면 大統領으로 當選될 수 없다.

④ 大統領으로 選擧될 수 있는 者는 國會議員의 被選擧權이 있고 選擧日 현재 40歲에 達하여야 한다.

⑤ 大統領의 選擧에 관한 사항은 法律로 정한다.

第68條 ① 大統領의 任期가 만료되는 때에는 任期滿了 70日 내지 40日전에 後任者를 選擧한다.

② 大統領이 闕位된 때 또는 大統領 當選者가 死亡하거나 判決 기타의 사유로 그 資格을 喪失한 때에는 60日이내에 後任者를 選擧한다.

第69條 大統領은 就任에 즈음하여 다음의 宣誓를 한다.

"나는 憲法을 준수하고 國家를 保衛하며 祖國의 平和的 統一과 國民의 自由와 福利의 增進 및 民族文化의 暢達에 노력하여 大統領으로서의 職責을 성실히 수행할 것을 國民 앞에 엄숙히 宣誓합니다."

第70條 大統領의 任期는 5年으로 하며, 重任할 수 없다.

第71條 大統領이 闕位되거나 事故로 인하여 職務를 수행할 수 없을 때에는 國務總理, 法律이 정한 國務委員의 順序로 그 權限을 代行한다.

第72條 大統領은 필요하다고 인정할 때에는 外交·國防·統一 기타 國家安危에 관한 重要政策을 國民投票에 붙일 수 있다.

第73條 大統領은 條約을 체결·批准하고, 外交使節을 信任·접수 또는 派遣하며, 宣戰布告와 講和를 한다.

第74條 ① 大統領은 憲法과 法律이 정하는 바에 의하여 國軍을 統帥한다.

② 國軍의 組織과 編成은 法律로 정한다.

第75條 大統領은 法律에서 구체적으로 범위를 정하여 委任받은 사항과 法律을 執行하기 위하여 필요한 사항에 관하여 大統領令을 발할 수 있다.

第76條 ① 大統領은 內憂·外患·天災·地變 또는 중대한 財政·經濟上의 危機에 있어서 國家의 安全保障 또는 公共의 安寧秩序를 유지하기 위하여 긴급한 措置가 필요하고 國會의 集會를 기다릴 여유가 없을 때에 한하여 최소한으로 필요한 財政·經濟上의 處分을 하거나 이에 관하여 法律의 效力을 가지는 命令을 발할 수 있다.

② 大統領은 國家의 安危에 관계되는 중대한 交戰狀態에 있어서 國家를 保衛하기 위하여 긴급한 措

置가 필요하고 國會의 集會가 불가능한 때에 한하여 法律의 效力을 가지는 命令을 발할 수 있다.

③ 大統領은 第1項과 第2項의 處分 또는 命令을 한 때에는 지체없이 國會에 보고하여 그 승인을 얻어야 한다.

④ 第3項의 승인을 얻지 못한 때에는 그 處分 또는 命令은 그때부터 效力을 喪失한다. 이 경우 그 命令에 의하여 改正 또는 廢止되었던 法律은 그 命令이 승인을 얻지 못한 때부터 당연히 效力을 회복한다.

⑤ 大統領은 第3項과 第4項의 사유를 지체없이 公布하여야 한다.

第77條 ① 大統領은 戰時·事變 또는 이에 準하는 國家非常事態에 있어서 兵力으로써 軍事上의 필요에 응하거나 公共의 安寧秩序를 유지할 필요가 있을 때에는 法律이 정하는 바에 의하여 戒嚴을 宣布할 수 있다.

② 戒嚴은 非常戒嚴과 警備戒嚴으로 한다.

③ 非常戒嚴이 宣布된 때에는 法律이 정하는 바에 의하여 令狀制度, 言論·出版·集會·結社의 自由, 政府나 法院의 權限에 관하여 특별한 措置를 할 수 있다.

④ 戒嚴을 宣布한 때에는 大統領은 지체없이 國會에 통고하여야 한다.

⑤ 國會가 在籍議員 過半數의 贊成으로 戒嚴의 解除를 요구한 때에는 大統領은 이를 解除하여야 한다.

第78條 大統領은 憲法과 法律이 정하는 바에 의하여 公務員을 任免한다.

第79條 ① 大統領은 法律이 정하는 바에 의하여 赦免·減刑 또는 復權을 命할 수 있다.

② 一般赦免을 命하려면 國會의 同意를 얻어야 한다.

③ 赦免·減刑 및 復權에 관한 사항은 法律로 정한다.

第80條 大統領은 法律이 정하는 바에 의하여 勳章 기타의 榮典을 수여한다.

第81條 大統領은 國會에 출석하여 發言하거나 書翰으로 의견을 표시할 수 있다.

第82條 大統領의 國法上 행위는 文書로써 하며, 이 文書에는 國務總理와 관계 國務委員이 副署한다. 軍事에 관한 것도 또한 같다.

第83條 大統領은 國務總理·國務委員·行政各部의 長 기타 法律이 정하는 公私의 職을 겸할 수 없다.

第84條 大統領은 內亂 또는 外患의 罪를 범한 경우를 제외하고는 在職중 刑事上의 訴追를 받지 아니한다.

第85條 前職大統領의 身分과 禮遇에 관하여는 法律로 정한다.

第2節 行政府

第1款 國務總理와 國務委員

第86條 ① 國務總理는 國會의 同意를 얻어 大統領이 任命한다.

② 國務總理는 大統領을 補佐하며, 行政에 관하여 大統領의 命을 받아 行政各部를 統轄한다.

③ 軍人은 現役을 免한 후가 아니면 國務總理로 任命될 수 없다.

第87條 ① 國務委員은 國務總理의 提請으로 大統領이 任命한다.

② 國務委員은 國政에 관하여 大統領을 補佐하며, 國務會議의 構成員으로서 國政을 審議한다.

③ 國務總理는 國務委員의 解任을 大統領에게 建議할 수 있다.

④ 軍人은 現役을 免한 후가 아니면 國務委員으로 任命될 수 없다.

第2款 國務會議

第88條 ① 國務會議는 政府의 權限에 속하는 중요한 政策을 審議한다.

② 國務會議는 大統領·國務總理와 15人이상 30人이하의 國務委員으로 구성한다.

③ 大統領은 國務會議의 議長이 되고, 國務總理는 副議長이 된다.

第89條 다음 사항은 國務會議의 審議를 거쳐야 한다.

1. 國政의 基本計劃과 政府의 一般政策
2. 宣戰·講和 기타 중요한 對外政策
3. 憲法改正案·國民投票案·條約案·法律案 및 大統領令案
4. 豫算案·決算·國有財産處分의 基本計劃·國家의 부담이 될 契約 기타 財政에 관한 중요사항

5. 大統領의 緊急命令·緊急財政經濟處分 및 命令 또는 戒嚴과 그 解除
6. 軍事에 관한 중요사항
7. 國會의 臨時會 集會의 요구
8. 榮典授與
9. 赦免·減刑과 復權
10. 行政各部間의 權限의 劃定
11. 政府안의 權限의 委任 또는 配定에 관한 基本計劃
12. 國政處理狀況의 評價·分析
13. 行政各部의 중요한 政策의 수립과 調整
14. 政黨解散의 提訴
15. 政府에 제출 또는 회부된 政府의 政策에 관계되는 請願의 審査
16. 檢察總長·合同參謀議長·各軍參謀總長·國立大學校總長·大使 기타 法律이 정한 公務員과 國營企業體管理者의 任命
17. 기타 大統領·國務總理 또는 國務委員이 제출한 사항

第90條 ① 國政의 중요한 사항에 관한 大統領의 諮問에 응하기 위하여 國家元老로 구성되는 國家元老諮問會議를 둘 수 있다.
② 國家元老諮問會議의 議長은 直前大統領이 된다. 다만, 直前大統領이 없을 때에는 大統領이 指名한다.
③ 國家元老諮問會議의 組織·職務範圍 기타 필요한 사항은 法律로 정한다.

第91條 ① 國家安全保障에 관련되는 對外政策·軍事政策과 國內政策의 수립에 관하여 國務會議의 審議에 앞서 大統領의 諮問에 응하기 위하여 國家安全保障會議를 둔다.
② 國家安全保障會議는 大統領이 主宰한다.
③ 國家安全保障會議의 組織·職務範圍 기타 필요한 사항은 法律로 정한다.

第92條 ① 平和統一政策의 수립에 관한 大統領의 諮問에 응하기 위하여 民主平和統一諮問會議를 둘 수 있다.
② 民主平和統一諮問會議의 組織·職務範圍 기타 필요한 사항은 法律로 정한다.

第93條 ① 國民經濟의 발전을 위한 重要政策의 수립에 관하여 大統領의 諮問에 응하기 위하여 國民經濟諮問會議를 둘 수 있다.
② 國民經濟諮問會議의 組織·職務範圍 기타 필요한 사항은 法律로 정한다.

第3款 行政各部

第94條 行政各部의 長은 國務委員 중에서 國務總理의 提請으로 大統領이 任命한다.

第95條 國務總理 또는 行政各部의 長은 所管事務에 관하여 法律이나 大統領令의 委任 또는 職權으로 總理令 또는 部令을 발할 수 있다.

第96條 行政各部의 設置·組織과 職務範圍는 法律로 정한다.

第4款 監査院

第97條 國家의 歲入·歲出의 決算, 國家 및 法律이 정한 團體의 會計檢査와 行政機關 및 公務員의 職務에 관한 監察을 하기 위하여 大統領 所屬下에 監査院을 둔다.

第98條 ① 監査院은 院長을 포함한 5人이상 11人이하의 監査委員으로 구성한다.
② 院長은 國會의 同意를 얻어 大統領이 任命하고, 그 任期는 4年으로 하며, 1次에 한하여 重任할 수 있다.
③ 監査委員은 院長의 提請으로 大統領이 任命하고, 그 任期는 4年으로 하며, 1次에 한하여 重任할 수 있다.

第99條 監査院은 歲入·歲出의 決算을 매년 檢査하여 大統領과 次年度國會에 그 결과를 보고하여야 한다.

第100條 監査院의 組織·職務範圍·監査委員의 資格·監査對象公務員의 범위 기타 필요한 사항은 法律로 정한다.

第5章 法　　院

第101條 ① 司法權은 法官으로 구성된 法院에 속한다.
② 法院은 最高法院인 大法院과 各級法院으로 組織된다.
③ 法官의 資格은 法律로 정한다.

第102條 ① 大法院에 部를 둘 수 있다.
② 大法院에 大法官을 둔다. 다만, 法律이 정하는 바에 의하여 大法官이 아닌 法官을 둘 수 있다.
③ 大法院과 各級法院의 組織은 法律로 정한다.

第103條 法官은 憲法과 法律에 의하여 그 良心에 따라 獨立하여 審判한다.

第104條 ① 大法院長은 國會의 同意를 얻어 大統領이 任命한다.

② 大法官은 大法院長의 提請으로 國會의 同意를 얻어 大統領이 任命한다.

③ 大法院長과 大法官이 아닌 法官은 大法官會議의 同意를 얻어 大法院長이 任命한다.

第105條 ① 大法院長의 任期는 6年으로 하며, 重任할 수 없다.

② 大法官의 任期는 6年으로 하며, 法律이 정하는 바에 의하여 連任할 수 있다.

③ 大法院長과 大法官이 아닌 法官의 任期는 10年으로 하며, 法律이 정하는 바에 의하여 連任할 수 있다.

④ 法官의 停年은 法律로 정한다.

第106條 ①法官은 彈劾 또는 禁錮이상의 刑의 宣告에 의하지 아니하고는 罷免되지 아니하며, 懲戒處分에 의하지 아니하고는 停職·減俸 기타 不利한 處分을 받지 아니한다.

② 法官이 중대한 心身上의 障害로 職務를 수행할 수 없을 때에는 法律이 정하는 바에 의하여 退職하게 할 수 있다.

第107條 ① 法律이 憲法에 위반되는 여부가 裁判의 前提가 된 경우에는 法院은 憲法裁判所에 提請하여 그 審判에 의하여 裁判한다.

② 命令·規則 또는 處分이 憲法이나 法律에 위반되는 여부가 裁判의 前提가 된 경우에는 大法院은 이를 最終的으로 審査할 權限을 가진다.

③ 裁判의 前審節次로서 行政審判을 할 수 있다. 行政審判의 節次는 法律로 정하되, 司法節次가 準用되어야 한다.

第108條 大法院은 法律에서 저촉되지 아니하는 범위안에서 訴訟에 관한 節次, 法院의 內部規律과 事務處理에 관한 規則을 制定할 수 있다.

第109條 裁判의 審理와 判決은 公開한다. 다만, 審理는 國家의 安全保障 또는 安寧秩序를 방해하거나 善良한 風俗을 해할 염려가 있을 때에는 法院의 決定으로 公開하지 아니할 수 있다.

第110條 ① 軍事裁判을 관할하기 위하여 特別法院으로서 軍事法院을 둘 수 있다.

② 軍事法院의 上告審은 大法院에서 관할한다.

③ 軍事法院의 組織·權限 및 裁判官의 資格은 法律로 정한다.

④ 非常戒嚴下의 軍事裁判은 軍人·軍務員의 犯罪나 軍事에 관한 間諜罪의 경우와 哨兵·哨所·有毒飮食物供給·捕虜에 관한 罪중 法律이 정한 경우에 한하여 單審으로 할 수 있다. 다만, 死刑을 宣告한 경우에는 그러하지 아니하다.

第 6 章 憲法裁判所

第111條 ① 憲法裁判所는 다음 사항을 管掌한다.

1. 法院의 提請에 의한 法律의 違憲與否 審判
2. 彈劾의 審判
3. 政黨의 解散 審判
4. 國家機關 相互間, 國家機關과 地方自治團體間 및 地方自治團體 相互間의 權限爭議에 관한 審判
5. 法律이 정하는 憲法訴願에 관한 審判

② 憲法裁判所는 法官의 資格을 가진 9人의 裁判官으로 구성하며, 裁判官은 大統領이 任命한다.

③ 第2項의 裁判官중 3人은 國會에서 選出하는 者를, 3人은 大法院長이 指名하는 者를 任命한다.

④ 憲法裁判所의 長은 國會의 同意를 얻어 裁判官중에서 大統領이 任命한다.

第112條 ① 憲法裁判所 裁判官의 任期는 6年으로 하며, 法律이 정하는 바에 의하여 連任할 수 있다.

② 憲法裁判所 裁判官은 政黨에 加入하거나 政治에 관여할 수 없다.

③ 憲法裁判所 裁判官은 彈劾 또는 禁錮이상의 刑의 宣告에 의하지 아니하고는 罷免되지 아니한다.

第113條 ① 憲法裁判所에서 法律의 違憲決定, 彈劾의 決定, 政黨解散의 決定 또는 憲法訴願에 관한 認容決定을 할 때에는 裁判官 6人이상의 贊成이 있어야 한다.

② 憲法裁判所는 法律에 저촉되지 아니하는 범위안에서 審判에 관한 節次, 內部規律과 事務處理에 관한 規則을 制定할 수 있다.

③ 憲法裁判所의 組織과 운영 기타 필요한 사항은 法律로 정한다.

第 7 章 選擧管理

第114條 ① 選擧와 國民投票의 공정한 管理 및 政

黨에 관한 事務를 처리하기 위하여 選擧管理委員會를 둔다.
② 中央選擧管理委員會는 大統領이 任命하는 3人, 國會에서 選出하는 3人과 大法院長이 指名하는 3人의 委員으로 구성한다. 委員長은 委員중에서 互選한다.
③ 委員의 任期는 6年으로 한다.
④ 委員은 政黨에 加入하거나 政治에 관여할 수 없다.
⑤ 委員은 彈劾 또는 禁錮이상의 刑의 宣告에 의하지 아니하고는 罷免되지 아니한다.
⑥ 中央選擧管理委員會는 法令의 범위안에서 選擧管理·國民投票管理 또는 政黨事務에 관한 規則을 制定할 수 있으며, 法律에 저촉되지 아니하는 범위안에서 內部規律에 관한 規則을 制定할 수 있다.
⑦ 各級 選擧管理委員會의 組織·職務範圍 기타 필요한 사항은 法律로 정한다.

第115條 ① 各級 選擧管理委員會는 選擧人名簿의 작성등 選擧事務와 國民投票事務에 관하여 관계 行政機關에 필요한 指示를 할 수 있다.
② 第1項의 指示를 받은 당해 行政機關은 이에 응하여야 한다.

第116條 ① 選擧運動은 各級 選擧管理委員會의 管理下에 法律이 정하는 범위안에서 하되, 균등한 機會가 보장되어야 한다.
② 選擧에 관한 經費는 法律이 정하는 경우를 제외하고는 政黨 또는 候補者에게 부담시킬 수 없다.

第 8 章 地方自治

第117條 ① 地方自治團體는 住民의 福利에 관한 事務를 처리하고 財産을 관리하며, 法令의 범위안에서 自治에 관한 規定을 制定할 수 있다.
② 地方自治團體의 종류는 法律로 정한다.

第118條 ① 地方自治團體에 議會를 둔다.
② 地方議會의 組織·權限·議員選擧와 地方自治團體의 長의 選任方法 기타 地方自治團體의 組織과 운영에 관한 사항은 法律로 정한다.

第 9 章 經　濟

第119條 ① 大韓民國의 經濟秩序는 개인과 企業의 經濟上의 自由와 創意를 존중함을 基本으로 한다.
② 國家는 균형있는 國民經濟의 成長 및 安定과 적정한 所得의 分配를 유지하고, 市場의 支配와 經濟力의 濫用을 방지하며, 經濟主體間의 調和를 통한 經濟의 民主化를 위하여 經濟에 관한 規制와 調整을 할 수 있다.

第120條 ① 鑛物 기타 중요한 地下資源·水産資源·水力과 經濟上 이용할 수 있는 自然力은 法律이 정하는 바에 의하여 일정한 期間 그 採取·開發 또는 이용을 特許할 수 있다.
② 國土와 資源은 國家의 보호를 받으며, 國家는 그 균형있는 開發과 이용을 위하여 필요한 計劃을 수립한다.

第121條 ① 國家는 農地에 관하여 耕者有田의 원칙이 達成될 수 있도록 노력하여야 하며, 農地의 小作制度는 금지된다.
② 農業生産性의 提高와 農地의 合理的인 이용을 위하거나 불가피한 事情으로 발생하는 農地의 賃貸借와 委託經營은 法律이 정하는 바에 의하여 인정된다.

第122條 國家는 國民 모두의 生産 및 生活의 基盤이 되는 國土의 효율적이고 균형있는 이용·開發과 보전을 위하여 法律이 정하는 바에 의하여 그에 관한 필요한 제한과 義務를 課할 수 있다.

第123條 ① 國家는 農業 및 漁業을 보호·육성하기 위하여 農·漁村綜合開發과 그 지원등 필요한 計劃을 수립·施行하여야 한다.
② 國家는 地域間의 균형있는 발전을 위하여 地域經濟를 육성할 義務를 진다.
③ 國家는 中小企業을 보호·육성하여야 한다.
④ 國家는 農水産物의 需給均衡과 流通構造의 개선에 노력하여 價格安定을 도모함으로써 農·漁民의 이익을 보호한다.
⑤ 國家는 農·漁民과 中小企業의 自助組織을 육성하여야 하며, 그 自律的 活動과 발전을 보장한다.

第124條 國家는 건전한 消費行爲를 啓導하고 生産品의 品質向上을 촉구하기 위한 消費者保護運動을 法律이 정하는 바에 의하여 보장한다.

第125條 國家는 對外貿易을 육성하며, 이를 規制·調整할 수 있다.

第126條 國防上 또는 國民經濟上 緊切한 필요로 인

하여 法律이 정하는 경우를 제외하고는, 私營企業을 國有 또는 公有로 移轉하거나 그 경영을 統制 또는 관리할 수 없다.

第127條 ① 國家는 科學技術의 革新과 情報 및 人力의 開發을 통하여 國民經濟의 발전에 노력하여야 한다.

② 國家는 國家標準制度를 확립한다.

③ 大統領은 第1項의 目的을 達成하기 위하여 필요한 諮問機構를 둘 수 있다.

第10章 憲法改正

第128條 ① 憲法改正은 國會在籍議員 過半數 또는 大統領의 發議로 提案된다.

② 大統領의 任期延長 또는 重任變更을 위한 憲法改正은 그 憲法改正 提案 당시의 大統領에 대하여는 效力이 없다.

第129條 提案된 憲法改正案은 大統領이 20日이상의 期間 이를 公告하여야 한다.

第130條 ① 國會는 憲法改正案이 公告된 날로부터 60日이내에 議決하여야 하며, 國會의 議決은 在籍議員 3分의 2이상의 贊成을 얻어야 한다.

② 憲法改正案은 國會가 議決한 후 30日이내에 國民投票에 붙여 國會議員選擧權者 過半數의 投票와 投票者 過半數의 贊成을 얻어야 한다.

③ 憲法改正案이 第2項의 贊成을 얻은 때에는 憲法改正은 확정되며, 大統領은 즉시 이를 公布하여야 한다.

附 則 <제10호, 1987.10.29>

第1條 이 憲法은 1988年 2月 25日부터 施行한다. 다만, 이 憲法을 施行하기 위하여 필요한 法律의 制定·改正과 이 憲法에 의한 大統領 및 國會議員의 選擧 기타 이 憲法施行에 관한 準備는 이 憲法施行 전에 할 수 있다.

第2條 ① 이 憲法에 의한 최초의 大統領選擧는 이 憲法施行日 40日 전까지 실시한다.

② 이 憲法에 의한 최초의 大統領의 任期는 이 憲法施行日로부터 開始한다.

第3條 ① 이 憲法에 의한 최초의 國會議員選擧는 이 憲法公布日로부터 6月 이내에 실시하며, 이 憲法에 의하여 選出된 최초의 國會議員의 任期는 國會議員選擧후 이 憲法에 의한 國會의 최초의 集會日로부터 開始한다.

② 이 憲法公布 당시의 國會議員의 任期는 第1項에 의한 國會의 최초의 集會日 前日까지로 한다.

第4條 ① 이 憲法施行 당시의 公務員과 政府가 任命한 企業體의 任員은 이 憲法에 의하여 任命된 것으로 본다. 다만, 이 憲法에 의하여 選任方法이나 任命權者가 변경된 公務員과 大法院長 및 監査院長은 이 憲法에 의하여 後任者가 選任될 때까지 그 職務를 행하며, 이 경우 前任者인 公務員의 任期는 後任者가 選任되는 前日까지로 한다.

② 이 憲法施行 당시의 大法院長과 大法院判事가 아닌 法官은 第1項 但書의 規定에 불구하고 이 憲法에 의하여 任命된 것으로 본다.

③ 이 憲法중 公務員의 任期 또는 重任制限에 관한 規定은 이 憲法에 의하여 그 公務員이 최초로 選出 또는 任命된 때로부터 適用한다.

第5條 이 憲法施行 당시의 法令과 條約은 이 憲法에 違背되지 아니하는 한 그 效力을 지속한다.

第6條 이 憲法施行 당시에 이 憲法에 의하여 새로 設置될 機關의 權限에 속하는 職務를 행하고 있는 機關은 이 憲法에 의하여 새로운 機關이 設置될 때까지 存續하며 그 職務를 행한다.

형사소송법

일부개정 2005.03.31 (법률 제7427호) 법무부

第1編 總 則

第1章 法院의 管轄

第1條 (管轄의 職權調査) 法院은 職權으로 管轄을 調査하여야 한다.

第2條 (管轄違反과 訴訟行爲의 效力) 訴訟行爲는 管轄違反인 境遇에도 그 效力에 影響이 없다.

第3條 (管轄區域外에서의 執務) ① 法院은 事實發見을 爲하여 必要하거나 緊急을 要하는 때에는 管轄區域外에서 職務를 行하거나 事實調査에 必要한 處分을 할 수 있다.

② 前項의 規定은 受命法官에게 準用한다.

第4條 (土地管轄) ① 土地管轄은 犯罪地, 被告人의 住所, 居所 또는 現在地로 한다.

② 國外에 있는 大韓民國船舶內에서 犯한 罪에 關하여는 前項에 規定한 곳外에 船籍地 또는 犯罪後의 船着地로 한다.

③ 前項의規定은 國外에 있는 大韓民國航空機內에서 犯한 罪에 關하여 準用한다.

第5條 (土地管轄의 併合) 土地管轄을 달리하는 數個의 事件이 關聯된 때에는 1個의 事件에 關하여 管轄權있는 法院은 다른 事件까지 管轄할 수 있다.

第6條 (土地管轄의 併合審理) 土地管轄을 달리하는 數個의 關聯事件이 各各 다른 法院에 係屬된 때에는 共通되는 直近 上級法院은 檢事 또는 被告人의 申請에 依하여 決定으로 1個 法院으로하여금 併合審理하게 할 수 있다.

第7條 (土地管轄의 審理分離) 土地管轄을 달리하는 數個의 關聯事件이 同一法院에 係屬된 境遇에 併合審理의 必要가 없는 때에는 法院은 決定으로 이를 分離하여 管轄權있는 다른 法院에 移送할 수 있다.

第8條 (事件의 職權移送) ① 法院은 被告人이 그 管轄區域內에 現在하지 아니하는 境遇에 特別한 事情이 있으면 決定으로 事件을 被告人의 現在地를 管轄하는 同級 法院에 移送할 수 있다.

② 單獨判事의 管轄事件이 公訴狀變更에 의하여 合議部 管轄事件으로 변경된 경우에 法院은 決定으로 管轄權이 있는 法院에 移送한다.<新設 1995.12.29>

第9條 (事物管轄의 併合) 事物管轄을 달리하는 數個의 事件이 關聯된 때에는 法院合議部는 併合管轄한다. 但, 決定으로 管轄權있는 法院單獨判事에게 移送할 수 있다.

第10條 (事物管轄의 併合審理) 事物管轄을 달리하는 數個의 關聯事件이 各各 法院合議部와 單獨判事에 係屬된 때에는 合議部는 決定으로 單獨判事에 屬한 事件을 併合하여 審理할 수 있다.

第11條 (關聯事件의 定義) 關聯事件은 다음과 같다.

1. 1人이 犯한 數罪
2. 數人이 共同으로 犯한 罪
3. 數人이 同時에 同一場所에서 犯한 罪
4. 犯人隱匿罪, 證據湮滅罪, 僞證罪, 虛僞鑑定通譯罪 또는 贓物에 關한 罪와 그 本犯의 罪

第12條 (同一事件과 數個의 訴訟係屬) 同一事件이 事物管轄을 달리하는 數個의 法院에 係屬된 때에는 法院合議部가 審判한다.

第13條 (管轄의 競合) 同一事件이 事物管轄을 같이하는 數個의 法院에 係屬된 때에는 먼저 公訴를

받은 法院이 審判한다. 但, 各 法院에 共通되는 直近 上級法院은 檢事 또는 被告人의 申請에 依하여 決定으로 뒤에 公訴를 받은 法院으로 하여금 審判하게 할 수 있다.

第14條 (管轄指定의 請求) 檢事는 다음 境遇에는 關係있는 第1審法院에 共通되는 直近 上級法院에 管轄指定을 申請하여야 한다.

1. 法院의 管轄이 明確하지 아니한 때
2. 管轄違反을 宣告한 裁判이 確定된 事件에 關하여 다른 管轄法院이 없는 때

第15條 (管轄移轉의 申請) 檢事는 다음 境遇에는 直近 上級法院에 管轄移轉을 申請하여야 한다. 被告人도 이 申請을 할 수 있다.

1. 管轄法院이 法律上의 理由 또는 特別한 事情으로 裁判權을 行할 수 없는 때
2. 犯罪의 性質, 地方의 民心, 訴訟의 狀況 其他 事情으로 裁判의 公平을 維持하기 어려운 念慮가 있는 때

第16條 (管轄의 指定 또는 移轉申請의 方式) ①管轄의 指定 또는 移轉을 申請함에는 그 事由를 記載한 申請書를 直近 上級法院에 提出하여야 한다.

② 公訴를 提起한 後 管轄의 指定 또는 移轉을 申請하는 때에는 卽時 公訴를 接受한 法院에 通知하여야 한다.

第16條의2 (事件의 軍事法院 移送) 法院은 公訴가 提起된 事件에 對하여 軍事法院이 裁判權을 가지게 되었거나 裁判權을 가졌음이 判明된 때에는 決定으로 事件을 裁判權이 있는 같은 審級의 軍事法院으로 移送한다. 이 境遇에 移送前에 行한 訴訟行爲는 移送後에도 그 效力에 影響이 없다. <개정 1987.11.28>

第 2 章 法院職員의 除斥, 忌避, 回避

第17條 (除斥의 原因) 法官은 다음 境遇에는 職務執行에서 除斥된다. <개정 2005.3.31>

1. 法官이 被害者인 때
2. 法官이 被告人 또는 被害者의 친족 또는 친족관계가 있었던 者인 때
3. 法官이 被告人 또는 被害者의 法定代理人, 後見監督人인 때
4. 法官이 事件에 關하여 證人, 鑑定人, 被害者의 代理人으로 된 때
5. 法官이 事件에 關하여 被告人의 代理人, 辯護人, 補助人으로 된 때
6. 法官이 事件에 關하여 檢事 또는 司法警察官의 職務를 行한 때
7. 法官이 事件에 關하여 前審裁判 또는 그 基礎되는 調査, 審理에 關與한 때

第18條 (忌避의 原因과 申請權者) ① 檢事 또는 被告人은 다음 境遇에 法官의 忌避를 申請할 수 있다.

1. 法官이 前條 各號의 事由에 該當되는 때
2. 法官이 不公平한 裁判을 할 念慮가 있는 때

② 辯護人은 被告人의 明示한 意思에 反하지 아니하는 때에 限하여 法官에 對한 忌避를 申請할 수 있다.

第19條 (忌避申請의 管轄) ① 合議法院의 法官에 對한 忌避는 그 法官의 所屬法院에 申請하고 受命法官, 受託判事 또는 單獨判事에 對한 忌避는 當該法官에게 申請하여야 한다.

② 忌避事由는 申請한 날로부터 3日以內에 書面으로 疎明하여야 한다.

第20條 (忌避申請棄却과 處理) ① 忌避申請이 訴訟의 지연을 目的으로 함이 명백하거나 第19條의 規定에 違背된 때에는 申請을 받은 法院 또는 法官은 決定으로 이를 棄却한다. <개정 1995.12.29>

② 忌避當한 法官은 前項의 境遇를 除한 外에는 遲滯없이 忌避申請에 對한 意見書를 提出하여야 한다.

③ 前項의 境遇에 忌避當한 法官이 忌避의 申請을 理由있다고 認定하는 때에는 그 決定이 있은 것으로 看做한다.

第21條 (忌避申請에 對한 裁判) ① 忌避申請에 對한 裁判은 忌避當한 法官의 所屬法院合議部에서 決定으로 하여야 한다.

② 忌避當한 法官은 前項의 決定에 關與하지 못한다.

③ 忌避當한 判事의 所屬法院이 合議部를 構成하지 못하는 때에는 直近 上級法院이 決定하여야 한다.

第22條 (忌避申請과 訴訟의 停止) 忌避申請이 있는 때에는 第20條第1項의 境遇를 除한 外에는 訴訟進行을 停止하여야 한다. 但, 急速을 要하는 境遇에는 例外로 한다.

第23條 (忌避申請棄却과 卽時抗告) ① 忌避申請을 棄却한 決定에 對하여는 卽時抗告를 할 수 있다.
② 第20條第1項의 棄却決定에 대한 卽時抗告는 裁判의 執行을 정지하는 효력이 없다.<新設 1995.12.29>

第24條 (回避의 原因等) ① 法官이 第18條의 規定에 該當하는 事由가 있다고 思料한 때에는 回避하여야 한다.
② 回避는 所屬法院에 書面으로 申請하여야 한다.
③ 第21條의 規定은 回避에 準用한다.

第25條 (法院書記官等에 對한 除斥, 忌避, 回避) ① 本章의 規定은 第17條第7號의 規定을 除한 外에는 法院의書記官, 書記와 通譯人에 準用한다.
② 前項의 書記官, 書記와 通譯人에 對한 忌避裁判은 그 所屬法院이 決定으로 하여야 한다. 但, 第20條第1項의 決定은 忌避當한 者의 所屬法官이 한다.

第 3 章 訴訟行爲의 代理와 輔助

第26條 (意思無能力者와 訴訟行爲의 代理) 刑法 第9條 乃至 第11條의 規定의 適用을 받지 아니하는 犯罪事件에 關하여 被告人 또는 被疑者가 意思能力이 없는 때에는 그 法定代理人이 訴訟行爲를 代理한다.

第27條 (法人과 訴訟行爲의 代表) ① 被告人 또는 被疑者가 法人인 때에는 그 代表者가 訴訟行爲를 代表한다.
② 數人이 共同하여 法人을 代表하는 境遇에도 訴訟行爲에 關하여는 各自가 代表한다.

第28條 (訴訟行爲의 特別代理人) ① 前2條의 規定에 依하여 被告人을 代理 또는 代表할 者가 없는 때에는 法院은 職權 또는 檢事의 請求에 依하여 特別代理人을 選任하여야 하며 被疑者를 代理 또는 代表할 者가 없는 때에는 法院은 檢事 또는 利害關係人의 請求에 依하여 特別代理人을 選任하여야 한다.
② 特別代理人은 被告人 또는 被疑者를 代理 또는 代表하여 訴訟行爲를 할 者가 있을 때까지 그 任務를 行한다.

第29條 (輔助人) ① 被告人 또는 被疑者의 法定代理人, 配偶者, 직계친족과 형제자매는 輔助人이 될 수 있다. <개정 2005.3.31>
② 輔助人이 되고자 하는 者는 書面으로 申告하여야 한다
③ 輔助人은 獨立하여 被告人 또는 被疑者의 明示한 意思에 反하지 아니하는 訴訟行爲를 할 수 있다. 但, 法律에 다른 規定이 있는 때에는 例外로 한다.

第 4 章 辯 護

第30條 (辯護人選任權者) ① 被告人 또는 被疑者는 辯護人을 選任할 수 있다.
② 被告人 또는 被疑者의 法定代理人, 配偶者, 직계친족과 형제자매는 獨立하여 辯護人을 選任할 수 있다. <개정 2005.3.31>

第31條 (辯護人의 資格과 特別辯護人) 辯護人은 辯護士中에서 選任하여야 한다. 但, 大法院 以外의 法院은 特別한 事情이 있으면 辯護士 아닌 者를 辯護人으로 選任함을 許可할 수 있다.

第32條 (辯護人選任의 效力) ① 辯護人의 選任은 審級마다 辯護人과 連名捺印한 書面으로 提出하여야 한다.
② 公訴提起前의 辯護人 選任은 第1審에도 그 效力이 있다.

第32條의2 (代表辯護人) ① 數人의 辯護人이 있는 때에는 裁判長은 被告人·被疑者 또는 辯護人의 申請에 의하여 代表辯護人을 지정할 수 있고 그 지정을 撤回 또는 변경할 수 있다.
② 第1項의 申請이 없는 때에는 裁判長은 職權으로 代表辯護人을 지정할 수 있고 그 지정을 撤回 또는 변경할 수 있다.
③ 代表辯護人은 3人을 초과할 수 없다.
④ 代表辯護人에 대한 통지 또는 書類의 송달은 辯護人 全員에 대하여 효력이 있다.
⑤ 第1項 내지 第4項의 規定은 被疑者에게 數人의 辯護人이 있는 때에 檢事가 代表辯護人을 지정하는 경우에 이를 準用한다.

第33條 (國選辯護人) 다음 境遇에 辯護人이 없는 때에는 法院은 職權으로 辯護人을 選定하여야 한다.
1. 被告人이 未成年者인 때
2. 被告人이 70歲以上의 者인 때
3. 被告人이 聾啞者인 때

4. 被告人이 心神障碍의 疑心있는 者인 때
5. 被告人이 貧困 其他 事由로 辯護人을 選任할 수 없는 때 但, 被告人의 請求가 있는 때에 限한다.

第34條 (被告人, 被疑者와의 接見, 交通, 受診) 辯護人 또는 辯護人이 되려는 者는 身體拘束을 當한 被告人 또는 被疑者와 接見하고 書類 또는 物件을 授受할 수 있으며 醫師로 하여금 診療하게 할 수 있다.

第35條 (書類, 證據物의 閱覽謄本) 辯護人은 訴訟係屬中의 關係書類 또는 證據物을 閱覽 또는 謄寫 할 수 있다.

第36條 (辯護人의 獨立訴訟行爲權) 辯護人은 獨立하여 訴訟行爲를 할 수 있다. 但, 法律에 다른 規定이 있는 때에는 例外로 한다.

第5章 裁 判

第37條 (判決, 決定, 命令) ① 判決은 法律에 다른 規定이 없으면 口頭辯論에 依據하여야 한다.
② 決定 또는 命令은 口頭辯論에 依據하지 아니할 수 있다.
③ 決定 또는 命令을 함에 必要한 境遇에는 事實을 調査할 수 있다.
④ 前項의 調査는 部員에게 命할 수 있고 다른 地方法院의 判事에게 囑託할 수 있다.

第38條 (裁判書의 方式) 裁判은 法官이 作成한 裁判書에 依하여야 한다. 但, 決定 또는 命令을 告知하는 境遇에는 裁判書를 作成하지 아니하고 調書에만 記載하여 할 수 있다.

第39條 (裁判의 理由) 裁判에는 理由를 明示하여야 한다. 但, 上訴를 不許하는 決定 또는 命令은 例外로 한다.

第40條 (裁判書의 記載要件) ① 裁判書에는 法律에 다른 規定이 없으면 裁判을 받는 者의 姓名, 年齡, 職業과 住居를 記載하여야 한다.
② 裁判을 받는 者가 法人인 때에는 그 名稱과 事務所를 記載하여야 한다.
③ 判決書에는 公判에 關與한 檢事의 官職, 姓名과 辯護人의 姓名을 記載하여야 한다.<개정 1961.9.1>

第41條 (裁判書의 署名等) ① 裁判書에는 裁判한 法官이 署名捺印하여야 한다.
② 裁判長이 署名捺印할 수 없는 때에는 다른 法官이 그 事由를 附記하고 署名捺印하여야 하며 다른 法官이 署名捺印할 수 없는 때에는 裁判長이 그 事由를 附記하고 署名捺印하여야 한다.
③ 判決書 기타 大法院規則이 정하는 裁判書를 제외한 裁判書에 대하여는 第1項 및 第2項의 署名捺印에 갈음하여 記名捺印할 수 있다.<新設 1995.12.29>

第42條 (裁判의 宣告, 告知의 方式) 裁判의 宣告 또는 告知는 公判廷에서는 裁判書에 依하여야 하고 其他의 境遇에는 裁判書謄本의 送達 또는 다른 適當한 方法으로 하여야 한다. 但, 法律에 다른 規定이 있는 때에는 例外로 한다.

第43條 (同前) 裁判의 宣告 또는 告知는 裁判長이 한다. 判決을 宣告함에는 主文을 朗讀하고 理由의 要旨를 說明하여야 한다.

第44條 (檢事의 執行指揮를 要하는 事件) 檢事의 執行指揮를 要하는 裁判은 裁判書 또는 裁判을 記載한 調書의 謄本 또는 抄本을 裁判의 宣告 또는 告知한 때로부터 10日以內에 檢事에게 送付하여야 한다. 但, 法律에 다른 規定이 있는 때에는 例外로 한다.<개정 1961.9.1>

第45條 (裁判書의 謄本, 抄本의 請求) 被告人 其他의 訴訟關係人은 費用을 納入하고 裁判書 또는 裁判을 記載한 調書의 謄本 또는 抄本의 交付를 申請할 수 있다.

第46條 (裁判書의 謄, 抄本의 作成) 裁判書 또는 裁判을 記載한 調書의 謄本 또는 抄本은 原本에 依하여 作成하여야 한다. 但, 不得已한 境遇에는 謄本에 依하여 作成할 수 있다.

第6章 書 類

第47條 (訴訟書類의 非公開) 訴訟에 關한 書類는 公判의 開廷前에는 公益上 必要 其他 相當한 理由가 없으면 公開하지 못한다.

第48條 (調書의 作成方法) ① 被告人, 被疑者, 證人, 鑑定人, 通譯人 또는 飜譯人을 訊問하는 때에는 參與한 書記官 또는 書記가 調書를 作成하여야 한다.
② 調書에는 다음 事項을 記載하여야 한다.

1. 被告人, 被疑者, 證人, 鑑定人, 通譯人 또는 飜譯人의 陳述
2. 證人, 鑑定人, 通譯人 또는 飜譯人이 宣誓를 하지 아니한 때에는 그 事由

③ 調書는 陳述者에게 읽어주거나 閱覽하게 하여 記載內容의 正確與否를 물어야 한다.

④ 陳述者가 增減變更의 請求를 한 때에는 그 陳述을 調書에 記載하여야 한다.

⑤ 訊問에 參與한 檢事, 被告人, 被疑者 또는 辯護人이 調書의 記載의 正確性에 對하여 異議를 陳述한 때에는 그 陳述의 要旨를 調書에 記載하여야 한다.

⑥ 前項의 境遇에는 裁判長 또는 訊問한 法官은 그 陳述에 對한 意見을 記載하게 할 수 있다.

⑦ 調書에는 陳述者로 하여금 間印한 後 署名捺印하게 하여야 한다. 但, 陳述者가 署名捺印을 拒否한 때에는 그 事由를 記載하여야 한다.

第49條 (檢證等의 調書) ① 檢證, 押收 또는 搜索에 關하여는 調書를 作成하여야 한다.

② 檢證調書에는 檢證目的物의 現狀을 明確하게 하기 爲하여 圖畵나 寫眞을 添附할 수 있다.

③ 押收調書에는 品種, 外形上의 特徵과 數量을 記載하여야 한다.

第50條 (各種 調書의 記載要件) 前2條의 調書에는 調査 또는 處分의 年月日時와 場所를 記載하고 그 調査 또는 處分을 行한 者와 參與한 書記官 또는 書記가 署名捺印하여야 한다. 但, 公判期日外에 法院이 調査 또는 處分을 行한 때에는 裁判長 또는 法官과 參與한 書記官 또는 書記가 署名捺印하여야 한다.

第51條 (公判調書의 記載要件) ① 公判期日의 訴訟節次에 關하여는 參與한 書記官 또는 書記가 公判調書를 作成하여야 한다.

② 公判調書에는 다음 事項 其他 모든 訴訟節次를 記載하여야 한다.

1. 公判을 行한 日時와 法院
2. 法官, 檢事, 書記官 또는 書記의 官職, 姓名
3. 被告人, 代理人, 代表者, 辯護人, 輔助人과 通譯人의 姓名
4. 被告人의 出席與否
5. 公開의 與否와 公開를 禁한 때에는 그 理由
6. 公訴事實의 陳述 또는 그를 變更하는 書面의 朗讀
7. 被告人에게 그 權利를 保護함에 必要한 陳述의 機會를 준 事實과 그 陳述한 事實
8. 第48條第2項에 記載한 事項
9. 證據調査를 한 때에는 證據될 書類, 證據物과 證據調査의 方法
10. 公判廷에서 行한 檢證 또는 押收
11. 辯論의 要旨
12. 裁判長이 記載를 命한 事項 또는 訴訟關係人의 請求에 依하여 記載를 許可한 事項
13. 被告人 또는 辯護人에게 最終 陳述할 機會를 준 事實과 그 陳述한 事實
14. 判決 其他의 裁判을 宣告 또는 告知한 事實

第52條 (公判調書作成上의 特例) 公判調書 및 公判期日외의 證人訊問調書에는 第48條第3項 乃至 第7項의 規定에 依하지 아니한다. 但, 陳述者의 請求가 있는 때에는 그 陳述에 關한 部分을 읽어주고 增減變更의 請求가 있는 때에는 그 陳述을 記載하여야 한다. <개정 1995.12.29>

第53條 (公判調書의 署名等) ① 公判調書에는 裁判長과 參與한 書記官이나 書記가 署名捺印하여야 한다.

② 裁判長이 署名捺印할 수 없는 때에는 다른 法官이 그 事由를 附記하고 署名捺印하여야 하며 法官全員이 署名捺印할 수 없는 때에는 參與한 書記官 또는 書記가 그 事由를 附記하고 署名捺印하여야 한다.

③ 書記官 또는 書記가 署名捺印할 수 없는 때에는 裁判長 또는 다른 法官이 그 事由를 附記하고 署名捺印하여야 한다.

第54條 (公判調書의 整理等) ① 公判調書는 各 公判期日後 5日以內에 迅速히 整理하여야 한다.

② 次回의 公判期日에 있어서는 前回의 公判審理에 關한 主要事項의 要旨를 調書에 依하여 告知하여야 한다. 檢事, 被告人 또는 辯護人이 그 變更을 請求하거나 異議를 陳述한 때에는 그 趣旨를 公判調書에 記載하여야 한다.

③ 前項의 境遇에는 裁判長은 그 請求 또는 異議에 對한 意見을 記載하게 할 수 있다.

第55條 (被告人의 公判調書閱覽權등) ① 被告人은 公判調書의 閱覽 또는 謄寫를 請求할 수 있다. <개정 1995.12.29>

② 被告人이 公判調書를 읽지 못하는 때에는 公判調書의 朗讀을 請求할 수 있다.<개정 1995.12.29>
③ 前2項의 請求에 應하지 아니한 때에는 그 公判調書를 有罪의 證據로 할 수 없다.

第56條 (公判調書의 證明力) 公判期日의 訴訟節次로서 公判調書에 記載된 것은 그 調書만으로써 證明한다.

第56條의2 (公判廷에서의 速記.錄取) ① 法院은 被告人,辯護人 또는 檢事의 申請이 있는 때에는 特別한 사유가 없는 한 被告人,證人 또는 기타의 者에 대한 訊問의 전부 또는 일부를 速記者로 하여금 筆記하게 하거나 錄音裝置를 사용하여 錄取하여야 한다. 法院은 필요하다고 인정하는 때에는 職權으로 이를 명할 수 있다.
② 第1項의 申請에 의한 速記나 錄取에 費用을 요하는 때에 被告人, 辯護人 또는 檢事는 法院이 정하는 금액을 豫納하여야 한다.
③ 第1項의 申請에 의하여 速記나 錄取를 한 때에는 申請人은 實費額을 부담하고 速記錄 또는 錄音帶의 謄本 또는 抄本을 請求할 수 있다.

第57條 (公務員의 書類) ① 公務員이 作成하는 書類에는 法律에 다른 規定이 없는 때에는 作成 年月日과 所屬公務所를 記載하고 署名捺印하여야 한다.
② 書類에는 間印하거나 이에 준하는 措置를 하여야 한다.<개정 1995.12.29>
③ 第1項의 署名捺印은 大法院規則이 정하는 바에 따라 記名捺印으로 갈음할 수 있다.<新設 1995.12.29>

第58條 (公務員의 書類) ① 公務員이 書類를 作成함에는 文字를 變改하지 못한다.
② 挿入 ,削除 또는 欄外記載를 할 때에는 이 記載한 곳에 捺印하고 그 字數를 記載하여야 한다. 但, 削除한 部分은 解得할 수 있도록 字體를 存置하여야 한다.

第59條 (非公務員의 書類) 公務員아닌 者가 作成하는 書類에는 年月日을 記載하고 記名捺印하여야 한다. 印章이 없으면 指章으로 한다.

第7章 送　達

第60條 (送達받기 爲한 申告) ① 被告人, 代理人, 代表者, 辯護人 또는 輔助人이 法院 所在地에 書類의 送達을 받을 수 있는 住居 또는 事務所를 두지 아니한 때에는 法院 所在地에 住居 또는 事務所 있는 者를 送達領受印으로 選任하여 連名한 書面으로 申告하여야 한다.
② 送達領受印은 送達에 關하여 本人으로 看做하고 그 住居 또는 事務所는 本人의 住居 또는 事務所로 看做한다.
③ 送達領受印의 選任은 같은 地域에 있는 各 審級法院에 對하여 效力이 있다.
④ 前3項의 規定은 身體拘束을 當한 者에게 適用하지 아니한다.

第61條 (郵遞에 부치는 送達) ① 住居, 事務所 또는 送達領受印의 選任을 申告하여야 할 者가 그 申告를 하지 아니하는 때에는 法院의 書記官 또는 書記는 書類를 郵遞에 부치거나 其他 適當한 方法에 依하여 送達할 수 있다.
② 書類를 郵遞에 부친 境遇에는 到達된 때에 送達된 것으로 看做한다.

第62條 (檢事에 對한 送達) 檢事에 對한 送達은 書類를 所屬檢察廳에 送付하여야 한다.

第63條 (公示送達의 原因) ① 被告人의 住居, 事務所와 現在地를 알 수 없는 때에는 公示送達을 할 수 있다.
② 被告人이 裁判權이 미치지 아니하는 場所에 있는 境遇에 다른 方法으로 送達할 수 없는때에도 前項과 같다.

第64條 (公示送達의 方式) ① 公示送達은 大法院規則의 定하는 바에 依하여 法院이 命한 때에 限하여 할 수 있다.
② 公示送達은 法院書記官 또는 書記가 送達할 書類를 保管하고 그 事由를 法院揭示場에 公示하여야 한다.<개정 1961.9.1>
③ 法院은 前項의 事由를 官報나 新聞紙上에 公告할 것을 命할 수 있다.<개정 1961.9.1>
④ 最初의 公示送達은 第2項의 公示를 한 날로부터 2週日을 經過하면 그 效力이 생긴다. 但, 第2回以後의 公示送達은 5日을 經過하면 그 效力이 생긴다.<개정 1961.9.1>

第65條 (民事訴訟法의 準用) 書類의 送達에 關하여 法律에 다른 規定이 없는 때에는 民事訴訟法을 準用한다.

第8章 期 間

第66條 (期間의 計算) ① 期間의 計算에 關하여는 時로써 計算하는 것은 卽時부터 起算하고 日, 月 또는 年으로써 計算하는 것은 初日을 算入하지 아니한다. 但, 時效와 拘束期間의 初日은 時間을 計算함이 없이 1日로 算定한다.
② 年 또는 月로써 定한 期間은 曆書에 따라 計算한다.
③ 期間의 末日이 公休日에 該當하는 날은 期間에 算入하지 아니한다. 但, 時效와 拘束의 期間에 關하여서는 例外로 한다.

第67條 (法定期間의 연장) 法定期間은 訴訟行爲를 할 者의 住居 또는 事務所의 所在地와 法院 또는 檢察廳 所在地와의 거리 및 交通通信의 불편정도에 따라 大法院規則으로 이를 연장할 수 있다.

第9章 被告人의 召喚, 拘束

第68條 (召喚) 法院은 被告人을 召喚할 수 있다.

第69條 (拘束의 定義) 本法에서 拘束이라 함은 拘引과 拘禁을 包含한다.

第70條 (拘束의 事由) ① 法院은 被告人이 罪를 犯하였다고 疑心할 만한 相當한 理由가 있고 다음 各號의 1에 該當하는 事由가 있는 境遇에는 被告人을 拘束할 수 있다.<개정 1995.12.29>
1. 被告人이 一定한 住居가 없는 때
2. 被告人이 證據를 湮滅할 念慮가 있는 때
3. 被告人이 도망하거나 도망할 염려가 있는 때
② 多額 50萬원이하의 罰金, 拘留 또는 科料에 該當하는 事件에 關하여는 第1項第1號의 境遇를 除한 外에는 拘束할 수 없다.<개정 1973.1.25, 1995.12.29>

第71條 (拘引의 效力) 拘引한 被告人을 法院에 引致한 境遇에 拘禁할 必要가 없다고 認定한 때에는 그 引致한 때로부터 24時間內에 釋放하여야 한다.

第72條 (拘束과 이유의 告知) 被告人에 對하여 犯罪事實의 요지, 拘束의 이유와 辯護人을 選任할 수 있음을 말하고 辯明할 機會를 준 後가 아니면 拘束할 수 없다.<개정 1987.11.28>

第73條 (令狀의 發付) 被告人을 召喚함에는 召喚狀을, 拘引 또는 拘禁함에는 拘束令狀을 發付하여야 한다.

第74條 (召喚狀의 方式) 召喚狀에는 被告人의 姓名, 住居, 罪名, 出席日時 및 場所와 正當한 理由없이 出席하지 아니하는 때에는 逃亡할 念慮가 있다고 認定하여 拘束令狀을 發付할 수 있음을 記載하고 裁判長 또는 受命法官이 記名捺印하여야 한다. <개정 1995.12.29>

第75條 (拘束令狀의 方式) ① 拘束令狀에는 被告人의 姓名, 住居, 罪名, 公訴事實의 要旨, 引致拘禁할 場所, 發付年月日, 그 有效期間과 그 期間을 經過하면 執行에 着手하지 못하며 令狀을 返還하여야 할 趣旨를 記載하고 裁判長 또는 受命法官이 署名捺印하여야 한다.
② 被告人의 姓名이 分明하지 아니한 때에는 人相, 體格 其他 被告人을 特定할 수 있는 事項으로 被告人을 表示할 수 있다.
③ 被告人의 住居가 分明하지 아니한 때에는 그 住居의 記載를 省略할 수 있다.

第76條 (召喚狀의 送達) ① 召喚狀은 送達하여야 한다.
② 被告人이 期日에 出席한다는 書面을 提出하거나 出席한 被告人에 對하여 次回期日을 定하여 出席을 命한 때에는 召喚狀의 送達과 同一한 效力이 있다.
③ 前項의 出席을 命한 때에는 그 要旨를 調書에 記載하여야 한다.
④ 拘禁된 被告人에 對하여는 矯導官吏에게 通知하여 召喚한다.<개정 1963.12.13>
⑤ 被告人이 矯導官吏로부터 召喚通知를 받은 때에는 召喚狀의 送達과 同一한 效力이 있다.<개정 1963.12.13>

第77條 (拘束의 囑託) ① 法院은 被告人의 現在地의 地方法院判事에게 被告人의 拘束을 囑託할 수 있다.
② 受託判事는 被告人이 管轄區域內에 現在하지 아니한 때에는 그 現在地의 地方法院判事에게 轉囑할 수 있다.
③ 受託判事는 拘束令狀을 發付하여야 한다.
④ 第75條의 規定은 前項의 拘束令狀에 準用한다.

第78條 (囑託에 依한 拘束의 節次) ① 前條의 境遇

에 囑託에 依하여 拘束令狀을 發付한 判事는 被告人을 引致한 때로부터 24時間以內에 그 被告人임에 틀림없는가를 調査하여야 한다.

② 被告人임에 틀림없는 때에는 迅速히 指定된 場所에 送致하여야 한다.

第79條 (出席, 同行命令) 法院은 必要한 때에는 指定한 場所에 被告人의 出席 또는 同行을 命할 수 있다.

第80條 (要急處分) 裁判長은 急速을 要하는 境遇에는 第68條 乃至 第73條, 第76條, 第77條와 前條에 規定한 處分을 할 수 있고 또는 合議部員으로 하여금 處分을 하게 할 수 있다.

第81條 (拘束令狀의 執行) ① 拘束令狀은 檢事의 指揮에 依하여 司法警察官吏가 執行한다. 但, 急速을 要하는 境遇에는 裁判長, 受命法官 또는 受託判事가 그 執行을 指揮 할 수 있다.

② 前項 但行의 境遇에는 法院의 書記官 또는 書記에게 그 執行을 命할 수 있다. 이 境遇에 書記官 또는 書記는 그 執行에 關하여 必要한 때에는 司法警察官吏에게 輔助를 要求할 수 있으며 管轄區域外에서도 執行할 수 있다.

③ 矯導所 또는 拘置所에 있는 被告人에 對하여 發付된 拘束令狀은 檢事의 指揮에 依하여 矯導官吏가 執行한다.<개정 1963.12.13>

第82條 (數通의 拘束令狀의 作成) ① 拘束令狀은 數通을 作成하여 司法警察官吏 數人에게 交付할 수 있다.

② 前項의 境遇에는 그 事由를 拘束令狀에 記載하여야 한다.

第83條 (管轄區域外에서의 拘束令狀의 執行과 그 囑託) ① 檢事는 必要에 依하여 管轄區域外에서 拘束令狀의 執行을 指揮할 수 있고 또는 當該管轄區域의 檢事에게 執行指揮를 囑託할 수 있다.

② 司法警察官吏는 必要에 依하여 管轄區域外에서 拘束令狀을 執行할 수 있고 또는 當該管轄區域의 司法警察官吏에게 執行을 囑託할 수 있다.

第84條 (고등검찰청검사장 또는 지방검찰청검사장에 對한 捜査囑託<개정 2004.1.20>) 被告人의 現在地가 分明하지 아니한 때에는 裁判長은 고등검찰청검사장 또는 지방검찰청검사장에게 그 捜査와 拘束令狀의 執行을 囑託할 수 있다. <개정 2004.1.20>

第85條 (拘束令狀執行의 節次) ① 拘束令狀을 執行함에는 被告人에게 반드시 이를 提示하여야 하며 迅速히 指定된 法院 其他 場所에 引致하여야 한다.

② 第77條第3項의 拘束令狀에 關하여는 이를 發付한 判事에게 引致하여야 한다.

③ 拘束令狀을 所持하지 아니한 境遇에 急速을 要하는 때에는 被告人에 對하여 公訴事實의 要旨와 令狀이 發付되었음을 告하고 執行할 수 있다.

④ 前項의 執行을 完了한 後에는 迅速히 拘束令狀을 提示하여야 한다.

第86條 (護送中의 假留置) 拘束令狀의 執行을 받은 被告人을 護送할 境遇에 必要한 때에는가장 接近한 矯導所 또는 拘置所에 臨時로 留置할 수 있다.<개정 1963.12.13>

第87條 (拘束의 通知) ① 被告人을 拘束한 때에는 辯護人이 있는 境遇에는 辯護人에게, 辯護人이 없는 境遇에는 第30條第2項에 規定한 者中 被告人이 指定한 者에게 被告事件名, 拘束日時・場所, 犯罪事實의 요지, 拘束의 이유와 辯護人을 選任할 수 있는 趣旨를 알려야 한다.<개정 1987.11.28, 1995.12.29>

② 第1項의 通知는 지체없이 書面으로 하여야 한다.<개정 1987.11.28>

第88條 (拘束과 公訴事實等의 告知) 被告人을 拘束한 때에는 卽時 公訴事實의 要旨와 辯護人을 選任할 수 있음을 알려야 한다.

第89條 (拘束된 被告人과의 接見, 受診) 拘束된 被告人은 法律의 範圍內에서 他人과 接見하고 書類 또는 物件을 授受하며 醫師의 診療를 받을 수 있다.

第90條 (辯護人의 依賴) ① 拘束된 被告人은 法院, 矯導所長 또는 拘置所長 또는 그 代理者에게 辯護士를 指定하여 辯護人의 選任을 依賴할 수 있다.

② 前項의 依賴를 받은 法院, 矯導所長 또는 拘置所長 또는 그 代理者는 急速히 被告人이 指名한 辯護士에게 그 趣旨를 通知하여야 한다.<개정 1963.12.13>

第91條 (非辯護人과의 接見, 交通의 接見) 法院은 逃亡하거나 또는 罪證을 湮滅할 念慮가 있다고 認定할 만한 相當한 理由가 있는 때에는 職權 또는 檢事의 請求에 依하여 決定으로 拘束된 被告人과 第34條에 規定한 外의 他人과의 接見을 禁하거나 授受할 書類 其他 物件의 檢閱, 授受의 禁

止 또는 押收를 할 수 있다. 但, 衣類, 糧食, 醫療品의 授受를 禁止 또는 押收할 수 없다.

第92條 (拘束期間과 更新) ① 拘束期間은 2月로 한다. 特히 繼續할 必要가 있는 境遇에는 審級마다 2次에 限하여 決定으로 更新할 수 있다.

② 更新한 期間도 2月로 한다.

③ 第22條, 第298條第4項, 第306條第1項 및 第2項의 規定에 依하여 公判節次가 停止된 期間은 第1項 및 第2項의 期間에 算入하지 아니한다. <新設 1961.9.1, 1995.12.29>

第93條 (拘束의 取消) 拘束의 事由가 없거나 消滅된 때에는 法院은 職權 또는 檢事, 被告人, 辯護人과 第30條第2項에 規定한 者의 請求에 依하여 決定으로 拘束을 取消하여야 한다.

第94條 (保釋의 請求) 被告人, 辯護人과 第30條第2項에 規定한 者는 拘束된 被告人의 保釋을 請求할 수 있다.

第95條 (必要的 保釋) 保釋의 請求가 있는 때에는 다음 以外의 境遇에는 保釋을 許可하여야 한다. <개정 1973.12.20, 1995.12.29>

1. 被告人이 死刑, 無期 또는 長期 10年이 넘는 懲役이나 禁錮에 該當하는 罪를 犯한 때
2. 被告人이 累犯에 該當하거나 常習犯인 罪를 犯한 때
3. 被告人이 罪證을 湮滅하거나 湮滅할 念慮가 있다고 믿을 만한 充分한 理由가 있는 때
4. 被告人이 逃亡하거나 逃亡할 念慮가 있다고 믿을 만한 充分한 理由가 있는 때
5. 被告人의 住居가 分明하지 아니한 때
6. 被告人이 被害者, 당해 事件의 裁判에 필요한 사실을 알고 있다고 인정되는 者 또는 그 親族의 生命·身體나 財産에 해를 가하거나 가할 염려가 있다고 믿을만한 충분한 이유가 있는 때

第96條 (任意的 保釋) 法院은 第95條의 規定에 不拘하고 相當한 理由가 있는 때에는 職權 또는 第94條에 規定한 者의 請求에 依하여 決定으로 保釋을 許可할 수 있다. <개정 1995.12.29>

第97條 (保釋·拘束의 取消와 檢事의 意見) ① 保釋에 關한 決定을 함에는 檢事의 意見을 물어야 한다. 但, 檢事가 3日以內에 意見을 表明하지 아니한 때에는 保釋許可에 對하여 同意한 것으로 看做한다.

② 拘束의 取消에 關한 決定을 함에 있어서도 檢事의 請求에 의하거나 급속을 요하는 경우외에는 第1項과 같다. <개정 1995.12.29>.

③ 拘束을 取消하는 決定에 대하여는 檢事는 卽時抗告를 할 수 있다. <개정 1995.12.29>

第98條 (保釋과 保證金) ① 保釋을 許可하는 境遇에는 다음 各號의 事項을 考慮하여 被告人의 出席을 保證할 만한 保證金額을 定하여야 한다.

1. 犯罪의 性質, 罪狀
2. 證據의 證明力
3. 被告人의 前科, 性格, 環境과 資産

② 法院은 被告人의 資産程度로는 納入하기 不能한 保證金額을 定할 수 없다.

第99條 (保釋의 條件) 保釋을 許可하는 境遇에 被告人의 住居를 制限하고 其他 適當한 條件을 附加할 수 있다.

第100條 (保釋執行의 節次) ① 保釋의 許可決定은 保證金을 納入한 後가 아니면 執行하지 못한다.

② 法院은 保釋請求者 以外의 者에게 保證金의 納入을 許可할 수 있다.

③ 法院은 有價證券 또는 被告人 以外의 者의 提出한 保證書로써 保證金에 갈음함을 許可할 수 있다.

④ 前項의 保證書에는 保證金額을 언제든지 納入할 것을 記載하여야 한다.

第101條 (拘束의 執行停止) ① 法院은 相當한 理由가 있는 때에는 決定으로 拘束된 被告人을 親族·保護團體 其他 適當한 者에게 付託하거나 被告人의 住居를 制限하여 拘束의 執行을 停止할 수 있다.

② 前項의 決定을 함에는 檢事의 意見을 물어야 한다. 但, 急速을 要하는 境遇에는 그러하지 아니한다.

③ 第1項의 決定에 對하여는 檢事는 卽時抗告를 할 수 있다.

④ 憲法 第44條에 의하여 拘束된 國會議員에 對한 釋放要求가 있으면 當然히 拘束令狀의 執行이 停止된다. <개정 1980.12.18, 1987.11.28>

⑤ 前項의 釋放要求의 通告를 받은 檢察總長은 卽時 釋放을 指揮하고 그 事由를 受訴法院에 通知하여야 한다.

第102條 (保釋等의 取消와 保證金의 沒取) ① 被告

人이 다음 各號의 1에 해당하는 경우에는 法院은 職權 또는 檢事의 請求에 의하여 決定으로 保釋 또는 拘束의 執行停止를 取消할 수 있다. 다만, 第101條第4項의 規定에 의 한 拘束令狀의 執行停止는 그 會期중 取消하지 못한다.<개정 1995.12.29>

1. 도망한 때
2. 도망하거나 罪證을 湮滅할 염려가 있다고 믿을 만한 충분한 이유가 있는 때
3. 召喚을 받고 정당한 이유없이 출석하지 아니한 때
4. 被害者, 당해事件의 裁判에 필요한 사실을 알고 있다고 인정되는 者 또는 그 親族의 生命·身體나 財産에 해를 가하거나 가할 염려가 있다고 믿을만한 충분한 이유가 있는 때
5. 住居의 제한 기타 法院이 정한 조건을 위반한 때

② 保釋을 取消할 때에는 決定으로 保證金의 全部 또는 一部를 沒取할 수 있다.

第103條 (有罪判決確定과 保證金의 沒取) 保釋된 者가 刑의 宣告를 받고 그 判決이 確定된 後 執行하기 爲한 召喚을 받고 正當한 理由없이 出席하지 아니하거나 逃亡한 때에는 職權 또는 檢事의 請求에 依하여 決定으로 保證金의 全部 또는 一部를 沒取하여야 한다.

第104條 (保證金의 還付) 拘束 또는 保釋을 取消하거나 拘束令狀의 效力이 消滅된 때에는 沒取하지 아니한 保證金을 請求한 날로부터 7日以內에 還付하여야 한다.

第105條 (上訴와 拘束에 關한 決定) 上訴期間中 또는 上訴中의 事件에 關하여 拘束期間의 更新, 拘束의 取消, 保釋, 拘束의 執行停止와 그 停止의 取消에 對한 決定은 訴訟記錄이 原審法院에 있는 때에는 原審法院이 하여야 한다.

第10章 押收와 搜索

第106條 (押收) ① 法院은 必要한 때에는 證據物 또는 沒收할 것으로 思料하는 物件을 押收할 수 있다. 但, 法律에 다른 規定이 있는 때에는 例外로 한다.

② 法院은 押收할 物件을 指定하여 所有者, 所持者 또는 保管者에게 提出을 命할 수 있다.

第107條 (郵遞物의 押收) ① 法院은 被告人이 發送한 것이나 被告人에게 對하여 發送된 郵遞物 또는 電信에 關한 것으로서 遞信官署 其他가 所持 또는 保管하는 物件의 提出을 命하거나 押收를 할 수 있다.

② 前項 以外의 郵遞物 또는 電信에 關한 것으로서 遞信官署 其他가 所持 또는 保管하는 物件은 被告事件과 關係가 있다고 認定할 수 있는 것에 限하여 그 提出을 命하거나 押收를 할 수 있다.

③ 前2項의 處分을 할 때에는 發信人이나 受信人에게 그 趣旨를 通知하여야 한다. 但, 審理에 妨害될 念慮가 있는 境遇에는 例外로 한다.

第108條 (任意提出物等의 押收) 所有者, 所持者 또는 保管者가 任意로 提出한 物件 또는 遺留한 物件은 令狀없이 押收할 수 있다.

第109條 (搜索) ① 法院은 必要한 때에는 被告人의 身體, 物件 또는 住居 其他 場所를 搜索할수 있다

② 被告人 아닌 者의 身體, 物件, 住居 其他 場所에 關하여는 押收할 物件이 있음을 認定할 수 있는 境遇에 限하여 搜索할 수 있다.

第110條 (軍事上秘密과 押收) ① 軍事上 秘密을 要하는 場所는 그 責任者의 承諾없이는 押收 또는 搜索할 수 없다.

② 前項의 責任者는 國家의 重大한 利益을 害하는 境遇를 除外하고는 承諾을 拒否하지 못한다.

第111條 (公務上秘密과 押收) ① 公務員 또는 公務員이었던 者가 所持 또는 保管하는 物件에 關하여는 本人 또는 그 該當公務所가 職務上의 秘密에 關한 것임을 申告한 때에는 그 所屬公務所 또는 當該監督官公署의 承諾없이는 押收하지 못한다.

② 所屬公務所 또는 當該監督官公署는 國家의 重大한 利益을 害하는 境遇를 除外하고는 承諾을 拒否하지 못한다.

第112條 (業務上秘密과 押收) 辯護士, 辨理士, 公證人, 公認會計士, 稅務士, 代書業者, 醫師, 漢醫師, 齒科醫師, 藥師, 藥種商, 助産師, 看護師, 宗敎의 職에 있는 者 또는 이러한 職에 있던 者가 그 業務上 委託을 받아 所持 또는 保管하는 物件으로 他人의 秘密에 關한 것은 押收를 拒否할 수 있다. 但, 그 他人의 承諾이 있거나 重大한 公益上 必要가 있는 때에는 例外로 한다.<개정 1980.12.18, 1997.12.13>

第113條 (押收·搜索令狀) 公判廷外에서는 押收 또는

搜索을 함에는 令狀을 發付하여 施行하여야 한다.

第114條 (令狀의 方式) ① 押收·搜索令狀에는 被告人의 姓名, 罪名, 押收할 物件, 搜索할 場所, 身體, 物件, 發付年月日, 有效期間과 그 期間을 經過하면 執行에 着手하지 못하며 令狀을 返還하여야 한다는 趣旨 其他 大法院規則으로 定한 事項을 記載하고 裁判長 또는 受命法官이 署名捺印하여야 한다.

② 第75條第2項의 規定은 前項의 令狀에 準用한다.

第115條 (令狀의 執行) ① 押收·搜索令狀은 檢事의 指揮에 依하여 司法警察官吏가 執行한다. 但, 必要한 境遇에는 裁判長은 法院書記官 또는 書記에게 그 執行을 命할 수 있다.

② 第83條의 規定은 押收·搜索令狀의 執行에 準用한다.

第116條 (注意事項) 押收·搜索令狀의 執行에 있어서는 他人의 秘密을 保持하여야 하며 處分받은 者의 名譽를 害하지 아니하도록 注意하여야 한다.

第117條 (執行의 輔助) 法院의 書記官 또는 書記는 押收·搜索令狀의 執行에 關하여 必要한 때에는 司法警察官吏에게 輔助를 求할 수 있다.

第118條 (令狀의 提示) 押收·搜索令狀은 處分을 받는 者에게 반드시 提示하여야 한다.

第119條 (執行中의 出入禁止) ① 押收·搜索令狀의 執行中에는 他人의 出入을 禁止할 수 있다.

② 前項의 規定에 違背한 者에게는 退去하게 하거나 執行終了時까지 看守者를 붙일 수 있다.

第120條 (執行과 必要한 處分) ① 押收·搜索令狀의 執行에 있어서는 鍵錠을 열거나 開封 其他 必要한 處分을 할 수 있다.

② 前項의 處分은 押收物에 對하여도 할 수 있다.

第121條 (令狀執行과 當事者의 參與) 檢事, 被告人 또는 辯護人은 押收·搜索令狀의 執行에 參與할 수 있다.

第122條 (令狀執行과 參與權者에의 通知) 押收·搜索令狀을 執行함에는 미리 執行의 日時와 場所를 前條에 規定한 者에게 通知하여야 한다. 但, 前條에 規定한 者가 參與하지 아니한다는 意思를 明示한 때 또는 急速을 要하는 때에는 例外로 한다.

第123條 (令狀의 執行과 責任者의 參與) ① 公務所, 軍事用의 航空機 또는 船車內에서 押收·搜索令狀을 執行함에는 그 責任者에게 參與할 것을 通知하여야 한다.

② 前項에 規定한 以外의 他人의 住居, 看守者있는 家屋, 建造物, 航空機 또는 船車內에서 押收·搜索令狀을 執行함에는 住居主, 看守者 또는 이에 準하는 者를 參與하게 하여야 한다.

③ 前項의 者를 參與하게 하지 못할 때에는 隣居人 또는 地方公共團體의 職員을 參與하게 하여야 한다.

第124條 (女子의 搜索과 參與) 女子의 身體에 對하여 搜索할 때에는 成年의 女子를 參與하게 하여야 한다.

第125條 (夜間執行의 制限) 日出前, 日沒後에는 押收·搜索令狀에 夜間執行을 할 수 있는 記載가 없으면 그 令狀을 執行하기 爲하여 他人의 住居, 看守者있는 家屋, 建造物, 航空機 또는 船車內에 들어가지 못한다.

第126條 (夜間執行制限의 例外) 다음 場所에서 押收·搜索令狀을 執行함에는 前條의 制限을 받지 아니한다.

1. 賭博 其他 風俗을 害하는 行爲에 常用된다고 認定하는 場所
2. 旅館, 飮食店 其他 夜間에 公衆이 出入할 수 있는 場所. 但, 公開한 時間內에 限한다.

第127條 (執行中止와 必要한 處分) 押收·搜索令狀의 執行을 中止한 境遇에 必要한 때에는 執行이 終了될 때까지 그 場所를 閉鎖하거나 看守者를 둘 수 있다.

第128條 (證明書의 交付) 搜索한 境遇에 證據物 또는 沒收할 物件이 없는 때에는 그 趣旨의 證明書를 交付하여야 한다.

第129條 (押收目錄의 交付) 押收한 境遇에는 目錄을 作成하여 所有者, 所持者, 保管者 其他 이에 準할 者에게 交付하여야 한다.

第130條 (押收物의 保管과 廢棄) ① 運搬 또는 保管에 不便한 押收物에 關하여는 看守者를 두거나 所有者 또는 適當한 者의 承諾을 얻어 保管하게 할 수 있다.

② 危險發生의 念慮가 있는 押收物은 廢棄할 수 있다.

第131條 (注意事項) 押收物에 對하여는 그 喪失 또는 破損等의 防止를 爲하여 相當한 措置를 하여야 한다.

第132條 (押收物의 代價保管) 沒收하여야 할 押收物로서 滅失, 破損 또는 腐敗의 念慮가 있거나 保管하기 不便한 境遇에는 이를 賣却하여 代價를 保管할 수 있다.

第133條 (押收物의 還付, 假還付) ① 押收를 繼續할 必要가 없다고 認定되는 押收物은 被告事件 終結前이라도 決定으로 還付하여야 하고 證據에 供할 押收物은 所有者, 所持者, 保管者 또는 提出人의 請求에 依하여 假還付할 수 있다.

② 證據에만 供할 目的으로 押收한 物件으로서 그 所有者 또는 所持者가 繼續使用하여야 할 物件은 寫眞撮影 其他 原型保存의 措置를 取하고 迅速히 假還付하여야 한다.

第134條 (押收贓物의 被害者還付) 押收한 贓物은 被害者에게 還付할 理由가 明白한 때에는被告事件의 終結前이라도 決定으로 被害者에게 還付할 수 있다.

第135條 (押收物處分과 當事者에의 通知) 前3條의 決定을 함에는 檢事, 被害者, 被告人 또는 辯護人에게 미리 通知하여야 한다.

第136條 (受命法官, 受託判事) ① 法院은 押收 또는 搜索을 合議部員에게 命할 수 있고 그 目的物의 所在地를 管轄하는 地方法院 判事에게 囑託할 수 있다.

② 受託判事는 押收 또는 搜索의 目的物이 그 管轄區域內에 없는 때에는 그 目的物 所在地地方法院 判事에게 轉囑할 수 있다.

③ 受命法官, 受託判事가 行하는 押收 또는 搜索에 關하여는 法院이 行하는 押收 또는 搜索에 關한 規定을 準用한다.

第137條 (拘束令狀執行과 搜索) 檢事, 司法警察官吏 또는 第81條第2項의 規定에 依한 法院의書記官 또는 書記가 拘束令狀을 執行할 境遇에 必要한 때에는 他人의 住居, 看守者있는 家屋, 建造物, 航空機, 船車內에 들어가 被告人을 搜索할 수 있다.

第138條 (準用規定) 第119條, 第120條, 第123條와 第127條의 規定은 前條의 規定에 依한 檢事, 司法警察官吏, 法院의 書記官 또는 書記의 搜索에 準用한다.

第11章 檢　　證

第139條 (檢證) 法院은 事實을 發見함에 必要한 때에는 檢證을 할 수 있다.

第140條 (檢證과 必要한 處分) 檢證을 함에는 身體의 檢查, 死體의 解剖, 墳墓의 發掘, 物件의 破壞 其他 必要한 處分을 할 수 있다.

第141條 (身體檢查에 關한 注意) ① 身體의 檢查에 關하여는 檢查를 當하는 者의 性別, 年齡, 健康狀態 其他 事情을 考慮하여 그 사람의 健康과 名譽를 害하지 아니하도록 注意하여야 한다.

② 被告人 아닌 者의 身體檢查는 證跡의 存在를 確認할 수 있는 顯著한 事由가 있는 境遇에 限하여 할 수 있다.

③ 女子의 身體를 檢查하는 境遇에는 醫師나 成年의 女子를 參與하게 하여야 한다.

④ 死體의 解剖 또는 墳墓의 發掘을 하는 때에는 禮를 잊지 아니하도록 注意하고 미리 遺族에게 通知하여야 한다.

第142條 (身體檢查와 召喚) 法院은 身體를 檢查하기 爲하여 被告人 아닌 者를 法院 其他 指定한 場所에 召喚할 수 있다.

第143條 (時刻의 制限) ① 日出前, 日沒後에는 家主, 看守者 또는 이에 準하는 者의 承諾이 없으면 檢證을 하기 爲하여 他人의 住居, 看守者있는 家屋, 建造物, 航空機, 船車內에 들어가지 못한다. 但, 日出後에는 檢證의 目的을 達成할 수 없을 念慮가 있는 境遇에는 例外로 한다.

② 日沒前에 檢證에 着手한 때에는 日沒後라도 檢證을 繼續할 수 있다.

③ 第126條에 規定한 場所에는 第1項의 制限을 받지 아니한다.

第144條 (檢證의 輔助) 檢證을 함에 必要한 때에는 司法警察官吏에게 輔助를 命할 수 있다.

第145條 (準用規定) 第110條, 第119條 乃至 第123條, 第127條와 第136條의 規定은 檢證에 關하여 準用한다.

第12章 證人訊問

第146條 (證人의資格) 法院은 法律에 다른 規定이 없으면 누구든지 證人으로 訊問할 수 있다.

第147條 (公務上秘密과 證人資格) ① 公務員 또는 公務員이었던 者가 그 職務에 關하여 알게 된 事

實에 關하여 本人 또는 當該公務所가 職務上 秘密에 屬한 事項임을 申告한 때에는 그 所屬公務所 또는 監督官公署의 承諾없이는 證人으로 訊問하지 못한다.

② 그 所屬公務所 또는 當該監督官公署는 國家에 重大한 利益을 害하는 境遇를 除外하고는 承諾을 拒否하지 못한다.

第148條 (近親者의 刑事責任과 證言拒否) 누구든지 自己나 다음 各號의 1에 該當한 關係있는 者가 刑事訴追 또는 公訴提起를 當하거나 有罪判決을 받을 事實이 發露될 念慮있는 證言을 拒否할 수 있다. <개정 2005.3.31>

1. 친족 또는 친족관계가 있었던 자
2. 法定代理人, 後見監督人

第149條 (業務上秘密과 證言拒否) 辯護士, 辨理士, 公證人, 公認會計士, 稅務士, 代書業者, 醫師, 漢醫師, 齒科醫師, 藥師, 藥種商, 助産師, 看護師, 宗敎의 職에 있는 者 또는 이러한 職에 있던 者가 그 業務上 委託을 받은 關係로 알게 된 事實로서 他人의 秘密에 關한 것은 證言을 拒否할 수 있다. 但, 本人의 承諾이 있거나 重大한 公益上 必要있는 때에는 例外로 한다.<개정 1980.12.18, 1997.12.13>

第150條 (證言拒否事由의 疏明) 證言을 拒否하는 者는 拒否事由를 疏明하여야 한다.

第151條 (不出席과 過怠料等) ① 召喚받은 證人이 正當한 事由없이 出席하지 아니한 때에는 決定으로 50萬원이하의 過怠料에 處하고 出席하지 아니함으로써 생긴 費用의 賠償을 命할 수 있다.<개정 1973.1.25, 1995.12.29>

② 第1項의 決定에 對하여는 卽時抗告를 할 수 있다.<개정 1995.12.29>

第152條 (召喚不應과 拘引) 正當한 事由없이 召喚에 應하지 아니하는 證人은 拘引할 수 있다.

第153條 (準用規定) 第73條, 第74條, 第76條의 規定은 證人의 召喚에 準用한다.

第154條 (構內證人의 召喚) 證人이 法院의 構內에 있는 때에는 召喚함이 없이 訊問할 수 있다.

第155條 (準用規定) 第73條, 第75條, 第77條, 第81條 乃至 第83條, 第85條第1項, 第2項의 規定은 證人의 拘引에 準用한다.

第156條 (證人의 宣誓) 證人에게는 訊問前에 宣誓하게 하여야 한다. 但, 法律에 다른 規定이 있는 境遇에는 例外로 한다.

第157條 (宣誓의 方式) ① 宣誓는 宣誓書에 依하여야 한다.

② 宣誓書에는 "양심에 따라 숨김과 보탬이 없이 사실 그대로 말하고 만일 거짓말이 있으면 위증의 벌을 받기로 맹서합니다."라고 記載하여야 한다.

③ 裁判長은 證人으로 하여금 宣誓書를 朗讀하고 署名捺印하게 하여야 한다. 但, 證人이 宣誓書를 朗讀하지 못하거나 署名을 하지 못하는 境遇에는 參與한 書記官 또는 書記가 이를 代行한다.

④ 宣誓는 起立하여 嚴肅히 하여야 한다.

第158條 (宣誓한 證人에 對한 警告) 裁判長은 宣誓할 證人에 對하여 宣誓前에 僞證의 罰을警告하여야 한다.

第159條 (宣誓無能力) 證人이 다음 各號의 1에 該當한 때에는 宣誓하게 하지 아니하고 訊問하여야 한다.

1. 16歲未滿의 者
2. 宣誓의 趣旨를 理解하지 못하는 者

第160條 (證言拒否權의 告知) 證人이 第148條, 第149條에 該當하는 境遇에는 裁判長은 訊問前에 證言을 拒否할 수 있음을 說明하여야 한다.

第161條 (宣誓, 證言의 拒否와 過怠料) ① 證人이 正當한 理由없이 宣誓나 證言을 拒否한 때에는 決定으로 50萬원이하의 過怠料에 處할 수 있다. <개정 1973.1.25, 1995.12.29>

② 第1項의 決定에 對하여는 卽時抗告를 할 수 있다.<개정 1995.12.29>

第161條의2 (證人訊問의 方式) ① 證人은 申請한 檢事, 辯護人또는 被告人이 먼저 이를 訊問하고 다음에 다른 檢事, 辯護人 또는 被告人이 訊問한다.

② 裁判長은 前項의 訊問이 끝난 뒤에 訊問할 수 있다.

③ 裁判長은 必要하다고 認定하면 前2項의 規定에 不拘하고 어느 때나 訊問할 수 있으며 第1項의 訊問順序를 變更할 수 있다.

④ 法院이 職權으로 訊問할 證人이나 犯罪로 인한 被害者의 申請에 의하여 訊問할 證人의 訊問方式은 裁判長이 定하는 바에 依한다.<개정 1987.11.28>

⑤ 合議部員은 裁判長에게 告하고 訊問할 수 있다.

第162條 (個別訊問과 對質) ① 證人訊問은 各 證人에 對하여 訊問하여야 한다.<개정 1961.9.1>
② 訊問하지 아니한 證人이 在廷한때에는 退廷을 命하 여야 한다.
③ 必要한 때에는 證人과 다른證人 또는 被告人과 對質하게 할 수 있다.
④ 削除 <1961.9.1>

第163條 (當事者의 參與權, 訊問權) ① 檢事, 被告人 또는 辯護人은 證人訊問에 參與할 수 있다.
② 證人訊問의 時日과 場所는 前項의 規定에 依하여 參與할 수 있는 者에게 미리 通知하여야 한다. 但 參與하지 아니한다는 意思를 明示한 때에는 例外로 한다.

第164條 (訊問의 請求) ① 檢事, 被告人 또는 辯護人이 證人訊問에 參與하지 아니할 境遇에는 法院에 대하여 必要한 事項의 訊問을 請求할 수 있다.
② 被告人 또는 辯護人의 參與없이 證人을 訊問할 境遇에 被告人에게 豫期하지 아니한 不利益의 證言이 陳述된 때에는 반드시 그 陳述內容을 被告人 또는 辯護人에게 알려주어야 한다.
③ 削除 <1961.9.1>

第165條 (證人의 法廷外訊問) 法院은 證人의 年齡, 職業, 健康狀態 其他의 事情을 考慮하여 檢事, 被告人 또는 辯護人의 意見을 묻고 法廷外에 召喚하거나 現在地에서 訊問할 수 있다.

第166條 (同行命令과 拘引) ① 法院은 必要한 때에는 決定으로 指定한 場所에 證人의 同行을 命할 수 있다.
② 證人이 正當한 事由없이 同行을 拒否하는 때에는 拘引할 수 있다.

第167條 (受命法官, 受託判事) ① 法院은 合議部員에게 法廷外의 證人訊問을 命할 수 있고 또는 證人現在地의 地方法院判事에게 그 訊問을 囑託할 수 있다.
② 受託判事는 證人이 管轄區域內에 現在하지 아니한 때에는 그 現在地의 地方法院判事에게 轉囑할 수 있다.
③ 受命法官 또는 受託判事는 證人의 訊問에 關하여 法院 또는 裁判長에 屬한 處分을 할 수 있다.

第168條 (證人의 旅費, 日當, 宿泊料) 召喚받은 證人은 法律의 規定한 바에 依하여 旅費, 日當과 宿泊料를 請求할 수 있다. 但, 正當한 事由없이 宣誓 또는 證言을 拒否한 者는 例外로 한다.

第13章 鑑　定

第169條 (鑑定) 法院은 學識經驗있는 者에게 鑑定을 命할 수 있다.

第170條 (宣誓) ① 鑑定人에게는 鑑定前에 宣誓하게 하여야 한다.
② 宣誓는 宣誓書에 依하여야 한다.
③ 宣誓書에는 "양심에 따라 성실히 감정하고 만일 거짓이 있으면 허위감정의 벌을 받기로 맹서합니다."라고 記載하여야 한다.
④ 第157條第3項, 第4項과 第158條의 規定은 鑑定人의 宣誓에 準用한다.

第171條 (鑑定報告) ① 鑑定의 經過와 結果는 鑑定人으로 하여금 書面으로 提出하게 하여야한다.
② 鑑定人이 數人인 때에는 各各 또는 共同으로 提出하게 할 수 있다.
③ 鑑定의 結果에는 그 判斷의 理由를 明示하여야 한다.
④ 必要한 때에는 鑑定人에게 說明하게 할 수 있다.

第172條 (法院外의 鑑定) ① 法院은 必要한 때에는 鑑定人으로 하여금 法院外에서 鑑定하게 할 수 있다.
② 前項의 境遇에는 鑑定을 要하는 物件을 鑑定人에게 交付할 수 있다.
③ 被告人의 精神 또는 身體에 關한 鑑定에 必要한 때에는 法院은 期間을 定하여 病院 其他 適當한 場所에 被告人을 留置하게 할 수 있고 鑑定이 完了되면 卽時 留置를 解除하여야 한다.
④ 前項의 留置를 함에는 鑑定留置狀을 發付하여야 한다.<개정 1973.1.25>
⑤ 第3項의 留置를 함에 있어서 必要한 때에는 法院은 職權 또는 被告人을 收容할 病院 其他 場所의 管理者의 申請에 依하여 司法警察官吏에게 被告人의 看守를 命할 수 있다.<新設 1973.1.25>
⑥ 法院은 必要한 때에는 留置期間을 延長하거나 短縮할 수 있다.<新設 1973.1.25>
⑦ 拘束에 關한 規定은 이 法律에 特別한 規定이 없는 境遇에는 第3項의 留置에 關하여 이를 準用한다. 但, 保釋에 관한 規定은 그러하지 아니하

다.<新設 1973.1.25>

⑧ 第3項의 留置는 未決拘禁日數의 算入에 있어서는 이를 拘束으로 看做한다.<新設 1973.1.25>

第172條의2 (鑑定留置와 拘束) ① 拘束中인 被告人에 對하여 鑑定留置狀이 執行되었을 때에는 被告人이 留置되어 있는 期間 拘束은 그 執行이 停止된 것으로 看做한다.

② 前項의 境遇에 前條第3項의 留置處分이 取消되거나 留置期間이 滿了된 때에는 拘束의 執行停止가 取消된 것으로 看做한다.

第173條 (鑑定에 必要한 處分) ① 鑑定人은 鑑定에 關하여 必要한 때에는 法院의 許可를 얻어 他人의 住居, 看守者 있는 家屋, 建造物, 航空機, 船車內에 들어 갈 수 있고 身體의 檢査, 死體의 解剖, 墳墓의 發掘, 物件의 破壞를 할 수 있다.

② 前項의 許可에는 被告人의 姓名, 罪名, 들어갈 場所, 檢査할 身體, 解剖할 死體, 發掘할 墳墓, 破壞할 物件, 鑑定人의 姓名과 有效期間을 記載한 許可狀을 發付하여야 한다.

③ 鑑定人은 第1項의 處分을 받는 者에게 許可狀을 提示하여야 한다.

④ 前2項의 規定은 鑑定人이 公判廷에서 行하는 第1項의 處分에는 適用하지 아니한다.

⑤ 第141條, 第143條의規定은 第1項의 境遇에 準用한다.

第174條 (鑑定人의 參與權, 訊問權) ① 鑑定人은 鑑定에 關하여 必要한 境遇에는 裁判長의 許可를 얻어 書類와 證據物을 閱覽 또는 謄寫하고 被告人 또는 證人의訊問에 參與할 수 있다.

② 鑑定人은 被告人 또는 證人의 訊問을 求하거나 裁判長의 許可를 얻어 直接 發問할 수 있다.

第175條 (受命法官) 法院은 合議部員으로 하여금 鑑定에 關하여 必要한 處分을 하게 할 수 있다.

第176條 (當事者의 參與) ① 檢事, 被告人 또는 辯護人은 鑑定에 參與할 수 있다.

② 第122條의 規定은 前項의 境遇에 準用한다.

第177條 (準用規定) 前章의 規定은 拘引에 關한 規定을 除한 外에는 鑑定에 關하여 準用한다.

第178條 (旅費, 鑑定料等) 鑑定人은 法律의 定하는 바에 依하여 旅費, 日當, 宿泊料外에 鑑定料와 替當金의 辨償을 請求 할 수 있다.

第179條 (鑑定證人) 特別한 知識에 依하여 알게 된 過去의 事實을 訊問하는 境遇에는 本章의 規定에 依하지 아니하고 前章의 規定에 依한다.

第179條의2 (鑑定의 촉탁) ① 法院은 필요하다고 인정하는 때에는 公務所·學校·病院 기타 상당한 設備가 있는 團體 또는 機關에 대하여 鑑定을 촉탁할 수 있다. 이 경우 宣誓에 관한 規定은 이를 적용하지 아니한다.

② 第1項의 경우 法院은 당해 公務所·學校·病院·團體 또는 機關이 지정한 者로 하여금 鑑定書의 說明을 하게 할 수 있다.

第14章 通譯과 飜譯

第180條 (通譯) 國語에 通하지 아니하는 者의 陳述에는 通譯人으로 하여금 通譯하게 하여야 한다.

第181條 (聾啞者의 通譯) 聾者 또는 啞者의 陳述에는 通譯人으로 하여금 通譯하게 할 수 있다.

第182條 (飜譯) 國語 아닌 文字 또는 符號는 飜譯하게 하여야 한다.

第183條 (準用規定) 前章의 規定은 通譯과 飜譯에 準用한다.

第15章 證據保全

第184條 (證據保全의 請求와 그 節次) ① 檢事, 被告人, 被疑者 또는 辯護人은 미리 證據를 保全하지 아니하면 그 證據를 使用하기 困難한 事情이 있는 때에는 第1回 公判期日前이라도 判事에게 押收, 搜索, 檢證, 證人訊問 또는 鑑定을 請求할 수 있다.

② 前項의 請求를 받은 判事는 그 處分에 關하여 法院 또는 裁判長과 同一한 權限이 있다.

③ 第1項의 請求를 함에는 書面으로 그 事由를 疎明하여야 한다.

第185條 (書類의 閱覽等) 檢事, 被告人, 被疑者 또는 辯護人은 判事의 許可를 얻어 前條의 處分에 關한 書類와 證據物을 閱覽 또는 謄寫할 수 있다.

第16章 訴訟費用

第186條 (被告人의 訴訟費用負擔) ① 刑의 宣告를 하는 때에는 被告人에게 訴訟費用의 全部 또는

一部를 負擔하게 하여야 한다. 다만, 被告人의 經濟的 事情으로 訴訟費用을 납부할 수 없는 때에는 그러하지 아니하다.<개정 1995.12.29>

② 被告人에게 責任지울 事由로 發生된 費用은 刑의 宣告를 하지 아니하는 境遇에도 被告人에게 負擔하게 할 수 있다.

第187條 (共犯의 訴訟費用) 共犯의 訴訟費用은 共犯人에게 連帶負擔하게 할 수 있다.

第188條 (告訴人等의 訴訟費用負擔) 告訴 또는 告發에 依하여 公訴를 提起한 事件에 關하여 被告人이 無罪 또는 免訴의 判決을 받은 境遇에 告訴人 또는 告發人에게 故意 또는 重大한 過失이 있는 때에는 그 者에게 訴訟費用의 全部 또는 一部를 負擔하게 할 수 있다.

第189條 (檢事의 上訴取下와 訴訟費用負擔) 檢事만이 上訴 또는 再審請求를 한 境遇에 上訴 또는 再審의 請求가 棄却되거나 取下된 때에는 그 訴訟費用을 被告人에게 負擔하게 하지 못한다.

第190條 (第三者의 訴訟費用負擔) ① 檢事 아닌 者가 上訴 또는 再審請求를 한 境遇에 上訴 또는 再審의 請求가 棄却되거나 取下된 때에는 그 者에게 그 訴訟費用을 負擔하게 할 수 있다.

② 被告人 아닌 者가 被告人이 提起한 上訴 또는 再審의 請求를 取下한 境遇에도 前項과 같다.

第191條 (訴訟費用負擔의 裁判) ① 裁判으로 訴訟節次가 終了되는 境遇에 被告人에게 訴訟費用을 負擔하게 하는 때에는 職權으로 裁判하여야 한다.

② 前項의 裁判에 對하여는 本案의 裁判에 關하여 上訴하는 境遇에 限하여 不服할 수 있다.

第192條 (第三者負擔의 裁判) ① 裁判으로 訴訟節次가 終了되는 境遇에 被告人 아닌 者에게 訴訟費用을 負擔하게 하는 때에는 職權으로 決定을 하여야 한다.

② 前項의 決定에 對하여는 卽時抗告를 할 수 있다.

第193條 (裁判에 依하지 아니한 節次終了) ① 裁判에 依하지 아니하고 訴訟節次가 終了되는 境遇에 訴訟費用을 負擔하게 하는 때에는 事件의 最終係屬法院이 職權으로 決定을 하여야 한다.

② 前項의 決定에 對하여는 卽時抗告를 할 수 있다.

第194條 (負擔額의 算定) 訴訟費用의 負擔을 命하는 裁判에 그 金額을 表示하지 아니한 때에는 執行을 指揮하는 檢事가 算定한다.

第2編 第1審

第1章 捜 査

第195條 (檢事의 捜査) 檢事는 犯罪의 嫌疑있다고 思料하는 때에는 犯人, 犯罪事實과 證據를 捜査하여야 한다.

第196條 (司法警察官吏) ① 捜査官, 警務官, 總警, 警監, 警衛는 司法警察官으로서 檢事의 指揮를 받어 捜査를 하여야 한다.

② 警査, 巡警은 司法警察吏로서 檢事 또는 司法警察官의 指揮를 받어 捜査의 補助를 하여야 한다.

③ 前2項에 規定한 者 以外에 法律로써 司法警察官吏를 定할 수 있다.

第197條 (特別司法警察官吏) 森林, 海事, 專賣, 稅務, 軍捜査機關 其他 特別한 事項에 關하여 司法警察官吏의 職務를 行할 者와 그 職務의 範圍는 法律로써 定한다.

第198條 (注意事項) 檢事, 司法警察官吏 其他 職務上 捜査에 關係있는 者는 秘密을 嚴守하며 被疑者 또는 다른 사람의 人權을 尊重하고 捜査에 妨害되는 일이 없도록 注意하여야 한다.

第198條의2 (檢事의 逮捕·拘束場所監察<개정 1995.12.29>) ① 地方檢察廳 檢事長또는 支廳長은 不法逮捕·拘束의 有無를 調査하기 爲하여 檢事로 하여금 每月 1回以上 管下捜査官署의 被疑者의 逮捕·拘束場所를 監察하게 하여야 한다. 監察하는 檢事는 逮捕 또는 拘束된 者를 審問하고 關聯書類를 調査하여야 한다.<개정 1995.12.29>

② 檢事는 適法한 節次에 의하지 아니하고 逮捕 또는 拘束된 것이라고 疑心할 만한 相當한 理由가 있는 境遇에는 즉시 逮捕 또는 拘束된 者를 釋放하거나 事件을 檢察에 送致할 것을 命하여야 한다.<개정 1995.12.29>

第199條 (捜査와 必要한 調査) ① 捜査에 關하여는 그 目的을 達成하기 爲하여 必要한 調査를 할 수 있다. 다만, 强制處分은 이 法律에 특별한 規定이 있는 경우에 한하며, 필요한 최소한도의 범위 안에서만 하여야 한다.<개정 1995.12.29>

② 搜査에 關하여는 公務所 其他 公私團體에 照會하여 必要한 事項의 報告를 要求할 수 있다.

第200條 (被疑者의 出席要求와 陳述拒否權의 告知) ① 檢事 또는 司法警察官은 捜査에 必要한 때에는 被疑者의 出席을 要求하여 陳述을 들을 수 있다.<개정 1961.9.1>

② 前項의 陳述을 들을 때에는 미리 被疑者에 對하여 陳述을 拒否할 수 있음을 알려야 한다.

第200條의2 (逮捕) ① 被疑者가 罪를 犯하였다고 疑心할 만한 상당한 이유가 있고, 정당한 이유없이 第200條의 規定에 의한 出席要求에 응하지 아니하거나 응하지 아니할 우려가 있는 때에는 檢事는 관할 地方法院判事에게 請求하여 逮捕令狀을 발부 받아 被疑者를 逮捕할 수 있고, 司法警察官은 檢事에게 申請하여 檢事의 請求로 관할地方法院判事의 逮捕令狀을 발부받아 被疑者를 逮捕할 수 있다. 다만, 多額 50萬원이하의 罰金,拘留 또는 科料에 해당하는 事件에 관하여는 被疑者가 일정한 住居가 없는 경우 또는 정당한 이유없이 第200條의 規定에 의한 출석요구에 응하지 아니한 경우에 한한다.

② 第1項의 請求를 받은 地方法院判事는 상당하다고 인정할 때에는 逮捕令狀을 발부한다. 다만, 명백히 逮捕의 필요가 인정되지 아니하는 경우에는 그러하지 아니하다.

③ 第1項의 請求를 받은 地方法院判事가 逮捕令狀을 발부하지 아니할 때에는 請求書에 그 취지 및 이유를 기재하고 署名捺印하여 請求한 檢事에게 교부한다.

④ 檢事가 第1項의 請求를 함에 있어서 동일한 犯罪事實에 관하여 그 被疑者에 대하여 전에 逮捕令狀을 請求하였거나 발부받은 사실이 있는 때에는 다시 逮捕令狀을 請求하는 취지 및 이유를 기재하여야 한다.

⑤ 逮捕한 被疑者를 拘束하고자 할 때에는 逮捕한 때부터 48時間이내에 第201條의 規定에 의하여 拘束令狀을 請求하여야 하고, 그 기간내에 拘束令狀을 請求하지 아니하는 때에는 被疑者를 즉시 釋放하여야 한다.

第200條의3 (緊急逮捕) ① 檢事 또는 司法警察官은 被疑者가 死刑·無期 또는 長期 3年이상의 懲役이나 禁錮에 해당하는 罪를 犯하였다고 疑心할 만한 상당한 이유가 있고, 第70條第1項 第2號 및 第3號에 해당하는 사유가 있는 경우에 긴급을 요하여 地方法院判事의 逮捕令狀을 받을 수 없는 때에는 그 사유를 알리고 令狀없이 被疑者를 逮捕할 수 있다. 이 경우 緊急을 요한다 함은 被疑者를 우연히 발견한 경우등과 같이 逮捕令狀을 받을 時間的 여유가 없는 때를 말한다.

② 司法警察官이 第1項의 規定에 의하여 被疑者를 逮捕한 경우에는 즉시 檢事의 承認을 얻어야 한다.

③ 檢事 또는 司法警察官은 第1項의 規定에 의하여 被疑者를 逮捕한 경우에는 즉시 緊急逮捕書를 作成하여야 한다.

④ 第3項의 規定에 의한 緊急逮捕書에는 犯罪事實의 要旨, 緊急逮捕의 事由등을 記載하여야 한다.

第200條의4 (緊急逮捕와 令狀請求期間) ① 檢事 또는 司法警察官이 第200條의3의 規定에 의하여 被疑者를 逮捕한 경우 被疑者를 拘束하고자 할 때에는 逮捕한 때부터 48時間이내에 檢事는 관할地方法院判事에게 拘束令狀을 請求하여야 하고, 司法警察官은 檢事에게 申請하여 檢事의 請求로 관할地方法院判事에게 拘束令狀을 請求하여야 한다. 檢事가 拘束令狀을 請求하거나, 司法警察官이 拘束令狀을 申請할 때에는 第200條의3第3項의 規定에 의한 緊急逮捕書를 첨부하여야 한다.

② 第1項의 規定에 의하여 拘束令狀을 請求하지 아니하거나 발부받지 못한 때에는 被疑者를 즉시 釋放하여야 한다.

③ 第2項의 規定에 의하여 釋放된 者는 令狀없이는 동일한 犯罪事實에 관하여 逮捕하지 못한다.

第200條의5 (準用規定) 第72條, 第75條, 第81條第1項 本文 및 第3項, 第82條, 第83條, 第85條第1項·第3項 및 第4項, 第86條 내지 第91條, 第93條, 第101條第4項 및 第102條第1項 但書의 規定은 檢事 또는 司法警察官이 被疑者를 逮捕하는 경우에 이를 準用한다. 이 경우 '拘束'은 이를 '逮捕'로, '拘束令狀'은 이를 '逮捕令狀'으로 본다.

第201條 (拘束) ① 被疑者가 罪를 犯하였다고 疑心할 만한 相當한 理由가 있고 第70條第1項 各號의 1에 該當하는 事由가 있을 때에는 檢事는 管轄地方法院判事에게 請求하여 拘束令狀을 받아 被疑者를 拘束할 수 있고 司法警察官은 檢事에게 申

請하여 檢事의 請求로 管轄地方法院判事의 拘束令狀을 받아 被疑者를 拘束할 수 있다. 다만, 多額 50萬원이하의 罰金, 拘留 또는 科料에 該當하는 犯罪에 關하여는 被疑者가 一定한 住居가 없는 境遇에 限한다.<개정 1980.12.18, 1995.12.29>

② 拘束令狀의 請求에는 拘束의 必要를 認定할 수 있는 資料를 提出하여야 한다.<개정 1980.12.18>

③ 第1項의 請求를 받은 地方法院判事는 신속히 拘束令狀의 발부여부를 決定하여야 한다.<新設 1995.12.29>

④ 第1項의 請求를 받은 地方法院判事는 相當하다고 認定할 때에는 拘束令狀을 發付한다. 이를 發付하지 아니할 때에는 請求書에 그 趣旨 및 理由를 記載하고 署名捺印하여 請求한 檢事에게 交付한다.<개정 1980.12.18>

⑤ 檢事가 第1項의 請求를 함에 있어서 同一한 犯罪事實에 關하여 그 被疑者에 對하여 前에 拘束令狀을 請求하거나 發付받은 事實이 있을 때에는 다시 拘束令狀을 請求하는 趣旨 및 理由를 記載하여야 한다.<개정 1980.12.18>

第201條의2 (拘束令狀請求와 被疑者審問) ① 第200條의2·第200條의3 또는 第212條의 規定에 의하여 逮捕된 被疑者에 대하여 拘束令狀을 請求받은 地方法院判事는 被疑者 또는 그 辯護人, 法定代理人, 配偶者, 直系親族, 형제자매나 同居人 또는 雇用主의 申請이 있을 때에는 被疑者를 審問할 수 있다. 이 경우 被疑者 이외의 者는 被疑者의 明示한 意思에 反하여서도 그 審問을 申請할 수 있다.<개정 1997.12.13, 2005.3.31>

② 檢事 또는 司法警察官은 被疑者에 대하여 第1項의 審問을 申請할 수 있음을 말하고, 被疑者 訊問調書에 判事의 審問을 申請하는지 여부를 記載하여야 한다. 다만, 被疑者 訊問調書에 그 내용을 記載할 수 없는 특별한 사정이 있는 경우에는 被疑者 作成의 確認書 기타 被疑者의 意思를 표시한 書面으로 이를 갈음할 수 있다. <新設 1997.12.13>

③ 第1項외의 被疑者에 대하여 拘束令狀을 請求받은 地方法院判事는 被疑者가 罪를 犯하였다고 疑心할 만한 이유가 있는 경우에 拘束의 사유를 판단하기 위하여 필요하다고 인정하는 때에는 拘引을 위한 拘束令狀을 발부하여 被疑者를 拘引한 후 審問할 수 있다.

④ 地方法院判事는 第1項의 경우에는 즉시, 第3項의 경우에는 被疑者를 引致한 후 즉시 審問期日과 場所를 檢事·被疑者 및 辯護人에게 통지하여야 하고 檢事는 被疑者가 逮捕되어있는 때에는 그 期日에 被疑者를 출석시켜야 한다.<개정 1997.12.13>

⑤ 檢事와 辯護人은 第4項의 審問期日에 출석하여 의견을 陳述할 수 있다.<개정 1997.12.13>

⑥ 第1項 및 第3項의 審問을 함에 있어 地方法院判事는 共犯의 分離審問 기타 搜査상의 秘密保護를 위하여 필요한 措置를 하여야 한다.<개정 1997.12.13>

⑦ 地方法院判事는 第3項의 規定에 의하여 被疑者를 審問한 후 被疑者를 拘束할 사유가 있다고 인정하는 때에는 第3項의 拘束令狀請求에 기하여 拘禁을 위한 拘束令狀을 발부하여야 한다.<개정 1997.12.13>

⑧ 被疑者審問을 하는 경우 法院이 拘束令狀請求書·搜査關係書類 및 證據物을 接受한 날부터 拘束令狀을 발부하여 檢察廳에 返還한 날까지의 期間은 第202條 및 第203條의 適用에 있어서는 그 拘束期間에 이를 算入하지 아니한다.<新設 1997.12.13>

⑨ 第71條, 第72條, 第75條, 第81條 내지 第83條, 第85條第1項·第3項 및 第4項, 第86條, 第87條第1項 및 第88條 내지 第91條의 規定은 第3項의 規定에 의하여 拘引을 하는 경우에 이를 準用한다.<개정 1997.12.13>

第202條 (司法警察官의 拘束期間) 司法警察官이 被疑者를 拘束한 때에는 10日以內에 被疑者를 檢事에게 引致하지 아니하면 釋放하여야 한다.

第203條 (檢事의 拘束期間) 檢事가 被疑者를 拘束한 때 또는 司法警察官으로부터 被疑者의 引致를 받은 때에는 10日以內에 公訴를 提起하지 아니하면 釋放하여야 한다.

第203條의2 (拘束其間에의 算入) 被疑者가 第200條의2·第200條의3·第201條의2第3項 또는 第212條의 規定에 의하여 逮捕 또는 拘引된 경우에는 第202條 또는 第203條의 拘束期間은 被疑者를 逮捕 또는 拘引한 날부터 起算한다.<개정 1997.12.13>

第204條 (令狀發付와 法院에 對한 통지) 逮捕令狀 또는 拘束令狀의 發付를 받은 後 被疑者를 逮捕 또는 拘束하지 아니하거나 逮捕 또는 拘束한 被疑者를 釋放한 때에는 遲滯없이 檢事는 令狀을 發付한 法院에 그 事由를 書面으로 通知하여야 한다.<개정 1995.12.29>

第205條 (拘束期間의 延長) ① 地方法院判事는 檢事의 申請에 依하여 搜査를 繼續함에 相當한 理由가 있다고 認定한 때에는 10日을 超過하지 아니하는 限度에서 第203條의 拘束期間의 延長을 1次에 限하여 許可할 수 있다.

② 前項의 申請에는 拘束期間의 延長의 必要를 認定할 수 있는 資料를 提出하여야 한다.

第206條 削除 <1995.12.29>

第207條 削除 <1995.12.29>

第208條 (再拘束의 制限) ① 檢事 또는 司法警察官에 依하여 拘束되었다가 釋放된 者는 다른 重要한 證據를 發見한 境遇를 除外하고는 同一한 犯罪事實에 關하여 再次 拘束하지 못한다.

② 前項의 境遇에는 1個의 目的을 爲하여 同時 또는 手段結果의 關係에서 行하여진 行爲는 同一한 犯罪事實로 看做한다.

第209條 (準用規定) 第71條, 第72條, 第75條, 第81條第1項 本文, 第3項, 第82條, 第83條, 第85條 乃至 第91條, 第93條, 第101條第1項, 第102條第1項 本文(保釋의 取消에 關한 部分을 除外한다)의 規定은 檢事 또는 司法警察官의 被疑者 拘束에 準用한다.<개정 1973.1.25>

第210條 (司法警察官吏의 管轄區域外의 搜査) 司法警察官吏가 管轄區域外에서 搜査하거나 管轄區域外의 司法警察官吏의 囑託을 받아 搜査할 때에는 管轄地方檢察廳檢事長 또는 支廳長에게 報告하여야 한다. 다만, 第200條의3, 第212條, 第214條, 第216條와 第217條의 規定에 依한 搜査를 하는 境遇에 緊急을 要할 때에는 事後에 報告할 수 있다.<개정 1961.9.1, 1995.12.29>

第211條 (現行犯人과 準現行犯人) ① 犯罪의 實行中이거나 實行의 卽後인 者를 現行犯人이라 한다.

② 다음 各號의 1에 該當하는 者는 現行犯人으로 看做한다

1. 犯人으로 呼唱되어 追跡되고 있는 때
2. 贓物이나 犯罪에 使用되었다고 認定함에 充分한 凶器 其他의 物件을 所持하고 있는 때
3. 身體 또는 衣服類에 顯著한 證跡이 있는 때
4. 누구임을 물음에 對하여 逃亡하려 하는 때

第212條 (現行犯人의 逮捕) 現行犯人은 누구든지 令狀없이 逮捕할 수 있다.

第212條의2 削除 <1987.11.28>

第213條 (逮捕된 現行犯人의 引渡) ① 檢事 또는 司法警察官吏 아닌 者가 現行犯人을 逮捕한 때에는 卽時 檢事 또는 司法警察官吏에게 引渡하여야 한다.

② 司法警察官吏가 現行犯人의 引渡를 받은 때에는 逮捕者의 姓名, 住居, 逮捕의 事由를 물어야 하고 必要한 때에는 逮捕者에 對하여 警察官署에 同行함을 要求할 수 있다.

③ 削除 <1987.11.28>

第213條의2 (準用規定) 第72條, 第87條 내지 第90條 및 第200條의2第5項의 規定은 檢事 또는 司法警察官吏가 現行犯人을 逮捕하거나 現行犯人을 引渡받은 경우에 이를 準用한다.<개정 1995.12.29>

第214條 (輕微事件과 現行犯人의 逮捕) 多額 50萬원이하의 罰金, 拘留 또는 科料에 該當하는 罪의 現行犯人에 對하여는 犯人의 住居가 分明하지 아니한 때에 限하여 第212條 내지 第213條의 規定을 適用한다.<개정 1973.1.25, 1980.12.18, 1995.12.29>

第214條의2 (逮捕와 拘束의 適否審査<개정 1995.12.29>) ① 逮捕令狀 또는 拘束令狀에 의하여 逮捕 또는 拘束된 被疑者 또는 그 辯護人, 法定代理人, 配偶者, 直系親族, 형제자매나 同居人 또는 雇用主는 管轄法院에 逮捕 또는 拘束의 適否審査를 請求할 수 있다. <개정 1987.11.28, 1995.12.29, 2005.3.31>

② 請求가 다음 各號의 1에 해당하는 때에는 法院은 第3項의 審問없이 決定으로 請求를 棄却할 수 있다.<개정 1987.11.28, 1995.12.29>

1. 請求權者 아닌 者가 請求하거나 同一한 逮捕令狀 또는 拘束令狀의 發付에 대하여 再請求한 때
2. 共犯 또는 公同被疑者의 順次請求가 搜査妨害의 目的임이 明白한 때

③ 第1項의 請求를 받은 法院은 遲滯없이 逮捕 또는 拘束된 被疑者를 審問하고 搜査關係書類와 證據物을 調査하여 그 請求가 理由없다고 인정한 때에는 決定으로 이를 棄却하고, 理由있다고 인정

한 때에는 決定으로 逮捕 또는 拘束된 被疑者의 釋放을 命하여야 한다. 심사청구후 피의자에 대하여 공소제기가 있는 경우에도 또한 같다. <개정 1995.12.29, 2004.10.16>

④ 법원은 구속된 피의자(심사청구후 공소제기된 자를 포함한다)에 대하여 被疑者의 출석을 보증할 만한 保證金의 納入을 조건으로 하여 決定으로 第3項의 釋放을 명할 수 있다. 다만, 다음 各號에 해당하는 경우에는 그러하지 아니하다. <신설 1995.12.29, 2004.10.16>

1. 罪證을 湮滅할 염려가 있다고 믿을만한 충분한 이유가 있는 때
2. 被害者, 당해 事件의 裁判에 필요한 사실을 알고 있다고 인정되는 者 또는 그 親族의 生命·身體나 財産에 해를 가하거나 가할 염려가 있다고 믿을만한 충분한 이유가 있는 때

⑤ 第4項의 釋放決定을 하는 경우에 住居의 제한, 法院 또는 檢事가 지정하는 日時·場所에 출석할 義務 기타 적당한 조건을 부가할 수 있다.<新設 1995.12.29>

⑥ 第98條 및 第100條의 規定은 第4項의 規定에 의하여 保證金의 納入을 조건으로 하는 釋放을 하는 경우에 準用한다.<新設 1995.12.29>

⑦ 第2項과 第3項의 決定에 대하여는 抗告하지 못한다.

⑧ 檢事·辯護人·請求人은 第3項의 審問期日에 출석하여 의견을 陳述할 수 있다.

⑨ 逮捕 또는 拘束된 被疑者에게 辯護人이 없는 때에는 第33條의 規定을 準用한다.<개정 1995.12.29>

⑩ 第3項의 審問을 함에 있어 法院은 共犯의 分離審問 기타 捜査上의 秘密保護를 위한 適切한 措置를 取하여야 한다.

⑪ 逮捕令狀 또는 拘束令狀을 發付한 法官은 第3項의 審問·調査·決定에 關與하지 못한다. 다만, 逮捕令狀 또는 拘束令狀을 발부한 法官외에는 審問·調査·決定을 할 判事가 없는 경우에는 그러하지 아니하다.<개정 1995.12.29>

⑫ 法院이 捜査關係書類와 證據物을 접수한 때부터 決定후 檢察廳에 반환된 때까지의 기간은 第200條의2第5項의 적용에 있어서는 그 제한기간에, 第202條·第203條 및 第205條의 적용에 있어서는 그 拘束期間에 이를 算入하지 아니한다.<개정 1995.12.29>

第214條의3 (再逮捕 및 再拘束의 制限<개정 1995.12.29>) ① 第214條의2第3項의 規定에 의한 逮捕 또는 拘束適否審査決定에 의하여 釋放된 被疑者가 逃亡하거나 罪證을 湮滅하는 경우를 제외하고는 同一한 犯罪事實에 관하여 再次 逮捕 또는 구속하지 못한다.<개정 1995.12.29>

② 第214條의2第4項의 規定에 의하여 釋放된 被疑者에 대하여 다음 各號의 1에 해당하는 사유가 있는 경우를 제외하고는 동일한 犯罪事實에 관하여 再次 逮捕 또는 拘束하지 못한다.<新設 1995.12.29>

1. 도망한 때
2. 도망하거나 罪證을 湮滅할 염려가 있다고 믿을 만한 충분한 이유가 있는 때
3. 출석요구를 받고 정당한 이유없이 출석하지 아니한 때
4. 住居의 제한 기타 法院이 정한 조건을 위반한 때

第214條의4 (保證金의 沒收) ① 法院은 다음 各號의 1의 경우에 職權 또는 檢事의 請求에 의하여 決定으로 第214條의2第4項의 規定에 의하여 納入된 保證金의 전부 또는 일부를 沒收할 수 있다.

1. 第214條의2第4項의 規定에 의하여 釋放된 者를 第214條의3第2項에 열거된 사유로 再次 拘束할 때
2. 公訴가 제기된 후 法院이 第214條의2第4項의 規定에 의하여 釋放된 者를 동일한 犯罪事實에 관하여 再次 拘束할 때

② 法院은 第214條의2第4項의 規定에 의하여 釋放된 者가 동일한 犯罪事實에 관하여 刑의 宣告를 받고 그 判決이 확정된 후,執行하기 위한 召喚을 받고 정당한 이유없이 출석하지 아니하거나 도망한 때에는 職權또는 檢事의 請求에 의하여 決定으로 保證金의 전부 또는 일부를 沒收하여야 한다.

第215條 (押收, 捜索, 檢證) ① 檢事는 犯罪捜査에 必要한 때에는 地方法院判事에게 請求하여 發付받은 令狀에 依하여 押收, 捜索 또는 檢證을 할 수 있다.<개정 1980.12.18>

② 司法警察官이 犯罪捜査에 必要한 때에는 檢事에게 申請하여 檢事의 請求로 地方法院判事가 發

付한 令狀에 依하여 押收·搜索 또는 檢證을 할 수 있다.<개정 1980.12.18>

第216條 (令狀에 依하지 아니한 强制處分) ① 檢事 또는 司法警察官은 第200條의2·第200條의3·第201條 또는 第212條의 規定에 의하여 被疑者를 逮捕 또는 拘束하는 경우에 必要한 때에는 令狀없이 다음 處分을 할 수 있다.<개정 1995.12.29>

1. 他人의 住居나 他人이 看守하는 家屋, 建造物, 航空機, 船車內에서의 被疑者 搜査
2. 逮捕現場에서의 押收, 搜索, 檢證

② 前項第2號의 規定은 檢事 또는 司法警察官이 被告人에 對한 拘束令狀의 執行의 境遇에 準用한다.

③ 犯行中 또는 犯行直後의 犯罪 場所에서 緊急을 要하여 法院判事의 令狀을 받을 수 없는 때에는 令狀없이 押收, 搜索 또는 檢證을 할 수 있다. 이 境遇에는 事後에 遲滯없이 令狀을 받아야 한다.<新設 1961.9.1>

第217條 (同前) ① 檢事 또는 司法警察官은 第200條의3의 規定에 依하여 逮捕할 수 있는 者의 所有, 所持 또는 保管하는 物件에 對하여는 第200條의4에 規定한 期間內에 限하여 令狀없이 押收, 搜索 또는 檢證을 할 수 있다.<개정 1995.12.29>

② 前條第1項第2號와 前項의 規定에 依하여 押收한 物件은 拘束令狀의 發付를 받지 못한 때에는 卽時還付하여야 한다. 但, 押收를 繼續할 必要가 있는 때에는 押收·搜索令狀의 發付를 받아야 한다.

第218條 (令狀에 依하지 아니한 押收) 檢事, 司法警察官은 被疑者 其他人의 遺留한 物件이나 所有者, 所持者 또는 保管者가 任意로 提出한 物件을 令狀없이 押收할 수 있다.

第219條 (準用規定) 第106條, 第107條, 第109條 乃至 第112條, 第114條, 第115條第1項 本文, 第2項, 第118條 乃至 第135條, 第140條, 第141條, 第333條第2項, 第486條의 規定은 檢事 또는 司法警察官의 本章의 規定에 依한 押收, 搜索 또는 檢證에 準用한다. 但, 司法警察官이 第132條 乃至 第134條의 規定에 依한 處分을 함에는 檢事의 指揮를 받어야 한다.<개정 1980.12.18>

第220條 (要急處分) 第216條의 規定에 依한 處分을 하는 境遇에 急速을 要하는 때에는 第123條第2項, 第125條의 規定에 依함을 要하지 아니한다.

第221條 (第三者의 出席要求) 檢事 또는 司法警察官은 搜査에 必要한 때에는 被疑者 아닌 者의 出席을 要求하여 陳述을 들을 수 있고 鑑定, 通譯 또는 飜譯을 委囑할 수 있다.<개정 1961.9.1>

第221條의2 (證人訊問의 請求) ① 犯罪의 搜査에 없어서는 아니될 事實을 안다고 明白히 認定되는 者가 前條의 規定에 依한 出席 또는 陳述을 拒否한 境遇에는 檢事는 第1回 公判期日前에 限하여 判事에게 그에 對한 證人訊問을 請求할 수 있다.

② 前條의 規定에 依하여 檢事 또는 司法警察官에게 任意의 陳述을 한 者가 公判期日에 前의 陳述과 다른 陳述을 할 念慮가 있고 그의 陳述이 犯罪의 證明에 없어서는 아니될 것으로 認定될 境遇에는 檢事는 第1回 公判期日前에 限하여 判事에게 그에 對한 證人訊問을 請求할 수 있다.

③ 前2項의 請求를 함에는 書面으로 그 事由를 疎明하여야 한다.

④ 第1項 또는 第2項의 請求를 받은 判事는 證人訊問에 關하여 法院 또는 裁判長과 同一한 權限이 있다.

⑤ 判事는 특별히 搜査에 지장이 있다고 인정하는 경우를 제외하고는 被告人, 被疑者 또는 辯護人을 第1項 또는 第2項의 請求에 依한 證人訊問에 參與하게 하여야 한다.<개정 1995.12.29>

⑥ 判事는 第1項 또는 第2項의 請求에 依한 證人訊問을 한 때에는 遲滯없이 이에 關한 書類를 檢事에게 送付하여야 한다.

第221條의3 (鑑定의 委囑과 鑑定留置의 請求) ① 檢事는 第221條의 規定에 依하여 鑑定을 委囑하는 境遇에 第172條第3項의 留置處分이 必要할 때에는 判事에게 이를 請求하여야 한다.<개정 1980.12.18>

② 判事는 第1項의 請求가 相當하다고 認定할 때에는 留置處分을 하여야한다.第172條 및 第172條의2의 規定은 이 境遇에 準用한다.<개정 1980.12.18>

第221條의4 (鑑定에 必要한 處分, 許可狀) ① 第221條의 規定에 依하여 鑑定의 委囑을 받은 者는 判事의 許可를 얻어 第173條第1項에 規定된 處分을 할 수 있다.

② 第1項의 許可의 請求는 檢事가 하여야 한다.<개정 1980.12.18>

③ 判事는 第2項의 請求가 相當하다고 認定할 때에는 許可狀을 發付하여야 한다.<개정 1980.12.18>

④ 第173條第2項·第3項 및 第5項의 規定은 第3項의 許可狀에 準用한다.<개정 1980.12.18>

第222條 (變死者의 檢視) ① 變死者 또는 變死의 疑心있는 死體가 있는 때에는 그 所在地를 管轄하는 地方檢察廳檢事가 檢視하여야 한다.

② 前項의 檢視로 犯罪의 嫌疑를 認定하고 緊急을 要할 때에는 令狀없이 檢證할 수 있다.<개정 1961.9.1>

③ 檢事는 司法警察官에게 前2項의 處分을 命할 수 있다.<新設 1961.9.1>

第223條 (告訴權者) 犯罪로 因한 被害者는 告訴할 수 있다.

第224條 (告訴의 制限) 自己 또는 配偶者의 直系尊屬을 告訴하지 못한다.

第225條 (非被害者인 告訴權者) ① 被害者의 法定代理人은 獨立하여 告訴할 수 있다.

② 被害者가 死亡한 때에는 그 配偶者, 直系親族 또는 兄弟姉妹는 告訴할 수 있다. 但, 被害者의 明示한 意思에 反하지 못한다.

第226條 (同前) 被害者의 法定代理人이 被疑者이거나 法定代理人의 親族이 被疑者인 때에는 被害者의 親族은 獨立하여 告訴할 수 있다.

第227條 (同前) 死者의 名譽를 毁損한 犯罪에 對하여는 그 親族 또는 子孫은 告訴할 수 있다.

第228條 (告訴權者의 指定) 親告罪에 對하여 告訴할 者가 없는 境遇에 利害關係人의 申請이 있으면 檢事는 10日以內에 告訴할 수 있는 者를 指定하여야 한다.

第229條 (配偶者의 告訴) ① 刑法 第241條의 境遇에는 婚姻이 解消되거나 離婚訴訟을 提起한 後가 아니면 告訴할 수 없다.

② 前項의 境遇에 다시 婚姻을 하거나 離婚訴訟을 取下한 때에는 告訴는 取消된 것으로 看做한다.

第230條 (告訴期間) ① 親告罪에 對하여는 犯人을 알게 된 날로부터 6月을 經過하면 告訴하지 못한다. 但, 告訴할 수 없는 不可抗力의 事由가 있는 때에는 그 事由가 없어진 날로부터 起算한다.

② 刑法 第291條의 罪로 略取, 誘引된 者가 婚姻을 한 境遇의 告訴는 婚姻의 無效 또는 取消의 裁判이 確定된 날로부터 前項의 期間이 進行된다.

第231條 (數人의 告訴權者) 告訴할 수 있는 者가 數人인 境遇에는 1人의 期間의 懈怠는 他人의 告訴에 影響이 없다.

第232條 (告訴의 取消) ① 告訴는 第1審 判決宣告前까지 取消할 수 있다.

② 告訴를 取消한 者는 다시 告訴하지 못한다

③ 被害者의 明示한 意思에 反하여 罪를 論할 수 없는 事件에 있어서 處罰을 希望하는 意思表示의 撤回에 關하여도 前2項의 規定을 準用한다.

第233條 (告訴의 不可分) 親告罪의 共犯中 그 1人 또는 數人에 對한 告訴 또는 그 取消는 다른 共犯者에 對하여도 效力이 있다.

第234條 (告發) ① 누구든지 犯罪가 있다고 思料하는 때에는 告發할 수 있다.

② 公務員은 그 職務를 行함에 있어 犯罪가 있다고 思料하는 때에는 告發하여야 한다.

第235條 (告發의 制限) 第224條의 規定은 告發에 準用한다.

第236條 (代理告訴) 告訴 또는 그 取消는 代理人으로 하여금하게 할 수 있다.

第237條 (告訴, 告發의 方式) ① 告訴 또는 告發은 書面 또는 口述로써 檢事 또는 司法警察官에게 하여야 한다.

② 檢事 또는 司法警察官이 口述에 依한 告訴 또는 告發을 받은 때에는 調書를 作成하여야 한다.

第238條 (告訴, 告發과 司法警察官의 措置) 司法警察官이 告訴 또는 告發을 받은 때에는 迅速히 調査하여 關係書類와 證據物을 檢事에게 送付하여야 한다.

第239條 (準用規定) 前2條의 規定은 告訴 또는 告發의 取消에 關하여 準用한다.

第240條 (自首와 準用規定) 第237條와 第238條의 規定은 自首에 對하여 準用한다.

第241條 (被疑者訊問) 檢事 또는 司法警察官이 被疑者를 訊問함에는 먼저 그 姓名, 年齡, 本籍, 住居와 職業을 물어 被疑者임에 틀림없음을 確認하여야 한다.

第242條 (被疑者訊問事項) 檢事 또는 司法警察官은 被疑者에 對하여 犯罪事實과 情狀에 關한 必要事項을 訊問하여야 하며 그 利益되는 事實을 陳述할 機會를 주어야 한다.

第243條 (被疑者訊問과 參與者) 檢事가 被疑者를 訊問함에는 檢察廳搜査官 또는 書記官이나 書記를 參與하게 하여야 하고 司法警察官이 被疑者를 訊

問함에는 司法警察官吏를 參與하게 하여야 한다.

第244條 (被疑者訊問調書의 作成) ① 被疑者의 陳述은 調書에 記載하여야 한다.

② 前項의 調書는 被疑者에게 閱覽하게 하거나 읽어 들려야 하며 誤記가 있고 없음을 물어 被疑者가 增減, 變更의 請求를 하였을 때에는 그 陳述을 調書에 記載하여야 한다.

③ 被疑者가 調書에 誤記가 없음을 陳述한 때에는 被疑者로 하여금 그 調書에 間印한 後 署名 또는 記名捺印하게 한다.

第245條 (參考人과의 對質) 檢事 또는 司法警察官이 事實을 發見함에 必要한 때에는 被疑者와 다른 被疑者 또는 被疑者 아닌 者와 對質하게 할 수 있다.

第2章 公 訴

第246條 (國家訴追主義) 公訴는 檢事가 提起하여 遂行한다.

第247條 (起訴便宜主義와 公訴不可分) ① 檢事는 刑法 第51條의 事項을 參酌하여 公訴를 提起하지 아니할 수 있다.

② 犯罪事實의 一部에 對한 公訴는 그 效力이 全部에 미친다.

第248條 (公訴效力의 人的範圍) 公訴는 檢事가 被告人으로 指定한 以外의 다른 사람에게 그 效力이 미치지 아니한다.

第249條 (公訴時效의 期間) ① 公訴時效는 다음 期間의 經過로 完成한다.<개정 1973.1.25>

1. 死刑에 該當하는 犯罪에는 15年
2. 無期懲役 또는 無期禁錮에 該當하는 犯罪에는 10年
3. 長期10年以上의 懲役 또는 禁錮에 該當하는 犯罪에는 7年
4. 長期10年未滿의 懲役 또는 禁錮에 該當하는 犯罪에는 5年
5. 長期5年未滿의 懲役 또는 禁錮, 長期10年以上의 資格停止 또는 多額 1萬원以上의 罰金에 該當하는 犯罪에는 3年
6. 長期5年以上의 資格停止에 該當하는 犯罪에는 2年
7. 長期5年未滿의 資格停止, 多額 1萬원 未滿의 罰金, 拘留, 科料 또는 沒收에 該當하는 犯罪에는 1年

② 公訴가 提起된 犯罪는 判決의 確定이 없이 公訴를 提起한 때로부터 15年을 經過하면 公訴時效가 完成한 것으로 看做한다.<新設 1961.9.1>

第250條 (2個以上의 刑과 時效期間) 2個以上의 刑을 倂科하거나 2個以上의 刑에서 그 1個를 科할 犯罪에는 重한 刑에 依하여 前條의 規定을 適用한다.

第251條 (刑의 加重, 減輕과 時效期間) 刑法에 依하여 刑을 加重 또는 減輕한 境遇에는 加重 또는 減輕하지 아니한 刑에 依하여 第249條의 規定을 適用한다.

第252條 (時效의 起算點) ① 時效는 犯罪行爲의 終了한 때로부터 進行한다.

② 共犯에는 最終行爲의 終了한 때로부터 全共犯에 對한 時效期間을 起算한다.

第253條 (時效의 停止와 效力) ① 時效는 公訴의 提起로 進行이 停止되고 公訴棄却 또는 管轄違反의 裁判이 確定된 때로부터 進行한다.<개정 1961.9.1>

② 共犯의 1人에 對한 前項의 時效停止는 다른 共犯者에게 對하여 效力이 미치고 當該事件의 裁判이 確定된 때로부터 進行한다.<개정 1961.9.1>

③ 犯人이 刑事處分을 면할 目的으로 國外에 있는 경우 그 기간동안 公訴時效는 정지된다.<新設 1995.12.29>

第254條 (公訴提起의 方式과 公訴狀) ① 公訴를 提起함에는 公訴狀을 管轄法院에 提出하여야 한다.

② 公訴狀에는 被告人數에 相應한 副本을 添附하여야 한다.

③ 公訴狀에는 다음 事項을 記載하여야 한다.

1. 被告人의 姓名 其他 被告人을 特定할 수 있는 事項
2. 罪名
3. 公訴事實
4. 適用法條

④ 公訴事實의 記載는 犯罪의 時日, 場所와 方法을 明示하여 事實을 特定할 수 있도록 하여야 한다.

⑤ 數個의 犯罪事實과 適用法條를 豫備的 또는 擇一的으로 記載할 수 있다.

第255條 (公訴의 取消) ① 公訴는 第1審判決의 宣

告前까지 取消할 수 있다.

② 公訴取消는 理由를 記載한 書面으로 하여야 한다. 但, 公判廷에서는 口述로써 할 수 있다.

第256條 (他管送致) 檢事는 事件이 그 所屬檢察廳에 對應한 法院의 管轄에 屬하지 아니한 때에는 事件을 書類와 證據物과 함께 管轄法院에 對應한 檢察廳檢事에게 送致하여야 한다.

第256條의2 (軍檢察官에의 事件送致) 檢事는 事件이 軍事法院의 裁判權에 屬하는 때에는 事件을 書類와 證據物과 함께 裁判權을 가진 管轄軍事法院檢察部檢察官에게 送致하여야 한다. 이 境遇에 送致前에 行한 訴訟行爲는 送致後에도 그 效力에 影響이 없다. <개정 1987.11.28>

第257條 (告訴等에 依한 事件의 處理) 檢事가 告訴 또는 告發에 依하여 犯罪를 搜査할 때에는 告訴 또는 告發을 受理한 날로부터 3月以內에 搜査를 完了하여 公訴提起與否를 決定하여야 한다.

第258條 (告訴人等에의 處分告知) ① 檢事는 告訴 또는 告發있는 事件에 關하여 公訴를 提起하거나 提起하지 아니하는 處分, 公訴의 取消 또는 第256條의 送致를 한 때에는 그 處分한 날로부터 7日以內에 書面으로 告訴人 또는 告發人에게 그 趣旨를 通知하여야 한다.

② 檢事는 不起訴 또는 第256條의 處分을 한 때에는 被疑者에게 卽時 그 趣旨를 通知하여야 한다.

第259條 (告訴人等에의 公訴不提起理由告知) 檢事는 告訴 또는 告發있는 事件에 關하여 公訴를 提起하지 아니하는 處分을 한 境遇에 告訴人 또는 告發人의 請求가 있는 때에는 7日以內에 告訴人 또는 告發人에게 그 理由를 書面으로 說明하여야 한다.

第260條 (裁定申請) ① 刑法 第123條 乃至 第125條의 罪에 對하여 告訴 또는 告發을 한 者는 檢事로부터 公訴를 提起하지 아니한다는 通知를 받은 때에는 그 檢事所屬의 高等檢察廳에 對應하는 高等法院에 그 當否에 關한 裁定을申請할 수 있다. <개정 1973.1.25>

② 前項의 申請은 第258條의 規定에 依한 通知를 받은 날로부터 10日 以內에 書面으로 檢事所屬의 地方檢察廳檢事長 또는 支廳長을 經由하여야 한다.

第261條 (지방검찰청검사장 또는 지청장 및 고등검찰청검사장 또는 支廳長의 處理 <개정 2004.1.20>) ① 裁定申請을 受理한 地方檢察廳檢事長 또는 支廳長은 다음과 같이 處理한다.

1. 申請이 理由있는 것으로 認定한 때에는 卽時 公訴를 提起하고 그 趣旨를 所轄高等法院과 裁定申請人에게 通知하여야 한다.
2. 申請이 理由없는 것으로 認定한 때에는 그 記錄에 意見書를 添附하여 7日以內에 所轄高等檢察廳檢事長에게 送致한다.

② 前項第2號의 規定에 依하여 記錄을 受理한 高等檢察廳檢事長은 다음과 같이 處理한다. <개정 1961.9.1>

1. 申請이 理由있는 것으로 認定한 때에는 그 記錄에 公訴提起命令書를 添附하여 所轄地方檢察廳檢事長에게 送致하고 그 趣旨를 所轄高等法院과 裁定申請人에게 通知하여야 한다.
2. 申請이 理由없는 것으로 認定한 때에는 30日以內에 그 記錄을 所轄高等法院에 送致한다.

第262條 (高等法院의 裁定決定) ① 裁定申請書와 그 記錄을 受理한 高等法院은 抗告의 節次에 準하여 20日以內에 다음의 區別에 依하여 裁定決定을 하여야 한다. 法院은 必要있는 때에는 證據를 調査할 수 있다.&개정 1961.9.1>

1. 申請이 法律上의 方式에 違背하거나 理由없는 때에는 申請을 棄却한다.
2. 申請이 理由있는 때에는 事件을 管轄地方法院의 審判에 付한다.

② 前項의 決定에 對하여는 抗告할 수 없고 前項第1號의 決定이 있었던 事件에 對하여는 다른 重要한 證據를 發見한 境遇를 除外하고는 訴追할 수 없다. <개정 1973.1.25>

③ 高等法院이 第1項의 決定을 한 때에는 卽時 그 正本을 裁定申請人, 被疑者와 所轄地方檢察廳檢事長 또는 支廳長에게 送付하여야 한다.

④ 事件을 地方法院의 審判에 付하는 決定의 裁判書에는 公訴狀의 記載事項을 記載하여야 한다.

⑤ 第1項第2號의 決定을 한 때에는 그 記錄에 裁定決定의 裁判書의 正本을 添附하여 7日以內에 管轄地方法院 또는 支院에 送致하여야 한다.

第262條의2 (公訴時效의 停止) 第260條의 規定에 依한 裁定申請이 있을 때에는 前條의 裁定決定이 있을 때까지 公訴時效의 進行을 停止한다.

第263條 (公訴提起의 擬制) 第262條第1項第2號의

決定이 있는 때에는 그 事件에 對하여 公訴의提起가 있는 것으로 看做한다.<개정 1980.12.18>

第264條 (代理人에 依한 申請과 1人의 申請의 效力, 取消) ① 裁定申請은 代理人에 依하여 할 수 있으며 共同申請權者中 1人의 申請은 그 全員을 爲하여 效力을 發生한다.

② 裁定申請은 第262條第1項의 決定이 있을 때까지 取消할 수 있다. 取消한 者는 다시 裁定申請을 할 수 없다.

③ 前項의 取消는 다른 共同申請權者에게 效力을 미치지 아니한다.

第265條 (公訴의 維持와 指定辯護士) ① 法院은 第262條第1項第2號의 規定에 依하여 事件이 그法院의 審判에 付하여 진 때에는 그 事件에 對하여 公訴의 維持를 擔當할 者를 辯護士中에서 指定하여야 한다.

② 前項의 指定을 받은 辯護士는 當該事件과 이와 併合된 事件에 對한 公訴를 維持하기 爲하여 終局裁判이 確定될 때까지 檢事로서의 모든 職權을 行使한다. 但, 司法警察官吏에 對한 捜査의 指揮는 裁判長이 認定한 事項에 限한다.

③ 前項의 規定에 依하여 檢事의 職務를 行하는 辯護士는 法令에 依하여 公務에 從事하는 者로 看做한다.

④ 法院은 指定을 받은 辯護士가 그 職務를 行함에 있어서 不適當하다고 認定하거나 其他 特殊한 事情이 있을 境遇에는 언제든지 그 指定을 取消하고 다른 辯護士를 指定할 수 있다.

⑤ 指定된 辯護士는 國家로부터 法律로써 定한 額의 報酬를 받는다.

第3章 公　判

第1節 公判準備와 公判節次

第266條 (公訴狀副本의 送達) 法院은 公訴의 提起가 있는 때에는 遲滯없이 公訴狀의 副本을 被告人 또는 辯護人에게 送達하여야 한다. 但, 第1回公判期日前 5日까지 送達하여야 한다.

第267條 (公判期日의 指定) ① 裁判長은 公判期日을 定하여야 한다.

② 公判期日에는 被告人, 代表者 또는 代理人을 召喚하여야 한다.

③ 公判期日은 檢事, 辯護人과 補助人에게 通知하여야 한다.

第268條 (召喚狀送達의 擬制) 法院의 構內에 있는 被告人에 對하여 公判期日을 通知한 때에는 召喚狀送達의 效力이 있다.

第269條 (第1回 公判期日의 猶豫期間) ① 第1回 公判期日은 召喚狀의 送達後 5日以上의 猶豫期間을 두어야 한다.

② 被告人의 異議 없는 때에는 前項의 猶豫期間을 두지 아니할 수 있다.

第270條 (公判期日의 變更) ① 裁判長은 職權 또는 檢事, 被告人이나 辯護人의 申請에 依하여 公判期日을 變更할 수 있다.

② 公判期日 變更申請을 棄却한 命令은 送達하지 아니한다.

第271條 (不出席事由, 資料의 提出) 公判期日에 召喚 또는 通知書를 받은 者가 疾病 其他의 事由로 出席하지 못할 때에는 醫師의 診斷書 其他의 資料를 提出하여야 한다.

第272條 (公務所等에 對한 照會) ① 法院은 職權 또는 檢事, 被告人이나 辯護人의 申請에 依하여 公務所 또는 公私團體에 照會하여 必要한 事項의 報告 또는 그 保管書類의 送付를 要求할 수 있다.

② 前項의 申請을 棄却함에는 決定으로 하여야 한다.

第273條 (公判期日前의 證據調査) ① 法院은 檢事, 被告人 또는 辯護人의 申請에 依하여 公判準備에 必要하다고 認定한 때에는 公判期日前에 被告人 또는 證人을 訊問할 수 있고 檢證, 鑑定 또는 飜譯을 命할 수 있다.

② 裁判長은 部員으로 하여금 前項의 行爲를 하게 할 수 있다.

③ 第1項의 申請을 棄却함에는 決定으로 하여야 한다.

第274條 (當事者의 公判期日前의 證據提出) 檢事, 被告人 또는 辯護人은 公判期日前에 書類나 物件을 證據로 法院에 提出할 수 있다.<개정 1961.9.1>

第275條 (公判廷의 審理) ① 公判期日에는 公判廷에서 審理한다.

② 公判廷은 判事와 書記官 또는 書記가 列席하

고 檢事가 出席하여 開廷한다.

③ 檢事의 座席은 辯護人의 座席과 對等하며 被告人은 裁判長의 正前에 座席한다.

第275條의2 (被告人의 無罪推定) 被告人은 有罪의 判決이 確定될 때까지는 無罪로 推定된다.

第276條 (被告人의 出席權) 被告人이 公判期日에 出席하지 아니한 때에는 特別한 規定이 없으면 開廷하지 못한다. 但, 被告人이 法人인 境遇에는 代理人을 出席하게 할 수 있다.

第277條 (輕微事件등과 被告人의 不出席) 多額 100萬원이하의 罰金 또는 科料에 해당하거나 公訴棄却 또는 免訴의 裁判을 할 것이 明白한 事件에 關하여는 被告人의 出席을 要하지 아니한다. 다만, 被告人은 代理人을 出席하게 할 수 있다.<개정 1973.1.25, 1980.12.18, 1995.12.29>

第277條의2 (被告人의 출석거부와 公判節次) ① 被告人이 출석하지 아니하면 開廷하지 못하는 경우에 拘束된 被告人이 정당한 사유없이 출석을 거부하고,矯導官吏에 의한 引致가 불가능하거나 현저히 곤란하다고 인정되는 때에는 被告人의 출석없이 公判節次를 진행할 수 있다.

② 第1項의 規定에 의하여 公判節次를 진행할 경우에는 출석한 檢事 및 辯護人의 의견을 들어야 한다.

第278條 (檢事의 不出席) 檢事가 公判期日의 通知를 2回以上받고 출석하지 아니하거나 判決만을 宣告하는 때에는 檢事의 出席없이 開廷할 수 있다.<개정 1995.12.29>

第279條 (裁判長의 訴訟指揮權) 公判期日의 訴訟指揮는 裁判長이 한다.

第280條 (公判廷에서의 身體拘束의 禁止) 公判廷에서는 被告人의 身體를 拘束하지 못한다. 다만, 裁判長은 被告人이 暴力을 행사하거나 도망할 염려가 있다고 인정하는 때에는 被告人의 身體의 拘束을 명하거나 기타 필요한 措置를 할 수 있다.<개정 1995.12.29>

第281條 (被告人의 在廷義務, 法廷警察權) ① 被告人은 裁判長의 許可없이 退廷하지 못한다.

② 裁判長은 被告人의 退廷을 制止하거나 法廷의 秩序를 維持하기 爲하여 必要한 處分을 할 수 있다.

第282條 (必要的 辯護) 死刑, 無期 또는 短期 3年以上의 懲役이나 禁錮에 該當하는 事件에 關하여는 辯護人 없이 開廷하지 못한다. 但, 判決만을 宣告할 境遇에는 例外로 한다.

第283條 (國選辯護人) 第33條 各號의 境遇 또는 前條의 境遇에 辯護人이 없거나 出席하지 아니한 때에는 法院은 職權으로 辯護人을 選定하여야 한다.

第284條 (人定訊問) 裁判長은 被告人의 姓名, 年齡, 本籍, 住居와 職業을 물어서 被告人임에 틀림없음을 確認하여야 한다.

第285條 (檢事의 冒頭陳述) 裁判長은 檢事로 하여금 公訴狀에 의하여 起訴의 요지를 陳述하게 할 수 있다.

第286條 (被告人의 陳述權) 裁判長은 被告人에게 그 利益되는 事實을 陳述할 機會를 주어야 한다.

第286條의2 (簡易公判節次의 決定) 被告人이 公判廷에서 公訴事實에 對하여 自白한 때에는 法院은 그 公訴事實에 限하여 簡易公判節次에 依하여 審判할 것을 決定할 수 있다.<개정 1995.12.29>

第286條의3 (決定의 取消) 法院은 前條의 決定을 한 事件에 對하여 被告人의 自白이 信憑할 수 없다고 認定되거나 簡易公判節次로 審判하는 것이 顯著히 不當하다고 認定할 때에는 檢事의 意見을 들어 그 決定을 取消하여야 한다.

第287條 (被告人訊問의 方式) ① 檢事와 辯護人은 順次로 被告人에게 對하여 公訴事實과 情狀에 關한 必要事項을 直接 訊問할 수 있다.

② 裁判長은 前項의 訊問이 끝난 뒤에 訊問할 수 있다.

③ 合議部員은 裁判長에게 告하고 訊問할 수 있다.

第288條 削除 <1961.9.1>

第289條 (被告人의 陳述 拒否權) 被告人은 各個의 訊問에 對하여 陳述을 拒否할 수 있다.

第290條 (證據調査) 證據調査는 被告人에 對한 訊問이 終了한 뒤에 하여야 한다. 但, 必要한 때에는 訊問中에도 이를 할 수 있다.

第291條 (同前) ① 訴訟關係人이 證據로 提出한 書類나 物件 또는 第272條, 第273條의 規定에 依하여 作成 또는 送付된 書類는 檢事, 辯護人 또는 被告人이 公判廷에서 個別的으로 指示說明하여 調査하여야 한다.

② 裁判長은 職權으로 前項의 書類나 物件을 公判廷에서 調査할 수 있다.

第292條 (證據調査의 方式) ① 裁判長은 檢事, 辯護

人 또는 被告人에게 證據物을 提示하고 證據物이 書類인 때에는 그 要旨를 告知하여야 한다.<개정 1961.9.1>

② 被告人의 請求가 있는 때에는 裁判長은 證據된 書類를 閱覽 또는 謄寫하게 하거나 書記로 하여금 朗讀하게 할 수 있다.<개정 1961.9.1, 1995.12.29>

第293條 (證據調査 結果와 被告人의 意見) 裁判長은 被告人에게 各 證據調査의結果에 對한 意見을 묻고 權利를 保護함에 必要한 證據調査를 申請할 수 있음을 告知하여야 한다.

第294條 (當事者 證據申請權) 檢事, 被告人 또는 辯護人은 書類나 物件을 證據로 提出할 수 있고 證人, 鑑定人, 通譯人 또는 飜譯人의 訊問을 申請할 수 있다.<개정 1961.9.1>

第294條의2 (被害者의 陳述權) ① 法院은 犯罪로 인한 被害者의 申請이 있는 경우에는 그 被害者를 證人으로 訊問하여야 한다. 다만, 다음 各號의 1에 해당하는 경우에는 그러하지 아니한다.

1. 被害者가 아닌 者가 申請한 경우
2. 申請人이 이미 당해 事件에 관하여 公判節次 또는 搜査節次에서 충분히 陳述하여 다시 陳述할 필요가 없다고 인정되는 경우
3. 申請人의 陳述로 인하여 公判節次가 현저하게 지연될 우려가 있는 경우

② 法院은 第1項의 規定에 의하여 犯罪로 인한 被害者를 訊問하는 경우에는 당해 事件에 관한 의견을 陳述할 機會를 주어야 한다.

③ 法院은 동일한 犯罪事實에서 第1項의 規定에 의한 申請人의 數가 多數인 경우에는 證人으로 訊問할 者의 數를 제한할 수 있다.

④ 第1項의 規定에 의한 申請人이 召喚을 받고도 정당한 이유없이 출석하지 아니한 때에는 그 申請을 撤回한 것으로 본다.

第295條 (證據申請에 對한 決定) 法院은 第294條 및 第294條의2의 證據申請에 對하여 決定을 하여야 하며 職權으로 證據調査를 할 수 있다.<개정 1987.11.28>

第296條 (證據調査에 對한 異議申請) ① 檢事, 被告人 또는 辯護人은 證據調査에 關하여 異議申請을 할 수 있다.

② 法院은 前項의 申請에 對하여 決定을 하여야 한다.

第297條 (被告人等의 退廷) ① 裁判長은 證人 또는 鑑定人이 被告人 또는 어떤 在廷人의 面前에서 充分한 陳述을 할 수 없다고 認定한 때에는 그를 退廷하게 하고 陳述하게 할 수 있다. 被告人이 다른 被告人의 面前에서 充分한 陳述을 할 수 없다고 認定한 때에도 같다.

② 前項의 規定에 依하여 被告人을 退廷하게 한 境遇에 證人, 鑑定人 또는 共同被告人의 陳述이 終了한 때에는 退廷한 被告人을 入廷하게 한 後 書記로 하여금 陳述의 要旨를 告知하게 하여야 한다.<개정 1961.9.1>

第297條의2 (簡易公判節次에서의 證據調査) 第286條의2의 決定이 있는 事件에 對하여는 第161條의2, 第290條 乃至 第293條, 第297條의 規定을 適用하지 아니하며 法院이 相當하다고 認定하는 方法으로 證據調査를 할 수 있다.

第298條 (公訴狀의 變更) ① 檢事는 法院의 許可를 얻어 公訴狀에 記載한 公訴事實 또는 適用法條의 追加·撤回 또는 變更을 할 수 있다. 이 경우에 法院은 公訴事實의 同一性을 害하지 아니하는 限度에서 許可하여야 한다.

② 法院은 審理의 經過에 비추어 相當하다고 認定할 때에는 公訴事實 또는 適用法條의 追加 또는 變更을 要求하여야 한다.

③ 法院은 公訴事實 또는 適用法條의 追加, 撤回 또는 變更이 있을 때에는 그 事由를 迅速히 被告人 또는 辯護人에게 告知하여야 한다.

④ 法院은 前3項의 規定에 依한 公訴事實 또는 適用法條의 追加, 撤回 또는 變更이 被告人의 不利益을 增加할 念慮가 있다고 認定한 때에는 職權 또는 被告人이나 辯護人의 請求에 依하여 被告人으로 하여금 必要한 防禦의 準備를 하게 하기 爲하여 決定으로 必要한 期間 公判節次를 停止할 수 있다.

第299條 (不必要한 辯論等의 制限) 裁判長은 訴訟關係人의 陳述 또는 訊問이 重複된 事項이거나 그 訴訟에 關係없는 事項인 때에는 訴訟關係人의 本質的 權利를 害하지 아니하는 限度에서 이를 制限할 수 있다.

第300條 (辯論의 分離와 併合) 法院은 必要하다고 認定한 때에는 職權 또는 檢事, 被告人이나 辯護

人의 申請에 依하여 決定으로 辯論을 分離하거나 併合할 수 있다.

第301條 (公判節次의 更新) 公判開廷後 判事의 更迭이 있는 때에는 公判節次를 更新하여야 한다. 但, 判決의 宣告만을 하는 境遇에는 例外로 한다.

第301條의2 (簡易公判節次決定의 取消와 公判節次의 更新) 第286條의2의 決定이 取消된 때에는 公判節次를 更新하여야 한다. 但, 檢事, 被告人 또는 辯護人이 異議가 없는 때는 그러하지 아니한다.

第302條 (證據調査後의 檢事의 意見陳述) 被告人訊問과 證據調査가 終了한 때에는 檢事는事實과 法律適用에 關하여 意見을 陳述하여야 한다. 但, 第278條의 境遇에는 公訴狀의 記載事項에 依하여 檢事의 意見陳述이 있는 것으로 看做한다.

第303條 (被告人의 最後陳述) 裁判長은 檢事의 意見을 들은 後 被告人과 辯護人에게 最終의 意見을 陳述할 機會를 주어야 한다.

第304條 (裁判長의 處分에 對한 異議) ① 檢事, 被告人 또는 辯護人은 裁判長의 處分에 對하여 異議申請을 할 수 있다.

② 前項의 異議申請이 있는 때에는 法院은 決定을 하여야 한다.

第305條 (辯論의 再開) 法院은 必要하다고 認定한 때에는 職權 또는 檢事, 被告人이나 辯護人의 申請에 依하여 決定으로 終結한 辯論을 再開할 수 있다.

第306條 (公判節次의 停止) ① 被告人이 事物의 辨別 또는 意思의 決定을 할 能力이 없는 狀態에 있는 때에는 法院은 檢事와 辯護人의 意見을 들어서 決定으로 그 狀態가 繼續하는 期間 公判節次를 停止하여야 한다.

② 被告人이 疾病으로 因하여 出廷할 수 없는 때에는 法院은 檢事와 辯護人의 意見을 들어서 決定으로 出廷할 수 있을 때까지 公判節次를 停止하여야 한다.

③ 前2項의 規定에 依하여 公判節次를 停止함에는 醫師의 意見을 들어야 한다.

④ 被告事件에 對하여 無罪, 免訴, 刑의 免除 또는 公訴棄却의 裁判을 할 것으로 明白한 때에는 第1項, 第2項의 事由있는 境遇에도 被告人의 出廷없이 裁判할 수 있다.

⑤ 第277條의 規定에 依하여 代理人이 出廷할 수 있는 境遇에는 第1項 또는 第2項의 規定을 適用하지 아니한다.

第2節 證 據

第307條 (證據裁判主義) 事實의 認定은 證據에 依하여야 한다.

第308條 (自由心證主義) 證據의 證明力은 法官의 自由判斷에 依한다.

第309條 (强制등 自白의 證據能力<개정 1963.12.13>) 被告人의 自白이 拷問, 暴行, 脅迫, 身體拘束의 不當한 長期化 또는 欺罔 其他의 方法으로 任意로 陳述한 것이 아니라고 疑心할 만한 理由가 있는 때에는 이를 有罪의 證據로 하지 못한다.

第310條 (不利益한 自白의 證據能力) 被告人의 自白이 그 被告人에게 不利益한 唯一의 證據인 때에는 이를 有罪의 證據로 하지 못한다.

第310條의2 (傳聞證據와 證據能力의 制限) 第311條 乃至 第316條에 規定한 것 以外에는 公判準備 또는 公判期日에서의 陳述에 대신하여 陳述을 記載한 書類나 公判準備 또는 公判期日外에서의 他人의 陳述을 內容으로 하는 陳述은 이를 證據로 할 수 없다.

第311條 (法院 또는 法官의 調書) 公判準備 또는 公判期日에 被告人이나 被告人 아닌 者의 陳述을 記載한 調書와 法院 또는 法官의 檢證의 結果를 記載한 調書는 證據로 할 수 있다. 第184條 및 第221條의2의 規定에 依하여 作成한 調書도 또한 같다.<개정 1973.1.25, 1995.12.29>

第312條 (檢事 또는 司法警察官의 調書) ① 檢事가 被疑者나 被疑者 아닌 者의 陳述을 記載한 調書와 檢事 또는 司法警察官이 檢證의 結果를 記載한 調書는 公判準備 또는 公判期日에서의 原陳述者의 陳述에 依하여 그 成立의 眞正함이 認定된 때에는 證據로 할 수 있다. 但, 被告人이 된 被疑者의 陳述을 記載한 調書는 그 陳述이 特히 信憑할 수 있는 狀態下에서 行하여 진 때에 限하여 被疑者였던 被告人의 公判準備 또는 公判期日에서의 陳述에 不拘하고 證據로 할 수 있다.

② 檢事 以外의 搜査機關 作成의 被疑者 訊問調書는 公判準備 또는 公判期日에 그 被疑者였던 被告人이나 辯護人이 그 內容을 認定할 때에 限

하여 證據로 할 수 있다.

第313條 (陳述書等) ① 前2條의 規定 以外에 被告人 또는 被告人이 아닌 者가 作成한 陳述書나 그 陳述을 記載한 書類로서 그 作成者 또는 陳述者의 自筆이거나 그 署名 또는 捺印이 있는 것은 公判準備나 公判期日에서의 그 作成者 또는 陳述者의 陳述에 依하여 그 成立의 眞正함이 證明된 때에는 證據로 할 수 있다. 但, 被告人의 陳述을 記載한 書類는 公判準備 또는 公判期日에서의 그 作成者의 陳述에 依하여 그 成立의 眞正함이 證明되고 그 陳述이 特히 信憑할 수 있는 狀態下에서 行하여 진 때에 限하여 被告人의 公判準備 또는 公判期日에서의 陳述에 不拘하고 證據로 할 수 있다.

② 鑑定의 經過와 結果를 記載한 書類도 前項과 같다.

第314條 (證據能力에 對한 例外) 第312條 또는 第313條의 境遇에 公判準備 또는 公判期日에 陳述을 要할 者가 死亡, 疾病, 外國居住 其他 事由로 因하여 陳述할 수 없는 때에는 그 調書 其他 書類를 證據로 할 수 있다. 다만, 그 調書 또는 書類는 그 陳述 또는 作成이 特히 信憑할 수 있는 狀態下에서 行하여 진 때에 限한다. <개정 1961.9.1, 1995.12.29>

第315條 (當然히 證據能力이 있는 書類) 다음에 揭記한 書類는 證據로 할 수 있다.

1. 戶籍의 謄本 또는 抄本, 公正證書謄本 其他 公務員 또는 外國公務員의 職務上 證明할 수 있는 事項에 關하여 作成한 文書
2. 商業帳簿, 航海日誌 其他 業務上 必要로 作成한 通常文書
3. 其他 特히 信用할 만한 情況에 依하여 作成된 文書

第316條 (傳聞의 陳述) ① 被告人이 아닌 者의 公判準備 또는 公判期日에서의 陳述이 被告人의 陳述을 그 內容으로 하는 것인 때에는 그 陳述이 特히 信憑할 수 있는 狀態下에서 行하여 진 때에 限하여 이를 證據로 할 수 있다.

② 被告人 아닌 者의 公判準備 또는 公判期日에서의 陳述이 被告人 아닌 他人의 陳述을 그 內容으로 하는 것인 때에는 原陳述者가 死亡, 疾病, 外國居住, 其他 事由로 因하여 陳述할 수 없고, 그 陳述이 特히 信憑할 수 있는 狀態下에서 行하여 진 때에 限하여 이를 證據로 할 수 있다. <개정 1995.12.29>

第317條 (陳述의 任意性) ① 被告人 또는 被告人 아닌 者의 陳述이 任意로 된 것이 아닌 것은證據로 할 수 없다.

② 前項의 書類는 그 作成 또는 內容인 陳述이 任意로 되었다는 것이 證明된 것이 아니면 證據로 할 수 없다.

③ 檢證調書의 一部가 被告人 또는 被告人 아닌 者의 陳述을 記載한 것인 때에는 그 部分에 限하여 前2項의 例에 依한다.

第318條 (當事者의 同意와 證據能力) ① 檢事와 被告人이 證據로 할 수 있음을 同意한 書類 또는 物件은 眞正한 것으로 認定한 때에는 證據로 할 수 있다.

② 被告人의 出廷없이 證據調査를 할 수 있는 境遇에 被告人이 出廷하지 아니한 때에는 前項의 同意가 있는 것으로 看做한다. 但, 代理人 또는 辯護人이 出廷한 때에는 例外로 한다.

第318條의2 (證明力을 다투기 爲한 證據) 第312條 乃至 第316條의 規定에 依하여 證據로 할 수 없다는 書類나 陳述이라도 公判準備 또는 公判期日에서의 被告人 또는 被告人 아닌 者의 陳述의 證明力을 다투기 爲하여는 이를 證據로 할 수 있다.

第318條의3 (簡易公判節次에서의 證據能力에 關한 特例) 第286條의2의 決定이 있는 事件의 證據에 關하여는 第310條의2, 第312條 乃至 第314條 및 第316條의 規定에 依한 證據에 對하여 第318條第1項의 同意가 있는 것으로 看做한다. 但, 檢事, 被告人 또는 辯護人이 證據로 함에 異議가 있는 때에는 그러하지 아니하다.

第3節 公判의 裁判

第319條 (管轄違反의 判決) 被告事件이 法院의 管轄에 屬하지 아니한 때에는 判決로써 管轄違反의 宣告를 하여야 한다. 但, 第262條第1項第2號의 規定에 依하여 地方法院의 審判에 付하여진 事件에 對하여는 管轄違反의 宣告를 할 수 없다.

第320條 (土地管轄違反) ① 法院은 被告人의 申請이 없으면 土地管轄에 關하여 管轄違反의 宣告를

하지 못한다.

② 管轄違反의 申請은 被告事件에 對한 陳述前에 하여야 한다.

第321條 (刑宣告와 同時에 宣告될 事項) ① 被告事件에 對하여 犯罪의 證明이 있는 때에는 刑의免除 또는 宣告猶豫의 境遇外에는 判決로써 刑을 宣告하여야 한다.

② 刑의 執行猶豫, 判決前拘禁의 算入日數, 勞役場의 留置期間은 刑의 宣告와 同時에 判決로써 宣告하여야 한다.

第322條 (刑免除 또는 刑의 宣告猶豫의 判決) 被告事件에 對하여 刑의免除 또는 宣告猶豫를 하는 때에는 判決로써 宣告하여야 한다.

第323條 (有罪判決에 明示될 理由) ① 刑의 宣告를 하는 때에는 判決理由에 犯罪될 事實, 證據의 要旨와 法令의 適用을 明示하여야 한다.

② 法律上 犯罪의 成立을 阻却하는 理由 또는 刑의 加重, 減免의 理由되는 事實의 陳述이 있은 때에는 이에 對한 判斷을 明示하여야 한다.

第324條 (上訴에 對한 告知) 刑을 宣告하는 境遇에는 裁判長은 被告人에게 上訴할 期間과 上訴할 法院을 告知하여야 한다.

第325條 (無罪의 判決) 被告事件이 犯罪로 되지 아니하거나 犯罪事實의 證明이 없는 때에는 判決로써 無罪를 宣告하여야 한다.

第326條 (免訴의 判決) 다음 境遇에는 判決로써 免訴의 宣告를 하여야 한다.

1. 確定判決이 있은 때
2. 赦免이 있은 때
3. 公訴의 時效가 完成되었을 때
4. 犯罪後의 法令改廢로 刑이 廢止되었을 때

第327條 (公訴棄却의 判決) 다음 境遇에는 判決로써 公訴棄却의 宣告를 하여야 한다.

1. 被告人에 對하여 裁判權이 없는 때
2. 公訴提起의 節次가 法律의 規定에 違反하여 無效인 때
3. 公訴가 提起된 事件에 對하여 다시 公訴가 提起되었을 때
4. 第329條의 規定에 違反하여 公訴가 提起되었을 때
5. 告訴가 있어야 罪를 論할 事件에 對하여 告訴의 取消가 있은 때
6. 被害者의 明示한 意思에 反하여 罪를 論할 수 없는 事件에 對하여 處罰을 希望하지 아니하는 意思表示가 있거나 處罰을 希望하는 意思表示가 撤回되었을 때

第328條 (公訴棄却의 決定) ① 다음 境遇에는 決定으로 公訴를 棄却하여야 한다.

1. 公訴가 取消 되었을 때
2. 被告人이 死亡하거나 被告人인 法人이 存續하지 아니하게 되었을 때
3. 第12條 또는 第13條의 規定에 依하여 裁判할 수 없는 때
4. 公訴狀에 記載된 事實이 眞實하다 하더라도 犯罪가 될만한 事實이 包含되지 아니하는 때

② 前項의 決定에 對하여는 卽時抗告를 할 수 있다.

第329條 (公訴取消와 再起訴) 公訴取消에 依한 公訴棄却의 決定이 確定된 때에는 公訴取消後 그 犯罪事實에 對한 다른 重要한 證據를 發見한 境遇에 限하여 다시 公訴를 提起할 수 있다.

第330條 (被告人의 陳述없이 하는 判決) 被告人이 陳述하지 아니하거나 裁判長의 許可없이 退廷하거나 裁判長의 秩序維持를 爲한 退廷命令을 받은 때에는 被告人의 陳述없이 判決할 수 있다.

第331條 (無罪等 宣告와 拘束令狀의 效力) 無罪, 免訴, 刑의 免除, 刑의 宣告猶豫, 刑의 執行猶豫, 公訴棄却 또는 罰金이나 科料를 科하는 判決이 宣告된 때에는 拘束令狀은 效力을 잃는다.<개정 1995.12.29>

第332條 (沒收의 宣告와 押收物) 押收한 書類 또는 物品에 對하여 沒收의 宣告가 없는 때에는 押收를 解除한 것으로 看做한다.

第333條 (押收贓物의 還付) ① 押收한 贓物로서 被害者에게 還付할 理由가 明白한 것은 判決로써 被害者에게 還付하는 宣告를 하여야 한다.

② 前項의 境遇에 贓物을 處分하였을 때에는 判決로써 그 代價로 取得한 것을 被害者에게 交付하는 宣告를 하여야 한다.

③ 假還付한 贓物에 對하여 別段의 宣告가 없는 때에는 還付의 宣告가 있는 것으로 看做한다.

④ 前3項의 規定은 利害關係人이 民事訴訟 節次에 依하여 그 權利를 主張함에 影響을 미치지 아니한다.

第334條 (財産刑의 假納判決) ① 法院은 罰金, 科料

또는 追徵의 宣告를 하는 境遇에 判決의 確定後에는 執行할 수 없거나 執行하기 困難할 念慮가 있다고 認定한 때에는 職權 또는 檢事의 請求에 依하여 被告人에게 罰金, 科料 또는 追徵에 相當한 金額의 假納을 命할 수 있다.

② 前項의 裁判은 刑의 宣告와 同時에 判決로써 宣告하여야 한다.

③ 前項의 判決은 卽時로 執行할 수 있다

第335條 (刑의 執行猶豫 取消의 節次) ① 刑의 執行猶豫를 取消할 境遇에는 檢事는 被告人의 現在地 또는 最後의 居住地를 管轄하는 法院에 請求하여야 한다.

② 前項의 請求를 받은 法院은 被告人 또는 그 代理人의 意見을 물은 後에 決定을 하여야 한다.

③ 前項의決定에 對하여는 卽時抗告를 할 수 있다.

④ 前2項의 規定은 猶豫한 刑을 宣告할 境遇에 準用한다.

第336條 (競合犯中 다시 刑을 定하는 節次) ① 刑法 第36條, 同 第39條第4項 또는 同 第61條의規定에 依하여 刑을 定할 境遇에는 檢事는 그 犯罪事實에 對한 最終判決을 한 法院에 請求하여야 한다. 但, 刑法 第61條의 規定에 依하여 猶豫한 刑을 宣告할 때에는 第323條에 依하여야 하고 宣告猶豫를 解除하는 理由를 明示하여야 한다.

② 前條第2項의 規定은 前項의 境遇에 準用한다.

第337條 (刑의 消滅의 裁判) ① 刑法 第81條 또는 同 第82條의 規定에 依한 宣告는 그 事件에 關한 記錄이 保管되어 있는 檢察廳에 對應하는 法院에 對하여 申請하여야 한다.

② 前項의 申請에 依한 宣告는 決定으로 한다.

③ 第1項의 申請을 却下하는 決定에 對하여는 卽時抗告를 할 수 있다.

第3編 上 訴

第1章 通 則

第338條 (上訴權者) ① 檢事 또는 被告人은 上訴를 할 수 있다.

② 第262條第1項第2號의 規定에 依하여 法院의 審判에 付하여진 事件과 다른 事件이 併合審判되어 1個의 裁判이 있는 境遇에는 第265條의 規定에 依하여 檢事의 職務를 行하는 辯護士와 當該 다른 事件의 檢事는 그 裁判에 對하여 各各 獨立하여 上訴할 수 있다.

第339條 (抗告權者) 檢事 또는 被告人 아닌 者가 決定을 받은 때에는 抗告할 수 있다.

第340條 (當事者 以外의 上訴權者) 被告人의 法定代理人은 被告人을 爲하여 上訴할 수 있다.

第341條 (同前) ① 被告人의 配偶者, 直系親族, 형제자매 또는 原審의 代理人이나 辯護人은 被告人을 爲하여 上訴할 수 있다. <개정 2005.3.31>

② 前項의 上訴는 被告人의 明示한 意思에 反하여 하지 못한다.

第342條 (一部上訴) ① 上訴는 裁判의 一部에 對하여 할 수 있다.

② 一部에 對한 上訴는 그 一部와 不可分의 關係에 있는 部分에 對하여도 效力이 미친다.

第343條 (上訴 提起期間) ① 上訴의 提起는 그 期間內에 書面으로 한다.

② 上訴의 提起期間은 裁判을 宣告 또는 告知한 날로부터 進行된다.

第344條 (在所者에 對한 特則) ① 矯導所 또는 拘置所에 있는 被告人이 上訴의 提起期間內에 上訴狀을 矯導所長 또는 拘置所長 또는 그 職務를 代理하는 者에게 提出한 때에는 上訴의 提起期間內에 上訴한 것으로 看做한다.<개정 1963.12.13>

② 前項의 境遇에 被告人이 上訴狀을 作成할 수 없는 때에는 矯導所長 또는 拘置所長은 所屬公務員으로 하여금 代書하게 하여야 한다.<개정 1963.12.13>

第345條 (上訴權回復請求權者) 第338條 乃至 第341條의 規定에 依하여 上訴할 수 있는 者는 自己 또는 代理人이 責任질 수 없는 事由로 因하여 上訴의 提起期間內에 上訴를 하지 못한 때에는 上訴權回復의 請求를 할 수 있다.

第346條 (上訴權回復請求의 方式) ① 上訴權回復의 請求는 事由가 終止한 날로부터 上訴의 提起期間에 相當한 期間內에 書面으로 原審法院에 提出하여야 한다.

② 上訴權回復의 請求를 할 때에는 原因된 事由를 疎明하여야 한다.

③ 上訴權의 回復을 請求한 者는 그 請求와 同時

에 上訴를 提起하여야 한다.

第347條 (上訴權回復에 對한 決定과 卽時抗告) ① 上訴權回復의 請求를 받은 法院은 請求의 許否에 關한 決定을 하여야 한다.

② 前項의 決定에 對하여는 卽時抗告를 할 수 있다.

第348條 (上訴權回復請求와 執行停止) ① 上訴權回復의 請求가 있는 때에는 法院은 前條의 決定을 할 때까지 裁判의 執行을 停止하는 決定을 하여야 한다.

② 前項의 執行停止의 決定을 한 境遇에 被告人의 拘禁을 要하는 때에는 拘束令狀을 發付하여야 한다. 但, 第70條의 要件이 具備된 때에 限한다.

第349條 (上訴의 抛棄, 取下) 檢事나 被告人 또는 第339條에 規定한 者는 上訴의 抛棄 또는 取下를 할 수 있다. 但, 被告人 또는 第341條에 規定한 者는 死刑 또는 無期懲役이나 無期禁錮가 宣告된 判決에 對하여는 上訴의 抛棄를 할 수 없다.

第350條 (上訴의 抛棄等과 法定代理人의 同意) 法定代理人이 있는 被告人이 上訴의 抛棄 또는 取下를 함에는 法定代理人의 同意를 얻어야 한다. 但, 法定代理人의 死亡 其他 事由로 因하여 그 同意를 얻을 수 없는 때에는 例外로 한다.

第351條 (上訴의 取下와 被告人의 同意) 被告人의 法定代理人 또는 第341條에 規定한 者는 被告人의 同意를 얻어 上訴를 取下할 수 있다.

第352條 (上訴抛棄等의 方式) ① 上訴의 抛棄 또는 取下는 書面으로 하여야 한다. 但, 公判廷에서는 口述로써 할 수있다.

② 口述로써 上訴의 抛棄 또는 取下를 한 境遇에는 그 事由를 調書에 記載하여야 한다.

第353條 (上訴抛棄等의 管轄) 上訴의 抛棄는 原審法院에, 上訴의 取下는 上訴法院에 하여야 한다. 但, 訴訟記錄이 上訴法院에 送付되지 아니한 때에는 上訴의 取下를 原審法院에 提出할 수 있다.

第354條 (上訴抛棄後의 再上訴의 禁止) 上訴를 取下한 者 또는 上訴의 抛棄나 取下에 同意한 者는 그 事件에 對하여 다시 上訴를 하지 못한다.

第355條 (在所者에 對한 特則) 第344條의 規定은 矯導所 또는 拘置所에 있는 被告人이 上訴權回復의 請求 또는 上訴의 抛棄나 取下를 하는 境遇에 準用한다.

第356條 (上訴抛棄等과 相對方의 通知) 上訴, 上訴의 抛棄나 取下 또는 上訴權回復의 請求가 있는 때에는 法院은 遲滯없이 相對方에게 그 事由를 通知하여야 한다.

第2章 抗 訴

第357條 (抗訴할 수 있는 判決<개정 1963.12.13>) 第1審法院의 判決에 對하여 不服이 있으면 地方法院 單獨判事가 宣告한 것은 地方法院 合議部에 抗訴할 수 있으며 地方法院 合議部가 宣告한 것은 高等法院에 抗訴할 수 있다.

第358條 (抗訴提起期間) 抗訴의 提起期間은 7日로 한다.

第359條 (抗訴提起의 方式) 抗訴를 함에는 抗訴狀을 原審法院에 提出하여야 한다.

第360條 (原審法院의 抗訴棄却 決定) ① 抗訴의 提起가 法律上의 方式에 違反하거나 抗訴權消滅後인 것이 明白한 때에는 原審法院은 決定으로 抗訴를 棄却하여야 한다.

② 前項의 決定에 對하여는 卽時抗告를 할 수 있다.

第361條 (訴訟記錄과 證據物의 송부) 第360條의 경우를 제외하고는 原審法院은 抗訴狀을 받은 날로부터 14日이내에 訴訟記錄과 證據物을 抗訴法院에 송부하여야 한다.

第361條의2 (訴訟記錄接受와 通知) ① 抗訴法院이 記錄의 送付를 받은 때에는 卽時抗訴人과 相對方에게 그 事由를 通知하여야 한다.

② 前項의 通知前에 辯護人의 選任이 있을 때에는 辯護人에게도 前項의 通知를 하여야 한다.

③ 被告人이 矯導所 또는 拘置所에 있는 경우에는 原審法院에 대응한 檢察廳檢事는 第1項의 통지를 받은 날부터 14日이내에 被告人을 抗訴法院所在地의 矯導所또는 拘置所에 移送하여야 한다.<新設 1995.12.29>

第361條의3 (抗訴理由書와 答辯書) ① 抗訴人 또는 辯護人은 前條의 通知를 받은 날로부터 20日以內에 抗訴理由書를 抗訴法院에 提出하여야 한다.

② 抗訴理由書의 提出을 받은 抗訴法院은 遲滯없이 副本 또는 謄本을 相對方에게 送達하여야 한다.

③ 相對方은 前項의 送達을 받은 날로부터 10日以內에 答辯書를 抗訴法院에 提出하여야 한다.

④ 答辯書의 提出을 받은 抗訴法院은 遲滯없이

그 副本 또는 謄本을 抗訴人 또는 辯護人에게 送達하여야 한다.

第361條의4 (抗訴棄却의 決定) ① 抗訴人이나 辯護人이 前條第1項의 期間內에 抗訴理由書를 提出하지 아니한 때에는 決定으로 抗訴를 棄却하여야 한다. 但, 職權調査事由가 있거나 抗訴狀에 抗訴理由의 記載가 있는 때에는 例外로 한다.

② 前項의 決定에 대하여는 卽時抗告를 할 수 있다. <新設 1963.12.13>

第361條의5 (抗訴理由) 다음 事由가 있을 境遇에는 原審判決에 對한 抗訴理由로 할 수 있다. <개정 1963.12.13>

1. 判決에 影響을 미친 憲法·法律·命令 또는 規則의 違反이 있는 때
2. 判決後 刑의 廢止나 變更 또는 赦免이 있는 때
3. 管轄 또는 管轄違反의 認定이 法律에 違反한 때
4. 判決法院의 構成이 法律에 違反한 때
5. 削除 <1963.12.13>
6. 削除 <1963.12.13>
7. 法律上 그 裁判에 關與하지 못할 判事가 그 事件의 審判에 關與한 때
8. 事件의 審理에 關與하지 아니한 判事가 그 事件의 判決에 關與한 때
9. 公判의 公開에 關한 規定에 違反한 때
10. 削除 <1963.12.13>
11. 判決에 理由를 붙이지 아니하거나 理由에 矛盾이 있는 때
12. 削除 <1963.12.13>
13. 再審請求의 事由가 있는 때
14. 事實의 誤認이 있어 判決에 影響을 미칠 때
15. 刑의 量定이 부당하다고 인정할 事由가 있는 때

第362條 (抗訴棄却의 決定) ① 第360條의 規定에 該當한 境遇에 原審法院이 抗訴棄却의 決定을 하지 아니한 때에는 抗訴法院은 決定으로 抗訴를 棄却하여야 한다.

② 前項의 決定에 對하여는 卽時 抗告를 할 수 있다.

第363條 (公訴棄却의 決定) ① 第328條第1項 各號의 規定에 該當한 事由가 있는 때에는 抗訴法院은 決定으로 公訴를 棄却하여야 한다. <개정 1995.12.29>

② 前項의 決定에 對하여는 卽時 抗告를 할 수 있다.

第364條 (抗訴法院의 審判) ① 抗訴法院은 抗訴理由에 包含된 事由에 關하여 審判하여야 한다.

② 抗訴法院은 判決에 影響을 미친 事由에 관하여는 抗訴理由書에 포함되지 아니한 경우에도 職權으로 審判할 수 있다. <개정 1963.12.13>

③ 第1審法院에서 證據로 할 수 있었던 證據는 抗訴法院에서도 證據로 할 수 있다. <新設 1963.12.13>

④ 抗訴理由 없다고 認定한 때에는 判決로써 抗訴를 棄却하여야 한다. <개정 1963.12.13>

⑤ 抗訴理由 없음이 明白한 때에는 抗訴狀, 抗訴理由書 其他의 訴訟記錄에 依하여 辯論없이 判決로써 抗訴를 棄却할 수 있다. <개정 1963.12.13>

⑥ 抗訴理由가 있다고 認定한 때에는 原審判決을 破棄하고 다시 判決을 하여야 한다. <개정 1963.12.13>

第364條의2 (共同被告人을 爲한 破棄) 被告人을 爲하여 原審判決을 破棄하는 境遇에 破棄의 理由가 抗訴한 共同被告人에게 共通되는 때에는 그 共同被告人에게 對하여도 原審判決을 破棄하여야 한다.

第365條 (被告人의 出廷) ① 被告人이 公判期日에 出廷하지 아니한 때에는 다시 期日을 定하여야 한다. <개정 1961.9.1>

② 被告人이 正當한 事由없이 다시 定한 期日에 出廷하지 아니한 때에는 被告人의 陳述없이 判決을 할 수 있다.

第366條 (原審法院에의 還送) 公訴棄却 또는 管轄違反의 裁判이 法律에 違反됨을 理由로 原審判決을 破棄하는 때에는 判決로써 事件을 原審法院에 還送하여야 한다.

第367條 (管轄法院에의 移送) 管轄認定이 法律에 違反됨을 理由로 原審判決을 破棄하는 때에는 判決로써 事件을 管轄法院에 移送하여야 한다. 但, 抗訴法院이 그 事件의 第1審管轄權이 있는 때에는 第1審으로 審判하여야 한다.

第368條 (不利益變更의 禁止) 被告人이 抗訴한 事件과 被告人을 爲하여 抗訴한 事件에 對하여는 原審判決의 刑보다 重한 刑을 宣告하지 못한다.

第369條 (裁判書의 記載方式) 抗訴法院의 裁判書에는 抗訴理由에 對한 判斷을 記載하여야 하며 原審判決에 記載한 事實과 證據를 引用할 수 있다.

第370條 (準用規定) 第2編中 公判에 關한 規定은 本章에 特別한 規定이 없으면 抗訴의 審判에 準用한다.

第3章 上 告

第371條 (上告할 수 있는 判決) 第2審判決에 對하여 不服이 있으면 大法院에 上告할 수 있다.<개정 1963.12.13>

第372條 (飛躍的上告) 다음 境遇에는 第1審判決에 對하여 抗訴를 提起하지 아니하고 上告를 할 수 있다.<개정 1961.9.1>

1. 原審判決이 認定한 事實에 對하여 法令을 適用하지 아니하였거나 法令의 適用에 錯誤가 있는 때
2. 原審判決이 있은 後 刑의 廢止나 變更 또는 赦免이 있는 때

第373條 (抗訴와 飛躍的 上告) 第1審判決에 對한 上告는 그 事件에 對한 抗訴가 提起된 때에는 그 效力을 잃는다. 但, 抗訴의 取下 또는 抗訴棄却의 決定이 있는 때에는 例外로 한다.

第374條 (上告期間) 上告의 提起期間은 7日로 한다.

第375條 (上告提起의 方式) 上告를 함에는 上告狀을 原審法院에 提出하여야 한다.

第376條 (原審法院에서의 上告棄却 決定) ① 上告의 提起가 法律上의 方式에 違反하거나 上告權消滅後인 것이 明白한 때에는 原審法院은 決定으로 上告를 棄却하여야 한다.

② 前項의 決定에 對하여는 卽時抗告를 할 수 있다.

第377條 (訴訟記錄과 證據物의 송부) 第376條의 경우를 제외하고는 原審法院은 上告狀을 받은 날부터 14日이내에 訴訟記錄과 證據物을 上告法院에 송부하여야 한다.

第378條 (訴訟記錄接受와 通知) ① 上告法院이 訴訟記錄의 送付를 받은 때에는 卽時 上告人과 相對方에 對하여 그 事由를 通知하여야 한다.<개정 1961.9.1>

② 前項의 通知前에 辯護人의 選任이 있는 때에는 辯護人에 對하여도 前項의 通知를 하여야 한다.

第379條 (上告理由書와 答辯書) ① 上告人 또는 辯護人이 前條의 通知를 받은 날로부터 20日以內에 上告理由書를 上告法院에 提出하여야 한다.<개정 1961.9.1>

② 上告理由書에는 訴訟記錄과 原審法院의 證據調査에 表現된 事實을 引用하여 그 理由를 明示하여야 한다.

③ 上告理由書의 提出을 받은 上告法院은 遲滯없이 그 副本 또는 謄本을 相對方에 送達하여야 한다.<개정 1961.9.1>

④ 相對方은 前項의 送達을 받은 날로부터 10日以內에 答辯書를 上告法院에 提出할 수 있다.<개정 1961.9.1>

⑤ 答辯書의 提出을 받은 上告法院은 遲滯없이 그 副本 또는 謄本을 上告人 또는 辯護人에게 送達하여야 한다.<개정 1961.9.1>

第380條 (上告棄却 決定) 上告人이나 辯護人이 前條第1項의 期間內에 上告理由書를 提出하지 아니한 때에는 決定으로 上告를 棄却하여야 한다. 但, 上告狀에 理由의 記載가 있는 때에는 例外로 한다.<개정 1961.9.1>

第381條 (同前) 第376條의 規定에 該當한 境遇에 原審法院이 上告棄却의 決定을 하지 아니한 때에는 上告法院은 決定으로 上告를 棄却하여야 한다.<개정 1961.9.1>

第382條 (公訴棄却의 決定) 第328條第1項 各號의 規定에 해당하는 사유가 있는 때에는 上告法院은 決定으로 公訴를 棄却하여야 한다.

第383條 (上告理由) 다음 事由가 있을 境遇에는 原審判決에 對한 上告理由로 할 수 있다.<개정 1961.9.1, 1963.12.13>

1. 判決에 影響을 미친 憲法·法律·命令 또는 規則의 違反이 있을 때
2. 判決후 刑의 廢止나 變更 또는 赦免이 있는 때
3. 再審請求의 事由가 있는 때
4. 死刑, 無期 또는 10年以上의 懲役이나 禁錮가 宣告된 事件에 있어서 重大한 事實의 誤認이 있어 判決에 影響을 미친 때 또는 刑의 量定이 甚히 不當하다고 認定할 顯著한 事由가 있는 때

第384條 (審判範圍) 上告法院은 上告理由書에 包含된 事由에 關하여 審判하여야 한다. 그러나, 前條 第1號 내지 第3號의 경우에는 上告理由書에 포함되지 아니한 때에도 職權으로 審判할 수 있다.<개정 1961.9.1, 1963.12.13>

第385條 削除 <1961.9.1>

第386條 (辯護人의 資格) 上告審에는 辯護士 아닌 者를 辯護人으로 選任하지 못한다.

第387條 (辯論能力) 上告審에는 辯護人 아니면 被告人을 爲하여 辯論하지 못한다.

第388條 (辯論方式) 檢事와 辯護人은 上告理由書에 依하여 辯論하여야 한다.

第389條 (辯護人의 不出席等) ① 辯護人의 選任이 없거나 辯護人이 公判期日에 出廷하지 아니한 때에는 檢事의 陳述을 듣고 判決을 할 수 있다. 但, 第283條의 規定에 該當한 境遇에는 例外로 한다.

② 前項의 境遇에 適法한 理由書의 提出이 있는 때에는 그 陳述이 있는 것으로 看做한다.

第389條의2 (被告人의 召喚 여부) 上告審의 公判期日에는 被告人의 召喚을 요하지 아니한다.

第390條 (書面審理에 依한 判決) 上告法院은 上告狀, 上告理由書 其他의 訴訟記錄에 依하여 辯論없이 判決할 수 있다.

第391條 (原審判決의 破棄) 上告理由가 있는 때에는 判決로써 原審判決을 破棄하여야 한다.

第392條 (共同被告人을 爲한 破棄) 被告人의 利益을 爲하여 原審判決을 破棄하는 境遇에 破棄의 理由가 上告한 共同被告人에 共通되는 때에는 그 共同被告人에 對하여도 原審判決을 破棄하여야 한다.

第393條 (公訴棄却과 還送의 判決) 適法한 公訴를 棄却하였다는 理由로 原審判決 또는 第1審判決을 破棄하는 境遇에는 判決로써 事件을 原審法院 또는 第1審法院에 還送하여야 한다.

第394條 (管轄認定과 移送의 判決) 管轄의 認定이 法律에 違反됨을 理由로 原審判決 또는 第1審判決을 破棄하는 境遇에는 判決로써 事件을 管轄있는 法院에 移送하여야 한다.

第395條 (管轄違反과 還送의 判決) 管轄違反의 認定이 法律에 違反됨을 理由로 原審判決 또는 第1審判決을 破棄하는 境遇에는 判決로써 事件을 原審法院 또는 第1審法院에 還送하여야 한다.

第396條 (破棄自判) ① 上告法院은 原審判決을 破棄한 境遇에 그 訴訟記錄과 原審法院과 第1審法院이 調査한 證據에 依하여 判決하기 充分하다고 認定한 때에는 被告事件에 對하여 直接判決을 할 수 있다.<개정 1961.9.1>

② 第368條의 規定은 前項의 判決에 準用한다.

第397條 (還送 또는 移送) 前4條의 境遇外에 原審判決을 破棄한 때에는 判決로써 事件을 原審法院에 還送하거나 그와 同等한 다른法院에 移送하여야 한다.

第398條 (裁判書의 記載方式) 裁判書에는 上告의 理由에 關한 判斷을 記載하여야 한다.<개정 1961.9.1>

第399條 (準用規定) 前章의 規定은 本章에 特別한 規定이 없으면 上告의 審判에 準用한다.

第400條 (判決訂正의 申請) ① 上告法院은 그 判決의 內容에 誤謬가 있음을 發見한 때에는 職權 또는 檢事, 上告人이나 辯護人의 申請에 依하여 判決로써 訂正할 수 있다.<개정 1961.9.1>

② 前項의 申請은 判決의 宣告가 있은 날로부터 10日以內에 하여야 한다.

③ 第1項의 申請은 申請의 理由를 記載한 書面으로 하여야 한다.

第401條 (訂正의 判決) ① 訂正의 判決은 辯論없이 할 수 있다

② 訂正할 必要가 없다고 認定한 때에는 遲滯없이 決定으로 申請을 棄却하여야 한다.

第4章 抗　　告

第402條 (抗告할 수 있는 裁判) 法院의 決定에 對하여 不服이 있으면 抗告를 할 수 있다. 但, 이 法律에 特別한 規定이 있는 境遇에는 例外로 한다.

第403條 (判決前의 決定에 對한 抗告) ① 法院의 管轄 또는 判決前의 訴訟節次에 關한 決定에 對하여는 特히 卽時抗告를 할 수 있는 境遇外에는 抗告하지 못한다.

② 前項의 規定은 拘禁, 保釋, 押收나 押收物의 還付에 關한 決定 또는 鑑定하기 爲한 被告人의 留置에 關한 決定에 適用하지 아니한다.

第404條 (普通抗告의 時期<개정 1963.12.13>) 抗告는 卽時抗告外에는 언제든지 할 수 있다. 但, 原審決定을 取消하여도 實益이 없게 된 때에는 例外로 한다.

第405條 (卽時抗告의 提起期間) 卽時抗告의 提起期間은 3日로 한다.

第406條 (抗告의 節次) 抗告를 함에는 抗告狀을 原審法院에 提出하여야 한다.

第407條 (原審法院의 抗告棄却 決定) ① 抗告의 提起가 法律上의 方式에 違反하거나 抗告權消滅後인 것이 明白한 때에는 原審法院은 決定으로 抗告를 棄却하여야 한다.

② 前項의 決定에 對하여는 卽時 抗告를 할 수 있다.

第408條 (原審法院의 更新 決定) ① 原審法院은 抗告가 理由있다고 認定한 때에는 決定을 更正하여야 한다.

② 抗告의 全部 또는 一部가 理由없다고 認定한 때에는 抗告狀을 받은 날로부터 3日 以內에 意見書를 添附하여 抗告法院에 送付하여야 한다.

第409條 (普通抗告와 執行停止) 抗告는 卽時抗告外에는 裁判의 執行을 停止하는 效力이 없다. 但, 原審法院 또는 抗告法院은 決定으로 抗告에 對한 決定이 있을 때까지 執行을 停止할 수 있다.

第410條 (卽時抗告와 執行停止의 效力) 卽時抗告의 提起期間內와 그 提起가 있는 때에는 裁判의 執行은 停止된다.

第411條 (訴訟記錄等의 送付) ① 原審法院이 必要하다고 認定한 때에는 訴訟記錄과 證據物을 抗告法院에 送付하여야 한다.

② 抗告法院은 訴訟記錄과 證據物의 送付를 要求할 수 있다.

③ 前2項의 境遇에 抗告法院이 訴訟記錄과 證據物의 送付를 받은 날로부터 5日以內에 當事者에게 그 事由를 通知하여야 한다.

第412條 (檢事의 意見陳述) 檢事는 抗告事件에 對하여 意見을 陳述할 수 있다.

第413條 (抗告棄却의 決定) 第407條의 規定에 該當한 境遇에 原審法院이 抗告棄却의 決定을 하지 아니한 때에는 抗告法院은 決定으로 抗告를 棄却하여야 한다.

第414條 (抗告棄却과 抗告理由 認定) ① 抗告를 理由없다고 認定한 때에는 決定으로 抗告를 棄却하여야 한다.

② 抗告理由있다고 認定한 때에는 決定으로 原審決定을 取消하고 必要한 境遇에는 抗告事件에 對하여 直接裁判을 하여야 한다.

第415條 (再抗告) 抗告法院 또는 高等法院의 決定에 대하여는 裁判에 影響을 미친 憲法·法律·命令 또는 規則의 違反이 있음을 理由로 하는 때에 限하여 大法院에 卽時抗告를 할 수 있다.

第416條 (準抗告) ① 裁判長 또는 受命法官이 다음 各號의 1에 該當한 裁判을 告知한 境遇에 不服이 있으면 그 法官所屬의 法院에 裁判의 取消 또는 變更을 請求할 수 있다.

1. 忌避申請을 棄却한 裁判
2. 拘禁, 保釋, 押收 또는 押收物還付에 關한 裁判
3. 鑑定하기 爲하여 被告人의 留置를 命한 裁判
4. 證人, 鑑定人, 通譯人 또는 飜譯人에 對하여 過怠料 또는 費用의賠償을 命한 裁判

② 地方法院이 前項의 請求를 받은 때에는 合議部에서 決定을 하여야 한다.

③ 第1項의 請求는 裁判의 告知있는 날로부터 3日以內에 하여야 한다.

④ 第1項第4號의 裁判은 前項의 請求期間內와 請求가 있는 때에는 그 裁判의 執行은 停止된다.

第417條 (同前) 檢事 또는 司法警察官의 拘禁, 押收 또는 押收物의 還付에 關한 處分에 對하여 不服이 있으면 그 職務執行地의 管轄法院 또는 檢事의 所屬檢察廳에 對應한 法院에 그 處分의 取消 또는 變更을 請求할 수 있다.

第418條 (準抗告의 方式) 前2條의請求는 書面으로 管轄法院에 提出하여야 한다.

第419條 (準用規定) 第409條, 第413條, 第414條, 第415條의 規定은 第416條, 第417條의 請求있는 境遇에 準用한다. <개정 1995.12.29>

第4編 特別訴訟節次

第1章 再 審

第420條 (再審理由) 再審은 다음 各號의 1에 該當하는 理由가 있는 境遇에 有罪의 確定判決에 對하여 그 宣告를 받은 者의 利益을 爲하여 請求할 수 있다.

1. 原判決의 證據된 書類 또는 證據物이 確定判決에 依하여 僞造 또는 變造인 것이 證明된 때
2. 原判決의 證據된 證書 ,鑑定 ,通譯 또는 飜譯이 確定判決에 依하여 虛僞인 것이 證明된 때
3. 誣告로 因하여 有罪의 宣告를 받은 境遇에 그 誣告의 罪가 確定判決에 依하여 證明된 때
4. 原判決의 證據된 裁判이 確定裁判에 依하여 變更된 때
5. 有罪의 宣告를 받은 者에 對하여 無罪 또는 免訴를, 刑의宣告를 받은 者에 對하여 刑의 免除 또는 原判決이 認定한 罪보다 輕한 罪를 認定

할 明白한 證據가 새로 發見된 때

6. 著作權, 特許權, 實用新案權, 意匠權 또는 商標權을 侵害한 罪로 有罪의 宣告를 받은 事件에 關하여 그 權利에 對한 無效의審決 또는 無效의判決이 確定된 때
7. 原判決, 前審判決 또는 그 判決의 基礎 된 調查에 關與한 法官, 公訴의 提起 또는 그 公訴의 基礎된 搜查에 關與한 檢事나 司法警察官이 그 職務에 關한 罪를 犯한 것이 確定判決에 依하여 證明된 때 但, 原判決의 宣告前에 法官, 檢事 또는 司法警察官에 對하여 公訴의 提起가 있는 境遇에는 原判決의 法院이 그 事由를 알지 못한 때에 限한다.

第421條 (同前) ① 抗訴 또는 上告의 棄却判決에 對하여는 前條第1號, 第2號, 第7號의 事由있는 境遇에 限하여 그 宣告를 받은 者의 利益을 爲하여 再審을 請求할 수 있다.<개정 1963.12.13>

② 第1審確定判決에 對한 再審請求事件의 判決이 있은 後에는 抗訴棄却判決에 對하여 다시 再審을 請求하지 못한다.<개정 1963.12.13>

③ 第1審 또는 第2審의 確定判決에 對한 再審請求事件의 判決이 있은 後에는 上告棄却判決에 對하여 다시 再審을 請求하지 못한다.

第422條 (確定判決에 代身하는 證明) 前2條의 規定에 依하여 確定判決로써 犯罪가 證明됨을 再審請求의 理由로 할 境遇에 그 確定判決을 얻을 수 없는 때에는 그 事實을 證明하여 再審의 請求를 할 수 있다. 但, 證據가 없다는 理由로 確定判決을 얻을 수 없는 때에는 例外로 한다.

第423條 (再審의 管轄) 再審의 請求는 原判決의 法院이 管轄한다.

第424條 (再審請求權者) 다음 各號의 1에 該當하는 者는 再審의 請求를 할 수 있다.

1. 檢 事
2. 有罪의 宣告를 받은 者
3. 有罪의 宣告를 받은 者의 法定代理人
4. 有罪의 宣告를 받은 者가 死亡하거나 心神障碍가 있는 境遇에는 그 配偶者, 直系親族 또는 兄弟姉妹

第425條 (檢事만이 請求할 수 있는 再審) 第420條第7號의 事由에 依한 再審의 請求는 有罪의 宣告를 받은 者가 그 罪를 犯하게 한 境遇에는 檢事가 아니면 하지 못한다.

第426條 (辯護人의 選任) ① 檢事 以外의 者가 再審의 請求를 하는 境遇에는 辯護人을 選任할수 있다.

② 前項의 規定에 依한 辯護人의 選任은 再審의 判決이 있을 때까지 그 效力이 있다.

第427條 (再審請求의 時期) 再審의 請求는 刑의 執行을 終了하거나 刑의 執行을 받지 아니하게 된 때에도 할 수 있다.

第428條 (再審과 執行停止의 效力) 再審의 請求는 刑의 執行을 停止하는 效力이 없다. 但 管轄法院에 對應한 檢察廳檢事는 再審請求에 對한 裁判이 있을 때까지 刑의 執行을 停止할 수 있다.

第429條 (再審請求의 取下) ① 再審의 請求는 取下할 수 있다.

② 再審의 請求를 取下한 者는 同一한 理由로써 다시 再審을 請求하지 못한다.

第430條 (在所者에 對한 特則) 第344條의 規定은 再審의 請求와 그 取下에 準用한다.

第431條 (事實調查) ① 再審의 請求를 받은 法院은 必要하다고 認定한 때에는 合議部員에게 再審請求의 理由에 對한 事實調查를 命하거나 다른 法院判事에게 이를 囑託할 수 있다.

② 前項의 境遇에는 受命法官 또는 受託判事는 法院 또는 裁判長과 同一한 權限이 있다.

第432條 (再審에 對한 決定과 當事者의 意見) 再審의 請求에 對하여 決定을 함에는 請求한 者와 相對方의 意見을 들어야 한다. 但, 有罪의 宣告를 받은 者의 法定代理人이 請求한 境遇에는 有罪의 宣告를 받은 者의 意見을 들어야 한다.

第433條 (請求棄却 決定) 再審의請求가 法律上의 方式에 違反하거나 請求權의 消滅後인 것이 明白한 때에는 決定으로 棄却하여야 한다.

第434條 (同前) ① 再審의 請求가 理由없다고 認定한 때에는 決定으로 棄却하여야 한다.

② 前項의 決定이 있는 때에는 누구든지 同一한 理由로써 다시 再審을 請求하지 못한다.

第435條 (再審開始의 決定) ① 再審의 請求가 理由있다고 認定한 때에는 再審開始의 決定을 하여야 한다.

② 再審開始의 決定을 할 때에는 決定으로 刑의 執行을 정지할 수 있다.<개정 1995.12.29>

第436條 (請求의 競合과 請求棄却의 決定) ① 抗訴棄却의 確定判決과 그 判決에 依하여 確定된 第1審判決에 對하여 再審의 請求가 있는 境遇에 第1審法院이 再審의 判決을 한 때에는 抗訴法院은 決定으로 再審의 請求를 棄却하여야 한다.

② 第1審 또는 第2審判決에 對한 上告棄却의 判決과 그 判決에 依하여 確定된 第1審 또는 第2審의 判決에 對하여 再審의 請求가 있는 境遇에 第1審法院 또는 抗訴法院이 再審의 判決을한 때에는 上告法院은 決定으로 再審의 請求를 棄却하여야 한다.

第437條 (卽時抗告) 第433條, 第434條第1項, 第435條第1項과 前條第1項의 決定에 對하여는 卽時抗告를 할 수 있다.

第438條 (再審의 審判) ① 再審開始의 決定이 確定한 事件에 對하여는 第436條의 境遇外에는 法院은 그 審級에 따라 다시 審判을 하여야 한다.

② 다음 境遇에는 第306條第1項, 第328條第1項第2號의 規定은 前項의 審判에 適用하지 아니한다.

1. 死亡者 또는 回復할 수 없는 心神障碍者를 爲하여 再審의 請求가 있는 때
2. 有罪의 宣告를 받은 者가 再審의 判決前에 死亡하거나 回復할 수 없는 心神障碍者로 된 때

③ 前項의 境遇에는 被告人이 出廷하지 아니하여도 審判을 할 수 있다. 但, 辯護人이 出廷하지 아니하면 開廷하지 못한다.

④ 前2項의 境遇에 再審을 請求한 者가 辯護人을 選任하지 아니한 때에는 裁判長은 職權으로 辯護人을 選任하여야 한다.

第439條 (不利益變更의 禁止) 再審에는 原判決의 刑보다 重한 刑을 宣告하지 못한다.

第440條 (無罪判決의 公示) 再審에서 無罪의 宣告를 한 때에는 그 判決을 官報와 그 法院所在地의 新聞紙에 記載하여 公告하여야 한다.

第2章 非常上告

第441條 (非常上告理由) 檢察總長은 判決이 確定한 後 그 事件의 審判이 法令에 違反한 것을 發見한 때에는 大法院에 非常上告를 할 수 있다.

第442條 (非常上告의 方式) 非常上告를 함에는 그 理由를 記載한 申請書를 大法院에 提出하여야 한다.

第443條 (公判期日) 公判期日에는 檢事는 申請書에 依하여 陳述하여야 한다.

第444條 (調査의 範圍, 事實의 調査) ① 大法院은 申請書에 包含된 理由에 限하여 調査하여야 한다.

② 法院의 管轄, 公訴의 受理와 訴訟節次에 關하여는 事實調査를 할 수 있다.

③ 前項의 境遇에는 第431條의 規定을 準用한다.

第445條 (棄却의 判決) 非常上告가 理由없다고 認定한 때에는 判決로써 이를 棄却하여야 한다.

第446條 (破棄의 判決) 非常上告가 理由있다고 認定한 때에는 다음의 區別에 따라 判決을 하여야 한다.

1. 原判決이 法令에 違反한 때에는 그 違反된 部分을 破棄하여야 한다. 但, 原判決이 被告人에게 不利益한 때에는 原判決을 破棄하고 被告事件에 對하여 다시 判決을 한다.
2. 原審訴訟節次가 法令에 違反한 때에는 그 違反된 節次를 破棄한다.

第447條 (判決의 效力) 非常上告의 判決은 前條第1號 但行의 規定에 依한 判決外에는 그 效力이 被告人에게 미치지 아니한다.

第3章 略式節次

第448條 (略式命令을 할 수 있는 事件) ① 地方法院은 그 管轄에 屬한 事件에 對하여 檢事의 請求가 있는 때에는 公判節次없이 略式命令으로 被告人을 罰金, 科料 또는 沒收에 處할 수 있다.

② 前項의 境遇에는 追徵 其他 附隨의 處分을 할 수 있다.

第449條 (略式命令의 請求) 略式命令의 請求는 公訴의 提起와 同時에 書面으로 하여야 한다.

第450條 (普通의 審判) 略式命令의 請求가 있는 境遇에 그 事件이 略式命令으로 할 수 없거나 略式命令으로 하는 것이 適當하지 아니하다고 認定한 때에는 公判節次에 依하여 審判하여야 한다.

第451條 (略式命令의 方式) 略式命令에는 犯罪事實, 適用法令, 主刑, 附隨處分과 略式命令의 告知를 받은 날로부터 7日以內에 正式裁判의 請求를 할 수 있음을 明示하여야 한다.

第452條 (略式命令의 告知) 略式命令의 告知는 檢事와 被告人에 對한 裁判書의 送達에 依하여 한다.

第453條 (正式裁判의 請求) ① 檢事 또는 被告人은 略式命令의 告知를 받은 날로부터 7日 以內에 正式裁判의 請求를 할 수 있다. 但, 被告人은 正式裁判의 請求를 抛棄할 수 없다.
② 正式裁判의 請求는 略式命令을 한 法院에 書面으로 提出하여야 한다.
③ 正式裁判의 請求가 있는 때에는 法院은 遲滯없이 檢事 또는 被告人에게 그 事由를 通知하여야 한다.

第454條 (正式裁判請求의 取下) 正式裁判의 請求는 第1審判決宣告前까지 取下할 수 있다.

第455條 (棄却의 決定) ① 正式裁判의 請求가 法令上의 方式에 違反하거나 請求權의 消滅後인 것이 明白한 때에는 決定으로 棄却하여야 한다.
② 前項의 決定에 對하여는 卽時抗告를 할 수 있다.
③ 正式裁判의 請求가 適法한 때에는 公判節次에 依하여 審判하여야 한다.

第456條 (略式命令의 失效) 略式命令은 正式裁判의 請求에 依한 判決이 있는 때에는 그 效力을 잃는다.

第457條 (略式命令의 效力) 略式命令은 正式裁判의 請求期間이 經過하거나 그 請求의 取下 또는 請求棄却의 決定이 確定한 때에는 確定判決과 同一한 效力이 있다.

第457條의2 (不利益變更의 禁止) 被告人이 正式裁判을 請求한 事件에 대하여는 略式命令의 刑보다 重한 刑을 宣告하지 못한다.

第458條 (準用規定<개정 1995.12.29>) ① 第340條 乃至 第342條, 第345條 乃至 第352條, 第354條의 規定은 正式裁判의 請求 또는 그 取下에 準用한다.
② 第365條의 規定은 正式裁判節次의 公判期日에 正式裁判을 請求한 被告人이 출석하지 아니한 경우에 이를 準用한다.<新設 1995.12.29>

第5編 裁判의 執行

第459條 (裁判의 確定과 執行) 裁判은 이 法律에 特別한 規定이 없으면 確定한 後에 執行한다.

第460條 (執行指揮) ① 裁判의 執行은 그 裁判을 한 法院에 對應한 檢察廳檢事가 指揮한다. 但, 裁判의 性質上 法院 또는 法官이 指揮할 境遇에는 例外로 한다.
② 上訴의 裁判 또는 上訴의 取下로 因하여 下級法院의 裁判을 執行할 境遇에는 上訴法院에 對應한 檢察廳檢事가 指揮한다. 但, 訴訟記錄이 下級法院 또는 그 法院에 對應한 檢察廳에 있는 때에는 그 檢察廳檢事가 指揮한다.

第461條 (執行指揮의 方式) 裁判의 執行指揮는 裁判書 또는 裁判을 記載한 調書의 謄本 또는 抄本을 添附한 書面으로 하여야 한다. 但, 刑의 執行을 指揮하는 境遇外에는 裁判書의 原本, 謄本이나 抄本 또는 調書의 謄本이나 抄本에 認定하는 捺印으로 할 수 있다.

第462條 (刑執行의 順序) 2以上의 刑의 執行은 資格喪失, 資格停止, 罰金, 科料와 沒收外에 그 重한 刑을 먼저 執行한다. 但, 檢事는 所屬長官의 許可를 얻어 重한 刑의 執行을 停止하고 다른 刑의 執行을 할 수 있다.

第463條 (死刑의 執行) 死刑은 法務部長官의 命令에 依하여 執行한다.

第464條 (死刑判決確定과 訴訟記錄의 提出) 死刑을 宣告한 判決이 確定한 때에는 檢事는 遲滯없이 訴訟記錄을 法務部長官에게 提出하여야 한다.

第465條 (死刑執行命令의 時期) ① 死刑執行의 命令은 判決이 確定된 날로부터 6月以內에 하여야 한다.
② 上訴權回復의 請求, 再審의 請求 또는 非常上告의 申請이 있는 때에는 그 節次가 終了할 때까지의 期間은 前項의 期間에 算入하지 아니 한다.

第466條 (死刑執行의 期間) 法務部長官이 死刑의 執行을 命한 때에는 5日以內에 執行하여야 한다.

第467條 (死刑執行의 參與) ① 死刑의 執行에는 檢事와 檢察廳書記官과 矯導所長 또는 拘置所長이나 그 代理者가 參與하여야 한다.
② 檢事 또는 矯導所長 또는 拘置所長의 許可가 없으면 누구든지 刑의 執行場所에 들어가지 못한다.

第468條 (死刑執行調書) 死刑의 執行에 參與한 檢察廳書記官은 執行調書를 作成하고 檢事와 矯導所長 또는 拘置所長이나 그 代理者와 함께 署名捺印하여야 한다.

第469條 (死刑執行의 停止) ① 死刑의 宣告를 받은 者가 心神의 障碍로 意思能力이 없는 狀態에 있거나 孕胎中에 있는 女子인 때에는 法務部長官의 命令으로 執行을 停止한다.

② 前項의 規定에 依하여 刑의 執行을 停止한 境遇에는 心神障碍의 回復 또는 出産後 法務部長官의 命令에 依하여 刑을 執行한다.

第470條 (自由刑執行의 停止) ① 懲役, 禁錮 또는 拘留의 宣告를 받은 者가 心神의 障碍로 意思能力이 없는 狀態에 있는 때에는 刑을 宣告한 法院에 對應한 檢察廳檢事 또는 刑의 宣告를 받은 者의 現在地를 管轄하는 檢察廳檢事의 指揮에 依하여 心神障碍가 回復될 때까지 刑의 執行을 停止한다.

② 前項의 規定에 依하여 刑의 執行을 停止한 境遇에는 檢事는 刑의 宣告를 받은 者를 監護義務者 또는 地方公共團體에 引渡하여 病院 其他 適當한 場所에 收容하게 할 수 있다.

③ 刑의 執行이 停止된 者는 前項의 處分이 있을 때까지 矯導所 또는 拘置所에 拘置하고 그 期間을 刑期에 算入한다

第471條 (同前) ① 懲役, 禁錮 또는 拘留의 宣告를 받은 者에 對하여 다음各號의 1에 該當한 事由가 있는 때에는 刑을 宣告한 法院에 對應한 檢察廳檢事 또는 刑의 宣告를 받은 者의 現在地를 管轄하는 檢察廳檢事의 指揮에 依하여 刑의 執行을 停止할 수 있다.

1. 刑의 執行으로 因하여 顯著히 健康을 害하거나 生命을 保全할 수 없을 念慮가 있는 때
2. 年齡 70歲以上인 때
3. 孕胎後 6月以上인 때
4. 出産後 60日을 經過하지 아니한 때
5. 直系尊屬이 年齡 70歲以上 또는 重病이나 不具者로 保護할 다른 親族이 없는 때
6. 直系卑屬이 幼年으로 保護할 다른 親族이 없는 때
7. 其他 重大한 事由가 있는 때

② 檢事가 前項의 指揮를 함에는 소속 고등검찰청검사장 및 지방검찰청검사장의 許可를 얻어야 한다. <개정 2004.1.20>

第472條 (訴訟費用의 執行停止) 第487條에 規定된 申請期間內와 그 申請이 있는 때에는 訴訟費用負擔의 裁判의 執行은 그 申請에 對한 裁判이 確定될 때까지 停止된다.

第473條 (執行하기 위한 召喚) ① 死刑, 懲役, 禁錮 또는 拘留의 宣告를 받은 者가 拘禁되지 아니한 때에는 檢事는 刑을 執行하기 爲하여 이를 召喚하여야 한다.

② 召喚에 應하지 아니한 때에는 檢事는 刑執行狀을 發付하여 拘引하여야 한다.<개정 1973.1.25>

③ 第1項의 境遇에 刑의 宣告를 받은 者가 逃亡할 念慮가 있는 때 또는 現在地를 알 수 없는 때에는 召喚함이 없이 刑執行狀을 發付하여 拘引할 수 있다.<개정 1973.1.25>

第474條 (刑執行狀의 方式과 效力) ① 前條의 刑執行狀에는 刑의 宣告를 받은 者의 姓名·住居·年齡·刑名·刑期 其他 必要한 事項을 記載하여야 한다.

② 刑執行狀은 拘束令狀과 同一한 效力이 있다.

第475條 (刑執行狀의 執行) 前2條의 規定에 依한 刑執行狀의 執行에는 第1編第9章 被告人의 拘束에 關한 規定을 準用한다.

第476條 (資格刑의 執行) 資格喪失 또는 資格停止의 宣告를 받은 者에 對하여는 이를 受刑者原簿에 記載하고 遲滯없이 그 謄本을 刑의 宣告를 받은 者의 本籍地와 住居地의 市(區가 設置되지 아니한 市를 말한다 이하 같다)·區·邑·面長(都農複合形態의 市에 있어서는 洞地域인 경우에는 市·區의 長·邑面의 長으로 한다)에게 送付하여야 한다.<개정 1994.12.22>

第477條 (財産刑等의 執行) ① 罰金, 科料, 沒收, 追徵, 過怠料, 訴訟費用, 費用賠償 또는 假納의 裁判은 檢事의 命令에 依하여 執行한다.

② 前項의 命令은 執行力 있는 債務名義와 同一한 效力이 있다.

③ 第1項의 裁判의 執行에는 민사집행법의 執行에 關한 規定을 準用한다. 但, 執行前에 裁判의 送達을 要하지 아니한다. <개정 2002.1.26>

第478條 (相續財産에 對한 執行) 沒收 또는 租稅, 專賣 其他 公課에 關한 法令에 依하여 裁判한 罰金 또는 追徵은 그 裁判을 받은 者가 裁判確定後 死亡한 境遇에는 그 相續財産에 對하여 執行할 수 있다.

第479條 (合倂後 法人에 對한 執行) 法人에 對하여 罰金 ,科料, 沒收, 追徵, 訴訟費用 또는 費用賠償을 命한 境遇에 法人이 그 裁判確定後 合倂에 依하여 消滅한 때에는 合倂後 存續한 法人 또는 合倂에 依하여 設立된 法人에 對하여 執行할 수 있다.

第480條 (假納執行의 調整) 第1審假納의 裁判을 執行한 後에 第2審假納의 裁判이 있는 때에는 第1審裁判의 執行은 第2審假納金額의 限度에서 第2審裁判의 執行으로 看做한다.

第481條 (假納執行과 本刑의 執行) 假納의 裁判을 執行한 後 罰金, 科料 또는 追徵의 裁判이 確定한 때에는 그 金額의 限度에서 刑의 執行이 된 것으로 看做한다.

第482條 (상소제기후 판결전 구금일수 등의 산입 <개정 2004.10.16>) ① 上訴提起後의 判決宣告前 拘禁日數는 다음 境遇에는 全部를 本刑에 算入한다.

1. 檢事가 上訴를 提起한 때
2. 被告人 또는 被告人 아닌 者가 上訴를 提起한 境遇에 原審判決이 破棄된 때

② 상소제기기간중의 판결확정전 구금일수(상소제기후의 구금일수를 제외한다)는 전부 본형에 산입한다. 신설 2004.10.16>

③ 제1항 및 제2항의 경우에는 구금일수의 1일을 刑期의 1日 또는 罰金이나 科料에 관한 留置期間의 1日로 計算한다. <개정 1973.1.25, 1995.12.29, 2004.10.16>

④ 上訴法院이 原審判決을 破棄한 後의 判決宣告前 拘禁日數는 上訴中의 判決宣告前 拘禁日數에 準하여 通算한다.

第483條 (沒收物의 處分) 沒收物은 檢事가 처분하여야 한다.<개정 1995.12.29>

第484條 (沒收物의 交付) ① 沒收를 執行한 後 3月以內에 그 沒收物에 對하여 正當한 權利있는 者가 沒收物의 交付를 請求한 때에는 檢事는 破壞 또는 廢棄할 것이 아니면 이를 交付하여야 한다.

② 沒收物을 處分한 後 前項의 請求가 있는 境遇에는 檢事는 公賣에 依하여 取得한 代價를 交付하여야 한다.

第485條 (僞造等의 表示) ① 僞造 또는 變造한 物件을 還付하는 境遇에는 그 物件의 全部 또는 一部에 僞造나 變造인 것을 表示하여야 한다.

② 僞造 또는 變造한 物件이 押收되지 아니한 境遇에는 그 物件을 提出하게 하여 前項의 處分을 하여야 한다. 但, 그 物件이 公務所에 屬한 것인 때에는 僞造나 變造의 事由를 公務所에 通知하여 適當한 處分을 하게 하여야 한다.

第486條 (還付不能과 公告) ① 押收物의 還付를 받을 者의 所在가 不明하거나 其他 事由로 因하여 還付를 할 수 없는 境遇에는 檢事는 그 事由를 官報에 公告하여야 한다.

② 公告한 後 3月以內에 還付의 請求가 없는 때에는 그 物件은 國庫에 歸屬한다.<개정 1973.1.25>

③ 前項의 期間內에도 價値없는 物件은 廢棄할 수 있고 保管하기 困難한 物件은 公賣하여 그 代價를 保管할 수 있다.

第487條 (訴訟費用의 執行免除의 申請) 訴訟費用負擔의 裁判을 받은 者가 貧困하여 이를 完納할 수 없는 때에는 그 裁判의 確定後 10日以內에 裁判을 宣告한 法院에 訴訟費用의 全部 또는 一部에 對한 裁判의 執行免除를 申請할 수 있다.

第488條 (疑義申請) 刑의 宣告를 받은 者는 執行에 關하여 裁判의 解釋에 對한 疑義가 있는 때에는 裁判을 宣告한 法院에 疑義申請을 할 수 있다.

第489條 (異議申請) 裁判의 執行을 받은 者 또는 그 法定代理人이나 配偶者는 執行에 關한 檢事의 處分이 不當함을 理由로 裁判을 宣告한 法院에 異議申請을 할 수 있다.

第490條 (申請의 取下) ① 前3條의 申請은 法院의 決定이 있을 때까지 取下할 수 있다.

② 第344條의 規正은 前3條의 申請과 그 取下에 準用한다.

第491條 (卽時抗告) ① 第487條 乃至 第489條의 申請이 있는 때에는 法院은 決定을 하여야 한다.

② 前項의 決定에 對하여는 卽時抗告를 할 수 있다.

第492條 (勞役場留置의 執行) 罰金 또는 科料를 完納하지 못한 者에 對한 勞役場留置의 執行에는 刑의 執行에 關한 規定을 준용한다.

第493條 (執行費用의 負擔) 第477條第1項의 裁判執行費用은 執行을 받은 者의 負擔으로 하고 민사집행법의 規定에 準하여 執行과 同時에 徵收하여야 한다. <개정 2002.1.26>

附 則 <제341호,1954.9.23>

第1條 本法 施行前에 公訴를 提起한 事件에는 舊法을 適用한다.

第2條 本法 施行後에 公訴를 提起한 事件에는 本法을 適用한다. 但, 本法施行前에 舊法에 依하여 行한 訴訟行爲의 效力에는 影響을 미치지 아니한다.

第3條 本法 施行前에 舊法에 依하여 行한 訴訟節次로 本法의 規定에 相當한 것은 本法에 依하여 行한 것으로 看做한다.
第4條 本法 施行前 進行된 法定期間과 訴訟行爲를 할 者의 住居나 事務所의 所在地와 法院 所在地의 距離에 依한 附加期間은 舊法의 規定에 의한다.
第5條 本法 第45條의 規定에 依하여 訴訟關係人이 裁判書나 裁判을 記載한 調書의 謄本 또는 抄本의 交付를 請求할 境遇에는 用紙1枚에 50환으로 計算한 收入印紙를 添付하여야 한다.
第6條 本法 施行當時 法院에 係屬된 事件의 處理에 關한 必要事項은 本法에 特別한 規定이 없으면 大法院規則의 定한 바에 依한다.
第7條 當分間 本法에 規定한 過怠料와 附則 第5條의 用紙料金額은 經濟事情의 變動에 따라 大法院規則으로 增減할 수 있다.
第8條 本法 施行直前까지 施行된 다음 法令은 廢止한다.

1. 朝鮮刑事令中 本法에 抵觸되는 法條
2. 美軍政法令中 本法에 抵觸되는 法條

第9條 (施行日) 이 法律은 檀紀 4287年 5月 30日부터 施行한다.

附 則 <제705호,1961.9.1>

(經過規定) ① 本法은 本法 施行當時 法院에 係屬된 事件에 適用한다. 但, 本法 施行前의 訴訟行爲의 效力에 影響을 미치지 아니한다.
② 本法 施行前에 上訴한 事件은 從前의 例에 依하여 處理한다.
(施行日) 本法은 公布한 날로부터 施行한다.

附 則 <제1500호,1963.12.13>

① 이 法은 1963年 12月 17日부터 施行한다.
② 이 法은 이 法 施行당시 法院에 係屬된 事件에 適用한다. 그러나, 이 法 施行전에 舊法에 의하여 행한 訴訟行爲의 效力에 影響을 미치지 아니한다.
③ 이 法 施行당시 係屬중인 上訴事件으로서 提出期間이 경과하였거나 記錄接受 통지를 받은 事件의 上訴理由書는 이 法 施行日로부터 20日까지 다시 제출할 수 있다.

附 則 <제2450호,1973.1.25>

① (施行日) 이 法은 1973年 2月 1日부터 施行한다.
② (經過措置) 이 法은 이 法 施行當時 法院에 係屬된 事件에 適用한다. 그러나 이 法 施行前에 舊法에 依하여 行한 訴訟行爲의 效力에 影響을 미치지 아니한다.
③ (同前) 이 法 施行前에 舊法에 의하여 過怠料에 處할 行爲를 한 者의 處罰에 對하여는 이 法 施行後에도 舊法을 適用한다.
④ (同前) 이 法 施行前에 進行이 開始된 法定期間에 관하여는 이 法 施行後에도 舊法을 適用한다.
⑤ (同前) 第286條의2의 規定은 이 法 施行前에 公訴가 提起된 事件에 對하여는 適用하지 아니한다.

附 則 <제2653호,1973.12.20>

이 法은 公布한 날로부터 施行한다.

附 則 <제3282호,1980.12.18>

이 法은 公布한 날로부터 施行한다.

附 則 <제3955호,1987.11.28>

① (施行日) 이 法은 1988年 2月 25日부터 施行한다.
② (經過措置) 이 法은 이 法 施行당시 法院에 繫屬된 事件에 대하여 適用한다. 다만, 이 法 施行전에 종전의 規定에 의하여 행한 訴訟行爲의 效力에는 影響을 미치지 아니한다.

附 則

(도농복합형태의시설치에따른행정특례등에관한 법률) <제4796호,1994.12.22>

第1條 이 法은 1995年 1月 1日부터 施行한다.
第2條 省略
第3條 (다른 法律의 改正) ①내지 ⑨省略 ⑩刑事訴訟法중 다음과 같이 改正한다.
第476條중 '市・邑・面長'을 '市(區가 設置되지 아

니한 市를 말한다 이하 같다)·區· 邑·面長(都農複合形態의 市에 있어서는 洞地域인 경우에는 시·구 의 장·읍.면의 長으로 한다)'으로 한다.

⑪내지 <25> 省略

第4條 省略

附 則 <제5054호,1995.12.29>

① (施行日) 이 法은 1997년 1月 1日부터 施行한다. 다만, 第56條의2, 第361條, 第361條의2, 第377條의 改正規定은 公布한 날부터 施行한다.

② (經過措置) 이 法은 이 法 施行당시 法院 또는 檢察에 係屬된 事件에 대하여 적용한다. 다만, 이 法 施行전 종전의 規定에 의하여 행한 訴訟行爲의 효력에는 영향을 미치지 아니한다.

附 則 <제5435호,1997.12.13>

① (施行日) 이 法은 公布한 날부터 施行한다.

② (經過措置) 이 法은 이 法 施行당시 逮捕 또는 拘引된 者부터 適用한다.

附 則

(政府部處名稱등의변경에따른建築法등의정비에관한법) <제5454호,1997.12.13>

이 法은 1998年 1月 1日부터 施行한다. <但書省略>

부 칙(민사집행법) <제6627호,2002.1.26>

제1조 (시행일) 이 법은 2002년 7월 1일부터 시행한다.

제2조 내지 제5조 생략

제6조 (다른 법률의 개정) ①내지 <52>생략

<53>형사소송법중 다음과 같이 改正한다.

제477조제3항 단서 및 제493조중 '民事訴訟法'을 각각 '민사집행법'으로 한다.

<54>및 <55>생략

제7조 생략

부 칙(검찰청법) <제7078호,2004.1.20>

제1조 (시행일) 이 법은 공포한 날부터 시행한다.

제2조 생략

제2조 (다른 법률의 개정) ① 내지 ⑤ 생략

⑥ 형사소송법중 다음과 같이 개정한다.

제84조의 제목중 '檢事長'을 '고등검찰청검사장 또는 지방검찰청검사장'으로 하고, 동조중 '高等檢察廳 또는 地方檢察廳檢事長'을 '고등검찰청검사장 또는 지방검찰청검사장'으로 하며, 제261조의 제목중 '檢事長'을 '지방검찰청검사장 또는 지청장 및 고등검찰청검사장'으로 하고, 제471조제2항중 '所屬檢察廳檢事長'을 '소속 고등검찰청검사장 및 지방검찰청검사장'으로 한다.

부 칙 <제7225호,2004.10.16>

이 법은 공포한 날부터 시행한다.

부 칙(민법) <제7427호,2005.3.31>

제1조 (시행일) 이 법은 공포한 날부터 시행한다. 다만, …생략… 부칙 제7조(제2항 및 제29항을 제외한다)의 규정은 2008년 1월 1일부터 시행한다.

제2조 내지 제6조 생략

제7조 (다른 법률의 개정) ① 내지 <27>생략

<28>형사소송법 일부를 다음과 같이 개정한다.

제17조제2호중 '親族, 戶主, 家族 또는 이러한 關係'를 '친족 또는 친족관계'로 한다.

제29조제1항 및 제30조제2항중 '直系親族, 兄弟姉妹와戶主'를 각각 '직계친족과 형제자매'로 한다.

제148조제1호를 다음과 같이 한다.

1. 친족 또는 친족관계가 있었던 자

제201조의2제1항 전단 및 제214조의2제1항중 '兄弟姉妹, 戶主, 家族이나'를 각각 '형제자매나' 한다.

제341조제1항중 '兄弟姉妹, 戶主'를 '형제자매'로 한다.

<29>생략

검 찰 청 법

일부개정 2004.01.20 (법률 제7078호) 법무부

第1章 總 則

第1條 (目的) 이 法은 檢察廳의 組織·職務範圍 및 人事 기타 필요한 사항을 規定함을 目的으로 한다.

第2條 (檢察廳) ① 檢察廳은 檢事의 事務를 統轄한다.

② 檢察廳은 大檢察廳·高等檢察廳 및 地方檢察廳으로 한다.

第3條 (檢察廳의 設置와 管轄區域) ① 大檢察廳은 大法院에, 高等檢察廳은 高等法院에, 地方檢察廳은 地方法院 및 家庭法院에 대응하여 각각 이를 設置한다. <개정 1995.1.5>

② 地方法院支院 設置地域에는 이에 대응하여 地方檢察廳支廳(이하 '支廳'이라 한다)을 둘 수 있다.

③ 大檢察廳의 位置와 大檢察廳외의 檢察廳(이하 '各級檢察廳'이라 한다) 및 支廳의 名稱과 位置는 大統領令으로 정한다.

④ 各級檢察廳 및 支廳의 管轄區域은 各級法院과 地方法院支院의 管轄區域에 의한다.

第4條 (檢事의 職務) ① 檢事는 公益의 代表者로서 다음의 職務와 權限이 있다.

1. 犯罪搜査·公訴提起와 그 유지에 필요한 사항
2. 犯罪搜査에 관한 司法警察官吏의 指揮·監督
3. 法院에 대한 法令의 정당한 適用의 請求
4. 裁判執行의 指揮·監督
5. 國家를 當事者 또는 參加人으로 하는 訴訟과 行政訴訟의 수행 또는 그 수행에 관한 指揮·監督
6. 다른 法令에 의하여 그 權限에 속하는 사항

② 檢事는 그 職務를 수행함에 있어서 國民全體에 대한 奉仕者로서 政治的 中立을 지켜야 하며 부여된 權限을 濫用하여서는 아니된다. <신설 1997.1.13>

第5條 (檢事의 職務管轄) 檢事는 法令에 특별한 規定이 있는 경우를 제외하고는 所屬檢察廳의 管轄區域안에서 그 職務를 행한다. 다만, 搜査上 필요한 때에는 管轄區域외에서 職務를 행할 수 있다.

第6條 (檢事의 職級) 檢事의 職級은 검찰총장과 검사로 구분한다. <개정 1993.3.10, 2004.1.20>

제7조 (검찰사무에 관한 지휘·감독) ① 검사는 검찰사무에 관하여 소속 상급자의 지휘·감독에 따른다.

② 검사는 구체적 사건과 관련된 제1항의 지휘·감독의 적법성 또는 정당성 여부에 대하여 이견이 있는 때에는 이의를 제기할 수 있다.

제7조의2 (검사 직무의 위임·이전 및 승계) ① 검찰총장, 각급검찰청의 검사장 및 지청장은 소속검사로 하여금 그 권한에 속하는 직무의 일부를 처리하게 할 수 있다.

② 검찰총장, 각급검찰청의 검사장 및 지청장은 소속검사의 직무를 자신이 처리하거나 다른 검사로 하여금 처리하게 할 수 있다.

第8條 (法務部長官의 指揮監督) 法務部長官은 檢察事務의 最高 監督者로서 一般的으로 檢事를 指揮·監督하고, 구체적 事件에 대하여는 檢察總長만을 指揮·監督한다.

第9條 (職務執行의 相互援助) 檢察廳의 公務員은 檢察廳의 職務執行에 관하여 相互援助하여야 한다.

第10條 (抗告 및 再抗告) ① 檢事의 不起訴處分에 불복이 있는 告訴人 또는 告發人은 그 檢事가 속하는 地方檢察廳 또는 支廳을 거쳐 書面으로 管轄 高等檢察廳檢事長에게 抗告할 수 있다. 이 경

우 당해 地方檢察廳 또는 支廳의 檢事는 抗告가 이유있다고 인정하는 때에는 그 處分을 更正하여야 한다.

② 高等檢察廳檢事長은 第1項의 抗告가 이유있다고 인정하는 때에는 소속 檢事로 하여금 地方檢察廳 또는 支廳 檢事의 不起訴處分을 직접 更正하게 할 수 있다. 이 경우 高等檢察廳 檢事는 地方檢察廳 또는 支廳의 檢事로서 職務를 수행하는 것으로 본다. <신설 1997.12.13>

③ 第1項의 抗告를 棄却하는 處分에 불복이 있는 抗告人은 그 檢事가 속하는 高等檢察廳을 거쳐 書面으로 檢察總長에게 再抗告할 수 있다. 이 경우 당해 高等檢察廳의 檢事는 再抗告가 이유있다고 인정하는 때에는 그 處分을 更正하여야 한다.

④ 第1項 및 第3項의 規定에 의한 抗告 및 再抗告는 刑事訴訟法 第258條第1項의 規定에 의한 통지 또는 抗告棄却決定通知를 받은 날로부터 30日내에 하여야 한다. 다만, 抗告人에게 責任이 없는 사유로 인하여 그 期間내에 抗告 또는 再抗告하지 못한 것을 疏明하는 때에는 그 期間은 그 사유가 解消된 때로부터 起算한다. <개정 1997.12.13>

⑤ 第4項의 기간을 경과하여 접수된 抗告 또는 再抗告는 棄却하여야 한다. 다만, 새로이 중요한 증거가 발견된 경우에 告訴人 또는 告發人이 그 사유를 疏明한 때에는 그러하지 아니하다. <개정 1995.1.5, 1997.12.13>

⑥ 刑事訴訟法 第260條의 規定에 의한 裁定申請을 한 때에는 第1項의 規定에 의한 抗告를 하지 못한다. 다만, 裁定決定전에 그 申請을 取消한 때에는 第4項의 期間내에 다시 抗告할 수 있다. <개정 1997.12.13>

⑦ 抗告人이 裁定申請을 한 때에는 그 抗告는 取消된 것으로 본다.

第11條 (委任規定) 檢察廳의 事務에 관하여 필요한 사항은 法務部令으로 정한다.

第 2 章 大檢察廳

第12條 (檢察總長) ① 大檢察廳에 檢察總長을 둔다.

② 檢察總長은 大檢察廳의 事務를 맡아 처리하고 檢察事務를 統轄하며 檢察廳의 公務員을 指揮·監督한다.

③ 檢察總長의 任期는 2年으로 하며, 重任할 수 없다. <신설 1988.12.31>

④ 삭제 <2004.1.20>

⑤ 삭제 <2004.1.20>

第13條 (次長檢事) ① 大檢察廳에 次長檢事를 둔다. <개정 2004.1.20>

② 次長檢事는 檢察總長을 補佐하며, 檢察總長이 事故가 있을 때에는 그 職務를 代理한다.

第14條 (大檢察廳 檢事) 大檢察廳에 大檢察廳 檢事를 둔다. <개정 2004.1.20>

第15條 (檢察硏究官) ① 大檢察廳에 檢察硏究官을 둔다.

② 檢察硏究官은 檢事로 補하며, 高等檢察廳 또는 地方檢察廳의 檢事를 兼任할 수 있다. <개정 1993.3.10>

③ 檢察硏究官은 檢察總長을 補佐하고 檢察事務에 관한 企劃·調査 및 硏究에 종사한다.

第16條 (職制) ① 大檢察廳에 部 및 事務局을 두고, 部 및 事務局에 課를 두며, 部·事務局 및 課의 設置와 分掌事務는 大統領令으로 정한다.

② 第1項의 部, 事務局 및 課에는 각각 部長, 事務局長 및 課長을 두며, 부장은 검사로, 事務局長은 管理官 또는 檢察理事官으로, 課長은 檢察副理事官·情報通信副理事官·檢察搜査書記官·情報通信書記官 또는 工業書記官으로 補한다. 다만, 部의 課長은 檢事로 補할 수 있다. <개정 1991.11.22, 1993.3.10, 1995.3.30, 1995.8.4, 2004.1.20>

③ 第2項의 部長, 事務局長 및 課長은 上司의 命을 받아 所管 部·局 또는 課의 事務를 처리하며 所屬公務員을 指揮·監督한다.

④ 大檢察廳에는 大統領令이 정하는 바에 의하여 次長檢事 또는 部長밑에 政策의 企劃, 計劃의 立案, 硏究·調査, 審査·評價 및 弘報를 통하여 그를 직접 補佐하는 擔當官을 둘 수 있다. 이 경우 그 擔當官은 3級相當 또는 4級相當 別定職國家公務員으로 補하되, 특히 필요하다고 인정될 때에는 檢事로 補할 수 있다. <개정 1993.3.10, 1995.3.30>

第 3 章 高等檢察廳

第17條 (高等檢察廳 檢事長) ① 高等檢察廳에 高等

檢察廳 檢事長을 둔다. <개정 2004.1.20>

② 高等檢察廳 檢事長은 그 檢察廳의 事務를 맡아 처리하고 所屬公務員을 指揮·監督한다.

第18條(高等檢察廳 次長檢事) ① 高等檢察廳에 次長檢事를 둔다. <개정 2004.1.20>

② 次長檢事는 所屬檢事長을 補佐하며, 所屬檢事長이 事故가 있을 때에는 그 職務를 代理한다.

第18條의2(高等檢察廳 部長檢事) ① 高等檢察廳에 事務를 分掌하기 위하여 部를 둘 수 있다.

② 高等檢察廳의 部에 部長檢事를 둔다.

③ 部長檢事는 上司의 命을 받아 그 部의 事務를 처리한다.

第19條(高等檢察廳 檢事) ① 高等檢察廳에 檢事를 둔다. <개정 1995.1.5>

② 法務部長官은 高等檢察廳의 檢事로 하여금 그 管轄區域안의 地方檢察廳 所在地에서 事務를 처리하게 할 수 있다. <신설 1995.1.5>

第20條(職制) ① 高等檢察廳에 事務局을 두고, 事務局에 課를 두며, 課의 設置와 分掌事務는 大統領令으로 정한다.

② 高等檢察廳의 部에 課를 둘 수 있으며 課의 設置와 分掌事務는 大統領令으로 정한다. <신설 1997.12.13>

③ 第1項 및 第2項의 事務局 및 課에는 각각 事務局長 및 課長을 두고, 事務局長은 檢察理事官 또는 檢察副理事官으로, 課長은 檢察副理事官·檢察搜査書記官·情報通信書記官·檢察事務官·搜査事務官·麻藥搜査事務官·電氣事務官 또는 通信事務官으로 補한다. <개정 1993.3.10, 1995.8.4, 1997.1.13, 1997.12.13>

④ 第3項의 事務局長 및 課長은 上司의 命을 받아 所管 局 또는 課의 事務를 처리하며 所屬公務員을 指揮·監督한다. <개정 1997.12.13>

第4章 地方檢察廳 및 支廳

第21條(地方檢察廳 檢事長) ① 地方檢察廳에 地方檢察廳 檢事長을 둔다. <개정 2004.1.20>

② 地方檢察廳 檢事長은 그 檢察廳의 事務를 맡아 처리하고 所屬公務員을 指揮·監督한다.

第22條(支廳長) ① 支廳에 支廳長을 둔다. <개정 1993.3.10, 1995.1.5, 2004.1.20>

② 支廳長은 地方檢察廳 檢事長의 命을 받아 所管事務를 처리하고 所屬公務員을 指揮·監督한다.

第23條(地方檢察廳 및 支廳 次長檢事) ① 地方檢察廳과 大統領令이 정하는 支廳에 次長檢事를 둔다. <개정 1993.3.10>

② 次長檢事는 所屬長을 補佐하며, 所屬長이 事故가 있을 때에는 그 職務를 代理한다.

第24條(部長檢事) ① 地方檢察廳 및 支廳에 事務를 分掌하기 위하여 部를 둘 수 있다.

② 地方檢察廳 및 支廳의 部에 部長檢事를 둔다. <개정 1993.3.10>

③ 部長檢事는 上司의 命을 받아 그 部의 事務를 처리한다.

第25條(地方檢察廳 및 支廳 檢事) 地方檢察廳 및 支廳에 각각 檢事를 둔다.

第26條(職制) ① 地方檢察廳 및 大統領令이 정하는 支廳에 事務局을 두고 事務局에 課를 두며, 課의 設置와 分掌事務는 大統領令으로 정한다.

② 事務局을 두지 아니하는 支廳에 課를 두며, 課의 設置와 分掌事務는 大統領令으로 정한다.

③ 地方檢察廳 및 支廳의 部에 課를 둘 수 있으며, 課의 設置와 分掌事務는 大統領令으로 정한다.

④ 第1項 내지 第3項의 事務局 및 課에는 각각 事務局長 및 課長을 두고, 事務局長은 檢察副理事官 또는 檢察搜査書記官으로, 課長은 檢察副理事官·檢察搜査書記官·情報通信書記官·檢察事務官·搜査事務官·麻藥搜査事務官·電氣事務官 또는 通信事務官으로 補한다. <개정 1993.3.10, 1995.8.4, 1997.1.13>

⑤ 第4項의 事務局長 및 課長은 上司의 命을 받아 所管 局 또는 課의 事務를 처리하며 所屬公務員을 指揮·監督한다.

第5章 檢 事

第27條(檢察總長의 任命資格) 檢察總長은 15年이상 다음의 職에 있던 者중에서 任命한다. <개정 1995.1.5>

1. 判事·檢事 또는 辯護士
2. 辯護士의 資格이 있는 者로서 國家機關, 地方自治團體, 國·公營企業體, 政府投資機關管理基本法 第2條의 規定에 의한 政府投資機關 기

타 法人에서 法律에 관한 事務에 종사한 者
3. 辯護士의 資格이 있는 者로서 大學의 法律學 助教授이상의 職에 있던 者

第28條 (고등검찰청 검사장 등의 보직기준<개정 2004.1.20>) 고등검찰청 검사장, 대검찰청 차장검사, 대검찰청 검사, 지방검찰청 검사장 및 고등검찰청 차장검사는 10年이상 第27條 各號의 1에 해당하는 職에 있던 者중에서 보한다. <개정 2004.1.20>

第29條 (檢事의 任命資格) 檢事는 다음의 資格이 있는 者중에서 任命한다. <개정 1995.1.5>
1. 司法試驗에 合格하여 司法研修院의 所定課程을 마친 者
2. 辯護士의 資格이 있는 者

第30條 (高等檢察廳 部長檢事등의 任用) ① 高等檢察廳 部長檢事, 第23條第1項의 規定에 의하여 次長檢事를 둔 支廳의 支廳長 및 大統領令이 정하는 地方檢察廳의 次長檢事는 10年이상 第27條 各號의 1에 해당하는 職에 있던 者중에서 任用한다.
② 高等檢察廳 檢事, 第1項의 경우를 제외한 地方檢察廳과 支廳의 次長檢事·部長檢事 및 支廳長은 5年이상 第27條 各號의 1에 해당하는 職에 있던 者중에서 任用한다.

第31條 (年數의 通算) 第27條, 第28條 및 第30條의 適用에 있어서 2個이상의 職에 있던 者는 그 年數를 通算한다. <개정 1993.3.10>

第32條 (檢事의 職務代理) ① 檢察總長은 司法研修院長의 요청에 의하여 司法研修生으로 하여금 일정한 期間을 정하여 地方檢察廳 또는 支廳 檢事의 職務를 代理할 것을 命할 수 있다.
② 검찰총장은 필요하다고 인정하는 경우에는 검찰수사서기관·檢察事務官·搜査事務官 또는 麻藥搜査事務官으로 하여금 지방검찰청 또는 지청 검사의 직무를 代理하게 할 수 있다. <개정 1995.8.4, 2004.1.20>
③ 第1項 및 第2項의 規定에 의하여 檢事의 職務를 代理하는 者는 法院組織法에 의한 合議部의 審判事件은 처리하지 못한다.
④ 제2항의 규정에 의한 검사직무대리의 직무범위 그 밖의 검사직무대리의 운영 등에 관하여 필요한 사항은 대통령령으로 정한다. <신설 2004.1.20>

第33條 (缺格事由) 다음 各號의 1에 해당하는 者는 檢事로 任用될 수 없다.
1. 國家公務員法 第33條第1項 各號의 1에 해당하는 者
2. 禁錮이상의 刑의 宣告를 받은 者
3. 彈劾決定에 의하여 罷免된 후 5年을 경과하지 아니한 者

제34조 (검사의 임명 및 보직 등) ① 검사의 임명 및 보직은 법무부장관의 제청으로 대통령이 행한다. 이 경우 법무부장관은 검찰총장의 의견을 들어 검사의 보직을 제청한다.
② 대통령이 법무부장관의 제청으로 검찰총장을 임명할 때에는 국회의 인사청문을 거쳐야 한다.

第35條 (檢察人事委員會) ① 檢事의 任用·전보 그 밖의 인사에 관한 중요사항을 심의하기 위하여 法務部에 檢察人事委員會를 둔다. <개정 2004.1.20>
② 檢察人事委員會의 구성·운영 및 심의사항은 大統領令으로 정한다. <개정 2004.1.20&

第36條 (定員·報酬 및 懲戒) ① 檢事는 特定職公務員으로 하고, 그 定員·報酬 및 懲戒에 관하여 필요한 사항은 따로 法律로 정한다.
② 檢事의 地位는 존중되어야 하며, 그 報酬는 職務와 品位에 상응하도록 정하여야 한다.
③ 第32條第1項의 規定에 의하여 檢事의 職務를 代理하는 司法研修生에 대하여는 大統領令이 정하는 바에 의하여 實費를 支給한다.

第37條 (身分保障) 檢事는 彈劾 또는 禁錮이상의 刑을 받거나 징계처분 또는 적격심사에 의하지 아니하면 파면·퇴직·정직 또는 감봉의 處分을 받지 아니한다. <개정 2004.1.20>

第38條 (休職) ① 法務部長官은 檢事가 兵役服務를 위하여 徵集되거나 召集된 때 또는 法律의 規定에 의한 義務를 수행하기 위하여 職務를 離脫하게 된 때에는 그 服務期間의 滿了時까지 休職을 命하여야 하며, 國內外의 法律研究機關·大學등에서의 法律研修 또는 本人의 疾病療養등을 위하여 休職을 請願하는 경우에 그 請願內容이 충분한 이유가 있다고 인정되는 경우에는 2年이내의 期間을 정하여 이를 許可할 수 있다.
② 第1項의 경우 休職期間중의 報酬支給등에 관하여 필요한 사항은 大統領令으로 정한다.

제39조 (검사적격심사) ① 검사(검찰총장을 제외한다)에 대하여는 임명된 해부터 7년이 되는 해마다 적격심사를 한다.
② 제1항의 심사를 위하여 법무부에 검사적격심사위원회(이하 '위원회'라 한다)를 두되, 다음 각 호의 위원 9인으로 구성한다.
1. 대법원장이 추천하는 법률전문가 1인
2. 대한변호사협회장이 추천하는 변호사 1인
3. 교육인적자원부장관이 추천하는 법학교수 1인
4. 법무부장관이 위촉하는 사법제도에 관하여 학식과 경험을 가진 자 2인
5. 법무부장관이 지명하는 검사 4인
③ 제2항제1호 내지 제3호의 위원은 당해 추천기관의 추천을 받아 법무부장관이 위촉한다.
④ 위원회는 검사가 직무수행능력의 현저한 결여 등 검사로서 정상적인 직무수행이 어렵다고 인정하는 경우에는 재적위원 3분의 2 이상의 의결을 거쳐 법무부장관에게 그 검사의 퇴직을 건의한다.
⑤ 위원회는 제4항의 규정에 의한 의결에 앞서 그 검사에게 당해 위원회에 출석하여 충분한 진술을 할 수 있는 기회를 주어야 한다.
⑥ 법무부장관은 제4항의 규정에 의한 건의가 상당하다고 인정하는 때에는 대통령에게 그 검사에 대한 퇴직명령을 제청한다.
⑦ 제2항 각호의 위원의 자격기준 · 임기 및 위원회의 조사 · 심의방식 그 밖의 운영에 관하여 필요한 사항은 대통령령으로 정한다.

제39조의2 (심신장애로 인한 퇴직) 검사가 중대한 심신상의 장애로 인하여 직무를 수행할 수 없을 때에는 대통령은 법무부장관의 제청에 의하여 그 검사에 대하여 퇴직을 명할 수 있다.

第40條 (名譽退職) ① 20年이상 勤續한 檢事가 停年전에 自進하여 退職하는 경우에는 名譽退職手當을 支給할 수 있다.
② 第1項의 名譽退職手當의 금액 기타 支給에 관하여 필요한 사항은 大統領令으로 정한다.

第41條 (停年) 檢察總長의 停年은 65歲, 檢察總長외의 檢事의 停年은 63歲로 한다. <개정 1995.1.5>

第42條 삭제 <2004.1.20>

第43條 (政治運動등의 금지) 檢事는 在職중 다음의 행위를 할 수 없다.
1. 國會 또는 地方議會의 議員이 되는 일
2. 政治運動에 관여하는 일
3. 金錢上의 이익을 目的으로 하는 業務에 종사하는 일
4. 法務部長官의 許可없이 報酬있는 職務에 종사하는 일

第44條 (檢事의 兼任) 法務部 및 그 所屬機關의 職員으로서 檢事의 任命資格이 있는 者는 檢事를 兼任할 수 있다. 이 경우에는 그중 高額의 報酬를 받으며, 그 兼職은 第36條의 定員에 算入하지 아니한다.

第44條의2 (檢事의 派遣禁止등) 檢事는 大統領秘書室에 派遣되거나 大統領秘書室의 職位를 겸임할 수 없다.

第 6 章 檢察廳職員

第45條 (檢察廳職員) 檢察廳에 管理官 · 檢察理事官 · 檢察副理事官 · 檢察捜査書記官 · 檢察事務官 · 捜査事務官 · 痲藥捜査事務官 · 檢察主事 · 痲藥捜査主事 · 檢察主事補 · 痲藥捜査主事補 · 檢察書記 · 痲藥捜査書記 · 檢察書記補 · 痲藥捜査書記補 및 別定職公務員을 둔다. <개정 1988.12.31, 1991.11.22, 1995.8.4>

第46條 (檢察捜査書記官등의 職務 <개정 1995.8.4>)
① 檢察捜査書記官 · 檢察書記官 · 檢察主事 · 痲藥捜査主事 · 檢察主事補 및 痲藥捜査主事補는 다음 各號의 事務에 종사한다. <개정 1995.8.4>
1. 檢事의 命을 받은 捜査에 관한 事務
2. 刑事記錄의 작성과 보존
3. 國家를 當事者 또는 參加人으로 하는 訴訟과 行政訴訟의 遂行者로 지정을 받은 檢事의 訴訟業務의 補佐 및 이에 관한 記錄 기타 書類의 작성과 보존에 관한 事務
4. 기타 檢察行政에 관한 事務
② 檢察捜査書記官 · 捜査事務官 및 痲藥捜査事務官은 檢事를 補佐하며 그 指揮를 받아 犯罪捜査를 행한다. <개정 1995.8.4>
③ 檢察書記 · 痲藥捜査書記 · 檢察書記補 및 痲藥捜査書記補는 檢察捜査書記官 · 檢察事務官 · 捜査事務官 · 痲藥捜査事務官 · 檢察主事 · 痲藥捜査主事 · 檢察主事補 또는 痲藥捜査主事補를 補佐한다. <개정 1995.8.4>

④ 檢察搜查書記官·檢察事務官·檢察主事·麻藥搜查主事·檢察主事補 및 麻藥搜查主事補는 搜查에 관한 調書作成에 관하여 檢事의 의견이 자기의 의견과 다른 경우에는 調書末尾에 그 취지를 기재할 수 있다. <개정 1995.8.4>

第47條 (司法警察官理로서의 職務遂行) ① 檢察主事·麻藥搜查主事·檢察主事補·麻藥搜查主事補·檢察書記·麻藥搜查書記·檢察書記補 또는 麻藥搜查書記補로서 檢察總長 및 各級檢察廳檢事長의 指命을 받은 者는 所屬檢察廳 또는 支廳에서 受理한 事件에 관하여 檢察主事·麻藥搜查主事·檢察主事補 및 麻藥搜查主事補는 刑事訴訟法 第196條第1項의 規定에 의한 司法警察官의 職務를, 檢察書記·麻藥搜查書記·檢察書記補 및 麻藥搜查書記補는 同法 第196條第2項의 規定에 의한 司法警察官理의 職務를 행한다. <개정 1995.8.4>

② 別定職公務員으로서 各級檢察廳 檢事長의 指命을 받은 公務員중 5級 내지 7級 상당 公務員은 刑事訴訟法 第196條第1項의 規定에 의한 司法警察官의 職務를, 8級 및 9級상당 公務員은 同法 第196條第2項의 規定에 의한 司法警察理의 職務를 행한다. <신설 1995.1.5>

第48條 (檢察總長 秘書官) ① 大檢察廳에 檢察總長 秘書官 1人을 둔다.

② 秘書官은 檢察搜查書記官 또는 4級相當 別定職 國家公務員으로 補하고 檢察總長의 命을 받아 機密에 관한 사항을 맡아 처리한다. <개정 1995.8.4>

第49條 (通譯 및 技術公務員) ① 檢察廳에 通譯 및 技術分野의 業務를 담당하는 公務員을 둘 수 있다.

② 第1項의 公務員은 上司의 命을 받아 번역·通譯 또는 技術에 관한 事務에 종사한다.

第50條 (檢察廳職員의 補職) ① 檢察廳職員의 補職은 法務部長官이 행한다. 다만, 이 法 또는 다른 法律에 특별한 規定이 있는 경우에는 그러하지 아니하다.

② 法務部長官은 第1項의 規定에 의한 權限의 일부를 檢察總長 또는 各級檢察廳의 檢事長에게 委任할 수 있다.

③ 제33조제1호 및 제2호의 規定은 檢察廳職員에 관하여 이를 準用한다. <개정 2004.1.20>

第51條 (檢察廳職員의 兼任) 法務部職員은 이 法에 의한 檢察廳職員의 職을 兼任할 수 있다. 이 경우 그 報酬에 관하여는 第44條 後段의 規定을 準用한다.

第52條 (檢察廳職員의 定員) 檢察廳職員의 定員은 大統領令으로 정한다.

第7章 司法警察官吏의 指揮·監督

第53條 (司法警察官理의 義務) 司法警察官理는 犯罪搜查에 있어서 所管 檢事가 職務上 발한 命令에 복종하여야 한다.

第54條 (交替任用의 요구) ① 署長이 아닌 警正이하의 司法警察官理가 職務執行에 관하여 부당한 행위를 하는 경우에는 地方檢察廳檢事長은 당해 事件의 搜查中止를 命하고, 任用權者에게 그 交替任用을 요구할 수 있다.

② 第1項의 요구가 있는 때에 任用權者는 정당한 이유를 제시하지 아니하는 한 交替任用의 요구에 응하여야 한다.

附 則 <제3882호,1986.12.31>

① (施行日) 이 法은 公布한 날로부터 施行한다.
② (經過措置) 이 法은 施行당시 서울特別市에 所在하는 支廳의 次長檢事 및 事務局은 이 法에 의한 大統領令이 施行될 때까지 종전의 規定에 의한다.
③ (다른 法律의 改正) 檢事定員法 第1條중 '第27條'를 '第36條第1項'으로, 檢事의報酬에관한法律 第1條중 '第27條第1項'을 '第36條第1項'으로, 檢事懲戒法 第2條第1號중 '第25條'를 '第43條'로 한다.

附則 <제4043호,1988.12.31>

① (施行日) 이 法은 公布한 날로부터 施行한다.
② (檢察總長의 任期에 관한 經過措置) 이 法 施行당시의 檢察總長의 任期는 그 任命된 날로부터 起算한다.
③ (檢察廳職員에 관한 經過措置) 第45條의 規定에 불구하고 麻藥등 搜查를 위하여 保健社會部로부터 移替받아 檢察廳職員으로 任用하는 別定職公務員, 行政職公務員 및 保健職公務員은 이 法 施行日로부터 第46條, 第47條의 規定에 따라 당해

職級 상당의 檢察廳職員의 事務에 종사하고 司法警察官吏로서의 職務를 행할 수 있다.

附 則 <제4395호,1991.11.22>

이 法은 公布한 날부터 施行한다.

附 則 <제4543호,1993.3.10>

① (施行日) 이 法은 公布한 날부터 施行한다.
② (經過措置) 이 法 施行 당시 高等檢察官 또는 檢察官으로 在職중인 者는 이 法에 의한 檢事로 각각 任用된 것으로 본다.
③ (다른 法律의 改正) 保護觀察法중 다음과 같이 改正한다.
第7條第2項중 '高等檢察官인 檢事'를 '高等檢察廳 소속의 檢事'로 한다.

附 則 <제4930호,1995.1.5>

이 法은 1995年 3月 1日부터 施行한다.

附 則 <제4946호,1995.3.30>

이 法은 公布한 날부터 施行한다.

附 則 <제4961호,1995.8.4>

이 法은 公布한 날부터 施行한다.

附 則 <제5263호,1997.1.13>

① (施行日) 이 法은 公布한 날부터 施行한다. 다만, 第44條의2의 改正規定은 1997年 9月 1日부터 施行한다.
② (다른 法律의 改正) 政黨法중 다음과 같이 改正한다.
第6條에 第4號를 다음과 같이 新設한다.
4. 檢察廳法 第12條第5項의 規定에 의한 檢察總長 退職후 2年이내인 者
[97헌마26 1997.7.16
검찰청법(1997. 1. 13. 개정법률 제5263호) 제12조제4항, 제5항 및 부칙 제2항은 헌법에 위반된다.]

附 則 <제5430호,1997.12.13>

이 法은 公布한 날부터 施行한다.

부 칙(국회법) <제6855호,2003.2.4>

제1조 (시행일) 이 법은 공포한 날부터 시행한다. <단서 생략>
제2조 (다른 법률의 개정) ①내지 ② 생략
③ 검찰청법중 다음과 같이 개정한다.
제34조의 제목 '(檢事의 任命 및 補職)'을 '(검사의 임명 및 보직 등)'으로 하고, 동조에 후단을 다음과 같이 신설한다.
이 경우 검찰총장은 국회의 인사청문을 거쳐야 한다.
④ 및 ⑤ 생략

부 칙 <제7078호,2004.1.20>

제1조 (시행일) 이 법은 공포한 날부터 시행한다.
제2조 (검사적격심사에 대한 적용례) 이 법 시행 당시 재직중인 검사에 대하여는 그 검사의 재직연수가 7의 배수에 도달하는 최초의 해부터 제39조의 개정규정에 의한 검사적격심사를 한다.
제2조 (다른 법률의 개정) ① 검사징계법중 다음과 같이 개정한다.
제23조중 '檢事長'을 '검찰총장·고등검찰청검사장 또는 지방검찰청검사장'으로 한다.
② 군사법원법중 다음과 같이 개정한다.
제122조중 '高等檢察廳 또는 地方檢察廳의 檢事長'을 '고등검찰청검사장 또는 지방검찰청검사장'으로 한다.
③ 보호관찰등에관한법률중 다음과 같이 개정한다.
제7조제2항중 '檢事長'을 '고등검찰청검사장'으로 한다.
④ 지방교육자치에관한법률중 다음과 같이 개정한다.
제173조제2항중 '(檢事長 또는 支廳長의 處理)'를 '(지방검찰청검사장 또는 지청장 및 고등검찰청검사장의 처리)'로 한다.
⑤ 폭력행위등처벌에관한법률중 다음과 같이 개정한다.

제10조제1항 및 제2항중 '管轄檢察廳檢事長'을 각각 '관할 지방검찰청검사장'으로 한다.
⑥형사소송법중 다음과 같이 개정한다.
제84조의 제목중 '檢事長'을 '고등검찰청검사장 또는 지방검찰청검사장'으로 하고, 동조중 '高等檢察廳 또는 地方檢察廳檢事長'을 '고등검찰청검사장 또는 지방검찰청검사장'으로 하며, 제261조의 제목중 '檢事長'을 '지방검찰청검사장 또는 지청장 및 고등검찰청검사장'으로 하고, 제471조제2항중 '所屬檢察廳檢事長'을 '소속 고등검찰청검사장 및 지방검찰청검사장'으로 한다.

경 찰 법

법률 제5681호 일부개정 1999. 01. 21.
법률 제6279호 일부개정 2000. 12. 20.
법률 제6855호(국회법) 일부개정 2003. 02. 04.
법률 제7035호 일부개정 2003. 12. 31.
법률 제7247호 일부개정 2004. 12. 23.

제1장 총 칙

제1조 (목적) 이 법은 경찰의 민주적인 관리·운영과 효율적인 임무수행을 위하여 경찰의 기본조직 및 직무범위 기타 필요한 사항을 규정함을 목적으로 한다.

제2조 (경찰의 조직) ① 치안에 관한 사무를 관장하게 하기 위하여 행정자치부장관소속하에 경찰청을 둔다. [개정 96·8·8, 2004.12.23]
② 경찰청의 사무를 지역적으로 분담 수행하게 하기 위하여 특별시장·광역시장 및 도지사(이하 시·도지사라 한다)소속하에 지방경찰청을 두고, 지방경찰청장소속하에 경찰서를 둔다. [개정 97·12·13]
③ 삭제 [96·8·8]

제3조 (경찰의 임무) 경찰은 국민의 생명·신체 및 재산의 보호와 범죄의 예방·진압 및 수사, 치안정보의 수집, 교통의 단속 기타 공공의 안녕과 질서유지를 그 임무로 한다.

제4조 (권한남용의 금지) 경찰은 그 직무를 수행함에 있어서 헌법과 법률에 따라 국민의 자유와 권리를 존중하고, 국민전체에 대한 봉사자로서 공정중립을 지켜야 하며, 부여된 권한을 남용하여서는 아니된다.

제2장 경찰위원회

제5조 (경찰위원회의 설치) ① 경찰행정에 관하여 제9조제1항 각호에 정한 사항을 심의·의결하기 위하여 행정자치부에 경찰위원회(이하 "위원회"라 한다)를 둔다. [개정 2004.12.23]
② 위원회는 위원장 1인을 포함한 7인의 위원으로 구성하되, 위원장 및 5인의 위원은 비상임, 1인

의 위원은 상임으로 한다.

③ 제2항의 규정에 의한 위원중 상임위원은 정무직으로 한다. [신설 2004.12.23]

제6조 (위원의 임명 및 결격사유) ① 위원은 행정자치부장관의 제청으로 국무총리를 거쳐 대통령이 임명한다. [개정 2004.12.23]

② 행정자치부장관은 위원을 제청함에 있어서 경찰의 정치적 중립이 보장되도록 하여야 한다. [개정 2004.12.23]

③ 위원중 2인은 법관의 자격이 있는 자이어야 한다.

④ 다음 각호의 1에 해당하는 자는 위원이 될 수 없다. [개정 99・1・21]

1. 당적을 이탈한 날부터 3년이 경과되지 아니한 자
2. 선거에 의하여 취임하는 공직에서 퇴직한 날부터 3년이 경과되지 아니한 자
3. 경찰・검찰・국가정보원직원 또는 군인의 직에서 퇴직한 날부터 3년이 경과되지 아니한 자
4. 국가공무원법 제33조 각호의 1에 해당하는 자

제7조 (위원의 임기 및 신분보장) ① 위원의 임기는 3년으로 하며, 연임할 수 없다. 이 경우 보궐위원의 임기는 전임자의 잔임기간으로 한다.

② 위원은 정당에 가입하거나 제6조제4항제2호 또는 제3호의 직에 취임 또는 임용되거나 제4호에 해당하게 된 때에는 당연히 퇴직된다.

③ 위원은 중대한 심신상의 장애로 직무를 수행할 수 없게 된 경우를 제외하고는 그 의사에 반하여 면직되지 아니한다.

제8조 (국가공무원법의 준용) (국가공무원법의 준용) 위원에 대하여는 국가공무원법 제60조 및 제65조의 규정을 준용한다.

제9조 (위원회의 심의·의결사항) ① 다음 각호의 사항은 위원회의 심의・의결을 거쳐야 한다. [개정 2004.12.23]

1. 경찰의 인사・예산・장비・통신등에 관한 주요정책 및 경찰업무발전에 관한 사항
2. 인권보호와 관련되는 경찰의 운영・개선에 관한 사항
3. 경찰임무외의 다른 국가기관으로부터의 업무협조요청에 관한 사항
4. 기타 행정자치부장관 및 경찰청장이 중요하다고 인정하여 위원회에 부의한 사항

② 행정자치부장관은 제1항의 규정에 의하여 심의・의결된 내용이 부적정하다고 판단될 때에는 재의를 요구할 수 있다. [개정 2004.12.23]

제10조 (위원회의 운영등) ① 위원회의 사무는 경찰청에서 수행한다.

② 위원회의 회의는 재적위원 과반수의 출석과 출석위원 과반수의 찬성으로 의결한다.

③ 이 법에 규정된 것외에 위원회의 운영 및 제9조제1항 각호에 정한 심의・ 의결사항의 구체적 범위, 재의요구등에 관하여 필요한 사항은 대통령령으로 정한다.

제3장 경 찰 청

제11조 (경찰청장) ① 경찰청에 경찰청장을 두되, 경찰청장은 치안총감으로 보한다.

② 경찰청장은 경찰위원회의 동의를 얻어 행정자치부장관의 제청으로 국무총리를 거쳐 대통령이 임명한다. 이 경우 국회의 인사청문을 거쳐야 한다. [개정 2003.02.04.법제6855호, 2003.12.31.]

③ 경찰청장은 경찰에 관한 사무를 통할하고 청무를 관장하며 소속공무원 및 각급 경찰기관의 장을 지휘・감독한다.

④ 삭제[개정 2003.12.31.]

⑤ 경찰청장의 임기는 2년으로 하고, 중임할 수 없다. [신설 2003.12.31.]

⑥ 경찰청장이 그 직무집행에 있어서 헌법이나 법률을 위배한 때에는 국회는 탄핵의 소추를 의결할 수 있다. [신설 2003.12.31.]

제12조 (차장) ① 경찰청에 차장을 두되, 차장은 치안정감으로 보한다.

② 차장은 경찰청장을 보좌하며, 경찰청장이 부득이한 사유로 직무를 수행할 수 없을 때에는 그 직무를 대행한다. [개정 2004.12.23]

제13조 (하부조직) ① 경찰청의 하부조직은 국 또는 부 및 과로 한다.

② 경찰청장・차장・국장 또는 부장 밑에 정책의 기획이나 계획의 입안 및 연구조사를 통하여 그를 직접 보좌하는 담당관을 둘 수 있다.

③ 경찰청의 하부조직의 각칭 및 분장사무와 공무원의 정원은 정부조직법 제2조제4항 및 제5항의 규정을 준용하여 대통령령 또는 행정자치부령으로 정한다. [개정 98・2・28]

제 4 장 지방경찰

제14조 (지방경찰청장) ① 지방경찰청에 지방경찰청장을 두되, 지방경찰청장은 치안정감·치안감 또는 경무관으로 보한다.

② 지방경찰청장은 경찰청장의 지휘·감독을 받아 관할구역안의 경찰사무를 관장하고 소속공무원 및 소속경찰기관의 장을 지휘·감독한다.

제15조 (차장) ① 지방경찰청에 차장을 둘 수 있다.

② 차장은 지방경찰청장을 보좌하여 소관사무를 처리하고 지방경찰청장이 부득이한 사유로 직무를 수행할 수 없을 때에는 그 직무를 대행한다. [개정 2004.12.23]

제16조 (치안행정협의회) ① 지방행정과 치안행정의 업무협조 기타 필요한 사항을 협의·조정하기 위하여 시·도지사소속하에 치안행정협의회를 둔다.

② 치안행정협의회의 조직·운영 기타 필요한 사항은 대통령령으로 정한다.

제17조 (경찰서장) ① 경찰서에 경찰서장을 두되, 경찰서장은 총경 또는 경정으로 보한다. [개정 2000. 12. 20.]

② 경찰서장은 지방경찰청장의 지휘·감독을 받아 관할구역안의 소관사무를 관장하고 소속공무원을 지휘·감독한다.

③ 경찰서장소속하에 지구대 또는 파출소를 두고, 그 설치기준은 치안수요·교통·지리 등 관할구역의 특성을 고려하여 행정자치부령으로 정한다. 다만, 필요한 경우에는 출장소를 둘 수 있다. [개정 2004.12.23]

제18조 (직제) 지방경찰청 및 경찰서의 명칭·위치·관할구역·하부조직·공무원의 정원 기타 필요한 사항은 정부조직법 제2조제4항 및 제5항의 규정을 준용하여 대통령령 또는 행정자치부령으로 정한다. [개정 98·2·28]

제 5 장 ((제19조 내지 제22조) 삭제 [96·8·8])

제 6 장 경찰공무원

제23조 (경찰공무원) ① 경찰공무원의 계급은 치안총감·치안정감·치안감·경무관·총경·경정·경감·경위·경사·경장·순경으로 한다.

② 경찰공무원의 임용·교육훈련·복무·신분보장등에 관하여는 따로 법률로 정한다.

제24조 (직무수행) ①경찰공무원은 상관의 지휘·감독을 받아 직무를 수행하고, 그 직무수행에 관하여 서로 협력하여야 한다.

② 경찰공무원의 직무수행에 필요한 사항은 따로 법률로 정한다.

부 칙

제1조 (시행일) 이 법은 공포후 60일이 경과한 날부터 시행한다.

제2조 (최초위원의 임기) 이 법 시행후 최초로 임명되는 경찰위원회 위원의 임기는7인중 2인(위원장 및 상임위원)은 3년, 5인은 2년으로 한다.

제3조 (경찰청설치등에 관한 경과조치) 이 법 시행당시의 내무부 치안본부와 그소속공무원은 각각 이 법에 의한 경찰청과 그 소속공무원으로, 서울특별시·직할시· 도경찰국 및 경찰서와 그 소속공무원은 각각 지방경찰청 및 경찰서와 그소속공무원으로, 해양경찰대 및 지구해양경찰대와 그 소속공무원은 각각 해양경찰청및 해양경찰서와 그 소속공무원으로 본다.

제4조 (다른 법률의 개정) ①서울특별시행정에관한특별조치법중 다음과 같이 개정한다.

제3조제1항제5호를 삭제한다.

제5조제3항중 "경찰업무를 담당하는 국장은 치안정감으로, 과장은 총경으로,"를 삭제한다.

제6조 단서를 삭제한다.

② 경찰대학설치법중 다음과 같이 개정한다. 제1조, 제4조제1항 및 제6조제2항중 '내무부장관' 각각 '경찰청장'으로 한다.

③ 전투경찰대설치법중 다음과 같이 개정한다. 제1조제1항중 '서울특별시장·직할시장·도지사'를 '지방경찰청장'으로 한다. 제1조제2항, 제2조 및 제3조중 '내무부장관'을 각각 '경찰청장'으로 한다.

④ 경찰공무원법중 다음과 같이 개정한다.

제4조제1항중 '내무부장관'을 '경찰청장'으로, '내무부'를 '경찰청'으로 한다. 제5조제3호중 '내무부장관'을 '경찰청장'으로 한다. 제6조를 다음과 같이 한다.

제6조 (임용권자) ① 총경이상의 경찰공무원은 경

찰청장의 추천에 의하여 내무부장관의 제청으로 국무총리를 거쳐 대통령이 임용한다. 다만, 총경의 전보 ·휴직·직위해제·정직 및 복직은 경찰청장이 행한다. ② 경정이하의 경찰공무원은 경찰청장이 임용한다. 다만, 경정에의 신규채용· 승진임용 및 면직은 경찰청장의 제청으로 국무총리를 거쳐 대통령이 행한다. ③ 경찰청장은 대통령령이 정하는 바에 의하여 경찰공무원의 임용에 관한 권한의 일부를 소속기관의 장 및 지방경찰청장에게 위임할 수 있다. ④ 경찰청장 또는 제3항의 규정에 의하여 임용권의 위임을 받은 자는 내무부령이 정하는 바에 의하여 소속경찰공무원의 인사기록을 작성·보관하여야 한다. 제9조제1항중 '내무부장관'을 '경찰청장'으로 하고, 동조제3항 단서 및 제4항중 '내무부장관'을 각각 '경찰청장'으로 한다. 제12조제1항중 "내무부에 중앙승진심사위원회를, 내무부·서울특별시·직할시·도"를 "경찰청에 중앙승진심사위원회를, 경찰청·지방경찰청"으로 한다. 제13조제1항중 '내무부장관'을 '경찰청장'으로 한다. 제15조제1항중 '내무부장관'을 각각 '경찰청장'으로 한다. 제17조제1항 내지 제3항중 '내무부장관'을 각각 '경찰청장'으로 한다. 제24조제4항 전단중 '내무부장관'을 '경찰청장'으로 하고, 동항 후단을 다음과 같이 한다.

이 경우 경무관이상의 경찰공무원에 대하여는 내무부장관 및 국무총리를 거쳐 대통령의 승인을 얻어야 하고, 총경·경정의 경찰공무원에 대하여는 국무총리를 거쳐 대통령의 승인을 얻어야 한다.

제25조제1항중 '내무부·서울특별시·직할시·도'를 '경찰청·지방경찰청'으로 한다.

제27조 본문중 '내무부장관'을 '경찰청장'으로 하고, 동조 단서를 다음과 같이 한다.

다만, 파면·해임 및 정직은 징계위원회의 의결을 거쳐 당해 경찰공무원의 임용권자가 행하되, 경무관이상의 정직과 경정이상의 파면 및 해임은 경찰청장의 제청으로 내무부장관 및 국무총리를 거쳐 대통령이 행하고, 총경 및 경정의 정직은 경찰청장이 행한다.

제28조 본문중 '내무부장관'을 '경찰청장'으로 한다. 제30조제2항제2호 및 제4호중 '내무부장관'을 각각 '경찰청장'으로 한다. 법률 제3606호 부칙 제6조중 '내무부'를 '경찰청'으로 한다.

⑤ 경범죄처벌법중 다음과 같이 개정한다.

제7조제1항중 '내무부장관'을 '경찰청장'으로 한다.

⑥ 총포·도검·화약류등단속법중 다음과 같이 개정한다. 제4조제1항 전단, 제9조제1항 본문·제2항, 제10조제5호, 제42조제1항·제3항 전단, 제51조제2항 전단, 제52조제9호, 제53조제2항, 제59조제2항 전단, 제60조 및 제61조중 '내무부장관'을 각각 '경찰청장'으로 한다. 제6조제1항중 "서울특별시장·직할시장 또는 도지사(이하 '시·도지사'라 한다)"를 '지방경찰청장'으로 한다.

제12조제1항, 제13조제2항 내지 제4항, 제14조제1항, 제22조, 제25조제1항 전단· 제2항, 제28조제1항, 제32조제2항, 제38조제1항 전단, 제39조제1항 전단, 제40조 제3항 및 제67조제2항중 '시·도지사'를 각각 '지방경찰청장'으로 한다. 제14조제2항, 제38조제2항·제3항 및 제39조제2항·제4항 전단중 '시·도지사는'을 각각 '지방경찰청장은'으로 한다.

제32조제3항중 "내무부장관 또는 시·도지사는"을 "경찰청장 또는 지방경찰청장은"으로 한다.

제68조중 "내무부장관 또는 시·도지사는"을 "경찰청장 또는 지방경찰청장은"으로, "시·도지사 또는 경찰서장"을 "지방경찰청장 또는 경찰서장"으로 한다. 제74조제2항중 "내무부장관, 시·도지사"를 "경찰청장, 지방경찰청장"으로 한다.

⑦ 사격및사격장단속법중 다음과 같이 개정한다. 제6조 본문중 "서울특별시장·부산시장 또는 도지사"를 "지방경찰청장"으로 한다. 제7조제6호중 "총포화약류단속법"을 "총포·도검·화약류등단속법"으로 한다. 제20조제2항을 삭제한다.

⑧ 신용조사업법중 다음과 같이 개정한다.

제4조제1항 본문중 "서울특별시장·직할시장 또는 도지사(이하 '도지사'라 한다)"를 '지방경찰청장'으로 한다.

제4조제3항, 제12조제1항 본문 및 제12조의2 본문중 '도지사는'을 각각 '지방경찰청장은'으로 한다. 제7조 본문 및 제14조중 '도지사'를 각각 '지방경찰청장'으로 한다. 제12조제3항중 '도지사가'를 '지방경찰청장이'로, '내무부장관'을 '경찰청장'으로 한다.

⑨ 경찰직무응원법중 다음과 같이 개정한다. 제1

조제1항중 "서울특별시장 또는 도지사(이하 지방장관이라 한다)는"을 '지방경찰청장은'으로, '타지방장관'을 '다른 지방경찰청장'으로 하고, 동조제2항을 다음과 같이 한다.

② 경찰청장은 돌발사태의 진압이나 특수지구의 경비에 있어서 긴급한 경우에는 지방경찰청장 또는 소속경찰기관의 장에 대하여 다른 지방경찰청의 경찰관을 응원시키기 위하여 소속경찰관의 파견을 명할 수 있다. 제2조중 '도'를 '지방경찰청'으로 한다.

제3조중 '지방장관'을 '지방경찰청장'으로 '타도'를 '다른 지방경찰청'으로 한다. 제4조 및 제5조중 '내무부장관'을 각각 '경찰청장'으로 한다. 제6조 본문중 '내무부장관'을 '경찰청장'으로 하고, 동조 단서중 '내무부치안국과장인 서기관'을 '경찰청과장인 총경'으로 한다. 제7조제1항중 '내무부장관'을 '경찰청장'으로 하고, 동조제2항을 삭제한다.

⑩ 용역경비업법중 다음과 같이 개정한다.

제4조제1항 본문중 "서울특별시장·직할시장 또는 도지사(이하 '도지사'라 한다)"를 '지방경찰청장'으로 하고, 동항 단서를 다음과 같이 한다. 다만, 영업구역이 2이상의 지방경찰청 관할구역에 걸칠 때에는 경찰청장의 허가를 받아야 한다.

제13조제1항 및 제15조의2제2항 전단중 '내무부장관'을 각각 '경찰청장'으로 하고, 제13조제2항중 '도지사와'를 '지방경찰청장과'로 한다.

⑪ 청원경찰법중 다음과 같이 개정한다.

제4조제1항중 "서울특별시장·직할시장 또는 도지사(이하 '도지사'라 한다)"를 '지방경찰청장'으로 한다.

제4조제2항·제3항, 제8조제2항 및 제9조 본문중 '도지사는'과 제9조의2제1항, 제9조의3제2항 및 제10조의3중 '도지사는'을 각각 '지방경찰청장은'으로 한다. 제5조제1항, 제9조의2제2항 및 제12조제1호중 '도지사'를 각각 '지방경찰청장'으로 한다.

제6조제2항중 '내무부장관'을 '경찰청장'으로 한다. 제12조제2호중 '내무부장관'을 '경찰청장'으로 한다.

⑫ 도로교통법중 다음과 같이 개정한다.

제3조 본문중 "서울특별시장·직할시장 또는 도지사(이하 '시·도지사'라 한다)는"을 '지방경찰청장은'으로 하고, 동조 단서중 '시·도지사'를 '지방경찰청장'으로 한다.

제6조제1항중 '시·도지사는'을 '지방경찰청장은'으로 하고, 동조제4항중 '시·도지사가'를 '지방경찰청장이'로 하며, 동조제5항중 '시·도지사'를 '지방경찰청장'으로 한다.

제10조제1항중 '시·도지사는'을 '지방경찰청장은'으로 한다. 제12조제4항제5호중 '시·도지사가'를 '지방경찰청장이' 한다. 제13조제1항중 '시·도지사는'을 '지방경찰청장은'으로 하고, 동조제2항 단서중 '시·도지사가'를 '지방경찰청장이'로 한다. 제15조제2항 및 제16조제2항중 '시·도지사는'을 각각 '지방경찰청장은'으로 한다. 제20조제3항, 제22조제1항 단서, 제27조제1항제5호·동조제2항제2호, 제28조제6호 및 제29조제7호중 '시·도지사가'를 각각 '지방경찰청장이'로 한다. 제34조제2항, 제35조제2항, 제38조제3항 및 제39조중 '시·도지사는'을 각각 '지방경찰청장은'으로 한다.

제40조 본문중 '시·도지사'를 '지방경찰청장'으로 한다. 제48조제9호중 '시·도지사가'를 '지방경찰청장이'로 한다. 제55조제2항·제3항중 '내무부장관'을 각각 '경찰청장'으로 한다. 제63조제3항제7호중 '시·도지사가'를 '지방경찰청장이'로 한다. 제65조 본문중 '내무부장관'을 '경찰청장'으로 한다. 제68조제1항, 제73조 및 제74조제1항중 '시·도지사'를 각각 '지방경찰청장'으로 한다.

제74조제2항·제3항중 '시·도지사는'을 각각 '지방경찰청장은'으로 한다. 제75조중 '시·도지사'를 '지방경찰청장'으로 한다. 제76조제1항 및 제78조 본문중 '시·도지사는'을 '지방경찰청장은'으로 한다. 제79조제1항 본문중 '시·도지사'를 '지방경찰청장'으로 하고, 동조제2항중 '시·도지사가'를 '지방경찰청장이'로 한다.

제81조제1항 본문중 '시·도지사는'을 '지방경찰청장은'으로 하고, 동조제2항중 '시·도지사'를 '지방경찰청장'으로 하며, 동조제3항중 '시·도지사는'을 '지방경찰청장은'으로 한다.

제82조제1항중 '시·도지사'를 '지방경찰청장'으로 한다. 제85조제2항, 제87조제2항 및 제95조 내지 제97조중 '내무부장관'을 각각 '경찰청장'으로 한다. 제100조중 '서울특별시·직할시 또는 도'를 '지방경찰청'으로 한다. 제101조제1항 본문중 '시·도

지사는'을 '지방경찰청장은'으로 한다. 제103조중 '내무부장관'을 '경찰청장'으로 한다. 제104조중 '시·도지사는'을 '지방경찰청장은'으로 한다. 제113조제4호중 '시·도지사'를 '지방경찰청장'으로 한다. 제119조제1항 본문중 '내무부장관'을 '경찰청장'으로 한다.

⑬ 대한민국재향경우회법중 다음과 같이 개정한다. 제2조제2항, 제9조 본문, 제11조제5항 및 제16조중 '내무부장관'을 각각 '경찰청장'으로 한다.

⑭ 형의 실효등에 관한 법률중 다음과 같이 개정한다. 제2조제4호·제5호 및 제5조제1항중 '내무부 치안본부'를 각각 '경찰청'으로 한다.

⑮ 병역의무의특례규제에관한법률중 다음과 같이 개정한다. 제5조제1항 내지 제4항 및 제6조제4항중 '내무부장관'을 각각 '경찰청장'으로 한다.

⑯ 해상교통안전법중 다음과 같이 개정한다. 제9조제2항·제3항, 제45조제1항 및 제52조제1항중 '내무부장관'을 각각 '경찰청장'으로 한다.

⑰ 도로법중 다음과 같이 개정한다.

제54조의2제2항중 '내무부장관과 교통부장관'을 '교통부장관과 경찰청장'으로 한다.

⑱ 자동차관리법중 다음과 같이 개정한다. 제24조제1항중 '내무부장관'을 '경찰청장'으로 한다.

⑲ 집회및시위에관한법률중 다음과 같이 개정한다. 제6조제1항 단서 및 제2항 본문중 '경찰국장'을 '지방경찰청장'으로 하고, 제6조제1항 단서중 '경찰국'을 '지방경찰청'으로 한다.

제5조 (행정처분등에 관한 일반적 경과조치) 이 법 시행당시 종전의 규정에 의하여내무부장관·서울특별시장·직할시장 또는 도지사등 행정기관이 행한 행정처분 기타행정기관의 행위 또는 각종 신고 기타 행정기관에 대한 행위는 그에 해당하는 이 법에의한 행정기관의 행위 또는 행정기관에 대한 행위로 본다.

제6조 (다른 법령과의 관계) 이 법 시행당시 다른 법령에서 내무부 치안본부를인용한 경우에는 경찰청을, 치안본부장을 인용한 경우에는 경찰청장을, 시·도경찰국을 인용한 경우에는 시·도지방경찰청을, 시·도경찰국장을 인용한 경우에는 시·도지방경찰청장을, 해양경찰대 및 지구해양경찰대를 인용한 경우에는 해양경찰청 및 해양경찰서를, 해양경찰대장 및 지구해양경찰대장을 인용한 경우에는 해양경찰청장및 해양경찰서장을 각각 인용한 것으로 본다.

부 칙 [96·8·8]

제1조 (시행일) 이 법은 공포후 30일이내에 제41조의 개정규정에 의한 해양수산부와 해양경찰청의 조직에 관한 대통령령의 시행일부터 시행한다. [1996·8·8 대통령령 제15135호에 의하여 공포한 날부터 시행]

제2조 내지 제4조 생략

부 칙 [97·1·13]

① (시행일) 이 법은 공포한 날부터 시행한다.

② (다른 법률의 개정) 정당법중 다음과 같이 개정한다. 제6조에 제5호를 다음과 같이 신설한다.

5. 경찰법 제11조제4항의 규정에 의한 경찰청장 퇴직후 2년이내인 자

부 칙 [97·12·13]

이 법은 1998년 1월 1일부터 시행한다. [단서 생략]

부 칙 [98·2·28]

제1조 (시행일) 이 법은 공포한 날부터 시행한다. [단서 생략]

제2조 내지 제7조 생략

부 칙 [99·1·21]

제1조 (시행일) 이 법은 공포한 날부터 시행한다.

제2조 내지 제4조 생략

부 칙 [2000. 12. 20.]

이 법은 공포한 날부터 시행한다.

부 칙 [2003.02.04 (국회법)]

제1조 (시행일) 이 법은 공포한 날부터 시행한다.

다만, 제128조의2의 개정규정은 2004년 1월 1일부터 시행한다.

제2조 (다른 법률의 개정) ① 내지 ③ 생략

④ 경찰법중 다음과 같이 개정한다.

제11조제2항에 후단을 다음과 같이 신설한다.

이 경우 국회의 인사청문을 거쳐야 한다.

⑤ 생략

부 칙 [2003.12.31]

① (시행일) 이 법은 공포한 날부터 시행한다.

② (재직중인 경찰청장의 임기에 관한 경과조치) 이 법 시행 당시 재직중인 경찰청장의 임기는 그 임명된 날부터 기산한다.

부 칙 [2004.12.23]

제1조 (시행일) 이 법은 공포한 날로부터 시행한다.

제2조 (다른 법률의 개정) ① 경찰관직무집행법중 다음과 같이 개정한다.

제3조제2항 전단중 '지서'를 '지구대'로 한다.

② 유실물법중 다음과 같이 개정한다.

제1조제1항 본문중 '지서'를 '지구대'로 한다.

③ 도로교통법중 다음과 같이 한다.

제50조제2항 본문중 '경찰지서'를 '지구대'로 한다.

④ 보안관찰법중 다음과 같이 개정한다.

제18호제1항 각호외의 부분 전단중 '지서'를 '지구대'로, '지·파출소장'을 각각 '지구대·파출소장'으로 하고, 동조제2항 내지 제4항중 '지·파출소장'을 각각 '지구대·파출소장'으로 한다.

경찰관직무집행법

법률 제5988호 일부개정 1999. 05. 24.
법률 제7247호(경찰법) 일부개정 2004. 12. 23.

제1조 (목적) ①이 법은 국민의 자유와 권리의 보호 및 사회공공의 질서유지를 위한 경찰관의 직무수행에 필요한 사항을 규정함을 목적으로 한다.

②이 법에 규정된 경찰관의 직권은 그 직무수행에 필요한 최소한도내에서 행사되어야 하며 이를 남용하여서는 아니된다.

제2조 (직무의 범위) 경찰관은 다음 각호의 직무를 행한다.

1. 범죄의 예방·진압 및 수사
2. 경비·요인경호 및 대간첩작전수행
3. 치안정보의 수집·작성 및 배포
4. 교통의 단속과 위해의 방지
5. 기타 공공의 안녕과 질서유지

제3조 (불심검문) ①경찰관은 수상한 거동 기타 주위의 사정을 합리적으로 판단하여 어떠한 죄를 범하였거나 범하려 하고 있다고 의심할 만한 상당한 이유가 있는 자 또는 이미 행하여진 범죄나 행하여지려고 하는 범죄행위에 관하여 그 사실을 안다고 인정되는 자를 정지시켜 질문할 수 있다.

② 그 장소에서 제1항의 질문을 하는 것이 당해인

에게 불리하거나 교통의 방해가 된다고 인정되는 때에는 질문하기 위하여 부근의 경찰서·지구대·파출소 또는 출장소(이하 "경찰관서"라 하되, 지방해양경찰관서를 포함한다)에 동행할 것을 요구할수 있다.이 경우 당해인은 경찰관의 동행요구를 거절할 수 있다. [개정 88·12·31, 96·8·8, 2004.12.23 법률 제7247호(경찰법)]

③ 경찰관은 제1항에 규정된 자에 대하여 질문을 할 때에 흉기의 소지여부를 조사할 수 있다.

④ 제1항 또는 제2항의 규정에 의하여 질문하거나 동행을 요구할 경우 경찰관은 당해인에게 자신의 신분을 표시하는 증표를 제시하면서 소속과 성명을 밝히고 그 목적과 이유를 설명하여야 하며, 동행의 경우에는 동행장소를 밝혀야 한다. [개정 91·3·8]

⑤ 제2항의 규정에 의하여 동행을 한 경우 경찰관은 당해인의 가족 또는 친지등에게 동행한 경찰관의 신분, 동행장소, 동행목적과 이유를 고지하거나 본인으로 하여금 즉시 연락할 수 있는 기회를 부여하여야 하며, 변호인의 조력을 받을 권리가 있음을 고지하여야 한다. [신설 88·12·31]

⑥ 제2항의 규정에 의하여 동행을 한 경우 경찰관은 당해인을 6시간을 초과하여 경찰관서에 머물게 할 수 없다. [신설 88·12·31, 91·3·8]

⑦ 제1항 내지 제3항의 경우에 당해인은 형사소송에 관한 법률에 의하지 아니하고는 신체를 구속당하지 아니하며, 그 의사에 반하여 답변을 강요당하지 아니한다. [신설 88·12·31]

제4조 (보호조치등) ①경찰관은 수상한 거동 기타 주위의 사정을 합리적으로 판단하여 다음 각호의 1에 해당함이 명백하며 응급의 구호를 요한다고 믿을 만한 상당한 이유가 있는 자를 발견한 때에는 보건의료기관 또는 공공구호기관에 긴급구호를 요청하거나 경찰관서에 보호하는등 적당한 조치를 할 수 있다. [개정 88·12·31]

1. 정신착란 또는 술취한 상태로 인하여 자기 또는 타인의 생명·신체와 재산에 위해를 미칠 우려가 있는 자와 자살을 기도하는 자
2. 미아·병자·부상자등으로서 적당한 보호자가 없으며 응급의 구호를 요한다고 인정되는 자. 다만, 당해인이 이를 거절하는 경우에는 예외로 한다.

② 제1항의 긴급구호요청을 받은 보건의료기관이나 공공구호기관은 정당한 이유없이 긴급구호를 거절할 수 없다.

③ 제1항의 경우에 피구호자가 휴대하고 있는 무기·흉기등 위험을 야기할 수 있는 것으로 인정되는 물건은 경찰관서에 임시영치할 수 있다.

④ 경찰관이 제1항의 조치를 한 때에는 지체없이 이를 피구호자의 가족·친지 기타의 연고자에게 그 사실을 통지하여야 하며, 연고자가 발견되지 아니할 때에는 피보호자를적당한 공중보건의료기관이나 공공구호기관에 즉시 인계하여야 한다.

⑤ 경찰관은 제4항의 규정에 의하여 피구호자를 공중보건의료기관 또는 공공구호기관에 인계한 때에는 즉시 그 사실을 소속 경찰서장 또는 지방해양경찰관서의 장에게 보고하여야 한다. [신설 88·12·31, 96·8·8]

⑥ 제5항의 보고를 받은 소속 경찰서장 또는 지방해양경찰관서의 장은 대통령령이 정하는 바에 의하여 피구호자를 인계한 사실을 지체없이 당해 공중보건의료기관· 공공구호기관의 장 및 그 감독행정청에 통보하여야 한다. [신설 88·12·31, 96·8·8]

⑦ 제1항의 규정에 의한 경찰관서에서의 보호는 24시간을, 제3항의 임시영치는 10일을 초과할 수 없다. [개정 88·12·31]

제5조 (위험발생의 방지) ①경찰관은 인명 또는 신체에 위해를 미치거나 재산에 중대한 손해를 끼칠 우려가 있는 천재, 사변, 공작물의 손괴, 교통사고, 위험물의 폭발, 광견·분마류등의 출현, 극단한 혼잡 기타 위험한 사태가 있을 때에는 다음의 조치을 할 수 있다.

1. 그 장소에 집합한 자, 사물의 관리자 기타 관계인에게 필요한 경고를 발하는 것
2. 특히 긴급을 요할 때에는 위해를 받을 우려가 있는 자를 필요한 한도내에서 억류하거나 피난시키는 것
3. 그 장소에 있는 자, 사물의 관리자 기타 관계인에게 위해방지상 필요하다고 인정되는 조치를 하게 하거나 스스로 그 조치를 하는 것

② 경찰관서의 장은 대간첩작전수행 또는 소요사태의 진압을 위하여 필요하다고 인정되는 상당한 이유가 있을 때에는 대간첩작전지역 또는 경찰관

서·무기고등 국가중요시설에 대한 접근 또는 통행을 제한하거나 금지할 수 있다.

③ 경찰관이 제1항의 조치를 한 때에는 지체없이 이를 소속경찰관서의 장에게 보고하여야 한다.

④ 제2항의 조치를 하거나 제3항의 보고를 받은 경찰관서의 장은 관계기관의 협조를 구하는등 적당한 조치를 하여야 한다.

제6조 (범죄의 예방과 제지) ① 경찰관은 범죄행위가 목전에 행하여지려고 하고 있다고 인정될 때에는 이를 예방하기 위하여 관계인에게 필요한 경고를 발하고, 그 행위로 인하여 인명·신체에 위해를 미치거나 재산에 중대한 손해를 끼칠 우려가 있어 긴급을 요하는 경우에는 그 행위를 제지할 수 있다.

② 삭제 [88·12·31]

제7조 (위험방지를 위한 출입) ① 경찰관은 제5조제1항·제2항 및 제6조제1항에 규정한 위험한 사태가 발생하여 인명·신체 또는 재산에 대한 위해가 절박한 때에 그 위해를 방지하거나 피해자를 구조하기 위하여 부득이 하다고 인정할 때에는 합리적으로 판단하여 필요한 한도내에서 타인의 토지·건물 또는 선차내에 출입할 수 있다.

② 흥행장·여관·음식점·역 기타 다수인이 출입하는 장소의 관리자 또는 이에 준하는 관계인은 그 영업 또는 공개시간내에 경찰관이 범죄의 예방 또는 인명·신체와재산에 대한 위해예방을 목적으로 그 장소에 출입할 것을 요구한 때에는 정당한 이유없이 이를 거절할 수 없다.

③ 경찰관은 대간첩작전수행에 필요한 때에는 작전지역안에 있어서의 제2항에 규정된 장소안을 검색할 수 있다.

④ 제1항 내지 제3항의 규정에 의하여 경찰관이 필요한 장소에 출입할 때에는 그 신분을 표시하는 증표를 제시하여야 하며, 함부로 관계인의 정당한 업무를 방해하여서는 아니된다.

제8조 (사실의 확인등) ① 경찰관서의 장은 직무수행에 필요하다고 인정되는 상당한 이유가 있을 때에는 국가기관 또는 공사단체등에 대하여 직무수행에 관련된 사실을 조회할 수 있다. 다만, 긴급을 요할 때에는 소속경찰관으로 하여금 현장에 출장하여 당해기관 또는 단체의 장의 협조를 얻어 그 사실을 확인하게 할 수 있다.

② 경찰관은 미아를 인수할 보호자의 여부, 유실물을 인수할 권리자의 여부 또는 사고로 인한 사상자를 확인하기 위하거나 행정처분을 위한 교통사고조사상의 사실을 확인하기 위하여 필요한 때에는 관계인에게 출석을 요하는 사유·일시 및 장소를 명확히 한 출석요구서에 의하여 경찰관서에 출석할 것을 요구할 수 있다.

제9조 (유치장) 경찰서 및 지방해양경찰관서에 법률이 정한 절차에 따라 체포·구속되거나 신체의 자유를 제한하는 판결 또는 처분을 받은 자를 수용하기 위하여 유치장을 둔다. [개정 96·8·8, 99·5·24] [[시행일 99·11·25]]

제10조 (경찰장비의 사용등) ① 경찰관은 직무수행중 경찰장비를 사용할 수 있다. 다만, 인명 또는 신체에 위해를 가할 수 있는 경찰장비에 대하여는 필요한 안전교육과 안전검사를 실시하여야 한다.

② 제1항의 "경찰장비"라 함은 무기, 경찰장구, 최루제 및 그 발사장치, 감지기구, 해안감시기구, 통신기기, 차량·선박·항공기등 경찰의 직무수행을 위하여 필요한 장치와 기구를 말한다.

③ 경찰장비를 임의로 개조하거나 임의의 장비를 부착하여 통상의 용법과 달리 사용함으로써 타인의 생명·신체에 위해를 주어서는 아니된다.

④ 제1항 단서의 경찰장비의 종류 및 그 사용기준, 안전교육·안전검사의 기준등에 대하여는 대통령령으로 정한다.

[본조신설 99·5·24]

[[시행일 99·11·25]]

제10조의2 (경찰장구의 사용) ① 경찰관은 현행범인인 경우와 사형·무기 또는 장기 3년이상의 징역이나 금고에 해당하는 죄를 범한 범인의 체포·도주의 방지, 자기 또는 타인의 생명·신체에 대한 방호, 공무집행에 대한 항거의 억제를 위하여 필요하다고 인정되는 상당한 이유가 있을 때에는 그 사태를 합리적으로 판단하여 필요한 한도내에서 경찰장구를 사용할 수 있다. [개정 91·3·8, 99·5·24]

② 제1항의 "경찰장구"라 함은 경찰관이 휴대하여 범인검거와 범죄진압등 직무수행에 사용하는 수갑·포승·경찰봉·방패 등을 말한다. [신설 99·5·24] [[시행일 99·11·25]]

제10조의3 (분사기등의 사용) ① 경찰관은 범인의

체포·도주의 방지 또는 불법집회· 시위로 인하여 자기 또는 타인의 생명·신체와 재산 및 공공시설안전에 대한 현저한 위해의 발생을 억제하기 위하여 부득이한 경우 현장책임자의 판단으로 필요한 최소한의 범위안에서 분사기(총포·도검·화약류등단속법의 규정에 의한 분사기와 최루등의 작용제) 또는 최루탄을 사용할 수 있다. [개정 99·5·24]

② 삭제 [99·5·24]

[본조신설 89·6·16]

[[시행일 99·11·25]]

제10조의4 (무기의 사용) ① 경찰관은 범인의 체포·도주의 방지, 자기 또는 타인의 생명·신체에 대한 방호, 공무집행에 대한 항거의 억제를 위하여 필요하다고 인정되는 상당한 이유가 있을 때에는 그 사태를 합리적으로 판단하여 필요한 한도내에서 무기를 사용할 수 있다. 다만, 형법에 규정한 정당방위와 긴급피난에 해당하는 때 또는 다음 각호의 1에 해당하는 때를 제외하고는 사람에게 위해를 주어서는 아니된다. [개정 88·12·31, 99·5·24]

1. 사형·무기 또는 장기 3년이상의 징역이나 금고에 해당하는 죄를 범하거나 범하였다고 의심할만한 충분한 이유가 있는 자가 경찰관의 직무집행에 대하여 항거하거나 도주하려고 할 때 또는 제3자가 그를 도주시키려고 경찰관에게 항거할 때에 이를 방지 또는 체포하기 위하여 무기를 사용하지 아니하고는 다른 수단이 없다고 인정되는 상당한 이유가 있을 때
2. 체포·구속영장과 압수·수색영장을 집행할 때에 본인이 경찰관의 직무집행에 대하여 항거하거나 도주하려고 할 때 또는 제3자가 그를 도주시키려고 경찰관에게 항거할 때 이를 방지 또는 체포하기 위하여 무기를 사용하지 아니하고는 다른 수단이 없다고 인정되는 상당한 이유가 있을 때
3. 범인 또는 소요행위자가 무기·흉기등 위험한 물건을 소지하고 경찰관으로부터 3회이상의 투기명령 또는 투강명령을 받고도 이에 불응하면서 계속 항거하여 이를 방지 또는 체포하기 위하여 무기를 사용하지 아니하고는 다른 수단이 없다고 인정되는 상당한 이유가 있을 때
4. 대간첩작전수행에 있어 무장간첩이 경찰관의 투강명령을 받고도 이에 불응하는 경우

② 제1항의 "무기"라 함은 인명 또는 신체에 위해를 가할 수 있도록 제작된 권총·소총·도검등을 말한다. [신설 99·5·24]

③ 대간첩·대테러작전등 국가안전에 관련되는 작전을 수행할 때에는 개인화기외에 공용화기를 사용할 수 있다. [신설 99·5·24] [[시행일 99·11·25]]

제11조 (사용등록의 보관) 제10조의3의 규정에 의한 분사기나 최루탄 또는 제10조의4의 규정에 의한 무기를 사용하는 경우 그 책임자는 사용일시·사용장소·사용대상·현장책임자·종류·수량 등을 기록하여 보관하여야 한다.

[본조신설 99·5·24]

[[시행일 99·11·25]]

제12조 (벌칙) 이 법에 규정된 경찰관의 의무에 위반하거나 직권을 남용하여 다른 사람에게 해를 끼친 자는 1년이하의 징역이나 금고에 처한다. [전문개정 88·12·31]

제13조 (시행령) 이 법 시행에 관하여 필요한 사항은 대통령령으로 정한다.

부 칙

이 법은 공포한 날로부터 시행한다.

부 칙 [88·12·31]

이 법은 공포후 30일이 경과한 날로부터 시행한다.

부 칙 [89·6·16]

이 법은 공포한 날부터 시행한다.

부 칙 [91·3·8]

이 법은 공포한 날부터 시행한다.

부 칙 [96·8·8]

제1조 (시행일) 이 법은 공포후 30일이내에 제41조

의 개정규정에 의한 해양수산부와 해양경찰청의 조직에 관한 대통령령의 시행일부터 시행한다. [1996・8・8 대통령령 제15135호에 의하여 공포한 날부터 시행]

제2조 내지 제4조 생략

부 칙 [99・5・24]

① (시행일) 이 법은 공포후 6월이 경과한 날부터 시행한다.

② (벌칙에 관한 경과조치) 이 법 시행전의 행위에 대한 벌칙의 적용에 있어서는 종전의 규정에 의한다.

부 칙 [2004.12.23. 법률 제7247호(경찰법)]

제1조 (시행일) 이 법은 공포한 날로부터 시행한다.

제2조 (다른 법률의 개정) ① 경찰관직무집행법중 다음과 같이 개정한다.

제3조제2항 전단중 '지서'를 '지구대'로 한다.

② 내지 ④ 생략

사법경찰관리집무규칙

일부개정 2004.04.26 (부령 제550호) 법무부

제1장 총 칙

제1조 (목적) 이 규칙은 사법경찰관리에게 범죄수사에 관한 집무상의 준칙을 명시함을 목적으로 한다. <개정 2001.7.27>

제2조 (사법경찰관리의 직무) ① 사법경찰관리는 검사의 지휘를 받아 범죄를 수사한다.

② 사법경찰관은 범인, 범죄사실과 증거를 수사함을 그 직무로 한다.

③ 사법경찰관리는 수사를 보조함을 그 직무로 한다.

제3조 (사법경찰관이의 신조) 사법경찰관리는 특히 다음 사항을 명심하여야 한다.

1. 사법경찰관리는 법률에 따라 범죄를 수사함을 그 사명으로 하므로 항상 모든 관계법령을 연구하고 이를 솔선하여 준수하도록 노력하여야 한다.
2. 사법경찰관리는 사회정의를 실현시킴을 그 사명으로 하므로 항상 사회의 변천과 범죄현상을 연구하고 이에 대비하도록 노력하여야 한다.
3. 사법경찰관리는 국민의 자유와 권리를 보호함을 그 사명으로 하므로 항상 공명정대하고 국민의 신임을 받도록 노력하여야 한다.

제4조 (문서의 서식) 사법경찰관리가 범죄수사에

관하여 사용하는 문서와 장부는 별지 제1호서식 내지 별지 제64호의4서식 및 별지 제79호서식 내지 별지 제93호의10서식에 의한다. 다만, 단순하고 정형적인 사건에 관하여 사용 할 문서는 별지 제65호서식 내지 제78호서식에 의한다. <개정 1980.1.21, 1990.2.8, 1994.12.31, 1996.5.1, 2001.7.27, 2002.3.30>

제5조 삭제 <2004.4.26>

제2장 수 사

제1절 통 칙

제6조 (관할) 사법경찰관리는 각 소속관서의 관할구역내에서 직무를 행한다. 다만, 관할구역내의 사건과 관련성이 있는 사실을 발견하기위하여 필요한 경우에는 관할구역외에서도 그 직무를 행할 수 있다.

제7조 (비밀의 엄수) 사법경찰관리는 범죄를 수사함에 있어서 기밀을 엄수하여 수사에 지장을 초래하지 아니하도록 주의하여야 하며 피의자·피해자 기타 관계인의 명예를 훼손하지 아니하도록 하여야 한다.

제8조 (수사의 협조) 사법경찰관리는 직무를 수행함에 있어서 상호 성실하게 협조하여야 한다.

제9조 (수사의 회피) 사법경찰관리는 피의자·피해자 기타 관계인과 친족 기타 특별한 관계로 인하여 수사에 공정성을 잃을 염려가 있거나 또는 의심받을 염려가 있다고 인정되는 사건에 대하여는 소속관서의 장의 허가를 받아 그 수사를 회피하여야 한다.

제10조 (사건의 단위) 다음 각호에 해당하는 범죄사건은 1건으로 처리한다.

1. 형사소송법 제11조 소정의 관련 사건, 이미 검찰청 또는 상당관서에 송치하거나 이송한 후에 수리한 사건도 또한 같다.
2. 불기소처분이 있은 후 검사의 지휘에 따라 다시 수사를 개시한 사건
3. 검사로부터 수사지휘를 받은 사건
4. 타관서로부터 이송을 받은 사건
5. 검찰청에 송치하기 전의 맞고소 사건
6. 판사로부터 검찰청에 송치명령을 받은 즉결심판 청구사건
7. 피고인으로부터 정식재판 청구가 있는 즉결심판 사건

제2절 수사사무보고

제11조 (수사사무보고) 사법경찰관은 다음 각호에 해당하는 범죄가 발생하였다고 인정할 경우에는 즉시 관할 지방검찰청 검사장 또는 지청장에게 보고하여야 한다. 다만, 비상사태 또는 이에 준하는 사태하에서는 아직 범죄가 발생하지 아니하였다 하더라도 그 발생의 염려가 있는 경우에는 그 동태를 보고하여야 한다. <개정 2001.7.27>

1. 내란의 죄
2. 외환의 죄
3. 국기에 관한 죄
4. 국교에 관한 죄
5. 공안을 해하는 죄. 다만, 공무원자격의 사칭죄는 제외한다.
6. 폭발물에 관한 죄
7. 방화·중실화 및 업무상 실화의 죄
8. 교통방해의 죄
9. 통화에 관한 죄
10. 살인의 죄
11. 상해치사·폭행치사 죄
12. 강도의 죄
13. 국가보안법 위반범죄
14. 각종 선거법 위반범죄
15. 관세법 위반범죄
16. 중요한 조세범처벌법 위반범죄
17. 공무원에 관한 죄
18. 군사에 관한 죄
19. 변호사 및 언론인에 관한 죄
20. 외국인에 관한 죄
21. 사회의 이목을 끌만하거나 정부 시책에 중대한 영향을 미치는 범죄
22. 지방검찰청 검사장 또는 지청장이 지시한 사항

제12조 (정보보고) 사법경찰관은 다음 각호의 1에 해당하는 사실이 있을 때에는 지체없이 그 사실과 경찰조치를 관할 지방검찰청 검사장 또는 지청장에게 보고하여야 한다.

1. 소요의 발생 기타의 사유로 사회적 불안을 조

성할 우려가 있을 때

2. 정당, 사회단체의 동향이 사회 질서에 영향을 미칠 우려가 있을 때

제13조 (범죄통계보고) 사법경찰관은 사건마다 범죄통계원표를 작성하여 검찰총장이나 관할 지방검찰청 검사장 또는 지청장에게 제출하여야 한다.

제 3 절 수사서류

제14조 (수사서류의 작성) 수사서류를 작성할 때에는 내용의 정확과 진술의 임의성을 확보하기 위하여 특히 다음 사항에 유의하여야 한다.

1. 일상용어에 사용하는 쉬운 문구를 사용한다.
2. 복잡한 사항은 항목을 나누어 기술한다.
3. 사투리 · 약어 · 은어등은 그 다음에 괄호를 하고 설명을 붙인다.
4. 외국어 또는 학술용어에는 그 다음에 괄호를 하고 간단한 설명을 붙인다.
5. 지명 · 인명등으로서 혼동할 우려가 있을 때 · 기타 특히 필요하다고 인정할 때에는 그 다음에 괄호를 하고 한자등을 기입하거나 설명을 붙인다.
6. 각 서류마다 작성연월일을 기재하고 간인하게 한 후 서명날인 하도록 한다. 다만, 진술자가 서명할 수 없을 때에는 대서기명하되 그 사유를 기재하고 진술자의 날인을 받거나 그 무인을 받는다.

제15조 (외국어로 된 서면) 외국어로 기재한 서류가 있을 때는 번역문을 첨부하여야 한다.

제 4 절 출석요구와 조사

제16조 (출석요구) ① 사법경찰관이 피의자 또는 참고인에 대하여 출석을 요구할 때에는 출석요구서를 발부하여야 한다.

② 제1항의 출석요구서에는 출석요구의 취지를 명백하게 기재하여야 한다.

③ 피의자 또는 참고인에 대하여는 지체없이 진술을 들어야 하며 장시간 대기시키는 일이 없도록 하여야 한다.

④ 외국인을 조사할 때에는 국제법과 국제조약에 위배되는 일이 없도록 유의하여야 한다.

제17조 (피의자에 대한 조사사항) 사법경찰관리가 범죄를 수사함에 있어서는 다음 사항에 유의하여야 한다. 다만, 진술을 들을 때에는 미리 피의자에 대하여 형사소송법 제200조제2항의 규정에 의한 진술거부권이 있음을 알려야 한다.

1. 피의자의 성명 · 연령 · 주민등록번호 · 본적 · 주거 · 직업 및 전과 · 기소유예 · 선고유예등의 처분을 받은 사실유무 · 피의자가 외국인인 경우에는 국적 · 주거 · 출생지 · 입국연월일 및 입국목적, 피의자가 법인 또는 단체인 경우에는 명칭 · 상호 · 소재지 · 대표자의 성명 및 주거 · 설립목적 및 그 기구
2. 피의자가 자수 또는 자복하였을 때에는 그 동기와 경위
3. 피의자의 훈장 · 기장 · 포장 · 연금의 유무
4. 병역관계
5. 피의자의 환경 · 교육과 경력 · 가족상황 · 재산 및 생활의 정도 · 종교관계
6. 범죄의 동기와 원인 · 성질 · 일시 · 장소 · 방법 · 결과
7. 피해자의 주거 · 직업 · 성명 · 연령
8. 피의자와 피해자와의 친족관계등으로 인한 죄의 성부, 형의 경중이 있는 사건에 대하여는 그 사항
9. 피의자의 처벌로 인하여 그 가정에 미치는 영향
10. 범죄로 인하여 피해자 및 사회에 미치는 영향
11. 피해의 상태 · 손해액 · 피해회복의 여부 · 처벌 희망의 유무
12. 피의자의 이익이 될만한 사항
13. 제1호 내지 제12호 사항을 증명할 만한 사항

제18조 (참고인의 진술) ① 참고인의 진술을 들을 때에는 형사소송법 제317조의 규정을 준수하여야 하며 조금이라도 진술을 강요하는 일이 있어서는 아니된다.

② 참고인의 진술은 조서에 기재하여야 한다.

③ 진술사항이 복잡하거나 또는 진술인이 서면진술을 원할 때에는 이를 작성 제출하게 할 수 있다.

④ 제3항의 경우에는 될 수 있는 대로 자필로 작성할 것을 권고하여야 하며 수사담당 사법경찰관리가 대서하지 아니하도록 한다.

제19조 (임상의 조사) 가료중인 피의자나 참고인이 현재하는 곳에서 임상신문을 하는 경우에는 상대

방의 건강상태를 충분히 고려하여야 하며, 수사에 중대한 지장이 없는 한 가족, 의사 기타 적당한 사람을 입회시켜야 한다.

제20조 (범죄의 내사) ① 범죄에 관한 신문 기타 출판물의 기사, 익명의 신고 또는 풍설이 있을 때에는 특히 출처에 주의하여 그 진상을 내사한 후 범죄의 혐의가 있다고 인정할 때에는 즉시 수사에 착수하여야 한다. 다만, 내사를 빙자하여 막연히 관계인의 출석을 요구하거나 물건을 압수하는 일이 없도록 하여야 한다.

② 사법경찰관은 내사결과 범죄의 혐의가 없다고 인정할 때에는 즉시 내사를 종결하여야 한다.

③ 익명 또는 허무인 명의의 진정·탄원 및 투서에 대하여는 그 내용을 정확히 판단하여 수사단서로서의 가치가 없다고 인정될 때에는 내사하지 아니할 수 있다.

④ 실존인물의 진정, 탄원, 투서라도 내용이 형벌법규에 저촉되지 아니함이 명백하다고 인정될 때에는 진정·탄원·투서인에게 그 뜻을 통지하고 제3항에 준하여 처리할 수 있다.

제21조 (범죄인식보고서) ① 사법경찰관이 수사에 착수할 때에는 범죄인식보고서를 작성하여야 한다.

② 제1항의 보고서에는 피의자의 성명·주민등록번호·직업·주거·범죄경력·죄명·범죄사실 및 적용법조를 기재하고 범죄사실에는 범죄의 일시·장소·방법등을 명시하고 특히 수사의 단서 및 인식하게 된 경위를 명백히 기재하여야 한다.<개정 1996.12.31>

제 5 절 피의자의 체포·구속등<개정 1996.12.31>

제22조 (구속영장의 신청) ① 사법경찰관이 체포한 피의자에 대하여 구속영장을 신청하는 경우에는 체포영장·긴급체포서·현행범인체포서 또는 현행범인인수서를 제출하여야 한다.

② 사법경찰관은 체포된 피의자에 대하여 구속영장을 신청하는 경우 피의자에게 형사소송법 제201조의2제1항의 규정에 의한 심문을 신청할 수 있음을 고지하고, 피의자가 판사의 심문을 신청하는지의 여부를 피의자신문조서에 기재하여야 한다.<신설 1998.7.3>

③ 사법경찰관은 피의자신문조서에 제2항의 내용을 기재할 수 없는 특별한 사정이 있는 경우에는 심문신청여부에 대한 피의자의 의사를 표시한 확인서를 사건기록에 편철함으로써 피의자신문조서에의 기재에 갈음할 수 있다.<신설 1998.7.3>

④ 피의자가 제3항의 규정에 의한 확인서에 서명날인을 거부하는 경우에는 사법경찰관이 확인서 끝부분에 그 사유를 기재하고 서명날인하여야 한다.<신설 1998.7.3>

⑤ 사법경찰관이 체포된 피의자에 대하여 구속영장을 신청하는 때에는 변호인이 있는 경우에는 변호인에게, 변호인이 없는 경우에는 형사소송법 제201조의2제1항에 규정된 자중 피의자가 지정한 자에게 판사의 심문을 신청할 수 있음을 구두·전화·전보·모사전송·별지 제17호서식에<%생략 : 서식17%> 의한 통지 기타 이에 상당한 방법으로 통지하여야 한다.<신설 1998.7.3>

⑥ 제5항의 경우에 모사전송 또는 별지 제17호서식에<%생략 : 서식17%> 의한 통지의 방법으로 통지한 때에는 그 사본을 기록에 편철하고, 그외의 방법으로 통지를 한 때 또는 제5항에 규정된 자에게 통지를 할 수 없는 경우나 증거인멸 또는 공범의 도망염려등으로 그 통지가 부적절하여 통지를 하지 아니한 경우에는 그 취지를 기재한 서면을 기록에 편철하여야 한다.<신설 1998.7.3>

⑦ 사법경찰관은 피의자외의 자가 형사소송법 제201조의2제1항의 규정에 의한 신청을 한 때에는 신청인으로부터 심문신청서등 심문신청의 의사가 기재된 서면 및 피의자와의 관계를 소명할 수 있는 자료를 제출받아 기록에 편철하여야 한다.<신설 1998.7.3>

⑧ 사법경찰관은 피의자 또는 피의자외의 자가 심문신청서등 심문신청의 의사가 기재된 서면을 제출한 경우에는 심문신청접수부에 소정의 사항을 기재하여야 한다.<신설 1998.7.3>

⑨ 사법경찰관은 형사소송법 제201조의2의 규정에 의한 피의자심문 결정에 따라 검사로부터 심문기일과 장소를 통지받은 때에는 검사의 지휘를 받아 지정된 기일과 장소에 체포된 피의자를 출석시켜야 한다.

[전문개정 1996.12.31]

제22조의2 (영장의 재신청) 사법경찰관은 다음 각호의 1에 해당하는 경우에 동일한 범죄사실로 다

시 체포 · 구속 · 압수 · 수색 또는 검증영장의 발부를 신청하는 때에는 그 취지를 검사에게 보고하여야 한다.
1. 영장의 유효기간이 경과된 경우
2. 영장을 신청하였으나 발부받지 못한 경우
3. 피의자가 체포 · 구속되었다가 석방된 경우
[본조신설 1996.12.31]

제23조 (영장의 집행) ① 영장은 신속 정확하게 이를 집행하여야 한다.
② 영장을 집행할 때에는 친절히 하여야 하고 피의자 또는 관계인의 신체 및 명예를 보전하는데 유의하여야 한다.
③ 영장은 검사의 서명날인 또는 집행지휘서에 의하여 이를 집행한다.<개정 1996.12.31>
④ 사법경찰관리가 형사소송법 제81조제1항 단서에 의하여 재판장, 수명법관 또는 수탁판사로부터 구속영장의 집행지휘를 받았을 때에는 즉시 이를 집행하여야 한다.
⑤ 사법경찰관리는 피의자를 체포 · 구속하는 때에는 형사소송법 제200조의5 또는 제209조의 규정에 의하여 준용되는 동법 제72조 또는 제88조의 규정에 의하여 피의자에게 범죄사실의 요지, 체포 · 구속의 이유와 변호인을 선임할 수 있음을 고지하고 변명의 기회를 준 후 피의자로부터 확인서를 받아 사건기록에 편철하여야 한다. 다만, 피의자가 확인서에 서명날인을 거부하는 경우에는 피의자를 체포 · 구속하는 사법경찰관리는 확인서 말미에 사유를 기재하고 서명날인하여야 한다.<신설 1996.12.31>
⑥ 영장을 집행할 때에는 형사소송법 제89조 및 제90조의 규정을 준수하여야 한다.<신설 1988.4.2, 1996.12.31>

제23조의2 (체포·구속의 통지) ① 사법경찰관이 피의자를 체포 · 구속한때에는 형사소송법 제200조의5 또는 제209조의 규정에 의하여 준용되는 동법 제87조의 규정에 따라 변호인이 있는 경우에는 변호인에게, 변호인이 없는 경우에는 동법 제30조제2항에 규정된 자중 피의자가 지정한 자에게 체포 · 구속한 때부터 늦어도 24시간내에 서면으로 체포 · 구속의 통지를 하여야 한다. 이 경우 형사소송법 제30조제2항에 규정된 자가 없어 체포 · 구속의 통지를 하지 못하는 경우에는 그 취지를 기재한 서면을 기록에 편철하여야 한다.
② 사법경찰관은 긴급을 요하는 경우에는 전화 또는 모사전송 기타 상당한 방법으로 체포 · 구속의 통지를 할 수 있다. 이 경우 다시 서면으로 체포 · 구속의 통지를 하여야 한다.
③ 체포 · 구속의 통지서사본은 그 사건기록에 편철하여야 한다.
[본조신설 1996.12.31]

제24조 (구금과 건강상태) 피의자를 구금할 때에는 그의 건강상태를 조사하고 체포 · 구속으로 인하여 현저하게 건강을 해할 염려가 있다고 인정할 때에는 그 사유를 검사에게 보고하여야 한다.<개정 1996.12.31>

제24조의2 (체포·구속영장등본의 교부) 형사소송법 제214조의2제1항에 규정된 자가 체포 · 구속영장의 등본의 교부를 청구하는 때에는 그 등본을 교부하여야 한다.
[본조신설 1996.12.31]

제25조 (영장등의 반환<개정 1994.12.31>) ① 형사소송법 제200조의5 또는 제209조의 규정에 의하여 준용되는 동법 제75조에 따라 체포 · 구속영장을 반환하는 경우에는 영장 및 영장반환보고서의 사본을 그 사건기록에 편철하여야 한다.<개정 1996.12.31>
② 형사소송법 제82조의 규정에 의하여 체포 · 구속영장이 수통 발부된 경우에는 이를 전부 반환하여야 한다.<개정 1996.12.31>
③ 영장반환보고서에는 발행통수 및 집행불능의 사유를 기재하여야 한다.
④ 통신제한조치의 집행이 불가능하거나 필요없게 된 경우에는 제1항 내지 제3항을 준용하여 통신제한조치허가서를 법원에 반환하여야 한다.<신설 1994.12.31>

제26조 (피의자의 석방) ① 체포 또는 긴급체포하거나 구속한 피의자를 석방하고자 할 때에는 미리 검사의 지휘를 받아야 한다.<개정 1996.12.31>
② 제1항의 경우에 검사의 석방지휘가 있을 때에는 즉시 석방하여야 한다.
③ 사법경찰관은 제2항의 규정에 의하여 체포 또는 긴급체포하거나 구속한 피의자를 석방한 때에는 지체없이 그 사실을 검사에게 보고 하여야 하며, 석방일시와 석방사유를 기재한 서면을 작성하

여 그 사건기록에 편철하여야 한다.<신설 1996.12.31>

④ 제1항의 규정에 의한 피의자석방건의는 서면으로 하여야 한다. 다만, 긴급체포한 피의자에 대하여 긴급을 요하는 경우에는 모사전송으로 석방을 건의할 수 있다.<신설 1996.12.31>

제27조 (긴급체포) ① 사법경찰관이 형사소송법 제200조의3제1항의 규정에 의한 긴급체포를 할 때에는 피의자의 연령·경력·범죄성향이나 범죄의 경중·태양 기타 여러사정을 고려하여 인권의 침해가 없도록 신중을 기하여야 한다.

② 사법경찰관이 피의자를 긴급체포한 때에는 즉시 긴급체포서를 작성하고, 긴급체포원부에 그 내용을 기재하여야 한다.

③ 사법경찰관은 긴급체포후 12시간내에 관할지방검찰청 또는 지청의 검사에게 긴급체포에 대한 승인건의를 하여야 한다. 다만, 기소중지된 피의자를 당해수사관서가 위치하는 특별시·광역시 또는 도외의 지역에서 긴급체포한 경우에는 24시간내에 긴급체포에 대한 승인건의를 할 수 있다.

④ 제3항의 규정에 의한 긴급체포에 대한 승인신청을 서면으로 하여야 한다. 다만, 긴급을 요하는 경우에는 긴급체포한 사유와 체포를 계속하여야 할 사유를 상세히 기재하여 모사전송으로 긴급체포에 대한 승인건의를 할 수 있다.

⑤ 사법경찰관은 긴급체포한 피의자를 석방하는 때에는 긴급체포원부에 석방일시 및 석방사유를 기재하여야 한다.

⑥ 제23조제5항·제6항 및 제23조의2의 규정은 긴급체포의 경우에 이를 준용한다.

[전문개정 1996.12.31]

제28조 (피의자의 접견등) ① 변호인 또는 변호인이 되려는 자가 체포·구속된 피의자와의 접견, 서류·물건의 접수 또는 수진을 요청할 때에는 친절하게 응하여야 한다.<개정 1996.12.31>

② 변호인 아닌 자로부터 제1항의 요청이 있을 때에도 형사소송법 제91조 소정의 사유가 없는 한 제1항에 준한다.

③ 제1항 및 제2항의 접견등의 장소는 될 수 있는 대로 유치장 이외의 방실에서 하도록 하여야 한다.

제28조의2 (대표변호인 지정등 건의) 사법경찰관은 수인의 변호인이 있는 때에는 대표변호인의 지정, 지정의 철회 또는 변경을 검사에게 건의할 수 있다.

[본조신설 1996.12.31]

제29조 (구금된 피의자의 처우) 구금된 피의자에 대하여는 구금생활에 필요한 의류·침구 그밖의 생활용품과 식량 등을 지급하여야 하며, 위생·의료 등에 있어서 상당한 처우를 하여야 한다.

[전문개정 2001.7.27]

제29조의2 (체포·구속장소감찰에 따른 조치) 검사가 형사소송법 제198조의2의 규정에 의하여 체포·구속장소를 감찰한 후 인치 또는 구금된 자의 석방을 명하거나 사건을 송치할 것을 명한 때에는 사법경찰관은 즉시 피의자를 석방하거나 사건을 송치하여야 한다. 이 경우 피의자석방명령서 또는 사건송치명령서를 그 사건기록에 편철하여야 한다.

[본조신설 1996.12.31]

제30조 (피의자의 도주등) 사법경찰관은 구금중에 있는 피의자가 도주 또는 사망하거나 기타 이상이 발생하였을 때에는 즉시 관할지방검찰청 또는 지청의 검사에게 보고하여야 한다.

제 6 절 현행범인

제31조 (현행범인의 체포) ① 사법경찰관리가 현행범인을 체포하였을 때에는 체포의 경위를 상세히 기재한 현행범인체포서를 작성하여야 한다.<개정 1996.12.31>

② 사법경찰관리가 현행범인을 인도받은 때에는 체포자로부터 그 성명·주민등록번호·직업·주거 및 체포의 일시·장소·사유를 청취하여 현행범인인수서를 작성하여야 한다.<개정 1996.12.31>

③ 사법경찰관리가 현행범인을 체포하거나 현행범인을 인도받은 경우에는 특히 인권의 침해가 없도록 신중을 기하여야 한다.<신설 1988.4.2, 1996.12.31>

④ 제23조제5항·제6항 및 제23조의2의 규정은 현행범인을 체포 또는 인수하는 경우에 이를 준용한다.<신설 1996.12.31>

제32조 (현행범인의 조사 및 석방<개정 1996.12.31>) 사법경찰관리가 현행범인을 체포하거나 이를 인수하였을 때에는 지체없이 조사하고 계속

구금할 필요가 없다고 인정할 때에는 즉시 석방하여야 한다.
② 사법경찰관은 제1항의 규정에 의하여 현행범인을 석방한 때에는 지체없이 그 사실을 검사에게 보고하여야 하며, 석방일시와 석방사유를 기재한 서면을 작성하여 그 사건기록에 편철하여야 한다.<신설 1996.12.31>
③ 체포한 현행범인을 석방하는 때에는 현행범인체포원부에 석방일시 및 석방사유를 기재하여야 한다.<신설 1996.12.31>

제 7 절 변사자의 검시

제33조 (변사자의 검시) ① 사법경찰관리는 변사자 또는 변사의 의심이 있는 시체가 있는 때에는 즉시 관할 지방검찰청 또는 지청의 검사에게 보고하고 그 지휘를 받아야 한다.
② 검시의 명령을 받아 검시를 하였을 때에는 검시조서를 작성하여야 한다.<개정 1996.12.31>

제34조 (검시의 주의사항) ① 사법경찰관리는 검시에 착수하기 전에 변사자의 위치·상태등이 변하지 아니하도록 현장을 보존하여야 한다.
② 변사자의 소지품이나 기타에 유류한 물건으로서 수사에 필요가 있다고 인정할 때는 이를 보존하는데 유의하여야 한다.
③ 검시를 할 때에는 잠재지문 및 변사자 지문 채취에 유의하고 의사로 하여금 사체검안서를 작성하게 하여야 한다.

제35조 (검시와 참여자) 제34조의 경우에 사법경찰관리는 검시에 특별한 지장이 없다고 인정할 때에는 변사자의 가족·친족·이웃사람·친구, 시·군·구·읍·면·동의 공무원 그밖에 필요하다고 인정하는 자를 참여시켜야 한다. <개정 2001.7.27>

제36조 (자살자의 검시) 자살자를 검시할 때에는 교사자 또는 방조자의 유무, 유서가 있을 때에는 그 진위를 조사하여야 한다.

제 8 절 고소사건의 처리

제37조 (고소의 대리) 형사소송법 제236조의 소정의 대리인에 의한 고소 또는 그 취소가 있을 때에는 본인의 위임장을 제출하게 하여야 한다. <개정 2001.7.27>

제38조 (고소사건에 대한 주의사항) 고소사건에 대하여서는 고소권의 유무, 친고죄에 있어서는 형사소송법 제230조 소정의 고소기간의 경과여부, 간통죄에 있어서는 형사소송법 제229조 소정의 조건의 구비여부, 피해자의 명시한 의사에 반하여 죄를 논할 수 없는 사건에 있어서는 처벌을 희망하는 여부를 각각 조사하여야 한다.

제39조 (고소사건의 수사기간) ① 사법경찰관이 고소 또는 고발에 의하여 범죄를 수사할 때에는 고소 또는 고발을 수리한 날로부터 2월이내에 수사를 완료하여야 한다.
② 제1항의 기간내에 수사를 완료하지 못하였을 때에는 관할 지방검찰청 또는 지청의 검사의 지휘를 받아야 한다.

제40조 (고소등의 취소) ① 고소 또는 고발의 취소가 있을 때에는 그 사유를 명백히 조사하여야 한다.
② 피해자의 명시한 의사에 반하여 죄를 논할 수 없는 사건에 있어서 처벌을 희망하는 의사표시의 철회가 있을 때에도 제1항과 같다.

제 9 절 소년사건에관한특칙

제41조 (소년사건 수사의 기본) 소년사건은 보호처분 또는 형사처분에 대한 특별한 심리자료를 제공할 것을 염두에 두어야 하며, 소년의 건전한 육성을 도모하는 정신으로 수사하여야 한다.

제42조 (소년의 특성의 고려) 소년사건을 수사함에 있어서는 소년의 특성에 비추어 되도록 다른 사람의 이목을 끌지 아니하는 장소에서 온정과 이해를 가지고 부드러운 어조로 조사하여야 하며, 그 심정을 상하지 아니하도록 유의하여야 한다.

제43조 (범죄의 원인등과 환경조사) ① 소년사건을 수사함에 있어서는 범죄의 원인 및 동기와 그 소년의 성격·행상·경력·교육정도·가정상황·교우관계 기타 환경등을 상세히 조사하여 환경조사서를 작성하여야 한다.
② 심신에 이상이 있다고 인정할 때에는 지체없이 의사로 하여금 진단하게 하여야 한다.

제44조 (구속에 관한 주의) 소년에 대하여는 되도록 구속을 피하고 부득이 구속 또는 동행하는 경

우에는 그 시기와 방법에 관하여 특히 주의하여야 한다.

제45조 (보도상의 주의) 소년범죄는 소년범의 취지에 따라 신속히 처리하고 소년의 주거·성명·연령·직업·용모등에 의하여 그자를 당해본인으로 추지할 수 있는 정도의 사실이나 사진이 보도되지 아니하도록 특히 주의하여야 한다.

제46조 (학생범죄) 소년이 아니더라도 학생의 범죄사건에 관하여는 제41조 내지 제45조의 규정을 준용한다.

제47조 (여성범죄) 피의자가 여자인 경우에는 제42조와 제44조의 규정을 준용한다.

제9절의2 가정폭력범죄에 관한 특칙<신설 1998.7.3>

제47조의2 (가정폭력범죄수사시 유의사항) 가정폭력범죄를 수사함에 있어서는 보호처분 또는 형사처분의 심리를 위한 특별자료를 제공할 것을 염두에 두어야 하며, 가정폭력범죄로 파괴된 가정의 평화와 안정을 회복하고 건강한 가정의 육성을 도모하려는 자세로 임하여야 한다.

[본조신설 1998.7.3]

제47조의3 (환경조사서의 작성) 가정폭력범죄를 수사함에 있어서는 범죄의 원인 및 동기와 행위자의 성격·행상·경력·교육정도·가정상황 기타 환경등을 상세히 조사하여 환경조사서를 작성하여야 한다.

[본조신설 1998.7.3]

제47조의4 (가정폭력범죄에 관한 응급조치) 사법경찰관리가 가정폭력범죄의처벌등에관한특례법 제5조의 규정에 의하여 응급조치를 취한 때에는 가정폭력 행위자의 성명, 주소, 생년월일, 직업, 피해자와의 관계, 범죄사실의 요지, 가정상황, 피해자와 신고자의 성명, 응급조치의 내용등을 상세히 기재한 응급조치보고서를 작성하여 사건기록에 편철하여야 한다.

[본조신설 1998.7.3]

제47조의5 (가정폭력범죄에 관한 임시조치) ① 사법경찰관은 제47조의4의 규정에 의한 응급조치에 불구하고 가정폭력범죄가 재발될 우려가 있다고 인정하는 때에는 가정폭력범죄의처벌등에관한특례법 제8조제1항의 규정에 의하여 검사에게 동법 제29조제1항제1호 또는 제2호의 임시조치를 법원에 청구할 것을 신청할 수 있다. <개정 2003.3.28>

② 사법경찰관은 가정폭력 행위자가 제1항의 규정에 의한 임시조치를 위반하여 가정폭력범죄가 재발될 우려가 있다고 인정하는 때에는 가정폭력범죄의처벌등에관한특례법 제8조제2항의 규정에 의하여 검사에게 동법 제29조제1항제4호의 임시조치를 법원에 청구할 것을 신청할 수 있다. <신설 2003.3.28>

③ 사법경찰관리는 제1항 및 제2항의 신청이 있는 때에는 임시조치신청부에 소정의 사항을 기재하여야 한다. <개정 2003.3.28>

④ 사법경찰관리가 임시조치의 결정을 집행한 때에는 집행일시 및 집행방법을 기재한 서면을 사건기록에 편철하여야 한다.

⑤ 임시조치 결정에 대하여 항고가 제기되어 법원으로부터 수사기록등본의 제출을 요구받은 경우, 사법경찰관리는 항고심 재판에 필요한 범위내의 수사기록등본을 관할 검찰청으로 송부하여야 한다.

[본조신설 1998.7.3]

제47조의6 (동행영장의 집행) ① 사법경찰관리는 가정폭력범죄의처벌등에관한특례법 제27조제1항의 규정에 의한 법원의 요청이 있는 경우 동행영장을 집행하여야 한다.

② 동행영장을 집행하는 때에는 피동행자에게 동행영장을 제시하고 신속히 지정된 장소로 동행하여야 한다.

③ 동행영장을 소지하지 아니한 경우 급속을 요하는 때에는 피동행자에게 범죄사실과 동행영장이 발부되었음을 고지하고 집행할 수 있다. 이 경우에는 집행을 완료한 후 신속히 동행영장을 제시하여야 한다.

④ 동행영장을 집행한 때에는 동행영장에 집행일시와 장소를, 집행할 수 없는 때에는 그 사유를 각각 기재하고 서명날인하여야 한다.

[본조신설 1998.7.3]

제47조의7 (보호처분결정의 집행) 사법경찰관리는 가정폭력범죄의처벌등에관한특례법 제43조제1항의 규정에 의한 법원의 요청이 있는 경우에는 보호처분의 결정을 집행하여야 한다.

[본조신설 1998.7.3]

제10절 증 거

제48조 (증거보전의 신청) 사법경찰관은 미리 증거를 보전하지 아니하면 그 증거를 사용하기 곤란한 사정이 있는 때에는 그 사유를 소명하여 검사에게 증거보전의 청구를 신청하여야 한다.

제49조 (실황조사) ① 수사상 필요하다고 인정할 때에는 범죄 현장 또는 기타 장소에 임하여 실황을 조사하여야 한다.

② 제1항의 조사를 할 때에는 실황조사서를 작성하여야 한다.

제50조 (압수조서등) ① 증거물 또는 몰수할 물건을 압수하였을 때에는 압수조서 및 압수목록을 작성하여야 한다.

② 압수조서에는 압수경위를, 압수목록에는 물건의 특징을 각각 구체적으로 기재하여야 한다.

③ 제1항의 경우에는 피의자 신문조서, 진술조서, 검증조서 또는 실황조사서에 압수의 취지를 기재하여 압수조서에 갈음할 수 있다.

제51조 (증거물등의 보전) ① 혈흔, 지문, 족적 기타 멸실할 염려가 있는 증거물은 특히 그 보전에 유의하고 검증조서 또는 다른 조서에 그 성질 ·형상을 상세히 기재하거나 사진을 촬영하여야 한다.

② 시체해부 또는 증거물의 훼손 기타 원상의 변경을 요할 검증 또는 감정을 위촉할 때에는 제1항에 준하여 변경전의 형상을 알 수 있도록 특히 유의하여야 한다.

제52조 (압수물의 보관등) ① 압수물을 다른 사람에게 보관시킬 때에는 보관자의 선정에 주의하여 성실하게 보관하도록 하고 압수물건보관증을 받아야 한다.

② 압수물을 형사소송법 제130조제2항의 규정에 의하여 폐기할 때에는 폐기조서를 작성하고 사진을 촬영하여 이에 첨부하여야 한다.

③ 압수물에 대하여는 사건명, 피의자의 성명, 압수목록에 기재한 순위·번호를 기입한 견고한 표찰을 붙여야 한다.

④ 압수물의 환부·가환부 또는 압수장물의 피해자 환부에 관하여 검사의 지휘가 있을 때에는 지체없이 형사소송법 제135조 소정의 자에게 통지를 한 후 신속히 환부하여야 한다.

⑤ 압수물이 유가증권인 경우에는 지체없이 원형보존여부에 관하여 검사의 지휘를 받아야 하며, 원형을 보존할 필요가 없다는 내용의 검사의 지휘가 있는 때에는 지체없이 이를 환금하여 보관하여야 한다. <신설 2001.7.27>

⑥ 통신비밀보호법에 의한 통신제한조치집행으로 취득한 물건은 통신제한조치허가서 및 집행조서와 함께 봉인한 후 허가번호 및 보존기간을 표기하여 별도로 보관하고, 수사담당자외의 자가 열람할 수 없도록 하여야 한다. <신설 1994.12.31>

⑦ 통신제한조치를 집행하여 내사한 사건을 종결할 경우 그 집행으로 취득한 물건등은 보존기간이 경과한 후 검사의 지휘를 받아 즉시 폐기하여야 한다. <신설 1994.12.31>

제53조 (압수물의 환부 및 가환부) 사법경찰관은 압수물에 관하여 소유자, 소지자, 보관자 또는 제출자로부터 환부 또는 가환부의 청구가 있을 때에는 지체없이 검사의 지휘를 받아야 한다.

제53조의2 (긴급통신제한조치통보서 제출) 사법경찰관은 통신비밀보호법 제8조제5항의 규정에 의하여 긴급통신제한조치가 단시간내에 종료되어 법원의 허가를 받을 필요가 없는 경우에는 지체없이 긴급통신제한조치통보서를 작성하여 관할 지방검찰청 검사장 또는 지청장에게 제출하여야 한다.

[본조신설 2002.3.30]

제53조의3 (통신제한조치집행사실통지 보고) 사법경찰관은 통신비밀보호법 제9조의2제6항의 규정에 의하여 우편물 검열의 대상자 또는 감청의 대상이 된 전기통신의 가입자에게 통신제한조치를 집행한 사실과 집행기관 및 그 기간 등을 통지한 경우에는 지체없이 관할 지방검찰청검사장 또는 지청장에게 보고하여야 한다.

[본조신설 2002.3.30]

제11절 사건송치

제54조 (사건송치) 사법경찰관이 수사를 종결하였을 때에는 이를 모두 관할지방검찰청 검사장 또는 지청장에게 송치하여야 한다.

제55조 (송치서류) ① 사건을 송치할 때에는 수사서류에 사건송치서·압수물총목록·기록목록·의견서·범죄경력조회회보서 및 수사경력조회회보

서등 필요한 서류를 첨부하여야 한다. 다만, 형의실효등에관한법률 제5조제1항제2호에 해당하는 경우로서 지문을채취할형사피의자의범위에관한규칙 제2조제2항제1호·제2호 또는 제4호의 1에 해당하지 아니하는 피의자에 대하여 다음 각호의 1의 의견으로 송치할 때에는 범죄경력조회회보서 및 수사경력조회회보서를 첨부하지 아니한다. <개정 1993.12.31, 1995.6.24, 1999.3.30, 2001.7.27, 2002.3.30, 2003.3.28>

1. 혐의없음
2. 공소권없음
3. 죄가안됨
4. 각하
5. 참고인중지

② 사건송치전에 범죄경력조회회보 및 수사경력조회회보를 받지 못하였을 때에는 사건송치서(비고란)에 그 사유를 기재하고, 송치후에 범죄경력 및 수사경력을 발견하였을 때에는 즉시 주임검사에게 보고하여야 한다. <개정 2001.7.27, 2002.3.30, 2003.3.28>

③ 송치서류는 다음 순서에 따라 편철하여야 한다.

1. 사건송치서
2. 압수물 총목록
3. 기록목록
4. 의견서
5. 기타서류

④ 제3항제2호 내지 제4호의 서류에는 송치인이 직접 간인을 하여야 한다. <개정 2002.3.30>

⑤ 제3항제4호의 서류에는 각 장마다 면수를 기입하되, 1장으로 이루어진 때에는 1로 표시하고, 2장 이상으로 이루어진 때에는 1-1, 1-2, 1-3 등으로 표시하여야 한다. <신설 2002.3.30>

⑥ 제3항제5호의 서류는 접수 또는 작성한 순서에 따라 편철하고, 각 장마다 면수를 표시하되, 2부터 시작하여 순서대로 부여하여야 한다. <신설 2002.3.30>

⑦ 사법경찰관이 검찰압수물사무규칙 제2조제4호의 규정에 의한 귀중품(통화 및 유가증권을 제외한다)을 송치하는 경우에는 감정서 3부를 첨부하여야 한다. <신설 2001.7.27>

⑧ 통신제한조치를 집행한 사건의 송치시에는 수사기록표식 증거품란에 '통신제한조치'라고 표기하고 통신제한조치집행으로 취득한 물건은 수사담당 경찰관이 직접 압수물송치에 준하여 송치하여야 한다. <신설 1994.12.31, 2001.7.27>

⑨ 제3항 내지 제6항의 규정은 사건송치전 수사진행단계에서 구속영장, 압수·수색·검증영장, 통신제한조치허가를 신청하거나 신병지휘건의 등을 하는 경우에 영장신청서류 또는 신병지휘건의서류 등에 관하여 준용한다. <신설 2002.3.30>

제56조 (송치인 및 의견서 작성인) ① 제54조의 규정에 의하여 사건을 송치할 때에는 소속관서의 장인 사법경찰관의 명의로 하여야 한다. 다만, 소속관서의 장이 사법경찰관이 아닌 경우에는 수사주무과장인 사법경찰관명의로 하여야 한다.

② 제55조제1항의 의견서는 사법경찰관이 작성하여야 한다.

제57조 (소재불명자의 처리) 제11조 소정의 죄에 해당하는 사건을 송치할 때에는 소재불명 피의자의 지명수배 내용과 사진 기타 인상서등을 첨부하여야 한다.

제57조의2 (참고인등의 소재수사) ① 사법경찰관이 참고인중지의견으로 사건을 송치할 때에는 참고인등소재수사지휘부를 작성하고 그 사본 1부를 수사기록에 편철하여야 한다.

② 사법경찰관리는 제1항의 규정에 의하여 작성된 참고인등소재수사지휘부를 편철하여 관리하고 매 분기 1회이상 참고인등에 대한 소재수사를 행하여야 한다. 다만, 검사가 송치의견과 다른 결정을 한 때에는 참고인등소재수사지휘부에 그 취지를 기재하고 소재수사를 행하지 아니한다.

[본조신설 1996.5.1]

제58조 (추송) 사법경찰관이 사건송치후에 다시 서류 또는 물건을 추송할 때에는 앞서 송치한 사건명, 그 연월일·피의자의 성명과 추송하는 서류 및 증거물등을 기재한 추송서를 첨부하여야 한다.

제59조 (송치후의 수사등) ① 사법경찰관리가 사건을 송치한 후에 수사를 속행하려 할 때에는 미리 주임검사의 지휘를 받아야 한다.

② 사건의 송치후에 당해사건에 속하는 피의자의 여죄를 발견하였을 때에는 즉시 주임검사에게 보고하고 그 지휘를 받아야 한다.

③ 사법경찰관이 고소·고발사건을 기소·기소중지 또는 참고인중지의 의견으로 송치한 후에 관

할지방검찰청 또는 지청의 사건사무담당직원으로부터 그 사건에 대한 혐의없음·공소권없음·죄가안됨·각하의 처분결과와 함께 피의자에 대한 수사자료표를 폐기하도록 통보받은 때에는 그 수사자료표가 지체없이 폐기될 수 있도록 조치하여야 한다.<신설 1993.12.31, 1995.6.24, 1996.5.1>

제60조 (기소중지·참고인중지처분된 자에 대한 수사<개정 1996.5.1>) ① 사법경찰관은 검사가 피의자소재불명의 사유로 기소중지한 자를 발견하였을 때에는 즉시 수사에 착수하고 관할지방검찰청 또는 지청의 검사에게 보고하여야 한다.<개정 1996.5.1>

② 기소중지가 특정증거의 불명으로 인한 것인 경우에 이를 발견한 때 또는 참고인중지의 경우에 참고인등을 발견한 때에도 제1항과 같다.<개정 1996.5.1>

③ 사법경찰관이 제1항의 사유로 수사에 착수한 때에는 피의자소재발견처리부에 기재하여야 한다. <신설 2001.7.27>

제3장 장부와 비치서류

제61조 (장부와 비치서류) ① 사법 경찰사무를 처리하는 관서에는 다음의 장부 및 서류를 비치하여야 한다.<개정 1983.4.14, 1994.12.31, 1996.12.31, 1998.7.3, 2001.7.27, 2002.3.30>

1. 범죄사건부
2. 삭제<1983.4.14>
3. 압수부
4. 구속영장신청부
4의2. 체포영장신청부
4의3. 체포·구속영장집행원부
4의4. 긴급체포원부
4의5. 현행범인체포원부
4의6. 피의자소재발견처리부
5. 압수, 수색, 검증영장신청부
6. 출석요구통지부
7. 체포·구속인접견부
7의2. 체포·구속인교통부
7의3. 물품차입부
7의4. 체포·구속인수진부
8. 체포·구속인명부
9. 수사관계예규철
10. 수사종결사건(송치사건)철
11. 내사종결사건철
11의2. 변사사건종결철
12. 수사미제사건 기록철
13. 통계철
14. 처분결과 통지서철
15. 검시조서철
16. 잡서류철
17. 통신제한조치허가신청부
18. 통신제한조치집행대장
18의2. 긴급통신제한조치대장
18의3. 긴급통신제한조치통보서발송부
18의4. 통신제한조치집행사실통지부
18의5. 통신제한조치집행사실통지유예승인신청부
18의6. 통신사실확인자료제공요청승인신청부
18의7. 통신사실확인자료회신대장
19. 특례조치등 신청부
20. 몰수·부대보전 신청부

② 제1항제1호의 범죄사건부 및 제8호의 체포·구속인명부는 미리 매면마다 관할지방검찰청검사장 또는 지청장의 간인을 받아야 한다.<개정 1983.4.14, 2001.7.27>

제62조 (수사관계예규철) 수사관계 예규철에는 검찰청 기타 감독관청이 발한 훈령·통첩·지령등 관계서류를 편철하여야 한다.

제63조 (수사종결사건철) 수사종결사건(송치사건)철에는 검사에게 송치한 사건송치서, 기록목록 및 의견서의 사본을 편철하여야 한다.

제64조 (내사 종결사건철<개정 2001.7.27>) 내사종결사건철에는 범죄를 내사한 결과 입건의 필요가 없다고 인정되어 완결된 기록을 편철하여야 한다. <개정 2001.7.27>

제65조 (수사미제 사건기록철) 수사미제 사건기록철에는 장차 검거할 가망이 없는 도난·기타 피해신고 사건등의 기록을 편철하여야 한다.

제66조 (통계철) 통계철에는 사법경찰업무에 관한 각종 통계서류를 편철하여야 한다.

제67조 (처분결과 통지서철) 처분결과 통지서철에는 검사의 기소·불기소(기소유예·혐의없음·공소권없음·죄가안됨·각하)·기소중지·참고인중지·이송등 결정 및 각급 심의 재판결과에 관

한 통지서를 편철하여야 한다.<개정 1993.12.31, 1995.6.24, 1996.5.1>

제68조 (잡서류철) 잡서류철에는 제62조 내지 제67조에 해당하지 아니하는 모든 서류를 편철하여야 한다.

제69조 (서류철의 색인목록) ① 서류철에는 색인목록을 붙여야 한다.

② 서류편철후 그 일부를 빼낼 때에는 그 색인목록 비고난에 그 연월일 및 사유를 기재하고 담당 사법경찰관이 날인하여야 한다.

제70조 (임의장부등) 사법경찰관은 필요하다고 인정할 때에는 제4조 및 제61조 소정의 장부 및 서류 이외에 필요한 장부 또는 서류철을 비치할 수 있다.

제71조 (장부등의 갱신) ① 사법경찰사무에 관한 장부 및 서류철은 매년 이를 갱신하여야 한다. 다만, 필요에 따라서는 계속 사용할 수 있다.

② 제1항 단서의 경우에는 그 연도를 구분하기 위하여 분계지등을 삽입하여 분명히 하여야 한다.

제72조 (장부 및 서류의 보존기간) 장부 및 서류는 다음의 기간 이를 보존하여야 한다.<개정 1983.4.14, 1994.12.31, 1996.12.31, 2001.7.27, 2002.3.30>

1. 범죄 사건부 15년
2. 삭제<1983.4.14>
3. 압수부 15년
4. 구속영장신청부 2년
 4의2. 체포영장신청부 2년
 4의3. 체포・구속영장집행원부 2년
 4의4. 긴급체포원부 2년
 4의5. 현행범인체포원부 2년
 4의6. 피의자소재발견처리부 15년
5. 압수 수색 검증영장신청부 2년
6. 출석요구통지부 2년
7. 체포・구속인접견 2년
 7의2. 체포・구속인교통부 2년
 7의3. 물품차입부 2년
 7의4. 체포・구속인수진부 2년
8. 체포・구속인명부 15년
9. 수사관계예규철 영구
10. 수사종결사건(송치사건)철 15년
11. 내사종결사건철 15년
 11의2. 변사사건종결철 15년
12. 수사미제사건기록철 15년
13. 통계철 5년
14. 처분결과통지서철 2년
15. 검시조서철 2년
16. 잡서류철 2년
17. 통신제한조치허가신청부 3년
18. 통신제한조치집행대장 3년
 18의2. 긴급통신제한조치대장 3년
 18의3. 긴급통신제한조치통보서발송부 3년
 18의4. 통신제한조치집행사실통지부 3년
 18의5. 통신제한조치집행사실통지유예승인신청부 3년
 18의6. 통신사실확인자료제공요청승인신청부 3년
 18의7. 통신사실확인자료회신대장 3년
19. 특례조치등 신청부 2년
20. 몰수・부대보전신청부 10년

제73조 (보존기간의 기산등) ① 제72조의 보존기간은 사건처리를 완결하거나 또는 최종절차를 마친 익년 1월 1일부터 기산한다.

② 보존기간이 경과한 장부 및 서류철은 폐기목록을 작성한 후 폐기하여야 한다.

제4장 마약류범죄 관련보전절차등

<신설 1998.7.3>

제74조 (마약류범죄수사 관련 입국·상륙절차 특례등의 신청) ① 사법경찰관이 마약류불법거래방지에관한특례법 제3조제5항 또는 제4조제3항의 규정에 의하여 검사에게 입국・상륙절차의 특례, 체류부적당 통보, 반출・반입 특례등을 신청하는 경우에는 입국・상륙절차특례신청서, 체류부적당통보신청서, 세관절차특례신청서등을<%생략 : 서식94%><%생략 : 서식95%><%생략 : 서식96%><%생략 : 서식97%><%생략 : 서식98%><%생략 : 서식99%> 제출하여야 한다.

② 사법경찰관이 제1항의 규정에 의하여 신청을 한 경우에는 특례조치등신청부를 작성하고, 필요한 사항을 기재하여야 한다. (마약류범죄수사 관련 입국・상륙절차 특례등의 신청)

[본조신설 1998.7.3]

제75조 (마약류범죄수사 관련 몰수·부대보전신청) ① 사법경찰관이 마약류불법거래방지에관한특례법 제34조제1항의 규정에 의하여 검사에게 몰

수 · 부대보전을 신청하는 경우에는 몰수 · 부대보전신청서를 제출하여야 한다.
② 사법경찰관이 제1항의 규정에 의하여 신청을 한 경우에는 몰수 · 부대보전신청부를 작성하고, 필요한 사항을 기재하여야 한다.
[본조신설 1998.7.3]

부 칙 <제196호,1975.10.28>

이 영은 공포한 날로부터 시행한다.

부 칙 <제215호,1980.1.21>

이 영은 1980년 2월 1일부터 시행한다.

부 칙 <제256호,1983.4.14>

이 규칙은 공포한 날로부터 시행한다.

부 칙 <제310호,1988.4.2>

이 규칙은 공포한 날로부터 시행한다.

부 칙 <제339호,1990.2.8>

이 규칙은 공포한 날부터 시행한다.

부 칙 <제380호,1993.12.31>

이 규칙은 1994년 1월 1일부터 시행한다.

부 칙 <제394호,1994.12.31>

이 규칙은 공포한 날부터 시행한다.

부 칙 <제405호,1995.6.24>

이 규칙은 1995년 7월 1일부터 시행한다.

부 칙 <제427호,1996.5.1>

이 규칙은 1996년 5월 1일부터 시행한다.

부 칙 <제441호,1996.12.31>

이 규칙은 1997년 1월 1일부터 시행한다.

부 칙 <제464호,1998.7.3>

이 규칙은 공포한 날부터 시행한다.

부 칙 <제476호,1999.3.30>

이 규칙은 공포한 날부터 시행한다.

부 칙 <제507호,2001.7.27>

이 규칙은 2001년 8월 1일부터 시행한다.

부 칙 <제514호,2002.3.30>

이 규칙은 공포한 날로부터 시행한다.

부 칙 <제529호,2003.3.28>

① (시행일) 이 규칙은 공포한 날부터 시행한다.
② (서식에 관한 경과조치) 이 규칙 시행당시 종전의 규정에 의하여 작성되어 사용중인 서식은 계속하여 사용하되, 이 규칙에 의한 개정내용을 반영하여 사용하여야 한다.

부 칙(특별사법경찰관리집무규칙)
<제550호,2004.4.26>

① (시행일) 이 규칙은 2004년 5월 1일부터 시행한다.
② (다른 법령의 개정) 사법경찰관리집무규칙중 다음과 같이 개정한다.
제5조를 삭제한다.

특별사법경찰관리집무규칙

제정 2004.04.26 (부령 제550호) 법무부

제1장 총 칙

제1조 (목적) 이 규칙은 사법경찰관리의직무를행할자와그직무범위에관한법률에 의하여 사법경찰관리의 직무를 행하는 자의 범죄수사에 관한 집무상의 준칙을 명시하여 수사의 효율성을 높이고 인권침해를 방지함을 목적으로 한다.

제2조 (특별사법경찰관리의 직무) ① 사법경찰관리의직무를행할자와그직무범위에관한법률(이하 '법'이라 한다)에 의하여 사법경찰관의 직무를 행하는 자(이하 '특별사법경찰관'이라 한다)는 법에 의한 직무의 범위 안에서 범인과 범죄사실을 수사하고 그에 관한 증거를 수집함을 그 직무로 한다.

② 법에 의하여 사법경찰리의 직무를 행하는 자(이하 '특별사법경찰리'라 한다)는 검사와 특별사법경찰관의 수사를 보조함을 그 직무로 한다.

③ 특별사법경찰관 및 특별사법경찰리(이하 '특별사법경찰관리'라 한다)는 범죄를 수사하거나 그 수사를 보조하는 때에는 검사의 지휘를 받아야 한다.

제3조 (특별사법경찰관리의 신조) 특별사법경찰관리는 다음 각호의 사항을 특히 명심하여야 한다.

1. 특별사법경찰관리는 항상 엄정하고 공명정대한 자세로 직무를 수행하고 수사과정에서 국민의 인권을 침해하는 일이 없도록 하여야 한다.
2. 특별사법경찰관리는 항상 소관 업무분야의 전문지식을 함양하고 사회현상의 변화와 직무관련 범죄의 동향을 철저히 연구하여 적정한 수사를 할 수 있도록 노력하여야 한다.
3. 특별사법경찰관리는 법령에 따라 소관 업무와 관련된 범죄를 수사함을 기본적 사명으로 하므로 항상 관계법령을 연구하고 이를 솔선하여 준수하도록 노력하여야 한다.

제2장 수 사

제1절 통 칙

제4조 (관할) ① 특별사법경찰관리는 법령에 의하여 정하여진 관할구역 안에서 직무를 행한다. 다만, 관할구역 안의 사건과 관련성이 있는 사실을 발견하기 위하여 필요한 때에는 관할구역 바깥에서도 그 직무를 행할 수 있다.

② 특별사법경찰관리는 관할구역 밖에서 수사하는 때에는 수사를 행하는 지역을 관할하는 지방검찰청 검사장 또는 지청장에게 보고하여야 한다.

제5조 (비밀의 엄수) 특별사법경찰관리는 범죄를 수사하는 때에는 기밀을 엄수하여 수사에 지장을 초래하지 아니하도록 하여야 하며, 피의자 · 피해자 그 밖의 사건관계인의 명예를 훼손하지 아니하도록 하여야 한다.

제6조 (수사의 협조) 특별사법경찰관리는 직무를 수행하는 때에는 다른 사법경찰관리와 상호 성실하게 협조하여야 한다.

제7조 (수사의 회피) 특별사법경찰관리는 피의자 · 피해자 그 밖의 사건관계인과의 친족관계 또는 그에 준하는 특별한 관계로 인하여 수사의 공정성을 의심받을 염려가 있는 사건에 대하여는 소속 행정기관의 장이나 소속 부서의 장의 허가를 받아 그 수사를 담당하지 아니하도록 하여야 한다.

제8조 (사건의 단위) 다음 각호의 1에 해당하는 범죄사건은 1건으로 처리한다.

1. 형사소송법 제11조의 규정에 의한 관련사건. 이미 검찰청 또는 이에 상응하는 관서에 송치하거나 이송한 후에 수리한 사건도 또한 같다.
2. 불기소처분이 내려진 사건과 그 처분이 내려진 후 검사의 지휘에 따라 다시 수사를 개시한 사건
3. 검사의 수사지휘를 받은 사건
4. 다른 기관이나 다른 관서로부터 1건으로 이송된 사건

제9조 (지명서 휴대의무) 법 제5조의 규정에 의하여 지명된 특별사법경찰관리는 압수수색·조사 등 수사업무를 행하는 때에는 항상 지명된 자임을 증명하는 서류를 소지하여야 한다.

제10조 (합동단속반의 설치·운영 등) ① 지방검찰청 검사장이나 지청장은 특정사범을 중점적으로 단속할 필요가 있거나 특정사범에 대한 일반사법경찰관리와 특별사법경찰관리의 중복단속을 피하기 위하여 필요한 때에는 관계행정기관의 장과 협의하여 특정사범에 대한 합동단속반을 설치·운영할 수 있다. 다만, 법 제8조 및 제9조의 규정에 의한 사법경찰관리의 직무범위에 속하는 범죄에 대하여는 그러하지 아니하다.

② 지방검찰청 검사장 또는 지청장은 합동단속 또는 실태조사, 특별사법경찰관리의 전문지식과 인권의식 함양 등을 위하여 필요한 때에는 특별사법경찰관리가 소속된 행정기관의 장에게 특별사법경찰관리의 파견, 일정기간의 소관 부서에의 근무, 수사실무·법률 및 인권에 관한 교육의 수강 등 필요한 사항의 협조를 요청할 수 있다.

제 2 절 수사사무 보고

제11조 (수사사무 보고) 특별사법경찰관은 법 제6조의 규정에 의하여 부여된 직무범위 안에서 다음 각호의 1에 해당하는 범죄를 발견한 때에는 즉시 관할지방검찰청 검사장 또는 지청장에게 보고하여야 한다. 다만, 비상사태 또는 이에 준하는 사태 하에서는 아직 범죄가 발생하지 아니한 경우에도 범죄 발생의 우려가 있는 때에는 그 동태를 보고하여야 한다.

1. 내란의 죄
2. 외환의 죄
3. 공안을 해하는 죄
4. 폭발물에 관한 죄
5. 방화, 중실화 및 업무상 실화의 죄
6. 교통방해의 죄
7. 살인의 죄
8. 상해치사·폭행치사죄
9. 국가보안법 위반범죄
10. 중요한 관세법 위반범죄
11. 중요한 조세범처벌법 위반범죄
12. 중요한 출입국관리법 위반범죄
13. 중요한 철도법 위반범죄
14. 공무원의 직무에 관한 죄 및 공무방해에 관한 죄
15. 군형법 중 반란의 죄, 암호부정사용죄, 군사기밀보호법 위반 범죄, 군용물등범죄에관한특별조치법 위반 범죄
16. 외국인 관련 범죄
17. 사회의 이목을 끌만하거나 정부시책에 중대한 영향을 미치는 범죄
18. 지방검찰청 검사장 또는 지청장이 특별히 지시한 사항

제12조 (정보보고) 특별사법경찰관은 소관 업무와 관련하여 다음 각호의 1에 해당하는 사실이 있는 때에는 그 사실과 이에 관한 조치를 관할 지방검찰청 검사장 또는 지청장에게 지체없이 보고하여야 한다. 다만, 법 제8조의 규정에 의한 특별사법경찰관에 대하여는 제3호의 규정을 적용하지 아니한다.

1. 소요의 발생, 그 밖의 사유로 사회적 불안을 조성할 우려가 있는 때
2. 정당 또는 사회단체의 동향이 사회질서에 영향을 미칠 우려가 있는 때
3. 일반사법경찰관리 또는 다른 기관의 특별사법경찰관리와 업무권한의 충돌이나 분쟁이 생겨 기관간의 업무 조정이 필요한 때

제13조 (직무범위 외의 범죄발생에 대한 보고) 특별사법경찰관은 그 직무범위에 속하지 아니하는 범죄나 이에 대한 증거자료를 발견한 경우에도 다음 각호의 1에 해당하는 때에는 이를 관할지방검찰청 검사장 또는 지청장에게 지체없이 보고하여야 한다.

1. 당해 범죄가 진행 중에 있는 등으로 시급한 조

치가 필요한 때
2. 당해 범죄의 법정형에 징역형이 포함되어 있는 때

제14조 (단속계획 등 보고) 특별사법경찰관은 반기별로 단속계획과 단속실적을 관할 지방검찰청 검사장 또는 지청장에게 보고하여야 한다. 다만, 법 제3조제1항 내지 제4항 및 제8조의 규정에 의한 특별사법경찰관의 경우에는 그러하지 아니하다.

제15조 (범죄통계 보고) 특별사법경찰관은 사건마다 범죄통계원표를 작성하여 검찰총장이나 관할 지방검찰청 검사장 또는 지청장에게 제출하여야 한다.

제 3 절 수사서류

제16조 (수사서류의 작성) 특별사법경찰관리는 수사서류를 작성하는 때에는 내용의 정확성과 진술의 임의성을 확보하기 위하여 특히 다음 사항에 유의하여야 한다.
1. 일상용어로 된 쉬운 문구를 사용할 것
2. 복잡한 사항은 항목을 나누어 기술할 것
3. 사투리·약어·은어 등은 그 다음에 괄호를 하고 간단한 설명을 붙일 것
4. 외국어 또는 학술용어는 그 다음에 괄호를 하고 간단한 설명을 붙일 것
5. 지명·인명 등을 혼동할 우려가 있거나 그 밖에 특히 필요하다고 인정되는 때에는 그 다음에 괄호를 하고 한자·로마자 등을 기입하거나 설명을 붙일 것
6. 각 서류마다 작성연월일을 기재하고 진술자로 하여금 간인하고 서명날인 하도록 할 것. 다만, 진술자가 서명할 수 없는 때에는 특별사법경찰관리가 진술자의 성명을 대신 기재하되, 그 사유를 기재하고 진술자의 날인을 받거나 무인을 받는다.

제17조 (외국어로 된 서면) 외국어로 기재한 서류가 있는 때에는 번역문을 첨부하여야 한다.

제 4 절 출석요구와 조사

제18조 (출석요구) ① 특별사법경찰관이 피의자 또는 참고인에게 출석을 요구하는 때에는 출석요구서를 발부하여야 한다.
② 제1항의 규정에 의한 출석요구서에는 출석요구의 취지를 명백하게 기재하여야 한다.
③ 피의자나 참고인이 출석한 때에는 지체없이 진술을 들어야 하며, 오랫동안 기다리게 하는 일이 없도록 하여야 한다.
④ 외국인을 조사하는 때에는 국제법과 국제조약에 위배되는 일이 없도록 하여야 한다.

제19조 (피의자에 대한 조사사항) 특별사법경찰관리는 피의자의 진술을 듣는 때에는 형사소송법 제200조제2항의 규정에 의한 진술거부권이 있음을 피의자에게 미리 알려주어야 하며, 다음의 사항에 유의하여야 한다.
1. 피의자의 성명·연령·주민등록번호·본적·주거·직업(피의자가 법인 또는 단체인 경우에는 그 명칭·설립목적·소재지 및 기구와 대표자의 성명 및 주거)
2. 피의자가 외국인인 경우에는 국적·주거·출생지·입국연월일 및 입국목적
3. 피의자의 전과 유무와 기소유예·선고유예 등의 처분을 받은 사실의 유무
4. 피의자가 자수하거나 자복한 때에는 그 동기와 경위
5. 피의자의 훈장·기장·포장·연금의 유무
6. 피의자의 병역관계
7. 피의자의 환경·교육·경력·가족상황·재산정도와 생활수준 및 종교관계
8. 범죄의 동기·원인·성질·일시·장소·방법·결과
9. 피해자의 주거·직업·성명·연령
10. 피의자와 피해자가 친족관계이거나 그 밖의 특수한 관계인 때에는 죄가 성립하는지의 여부, 형의 경중이 있는 사건에 대하여는 그 사항
11. 피의자의 처벌로 그 가정에 미치는 영향
12. 범죄로 피해자와 사회에 미치는 영향
13. 피해의 상태, 손해액, 피해 회복의 여부와 처벌 희망의 유무
14. 피의자의 이익이 될 만한 사항
15. 제1호 내지 제14호의 사항을 증명할 수 있는 사항

제20조 (참고인의 진술) ① 특별사법경찰관리는 참고인의 진술을 듣는 때에는 진술의 임의성에 관

한 형사소송법 제317조의 규정을 준수하여야 하며, 참고인에게 진술을 강요하여서는 아니된다.
② 참고인의 진술은 조서에 기재하여야 한다.
③ 진술사항이 복잡하거나 참고인이 서면진술을 원하는 때에는 진술서를 작성하여 제출하게 할 수 있다. 이 경우 참고인에게 자필로 진술서를 작성하도록 권고하여야 하며, 수사담당 특별사법경찰관리가 대신 진술서를 작성하지 아니하도록 하여야 한다.

제21조 (임상조사) 특별사법경찰관리는 치료중인 피의자나 참고인을 상대로 임상신문을 하는 때에는 상대방의 건강상태를 충분히 고려하여야 하며, 수사에 중대한 지장이 없는 한 가족·의사 그 밖의 적당한 사람을 참여시켜야 한다.

제22조 (범죄의 내사) ① 특별사법경찰관은 직무범위에 속하는 범죄에 관한 신문·방송 그 밖의 보도매체의 기사, 익명의 신고 또는 풍문이 있는 경우에는 특히 출처에 주의하여 진상을 내사한 후 범죄의 혐의가 있다고 인정되는 때에는 즉시 수사에 착수하여야 한다.
② 특별사법경찰관리는 내사 결과 범죄의 혐의가 없다고 인정되는 때에는 즉시 내사를 종결하여야 한다.
③ 익명 또는 허무인 명의의 진정·탄원 및 투서에 대하여는 그 내용을 정확히 판단하여 수사단서로서의 가치가 없다고 인정되는 때에는 내사하지 아니할 수 있다.
④ 실존인물의 진정·탄원 및 투서라도 그 내용이 소관 형벌법규에 저촉되지 아니함이 명백하다고 인정되는 때에는 진정인·탄원인 및 투서인에게 그 뜻을 통지하고 제3항의 규정에 준하여 처리할 수 있다.

제23조 (범죄인지보고서) ① 특별사법경찰관이 수사에 착수하는 때에는 범죄인지보고서를 작성하여야 한다.
② 제1항의 보고서에는 피의자의 성명·주민등록번호·직업·주거·범죄경력 및 수사경력·죄명·범죄사실과 적용될 법조문을 기재하며, 범죄사실에는 범죄의 일시·장소·방법 등을 명시하고 특히 수사의 단서와 인지하게 된 경위를 구체적으로 기재하여야 한다.

제5절 피의자의 체포·구속 등

제24조 (구속영장의 신청) ① 특별사법경찰관이 체포한 피의자에 대하여 구속영장을 신청하는 때에는 체포영장·긴급체포서·현행범인체포서 또는 현행범인인수서를 제출하여야 한다.
② 특별사법경찰관은 체포된 피의자에 대한 구속영장을 신청하는 때에는 피의자에게 형사소송법 제201조의2제1항의 규정에 의한 판사의 심문을 신청할 수 있음을 알려 주어야 하며, 피의자가 판사의 심문을 신청할 것인지의 여부를 피의자신문조서에 기재하여야 한다.
③ 특별사법경찰관은 제2항의 규정에 의하여 심문신청 여부를 피의자신문조서에 기재할 수 없는 특별한 사정이 있는 때에는 심문신청 여부에 대한 피의자의 의사를 표시한 확인서를 수사기록에 편철함으로써 피의자신문조서에의 기재에 갈음할 수 있다.
④ 피의자가 제3항의 규정에 의한 확인서에 서명날인을 거부하는 때에는 특별사법경찰관은 확인서의 끝부분에 그 사유를 기재하고 서명날인하여야 한다.
⑤ 특별사법경찰관은 체포된 피의자에 대하여 구속영장을 신청하는 경우 변호인이 있는 때에는 변호인에게, 변호인이 없는 때에는 형사소송법 제201조의2제1항에 규정된 자중 피의자가 지정하는 자에게 동조동항의 규정에 의한 판사의 심문을 신청할 수 있음을 구두, 전화, 전보, 모사전송, 별지 제24호서식에 의한 통지 또는 이에 상응하는 방법으로 통지하여야 한다.
⑥ 제5항의 규정에 의하여 모사전송 또는 별지 제24호서식에 의한 통지의 방법으로 통지한 때에는 그 사본을 수사기록에 편철하고, 그 외의 방법으로 통지하거나 통지할 수 없는 때에는 그 취지를 기재한 서면을 수사기록에 편철하여야 한다.
⑦ 특별사법경찰관은 피의자 외의 자가 형사소송법 제201조의2제1항의 규정에 의한 판사의 심문을 신청하는 때에는 신청인으로부터 심문신청서 등 심문신청의 의사가 기재된 서면과 피의자와의 관계를 소명할 수 있는 자료를 제출받아 수사기록에 편철하여야 한다.
⑧ 특별사법경찰관은 피의자 또는 피의자 외의

자가 형사소송법 제201조의2제1항의 규정에 의한 피의자심문에 관한 심문신청서 등 심문신청의 의사가 기재된 서면을 제출한 때에는 심문신청접수부에 소정의 사항을 기재하여야 한다.

⑨ 특별사법경찰관은 검사로부터 형사소송법 제201조의2제4항의 규정에 의한 심문기일과 장소를 통지받은 때에는 검사의 지휘를 받아 지정된 기일과 장소에 체포된 피의자를 출석시켜야 한다.

제25조 (영장의 재신청) 특별사법경찰관은 다음 각호의 1에 해당하는 경우 동일한 범죄사실로 다시 체포·구속·압수·수색 또는 검증영장의 발부를 신청하는 때에는 그 취지를 검사에게 보고하여야 한다.

1. 영장의 유효기간이 경과된 경우
2. 영장을 신청하였으나 발부받지 못한 경우
3. 피의자가 체포되거나 구속되었다가 석방된 경우

제26조 (영장의 집행) ① 특별사법경찰관리는 영장을 신속하고 정확하게 집행하여야 한다.

② 특별사법경찰관리가 영장을 집행하는 때에는 피의자나 관계인의 신체와 명예를 보전하는데 유의하여야 한다.

③ 영장은 검사의 서명·날인 또는 집행지휘서에 의하여 집행한다.

④ 특별사법경찰관리는 형사소송법 제81조제1항 단서의 규정에 의하여 재판장·수명법관 또는 수탁판사로부터 구속영장의 집행을 지휘받은 때에는 즉시 구속영장을 집행하여야 한다.

⑤ 특별사법경찰관리는 피의자를 체포하거나 구속하는 때에는 형사소송법 제200조의5 또는 제209조의 규정에 의하여 준용되는 동법 제72조 또는 제88조의 규정에 의하여 피의자에게 범죄사실의 요지, 체포·구속의 이유와 변호인을 선임할 수 있음을 알려주고 변명할 기회를 준 후 피의자로부터 확인서를 받아 수사기록에 편철하여야 한다. 다만, 피의자가 확인서에 서명·날인하기를 거부하는 때에는 확인서의 끝부분에 그 사유를 기재하고 서명·날인하여야 한다.

⑥ 특별사법경찰관리는 영장을 집행하는 때에는 형사소송법 제89조 및 제90조의 규정을 준수하여야 한다.

제27조 (체포·구속의 통지) ① 특별사법경찰관은 피의자를 체포·구속한 경우 형사소송법 제200조의5 또는 제209조의 규정에 의하여 준용되는 동법 제87조의 규정에 의하여 변호인이 있는 때에는 변호인에게, 변호인이 없는 때에는 동법 제30조제2항에 규정된 자중 피의자가 지정한 자에게 체포·구속한 때부터 늦어도 24시간 내에 서면으로 체포·구속의 통지를 하여야 한다. 다만, 형사소송법 제30조제2항에 규정된 자가 없어 체포·구속의 통지를 하지 못하는 때에는 그 취지를 기재한 서면을 수사기록에 편철하여야 한다.

② 특별사법경찰관은 긴급을 요하는 때에는 전화·모사전송 또는 이에 상응하는 방법으로 체포·구속의 통지를 할 수 있다. 이 경우 다시 서면으로 체포·구속의 통지를 하여야 한다.

③ 체포·구속의 통지서 사본은 수사기록에 편철하여야 한다.

제28조 (구금과 건강상태) 특별사법경찰관은 피의자를 구금하는 때에는 그의 건강상태를 조사하고 체포·구속으로 인하여 현저하게 건강을 해할 염려가 있다고 인정되는 때에는 그 사유를 검사에게 보고하여야 한다.

제29조 (체포·구속영장등본의 교부) 사법경찰관은 형사소송법 제214조의2제1항에 규정된 자가 체포·구속영장의 등본을 교부하여 줄 것을 청구하는 때에는 그 등본을 교부하여야 한다.

제30조 (영장 등의 반환) ① 특별사법경찰관은 형사소송법 제200조의5 또는 제209조의 규정에 의하여 준용되는 동법 제75조의 규정에 의하여 체포·구속영장을 반환하는 때에는 영장과 영장반환보고서의 사본을 수사기록에 편철하여야 한다.

② 제1항의 규정에 의하여 체포·구속영장을 반환하는 경우 형사소송법 제82조의 규정에 의하여 체포·구속영장이 여러 통 발부된 때에는 이를 전부 반환하여야 한다.

③ 영장반환보고서에는 발행통수와 집행불능의 사유를 기재하여야 한다.

④ 통신제한조치의 집행이 불가능하거나 필요없게 된 때에는 통신제한조치허가서를 법원에 반환하여야 한다. 이 경우 제1항 내지 제3항의 규정을 준용한다.

제31조 (피의자의 석방) ① 특별사법경찰관은 체포한 피의자나 긴급체포한 피의자 또는 구속한 피의자를 석방하는 때에는 미리 검사의 지휘를 받

아야 한다.

② 제1항의 경우 검사의 석방지휘가 있는 때에는 즉시 석방하여야 한다.

③ 특별사법경찰관은 제2항의 규정에 의하여 체포한 피의자나 긴급체포한 피의자 또는 구속한 피의자를 석방한 때에는 그 사실을 검사에게 지체없이 보고하여야 하며, 석방일시와 석방사유를 기재한 서면을 작성하여 수사기록에 편철하여야 한다.

④ 제1항의 규정에 의한 석방건의는 서면으로 하여야 한다. 다만, 긴급체포한 피의자를 지체없이 석방할 필요가 있는 때에는 모사전송으로 석방을 건의할 수 있다.

제32조 (긴급체포) ① 특별사법경찰관이 형사소송법 제200조의3제1항의 규정에 의한 긴급체포를 하는 때에는 피의자의 연령·경력·범죄성향, 범죄의 경중·양상, 그 밖의 여러 사정을 고려하여 인권의 침해가 없도록 신중을 기하여야 한다.

② 특별사법경찰관이 피의자를 긴급체포한 때에는 즉시 긴급체포서를 작성하고 긴급체포원부에 그 내용을 기재하여야 한다.

③ 특별사법경찰관은 긴급체포 후 12시간 내에 관할 지방검찰청 또는 지청의 검사에게 긴급체포를 승인하여 달라는 건의를 하여야 한다. 다만, 기소중지된 피의자를 해당 기관 또는 관서가 위치하는 특별시·광역시 또는 도 외의 지역에서 긴급체포한 때에는 24시간 내에 긴급체포에 대한 승인건의를 할 수 있다.

④ 제3항의 규정에 의한 긴급체포에 대한 승인건의는 서면으로 하여야 한다. 다만, 긴급을 요하는 때에는 긴급체포한 사유와 체포를 계속하여야 하는 사유를 상세히 기재하여 모사전송으로 승인건의를 할 수 있다.

⑤ 특별사법경찰관은 긴급체포한 피의자를 석방하는 때에는 긴급체포원부에 석방일시와 석방사유를 기재하여야 한다.

⑥ 제26조제5항 및 제6항과 제27조의 규정은 긴급체포의 경우에 관하여 이를 준용한다.

제33조 (피의자의 접견 등) ① 특별사법경찰관리는 변호인 또는 변호인이 되려는 자가 체포·구속된 피의자와의 접견, 서류·물건의 접수 또는 수진을 요청하는 때에는 친절하게 응하여야 한다.

② 변호인 또는 변호인이 되려는 자가 아닌 자로부터 제1항의 요청이 있는 경우 형사소송법 제91조에 규정된 사유가 없는 때에는 제1항의 규정에 준하여 처리하여야 한다.

③ 제1항 및 제2항의 규정에 의한 접견 등의 장소는 될 수 있는 대로 유치장 외의 방실에서 하도록 하여야 한다.

제34조 (대표변호인 지정 등 건의) 특별사법경찰관은 변호인이 여럿 있는 때에는 대표변호인의 지정, 지정의 철회 또는 변경을 검사에게 건의할 수 있다.

제35조 (구금된 피의자의 처우) 특별사법경찰관리는 구금된 피의자에 대하여는 구금생활에 필요한 의류·침구 그 밖의 생활용품과 식량 등을 지급하여야 하며, 위생·의료 등에 있어서 상당한 처우를 하여야 한다.

제36조 (체포·구속장소감찰에 따른 조치) 검사가 형사소송법 제198조의2의 규정에 의하여 체포·구속장소를 감찰한 후 인치 또는 구금된 자의 석방을 명하거나 사건을 송치할 것을 명한 때에는 특별사법경찰관은 즉시 피의자를 석방하거나 사건을 송치하여야 한다. 이 경우 피의자석방명령서 또는 사건송치명령서를 수사기록에 편철하여야 한다.

제37조 (피의자의 도주 등) 특별사법경찰관은 체포중이거나 구속중에 있는 피의자가 도주 또는 사망하거나, 그 밖의 이상이 발생한 때에는 즉시 관할 지방검찰청 또는 지청의 검사에게 보고하여야 한다.

제 6 절 현행범인

제38조 (현행범인의 체포) ① 특별사법경찰관리가 현행범인을 체포한 때에는 체포의 경위를 상세히 기재한 현행범인체포서를 작성하여야 한다.

② 특별사법경찰관리가 현행범인을 인도받는 때에는 현행범인을 체포한 자로부터 그의 성명·주민등록번호·직업·주거, 체포의 일시·장소·사유를 청취하여 현행범인인수서를 작성하여야 한다.

③ 특별사법경찰관리가 현행범인을 체포하거나 현행범인을 인도받는 때에는 특히 인권의 침해가

없도록 신중을 기하여야 한다.

④ 제26조제5항 · 제6항과 제27조의 규정은 현행범인을 체포하거나 인수하는 경우에 관하여 이를 준용한다.

제39조 (현행범인의 조사와 석방) ① 특별사법경찰관리가 현행범인을 체포하거나 인수한 때에는 지체없이 조사하고, 계속 체포할 필요가 없다고 인정되는 때에는 즉시 석방하여야 한다.

② 특별사법경찰관은 제1항의 규정에 의하여 현행범인을 석방한 때에는 지체없이 검사에게 보고하고, 석방일시와 석방사유를 기재한 서면을 작성하여 수사기록에 편철하여야 한다.

③ 체포한 현행범인을 석방하는 때에는 현행범인체포원부에 석방일시와 석방사유를 기재하여야 한다.

제 7 절 변사자의 검시

제40조 (변사자의 검시) ① 특별사법경찰관리는 변사자 또는 변사의 의심이 있는 시체가 있는 때에는 즉시 관할 지방검찰청 또는 지청의 검사에게 보고하고 지휘를 받아야 한다.

② 검사의 명령을 받아 검시를 한 때에는 검시조서를 작성하여야 한다.

제41조 (검시의 주의사항) ① 특별사법경찰관리는 검시에 착수하기 전에 변사자의 위치 · 상태 등이 변하지 아니하도록 현장을 보존하여야 한다.

② 변사자의 소지품 그 밖에 변사자가 남겨 놓은 물건이 수사에 필요하다고 인정되는 때에는 이를 보존하는 데에 유의하여야 한다.

③ 검시를 하는 때에는 잠재지문과 변사자의 지문을 채취하는 데에 유의하고 의사로 하여금 사체검안서를 작성하게 하여야 한다.

제42조 (검시와 참여자) 특별사법경찰관리는 검시에 특별한 지장이 없다고 인정하는 때에는 변사자의 가족 · 친족 · 이웃사람 · 친구 · 공무원 그 밖에 필요하다고 인정하는 자를 검시에 참여시켜야 한다.

제43조 (자살자의 검시) 특별사법경찰관리는 자살한 사람을 검시하는 때에는 자살을 교사하거나 방조한 자가 있는지 여부를 조사하여야 하며, 유서가 있는 때에는 그 진위를 조사하여야 한다.

제 8 절 고소사건의 처리

제44조 (고소의 대리) 특별사법경찰관은 형사소송법 제236조의 규정에 의한 대리인이 고소를 하거나 고소를 취소하는 때에는 본인의 위임장을 제출받아야 한다.

제45조 (고소사건의 수사기간) ① 특별사법경찰관이 고소나 고발에 의하여 범죄를 수사하는 때에는 고소나 고발이 있은 날부터 2월 이내에 수사를 완료하여야 한다.

② 제1항의 규정에 의한 기간 내에 수사를 완료하지 못한 때에는 관할 지방검찰청 또는 지청의 검사의 지휘를 받아야 한다.

제46조 (고소 등의 취소) ① 특별사법경찰관은 고소나 고발의 취소가 있는 때에는 그 사유를 명백히 조사하여야 한다.

② 피해자의 명시한 의사에 반하여 죄를 논할 수 없는 사건의 경우 피해자가 처벌을 희망하는 의사표시를 철회한 때에도 제1항과 같다.

제 9 절 소년사건에 관한 특칙

제47조 (소년사건수사의 기본원칙) 소년사건을 수사하는 때에는 보호처분 또는 형사처분에 대한 특별한 심리자료를 제공하기 위한 것이라는 점에 유의하여야 하며, 소년의 건전한 성장을 도모하는 자세로 수사하여야 한다.

제48조 (소년의 특성의 고려) 소년사건을 수사하는 때에는 소년의 특성에 비추어 되도록 다른 사람의 이목을 끌지 아니하는 조용한 장소에서 온정과 이해를 가지고 부드러운 어조로 조사하여야 하며, 그 소년의 심정을 충분히 배려하여야 한다.

제49조 (범죄의 원인 등과 환경조사) ① 소년사건을 수사하는 때에는 범죄의 원인 및 동기와 그 소년의 성격, 경력, 교육정도, 가정상황, 교우관계 그 밖의 환경 등을 상세히 조사하여 환경조사서를 작성하여야 한다.

② 소년의 심신에 이상이 있다고 인정되는 때에는 지체없이 의사로 하여금 진단하게 하여야 한다.

제50조 (구속에 관한 주의) 소년에 대하여는 되도록 구속을 피하여야 하며, 부득이 구속 또는 동행

하는 때에는 그 시기와 방법에 관하여 특히 주의를 하여야 한다.

제51조 (보도상의 주의) 소년범죄에 대해서는 소년법의 취지에 따라 신속히 처리하여야 하며, 주거·성명·연령·직업·용모 등에 의하여 본인을 알 수 있는 정도의 사실이나 사진이 보도되지 아니하도록 특히 주의하여야 한다.

제52조 (학생범죄) 제47조 내지 제51조의 규정은 피의자가 소년이 아닌 학생의 범죄사건에 관하여 이를 준용한다.

제53조 (여성범죄) 제48조 및 제50조의 규정은 피의자가 여자인 범죄사건에 관하여 이를 준용한다.

제10절 증 거

제54조 (증거보전의 신청) 특별사법경찰관은 미리 증거를 보전하지 아니하면 그 증거를 사용하기 곤란한 사정이 있는 때에는 그 사유를 소명하여 검사에게 증거보전의 청구를 신청하여야 한다.

제55조 (실황조사) ① 특별사법경찰관은 수사상 필요하다고 인정되는 때에는 범죄현장이나 그 밖의 장소에 가서 실황을 조사하여야 한다.

② 제1항의 규정에 의한 조사를 하는 때에는 실황조사서를 작성하여야 한다.

제56조 (압수조서 등) ① 특별사법경찰관은 증거물이나 몰수할 물건을 압수한 때에는 압수조서와 압수목록을 작성하여야 한다.

② 압수조서에는 압수경위를, 압수목록에는 물건의 특징을 각각 구체적으로 기재하여야 한다.

③ 제1항의 경우 피의자신문조서·진술조서·검증조서 또는 실황조사서에 압수의 취지를 기재함으로써 압수조서를 갈음할 수 있다.

제57조 (증거물 등의 보전) ① 특별사법경찰관리는 멸실할 우려가 있는 증거물은 특히 보전에 유의하여야 하며, 검증조서 또는 다른 조서에 그 성질과 형상을 상세히 기재하거나 촬영하여야 한다.

② 증거물이 훼손되거나 형상이 변경될 우려가 있는 검증이나 감정을 위촉하는 때에는 제1항의 규정에 준하여 변경 전의 형상을 알 수 있도록 특히 유의하여야 한다.

제58조 (압수물의 보관 등) ① 특별사법경찰관리는 압수물을 다른 사람에게 보관시키는 때에는 보관자의 선정에 주의하여 성실하게 보관하도록 하고 압수물건보관증을 받아야 한다.

② 압수물을 형사소송법 제130조제2항의 규정에 의하여 폐기하는 때에는 폐기조서를 작성하고 사진을 촬영하여 이에 첨부하여야 한다.

③ 압수물에는 사건명, 피의자의 성명과 압수목록에 기재한 순위 및 번호를 기입한 표찰을 견고하게 붙여야 한다.

④ 압수물의 환부 또는 가환부나 압수장물의 피해자 환부에 관하여 검사의 지휘가 있는 때에는 형사소송법 제135조에 규정된 자에게 지체없이 통지한 후 신속히 환부하여야 한다.

⑤ 압수물이 유가증권인 때에는 원형보존 여부에 관하여 지체없이 검사의 지휘를 받아야 하며, 원형을 보존할 필요가 없다는 내용의 지휘가 있는 때에는 지체없이 환전하여 보관하여야 한다.

⑥ 통신비밀보호법에 따른 통신제한조치의 집행으로 취득한 물건은 통신제한조치허가서 및 집행조서와 함께 봉인한 후 허가번호와 보존기간을 표기하여 별도로 보관하고, 수사담당자 외의 자가 열람할 수 없도록 하여야 한다.

⑦ 통신제한조치를 집행하여 내사한 사건을 종결하는 경우 그 집행으로 취득한 물건·자료 등은 보존기간이 경과한 후 검사의 지휘를 받아 즉시 폐기하여야 한다.

제59조 (압수물의 환부와 가환부) 특별사법경찰관은 압수물에 관하여 소유자·소지자·보관자 또는 제출자로부터 환부 또는 가환부의 청구가 있는 때에는 지체없이 검사의 지휘를 받아야 한다.

제60조 (긴급통신제한조치통보서 제출) 특별사법경찰관은 통신비밀보호법 제8조제5항의 규정에 의하여 긴급통신제한조치가 단시간 내에 종료되어 법원의 허가를 받을 필요가 없는 때에는 지체없이 긴급 통신제한조치통보서를 작성하여 관할지방검찰청 검사장 또는 지청장에게 제출하여야 한다.

제61조 (통신제한조치집행사실통지 보고) 특별사법경찰관은 통신비밀보호법 제9조의2제6항의 규정에 의하여 우편물검열의 대상자 또는 감청의 대상이 된 전기통신의 가입자에게 통신제한조치를 집행한 사실과 집행기관 및 그 기간 등을 통지한 때에는 지체없이 관할지방검찰청 검사장 또는

지청장에게 보고하여야 한다.

제11절 사건송치 등

제62조 (사건송치) 특별사법경찰관이 수사를 종결한 때에는 관할 지방검찰청 검사장 또는 지청장에게 사건을 송치하여야 한다. 다만, 통고처분을 하거나 검사의 지휘를 받아 입건하지 아니한 사건은 그러하지 아니하다.

제63조 (송치전 지휘 등) ① 특별사법경찰관은 관할 지방검찰청 검사장 또는 지청장이 지정하는 사건에 대하여는 사건을 송치하기 전에 증거 판단과 법령의 해석·적용의 적정 여부에 관하여 관할 지방검찰청 또는 지청의 검사에게 지휘를 받아야 한다.

② 출입국관리법 및 관세법 위반범죄 등 관계 행정기관의 장의 고발이 공소제기 요건이 되는 범죄를 수사하는 특별사법경찰관은 고발 또는 사건종결 등 송치에 준하는 처분을 하기 전에 당해 사건의 증거 판단과 법령의 해석·적용 등에 관하여 검사의 지휘를 받아야 한다. 다만, 관계 행정기관의 장이 법무부장관이나 검찰총장, 관할 지방검찰청 검사장 또는 지청장과 미리 협의하여 정한 일반적 처리기준에 따라 처리하는 때에는 그러하지 아니하다.

③ 검사는 제1항 및 제2항의 규정에 의한 지휘 건의가 있는 때에는 7일 이내에 의견을 제시하여야 한다. 다만, 사안이 복잡하거나 장시간의 검토를 필요로 하는 등의 특별한 사정이 있는 때에는 14일 이내에 의견을 제시할 수 있다.

④ 제1항 및 제2항의 규정에 의한 검사의 지휘를 받은 특별사법경찰관은 사건송치서 등 수사기록 표지의 비고란에 지휘검사의 성명 및 지휘일자를 기재하고, 수사기록에 수사지휘서 또는 수사지휘 내용을 기재한 수사보고서를 편철하여야 한다.

제64조 (송치서류) ①특별사법경찰관은 사건을 송치하는 때에는 수사기록에 사건송치서·압수물 총목록·기록목록·의견서·범죄·수사경력조회 회보서 등 필요한 서류를 첨부하여야 한다. 다만, 형의실효등에관한법률 제5조제1항제2호에 해당하는 경우로서 지문을채취할형사피의자의범위에 관한규칙 제2조제2항제1호·제2호 또는 제4호에 해당하지 아니하는 피의자에 대하여 다음 각호의 1에 해당하는 의견으로 송치하는 때에는 범죄경력조회회보서 및 수사경력조회회보서를 첨부하지 아니한다.

1. 혐의 없음
2. 공소권 없음
3. 죄가 안됨
4. 각하
5. 참고인중지

② 사건을 송치하기 전에 범죄경력조회회보 및 수사경력조회회보를 받지 못한 때에는 사건송치서에 그 사유를 기재하고, 송치후에 범죄 및 수사경력을 발견한 때에는 즉시 주임검사에게 보고하여야 한다.

③ 송치서류는 다음 순서에 따라 편철하여야 한다.

1. 사건송치서
2. 압수물 총목록
3. 기록목록
4. 의견서
5. 그 밖의 서류

④ 제3항제2호 내지 제4호의 서류에는 송치인이 직접 간인을 하여야 한다.

⑤ 제3항제4호의 서류에는 각 장마다 면수를 기입하되, 1장으로 이루어진 때에는 1로 표시하고, 2장 이상으로 이루어진 때에는 1-1, 1-2, 1-3 등으로 표시하여야 한다.

⑥ 제3항제5호의 서류는 접수하거나 작성한 순서에 따라 편철하고 각 장마다 면수를 표시하되, 2부터 시작하여 순서대로 부여하여야 한다.

⑦ 특별사법경찰관이 검찰압수물사무규칙 제2조 제4호의 규정에 의한 특수압수물(통화와 유가증권을 제외한다)을 송치하는 때에는 감정서 3부를 첨부하여야 한다.

⑧ 통신제한조치를 집행한 사건을 송치하는 때에는 수사기록표지의 증거품란에 '통신제한조치'라고 표기하고 통신제한조치집행으로 취득한 물건은 수사담당 특별사법경찰관이 직접 압수물 송치에 준하여 송치하여야 한다.

⑨ 제3항·제4항 및 제6항의 규정은 사건송치전 수사진행단계에서 구속영장, 압수·수색·검증영장 또는 통신제한조치허가를 신청하거나 신병지휘건의 등을 하는 경우의 영장신청서류 또는 신

병지휘건의서류 등에 관하여 준용한다.

제65조 (송치 및 의견서작성) ① 제62조의 규정에 의하여 사건을 송치하는 때에는 소속관서의 장인 특별사법경찰관의 명의로 하여야 한다. 다만, 소속관서의 장이 특별사법경찰관이 아닌 때에는 수사주무과장인 특별사법경찰관의 명의로 하여야 하고, 주무과장이 특별사법경찰관이 아닌 때에는 수사를 담당한 특별사법경찰관의 명의로 하여야 한다.
② 제64조제1항의 규정에 의한 의견서는 특별사법경찰관이 작성하여야 한다.

제66조 (참고인 등의 소재수사) ① 특별사법경찰관이 참고인중지의견으로 사건을 송치하는 때에는 참고인등소재수사지휘부를 작성하고 그 사본 1부를 수사기록에 편철하여야 한다.
② 특별사법경찰관리는 제1항의 규정에 의하여 작성된 참고인등소재수사지휘부를 편철하여 관리하고 매 분기 1회 이상 참고인 등에 대한 소재수사를 행하여야 한다. 다만, 검사가 송치의견과 달리 결정한 때에는 참고인등소재수사지휘부에 그 취지를 기재하고 소재수사를 하지 아니한다.

제67조 (추송) 특별사법경찰관이 사건송치 후에 서류 또는 물건을 추송(追送)하는 때에는 앞서 송치한 사건명, 송치 연월일·피의자의 성명, 추송하는 서류 및 증거물 등을 기재한 추송서를 첨부하여야 한다.

제68조 (송치 후의 수사 등) ① 특별사법경찰관리가 사건을 송치한 후에 수사를 계속하고자 하는 때에는 미리 주임검사의 지휘를 받아야 한다.
② 사건을 송치한 후에 해당 사건 피의자의 다른 범죄혐의를 발견한 때에는 즉시 주임검사에게 보고하고 지휘를 받아야 한다.
③ 특별사법경찰관이 고소·고발사건을 기소·기소중지 또는 참고인중지의 의견으로 송치한 후 관할 지방검찰청 또는 지청의 사건사무담당직원으로부터 그 사건에 대한 혐의 없음, 공소권 없음, 죄가 안됨, 각하의 처분결과와 함께 피의자에 대한 수사자료표를 폐기하도록 통보받은 때에는 이를 지체없이 폐기할 수 있도록 조치하여야 한다.

제69조 (기소중지·참고인중지 처분된 자에 대한 수사) ① 특별사법경찰관은 검사가 피의자소재불명의 사유로 기소중지한 자를 발견한 때에는 즉시 수사에 착수하고 관할 지방검찰청 또는 지청의 검사에게 그 사실을 보고하여야 한다.
② 특별사법경찰관은 기소중지된 피의자가 다른 기관에서 검거된 때에는 즉시 그 피의자에 대한 체포영장의 집행·호송 등 필요한 조치를 취하여야 한다.
③ 특정증거가 불분명하여 기소중지된 경우 그 증거를 발견하거나 참고인중지의 경우 그 참고인을 발견한 때에도 제1항과 같다.
④ 특별사법경찰관은 참고인중지의 경우 그 참고인이 교도소, 구치소 등에 구금되어 있는 것으로 확인된 때에는 즉시 검사의 지휘를 받아 출장조사, 공조수사 촉탁 등 필요한 조치를 하여야 한다.
⑤ 특별사법경찰관은 제1항 또는 제3항의 규정에 의하여 수사에 착수한 때에는 피의자소재발견처리부에 이를 기재하여야 한다.

제70조 (행정고발사건의 수사기관) 특별사법경찰관리가 소속된 행정기관의 장이 고발한 사건은 해당기관의 특별사법경찰관이 검사의 지휘를 받아 수사함을 원칙으로 한다. 다만, 검사가 직접 또는 다른 기관에서 수사함이 상당하다고 판단한 때에는 그러하지 아니하다.

제 3 장 장부와 비치서류

제71조 (장부와 비치서류) ① 특별사법경찰사무를 처리하는 행정기관에는 다음 각호의 장부와 서류를 비치하여야 한다. 다만, 제25호 내지 제32호의 장부와 서류는 통신비밀보호법 제5조의 규정에 의한 범죄의 수사를 직무로 하는 기관에 한하여 비치한다.

1. 범죄사건부
2. 압수부
3. 구속영장신청부
4. 체포영장신청부
5. 체포·구속영장집행원부
6. 긴급체포원부
7. 현행범인체포원부
8. 피의자소재발견처리부
9. 압수·수색·검증영장신청부
10. 출석요구통지부
11. 체포·구속인명부

12. 체포·구속인 접견부
13. 체포·구속인 교통부
14. 체포·구속인 수진부
15. 물품차입부
16. 수사관계예규철
17. 수사종결사건(송치사건)철
18. 내사종결사건철
19. 변사사건종결철
20. 수사미제사건기록철
21. 통계철
22. 처분결과통지서철
23. 검시조서철
24. 잡서류철
25. 통신제한조치허가신청부
26. 통신제한조치집행대장
27. 긴급통신제한조치대장
28. 긴급통신제한조치통보서발송부
29. 통신제한조치집행사실통지부
30. 통신제한조치집행사실통지유예승인신청부
31. 통신사실확인자료제공요청승인신청부
32. 통신사실확인자료회신대장

② 제1항제1호의 범죄사건부와 동항제11호의 체포·구속인명부는 미리 매 장마다 관할 지방검찰청 검사장 또는 지청장의 간인을 받아야 한다.

제72조 (수사관계예규철) 제71조제1항제16호의 수사관계예규철에는 검찰청 그 밖의 감독관청이 발한 훈령·통첩·지령 등 관계서류를 편철하여야 한다.

제73조 (수사종결사건철) 제71조제1항제17호의 수사종결사건(송치사건)철에는 검사에게 송치한 사건송치서, 기록목록 및 의견서의 사본을 편철하여야 한다.

제74조 (내사종결사건철) 제71조제1항제18호의 내사종결사건철에는 범죄를 내사한 결과 입건의 필요가 없다고 인정되어 완결된 기록을 편철하여야 한다.

제75조 (수사미제사건기록철) 제71조제1항제20호의 수사미제사건기록철에는 장차 검거할 가망이 없는 피해신고 사건 등의 기록을 편철하여야 한다.

제76조 (통계철) 제71조제1항제21호의 통계철에는 특별사법경찰업무에 관한 각종 통계서류를 편철하여야 한다.

제77조 (처분결과통지서철) 제71조제1항제22호의 처분결과통지서철에는 검사의 기소·불기소(기소유예, 혐의 없음, 공소권 없음, 죄가 안됨, 각하)·기소중지·참고인중지·이송 등 결정과 각급 심의 재판결과에 관한 통지서를 편철하여야 한다.

제78조 (잡서류철) 제71조제1항제24호의 잡서류철에는 동조동항제16호 내지 제23호의 서류철에 편철되지 아니하는 모든 서류를 편철하여야 한다.

제79조 (서류철의 색인목록) ① 서류철에는 색인목록을 붙여야 한다.

② 서류를 철한 후 일부를 빼낼 때에는 그 색인목록의 비고란에 그 연월일과 사유를 기재하고 담당 특별사법경찰관이 날인하여야 한다.

제80조 (임의장부 등) 특별사법경찰관은 필요하다고 인정되는 때에는 제71조제1항 각호의 장부와 서류 외에 필요한 장부나 서류철을 비치할 수 있다.

제81조 (장부 등의 갱신) ① 특별사법경찰사무에 관한 장부와 서류철은 매년 갱신하여야 한다. 다만, 필요에 따라서는 계속 사용할 수 있다.

② 제1항 단서의 경우에는 연도 구분을 명백히 표시하여야 한다.

제82조 (장부와 서류의 보존기간) 제71조제1항 각호의 장부와 서류는 다음의 기간 동안 이를 보존하여야 한다.

1. 수사관계예규철 : 영구
2. 범죄사건부, 압수부, 피의자소재발견처리부, 체포·구속인명부, 수사종결사건(송치사건)철, 내사종결사건철, 변사사건종결철, 수사미제사건기록철 : 15년
3. 통계철 : 5년
4. 통신제한조치허가신청부, 통신제한조치집행대장, 긴급통신제한조치대장,긴급통신제한조치통보서발송부, 통신제한조치집행사실통지부, 통신제한조치집행사실통지유예승인신청부, 통신사실확인자료제공요청승인신청부, 통신사실확인자료회신대장 : 3년
5. 구속영장신청부, 체포영장신청부, 체포·구속영장집행원부, 긴급체포원부, 현행범인체포원부, 압수·수색·검증·영장신청부, 출석요구통지부, 체포·구속인 접견부, 체포·구속인 교통부, 체포·구속인 수진부, 물품차입부, 처분결과통지서철, 검시조서철, 잡서류철 : 2년

제83조 (보존기간의 기산 등) ① 제82조의 규정에

의한 보존기간은 사건처리를 완결하거나 최종절차를 마친 다음 해 1월 1일부터 기산한다.

② 보존기간이 경과한 장부와 서류철은 폐기목록을 작성한 후 폐기하여야 한다.

제84조 (지방검찰청별 수사지휘지침의 시행) 특별사법경찰관리의 직무 집행과 관련하여 이 규칙에 규정하지 아니한 사항에 대하여는 지방검찰청 검사장이 관할지역의 실정이나 특별사법경찰관리의 업무실태 등을 고려하여 세부지침을 정하여 시행할 수 있다. 이 경우 검사장은 법무부장관과 검찰총장에게 세부지침의 시행내용을 보고하여야 한다.

제85조 (문서의 서식) 특별사법경찰관리가 범죄수사와 관련하여 사용하는 문서와 장부의 서식은 다음과 같다.

1. 범죄수사보고서 : 별지 제1호서식
2. 피의자출석요구서 : 별지 제2호서식
3. 참고인출석요구서 : 별지 제3호서식
4. 신문조서(갑) : 별지 제4호서식
5. 신문조서(을) : 별지 제5호서식
6. 진술조서(갑) : 별지 제6호서식
7. 진술조서(을) : 별지 제7호서식
8. 간이진술서 : 별지 제8호서식
9. 진술자확인란(갑) : 별지 제9호서식
10. 진술자확인란(을) : 별지 제10호서식
11. 사전구속영장신청서 : 별지 제11호서식
12. 구속영장신청서 : 별지 제12호서식
13. 체포영장신청서 : 별지 제13호서식
14. 체포 · 구속이유 고지확인서 : 별지 제14호서식
15. 체포 · 구속영장 집행원부 : 별지 제15호서식
16. 체포 · 구속영장 등본교부대장 : 별지 제16호서식
17. 긴급체포피의자 구속영장신청서 : 별지 제17호서식
18. 현행범인 구속영장신청서 : 별지 제18호서식
19. 긴급체포서 : 별지 제19호서식
20. 긴급체포원부 : 별지 제20호서식
21. 긴급체포승인건의서 : 별지 제21호서식
22. 압수 · 수색 · 검증영장신청서 : 별지 제22호서식
23. 긴급압수 · 수색 · 검증영장신청서 : 별지 제23호서식
24. 구속전 심문신청 등 통지서 : 별지 제24호서식
25. 영장반환보고서 : 별지 제25호서식
26. 대표변호인지정 등 건의서 : 별지 제26호서식
27. 피의자석방건의서 : 별지 제27호서식
28. 현행범인체포서 : 별지 제28호서식
29. 현행범인인수서 : 별지 제29호서식
30. 현행범인체포원부 : 별지 제30호서식
31. 체포 · 구속인 접견부 : 별지 제31호서식
32. 체포 · 구속인 교통부 : 별지 제32호서식
33. 체포 · 구속인 수진부 : 별지 제33호서식
34. 물품차입부 : 별지 제34호서식
35. 검시조서 : 별지 제35호서식
36. 검증조서 : 별지 제36호서식
37. 실황조사서 : 별지 제37호서식
38. 촉탁서 : 별지 제38호서식
39. 회답서 : 별지 제39호서식
40. 증거보전신청서 : 별지 제40호서식
41. 증인신문신청서 : 별지 제41호서식
42. 감정유치장 신청서 : 별지 제42호서식
43. 감정처분허가장 신청서 : 별지 제43호서식
44. 감정위촉서(갑) : 별지 제44호서식
45. 감정위촉서(을) : 별지 제45호서식
46. 압수조서 : 별지 제46호서식
47. 수색조서 : 별지 제47호서식
48. 물건제출요청서 : 별지 제48호서식
49. 수색결과증명서 : 별지 제49호서식
50. 압수물건 보관서 : 별지 제50호서식
51. 폐기조서 : 별지 제51호서식
52. 압수물환부(가환부) 지휘건의서 : 별지 제52호서식
53. 압수물 대가 보관 지휘건의서 : 별지 제53호서식
54. 유가증권 원형보존 요 · 부 지휘건의서 : 별지 제54호서식
55. 압수물 폐기처분 지휘건의서 : 별지 제55호서식
56. 압수증명서 : 별지 제56호서식
57. 사건송치서 : 별지 제57호서식
58. 압수물총목록 : 별지 제58호서식
59. 기록목록 : 별지 제59호서식
60. 인상서 : 별지 제60호서식
61. 추송서 : 별지 제61호서식
62. 범죄사건부 : 별지 제62호서식
63. 출석요구통지부 : 별지 제63호서식

64. 구속영장신청부 : 별지 제64호서식
65. 압수 · 수색 · 검증영장신청부 : 별지 제65호서식
66. 체포영장신청부 : 별지 제66호서식
67. 판사심문신청(불신청)확인서 : 별지 제67호서식
68. 심문신청서 : 별지 제68호서식
69. 심문신청접수부 : 별지 제69호서식
70. 체포 · 구속인명부 : 별지 제70호서식
71. 압수부 : 별지 제71호서식
72. 임치증명서 : 별지 제72호서식
73. 임치 및 급식상황표 : 별지 제73호서식
74. 기소중지자 소재발견보고서 : 별지 제74호서식
75. 참고인등 소재발견보고서 : 별지 제75호서식
76. 참고인등 소재수사지휘부 : 별지 제76호서식
77. 피의자 소재발견처리부 : 별지 제77호서식
78. 의견서 및 공소장 : 별지 제78호서식
79. 통신제한조치 허가신청서 : 별지 제79호서식
80. 통신제한조치 기간연장신청서 : 별지 제80호서식
81. 긴급통신제한조치 허가신청서 : 별지 제81호서식
82. 긴급통신제한조치 지휘건의서 : 별지 제82호서식
83. 긴급통신제한조치 승인건의서 : 별지 제83호서식
84. 긴급검열(감청)서 : 별지 제84호서식
85. 긴급통신제한조치대장 : 별지 제85호서식
86. 긴급통신제한조치통보서 : 별지 제86호서식
87. 긴급통신제한조치통보서 발송부 : 별지 제87호서식
88. 통신제한조치허가신청부 : 별지 제88호서식
89. 통신제한조치 집행위탁의뢰서 : 별지 제89호서식
90. 통신제한조치 기간연장통지서 : 별지 제90호서식
91. 통신제한조치 집행위탁허가신청부 : 별지 제91호서식
92. 통신제한조치 집행조서 : 별지 제92호서식
93. 통신제한조치 집행결과보고서 : 별지 제93호서식
94. 통신제한조치 집행중지통지서 : 별지 제94호서식
95. 통신제한조치 집행사실통지서 : 별지 제95호서식
96. 통신제한조치 집행사실통지부 : 별지 제96호서식
97. 통신제한조치 집행사실통지 유예승인신청서 : 별지 제97호서식
98. 통신제한조치 집행사실통지 유예승인신청부 : 별지 제98호서식
99. 통신제한조치 집행사실통지보고 : 별지 제99호서식
100. 통신사실확인자료 제공요청승인신청서 : 별지 제100호서식
101. 통신사실확인자료 제공요청승인신청부 : 별지 제101호서식
102. 통신사실확인자료 제공요청서 : 별지 제102호서식
103. 통신사실확인자료 회신대장 : 별지 제103호서식

부 칙 <제550호,2004.4.26>

① (시행일) 이 규칙은 2004년 5월 1일부터 시행한다.
② (다른 법령의 개정) 사법경찰관리집무규칙중 다음과 같이 개정한다.
제5조를 삭제한다.

폭력행위등처벌에관한법률

일부개정 2004.01.20 (법률 제7078호) 법무부

第1條 (目的) 이 法은 集團的, 常習的 또는 夜間에 暴力行爲等을 恣行하는 者等을 處罰함을 目的으로 한다. <개정 1990.12.31>
[전문개정 1962.7.14]

第2條 (暴行等) ① 常習的으로 刑法 第257條第1項(傷害), 第260條第1項(暴行), 第276條第1項(逮捕, 監禁), 第283條第1項(脅迫), 第319條(住居侵入, 退去不應), 第324條(暴力에 依한 權利行使妨害), 第350條(恐喝) 또는 第366條(損壞)의 罪를 犯한 者는 3年 이상의 有期懲役에 處한다. <개정 1962.7.14, 1990.12.31>

② 夜間 또는 2人以上이 共同하여 第1項에 열거된 罪를 犯한 때에는 各 刑法 本條에 定한 刑의 2分의 1까지 加重한다. <신설 1962.7.14, 1990.12.31>

③ 이 法 違反(刑法 各本條를 포함한다)으로 2回 이상 懲役刑을 받은 者로서 다시 第1項에 열거된 罪를 犯하여 累犯으로 處罰할 경우에도 第1項과 같다. <신설 1990.12.31>

④ 제2항(2인 이상이 공동하여 죄를 범한 경우에 한한다) 및 第3項의 境遇에는 刑法 第260條第3項 및 第283條第3項을 適用하지 아니한다. <신설 1962.7.14, 1990.12.31, 2001.12.19>

第3條 (集團的 暴行等) ① 團體나 多衆의 威力으로써 또는 團體나 集團을 假裝하여 威力을 보임으로써 第2條第1項에 열거된 罪를 犯한 者 또는 兇器 其他 危險한 物件을 携帶하여 그 罪를 犯한 者는 3年 이상의 有期懲役에 處한다. <개정 1962.7.14, 1990.12.31>

② 夜間에 第1項의 罪를 犯한 者는 5年 이상의 有期懲役에 處한다. <개정 1980.12.18, 1990.12.31>

③ 常習的으로 第1項의 罪를 犯한 者는 無期 또는 7年 이상의 懲役에 處한다. <신설 1980.12.18, 1990.12.31>

④ 이 法 違反(刑法 各本條를 포함한다)으로 2回 이상 懲役刑을 받은 者로서 다시 第1項의 罪를 犯하여 累犯으로 處罰할 경우도 第3項과 같다. <신설 1980.12.18, 1990.12.31>

第4條 (團體등의 구성·活動 <개정 1993.12.10>) ① 이 法에 規定된 犯罪를 目的으로한 團體 또는 集團을 구성하거나 그러한 團體 또는 集團에 加入한 者는 다음의 區別에 依하여 處罰한다. <개정 1990.12.31, 1993.12.10>

1. 首魁는 死刑, 無期 또는 10年以上의 懲役에 處한다
2. 幹部는 無期 또는 7年 이상의 懲役에 處한다
3. 그외의 者는 2年 이상의 有期懲役에 處한다

② 第1項의 團體 또는 集團을 구성하거나 그러한 團體 또는 集團에 加入한 者가 團體 또는 集團의 威力을 과시하거나 團體 또는 集團의 存續·유지를 위하여 다음 各號의 1의 행위를 한 때에는 그 罪에 대한 刑의 長期 및 短期의 2分의 1까지 加重한다. <신설 1993.12.10>

1. 刑法 第8章 公務妨害에 關한 罪중 第136條(公務執行妨害)·第141條(公用書類等의 無效·公用物의 破壞)의 罪, 同法 第24章 殺人의 罪중 第250條第1項(殺人)·第252條(囑託, 承諾에 依한 殺人等)·第253條(僞計等에 依한 囑託殺人等)·第255條(豫備, 陰謀)의 罪, 同法 第34章 信用, 業務와 競賣에 關한 罪중 第314條(業務妨

害)・第315條(競賣, 入札의 妨害)의 罪, 同法 第38章 竊盜와 强盜의 罪중 第333條(强盜)・第334條(特殊强盜)・第335條(準强盜)・第336條(略取强盜)・第337條(强盜傷害, 致傷)・第339條(强盜强姦)・第340條第1項(海上强盜) 및 第2項(海上强盜傷害, 致傷)・第341條(常習犯)・第343條(豫備, 陰謀)의 罪를 犯한 者

2. 이 法 第2條 또는 第3條의 罪를 犯한 者

③ 他人에게 第1項의 團體 또는 集團에 加入할 것을 强要하거나 勸誘한 者는 2年 이상의 有期懲役에 處한다. <신설 1993.12.10>

④ 第1項의 團體 또는 集團을 구성하거나 그러한 團體 또는 集團에 加入하여 團體 또는 集團의 存續・유지를 위하여 金品을 모집한 者는 3年 이상의 有期懲役에 處한다. <신설 1993.12.10>

第5條 (團體등의 이용·지원 <개정 1993.12.10>) ① 第4條第1項의 團體나 集團을 利用하여 이 法 또는 其他 刑罰法規에 規定된 罪를 犯하게 한 者는 그 罪에 對한 刑中 가장 重한 刑으로 處罰한다. <개정 1990.12.31, 1993.12.10>

② 第4條第1項의 團體 또는 集團을 구성하거나 그러한 團體 또는 集團에 加入하지 아니한 者로서 그러한 團體 또는 集團의 구성・유지를 위하여 資金을 제공한 者는 3年 이상의 有期懲役에 處한다. <신설 1993.12.10>

第6條 (未遂犯) 第2條, 第3條・第4條第2項(刑法 第136條・第255條・第314條・第315條・第335條・第337條後段・第340條第2項後段 또는 第343條의 罪를 犯한 경우를 제외한다) 및 第5條의 未遂犯은 이를 處罰한다. <개정 1990.12.31, 1993.12.10>

第7條 (虞犯者) 正當한 理由없이 이 法에 規定된 犯罪에 供用될 憂慮가 있는 兇器 其他 危險한 物件을 携帶하거나 提供 또는 斡旋한 者는 3年 이하의 懲役 또는 300萬원 이하의 罰金에 處한다. <개정 1990.12.31>

第8條 (正當防衛等) ① 이 法에 規定된 罪를 犯한 者가 兇器 其他 危險한 物件等으로 사람에게 危害를 加하거나 加하려 할 때 이를 豫防 또는 防衛하기 위하여 한 行爲는 罰하지 아니한다. <개정 1990.12.31>

② 第1項의 境遇에 防衛行爲가 그 程度를 超過한 때에는 그 刑을 減輕한다. <개정 1990.12.31>

③ 第2項의 境遇에 그 行爲가 夜間 其他 不安스러운 狀態下에서 恐怖・驚愕・興奮 또는 唐慌으로 因한 때에는 罰하지 아니한다. <개정 1990.12.31>

第9條 (司法警察官吏의 職務遺棄) ① 司法警察官吏로서 이 法에 規定된 罪를 犯한 者를 搜査하지 아니하거나 犯人을 알면서 이를 逮捕하지 아니하거나 搜査上 情報를 漏洩하여 犯人의 逃走를 容易하게 한 者는 1年 이상의 有期懲役에 處한다. <개정 1990.12.31>

② 賂物의 收受要求 또는 約束을 하고 第1項의 罪를 犯한 者는 2年以上의 有期懲役에 處한다. <개정 1990.12.31>

第10條 (司法警察官吏의 行政的 責任) ① 관할 지방검찰청검사장은 第2條 乃至 第6條의 犯罪가 發生하였음에도 不拘하고 이를 그에게 報告하지 아니하거나 그 搜査를 怠慢히 하거나 또는 搜査能力不足 其他의 理由로써 司法警察官吏로서 不適當하다고 認定하는 者에 對하여는 그 任命權者에게 當該 司法警察官吏의 懲戒, 解任 또는 替任을 要求할 수 있다. <개정 2004.1.20>

② 第1項의 要求가 있을 境遇에는 任命權者는 2週日以內에 當該 司法警察官吏에 對하여 行政處分을 한 後 이를 관할 지방검찰청검사장에게 通報하여야 한다. <개정 1990.12.31, 2004.1.20>

附 則 <제625호,1961.6.20>

本法은 公布한 날로부터 施行한다.

附 則 <제1108호,1962.7.14>

本法은 公布한 날로부터 施行한다.

附 則 <제3279호,1980.12.18>

이 法은 公布한 날로부터 施行한다.

附 則 <제4294호,1990.12.31>

이 法은 公布한 날부터 施行한다.

附 則 <제4590호,1993.12.10>

① (施行日) 이 法은 公布한 날부터 施行한다.
② (經過措置) 이 法 施行전의 행위에 대한 罰則의 적용에 있어서는 종전의 規定에 의한다.
③ (다른 法律의 改正) 特定强力犯罪의處罰에관한 特例法중 다음과 같이 改正한다.
第2條第1項第5號중 '暴力行爲等處罰에關한法律 第4條(團體등의 組織)'를 '暴力行爲等處罰에關한 法律 第4條(團體등의 구성·活動)'으로 한다.

부 칙 <제6534호,2001.12.19>

이 법은 공포한 날부터 시행한다.

부 칙(검찰청법) <제7078호,2004.1.20>

제1조 (시행일) 이 법은 공포한 날부터 시행한다.
제2조 생략
제2조 (다른 법률의 개정) ①내지 ④ 생략
⑤ 폭력행위등처벌에관한법률중 다음과 같이 개정한다.
제10조제1항 및 제2항중 '管轄檢察廳檢事長'을 각각 '관할 지방검찰청검사장'으로 한다.
⑥ 생략

통신비밀보호법

일부개정 2005.05.26 (법률 제7503호) 정보통신부

第1條 (目的) 이 法은 通信 및 對話의 秘密과 자유에 대한 제한은 그 대상을 한정하고 엄격한 法的 節次를 거치도록 함으로써 通信秘密을 보호하고 通信의 자유를 신장함을 目的으로 한다.

第2條 (定義) 이 法에서 사용하는 用語의 定義는 다음과 같다. <개정 2001.12.29, 2004.1.29, 2005.1.27>

1. '通信'이라 함은 郵便物 및 電氣通信을 말한다
2. '郵便物'이라 함은 郵便法에 의한 通常郵便物과 小包郵便物을 말한다
3. '電氣通信'이라 함은 전화·전자우편·회원제정보서비스·모사전송·무선호출 등과 같이 유선·無線·光線 및 기타의 電磁的 방식에 의하여 모든 종류의 音響·文言·符號 또는 影像을 送信하거나 受信하는 것을 말한다.
4. '當事者'라 함은 郵便物의 發送人과 受取人, 電氣通信의 送信人과 受信人을 말한다
5. '內國人'이라 함은 大韓民國의 統治權이 사실상 행사되고 있는 地域에 住所 또는 居所를 두고 있는 大韓民國 國民을 말한다
6. '檢閱'이라 함은 郵便物에 대하여 當事者의 同意없이 이를 開封하거나 기타의 방법으로 그

내용을 知得 또는 採錄하거나 留置하는 것을 말한다.

7. '監聽'이라 함은 電氣通信에 대하여 當事者의 同意없이 電子裝置·機械裝置등을 사용하여 通信의 音響·文言·符號·影像을 聽取·共讀하여 그 내용을 知得 또는 採錄하거나 電氣通信의 送·受信을 방해하는 것을 말한다.
8. '監聽設備'라 함은 對話 또는 電氣通信의 監聽에 사용될 수 있는 電子裝置·機械裝置 기타 設備를 말한다. 다만, 電氣通信 器機·機具 또는 그 部品으로서 일반적으로 사용되는 것 및 聽覺矯正을 위한 補聽器 또는 이와 유사한 용도로 일반적으로 사용되는 것중에서, 大統領令이 정하는 것은 제외한다.

8의2. '불법감청설비탐지'라 함은 이 법의 규정에 의하지 아니하고 행하는 감청 또는 대화의 청취에 사용되는 설비를 탐지하는 것을 말한다.

9. '전자우편'이라 함은 컴퓨터 통신망을 통해서 메시지를 전송하는 것 또는 전송된 메시지를 말한다.
10. '회원제정보서비스'라 함은 특정의 회원이나 계약자에게 제공하는 정보서비스 또는 그와 같은 네트워크의 방식을 말한다.
11. '통신사실확인자료'라 함은 다음 각목의 어느 하나에 해당하는 전기통신사실에 관한 자료를 말한다.
    가. 가입자의 전기통신일시
    나. 전기통신개시·종료시간
    다. 발·착신 통신번호 등 상대방의 가입자번호
    라. 사용도수
    마. 컴퓨터통신 또는 인터넷의 사용자가 전기통신역무를 이용한 사실에 관한 컴퓨터통신 또는 인터넷의 로그기록자료
    바. 정보통신망에 접속된 정보통신기기의 위치를 확인할 수 있는 발신기지국의 위치추적자료
    사. 컴퓨터통신 또는 인터넷의 사용자가 정보통신망에 접속하기 위하여 사용하는 정보통신기기의 위치를 확인할 수 있는 접속지의 추적자료
12. '단말기기 고유번호'라 함은 이동통신사업자와 이용계약이 체결된 개인의 이동전화 단말기기에 부여된 전자적 고유번호를 말한다.

第3條 (通信 및 對話秘密의 보호) ① 누구든지 이 法과 刑事訴訟法 또는 軍事法院法의 規定에 의하지 아니하고는 우편물의 검열·전기통신의 감청 또는 통신사실확인자료의 제공을 하거나 公開되지 아니한 他人간의 對話를 녹음 또는 聽取하지 못한다. 다만, 다음 各號의 경우에는 당해 法律이 정하는 바에 의한다. <개정 2000.12.29, 2001.12.29, 2004.1.29, 2005.3.31>

1. 還付郵便物등의 處理: 郵便法 第28條·第32條·第35條·第36條등의 規定에 의하여 爆發物등 郵便禁制品이 들어 있다고 의심되는 小包郵便物(이와 유사한 郵便物을 포함한다) 을 개피하는 경우, 受取人에게 配達할 수 없거나 受取人이 受領을 거부한 郵便物을 發送人에게 환부하는 경우, 發送人의 住所·姓名이 漏落된 郵便物로서 受取人이 受取를 거부하여 환부하는 때에 그 住所·姓名을 알기 위하여 개피하는 경우 또는 유가물이 든 還付不能郵便物을 처리하는 경우
2. 輸出入郵便物에 대한 檢査: 관세법 제256조·제257조 등의 規定에 의한 信書외의 郵便物에 대한 通關檢査節次
3. 拘束 또는 服役중인 사람에 대한 通信: 刑事訴訟法 第91條, 軍事法院法 第131條, 行刑法 第18條·第19條 및 軍行刑法 第15條·第16條등의 規定에 의한 拘束 또는 服役중인 사람에 대한 通信의 관리
4. 파산선고를 받은 자에 대한 通信: 「채무자 회생 및 파산에 관한 법률」 제484조의 規定에 의하여 파산선고를 받은 자에게 보내온 通信을 破産管財人이 受領하는 경우
5. 混信除去등을 위한 電波監視: 電波法 제49조 내지 제51조의 規定에 의한 混信除去등 電波秩序維持를 위한 電波監視의 경우

② 우편물의 검열 또는 전기통신의 감청(이하 '통신제한조치'라 한다)은 범죄수사 또는 국가안전보장을 위하여 보충적인 수단으로 이용되어야 하며, 국민의 통신비밀에 대한 침해가 최소한에 그치도록 노력하여야 한다. <신설 2001.12.29>

③ 누구든지 단말기기 고유번호를 제공하거나 제공받아서는 아니된다. 다만, 이동전화단말기 제조

업체 또는 이동통신사업자가 단말기의 개통처리 및 수리 등 정당한 업무의 이행을 위하여 제공하거나 제공받는 경우에는 그러하지 아니하다. <신설 2004.1.29>

第4條 (不法檢閱에 의한 郵便物의 내용과 不法監聽에 의한 電氣通信內容의 증거사용 금지) 第3條의 規定에 위반하여, 不法檢閱에 의하여 취득한 郵便物이나 그 내용 및 不法監聽에 의하여 知得 또는 採錄된 電氣通信의 내용은 裁判 또는 懲戒節次에서 증거로 사용할 수 없다.

第5條 (犯罪搜査를 위한 通信制限措置의 許可要件) ① 통신제한조치는 다음 各號의 犯罪를 計劃 또는 實行하고 있거나 實行하였다고 의심할만한 충분한 이유가 있고 다른 방법으로는 그 犯罪의 實行을 저지하거나 犯人의 逮捕 또는 증거의 蒐集이 어려운 경우에 한하여 許可할 수 있다. <개정 1997.12.13, 2000.1.12, 2001.12.29>

1. 刑法 제2편중 제1장 내란의 죄, 제2장 외환의 죄중 제92조 내지 제101조의 죄, 제4장 국교에 관한 죄중 제107조, 제108조, 제111조 내지 제113조의 죄, 제5장 공안을 해하는 죄중 제114조, 제115조의 죄, 제6장 폭발물에 관한 죄, 제7장 공무원의 직무에 관한 죄중 제127조, 제129조 내지 제133조의 죄, 제9장 도주와 범인은닉의 죄, 제13장 방화와 실화의 죄중 제164조 내지 제167조·제172조 내지 제173조·제174조 및 제175조의 죄, 제17장 아편에 관한 죄, 제18장 통화에 관한 죄, 제19장 유가증권, 우표와 인지에 관한 죄중 제214조 내지 제217조, 제223조(제214조 내지 제217조의 미수범에 한한다) 및 제224조(제214조 및 제215조의 예비·음모에 한한다), 제24장 살인의 죄, 제29장 체포와 감금의 죄, 제30장 협박의 죄중 제283조제1항, 제284조, 제285조(제283조제1항, 제284조의 상습범에 한한다), 제286조[제283조제1항, 제284조, 제285조(제283조제1항, 제284조의 상습범에 한한다)의 미수범에 한한다]의 죄, 제31장 약취와 유인의 죄, 제32장 강간과 추행의 죄중 제297조 내지 제301조의2, 제305조의 죄, 제34장 신용, 업무와 경매에 관한 죄중 제315조의 죄, 제37장 권리행사를 방해하는 죄중 제324조의2 내지 제324조의4·제324조의5(제324조의2 내지 제324조의4의 미수범에 한한다)의 죄, 제38장 절도와 강도의 죄중 제329조 내지 제331조, 제332조(제329조 내지 제331조의 상습범에 한한다), 제333조 내지 제341조, 제342조[제329조 내지 제331조, 제332조(제329조 내지 제331조의 상습범에 한한다), 제333조 내지 제341조의 미수범에 한한다]의 죄, 제39장 사기와 공갈의 죄중 제350조의 죄
2. 軍刑法 第2編중 第1章 叛亂의 罪, 第2章 利敵의 罪, 第3章 指揮權 濫用의 罪, 第4章 指揮官의 降服과 逃避의 罪, 第5章 守所離脫의 罪, 第7章 軍務怠慢의 罪중 第42條의 罪, 第8章 抗命의 罪, 第9章 暴行·脅迫·傷害와 殺人의 罪, 第11章 軍用物에 關한 罪, 第12章 違令의 罪중 第78條·第80條·第81條의 罪
3. 國家保安法에 規定된 犯罪
4. 軍事機密保護法에 規定된 犯罪
5. 軍事施設保護法에 規定된 犯罪
6. 麻藥類管理에관한法律에 규정된 범죄중 제58조 내지 제62조의 죄
7. 暴力行爲等處罰에關한法律에 규정된 범죄중 제4조 및 제5조의 죄
8. 銃砲·刀劍·火藥類등團束法에 규정된 범죄중 제70조 및 제71조제1호 내지 제3호의 죄
9. 特定犯罪加重處罰等에관한法律에 규정된 범죄중 제2조 내지 제8조, 제10조 내지 제12조의 죄
10. 特定經濟犯罪加重處罰등에관한法律에 규정된 범죄중 제3조 내지 제9조의 죄
11. 第1號와 第2號의 罪에 대한 加重處罰을 規定하는 法律에 위반하는 犯罪

② 通信制限措置는 第1項의 요건에 해당하는 者가 發送·受取하거나 送·受信하는 특정한 郵便物이나 電氣通信 또는 그 該當者가 일정한 기간에 걸쳐 發送·受取하거나 送·受信하는 郵便物이나 電氣通信을 대상으로 許可될 수 있다.

第6條 (犯罪搜査를 위한 通信制限措置의 許可節次) ① 檢事(檢察官을 포함한다. 이하 같다) 는 第5條第1項의 요건이 구비된 경우에는 法院(軍事法院을 포함한다. 이하 같다)에 대하여 각 被疑者별 또는 각 被內査者별로 통신제한조치를 許可하여 줄 것을 請求할 수 있다. <개정 2001.12.29>

② 司法警察官(軍司法警察官을 포함한다. 이하 같

다)은 第5條第1項의 요건이 구비된 경우에는 檢事에 대하여 각 被疑者별 또는 각 被內査者별로 통신제한조치에 대한 許可를 申請하고, 檢事는 法院에 대하여 그 許可를 請求할 수 있다. <개정 2001.12.29>

③ 제1항 및 제2항의 통신제한조치 청구사건의 관할법원은 그 통신제한조치를 받을 통신당사자의 쌍방 또는 일방의 주소지·소재지, 범죄지 또는 통신당사자와 공범관계에 있는 자의 주소지·소재지를 관할하는 지방법원 또는 지원(보통군사법원을 포함한다)으로 한다. <개정 2001.12.29>

④ 第1項 및 第2項의 通信制限措置請求는 필요한 通信制限措置의 종류·그 目的·대상·범위·기간·집행장소·방법 및 당해 通信制限措置가 第5條第1項의 許可要件을 충족하는 사유등의 請求理由를 기재한 書面(이하 '請求書'라 한다)으로 하여야 하며, 請求理由에 대한 疏明資料를 첨부하여야 한다. 이 경우 동일한 범죄사실에 대하여 그 被疑者 또는 被內査者에 대하여 통신제한조치의 허가를 청구하였거나 허가받은 사실이 있는 때에는 다시 통신제한조치를 청구하는 취지 및 이유를 기재하여야 한다. <개정 2001.12.29>

⑤ 법원은 청구가 이유 있다고 인정하는 경우에는 각 피의자별 또는 각 피내사자별로 통신제한조치를 허가하고, 이를 증명하는 서류(이하 '허가서'라 한다)를 청구인에게 발부한다. <개정 2001.12.29>

⑥ 제5항의 허가서에는 통신제한조치의 종류·그 목적·대상·범위·기간 및 집행장소와 방법을 특정하여 기재하여야 한다. <개정 2001.12.29>

⑦ 通信制限措置의 기간은 2월을 초과하지 못하고, 그 기간중 통신제한조치의 목적이 달성되었을 경우에는 즉시 종료하여야 한다. 다만 第5條第1項의 許可要件이 존속하는 경우에는 第1項 및 第2項의 節次에 따라 소명자료를 첨부하여 2월의 범위안에서 通信制限措置期間의 연장을 請求할 수 있다. <개정 2001.12.29>

⑧ 法院은 請求가 이유없다고 인정하는 경우에는 請求를 棄却하고 이를 請求人에게 통지한다.

第7條 (國家安保를 위한 通信制限措置) ① 大統領令이 정하는 情報搜査機關의 長(이하 '情報搜査機關의 長'이라 한다)은 국가안전보장에 대한 상당한 위험이 예상되는 경우에 한하여 그 위해를 방지하기 위하여 이에 관한 情報蒐集이 특히 필요한 때에는 다음 各號의 구분에 따라 通信制限措置를 할 수 있다. <개정 2001.12.29>

1. 通信의 一方 또는 雙方當事者가 內國人인 때에는 高等法院 首席部長判事의 許可를 받아야 한다. 다만, 軍用電氣通信法 제2조의 규정에 의한 군용전기통신(작전수행을 위한 전기통신에 한한다)에 대하여는 그러하지 아니하다.
2. 大韓民國에 敵對하는 國家, 反國家活動의 혐의가 있는 外國의 機關·團體와 外國人, 大韓民國의 統治權이 사실상 미치지 아니하는 韓半島내의 集團이나 外國에 소재하는 그 傘下團體의 構成員의 통신인 때 및 제1항제1호 단서의 경우에는 서면으로 大統領의 승인을 얻어야 한다.

② 제1항의 규정에 의한 통신제한조치의 기간은 4월을 초과하지 못하고, 그 기간중 통신제한조치의 목적이 달성되었을 경우에는 즉시 종료하여야 하되, 제1항의 요건이 존속하는 경우에는 소명자료를 첨부하여 고등법원 수석부장판사의 허가 또는 대통령의 승인을 얻어 4월의 범위 이내에서 통신제한조치의 기간을 연장할 수 있다. 다만, 제1항제1호 단서의 규정에 의한 통신제한조치는 전시·사변 또는 이에 준하는 국가비상사태에 있어서 적과 교전상태에 있는 때에는 작전이 종료될 때까지 대통령의 승인을 얻지 아니하고 기간을 연장할 수 있다. <개정 2001.12.29>

③ 第6條第2項·第4項 내지 第6項 및 第8項은 第1項第1號의 規定에 의한 許可에 관하여 이를 적용한다. 이 경우 '司法警察官(軍司法警察官을 포함한다. 이하 같다)'은 '情報搜査機關의 長'으로, '法院'은 '高等法院 首席部長判事'로, '第5條第1項'은 '제7조제1항제1호 본문'으로, 제6조제2항 및 제5항중 '각 被疑者별 또는 각 被內査者별로 通信制限措置'를 각각 '통신제한조치'로 한다. <개정 2001.12.29>

④ 第1項第2號의 規定에 의한 大統領의 승인에 관한 節次등 필요한 사항은 大統領令으로 정한다.

제8조 (긴급통신제한조치) ① 검사, 사법경찰관 또는 정보수사기관의 장은 국가안보를 위협하는 음모행위, 직접적인 사망이나 심각한 상해의 위험을

야기할 수 있는 범죄 또는 조직범죄등 중대한 범죄의 계획이나 실행 등 긴박한 상황에 있고 제5조제1항 또는 제7조제1항제1호의 규정에 의한 요건을 구비한 자에 대하여 제6조 또는 제7조제1항 및 제3항의 규정에 의한 절차를 거칠 수 없는 긴급한 사유가 있는 때에는 법원의 허가없이 통신제한조치를 할 수 있다.

② 검사, 사법경찰관 또는 정보수사기관의 장은 제1항의 규정에 의한 통신제한조치(이하 '긴급통신제한조치'라 한다)의 집행착수후 지체없이 제6조 및 제7조제3항의 규정에 의하여 법원에 허가청구를 하여야 하며, 그 긴급통신제한조치를 한 때부터 36시간 이내에 법원의 허가를 받지 못한 때에는 즉시 이를 중지하여야 한다.

③ 사법경찰관이 긴급통신제한조치를 할 경우에는 미리 검사의 지휘를 받아야 한다. 다만, 특히 급속을 요하여 미리 지휘를 받을 수 없는 사유가 있는 경우에는 긴급통신제한조치의 집행착수후 지체없이 검사의 승인을 얻어야 한다.

④ 검사, 사법경찰관 또는 정보수사기관의 장이 긴급통신제한조치를 하고자 하는 경우에는 반드시 긴급검열서 또는 긴급감청서(이하 '긴급감청서등'이라 한다)에 의하여야 하며 소속기관에 긴급통신제한조치대장을 비치하여야 한다.

⑤ 긴급통신제한조치가 단시간내에 종료되어 법원의 허가를 받을 필요가 없는 경우에는 그 종료후 7일 이내에 관할 지방검찰청검사장(제1항의 규정에 의하여 정보수사기관의 장이 제7조제1항제1호의 규정에 의한 요건을 구비한 자에 대하여 긴급통신제한조치를 한 경우에는 관할 고등검찰청검사장)은 이에 대응하는 법원장에게 긴급통신제한조치를 한 검사, 사법경찰관 또는 정보수사기관의 장이 작성한 긴급통신제한조치통보서를 송부하여야 한다. 다만, 검찰관 또는 군사법경찰관이 제5조제1항의 규정에 의한 요건을 구비한 자에 대하여 긴급통신제한조치를 한 경우에는 관할 보통검찰부장이 이에 대응하는 보통군사법원 군판사에게 긴급통신제한조치통보서를 송부하여야 한다.

⑥ 제5항의 규정에 의한 통보서에는 긴급통신제한조치의 목적 · 대상 · 범위 · 기간 · 집행장소 · 방법 및 통신제한조치허가청구를 하지 못한 사유등을 기재하여야 한다.

⑦ 제5항의 규정에 의하여 긴급통신제한조치통보서를 송부받은 법원 또는 보통군사법원 군판사는 긴급통신제한조치통보대장을 비치하여야 한다.

⑧ 정보수사기관의 장은 국가안보를 위협하는 음모행위, 직접적인 사망이나 심각한 상해의 위험을 야기할 수 있는 범죄 또는 조직범죄등 중대한 범죄의 계획이나 실행 등 긴박한 상황에 있고 제7조제1항제2호에 해당하는 자에 대하여 대통령의 승인을 얻을 시간적 여유가 없거나 통신제한조치를 긴급히 실시하지 아니하면 국가안전보장에 대한 위해를 초래할 수 있다고 판단되는 때에는 소속장관(국가정보원장을 포함한다)의 승인을 얻어 통신제한조치를 할 수 있다.

⑨ 제8항의 규정에 의하여 긴급통신제한조치를 한 때에는 지체없이 제7조의 규정에 의하여 대통령의 승인을 얻어야 하며, 36시간 이내에 대통령의 승인을 얻지 못한 때에는 즉시 그 긴급통신제한조치를 중지하여야 한다.

第9條 (通信制限措置의 執行) ① 第6條 내지 第8條의 通信制限措置는 이를 請求 또는 申請한 檢事 · 司法警察官 또는 情報搜査機關의 長이 執行한다. 이 경우 遞信官署 기타 관련기관등(이하 '통신기관등'이라 한다)에 그 執行을 위탁하거나 집행에 관한 협조를 요청할 수 있다. <개정 2001.12.29>

② 통신제한조치의 집행을 위탁하거나 집행에 관한 협조를 요청하는 자는 통신기관등에 통신제한조치허가서(제7조제1항제2호의 경우에는 대통령의 승인서를 말한다. 이하 이 조, 제16조제2항제1호 및 제17조제1항제1호 · 제3호에서 같다) 또는 긴급감청서등의 표지의 사본을 교부하여야 하며, 이를 위탁받거나 이에 관한 협조요청을 받은 자는 통신제한조치허가서 또는 긴급감청서등의 표지 사본을 대통령령이 정하는 기간동안 보존하여야 한다. <개정 2001.12.29>

③ 통신제한조치를 집행하는 자와 이를 위탁받거나 이에 관한 협조요청을 받은 자는 당해 통신제한조치를 청구한 목적과 그 집행 또는 협조일시 및 대상을 기재한 대장을 대통령령이 정하는 기간동안 비치하여야 한다. <신설 2001.12.29>

④ 통신기관등은 통신제한조치허가서 또는 긴급

감청서등에 기재된 통신제한조치 대상자의 전화번호 등이 사실과 일치하지 않을 경우에는 그 집행을 거부할 수 있으며, 어떠한 경우에도 전기통신에 사용되는 비밀번호를 누설할 수 없다. <신설 2001.12.29>

제9조의2 (통신제한조치의 집행에 관한 통지) ① 검사는 제6조제1항 및 제8조제1항의 규정에 의한 통신제한조치를 집행한 사건에 관하여 공소를 제기하거나, 공소의 제기 또는 입건을 하지 아니하는 처분(기소중지 결정을 제외한다)을 한 때에는 그 처분을 한 날부터 30일 이내에 우편물 검열의 경우에는 그 대상자에게, 감청의 경우에는 그 대상이 된 전기통신의 가입자에게 통신제한조치를 집행한 사실과 집행기관 및 그 기간 등을 서면으로 통지하여야 한다.

② 사법경찰관은 제6조제1항 및 제8조제1항의 규정에 의한 통신제한조치를 집행한 사건에 관하여 검사로부터 공소를 제기하거나 제기하지 아니하는 처분(기소중지 결정을 제외한다)의 통보를 받거나 내사사건에 관하여 입건하지 아니하는 처분을 한 때에는 그 날부터 30일 이내에 우편물 검열의 경우에는 그 대상자에게, 감청의 경우에는 그 대상이 된 전기통신의 가입자에게 통신제한조치를 집행한 사실과 집행기관 및 그 기간 등을 서면으로 통지하여야 한다.

③ 정보수사기관의 장은 제7조제1항제1호 본문 및 제8조제1항의 규정에 의한 통신제한조치를 종료한 날부터 30일 이내에 우편물 검열의 경우에는 그 대상자에게, 감청의 경우에는 그 대상이 된 전기통신의 가입자에게 통신제한조치를 집행한 사실과 집행기관 및 그 기간 등을 서면으로 통지하여야 한다.

④ 제1항 내지 제3항의 규정에 불구하고 다음 각호의 1에 해당하는 사유가 있는 때에는 그 사유가 해소될 때까지 통지를 유예할 수 있다.

1. 통신제한조치를 통지할 경우 국가의 안전보장·공공의 안녕질서를 위태롭게 할 현저한 우려가 있는 때
2. 통신제한조치를 통지할 경우 사람의 생명·신체에 중대한 위험을 초래할 염려가 현저한 때

⑤ 검사 또는 사법경찰관은 제4항의 규정에 의하여 통지를 유예하고자 하는 경우에는 소명자료를 첨부하여 미리 관할지방검찰청검사장의 승인을 얻어야 한다. 다만, 검찰관 및 군사법경찰관이 제4항의 규정에 의하여 통지를 유예하고자 하는 경우에는 소명자료를 첨부하여 미리 관할 보통검찰부장의 승인을 얻어야 한다.

⑥ 검사, 사법경찰관 또는 정보수사기관의 장은 제4항 각호의 사유가 해소된 때에는 그 사유가 해소된 날부터 30일 이내에 제1항 내지 제3항의 규정에 의한 통지를 하여야 한다.

第10條 (監聽設備에 대한 認可機關과 認可節次) ① 監聽設備를 製造·輸入·販賣·配布·소지·사용하거나 이를 위한 廣告를 하고자 하는 者는 情報通信部長官의 認可를 받아야 한다. 다만, 國家機關의 경우에는 그러하지 아니하다. <개정 1997.12.13>

② 삭제 <2004.1.29>

③ 情報通信部長官은 第1項의 認可를 하는 경우에는 認可申請者, 認可年月日, 認可된 監聽設備의 종류와 數量등 필요한 사항을 臺帳에 기재하여 비치하여야 한다. <개정 1997.12.13>

④ 第1項의 認可를 받아 監聽設備를 製造·輸入·販賣·配布·소지 또는 사용하는 者는 認可年月日, 認可된 監聽設備의 종류와 數量, 備置場所등 필요한 사항을 臺帳에 기재하여 비치하여야 한다. 다만, 地方自治團體의 備品으로서 그 職務遂行에 제공되는 監聽設備는 該當 機關의 備品臺帳에 기재한다.

⑤ 第1項의 認可에 관하여 기타 필요한 사항은 大統領令으로 정한다.

제10조의2 (국가기관 감청설비의 신고) ① 국가기관(정보수사기관을 제외한다)이 감청설비를 도입하는 때에는 매 반기별로 그 제원 및 성능 등 대통령령이 정하는 사항을 정보통신부장관에게 신고하여야 한다.

② 정보수사기관이 감청설비를 도입하는 때에는 매 반기별로 그 제원 및 성능 등 대통령령이 정하는 사항을 국회 정보위원회에 통보하여야 한다.

제10조의3 (불법감청설비탐지업의 등록 등) ① 영리를 목적으로 불법감청설비탐지업을 하고자 하는 자는 정보통신부령이 정하는 바에 의하여 정보통신부장관에게 등록을 하여야 한다.

② 제1항의 규정에 의한 등록은 법인에 한하여 할 수 있다.

③ 제1항의 규정에 의한 등록을 하고자 하는 자는 정보통신부령이 정하는 이용자보호계획·사업계획·기술·재정능력·탐지장비 그 밖에 필요한 사항을 갖추어야 한다.

④ 제1항의 규정에 의한 등록의 변경요건 및 절차, 등록한 사업의 양도·양수·승계·휴지·폐지 및 그 신고, 등록업무의 위임 등에 관하여 필요한 사항은 대통령령으로 정한다.

제10조의4 (불법감청설비탐지업자의 결격사유) 법인의 대표자가 다음 각호의 1에 해당하는 경우에는 제10조의3의 규정에 의한 등록을 할 수 없다. <개정 2005.3.31>

1. 금치산자 또는 한정치산자
2. 파산선고를 받은 자로서 복권되지 아니한 자
3. 금고 이상의 실형을 선고받고 그 집행이 종료(집행이 종료된 것으로 보는 경우를 포함한다)되거나 집행이 면제된 날부터 2년이 경과되지 아니한 자
4. 금고 이상의 형의 집행유예 선고를 받고 그 유예기간중에 있는 자
5. 법원의 판결 또는 다른 법률에 의하여 자격이 상실 또는 정지된 자
6. 제10조의5의 규정에 의하여 등록이 취소된 법인의 취소 당시 대표자로서 그 등록이 취소된 날부터 2년이 경과되지 아니한 자

제10조의5 (등록의 취소) 정보통신부장관은 불법감청설비탐지업을 등록한 자가 다음 각호의 1에 해당하는 경우에는 그 등록을 취소하거나 6월 이내의 기간을 정하여 그 영업의 정지를 명할 수 있다. 다만, 제1호 또는 제2호에 해당하는 경우에는 그 등록을 취소하여야 한다.

1. 거짓 그 밖의 부정한 방법으로 등록 또는 변경등록을 한 경우
2. 제10조의4의 규정에 의한 결격사유에 해당하게 된 경우
3. 영업행위와 관련하여 알게된 비밀을 다른 사람에게 누설한 경우
4. 불법감청설비탐지업 등록증을 다른 사람에게 대여한 경우
5. 영업행위와 관련하여 고의 또는 중대한 과실로 다른 사람에게 중대한 손해를 입힌 경우
6. 다른 법률의 규정에 의하여 국가 또는 지방자치단체로부터 등록취소의 요구가 있는 경우

제11조 (비밀준수의 의무) ① 통신제한조치의 허가·집행·통보 및 각종 서류작성 등에 관여한 공무원 또는 그 직에 있었던 자는 직무상 알게 된 통신제한조치에 관한 사항을 외부에 공개하거나 누설하여서는 아니된다.

② 통신제한조치에 관여한 통신기관의 직원 또는 그 직에 있었던 자는 통신제한조치에 관한 사항을 외부에 공개하거나 누설하여서는 아니된다.

③ 제1항 및 제2항에 규정된 자외에 누구든지 이 법의 규정에 의한 통신제한조치로 지득한 내용을 이 법의 규정에 의하여 사용하는 경우외에는 이를 외부에 공개하거나 누설하여서는 아니된다.

④ 법원에서의 통신제한조치의 허가절차·허가여부·허가내용 등의 비밀유지에 관하여 필요한 사항은 대법원규칙으로 정한다.

第12條 (通信制限措置로 취득한 資料의 사용제한) 第9條의 規定에 의한 通信制限措置의 執行으로 인하여 취득된 郵便物 또는 그 내용과 電氣通信의 내용은 다음 各號의 경우외에는 사용할 수 없다.

1. 通信制限措置의 目的이 된 第5條第1項에 規定된 犯罪나 이와 관련되는 犯罪를 捜査·訴追하거나 그 犯罪를 豫防하기 위하여 사용하는 경우
2. 第1號의 犯罪로 인한 懲戒節次에 사용하는 경우
3. 通信의 當事者가 제기하는 損害賠償訴訟에서 사용하는 경우
4. 기타 다른 法律의 規定에 의하여 사용하는 경우

제13조 (범죄수사를 위한 통신사실 확인자료제공의 절차<개정 2005.5.26>) ① 검사 또는 사법경찰관은 수사 또는 형의 집행을 위하여 필요한 경우 전기통신사업법에 의한 전기통신사업자(이하 '전기통신사업자'라 한다)에게 통신사실 확인자료의 열람이나 제출(이하 '통신사실 확인자료제공'이라 한다)을 요청할 수 있다.

② 제1항의 규정에 의한 통신사실 확인자료제공을 요청하는 경우에는 요청사유, 해당 가입자와의 연관성 및 필요한 자료의 범위를 기록한 서면으로 관할 지방법원(보통군사법원을 포함한다. 이하 같다) 또는 지원의 허가를 받아야 한다. 다만, 관할 지방법원 또는 지원의 허가를 받을 수 없는 긴급한 사유가 있는 때에는 통신사실 확인자료제공을 요청한 후 지체 없이 그 허가를 받아

전기통신사업자에게 송부하여야 한다. <개정 2005.5.26>

③ 제2항 단서의 규정에 의하여 긴급한 사유로 통신사실확인자료를 제공받았으나 지방법원 또는 지원의 허가를 받지 못한 경우에는 지체 없이 제공받은 통신사실확인자료를 폐기하여야 한다. <개정 2005.5.26>

④ 삭제 <2005.5.26>

⑤ 검사 또는 사법경찰관은 제2항의 규정에 따라 통신사실 확인자료제공을 받은 때에는 당해 통신사실 확인자료제공요청사실 등 필요한 사항을 기재한 대장과 통신사실 확인자료제공요청서 등 관련자료를 소속기관에 비치하여야 한다. <개정 2005.5.26>

⑥ 지방법원 또는 지원은 제2항의 규정에 따라 통신사실 확인자료제공 요청허가청구를 받은 현황, 이를 허가한 현황 및 관련된 자료를 보존하여야 한다. <개정 2005.5.26>

⑦ 전기통신사업자는 검사, 사법경찰관 또는 정보수사기관의 장에게 통신사실 확인자료를 제공한 때에는 자료제공현황 등을 연 2회 정보통신부장관에게 보고하고, 당해 통신사실 확인자료 제공사실등 필요한 사항을 기재한 대장과 통신사실 확인자료제공요청서등 관련자료를 통신사실확인자료를 제공한 날부터 7년간 비치하여야 한다.

⑧ 정보통신부장관은 전기통신사업자가 제7항의 규정에 의하여 보고한 내용의 사실여부 및 비치해야 하는 대장등 관련자료의 관리실태를 점검할 수 있다.

⑨ 이 조에서 규정된 사항 외에 범죄수사를 위한 통신사실 확인자료제공과 관련된 사항에 관하여는 제6조(동조제7항을 제외한다)의 규정을 준용한다. <신설 2005.5.26>

제13조의2 (법원에의 통신사실확인자료제공) 법원은 재판상 필요한 경우에는 민사소송법 제294조 또는 형사소송법 제272조의 규정에 의하여 전기통신사업자에게 통신사실확인자료제공을 요청할 수 있다. <개정 2002.1.26>

제13조의3 (범죄수사를 위한 통신사실 확인자료제공의 통지) ① 제13조의 규정에 의하여 통신사실확인자료제공을 받은 사건에 관하여 공소를 제기하거나, 공소의 제기 또는 입건을 하지 아니하는 처분(기소중지결정을 제외한다)을 한 때에는 그 처분을 한 날부터 30일 이내에 통신사실 확인자료제공을 받은 사실과 제공요청기관 및 그 기간 등을 서면으로 통지하여야 한다.

② 제1항에 규정된 사항 외에 통신사실 확인자료제공을 받은 사실 등에 관하여는 제9조의2(동조제3항을 제외한다)의 규정을 준용한다.

제13조의4 (국가안보를 위한 통신사실 확인자료제공의 절차 등) ① 정보수사기관의 장은 국가안전보장에 대한 위해를 방지하기 위하여 정보수집이 필요한 경우 전기통신사업자에게 통신사실 확인자료제공을 요청할 수 있다.

② 제7조 내지 제9조 및 제9조의2제3항·제4항·제6항의 규정은 제1항의 규정에 의한 통신사실 확인자료제공의 절차 등에 관하여 이를 준용한다. 이 경우 '통신제한조치'는 "통신사실 확인자료제공 요청"으로 본다.

③ 제13조제3항 및 제5항의 규정은 통신사실확인자료의 폐기 및 관련 자료의 비치에 관하여 이를 준용한다.

제13조의5 (비밀준수의무 및 자료의 사용 제한) 제11조 및 제12조의 규정은 제13조의 규정에 의한 통신사실 확인자료제공 및 제13조의4의 규정에 의한 통신사실 확인자료제공에 따른 비밀준수의무 및 통신사실확인자료의 사용제한에 관하여 이를 각각 준용한다.

第14條 (他人의 對話秘密 침해금지) ① 누구든지 公開되지 아니한 他人간의 대화를 녹음하거나 電子裝置 또는 機械的 수단을 이용하여 聽取할 수 없다.

② 제4조 내지 제8조, 제9조제1항 전단 및 제3항, 제9조의2, 제11조제1항·제3항·제4항 및 제12조의 規定은 第1項의 規定에 의한 錄音 또는 聽取에 관하여 이를 적용한다. <개정 2001.12.29>

제15조 (국회의 통제) ① 국회의 상임위원회와 국정감사 및 조사를 위한 위원회는 필요한 경우 특정한 통신제한조치 등에 대하여는 법원행정처장, 통신제한조치를 청구하거나 신청한 기관의 장 또는 이를 집행한 기관의 장에 대하여, 감청설비에 대한 인가 또는 신고내역에 관하여는 정보통신부장관에 대하여 보고를 요구할 수 있다.

② 국회의 상임위원회와 국정감사 및 조사를 위

한 위원회는 그 의결로 수사관서의 감청장비보유 현황, 감청집행기관 또는 감청협조기관의 교환실 등 필요한 장소에 대하여 현장검증이나 조사를 실시할 수 있다. 이 경우 현장검증이나 조사에 참여한 자는 그로 인하여 알게 된 비밀을 정당한 사유없이 누설하여서는 아니된다.

③ 제2항의 규정에 의한 현장검증이나 조사는 개인의 사생활을 침해하거나 계속중인 재판 또는 수사중인 사건의 소추에 관여할 목적으로 행사되어서는 아니된다.

④ 통신제한조치를 집행하거나 위탁받은 기관 또는 이에 협조한 기관의 중앙행정기관의 장은 국회의 상임위원회와 국정감사 및 조사를 위한 위원회의 요구가 있는 경우 대통령령이 정하는 바에 따라 제5조 내지 제10조와 관련한 통신제한조치보고서를 국회에 제출하여야 한다. 다만, 정보수사기관의 장은 국회정보위원회에 제출하여야 한다.

제15조의2 (전기통신사업자의 협조의무) ① 전기통신사업자는 검사·사법경찰관 또는 정보수사기관의 장이 이 법에 따라 집행하는 통신제한조치 및 통신사실 확인자료제공의 요청에 협조하여야 한다.

② 제1항의 규정에 따라 통신제한조치의 집행을 위하여 전기통신사업자가 협조할 사항, 통신사실확인자료의 보관기간 그 밖에 전기통신사업자의 협조에 관하여 필요한 사항은 대통령령으로 정한다.

제16조 (벌칙) ① 다음 각호의 1에 해당하는 자는 10년 이하의 징역과 5년 이하의 자격정지에 처한다.

1. 제3조의 규정에 위반하여 우편물의 검열 또는 전기통신의 감청을 하거나 공개되지 아니한 타인간의 대화를 녹음 또는 청취한 자
2. 제1호의 규정에 의하여 지득한 통신 또는 대화의 내용을 공개하거나 누설한 자

② 다음 각호의 1에 해당하는 자는 10년 이하의 징역에 처한다. <개정 2005.5.26>

1. 제9조제2항의 규정에 위반하여 통신제한조치허가서 또는 긴급감청서등의 표지의 사본을 교부하지 아니하고 통신제한조치의 집행을 위탁하거나 집행에 관한 협조를 요청한 자 또는 통신제한조치허가서 또는 긴급감청서등의 표지의 사본을 교부받지 아니하고 위탁받은 통신제한조치를 집행하거나 통신제한조치의 집행에 관하여 협조한 자
2. 제11조제1항(제14조제2항의 규정에 의하여 적용하는 경우 및 제13조의5의 규정에 의하여 준용되는 경우를 포함한다)의 규정에 위반한 자

③ 제11조제2항(제13조의5의 규정에 의하여 준용되는 경우를 포함한다)의 규정에 위반한 자는 7년 이하의 징역에 처한다. <개정 2005.5.26>

④ 제11조제3항(제14조제2항의 규정에 의하여 적용하는 경우 및 제13조의5의 규정에 의하여 준용되는 경우를 포함한다)의 규정에 위반한 자는 5년 이하의 징역에 처한다. <개정 2005.5.26>

제17조 (벌칙) ① 다음 각호의 1에 해당하는 자는 5년 이하의 징역 또는 3천만원 이하의 벌금에 처한다. <개정 2004.1.29>

1. 제9조제2항의 규정에 위반하여 통신제한조치허가서 또는 긴급감청서등의 표지의 사본을 보존하지 아니한 자
2. 제9조제3항(제14조제2항의 규정에 의하여 적용하는 경우를 포함한다)의 규정에 위반하여 대장을 비치하지 아니한 자
3. 제9조제4항의 규정에 위반하여 통신제한조치허가서 또는 긴급감청서등에 기재된 통신제한조치 대상자의 전화번호 등을 확인하지 아니하거나 전기통신에 사용되는 비밀번호를 누설한 자
4. 제10조제1항의 규정에 위반하여 인가를 받지 아니하고 감청설비를 제조·수입·판매·배포·소지·사용하거나 이를 위한 광고를 한 자
5. 제10조제3항 또는 제4항의 규정에 위반하여 감청설비의 인가대장을 작성 또는 비치하지 아니한 자

5의2. 제10조의3제1항의 규정에 의한 등록을 하지 아니하거나 거짓으로 등록하여 불법감청설비탐지업을 한 자

6. 제13조제4항의 규정에 위반하여 통신사실확인자료를 제공받거나 제공한 자

② 다음 각호의 1에 해당하는 자는 3년 이하의 징역 또는 1천만원 이하의 벌금에 처한다. <개정 2004.1.29>

1. 제3조제3항의 규정을 위반하여 단말기기 고유번호를 제공하거나 제공받은 자
2. 제8조제2항 후단 또는 제9항 후단의 규정에 위

반하여 긴급통신제한조치를 즉시 중지하지 아니한 자

3. 제9조의2(제14조제2항의 규정에 의하여 적용하는 경우를 포함한다)의 규정에 위반하여 통신제한조치의 집행에 관한 통지를 하지 아니한 자
4. 제13조제7항의 규정에 위반하여 통신사실확인자료제공 현황등을 정보통신부장관에게 보고하지 아니하였거나 관련자료를 비치하지 아니한 자

第18條 (未遂犯) 第16條 및 第17條에 規定된 罪의 未遂犯은 處罰한다.

附 則 <제4650호,1993.12.27>

① (施行日) 이 法은 公布후 6月이 경과한 날부터 施行한다.
② (廢止法律) 臨時郵便團束法은 이를 廢止한다.
③ (經過措置) 이 法 施行당시 監聽設備를 소지 또는 사용하고 있는 認可對象者는 이 法 施行日부터 3月이내에 第10條의 規定에 의한 認可를 받아 臺帳을 작성하여 비치하여야 하며, 이에 위반하는 者에 대하여는 第17條第2號를 적용한다.

附 則
(정부부처명칭등의변경에따른건축법등의정비에 관한법률) <제5454호,1997.12.13>

이 法은 1998年 1月 1日부터 施行한다. <但書 省略>

附 則 (國家情報院法) <제5681호,1999.1.21>

第1條 (施行日) 이 法은 公布한 날부터 施行한다.
第2條 생략
第3條 (다른 法律의 改正) ①내지 ⑬ 생략
⑭ 通信秘密保護法중 다음과 같이 改正한다.
第8條第2項중 '國家安全企劃部長'을 '國家情報院長'으로 한다.
第4條 (다른 法令과의 關係) 이 法 施行당시 다른 法令에서 國家安全企劃部法을 인용한 경우에는 國家情報院法을, 國家安全企劃部를 인용한 경우에는 國家情報院을, 國家安全企劃部長을 인용한 경우에는 國家情報院長을 각각 인용한 것으로 본다.

부 칙 (痲藥類管理에관한法律) <제6146호,2000.1.12>

第1條 (施行日) 이 法은 2000年 7月 1日부터 施行한다.
第2條 내지 第7條 省略
第8條 (다른 法律의 改正) ①내지 ③ 省略
④ 通信秘密保護法중 다음과 같이 改正한다.
第5條第1項第6號중 '痲藥法'을 '痲藥類管理에관한法律'로 하고, 同條同項第7號 및 第8號를 각각 削除한다.
⑤ 내지 ⑦省略
第9條 省略

부 칙 (관세법) <제6305호,2000.12.29>

제1조 (시행일) 이 법은 2001년 1월 1일부터 시행한다.
제2조 내지 제6조 생략
제7조 (다른 법률의 개정) ①내지 <16>생략
<17>통신비밀보호법중 다음과 같이 개정한다.
제3조제2호중 '關稅法 第150條·제151條 등'을 '관세법 제256조·제257조 등'으로 한다.
<18>및 <19>생략
제8조 생략

부 칙(전기통신사업법) <제6346호,2001.1.8>

① (시행일) 이 법은 공포후 3월이 경과한 날부터 시행한다. <단서 생략>
② (다른 법률의 개정) 통신비밀보호법중 다음과 같이 개정한다.
제13조를 삭제한다.

부 칙 <제6546호,2001.12.29>

제1조 (시행일) 이 법은 공포후 3월이 경과한 날부터 시행한다.
제2조 (적용례) ① 제5조제1항, 제6조제1항 내지 제7항, 제7조제1항 내지 제3항, 제8조, 제9조, 제9조의2 및 제14조제2항의 개정규정은 이 법 시행후 최초로 허가 또는 승인을 청구(사법경찰관이 신청하는 경우를 포함한다)하거나 집행을 개시하는 통

신제한조치부터 적용한다.

② 제13조 및 제13조의2의 개정규정은 이 법 시행 후 최초로 승인을 청구하거나 제공을 요청하는 통신사실확인자료제공부터 적용한다.

제3조 (국가기관의 감청설비에 대한 경과조치) 이 법 시행 당시 감청설비를 보유하고 있는 국가기관은 이 법 시행후 3월 이내에 제10조의2의 개정규정에 따라 정보통신부장관에게 신고 또는 국회 정보위원회에 통보하여야 한다.

제4조 (벌칙에 관한 경과조치) 이 법 시행전의 행위에 대한 벌칙의 적용에 있어서는 종전의 규정에 의한다.

부 칙 (민사소송법) <제6626호,2002.1.26>

제1조 (시행일) 이 법은 2002년 7월 1일부터 시행한다.

제2조 내지 제5조 생략

제6조 (다른 법률의 개정) ①내지 <28>생략

<29>통신비밀보호법중 다음과 같이 개정한다.

제13조의2중 '민사소송법 제266조'를 '민사소송법 제294조'로 한다.

제7조 생략

부 칙 <제7138호,2004.1.29>

① (시행일) 이 법은 공포한 날부터 시행한다. 다만, 제10조의3의 개정규정은 공포후 6월이 경과한 날부터 시행한다.

② (경과조치) 이 법 시행 당시 불법감청설비탐지업을 하고 있는 자는 이 법 시행일부터 6월 이내에 제10조의3의 개정규정에 의한 등록을 하여야 한다.

부 칙 <제7371호,2005.1.27>

이 법은 공포한 날부터 시행한다.

부 칙 (채무자 회생 및 파산에 관한 법률) <제7428호,2005.3.31>

제1조 (시행일) 이 법은 공포 후 1년이 경과한 날부터 시행한다.

제2조 내지 제4조 생략

제5조 (다른 법률의 개정) ①내지 <122>생략

<123>通信秘密保護法 일부를 다음과 같이 개정한다.

제3조제1항제4호중 '破産者'를 각각 '파산선고를 받은 자'로 하고, '破産法 第180條'를 '「채무자 회생 및 파산에 관한 법률」 제484조'로 한다.

제10조의4제2호중 '파산자'를 '파산선고를 받은 자'로 한다.

<124>내지 <145>생략

제6조 생략

부 칙 <제7503호,2005.5.26>

이 법은 공포 후 3월이 경과한 날부터 시행한다.

즉결심판에관한절차법

일부개정 1996.08.08 (법률 제5153호) 법무부

第1條 (目的) 이 法은 犯證이 명백하고 罪質이 경미한 犯罪事件을 신속·적정한 節次로 審判하기 위하여 卽決審判에 관한 節次를 정함을 目的으로 한다. <改正 1994·7·27>

第2條 (卽決審判의 대상) 地方法院, 支院 또는 市·郡法院의 判事(이하 '判事'라 한다)는 卽決審判節次에 의하여 被告人에게 20萬원이하의 罰金, 拘留 또는 科料에 처할 수 있다. <改正 1994·7·27>

第3條 (卽決審判請求) ① 卽決審判은 管轄警察署長 또는 管轄海洋警察署長(이하 '警察署長'이라 한다)이 管轄法院에 이를 請求한다. <改正 1991·11·22 >

② 卽決審判을 請求함에는 卽決審判請求書를 제출하여야 하며, 卽決審判請求書에는 被告人의 姓名 기타 被告人을 특정할 수 있는 사항, 罪名, 犯罪事實과 適用法條를 기재하여야 한다.

第3條의2 (관할에 대한 特例) 地方法院 또는 그 支院의 判事는 소속 地方法院長의 命令을 받아 소속 法院의 管轄事務와 관계없이 卽決審判請求事件을 審判할 수 있다.

[本條新設 1994·7·27]

第4條 (書類證據物의 제출) 警察署長은 卽決審判의 請求와 동시에 卽決審判을 함에 필요한 書類 또는 證據物을 判事에게 제출하여야 한다.

第5條 (請求의 棄却등) ① 判事는 事件이 卽決審判을 할 수 없거나 卽決審判節次에 의하여 審判함이 적당하지 아니하다고 인정할 때에는 決定으로 卽決審判의 請求를 棄却하여야 한다.

② 第1項의 決定이 있는 때에는 警察署長은 지체없이 事件을 管轄地方檢察廳 또는 支廳의 長에게 送致하여야 한다.

第6條 (審判) 卽決審判의 請求가 있는 때에는 判事는 第5條第1項의 경우를 제외하고 즉시 審判을 하여야 한다.

第7條 (開廷) ① 卽決審判節次에 의한 審理와 裁判의 宣告는 公開된 法廷에서 행하되, 그 法廷은 警察官署(海洋警察官署를 포함한다)외의 場所에 설치되어야 한다. <改正 1996·8·8>

② 法廷은 判事와 法院書記官, 法院事務官, 法院主事 또는 法院主事補(이하 '法院事務官등'이라 한다)가 列席하여 開廷한다. <改正 1991·11·22>

③ 第1項 및 第2項의 規定에 불구하고 判事는 상당한 이유가 있는 경우에는 開廷없이 被告人의 陳述書와 第4條의 書類 또는 證據物에 의하여 審判할 수 있다. 다만, 拘留에 처하는 경우에는 그러하지 아니하다.

第8條 (被告人의 출석) 被告人이 期日에 출석하지 아니한 때에는 이 法 또는 다른 法律에 특별한 規定이 있는 경우를 제외하고는 開廷할 수 없다.

[全文改正 1991·11·22]

第8條의2 (不出席審判) ① 罰金 또는 科料를 宣告하는 경우에는 被告人이 출석하지 아니하더라도 審判할 수 있다.

② 被告人 또는 卽決審判出席通知書를 받은 者(이하 '被告人등'이라 한다)는 法院에 不出席審判을 請求할 수 있고, 法院이 이를 許可한 때에는 被告人이 출석하지 아니하더라도 審判할 수 있다.

③ 第2項의 規定에 의한 不出席審判의 請求와 그 許可節次에 관하여 필요한 사항은 大法院規則으로 정한다.

[本條新設 1991·11·22]

第9條 (期日의 審理) ① 判事는 被告人에게 被告事件의 내용과 刑事訴訟法 第289條에 規定된 陳述拒否權이 있음을 알리고 辨明할 機會를 주어야 한다.
② 判事는 필요하다고 인정할 때에는 적당한 방법에 의하여 在廷하는 證據에 한하여 調査할 수 있다.
③ 辯護人은 期日에 출석하여 第2項의 證據調査에 참여할 수 있으며 의견을 陳述할 수 있다.

第10條 (證據能力) 卽決審判節次에 있어서는 刑事訴訟法 第310條, 第312條第2項 및 第313條의 規定은 適用하지 아니한다. <改正 1991 · 11 · 22>

第11條 (卽決審判의 宣告) ① 卽決審判으로 有罪를 宣告할 때에는 刑, 犯罪事實과 適用法條를 명시하고 被告人은 7日이내에 正式裁判을 請求할 수 있다는 것을 告知하여야 한다. <改正 1991 · 11 · 22>
② 참여한 法院事務官등은 第1項의 宣告의 내용을 記錄하여야 한다. <改正 1991 · 11 · 22>
③ 被告人이 判事에게 正式裁判請求의 意思를 표시하였을 때에는 이를 第2項의 記錄에 명시하여야 한다.
④ 第7條第3項 또는 第8條의2의 경우에는 法院事務官등은 7日이내에 正式裁判을 請求할 수 있음을 附記한 卽決審判書의 謄本을 被告人에게 송달하여 告知한다. 다만, 第8條의2第2項의 경우에 被告人등이 미리 卽決審判書의 謄本送達을 요하지 아니한다는 뜻을 표시한 때에는 그러하지 아니하다.<改正 1991 · 11 · 22>
⑤ 判事는 事件이 無罪 · 免訴 또는 公訴棄却을 함이 명백하다고 인정할 때에는 이를 宣告 · 告知할 수 있다.

第12條 (卽決審判書) ① 有罪의 卽決審判書에는 被告人의 姓名 기타 被告人을 특정할 수 있는 사항, 主文, 犯罪事實과 適用法條를 명시하고 判事가 署名 · 捺印하여야 한다.
② 被告人이 犯罪事實을 自白하고 正式裁判의 請求를 포기한 경우에는 第11條의 記錄作成을 생략하고 卽決審判書에 宣告한 主文과 適用法條를 명시하고 判事가 記名 · 捺印한다.

第13條 (卽決審判書등의 보존) 卽決審判의 判決이 확정된 때에는 卽決審判書 및 關係書類와 證據는 管轄警察署 또는 地方海洋警察官署가 이를 보존한다. <改正 1996 · 8 · 8>

第14條 (正式裁判의 請求) ① 正式裁判을 請求하고자 하는 被告人은 卽決審判의 宣告 · 告知를 받은 날부터 7日이내에 正式裁判請求書를 警察署長에게 제출하여야 한다. 正式裁判請求書를 받은 警察署長은 지체없이 判事에게 이를 송부하여야 한다. <改正 1991 · 11 · 22>
② 警察署長은 第11條第5項의 경우에 그 宣告 · 告知를 한 날부터 7日이내에 正式裁判을 請求할 수 있다. 이 경우 警察署長은 管轄地方檢察廳 또는 支廳의 檢事(이하 '檢事'라 한다) 의 승인을 얻어 正式裁判請求書를 判事에게 제출하여야 한다. <改正 1991 · 11 · 22>
③ 判事는 正式裁判請求書를 받은 날부터 7日이내에 警察署長에게 正式裁判請求書를 첨부한 事件記錄과 證據物을 송부하고, 警察署長은 지체없이 管轄地方檢察廳 또는 支廳의 長에게 이를 송부하여야 하며, 그 檢察廳 또는 支廳의 長은 지체없이 管轄法院에 이를 송부하여야 한다. <改正 1991 · 11 · 22>
④ 刑事訴訟法 第340條 내지 第342條, 第344條 내지 第352條, 第354條, 第454條, 第455條의 規定은 正式裁判의 請求 또는 그 포기 · 취하에 이를 準用한다.

第15條 (卽決審判의 失效) 卽決審判은 正式裁判의 請求에 의한 判決이 있는 때에는 그 效力을 잃는다.

第16條 (卽決審判의 效力) 卽決審判은 正式裁判의 請求期間의 경과, 正式裁判請求權의 포기 또는 그 請求의 취하에 의하여 確定判決과 동일한 效力이 생긴다. 正式裁判請求를 棄却하는 裁判이 확정된 때에도 같다.

第17條 (留置命令등) ① 判事는 拘留의 宣告를 받은 被告人이 일정한 住所가 없거나 또는 도망할 염려가 있을 때에는 5日을 초과하지 아니하는 期間 警察署留置場(地方海洋警察官署의 留置場을 포함한다. 이하 같다)에 留置할 것을 命令할 수 있다. 다만, 이 期間은 宣告期間을 초과할 수 없다. <改正 1996 · 8 · 8>
② 執行된 留置期間은 本刑의 執行에 算入한다.
③ 刑事訴訟法 第334條의 規定은 判事가 罰金 또

는 科料를 宣告하였을 때에 이를 準用한다.

第18條 (刑의 執行) ① 刑의 執行은 警察署長이 하고 그 執行結果를 지체없이 檢事에게 보고하여야 한다.

② 拘留는 警察署留置場·拘置所 또는 矯導所에서 執行하며 拘置所 또는 矯導所에서 執行할 때에는 檢事가 이를 指揮한다.

③ 罰金, 科料, 沒收는 그 執行을 종료하면 지체없이 檢事에게 이를 引繼하여야 한다. 다만, 卽決審判 확정후 相當期間내에 執行할 수 없을 때에는 檢事에게 통지하여야 한다. 통지를 받은 檢事는 刑事訴訟法 第477條에 의하여 執行할 수 있다.

④ 刑의 執行停止는 사전에 檢事의 許可를 얻어야 한다.

第19條 (刑事訴訟法의 準用) 卽決審判節次에 있어서 이 法에 특별한 規定이 없는 한 그 性質에 반하지 아니한 것은 刑事訴訟法의 規定을 準用한다.

附 則 <제4131호, 1989.6.16>

① (施行日) 이 法은 公布한 날부터 施行한다.

② (送致命令에 관한 經過措置) 이 法 施行당시 종전의 規定에 의하여 한 送致命令은 이 法 第5條의 規定에 의한 請求棄却으로 본다.

③ (正式裁判請求에 관한 經過措置) 이 法 施行전에 宣告·告知된 卽決審判에 대한 正式裁判請求에 관하여는 종전의 規定에 의한다.

附則 <제4398호,1991.11.22>

① (施行日) 이 法은 公布한 날부터 施行한다.

② (經過措置) 이 法은 이 法 施行당시 法院에 係屬된 事件에 대하여도 이를 적용한다.

附則(법원조직법) <제4765호,1994.7.27>

第1條 (施行日) ① 이 法은 1995年 3月 1日부터 施行한다. 다만, 第3條, 第7條, 第29條, 第31條의 改正規定중 市·郡法院에 관한 사항 및 第33條, 第34條의 改正規定과 附則 第4條의 規定은 1995年 9月 1日부터, 第20條, 第44條, 第44條의2의 改正規定중 豫備判事에 관한 사항과 第42條의2 및 第42條의3의 改正規定은 1997年 3月 1日부터, 第3條, 第5條 내지 第7條, 第9條의2, 第10條, 第14條, 第28條, 第44條의 改正規定중 特許法院, 特許法院長, 行政法院 또는 行政法院長에 관한 사항 및 第3編 第2章(第28條의2 내지 第28條의4), 第3編第5章(第40條의2 내지 第40條의4) , 第54條의2의 改正規定은 1998年 3月 1日부터 施行한다.

② 第42條의4 및 第54條의 改正規定은 大法院規則이 정하는 날부터 施行한다.

第2條 (行政事件에 관한 經過措置) 附則 第1條第1項 但書의 規定에 의한 行政法院에 관한 사항의 施行당시 行政法院이 設置되지 않은 地域에 있어서의 行政法院의 權限에 속하는 事件은 行政法院이 設置될 때까지 해당 地方法院本院이 관할한다.

第3條 (市·郡法院에 관한 經過措置) 附則 第1條第1項 但書의 規定에 의한 市·郡法院에 관한 사항의 施行당시 巡廻審判所에 係屬되어 있는 事件은 이 法에 의하여 각 해당 市·郡法院에 係屬된 것으로 본다.

第3條의2를 다음과 같이 新設한다.

第3條의2 (관할에 대한 特例) 地方法院 또는 그 支院의 判事는 소속 地方法院長의 命令을 받아 소속 法院의 管轄事務와 관계없이 卽決審判請求事件을 審判할 수 있다.

第4條 (다른 法律의 改正) 卽決審判에관한節次法중 다음과 같이 改正한다.

第1條중 '法院組織法 第34條에 의한'을 削除한다.

第2條중 '地方法院 또는 支院의 巡廻判事'를 '地方法院, 支院 또는 市·郡法院의 判事'로, '10萬원'을 '20萬원'으로 한다.

第5條 (다른 法令과의 관계) ① 附則 第1條第1項 但書의 規定에 의한 市·郡法院에 관한 사항의 施行당시 다른 法令에 規定된 巡廻審判所는 이 法의 規定에 의한 市·郡法院으로 본다.

② 附則 第1條第2項의 規定에 의한 第42條의4 및 第54條의 改正規定의 施行당시 다른 法令에 規定된 調査官은 이 法의 規定에 의한 司法補佐官으로 본다.

③ 이 法 施行당시 다른 法令에 規定된 廷吏는 이 法의 規定에 의한 法廷警衛로 본다.

第6條 省略

附則(정부조직법) <제5153호,1996.8.8>

第1條 (施行日) 이 法은 公布후 30日이내에 第41條의 改正規定에 의한 海洋水産部와 海洋警察廳의 組織에 관한 大統領令의 施行日부터 施行한다.
第2條 省略
第3條 (다른 法律의 改正) ①내지 ⑩省略
⑪ 卽決審判에관한節次法중 다음과 같이 改正한다.
第7條第1項중 '警察官署'를 '警察官署(海洋警察官署를 포함한다)'로 한다.
第13條중 '管轄警察署'를 '管轄警察署 또는 地方海洋警察官署'로 한다.
第17條第1項 本文중 '警察署留置場'을 '警察署留置場(地方海洋警察官署의 留置場을 포함한다. 이하 같다)'으로 한다.
⑫내지 <69> 省略
第4條 省略

참 고 문 헌

1. 단 행 본

강구진, 『형사소송법원론』, 학연사, 1982.
강용기, 『현대지방자치론』, 대영출판사, 1999.
경찰대학, 『경찰수사론』, 경찰대학, 2003.
경찰청, 『경찰교육훈련계획』, 경찰청, 2003.
______, 『경찰백서』, 경찰청, 2003.
______, 『경찰통계연보』, 경찰청, 2003.
______, 『범죄분석』, 1998~2004.
권영성, 『헌법학원론』, 법문사, 2003.
김규정, 『신고행정학원론』, 법문사, 1994.
김기두, 『형사소송법』, 박영사, 1987.
김낙진, 『의리의 윤리와 한국의 유교문화』, 집문당, 2004.
김남진, 『행정법의 기본문제(제4판)』, 법문사, 1994.
김도창, 『행정법락론』, 박영사, 1956.
김동희, 『행정법 Ⅰ(제9판)』, 박영사, 2003.
______, 『행정법 Ⅱ(제9판)』, 박영사, 2003.
김병국, 『경찰행정쇄신』, 행정쇄신위원회, 1994.
김보환, 『정보 및 조직이론적 관점에서 본 검찰과 경찰과의 관계』, 한국형사정책연구원, 1990.
김상균, 『최신범죄학원론』, 양서원, 2004.
김상희 · 조병인, 『수사경찰의 의식에 관한 연구』, 형사정책연구원, 1991.
김석준, 『미군정시대의 국가와 행정』, 이화여자대학교 출판부, 1996.
김용식, 『신형사소송법론』, 보문각, 1958.
김용진, 『영국의 형사재판』, 청림출판사, 1996.
김유남, 『의회정치론-비교의회연구-』, 삼영사, 2000.
김일수 · 서보학, 『새로쓴 형법총론』, 박영사, 2005.
김재광, 『경찰관직무집행법의 개선방안 연구』, 한국법제연구원, 2003.
김종구, 『형사사법제도개혁론』, 법문사, 2004.
김철수, 『헌법학개론(전정신판)』, 박영사, 1994.

______, 『헌법학개론(제14전정신판)』, 박영사, 2004.
______, 『헌법학개론』, 박영사, 1997.
김철용, 『행정법Ⅱ(제4판)』, 박영사, 2004.
김충남, 『경찰수사론』, 박영사, 2004.
______, 『범죄수사학』, 집문당, 1999.
김형만 · 차용석 · 김호윤, 『주요국가의 수사구조 및 사법경찰제도』, 치안연구소, 1996.
김형훈, 『방범기본법』, 경찰대학, 2003.
남궁석, 『주요국의 수사권체제(자료)』, 국회입법조사월보, 1992.
남승길, 『경찰작용법에 관한 연구』, 치안연구소, 1995.
대검찰청, 『검찰기구변천』, 1996.
________, 『검찰청법 연혁』, 1996.
________, 『신임검사실무자료』, 2002.
________, 『일본의 검찰』, 검찰21세기연구기획단 연구자료집 2집, 1994.
________, 『한국검찰사』, 1976.
________, 『형사소송법제정』, 개정자료집, 1997.
대법원, 『바람직한 형사사법시스템의 모색』, 자료집 Ⅰ, Ⅱ, Ⅲ, 2004.
______, 『사법연감』, 대법원, 2003.
______, 『형사재판, 어떻게 바뀌어야 하는가』, 공개토론회 자료집, 2003.
박균성, 『행정법강의』, 박영사, 2004.
______, 『행정법론(하)(제2판)』, 박영사, 2004.
박기륜, 『통일한국경찰론』, 육서당, 1999.
박상희 · 서정범, 『경찰작용법제의 개선방향』, 한국법제연구원, 1995.
박승진 외2, 『각국의 검찰제도』, 형사정책연구원, 1998.
_________, 『검찰실무Ⅰ』, 사법연수원, 2000.
_________, 『수사구조 개선론』, 치안연구소 용역연구자료, 2005.
_________, 『수사절차론』, 사법연수원, 2000.
_________, 『수사지휘론』, 서울고등검찰청, 1998.
_________, 서울고등검찰청, 수사지휘론, 1998.
박승진 · 최석윤 · 이경제, 『각국의 검찰제도』, 형사정책연구원, 1998.
박영도, 『입법기술의 이론과 실제』, 한국법제연구원, 1997.
______, 『입법학용어해설집』, 한국법제연구원, 2002.
박윤흔, 『행정법강의(하)』, 박영사 1996.
박정훈, 『사권보호를 위한 경찰권 발동에 관한 연구』, 치안연구소, 2001.
박주선, 『영국의 사법경찰제도-각국의 사법경찰제도』, 법무부, 1998.

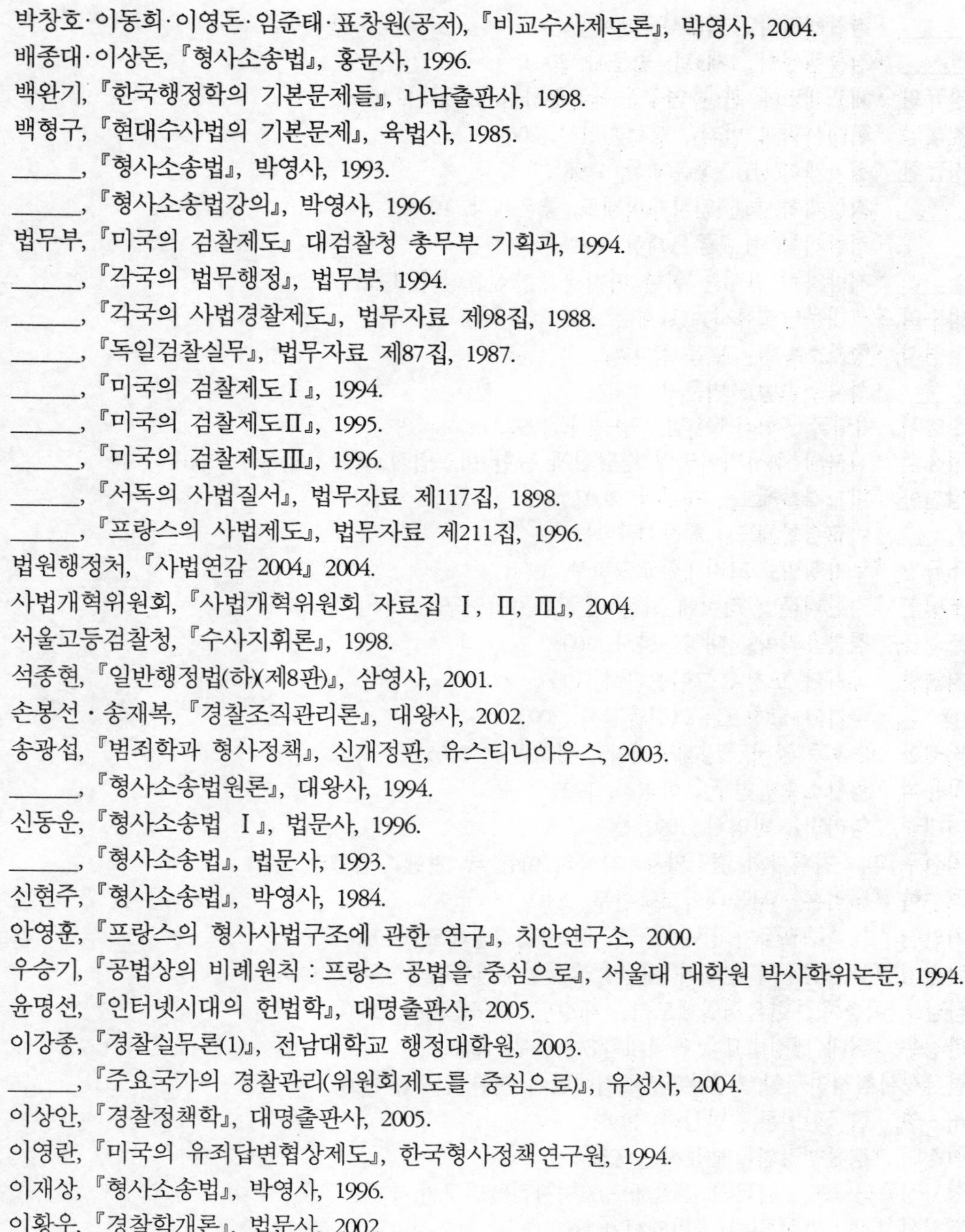

박창호·이동희·이영돈·임준태·표창원(공저), 『비교수사제도론』, 박영사, 2004.
배종대·이상돈, 『형사소송법』, 홍문사, 1996.
백완기, 『한국행정학의 기본문제들』, 나남출판사, 1998.
백형구, 『현대수사법의 기본문제』, 육법사, 1985.
______, 『형사소송법』, 박영사, 1993.
______, 『형사소송법강의』, 박영사, 1996.
법무부, 『미국의 검찰제도』 대검찰청 총무부 기획과, 1994.
______, 『각국의 법무행정』, 법무부, 1994.
______, 『각국의 사법경찰제도』, 법무자료 제98집, 1988.
______, 『독일검찰실무』, 법무자료 제87집, 1987.
______, 『미국의 검찰제도 I 』, 1994.
______, 『미국의 검찰제도II』, 1995.
______, 『미국의 검찰제도III』, 1996.
______, 『서독의 사법질서』, 법무자료 제117집, 1898.
______, 『프랑스의 사법제도』, 법무자료 제211집, 1996.
법원행정처, 『사법연감 2004』 2004.
사법개혁위원회, 『사법개혁위원회 자료집 I, II, III』, 2004.
서울고등검찰청, 『수사지휘론』, 1998.
석종현, 『일반행정법(하)(제8판)』, 삼영사, 2001.
손봉선·송재복, 『경찰조직관리론』, 대왕사, 2002.
송광섭, 『범죄학과 형사정책』, 신개정판, 유스티니아우스, 2003.
______, 『형사소송법원론』, 대왕사, 1994.
신동운, 『형사소송법 I 』, 법문사, 1996.
______, 『형사소송법』, 법문사, 1993.
신현주, 『형사소송법』, 박영사, 1984.
안영훈, 『프랑스의 형사사법구조에 관한 연구』, 치안연구소, 2000.
우승기, 『공법상의 비례원칙 : 프랑스 공법을 중심으로』, 서울대 대학원 박사학위논문, 1994.
윤명선, 『인터넷시대의 헌법학』, 대명출판사, 2005.
이강종, 『경찰실무론(1)』, 전남대학교 행정대학원, 2003.
______, 『주요국가의 경찰관리(위원회제도를 중심으로)』, 유성사, 2004.
이상안, 『경찰정책학』, 대명출판사, 2005.
이영란, 『미국의 유죄답변협상제도』, 한국형사정책연구원, 1994.
이재상, 『형사소송법』, 박영사, 1996.
이황우, 『경찰학개론』, 법문사, 2002.

______, 『경찰행정학』, 법문사, 1998.
______, 『경찰행정학』, 제3판, 법문사, 2002.
장규원, 『체포제도에 관한 연구』, 한국형사정책연구원, 1998.
전대양, 『현대사회와 범죄』, 형설출판사, 2002.
정균환, 『경찰개혁(상)』, 좋은세상, 1998.
______, 『경찰개혁(중)』, 인사개혁제도, 좋은세상, 1998.
______, 『경찰개혁(하)』, 좋은세상, 1998.
______, 『지방자치 완성을 위한 자치경찰』, 신유영사, 1996.
정수일, 『고대문명교류사』, 사계절, 2001.
정영석, 『형사소송법』, 법문사, 1966.
______, 『형사소송법』, 법문사, 1982.
정영석 · 이형국, 『형사소송법』, 법문사, 1997.
정웅석, 『검사의 수사지휘권의 정당성에 관한 비교법적 고찰』, 법무부, 2003
정진환, 『비교경찰제도』, 책사랑, 2002.
______, 『비교경찰제도』, 학문사, 1996.
조규창, 『로마형법』, 고려대학교출판부, 1998.
조병인, 『경찰기본법 정비에 관한 연구』, 치안연구소, 2001.
조철옥, 『경찰윤리학』, 대영문화사, 2005.
지영환, 『국가와 도청』, 그린출판사, 1999.
______, 『국가와 도청Ⅱ』, 그린출판사, 2003.
지영환 · 양승돈 공저, 『경제범죄학』, 진리탐구, 2005.
차용석, 『형사소송법연구』, 박영사, 1983.
최대권, 『영미법』, 박영사, 1997.
최선우 역, 『지역사회 경찰활동- 각국의 이슈 및 현황』, 집문당, 2001.
최송화, 『공익론』, 서울대학교출판부, 2002.
치안연구소, 『주요국가의 수사구조 및 사법경찰제도』, 1996.
탁희성, 『불심검문의 실태와 개선방안』, 한국형사정책연구원, 1999.
하남오·이승주, 『한국경찰제도사』, 개정판, 지구문화사, 2005.
한경우, 『현대 행정법Ⅱ』, 연세대학교출판부, 2000.
한국형사정책연구원, 『경찰관직무집행법에 관한 연구』, 1995.
허 영, 『한국헌법론』, 박영사, 1997.
허경미, 『경찰행정법』, 법문사, 2003.
형사정책연구원, 『각국의 검찰제도』, 형사정책연구원, 1998.
홍정선, 『행정법원론(하)』, 박영사 1996.

2. 論文 기타資料

강성공, "경찰의 수사권독립에 관한 연구", 조선대학교 석사학위 논문, 2000.
강수열, "경찰수사권체제에 관한 연구", 부산대학교 대학원 박사학위논문, 2002.
강준만, "사회감시체제 이대론 안된다", 미디어 오늘, 1996. 7. 10.
강희원, "이른바 '일반조항(Generalklausel)'에 관한 기초법학적 이해", 고황법학(창간호), 1994.
경찰청, "수사권 특집", 『경찰저널』, 미디어폴리스사, 2003. 4.
국회법제사법위원회, '177회 국회법제사법위원회회의록 제7호', 1995.
__________________, "검찰개혁 및 부패방지에 관한 청원", 검토보고서 『임종훈 국회법제사법위원회 수석전문위원 보고의견』, 2003.
권기선, "경찰의 수사권 독립에 대하여", 『경찰행정』, 1998. 8.
권창국, "피의자신문과 피의자의 수인의무", 법률신문, 2004. 4. 12.
김경렬, "경찰의 수사력 제고방안에 관한 연구", 부산대학교 행정대학원 석사논문, 1996. 8.
김경희, "경찰 수사권독립에 관한 소고", 『중부대학교 사회과학논집』, 중부대학교 인문사회과학연구소, 1999.
김광웅, "한국인의 민주정치의식과 국가이념", 『사회과학과 정책연구』 제11권 제1호, 서울대학교 사회과학연구소, 1998.
김남진, "경찰권의 근거와 한계", 고시계 17, 10, 1972. 10.
김대인, "사법제도 개혁과 경찰수수사권 독립", 수사연구, 1999. 3.
김동희, "무하자재량행사청구권", 서울대법학(제31권 제3·4호), 1990.
______, "형식적·절차적 공권 : 무하자재량행사청구권", 고시연구, 1998.
김로우, "검찰과 경찰과의 관계", 사법행정, 1998. 8.
김병주, "독일에 있어서 비례성원칙의 발전과 형법해석", 경원대 법학논총 3, 1996. 3.
김보준, "경찰수사권 독립과 인권보장", 『경찰행정』, 1998. 8.
김상윤, 경찰수사권체제의 합리화에 대한 연구, 동국대학교 행정대학원 석사학위 논문, 1986.
김상철, "형사절차와 법관이 역할", 『대한변호사협회지』 제12호, 대한변호사회, 1995. 11.
김상희·조병인, "수사경찰의 의식에 관한 연구", 한국형사정책연구원, 1991.
김성원, "경찰의 수사권독립에 관한 연구", 조선대학교 대학원 석사학위 논문, 2004.
김성태, "위험방지조치와 구체적 위험", 법학연구(제5호), 2003.
김용진, "영국와 미국의 검찰제도", 검찰 제111호, 대검찰청, 2003.
김윤상, "수사권지휘와 인권보장", 한국형사정책학회 2003년 학술회의 발췌문
김인옥, "경찰수사권의 독자성 확보", 충북대학교 석사학위논문, 2000.
김재윤, "독일과 한국의 공개주의와 그 제한에 관한 비교법적 고찰", 형사법연구 제21호, 2004.
김재태, "우리나라에서의 수사권", 법학논집 제2호, 부산대학교 대학원. 1992.

김종구, 『형사사법개혁론-새로운 패러다임의 비교법적 모색-』, 법문사, 2002. 8.
김종률, "현행 형사소송법상 피의자신문", 법률신문, 2004. 2. 19.
김종호, "일본의 간이재판제도", 외국사법연수논집(10), 법원행정처(1992. 12), 507면.
김지태, "경찰의 수사권독립에 관한 연구", 부산대, 1992.
김진우, "검찰과 경찰과의 관계", 사법행정, 1989. 7.
김태진, "한국경찰제도의 개선방안에 관한 연구", 동아대학교 박사학위논문, 2001.
김현성, "경찰의 수사권독립에 관한 연구", 호남대학교 석사학위논문, 2001.
문준영, 『한국검찰제도의 역사적 형성에 관한 연구』, 서울대학교 대학원 박사학위논문, 2004.
박동순, "경찰수사권 독립에 관한 연구", 고려대학교 석사학위논문, 2001.
박미숙, "변호인의 피의자신문참여권", 한국형사정책연구원 형사정책연구, 1995. 가을
박승진 외 2인, "각국의 검찰제도", 한국형사정책연구원, 1998.
박승진・최석윤・이경재, "각국의 검찰제도", 『형사정책연구원』, 1998.
박용남, "경찰 수사권 독립 왜 필요한가", 『수사연구』, 1993. 1.
박재식, "경찰수사권 독립 과연 시기상조인가", 『수사연구』, 1992. 12.
박정섭, "경찰수사의 선진화를 위한 수사권 독립에 관한 연구", 연세대학교행정대학원 석사논문, 1985. 2.
______, "경찰수사의 선진화를 위한 수사권 독립에 관한 연구", 수사연구, 1992.
박정훈, "행정소송법 개혁의 과제", 서울대법학(제45건 제3호), 2004. 9.
박주인, "미국의 검찰제도", 해외파견검사논문집, 법무부, 1977.
박준영, "일선경찰행정의 선진화 방안", 경북대 행정대학원 석사학위논문, 1986.
배영곤, "일반 국민의 시간에서 본 경찰수사권 독립", 수사연구, 1992. 10.
백광훈, "미국의 검사제도에 관한 연구", 연세대학교 석사학위논문, 1996.
백형구, "경찰수사권 독립의 구체적 방안 : 시기상조론의 이론구성", 수사연구, 1992. 4.
______, "경찰중립화론과 경찰 수사권 독립론", 사법형정, 1989. 7.
법무부 검찰3과, "자치경찰제 도입과 경찰수사권독립 문제", 1995. 5.
서보학, "검찰·경찰간의 합리적 수사권 조정 방안", 2005년 검·경 수사권조정 공청회, 2005.
______, "수사권의 독점 또는 배문"-경찰의 수사권독립 요구에 대한 검토-, 형사법연구 제12호, 1999.
______, "수사권의 중립을 위한 수사권의 합리적 배분", 2002 한국헌법학회 제24회 학술회의, 2002.
______, "피의자신문에 있어서 인권보장 및 방어권 강화방안", 형사법연구 제20호, 2003.
서영제, "미국 검찰권의 정책적 조명", 해외파견검사논문집, 법무부, 1977.
서원우, "경찰권의 한계", 고시계12, 4, 1967. 4.
______, "경찰법상의 개괄조항", 『월간고시』, 1980. 6.

______, "현대의 행정소송과 소의 이익", 『고시연구』, 1990. 9.

석진강, "왜 검사의 수사지휘가 필요한가", 『시민과 변호사』, 서울지방변호사회, 1995. 1.

성기주, "경찰의 수사권 독립에 관한 소견", 경찰행정, 1998. 8.

성백영, "검사와 사법경찰관리와의 관계 : 수사지휘권 확립을 중심으로", 연세대학교 행정대학원 석사학위 논문, 1977.

소순무, "독일연반공화국 사법제도의 개관과 독일통일에 따른 사법조직의 통합", 외국사법연수논집(10), 법원행정처, 1992, 12.

손동권, "경찰 수사권독립에 대한 비판적 고찰", 『학당 명형석 교수 환갑기념논문집』 1998.

______, "수사군 독립 , 경찰에 보장하여야 한다", 시민과 변호사, 1994. 11.

______, "수사절차에서의 경찰과 검찰의 관계", 『경찰대학교 논문집』, 1992. 12.

______, "한국형사사법의 현황과 발전방향", 형사정책연구, 제8권 제3호, 1997.

송락현, "범죄수사의 효율화를 위한 수사경찰의 제도적 개선방안", 서울대학교 행정대학원 석사논문, 1998.

신동운, "공소장일본주의에 관한 고찰", 『두남 임원택교수 정년기념논문집』, 법문사, 1988.

______, "공판절차에 있어서 피의인의 방어권 보장, 수사기록열람등사권 확보를 중심으로", 『형사재판의 제문제 제4권』, 형사실무연구회, 2003.

______, "법조선진화와 검찰인구", 『법학』 제29권 제1호, 서울대학교 법학연구소, 1998.

______, "수사지휘권 귀속에 관한 연혁적 고찰", 서울대법학 제42권 제1호, 제2호, 2003.

______, "일제치하의 형사절차에 관한 연구", 『박병호교수 환갑기념논총』, 박영사, 1991.

______, "일제하 예심제도에 관하여", 서울대학교 법학, 제27권 제1호, 1986.

______, "한국 검찰의 연혁에 관한 소고", 검찰 제100호, 대검찰청, 1990.

______, "한국 검찰제도의 현황과 개선책", 『법학』, 서울대학교 법학연구소, 1998.

______, "형사소송법의 기본구조에 관한 고찰", 서울대학교 법학, 제28권 제1호, 1987.

신현호, "경찰수사권 독립의 범위", 수사연구, 1992. 11.

안영훈, "프랑스의 경찰조직체계와 수사구조에 관한 연구", 1999.

양문승, "수사경찰제도 독립에 관한 연구", 중앙대학교 형사법학 제4권, 1993. 5.

오병주, "경찰권의 근거와 한계", 『법조(제497호)』, 1998. 12.

윤세창, "경찰권의 근거 및 한계", 『사법행정 6, 7』, 1965. 7.

윤종기, "일선 실무책임자로서의 경찰수사권 독립의 필요성", 경찰행정, 1998. 8.

윤종남, "미국의 사법경찰제도", 법무부, 1986.

이 헌, "수사권독립논의에 앞선 당면과제", 수사연구, 1992. 3.

이강종, "경찰에 독립적 수사권을 부여하라", 경찰저널, 1998. 3.

이관희, "민주주의와 경찰수사권의 독자성 확보", 헌법학 연구 제8집 제4호, 한국헌법학회, 2002.

이기춘, "경찰관직무집행법 제5조 1항과 독일경찰질서법상 개괄적 수권조항간의 비교(1),

(2)", 『JURIST(통권 제393~4호)』, 2003. 6~7.
이기호, "경찰의 수사권 강화방안", 형사정책연구 창간호, 형사정책연구원, 1990.
이동희, "한국 수사구조의 비교법제적 위상 및 개선방향", 경찰대학, 경찰학 연구 7호, 2004.
이명웅, "비례의 원칙과 판례의 논증방법", 『헌법논총 제9집』, 1998.
이명원, "우리나라 수사체제에 관한 고찰", 서울대학교 석사학위논문, 2002.
이문국, "수사권독립에 관한 고찰", 경찰대학논문집 제15집, 1995.
이상식 · 윤종기등, "일선실무자가 말하는 경찰의 수사권독립", 경찰행정, 1998.
이상안, "경찰·검찰의 새위상-경찰위상의 정형에 관한 쟁점", 수사연구, 1982.
이상원, "경찰수사권 현실화 방안에 관한 연구", 경호경비연구 제4호, 2001.
이완규, "검사의 지위에 관한 연구-형사사법체계와 관련성을 중심으로-", 서울대학교 대학원 박사학위 논문.
이원희, "경찰의 역할과 수사기능의 능률화 방안", 한양대학교 행정대학원 석사논문, 1993.
이은모, "피의자 인신구속제도 정비방안", 형사법연구, 제19호, 1999.
이재상, "예방적검찰론과 경찰수사권독립론", 『판례월보』, 제350호, 1999. 11.
이정훈, "경찰은 검찰의 노예가 아니다", 신동아, 1999. 7.
이존걸, "경찰의 수사권 독립방안", 사회과학논총 제16집, 2000
______, "경찰의 수사권 독립방안", 『전주대학교 사회과학논총』, 전주대학교 대학원 사회과학연구소, 2002. 12.
이종찬, "경찰의 수사권 독점과 정치권력과의 관계", 수사연구, 1989.
이종화, "프랑스 경찰조직에 관한 연구", 경찰대학, 경찰학 연구 3호, 2002.
이진국 · 정완, "수사권독립논의에 관한 검토", 형사정책연구, 제14권 제2호, 2003.
이청림, "경찰의 범죄수사체제 개선에 관한 연구", 한양대학교 석사학위논문, 1992.
이황우, "민생치안과 수사경찰력의 향상", 치안논총 제8집, 경찰대학부설 치안연구소, 1991.
임준태, "독일경찰제도와 수사구조에 관한 연구", 자치경찰제 공청회 자료집, 1998.
장규원, "수사경찰의 피해자 보호방안", 2005년도 춘계학술세미나 (수사경찰의 과제와 쇄신방안) 한국공안행정학회, 2005.
장석현, "경찰의 수사권 독립방안", 한국공안행정학회보 제7호, 1998.
장영수, "법치주의와 기본권", 『한국법학 50년-과거 · 현재 · 미래(제1회 한국법학자대회논문집)』, 한국법학교수회, 1998.
정균환, "지방경찰을 둘러싼 몇가지 쟁점들", 『월간지방행정』, 한국지방행정연구원, 1998. 5.
정긍식, "일제의 식민정책과 식민지 조선의 법제", 『법제연구(제14호)』, 법제연구원, 1998.
정하중, "독일공법학에 있어서 권리의 개념", 『행정법연구(제6호)』, 2000. 11.
조 국, "영국 커먼로 형사절차의전면적 혁신과 그 함의", 형사정책 제10호, 1998.
______, "실사구시의 원칙에 선 검찰·경찰 수사권조정 방안", 2005년 검·경 수사권조정공

청회, 2005.

조병인, "사법경찰의 수사구조에 관한 연구", 치안연구소 자체경찰제도 공청회 1998.

조호대, "수사경찰의 전문화 방안", 2005년도 춘계학술세미나 (수사경찰의 과제와 쇄신방안) 한국공안행정학회, 2005.

지영환, "경찰법상 공공의 안녕의 의미와 질서유지에 관한 고찰", 경희대학교 대학원, 2005.

______, "대통령 리더십과 대 의회 관계에 관한 연구", 고려대학교 대학원 석사학위 논문, 2004.

______, "대통령의 긴급명령권에 관한 연구", 고려대학교 대학원, 2003.

______, "플라톤의 철인정치사상에 대한 비판적 분석", 성균관대학교 대학원, 2004.

차용석, "완전독립보다는 일정 형벌 이하의 범죄에 수사권 부여 바람직", 수사연구, 1992. 3.

채정석, "미국 연방검찰청 실무수습보고서 - 미국 연방법무부 및 검찰의 조직・임무・권한과 사건처리 실태-", 해외파견검사연구논문집, 법무부, 1993.

천병락, "수사권의 합리적 배분에 관한 연구," 부산대학교 행정대학원 석사논문, 1993. 8.

천진호, "수사권 체제의 합리화 방안", 치안연구소, 1999.

최경규, "미국형사절차 개관", 경찰대학, 경찰학 연구 3호, 2002.

최대권, "입법의 원칙", 『서울대법학(제25권 제4호)』, 1984.

최선우, "한국 수사권체제의 실태분석과 발전방안에 관한 연구", 동국대학교 대학원 석사논문, 1996.

최송화, "공익 개념의 법문제화 : 행정법적 문제로서의 공익", 『서울대법학(제40권 제2호)』, 1999. 8.

최정일, "독일에서의 행정유보론의 현황에 대한 약간의 고찰", 『행정법연구(창간호)』, 행정법이론실무연구회, 1997. 6.

표명환, "국가의 기본권보호의무와 행정법상의 개인적 공권이론", 『헌법학연구(제10권 제1호)』, 2004. 3.

표창원, "경찰수사권 독립이 인권보장의 첩경", 2003년도 한국형사정책학회 춘계 학술회의 2003.

______, "수사권 논쟁에 대한 정리 및 고찰", 정치사회연대 세미나, 2003.

______, "수사제도 개선의 당위성", 월간 시민과 변호사, 3월호, 2003.

하태훈, "검찰의 인사, 조직상의 독립성 확보과제", 형사정책연구, 제14권 제1호, 2002.

______, "범죄수사단계에서의 사법경찰과 검찰과의 관계", 『홍대논총』, 홍익대학교 출판부 제30집, 1998.

______, "수사지휘권의 정당성과 필요성", 민주사회를 위한 변론 제50호, 2003.

한견우, "경찰공권력 확립을 위한 합리적 불심검문과 총기사용 방안", 『인권보호와 법집행의 효율성 제공방안』, 경찰혁신위원회, 2004. 8.

함혜현, "경찰수사권 독립에 관한 연구", 동국대학교 석사학위논문, 1999.
허남오, "한국경찰의 독자적 수사권", 한국공안행정학회보 제7호, 1998.
허일태, "기소편의주의와 기소재량에 대한 통제방안", 형사정책연구, 제14권 제1호, 2002.
______, "피의자비디오 진술녹화와 인권과의 관계", 수사연구 2004. 4.
홍영기, "국가권력의 한계, 어디에서 비롯되는가", 법철학연구 제8권 제1호, 세창출판사, 2005.
홍정선, "경찰작용의 법적 근거로서 일반조항 - 독일의 경우를 중심으로, 공법이론의 현대적 과제", 『방산 구병삭박사 정년기념논문집』, 박영사, 1991.
황인철, "사법의 민주화", 『대한변호사협회지』, 대한변호사회, 1985.
황정익, "범죄수사단계에 있어서 몇가지 문제점", 수사연구, 2000. 2.

3. 외국문헌

團藤重光, 新刑事訴訟法要綱, (동경 : 創文社), 1976.
로버트레이너(문성호 역), 경찰정치학, (서울 : 좋은세상), 2002.
버트런드 러셀, 『권력』, (서울 : 열린책들), 2003.
볼프. R. 쉔케, 독일경찰법론, (서울 : 세창출판사), 1998
小林 孝輔 · 星野安上郎 편, 『각국의회정치론』, 대왕사.
猪口孝, 『국가와 사회』, (서울 : 나남), 1990.
澤登佳人, "逮捕または拘留中の被疑者取調べは許されない", 法政理論, 제22권 제2호, 1979.
坪場安治, "實際的 眞實主意と當事者主義", 『형사소송법강좌 제1권』 日本刑法學會編, 1953.

■ 영미문헌, 논문

Brandl, Steven G.Barlow, David E(edited by)., The Police in America : classic and contemporary readings, Belmont : Wadsworth /Thomson Learning, 2003.

Del Carmen, Rolando V., Criminal Procedure : Law and Practice. 4th ed., Belmont : Wadsworth Pub. Co., 2000.

Department Of Communicable Disease Surveillance And Response, Consensus document on the epidemiology of severe acute respiratory syndrome(SARS), World Health Organization(WHO), 2003. 11.

English, Jack/Card, Richard, Police Law. 7th ed., London : Butterworths, 2001.

Gains, Larry K./Kappeler, Victor E./Vaughn, Joseph B., Policing in America. 3rd ed., Cincinneti : Anderson Pub., 1999.

Hanks, Peter John, Constitutional Law in Australia. 2nd ed., Sydney : Butterworths, 1996.

Langworthy, Robert H., Policing in America : a balance of forces. 2nd ed., New York : Macmillan, 1998.

Leigh, Leonard Herschel, Police Powers in England and Wales, London : Butterworths, 1975.

Leyland, Peter/Woods, Terry, Textbook on Administrative Law. 4th ed., New York : Oxford University Press, 2002.

The Secretary of State for the Home Department, Policing a New Century : A Blueprint for Reform, Home Office, London, 2001. 12.

Walker, Samuel/Katz, Charles M., The Police in America : An Introduction. 4th ed., Boston : McGraw-Hill, 2002.

Alschuler, Alber W. "Impending and Criminal Defendant's right to Trial", 50 Chicago L. Rev.(1983), 931.

Bradly, Cragi M.(1999), Criminal Procedure - A Worldwide Study, Carolina Academic Press

Burnham, William(2003), Introduction to the Law and Legal System of the United States, 3. Ed, West Group.

Cammak/Garland(2001), Advanced Criminal Procedure, West Group.

Feely/Miyazawa Ed(2002), The Japanese Adversary System in Contest, Macmillian

Goldstein, Abraham S.. "Reflections on Two Modles", 26 Stafodd L. Rev.(1974), 1009

Slobobogin, Christopher(2002), Criminal Procedure, Lexisnexis.

■ 독일문헌, 논문

Bader, Karls S., "Staatsanwaltschaft und REchTspflege" JZ 1956, 4

Bannenbreg 등 20인(2001), Alternative Entwurf-Reform des Ermittlung-sverfahrens, C.H.Beck

Blomeyer, Jürgen, "Die Stellung der Staatsanwaltschaft- der Staatsanwalt als Vorrrichter", GA 1970, 161

Dohring, Die Deutshe Staatsanwaltschaft in ihrer Geschichtlichen Entwicklung, DRiZ, 1958.

Eisenberg, Ulrich(1985), JGG, 2. Neube. Aufl., C.H.Beck

Geppert, Klaus(1979), Der Grundsatz der Unmittelbarkeit im deuschen Strafverfharen, Walter de Gruyter.

Haber, Grüuter, "Probleme der Strafprozessgeschichte im Vormärz-Ein Beitrag zum Rechtsdenken drs aufstengeden Bürgertums", ZStW 91(1979), 590

Joos, Bernhart, "Ablehnung des Staatsanwalt wegenBefangenheit,", NJW 1981, 100

Müller, Egon, "Der befangene Staatsanwalt", JuS 1989, 311

Oehler, Dietrich, "Zur Entstehehung des strafrechtlichen Inquisitionsprozesses", Gedächtnisschrift für H. Kaufmann(1986), 847

Roxin, Claus(1999), Strafverfharensrecht, 25. Aufl., C.H.Beck

Yoder Dale, Personnel Management and Inderstrial Relation (N. Y. : Prentice-Hall, 1970)

Knemeyer, Franz-Ludwig, Polizei- und Ordnungsrecht. 8. Aufl., München : C.H.Beck, 2000.

Lisken, Hans/Denninger, Erhard(Hg.), Handbuch des Polizeirechts. 3. Aufl., München : C.H.Beck, 1996.

Mayer, Franz, Die Eigenstädigkeit des bayerischen Verwaltungsrechts, dargestellt an Bayerns Polizeirecht, München : Boorberg, 1958.

Mayer, Otto, Deutsches Verwaltungsrecht. Bd 1. 3.Aufl., München und Leipzig : Duncker & Humblot, 1924.

Menge, Hermann, Großwörterbuch Ⅰ(Lateinisch-Deutsch). 23. Aufl., Berlin : Langenscheidt, 1988.

Rönne, Ludvig von, Ergänzungen und Erläuterungen des PrALR. Bd.4. 7.Aufl., Berlin : R. v. Decker, 1888.

Schmatz, Hans Peter, Die Grenzen des Opportunitätsprinzips im heutigen deutschen Polizeirecht, Berin : Duncker & Humblot, 1966.

Seong Tae, Kim, Datenschutz im deutschen und koreanizchen Polizeirecht, Würzburg : Ergon, 2001.

■ 프랑스 문헌

Chapus, René, Droit administratif général. t. 1. 15e éd., Paris : Montchrestien, 2001.

Decocq, Andre/Montreuil, Jean/Buisson, Jacques, Le droit de la police. 2e éd., Paris : LITEC, 1998.

Long, Marceau/Weil, Prosper/Braibant, Guy, Les grands arréts de la jurisprudence administrative. 13e éd., Paris : Dalloz, 2001.

Picard, Etenne, La notion de police administrative, Paris : Dunok, 1996, p. 68

Vedel, Georges, Droit administratif. 6e éd., Paris : PUF, 1976.

■ 일본 문헌

警察廳長官官房 編, 警察法解說, 警察廳, 1978.

金正明 編, 日韓外交資料集成(6下), 嚴南堂書店(東京), 1965.

上原誠一郎, 警察官等職務執行法解說, 立花書房, 1948.

石川達紘 編, 警察(刑事裁判實務大系 10), 青林書院, 1993.

塩野 宏・小早川光郎 編, 行政判例百選Ⅰ(第三版, 別冊ジュリスト), 有斐閣, 1993.

外務省 編, 日本外交文書(第27卷第1冊), 1953

外務省 編, 日本外交文書(第27卷第2冊), 1953

ししどもとお外 共著, 新版 警察官權限法註解(上卷), 立花書房, 1978.

서울신문 '05. 7. 12. 기고문

수사권 균형은 법치국가의 기본

지영환 · 국립경찰대학 수사교육담당 · 서울신문 자문위원

노무현 대통령은 경찰·검찰의 수사권 조정 갈등을 직접 나서서 해결하겠다고 했다. 그런데 '경찰의 수사권 독립'이라는 대선 때의 공약사항을 올 경찰대학 졸업식에서 재확인했는데 국민 앞에 한 그 약속을 어떻게 지킬까.

허준영 경찰청장은 검찰의 비위에 대해 경찰이 수사를 한 적은 한번도 없었다고 밝혔다. 비위 검사를 경찰이 수사하려 하면 '검찰로 송치하라.'고 해서 경찰이 손을 대지 못하게 한다.'사건을 검찰에 넘기라'는 지시를 경찰은 어길 수 없다. 왜냐하면,'1954년 검찰과 경찰의 지휘관계를 규정한 형사소송법이 그대로 지금까지 유지되고 있기 때문이다.

그 내용은 '수사의 주재자는 검사'(현행 형소법 제195조)이며,'경찰은 검사의 수사 지휘를 받아야 한다.'(현행 형소법 제196조)는 것. 이 같은 형사소송법 규정은 제정 이후 50년이 지나도록 단 한 차례도 바뀌지 않았다. 50년 전 시대에 맞는 전설적·교과서적 이야기를 경찰 창설 60년이 되는 올해까지 되풀이하는 것이 가슴 아픈 일이다.

법치국가에서 죄를 지으면 힘 있는 자를 가리지 않고 수사하는 것이 마땅하다. 그러나 경찰은 법적으로 검찰과의 관계에서 상명하복 관계에 있기 때문에 현행범일지라도 수사대상이 검사인 경우 사실상 수사를 해오지 못했다. 일반직 공무원은 물론 같은 경찰을 상대로 수사할 수는 있지만, 유독 검찰이나 법무부 소속 공무원만큼은 치외법권적 지위를 누려왔던 것이다.

이것은 헌법상의 권력분립 원칙에 비추어 문제가 아닐 수 없다. 현행 형사사법체계하에서 검사의 권한은 수사권·기소권·공소유지권은 물론 여기에서 더 나아가 형집행 과정에 관여할 수 있는 막강한 권한을 가지고 있다.

헌법상 삼권분립의 원칙은 어떤 국가기관이든 그 기관에 부여된 권한에 상응하여 타 기관에 의한 통제가 행해질 것을 요구하고 있다. 막강한 권한을 행사할 수 있는 검찰이라면 이에 대해서는 더 막강한 통제가 필요하다. 또한 이런 요구는 권력기관 상호 간의 견제와 균형을 통해 인권을 바라보는 법치국가적 형사사법의 개념에도 부합된다.

권력기관의 통제장치가 사실상 없는 우리나라에서 수사권을 통제하고 독주를 예방하는 차원에서 경찰의 주장이 설득력이 있다. 50년 된 즉 형사소송법 제195조 '수사의 주재자는 검사'라는 조항을 '수사의 주재자는 검사와 경찰', 형사소송법 제196조 '경찰은 검사의 수사 지휘를 받아야 한다.'는 조항도 '경찰과 검찰은 특별한 사건을 제외하고는 상호협력관계를 유지한다.'는 내용으로 개정해 달라는 것이다. 검찰·경찰의 관계를 '상명하복'이 아니라,'상호 협력'관계로 설정해야 한다는 것이다. 현실적으로 볼 때 검찰·경찰간 수사권 조정으로 경찰에 수사권을 부여하는 방안이 그 대안이라 할 수 있다. 시대의 흐름과 더불어 지금은 검찰 스스로 상호협력의 길을 고민해야 할 때이다.

검찰과 경찰은 서로 독립적이고 대등한 입장에서 수사권을 행사하여 모든 형사사건을 숨김없이 밝히고 수사해야 한다. 수사권 조정의 문제를 원만하게 마무리, 이제 국민의 경찰·검찰로 진정한 봉사의 길을 열어가야 할 것이다.

헤럴드경제 '05. 10. 20. 기고문

검-경 수사권 상호협력 시대를 맞이해

지영환 · 경찰대학 수사교육담당

수사권이 제자리를 찾지 못하고 있을 때 국민의 고통은 늘어만 간다. 수사권 독립 · 조정의 문제는 이제 단순히 검찰과 경찰의 '조직 · 관할 · 자존심 다툼'의 차원을 넘어 국민의 생활에 어떤 개선점을 부여하는지를 꼼꼼히 따져볼 필요가 있다. 그리고 각자 제자리에서 국민에게 양질의 서비스를 어떻게 제공할지를 고민해야 한다.

최근 들어 합리적인 수사권 배분으로 수사현실과 법제도를 일치시켜야 한다는 목소리가 커지고 있는 것도 이러한 맥락에서 이해할 필요가 있다. 권력의 분산과 견제를 통한 법치국가의 실현, 수사권의 정치적 중립성 확보, 수사기관 간 견제와 균형을 통한 인권보호가 성취돼야 한다는 국민적 염원이 경찰 설립 60년 만에 공론화하고 있는 것이다.

최근 대다수 여론조사를 보더라도 국민은 경찰의 수사권 독립이 필요하다는 의견에 공감하고 있다. 하지만 경찰의 수사권 독립 · 조정은 국민의 경찰이 될 때 가능하다는 점 또한 함께 주문하고 있다. 국민적 요구가 어떤 것인지 경찰이 수사권 조정에 앞서 보다 진지하게 고민할 때다.

경찰의 수사권 조정 문제는 현재 각계의 논의를 거쳐 국회 입법과정을 밟고 있다. 그러나 수사권 조정과 동시에 경찰 개혁도 반드시 이뤄져야 함을 간과해선 안 된다. 경찰이 오랜 숙원인 독자적 수사권 확보를 위해서는 우선 경찰권력 비대화 및 권한 남용의 가능성을 스스로 차단할 수 있는 시스템을 구축해야 한다. 이를 위해 수사권 조정과 함께 다음과 같은 경찰 개혁이 함께 진행돼야 한다.

첫째, 인권경찰로 거듭 태어나야 한다. 이는 인권 존중의 투명한 수사를 정착시켜야 함을 의미한다. 인권 존중을 기본으로 한 과학수사를 통해 실체적 진실을 밝히는 것은 경찰 수사가 국민적 신뢰를 받기 위한 전제조건이다.

따라서 수사담당자의 인권의식 고양과 감찰활동을 통한 수사 중 가혹행위의 발본색원, 철야신문 금지, 구속 및 긴급체포의 남용 자제, 피의자 신문과정에 변호인이나 가족 등 신뢰인의 참여 적극 허용, 여성 · 외국인 · 연소자 관련 범죄에 있어서 관련자의 특수성을 고려한 수사, 조사과정의 영상녹화 등을 통해 투명성과 인권친화성을 높여야 하는 것이다.

이와 함께 민주화운동의 도화선이 됐던 '박종철 의사의 고문처(고문이 이뤄졌던 장소)' 같은 상징성 높은 장소를 인권보호센터와 전시관, 희생자 추모관 등을 갖춘 인권기념관으로 조성하는 등의 인권보호 기능도 보다 강화돼야 한다.

인권이란 한없이 강조해도 서로에게 좋은 말이다. 따라서 감성 있는 인권보호를 위해 지각 있는 인권교육이 더욱 활성화돼야 함은 물론이다.

둘째, 사법경찰의 내부적 독립성이 확보돼야 한다. 경찰수사권 독립이 정착되려면 경찰조직 자체가 정치적 영향력으로부터 자유로울 수 있어야 할 뿐만 아니라 경찰조직 내부에서도 수사권의 독립이 보장돼야 한다. 상관이 적법한 경로를 거쳐 수사지휘를 해야 하며, 그 지휘는 반드시 서면에 의해 이루어져야 한다. 또한 부당한 지휘에 대해서는 이의를 제기할 수 있는 근거도 법에 명문화돼야 한다.

셋째, 전문성을 통한 경찰의 내부개혁이 필요하다. 경찰조직에는 전문인력이 많이 포진돼 있다. 사법시험, 외무고시, 행정고시, 경찰간부후보생, 경찰대학생, 순경 출신 등의 우수한 잠재력을 수준 높은 전문교육을 통해 핵심인력으로 육성해 나가야 한다.

더불어 스스로 경찰조직 내외에서 화합의 물결을 만들어 갈 수 있는 분위기를 조성해야 한다. 엘리트 경찰대학 출신에 의한 경찰의 사조직화에 대한 국민적 우려를 불식시키는 것도 선결과제에 속한다.

이렇게 함으로써 경찰의 자질 향상과 위상 확립은 물론 세계적으로 보편화된 경찰과 검찰의 분권화를 통해 국민에게 투명하고 신속한 서비스를 제공할 수 있다.

국민은 경찰이 새롭게 변하기를 원하고 있다. 그것은 규범과 현실의 불일치를 이제야말로 합치시키는 것이다. 경찰과 검찰은 국민을 위해 존재함을 마음속 깊이 인식하고 이제 새 시대에 주어진 상호협력의 길을 열어가야 할 것이다.

平靜 池 榮 銃

現在 國立警察大學에서 在職하고 있는 著者는 전라남도 고흥반도에서 태어났다. 어린시절 바람에 넘어질 때가 많아 원기소를 즐겨먹었던 그는 청소년이 되면서 고고학에 빠져 유적지를 탐방하게 된다. 著者는 해군신병훈련소와 해군종합학교를 수석으로 수료하면서 자신감을 갖게 된다. 그는 인류의 기원, 국가의 형성과 국가운영, 국가통치 이론, 大統領의 Leadership과 對 議會關係에 관한 硏究 등 수 십 편의 논문을 발표했다. 그가 가장 존경한 '광개토대왕'의 10권 소설을 집필하면서, '날마다 한강을 건너는 이유'의 詩集 원고를 출판사에 보내기도 했다. 제11회 한국일보 고운문화상, 제3회 대한민국환경대상, 제23회 청소년지도자상, 국무총리상, 행정자치부장관상(6회), 경찰청장상, 서울시장상, 美 육군범죄수사사령관 도날드 라이더 소장으로부터 감사장, 경찰대학장상을 수상했다. 산다는 의미에서 살아간다는 확신을 위해 자신을 발견한다는 그는 국가자격증 등 70여종을 가지고 있으면서 10년 이내 200개 목표를 세워 놓고 있다. 때로는 토막잠에 침을 흘리면서 건강한 정신과 몸을 위해 흰 도복을 입고 태권도 공인7단 시험 준비를 위해 밤별과 함께 숨쉬고 있다. 나라를 사랑하는 학자가 되고 싶은 그는 한국정치학회 · 한국공법학회 · 한국헌법학회 · 한국마약범죄학회 학술이사, 한국범죄심리학회 이사, 한국범죄피해자지원중앙센타 자문위원, 서울신문 자문위원, 한국택견학회 사무총장, 정부 신지식인 선정, 월드컵 러시아어 통역, 키비탄 한국본부(어린이 장애우를 위한 민간단체) 등에서 10여년 동안 자원봉사하고 있다. 달을 보고 해를 보며 별을 헤아리며 올바름에 대해 깊이 생각하고 연구하는 그는 새벽 5시 50분에 한강을 건너며 '날마다 한강을 건너는 이유'를 꿈꾼다.

學 位

경희대학교 법과대학 졸업(법학사)

고려대학교 대학원(정치학석사 · 행정학석사) 수석입학 · 수석졸업. 총장상

美 조지워싱턴대학교 대학원 연수

광운대학교 대학원(마약범죄학석사) 수석입학 · 수석졸업. 최우수논문상. 총장상

성균관대학교 대학원 정치외교학과(정치학박사학위과정) 수석합격

경희대학교 대학원 법학과 (법학박사학위과정 형법전공) 재학

著 書

국가와 도청 I (600면), 국가와 도청 II, 21세기 한국의 정보화 전략, 정보통신을 활용한 공무원 교육, 경제범죄학(1000면), 자유공간 무선레이저 등 10여권. 범죄피해자학(1000면), 공무원범죄학(1500면), 여성범죄학(900면) 執筆.

論 文

대통령과 국회관계 연구, 대통령과 총리관계 연구, 대통령의 통치 이론에 관한 연구, 플라톤의 철인정치사상에 대한 연구, 범죄의 개념과 기준에 관한 연구 -자유주의와 공동체주의 비교 중심으로-, 표현의 자유 한계와 프라이버시권 보호 연구, 헌법상 이중처벌금지원칙의 본질과 관련한 제반 문제에 관한 고찰 -신상공개제도의 위헌성을 중심으로-, 사이버범죄 규제에 대한 법적 한계 연구, 마약류 중독에 의한 정신범죄 연구 등 50여 편.

出 講

국립경찰대학, 국방부, 육군종합행정학교, 고려대학교, 동아대학교 대학원, 중앙공무원교육원, 휘경여자고등학교, 美 CID 등.

칼럼 · 기고

조선일보 '04. 10. 21 '따뜻 든든 깨끗한 경찰 모습 보여주자'
문화일보 '04. 11. 10 '경찰의 교통질서유지는 원칙보다 감성으로'
문화일보 '05. 2. 16 '성폭력 인식변화와 경찰수사'
서울신문 '05. 4. 20 '초동수사 때부터 범죄피해자 보호해야'
한겨레신문 '05. 7. 4 '감성 정부'
서울신문 '05. 7. 12 '수사권 균형은 법치국가의 기본'
문화일보 '05. 8. 24 '범죄피해자 보호'가 먼저다
헤럴드경제 '05. 10. 20 '검 · 경 수사권 상호협력시대를 맞이해'
세계일보, 중앙일보 외 200여건.

국가 수사권 입법론

초판1쇄 인쇄 2005년 10월 11일
초판1쇄 발행 2005년 10월 17일
2판2쇄 인쇄 2006년 1월 5일
2판2쇄 발행 2006년 1월 10일

지은이 지 영 환
펴낸이 방 은 순
펴낸곳 진리탐구출판사

등록번호 제10-898호
등록일자 1993년 11월 17일

서울특별시 마포구 도화동 36번지
고려아카데미텔II 1313호 (121-040)
전화번호 02)703-6943~4
전송번호 02)701-9352

ISBN : 89-8485-124-8
가격은 표지에 있습니다.